엘비스, 끝나지 않은 전설

ELVIS

89-90429-51-X

엘비스, 끝나지 않은 전설

초판 1쇄 인쇄일 • 2006년 7월 12일
초판 1쇄 발행일 • 2006년 7월 15일
지은이 • 피터 해리 브라운, 팻 H. 브로스키
옮긴이 • 성기완, 최윤석
펴낸이 • 김미숙
편집 • 여문주, 권효정
디자인 • 엄애리
마케팅 • 김남권
관리 • 박민자
펴낸곳 • 이마고
121-838 서울시 마포구 서교동 368-12 2층
전화 (02)337-5660 | 팩스 (02)337-5501
E-mail : imagopub@chol.com
출판등록 2001년 8월 31일 제10-2206호
ISBN 89-90429-51-X 03990

● 값은 뒤표지에 있습니다.
● 잘못된 책은 바꿔드립니다.

엘비스, 끝나지 않은 전설

ELVIS PRESLEY

피터 해리 브라운 · 팻 H. 브로스키 지음 __ 성기완 · 최윤석 옮김

이마고

나를 멤피스에 데려다준 아이리 레토프스키에게

— 팻 H. 브로스키

사랑하는 지나 루브라노,

아름다운 추억을 함께한 앤지 루브라노에게

— 피터 해리 브라운

엘비스, 가장 미국적인 신화

번역이란 이 말에서 저 말로 낱말들을 그저 옮겨놓는 일만은 아니다. 대개 번역은 거의 늘 문화적인 자의식 간의 만남인데, 그 만남은 충돌이 될 때도 있다. 책의 내용이나 번역을 하고 있는 나 자신과 관련하여 근본적인 물음들을 끊임없이 던지면서 번역을 하게 된다. 이번 책은 특히 더 그랬던 것 같다. 번역하는 내내 나는 되물었다.

"왜 엘비스인가. 왜 당신은 로큰롤의 황제인가?"

나의 이러한 의문은 결국 이 책의 맨 끝부분에 나오는 밥 딜런의 인용문 속에서 대단원의 막을 내리며 거의 모든 결론을 얻는다. 밥 딜런은 엘비스 프레슬리의 음악을 처음 들었을 때를 이렇게 묘사하고 있다.

"그의 음악을 처음 들었을 때, 마치 감옥에서 풀려난 것 같았어요."

그렇구나. 감옥에서 풀려난 기분. 너무 미리 비밀을 밝히는 것 같지만, 한마디로 엘비스 프레슬리는 미국사회 혹은 서구사회의 '풍속의 감옥'에 갇혀 있던 욕망들, 진정한 자유를 향한 개인적인 쾌락들을 해방시킨 뮤지션이다. 바스티유의 철문을 열어젖히는 해방의 혁명가처럼 그의 로큰롤과 엉덩이 흔들기는 갑작스럽게 서구 십대들의 욕망의 문을 열어젖혔다. '전후' 그러니까 제2차 세계대전 이후가 그를 기점으로 비로소 시작된 것이다. 다시 한 번 밥 딜런의 말을 빌리면 프레슬리는 "오늘날의 형태로 존재하는 로큰롤 종교의 지고의 신"이다.

그러나 이 신은 악보를 볼 줄도 모르고 곡을 쓸 줄도 모른다. 그것 또한 로큰롤의 역설과도 같다. 로큰롤의 왕은 사실 아무것도 아니다. '아무것도 아닌 왕'이라는 개념은 현대 대중문화의 아이콘들을 이해하는 키워드이기도 하다.

어쨌든 우리는 20세기 최고의 섹스 심벌의 한 사람인 엘비스 프레슬리를 '로큰롤의 왕(King of Rock' n' roll)'이라고 부른다. 다른 말은 필요 없다. 로큰롤의 역사상 엘비스의 명성을 능가하는 뮤지션은 없다. 비틀스나 밥 딜런 정도가 엘비스의 이름값에 필적할까. 그렇다고 해서 엘비스 프레슬리보다 음악성이 뛰어난 뮤지션들이 없다는 뜻은 아니다. 그러나 아무리 세월이 흘러도, 여전히 '로큰롤 스타'라는 아이콘의 이미지는 엘비스 프레슬리가 50년 전에 구축해놓은 바로 그 이미지와 놀라울 정도로 비슷하다. 사실은 변하지 않은 것이다. 가령 엘비스 프레슬리는 이렇게 말한다.

"적어도 젊은 세대라면 여자애들이 우리한테 왜 넘어오는지 알 걸. 우린 우울하고 음침하고 뭔가 위협적이었거든. 웃으면 섹시할 수 없어."

1990년대에 영국에서 가장 인기를 끈 록밴드 '오아시스' 역시 절대로 웃지 않는다. 수많은 사진이 있지만 웃는 모습은 단 한 장도 없다. 나는 로큰롤이 음악의 한 장르이기도 하지만 하나의 '태도'이기도 하다고 본다. 그것이 다른 음악 장르와 로큰롤을 구별해주는 중요한 특징 중의 하나인데, 로큰롤을 '선택'함으로써 그 사람에게 덧붙여지는 일종의 후광 같은 것이 있다. 반항이나 터프함 같은 것 말이다. 실제로 반항하거나 터프하게 굴지 않을지도 모르지만 로큰롤은 그런 캐릭터를 부여한다.

엘비스 프레슬리는 최초로 그 '로큰롤'을 선택한 사람의 이미지를 보여준 인물이다. 모든 로큰롤 뮤지션들은 '태도'에 있어서 그의 제자다. 물론 정반대의 외적인 포즈를 지닌 채 록을 하는 친구들도 없지는 않다. 가령 내향적이고 웅얼거리는 사운드를 좋아하는 '슈게이징'(Shoe gazing, 자기 발을 쳐다본다는 뜻) 같은 장르를 하는 친구들도 있다. 그들은 아마도 엘비스 프레슬리의 자기과시적인 다리 흔들기를 혐오한다고 말할지 모른다. 그러나 그들 역시 로큰롤을 바로 그런 '의사표시'를 위한 하나의 예술적 태도로 선택한 것이고, 그 점에서는 역시 엘비스의 모범을 따르고 있다. 엘비스의 느끼함을 비꼬는 펑크 뮤지션들조차도 엘비스와 같은 방식의 태도로 엘비스를 비꼰다. 엘비스처럼 포마드를 잔뜩 바른 머리를 뒤로 빗어 넘기고 가죽 재킷을 입든, 비틀스나 모드족들처럼 더벅머리를 하고 꽉 붙는 양복을 입든, 펑크처럼 모히칸 머리를 하고 찢어진 청바지를 입든, 아니면 슈게이저들처럼 '루저(loser)' 느낌의 평범한 복장을 하든, 그 모든 것은 로큰롤을 선택한 다음의 일이다. 『워싱턴 포스트』의 TV 비평가 톰 쉐일즈(Tom Shales)는 엘비스가 갖는 문화적 의미를 다음의 말로 잘 요약하고 있다.

> 엘비스가 나타나서 '하운드 독' '블루 스웨이드 슈즈' '핫브레이크 호텔'을 불렀을 때 그는 미국 주류의 엉덩이를 거세게 뒤흔들었다. 문화적인 의미에서 그것은 원자를 분해하는 것 혹은 전구를 발명한 것과 같았다. 온갖 지옥이 자유롭게 풀려난 것이다.

1960년대에 히피즘으로 이어지고 1970년대의 펑크로 넘어가면서 20세기 후반을 뒤흔든 이른바 '청년 문화(youth culture)'라는 것의 시작 지점에 바로 엘비스 프레슬리가 있다. 엘비스의 팬들은 단순한 것 같아도 하나의 태도를 추종했던 것이다. 그것은 일종의 철학적인 선택이기도 하다. 1950년대에 엘비스 프레슬리라는 젊은이가 어떤 태도를 보여주었는지 잘 알려주는 유명한 TV 인터뷰 장면이 있다.

전화를 거는 형식으로 인기를 끈 〈하이 가드너 콜링(Hy Gardner Calling)〉의 진행자 하이 가드너가 엘비스에게 이런 질문을 한다.

"허리를 돌리는 스타일이 지독하게 비난받고 있는데요. 비평가들에게 반감은 없나요?"

엘비스에 대한 기성세대의 목소리를 대변한 질문이다. 이 질문에 엘비스는 그저 의연하게 대답할 뿐이다.

"글쎄요, 그런 건 없어요. 그 사람들도 자기 일이니까 그러는 거겠죠."

"그러면 당신을 겨눈 비판에서 얻은 교훈이 있나요?"

간교하게 떠보는 어른의 질문에 다시 엘비스는 담담하게 대답한다.

"아뇨. 전 잘못한 게 없는데요."

그러고 나서 20세기 대중문화사에 길이 남을 유명한 말을 '어른'에게 던진다.

> 사람들에게 나쁜 영향을 주는 음악은 없다고 생각하거든요. 음악은 그냥 음악일 뿐이니까요. 이유는 모르겠어요. 신문들마다 로큰롤이 청소년들에게 큰 영향을 끼친다고 하는데 전 생각이 달라요.

개인적인 고백을 하자면 사실 엘비스에 관해서는 특별한 존경의 마음이 없었다. 후기 비틀스나 밥 딜런, 지미 헨드릭스 같은 뮤지션들에게 표하게 되는 즉각적인 오마쥬를 엘비스에게는 바칠 수 없었다. 백인들 중에서 최초로 로큰롤 스타가 되긴 했지만 다른 한 편 그는 그저 성공한 연예인일 뿐이다.

엘비스는 과연 위대한가?

'엘비스는 위대하다'는 문장이 성립하기 위해서는 '위대하다'는 낱말이 갖는 기존의 뜻을 어느 정도 부정해야만 한다. 이를 테면 '베토벤은 위대하다' 는 문장에서 쓰인 '위대하다' 를 '엘비스는 위대하다' 에 그대로 적용한다면, 엘비스는 여전히 위대하지 않다. 사실 그래서 엘비스는 중요하다. 20세기는 '위대함' 에 관한 기존의 생각들을 뒤엎는 세기였으니까.

지금, 위대하다는 것은 무엇인가. 가장 단순하게는 'TV에 많이 등장하는 것' 일 수도 있다. 수많은 십 대 소녀들을 넘어가게 만들었던 엘비스의 '아랫도리 돌리기' 춤은 위대한가? 미국 남부의 흑인 음악인 '블루스' 를 백인 엘비스가 영감적으로 흉내 내는 일은 위대한가? 물론 엘비스의 매력은 부정할 수 없다. 그는 있는 그대로를 과감하게 남들 앞에서 드러내는 순진한 저돌성을 지녔고 그 느낌은 십몇 인치 남짓한 작은 브라운관으로 필터링을 해도 줄어들지 않았다. 그러나 그렇다고 해서 엘비스의 로큰롤을 과연 베토벤만큼 위대하다고 결론지을 수 있을까?

그런데 과감하게 이야기한다면, 20세기의 결론은 '그렇다' 다. 20세기는 수많은 보통 사람들의 값싼 의견과 구매력을 결국은 존중해야 한다는 걸 보여준다. 엘비스는 인격이 고매해서라기보다는 그런 시대를 상징하는 인물이어서 위대하다. 록음악이란 무엇인가를 이해하려고 해도 이 대목에 관한 이해는 매우 본질적이다.

엘비스에 관한 또 하나의 악명 혹은 오해는 '엘비스가 흑인 음악을 훔쳤다' 는 소문이다. 나 또한 그렇게 생각했다. 틀림없이 그는 흑인 블루스를 흉내 냈을 뿐이다. 샘 필립스의 유명한 말처럼 그는 '흑인의 목소리를 가진 백인' 이었다. 그러나 이 책에 보면 이런 장면이 있다.

> 한 살배기 아들은 가능한 한 옆에 두고 싶었다. 아들은 어머니가 끌고 온 부드러운 자루 안에서 졸면서 하루를 보냈다.
>
> 천천히 일정한 페이스로 목화를 따는 일이 유일한 돈벌이였다. 글래디스는

저울에 목화 45킬로그램을 쏟아부을 때마다 1달러씩 벌었다. 그녀 곁에서 함께 일하는 흑인들은 미국 남부의 역사만큼이나 오래된 노래를 읊조렸다. 영가와 블루스, 아프리카 민요들이 뒤섞인 이 노래와 찬가들이 들판에 넘실거렸다. 그럴 때마다 엘비스는 눈을 크게 뜨고 웃었다.

엘비스가 흑인 음악을 괜히 훔친 것은 아니다. 판자촌에서 태어나 흑인들과 그처럼 가까이 있었기 때문이다. 최하층의 백인이 아니고서는 흑인들과 그런 식으로 만날 수 없었을 것이다. 블루스는 어린 엘비스의 귀를 때린 최초의 음악이었던 것이다.

이 책을 보고 나면 엘비스가 한 일들은 몇 가지로 간단하게 압축된다는 것을 알 수 있다. 그는 죽을 때까지 노래했고 영화와 TV 등의 매체에 출연했고, 죽을 때까지 예쁜 여자들과 잤고, 기름이 뚝뚝 떨어지는 햄버거만 먹었으며(그는 변비 때문에 죽을 때까지 고생했고 죽을 때도 변기에 앉아 있었다), 자기가 좋아하는 것들을—비행기와 대농장과 그레이스랜드를 포함하여—구입했고, 죽을 때까지 멤피스의 친구들(그 유명한 멤피스 마피아 패거리들)을 전국으로 데리고 돌아다니며 소년처럼 놀았고, 죽을 때까지 기도했고, 찬송가를 불렀다. 그러다가 괴로울 때면 약물로 달랬다. 잠 안 올 때는 수면제를 먹었고, 공연할 때는 각성제를 먹었으며, 공연이 끝나면 안정제를 먹었고, 1960년대에는 LSD와 함께 하는 환각파티도 체험했고, 폭식으로 살찌면 살 빠지는 약을 먹었다. 어쩌면 그게 다다. 그리고 그 후유증들 때문에 사십 대에 세상을 떠났다. 사실 그렇게 살면 마흔 이상을 살기가 힘들다. 위대한 로커의 삶이란 이런 것이다. 세계 최초의 월드 록스타의 인생은 거의 전적으로 욕망충족적이고 그래서 평범하고 또 위대하다. 로큰롤이란 그런 거니까.

늘 미스 아메리카 딱지가 붙은 여인들과 어울렸던 엘비스의 연애는

1954년 휴스턴의 열네 살짜리 소녀 키티 존스를 만나면서 시작되었다. 어여쁜 프리실라와 한 번 결혼을 했지만 결혼생활은 그에게 어울리지 않았다. 프리실라와 이혼하면서 엘비스는 이런 명언을 남기기도 했다.

"로큰롤이야. 로큰롤은 아내를 허락하지 않지."

사실 이 책을 번역하면서 감동받은 구절의 하나다. 물론 단순한 말이지만 로큰롤의 모든 것이 이 안에 포함되어 있다. 애국주의와 기독교 이념을 절대 넘어설 수 없었던 엘비스는 정치적으로 전혀 진보적이지 않았으나 그의 로큰롤은 늘 풍속과 제도의 강압 바깥에 나와 있었다. 그래서 그는 도발적이다. 진보적인 생각들을 자극하는 부싯돌이다. 요컨대 생각은 문제가 아닌 것이다.

이 책은 두 가지 엘비스 프레슬리와 대면하고 있다. 하나는 사람 엘비스이고, 다른 하나는 신화 속의 엘비스다. 저자들은 서문에서도 밝히고 있듯이 "신화 엘비스를 벗겨내고 인간 엘비스를 세우려고" 이 책을 썼다. 그러나 여전히 이 책은 이미 가장 미국적인 신화의 주인공이 된 인물을 다루고 있다. 다른 어떤 책보다도 엄정하려고 하지만 이 책도 그 신화를 때로 완전히 부정하지는 못한다. 그래서 '신화에 따르면' 이라든가 '진실이 무엇이든' 등의 단서 조항을 달기도 한다. 가령 엘비스의 탄생에 관해서는 이런 식이다.

바로 그 순간 폭풍우를 머금은 구름이 물러가고 한 조각 파란 하늘이 투펠로 언덕 위에 얼굴을 내밀었다. 버넌은 사산한 아이를 강보에 싸고 구두 상자에 넣어 밖으로 나왔다. 그리고 어스름한 새벽빛을 보았다. 수십 년 후 미디어가 엘비스 신화 만들기에 열을 올릴 즈음, 버넌은 엘비스가 태어날 때 그 눈부신 푸른빛을 보았다고 근사하게 묘사했다. 그런데 버넌의 친구들은 버넌이 엘비스가 태어날 때 '칠흑같이 어두웠다.' 는 말을 했다고 증언하기도 했다.

유보적인 태도로 신화의 허구까지 밝히고 있기는 하지만 객관적으로 서술하려고 노력한 전기의 문체치고는 지나치게 스스로도 신화적이다. 엘비스가 첫 기타를 장만하게 되는 장면 역시 그렇다.

신화에 따르면 엘비스가 열한 살 생일선물로 자전거를 원했지만 돈이 모자란 것을 알고 자전거 대신 계산대 옆 유리 케이스 속의 기타를 사달라고 했다는 것이다. 기타의 가격은 7달러 95센트였다.

이런 것들이 미국 사람들에게는 일종의 건국 신화에 나오는 인물의 이야기나 마찬가지인가 보다. 엘비스의 이야기들이 늘 사실에 근거한다기보다는 때로는 냉철하지만 때로는 고양된 마음으로 신탁을 늘어놓는 엘비스 주변 화자들의 증언에 기반을 두고 있다는 것을 말해주기도 한다. 이 책은 방대한 양의 주석과 자료를 자랑하며 더할 수 없을 정도로 꼼꼼하게 그 말들을 챙겨나가고 있다. 자기 신화를 쓰는 사가(史家)들의 경건함과 정성이 이 책을 쓴 저자들에게서 보인다.

흔히 지금의 세계를 일초다강(一超多强)의 시대라고들 한다. 물론 하나의 초강대국은 미국을 가리킨다. 미국은 왜 강한가? 잘난 사람들의 나라라서? 어쩌면 그 정반대일 수도 있다는 것을, 이 책을 읽으면서 새삼스럽게 느낀다. 록 비평가이자 저명한 문장가인 그레일 마커스는 《미스터리 트레인》이라는 책에서 엘비스의 위대함을 미국식 민주주의와 연결시킨다. 미국식 평등주의, 자유주의는 사람들에게 '나도 너 못잖아.' 라는 인식을 갖게 했고 엘비스의 환상에 가까운 성공 신화는 바로 그런 의식을 공유한 사람들 속에서 가능했다는 것이다. 마커스에 따르면 엘비스는 그런 인식의 현실적인 조건을 보여준다기보다는 그 공감대의 신화를 환상적으로 재확인시켜주는 만남 속에 존재한다.

그래서 엘비스는 가장 미국적인 신화의 주인공이 된다. 미국 사람들은 엘비스를 보면서 승화된 자기 자신을 보는 것이다. 엘비스의 조상과 마찬가지로 유럽에서 무일푼으로 건너와 맨주먹으로 남의 땅을 일구며 때로는 잔인한 싸움과 살인도 마다하지 않은 그들의 마음에 품어져 있는 온갖 희망과 죄악 모두를 엘비스는 살았고, 무대에서 펼쳐 보인다. 이 전기는 그런 의미에서 가장 미국적인 신화 엘비스의 서사시가 아닐까 싶다.

끝으로 개인적인 넋두리 비슷한 걸 좀 하고 글을 맺어야 겠다. 사실 나는 별로 인기는 없지만 '3호선버터플라이' 라는 밴드에서 록음악을 하는 뮤지션이기도 하다. 록의 변방도시인 서울에서 록음악을 하고 또 록에 관하여 글을 쓰는 '나' 라는 사람이, 록의 정중앙이라 할 미국에서 처음 아니이 세상에서 처음 로큰롤이라는 것을 대중화시켰다는 사람의, 신화에 가까운 전기를 번역한다는 것. 나는 누구이고 엘비스는 누구인가. 나는 왜 엘비스의 고향에서 그렇게도 멀리 떨어진 이곳에서 록음악이라는 것을 하고 있을까. 나는 왜 중학교 때부터 전기기타를 사고 싶어했고 돈이 없어 못 사다가 대학에 들어갈 무렵에서야 후진 짝퉁 전기기타 하나를 마련하고 그렇게 기뻐했을까. 나는 왜 엘비스도 똑같이 흉내 냈던 열두 마디 블루스 코드를 외우고 손으로 따라하고 업비트의 리듬이 심장을 두드리면 검은 교복도 벗지 않은 채 거울 앞에서 흥분했으며 고등학교 고학년 때부터 밴드 만들 생각을 하고 재수할 때도 기타 치는 친구 녀석과 어울려 허구한 날 영국과 미국의 록 기타리스트들이 만든 기타 프레이즈들을 따라 했을까. 그것들은 내게 무엇이었을까.

그런데 사실은 이렇게 생각에 생각을 이어가다 보니 엘비스를 이해하게 되는 대목과 마주친다. 엘비스는 또 누구인가. 미국 땅은 록의 중심이지만 엘비스가 흑인들의 블루스를 듣고 따라할 당시, 록은 그야말로 아무것도 아니었다. 뉴욕이나 로스앤젤레스 같은 대도시에 쿨한 사람들이 넘쳐흘렀지만 엘비스는 촌스러운 남도 사투리를 너무 진하게 쓰는 완전 촌놈에 불과했다. 록의 아버지인 블루스는 당시 미국 최하층의 자기표현 수단이었다. 남부의 떠돌이 흑인들 말이다. 진짜 깡촌 판잣집에서 태어난 엘비스는 왜 흑인들의 리듬을 흉내 내고 블루스를 마치 자기 노래인 양 불렀을까. 왜 트럭 운전을 하면서도 흑인들의 노래들을 흥얼거리고 선 레코드 사무실에 들러 자기도 흑인처럼 노래할 수 있다는 것을 보여주었을까. 흑인적인 블루스는 백인 촌놈인 그에게 도대체 왜 흥미로웠을까. 그러던 그가, 잘 생긴 백인 촌놈인 그가 흑인 같은 목소리로 노래하고 당시로는 너무 음란하여 TV에 나올 수도 없는 춤을 추더니 갑자기 로큰롤의 황제가 되었다.

록의 변방에 사는 나의 이런 저런 생각들이, 이 글 처음에 말한 일종의 문화적 자의식 간의 만남, 혹은 충돌의 사례들이 아닐까 싶다. 저자들이 의도한 이 책의 주제와는 거리가 멀겠지만 나는 결국 록의 변방이라는 것이 없다는 결론을, 책을 다 읽고 내렸다. 로컬리티(locality)라는 말은 사실 굉장히 복잡하고 섬세하게 다뤄야 하는 말인 것이다.

번역의 대본으로 삼은 책은 《Down at the End of Lonely Street》이다. 번역을 하는 과정에서 가장 많은 수고를 한 사람은 공역자 최윤석 씨다. 이 일 저 일 쓸데없이 바쁜 나보다 훨씬 더 이 책의 번역에 정성을 들인 그에게 누구보다도 고맙다고 말하고 싶다. 번역의 모든 공을 그에게 돌린다. 반대로 번역과정에서 있었을지도 모르는 실수들에 대해서는 전적으로 나를 채찍질하시길.

번역하면서 원칙을 세우기 힘들었던 게 하나 있다. 노래나 영화의 제목을 어떻게 번역할 것인가의 문제가 그것이었는데, 번역을 하는 게 문맥의 이해에 도움이 될 만한 경우를 제외하면 대개는 번역하지 않고 원문의 발음을 실어두었다. 영어 발음을 그대로 한글로 적고 보니 그것 또한 어색하긴 마찬가지였지만 그나마 그게 더 익숙할 것 같아서였다.

약속된 기일을 터무니없이 넘기는 바람에 너무나 오래 기다릴 수밖에 없었던 이마고 출판사 분들께 죄송스럽다는 말을 이 자리를 빌려 해야겠다. 더불어 불량필자에게 좋은 책을 소개시켜 주신 사장님과 편집부에 너무 감사하다는 말씀, 4월 말의 허공을 부유하는 민들레 씨와 함께 날려드린다.

2006년 봄, 연남동에서

성기완

그는 죽을 때까지 노래했다

처음부터 쉬울 거라고 생각하진 않았다. 그렇지만 이렇게 힘들 줄은 몰랐다. 우리는 한여름의 열기를 뚫고 엘비스가 멤피스에서 왜, 어떻게 죽었는지에 대해 핵심적인 증언을 해줄 사람을 만나러 가는 길이었다. 그런데 우리를 마약단속국(DEA: Drug Enforcement Agency) 직원과 이어주기로 했던 사람이 갑자기 길가에 차를 세우라고 손짓했다. 그런 다음 자기도 차를 세우더니 우리 차의 뒷좌석에 올라탔다.

"내가 보기엔 다들 정직하고 올바른 기자들 같지만……."

그는 이미 약속된 인터뷰를 할 수 없다면서 그 사정을 늘어놓았다. 이유는 간단했다.

"높은 양반께서 말이지……."

고위층에서 인터뷰 취소를 결정했고, 심지어 어떤 문서에는 엠바고를 걸어버렸다는 거였다.

도대체 누가 그런 권력을 가졌단 말인가? 우리의 DEA 연줄은 묵묵부답이었다. 그러나 멤피스라는 도시에서 그레이스랜드(Graceland, 엘비스가 살던 집—옮긴이)가 휘두르는 정치적 영향력을 모르는 사람은 아무도 없었다. 그레이스랜드는 엘비스 '프레슬리 엔터프라이즈(EPE: Elvis Presley

Enterprises)'가 운영하고 있었고, 이 회사의 사장은 엘비스의 전처 프리실라 프레슬리였다. 더욱이 그레이스랜드의 사업은 진실을 말하기보다는 신화를 창조하는 산업이다. 사실 이 신화는 매년 황금빛을 더해가고 있다.

우리는 EPE를 통해 엘비스에 관한 정보를 구하려고 했지만 회사측에서는 '공인된' 출판 계획을 더 좋아한다고 한마디로 잘라 말했다. 그 계획 중에는 중요 엘비스 프레슬리 증언자들의 술회에 의존하는 프로젝트들도 있었는데, 우리 역시 그 증언자들을 만나고 싶었지만 그들은 그레이스랜드의 분노를 사게 되어 결과적으로 돈줄을 잃을까봐 매우 조심하는 눈치였다.

어려운 것은 그뿐이 아니었다. 그나마 EPE의 호감을 사지 못한 증언자들은 증언의 조건으로 한사코 돈을 요구했다.

"주시는 건 고맙게 받겠어요."

우리가 만난 멤피스 마피아 단원의 아내는 노골적으로 말했다. 음악을 한다는 사람들도 한몫했다. 1950년대에 겨우 히트곡 하나밖에 없는 사람들도 "내 이력에 도움이 된다면 하겠소."라는 식이었다. 우리는 그런 데 쓸 돈도 없었고 기적을 바랄 수도 없었다.

1977년에 프레슬리가 죽은 뒤로 군소 출판업자들이 줄줄이 마이크를 들이대는 통에 관계자나 친척들은 문자 그대로 이야기의 달인이 되었다. 책마다 스토리나 에피소드가 바뀌는 사람들도 있었다. 프레슬리가 자기 어머니와 성관계를 맺었다는 얼토당토않은 증언을 늘어놓는 친척도 있었다. 전에도 추잡한 증언을 한 적이 있는 자였다. 엘비스를 아는 사람들 중에는 남보다 한술 더 뜨려는 자들이 너무 많았다.

그러니 엘비스 프레슬리를 안다는 사람의 말치고 믿을 말이 없다는 얘기가 나오는 것이다.

엘비스 자신도 이런 혼란에 한몫한 건 사실이었다. 일생 동안 엘비스는 여자들을 포함하여 최측근들이 언론에 발설하는 것을 엄격하게 금했다. 엘비스는 일반적으로 묘사되는 것보다 훨씬 똑똑해서 자신의 기벽들 중에는 대중적 이미지와 엇나가는 게 있다는 걸 잘 알았다. 그는 예민하고 명석한 매니저 콜로넬 톰 파커의 보호막 아래에서 스스로 신화를 창조했다.

우리는 바로 그 신화를 뚫고 들어가고 싶었다. 오랜 세월 오해 속에서 잘못 그려졌던 초상화에 그 사람의 실제 살과 뼈를 붙여주고 싶었다.

처음에는 친구들마다 미쳤다고 했다. 부모도 걱정이 태산이었다. 동료들은 냉소의 눈길을 보냈다. 우리가 끝없이 들은 말은 "뭐 하러 엘비스 책을 또 써?"였다. '과거의 엘비스 저자들' 운운하는 말 속에는 '뭐 더 할 이야기가 남았겠느냐'는 생각이 자리잡고 있었다.

우리는 이런 걱정들을 이해했다. 엘비스의 후기에 관한 책만 해도 족히 300권은 되었다. 그만큼 엘비스는 미국의 대중적 우상들 중에서 가장 낱낱이 파헤쳐진 인물이었다. 하지만 그렇게 마구 쏟아지다 보니 뭐가 진짜고 뭐가 거짓인지 구별하는 게 힘들어지고 말았다. 비위를 맞추려는 책들은 하나같이 엘비스를 성유 바른 왕으로 만들었고, '모든 것을 밝힌다'며 선정적으로 나오는 책들은 엘비스의 어두운 면만 강조했다.

사실상 엘비스는 그 중간 어딘가에 있다. 완벽한 사람은 아니지만 괴물도 아니다. 역사상 엘비스만큼 명성을 누린 사람이 없다는 것, 그가 음악과 대중문화의 시대적 변화를 상징하는 아이콘이 된 것이 겨우 스물한 살 때였다는 걸 고려한다면 그 누구보다도 대단한 사람임에 틀림없다.

그의 이야기를 하기 위해 300명이 넘는 사람들의 도움을 받았다. 또한 10년 동안 모으다 보니 산처럼 쌓여버린 자료 속을 누벼야 했다. 그의 사망과 관련된 자료들, 후속 수사 기록, 그리고 진실을 담은 소송 기록 등은 특별한 도움이 되었다. 우리는 멤피스 바깥에서 구한 검시 결과와 후속 자료도 면밀히 검토했다. 1960년대와 70년대의 엘비스 의료 기록에도 접근할 수 있었는데, 슬프게도 그는 세상에 알려진 것보다 오랫동안 마약을 복용해온 것으로 드러났다.

엘비스 프레슬리의 팬으로서 우리가 파헤친 사실을 보며 그에 대해 실망하기도 했다. 전기작가로서 무시할 수 없는 부분이었다.

잘잘못을 모두 되살려 인간 엘비스를 만드는 것이야말로 그를 진정한 인간으로 거듭나게 하는 일이라고 믿는다. 그의 이야기는 결국 현기증 나는 성공담이자 외로운 절망의 외침이고 믿을 수 없는 결단력의 신화이기도 하다. 그는 죽을 때까지 노래했다, 이렇게 쓰는 것이 그의 영혼뿐만 아니라 현대의 모든 기인들 가운데에서도 가장 위대한 사람으로 꼽히는 그의 지위에 걸맞은 찬사라 생각한다. 그의 이야기를 들려주게 된 것은 참 소중한 일이다.

차례
—Contents

이 이야기엔 악인도 죄인도 없다.
단지 특별한 사람의 삶과 인연이 얽힌
보통 남자와 여자만이 있을 뿐이다…….

— 1996년 5월,
멤피스청소년대법원 샘 톰슨(Sam Thompson)* 판사

* 엘비스 프레슬리의 전 보디가드, 로드 매니저.

엘비스의 부모 글래디스와 버넌 프레슬리.

예정된 운명
-Omens

산부인과 의사 윌리엄 로버트 헌터는 포드T의 차창을 통해 황량한 어둠 속을 응시했다. 투펠로와 그 교외를 가르는 협곡의 진흙둑을 찾는 중이었다. 교외의 이스트 투펠로는 가난한 노동자들의 보금자리이자 싸구려 홍등가인 구즈할로를 드나드는 사람들의 거처이기도 했다. 하얗게 칠한 판잣집에는 대공황을 겨우 버틴 서민들도 살았고 야바위꾼이나 야간 불법 영업자과 섞여 살았다.

헌트 박사는 갓 태어날 아기를 받기 위해 프레슬리네 집을 찾아가는 길이었다. 그는 빈민복지원 소속이었기 때문에 아이를 낳기 직전에야 산모를 만났다. 이번 산모는 검은 눈하며 이목구비가 아름다운 글래디스 프레슬리(Gladys Presley)였다. 노래할 때는 천사의 목소리를 들려주지만 고조할머니를 닮아 성품이 강인한 여자. 부족을 떠나 백인과 결혼한 고조할머니는 '모닝 도브', 즉 아침 비둘기라는 이름을 가진 순수 혈통의 체로키 인디언이었다.

새벽부터 미시시피 강 북동부 곳곳에 진눈깨비가 쏟아진 터라 시야가 캄캄했다. 의사는 결국 창 밖으로 고개를 내밀고 협곡을 통과하여 복선철로 쪽으로 가는 길을 살피는 수밖에 없었다. 이 철로가 안전 지역인 투펠로의 동쪽 경계였다. 그때 구 살틸로 로드 쪽으로 향한 언덕에 실성한 듯한 청년이 보였다. 열아홉 살의 잘생긴 건달 버넌 프레슬리(Vernon Presley)였다. 그는 180달러를 빌려 판잣집를 짓고 살림을 꾸린 청년 가장이었다.

버넌은 건성으로 인사치레를 하고 의사를 안으로 들였다. 그리곤 새벽찬 바람이라도 들어올 새라 문을 닫더니 좁은 방을 꽉 채운 침대에 누운 여자쪽으로 갔다. 글래디스는 이미 제정신이 아니었다. 칠흑 같은 머리는 땀에 흥건히 젖은 채 산파인 에드나 로빈슨과 시어머니인 미니 매이 프레슬리(Minni Mae Presley)의 손을 꽉 붙들고 있었다. 10시간 가까이 진통에 시달리는 중이었다.

"이거 별로 안 좋은데."

산파가 걱정스럽게 말했다. 기름 램프의 불빛을 받아 벽에 어른거리는 그림자들이 출산의 광경을 그려냈다. 산파와 시어머니가 글래디스의 어깨를 움켜쥐었다. 집 밖에서는 버넌이 초조하게 서성거렸다. 근처에는 시아버지인 제시 프레슬리(Jessie Presley)가 술에 취해 멍하니 앉아 있었다.

헌트 박사는 램프를 침대 가까이 가져오라고 한 다음 사람들에게 일렀다.

"물러들 서요. 이제 할 일을 해야겠소."

스물두 살의 글래디스 프레슬리는 헌트 박사가 이끄는 대로 한 시간 동안 산고를 겪었다. 글래디스는 이 아이가 지난 2년간의 고통을 끝내고 새로운 삶을 가져다주길 빌었다. 그녀는 임신 사실을 알고부터 날마다 하느님께 기도했다. 벌써 딴 짓을 하고 다니는 눈치인 남편에게 선물이 될 예쁘고 훌륭한 아들을 달라고.

새벽 4시가 되자 글래디스는 찌르는 듯한 비명을 질렀다. 누군가가 버넌을 향해 침대 곁으로 오라고 소리쳤다. 글래디스 옆에는 아기가 누워 있었다. 그런데 아무런 움직임도 없었다. 버넌은 슬픈 눈으로 헌트 박사를 바라보았다. 헌트 박사는 머리를 가로 저었다.

방안에는 찬물을 끼얹은 듯한 침묵이 흘렀고 지붕으로 쏟아지는 우박 소리가 귀를 멍하게 만들 뿐이었다. 제시 프레슬리는 너무 취한 나머지 바로 눈앞에서 일어난 비극을 미처 알아차리지 못하고 아기의 배를 간질이며 "까꿍, 까꿍." 하고 중얼거렸다.

결국 버넌이 버럭 화를 냈다.

"제길, 뭐예요, 아버지! 아기는 죽었단 말이에요!"

뺨을 타고 눈물이 주르르 흘렀다.

"내 아들이 죽었어요!"

"그렇지만 버넌아, 어미 뱃속에는 아기가 또 들었단다."

수십 년 뒤에 버넌이 말한 대로, 산모의 배에 손을 얹어보고 나서 아기가 또 있다고 말한 사람은 바로 제시였다.

그 말에 의사가 급하게 산모 곁으로 다가왔다.

"맞아, 쌍둥이였어. 아기가 또 있군."

1935년 1월 8일 새벽 4시 35분, 엘비스 아론 프레슬리(Elvis Aaron Presley)의 공식적인 출산 시각이다. 바로 그 순간 폭풍우를 머금은 구름이 물러가고 한 조각 파란 하늘이 투펠로 언덕 위에 얼굴을 내밀었다. 버넌은 사산한 아이를 강보에 싸고 구두 상자에 넣어 밖으로 나왔다. 그리고 어스름한 새벽빛을 보았다. 수십 년 후 미디어가 엘비스 신화 만들기에 열을 올릴 즈음, 버넌은 엘비스가 태어날 때 그 눈부신 푸른빛을 보았다고 근사하게 묘사했다. 그런데 버넌의 친구들은 버넌이 엘비스가 태어날 때 '칠흑같이 어두웠다.'는 말을 했다고 증언하기도 했다.

한편 글래디스는 다른 예감을 믿었다.

"나는 처음부터 쌍둥이를 낳을 거라고 생각했어요. 몸 안에서 귀여운 발 네 개가 발길질을 했으니 당연히 쌍둥이라고 믿었죠. 더불어 작은 영혼이 둘이라는 것도 느꼈어요."

그녀는 깊은 언덕마을에서 자란 터라 '살아난 쌍둥이가 죽은 쌍둥이의 힘을 전해 받는다.'는 미신을 믿었다. 나중에 글래디스는 살아난 아들에게 죽은 쌍둥이 형 제시 가론(Jessie Garon)과 엘비스 자신, 그렇게 두 사람 몫을 해야 한다는 것을 강조했다는 이야기도 있다.

출산비용으로 든 15달러는 빈민복지회에서 지불했다. 헌트 박사는 비용이 늘어나지 않도록 포경수술은 하지 않았다. 다만 산모에게 입원을 권유했으나 산모는 한사코 거절했다. 죽은 아이의 장례를 제대로 치르기 전에는 절대로 가지 않겠다는 거였다.

다음날 아침 제시 가론에게 푸른 옷을 입혀서 뉘어놓은 작은 관을 식탁에 올렸고, 정오 무렵에 스미스와 프레슬리 일가가 모여 길고도 긴 추도식을 거행했다. 추도식은 비탄에 젖은 힐빌리(hillbilly, 미국의 음악 스타일—옮긴이) 성가인 〈죽은 자의 노래(Songs of the dead)〉로 길 잃은 영혼을 추모하며 끝을 맺었다. 식구들은 일일이 제시 가론에게 마지막 인사를 속삭였다. 그러고 나서 이 작은 관을 한겨울의 차가운 대기 속으로 들고 나갔다. 해가 지기 전에 땅에 묻어주기 위해서였다.

아기는 프라이스빌 침례교회 공동묘지에 안장되었다. 3.5달러가 없어서 묘비명은 새기지 못했다. 꽃다발도 없었다. 울부짖는 힐빌리 멜로디만이 아기의 마지막 길을 함께 해주었다.

장례를 마치고 돌아온 산모는 자궁출혈이 멎지 않아 혼미상태에 빠지고 말았다.

"빨리 병원에 데려가지 않으면 큰일나겠어!"

헌트 박사는 환자가 죽지나 않을까 우려했다.

엄마는 아기를 돌봐야 했기 때문에 아기와 함께 투펠로 병원의 자선 병동에 입원하여 2주를 지냈다. 이것이 어머니와 아들 사이에 각별한 정이 생기는 첫번째 기회였다. 버넌과 가족들은 병원 복도를 서성거리며 글래디스의 회복을 빌었다.

양가의 가족들은 철없던 부부가 이 위기를 통해, 그리고 아기를 기르면서 좀더 성숙해지기를 바랐다. 두 사람은 시골 상점에서 처음 만난 지 불과 몇 주 만에 가출했지만, 양가에선 별로 놀라지도 않을 정도였다.

글래디스의 집안은 고질병에 시달려왔다. 사촌 중에서 넷이 우울증으로 고생했고 어머니 돌 스미스(Doll Smith)는 10년이 넘는 세월을 침대에서 보냈다. '너무 우울해서 일어날 수가 없다.' 는 거였다. 글래디스 자신도 십대를 '신경 발작' 과 '우울성 발작증' 에 시달리며 보냈다. 하지만 그녀는 길게 휘날리는 검은 머리와 빛나는 검은 눈동자, 그리고 날씬한 몸매로 투펠로에서 꽤 유명한 파티걸이기도 했다. 투펠로 의류공장에서 하루에 12시간씩 교대로 일했지만 시내의 댄스홀을 누비는 자유분방한 아가씨라는 소문이 자자했다. 워낙 열정적으로 춤을 춰서 그녀가 플로어에 나서면 모여서 구경하는 무리가 만들어졌고 그 때 파트너가 매너 좋게 뒤로 물러서 주면 매끄럽게 왁스칠된 플로어 위를 누비며 솔로 춤을 췄다고들 한다. 글래디스는 당시에 너무 외설적이라는 이유로 다소 점잖은 '투펄로 댄스 파빌리온' 은 말할 것도 없고 지방 댄스 클럽에서 금지되었던 '벅 댄싱(스윙 댄스의 일종. 원래는 탭 댄스 이전에 유행했던, 유랑극단의 춤에서 유래한 흑인 댄스—옮긴이)'에 탐닉했기 때문에 이 춤을 출 룸이 필요했다. 글래디스는 짝을 지어서 추는 동물적인 몸짓의 춤인 벅스 댄스에 흠뻑 빠져 엉덩이를 흔들며 늘씬한 다리를 돌리곤 했다. 몇십 년 후 가수가 된 아들이 이와 비슷한 몸짓을 가지고 스타덤에 오른 것은 묘한 우연의 일치라고나 할까.

글래디스의 조상은 미국혁명기 이전에 미국에 정착하여 소작민 생활을 한 스카치 아이리시계 이민자였다. 버논의 가계도 비슷했다. 둘 모두 가난하지만 자부심 강한 집안 출신으로 미시시피 주에서 태어나 거기서 자랐다. 두 집안 다 밀주를 담그고 불법 위스키를 판매하는 일은 전통에 속하는 일이었다.

스물한 살의 글래디스 러브 스미스가 버논 프레슬리을 본 것은 1933년의 어느 오후. 로이 마틴의 식료품점에 들어서던 버논은 당시 열일곱 살이었다. 글래디스는 나이에 안 맞게 훤칠한 그의 키와 금발, 푸른 눈, 그리고 조각 같은 얼굴에 마음을 빼앗겼다. 외모도 외모지만 버논은 난봉꾼인 아버지 제시(Jessie)의 아들답게 여자다루는 능숙한 솜씨를 이미 터득하고 있었다.

어떻게 보면 이것은 정반대의 성격끼리 매력을 느끼는 경우였다. 글래디스는 도도하고 단호했으며 열심히 일하는 성격인데다 어머니와 일곱 남매의 원동력이었다. 반면 버논은 느긋한 성격을 지녔고 결단력이라든가 중노동과는 거리가 멀었다.

그들은 곧 글래디스의 삼촌이 설교를 하던 '하나님의 성회' 교회에서 단짝이 되었고 같이 손을 잡고 롤러스케이트를 타기도 했다. 버논은 1933년 6월 17일 어느날 아침, 체리 코크를 시켜놓고 글래디스에게 프러포즈했다. 콜라를 홀짝이던 그녀는 프러포즈를 받아들였다. 언제나처럼 무일푼이었던 버논 프레슬리는 친구에게 3달러를 꿔가지고 피앙세와 함께 베로나라는 작은 마을까지 차를 몰고 갔다. 법원 순회서기 J. M. 게이츠가 그들에게 증명서를 건네주었고 90분 후 그들은 그곳에서 결혼했다. 그들은 나이를 속였다. 버논은 스물두 살로 적었고 글래디스는 헛되이 열아홉으로 나이를 낮췄다. 길가 식당에서 바비큐를 먹는 것으로 피로연 디너를 대신했다. 이 일을 집안에 알리고 싶지 않았던 그들은 버논의 사촌인 마샬 브라운의 집에서 첫날밤을 보낸다. 이튿날 아침 여섯 시, 그들은 각자 아무 일도 없었다는 듯 자신들의 일상적인 일터로 돌아왔다. 글래디스는 옷 공장으로, 버논은 땅주인 오빌 빈(Orville Bean)의 소작지로.

버논의 아버지는 일단 화를 냈지만 글래디스처럼 참한 색시와 결혼하게 되면 이미 건달로 쳐버렸던 아들이 사람 좀 되겠지 싶어 화를 가라앉혔다. 친구들에 따르면 이들은 결혼 첫 1년 동안은 가족과 친지들과의 모임을 즐기며 보냈다고 한다. 버논의 사촌과 결혼한 애니 프레슬리는 "우리는 대문 앞에 앉아 영가를 부르곤 했어요."라고 회고한다.

글래디스는 더 이상 예전의 '파티 걸'이 아니었다. 그녀는 임신한 사실을 알게 되자 뛸 듯이 기뻐했다. 새로운 열정에 빠져든 그녀는 극도로 종교적으로 변했고 밀주 판매를 하지 않겠다고 맹세했다. 배가 점차 불러오자 그녀는 12시간 노동의 일자리를 놓지 않기 위해 아랫배를 천으로 감아야 했다. 그러면서도 글래디스는 공장에서 유쾌한 분위기를 자아내기로 명성이 자자했다.

미래의 아빠가 될 버논은 제시와 미니 매의 집 옆에 방 두 개짜리 신혼집을 짓는 데 온 힘을 기울였다. 겨우 열두 평 남짓한 이 집은 '일자 판잣집'의 일부였다. 문들이 정확히 일렬로 나 있어서 집을 통과하여 직선을 그을 수도 있었다. 당시 보통 살림집보다 작았던 이집은 침실과 뒤쪽의 부엌으로 이루어져 있었다. 버논은 아버지와 베스터(형제)와 함께 집을 지었는데, 베스터의 말에 의하면 버논은 대개 시키기만 했고 제시와 베스터가 힘을 썼다.

산고 끝에 엘비스가 살아서 태어난 일은 독 헌트(Doc Hunt)의 표현으로는 '기적'이었다. 글래디스는 엘비스가 태어난 이후 민간 신앙을 열렬히 믿었다. 아들이 태어나던 날 아침의 달무리는 엘비스를 위한 하느님의 놀라운 계획을 보여준다고 여겼다. 자신을 인도해줄 징조들을 자꾸 찾아내려고 하던 글래디스는 또 다른 징조 하나로 더욱 확신을 갖게 되었다.

1936년 4월 5일, 토네이도가 투플로를 덮쳐 시내 48개 블록이 파괴되었고 263명이 죽었다. 길 건너의 교회와 이웃 네 곳의 집이 완전히 무너졌다. 집 주변이 모두 재난을 입었는데 놀랍게도 프레슬리의 작은 집만은 온전했다.

글래디스는 엘비스의 고사리 같은 손을 잡고 마을을 가로지른 파괴의 흔적을 내다보며 말했다.

"얘야, 이 일은 네가 이 세상에서 특별한 일을 하도록 점지됐다는 또 하나의 징조란다. 너는 구원된 거야."

두 살 때의 엘비스 가족.

2 타고난 가수

—The Song in His Heart

글래디스 프레슬리는 미시시피의 목화밭에서 하루를 시작했다. 오늘도 하루종일 목화를 따야 했다. 11월 하순의 추운 날씨였지만 낡은 실내복에 얇은 니트 스웨터를 걸치고 있었다. 동쪽 하늘이 붉게 물들면서 태양이 떠오르면 찌는 듯 더워질 터였다. 그녀는 천천히 팔과 목에 거즈를 감고 넓은 밀짚모자를 고쳐썼다. 피부가 워낙 하얘서 햇빛이 조금만 닿아도 붉은 반점이 올라오기 때문이었다.

하지만 섬세한 손은 보호할 방법이 없었다. 장갑을 끼면 아무리 얇아도 따끔따끔한 엉겅퀴 같은 이파리를 헤치고 목화송이를 제대로 따낼 수 없기 때문이었다. 그녀는 작업준비를 마치고 허리를 구부린 채 남자 키 정도 되는 자루를 끌면서 밭이랑을 따라 끌고 간다. 한 살배기 아들은 가능한 한 옆에 두고 싶었다. 아들은 어머니가 끌고 온 부드러운 자루 안에서 졸면서 하루를 보냈다.

천천히 일정한 페이스로 목화를 따는 일이 유일한 돈벌이였다. 글래디스는 저울에 목화 45킬로그램을 쏟아부을 때마다 1달러씩 벌었다. 그녀 곁에서 함께 일하는 흑인들은 미국 남부의 역사만큼이나 오래된 노래를 읊조렸다. 영가와 블루스, 아프리카 민요들이 뒤섞인 이 노래와 찬가들이 들판에 넘실거렸다. 그럴 때마다 엘비스는 눈을 크게 뜨고 웃었다.

"말하자면 엘비스에겐 삶 자체가 교향곡이었던 거죠."

엘비스의 고모 델타가 회상한다.

훗날 엘비스가 '투펠로의 훌륭한 음악'이라고 부른 이 음악에 대한 열정은 젖먹이 때부터 길러진 셈이었다. 아장아장 걸을 즈음에는 그 멜로디를 따라 부를 정도였다. 만 세 살 생일이 되기 직전 어느 일요일 아침 예배시간에는 엄마의 무릎을 미끄러져 내려와 통로를 달려가더니 성가대 바로 앞에 멈춰서서 성가대원들의 입모양을 따라하며 귀청이 찢어질 듯 큰 소리로 찬송가를 불러서 엄마와 교회 사람들을 놀래킨 적도 있었다.

네 살 때는 첫번째 기타가 생겼다. 빗자루와 담배상자를 연결한 다음 헐렁한 줄을 두어 개 낀 보잘것없는 것이었다. 째지는 목소리로 부르는 노래와 함께 울리는 기타소리는 끔찍했다. 얼마 후 버넌은 '시어스 앤 로벅(Sears and Roebuck)' 표 축음기와 음반 몇 장을 사주었다. 엘비스는 의자에 앉아 몇 시간이고 그 음악들을 들었다. 글래디스는 가끔 아들을 데리고 '교회순례'를 다니며 지역 교회들의 음악을 들려주었다. 주로 하나님의 성회 종파의 교회였다. 이 교회들은 아침뿐만 아니라 저녁에도 예배를 보았다.

"자정 전에 집에 들어오면 일찍 들어온 거였어요."

애니 프레슬리가 회상했다.

그러다가 1937년이 저물 무렵, 집안에 먹구름이 닥쳐왔다. 엘비스는 만 세 살이 되어가고 있었다. 버넌과 의붓형제인 트래비스 스미스, 친구인 레더 게이블이 버넌의 상사인 오빌 빈에게 송아지를 팔았던 것이다. 그런데 이스트 투펠로에서 유일한 가축매입자였던 오빌은 당시 송아지의 시중가격인 25달러를 쳐주기는커녕 송아지값으로 겨우 4달러짜리 수표를 줘버렸다. 세 사람은 황당하다 못해 화가 난 나머지 숲 속에서 밀주를 마셨고, 트래비스는 술김에 수표에 0을 하나 더 써넣자고 제안했다. 다음날 아침 그들은 40달러를 현금으로 바꿨다.

결국 오빌 빈의 신고로 세 사람은 체포되었다. 경찰이 와서 버넌을 잡아가자 글래디스는 주저앉아 울부짖었다.

"배고파서 한 짓을 가지고 왜 그래요!"

버넌은 카운티의 감옥에 수감되었다. 그런데 버넌의 아버지는 버넌이 잘 알지도 못하는 트래비스에겐 보석을 신청해주고, 정작 아들인 버넌에게는 6개월이나 감옥살이를 시켰다.

글래디스는 거의 매일 도시락을 싸들고 엘비스를 앞세운 채 마을을 가로질러 버넌을 찾아갔다. 남편에게 거친 감옥음식을 먹이지 않기 위해서였다. 애니 프레슬리의 얘기를 들어보자.

"글래디스는 남편에게 충실했어요. 먹고살기 힘든 때였고, 우리는 버넌이 왜 그랬는지 이해했어요."

1938년 5월 25일, 일명 '교수형 판사'로 알려진 투펠로 대법원의 판사 토머스 J. 존스턴은 버넌에게 미시시피의 악명 높은 교도소 '파치맨 팜'에서 징역 3년을 살 것을 선고했다. 위조화폐발행죄였다.

과중한 선고였다. 버넌이 두 시간 거리에 있는 교도소로 가기 위해 호송차로 인도될 때, 글래디스가 엘비스를 데리고 다가가 아빠와 작별의 키스를 하라고 했다. 버스가 땅거미가 지는 길을 떠나 사라질 때까지 모자는 버스만 쳐다볼 뿐이었다.

다음날 오후 보안관이 프레슬리의 집을 노크했다. 압류 명령이었다. 버넌이 이 집을 지을 때 돈을 빌려준 오빌 빈이 엘비스와 글래디스를 쫓아내려는 것이었다. 글래디스의 친척들이 나서서 수습을 해보려고 했지만 빈은 계약서에 남아 있는 120달러가 아니라 한사코 집을 원했다. 당시 버넌의 판잣집 가격이 500달러 정도였기 때문이다.

오빌 빈은 글래디스에게 24시간 내에 짐을 챙겨 나가라고 명했다. 글래디스는 시부모가 사는 옆집으로 가야 했다. 남편에게 등을 돌린 시아버지와 함께 사는 것이 싫었지만 달리 방법이 없었다. 어느 날 밤 글래디스는 용기를 내어 시아버지에게 물었다. 왜 아들을 도와주지 않았느냐고.

"그 녀석은 무능하고 게으르고 쓸모없는 놈이야. 이번 일로 버릇을 고쳐야 해."

다음날 글래디스는 프랭크와 레오나 리처드 부부의 집 문간방으로 이사했다. 프랭크는 그녀의 첫째 사촌이었다. 그녀는 먹고 자는 대가로 리처드네 집안일도 하고 아이들도 돌볼 생각이었다.

이러한 수모는 젊은 글래디스에게 또 하나의 깊은 상처가 되었다. 사실 그녀는 출산 때 받은 정신적 충격에서 아직도 회복되지 않은 상태였다.

"글래디스는 쌍둥이를 낳고 완전히 달라졌죠."

엘비스의 둘째 사촌 크리스틴 로버츠 프레슬리가 회상했다.

"충격을 받은 거예요. 그녀는 쌍둥이를 낳고 병원에 갔다가 돌아오면서 '어떻게 해볼 도리가 없는 불안에 몸이 덜덜 떨렸다.' 고 털어놓았죠."

한번은 엘비스가 지하실 문에 돌을 던졌는데 쾅 소리가 났다. 소리가 어찌나 크던지 크리스틴과 글래디스 모두 총소리로 오인할 정도였다.

"나는 바비와 엘비스가 엽총을 꺼내서 과녁 맞추기를 하는 줄 알았어요. 그런데 글래디스를 봤더니 완전히 하얗게 질린 거예요. 등과 다리의 근육이 경련을 일으키고."

나중에 돌아보건대 글래디스는 첫아이를 잃은 깊은 슬픔을 극복하지 못했던 것이다.

"큰애는 죽었지, 남편은 감옥에 갔지, 글래디스가 예전과 완전히 달라질 수밖에 없었죠."

시어머니 미니 매이의 증언이다.

그러나 글래디스는 속앓이를 드러내지 않았다. 애니 프레슬리는 "가슴 속에 꾹꾹 가둬놓고 살았다."고 표현했다. 글래디스는 또다시 임신할 생각이 없었다. 애니는 글래디스가 "아이를 또 갖는 것을 두려워했어요."라고 덧붙였다.

글래디스는 나중에 엘비스에게도 죽은 쌍둥이 형이 있었다고 말한 것이 분명하다. 엘비스의 죽마고우였던 짐 오스본(Jim Ausborn)은 엘비스가 묘비명 없는 제시의 묘에 가서 형에게 뭔가 이야기하는 것을 봤다고 말했다.

버넌이 감옥에 있는 동안 글래디스는 세탁소에서 일했고, 2주에 한 번씩 버스를 타고 파치맨 팜 교도소에 가서 1일 면회를 했다. 아버지에게 일어난 일을 이해하기엔 너무 어렸던 꼬마 엘비스는 아버지와 도시락을 먹을 기대에 부풀어 그저 창 밖으로 들판을 바라볼 뿐이었다.

대부분의 죄수들이 형을 사는 동안 들판에서 노역을 해야 했지만 버넌은 예외였다. 교도소에 들어간 지 얼마 안 되어 모범수로 인정받아 교도소장의 특별한 신임을 얻었던 것이다. 교도소장은 버넌에게 상대적으로 힘이 덜 드는 일을 시켰고 배우자 방문권도 주었다. 교도소장은 심지어 프레슬리 가족에게 그의 방문객용 침실을 내주었고 엘비스를 거실에서 놀게 했다.

그러는 동안 글래디스는 남편이 겪는 부당한 고통에 분노한 나머지 탄원운동을 시작했다. 마을 사람들은 엄마와 아들이 가게에서 가게로, 집에서 집으로 발품을 팔며 서명을 받는 모습을 쉽게 목격할 수 있었다. 노란 머리의 엘비스가 눈물을 글썽이며 간청했다.

"여기에 서명을 해주시면 우리 아빠가 집에 와요."

글래디스가 서명된 연판장을 제출하자 주지사는 호의적인 반응을 보였다. 덕분에 버넌은 9개월 만에 석방되었다.

그러나 아버지가 없는 동안(전부 16개월이었다) 글래디스와 엘비스는 둘만의 새로운 가정을 꾸리고 있었다. 엘비스는 글래디스의 세계에서 자신이 가장 중요한 사람이라는 것을 깨달았고, 자신이 할 수 있는 한 이 집의 작은 가장처럼 행동함으로써 엄마의 헌신에 보답했다. 친척들은 어린 엘비스가 엄마에게 물이나 뜨개바늘 같은 것들을 군말없이 가져다주었다고 회상한다. 꼬마 엘비스는 엄마의 머리를 쓰다듬으며 선언하곤 했다.

"괜찮을 거예요, 베이비. 아무 일 없을 거예요."

엘비스와 엄마는 그들만의 비밀스러운 언어들을 만들었고, 이 말들은 평생 지속될 터였다. 예를 들어 물은 '버치(butch, 사내라는 뜻으로 남자 역할을 하는 여성 동성애자를 칭할 때도 쓰임— 옮긴이)'라 불렀고 다리는 '이치-비치 수티즈(itch-bitsy sooties, 이치-비치는 앙증맞게 작고 귀엽다, 수티즈는 검게 그을렸다는 의미— 옮긴이)라 불렀다. 글래디스가 세탁소일을 마치고 돌아오면 엘비스가 차를 가져다주며 말했다.

"이제 엄마의 귀여운 검댕이를 주물러줄 시간이야."

엘비스의 애칭에는 '에이지리스(ageless, 이 별명은 엘비스를 잘 발음하지 못하는 사촌이 부르는 대로 따라서 발음한 것이다), 또는 '노티〔못된 소년(naughty boy)이라는 의미〕' '베이비' 등이 있다. 가장 특별한 애칭은 '새트닌(Satnin)'

인데, 코흘리개 시절에 엘비스가 엄마에게 붙여준 것이었다. '새트닌' 은 네모난 캔에 들어 있는 돼지비계 식품의 상표였다. 프레슬리는 자기 엄마가 새트닌처럼 오동통하고 동글동글하며 편안했던 것이다.

훗날 엘비스의 측근이 된 라마 파이크(Lamar Fike)는 엘비스가 어른이 된 후에도 엄마와 그들만의 은어로 대화하는 걸 보았다고 회상했다.

엘비스와 엄마는 특별한 언어로 말하는 것 외에 음식으로도 대화했다. 엘비스는 아장아장 걸을 때부터 특정한 음식을 강박적으로 좋아했다. 글래디스는 무슨 짓을 해서라도 엘비스의 욕구를 만족시켜주었다. 엘비스가 워낙 좋아한 감자샐러드는 글래디스의 주요리였다. 한번은 베스터 삼촌이 조카를 놀리려고 엘비스가 그렇게도 좋아하는 피넛버터와 크래커를 빼앗아버리겠다고 협박했다. 그랬더니 엘비스가 새파랗게 질리는 것이었다. 그 다음부터는 베스터의 발자국 소리만 들려도 엄마한테 외쳐댔다.

"감춰요!"

엄마가 아무 대답도 하지 않으면 의자를 딛고 올라서서 피넛버터를 찬장에 숨길 정도였다.

바나나도 마찬가지였다. 어느 날 엘비스가 엄마와 아줌마를 졸라 시내로 바나나를 사러 가게 되었다. 글래디스는 미리 다짐을 받았다.

"사는 건 좋은데 꼭 네가 들고 와야 해."

엘비스는 실제로 바나나를 들고 걷기 시작했다. 그런데 너무 무겁다 싶어지면 영리하게도 어머니와 아줌마에게 교대로 자기를 업어달라는 것이었다. 바나나는 자기 손에 꼭 쥔 채로. 집에 오는 동안 두 여자는 깔깔대고 웃었다고 한다.

엘비스는 먹는 음식뿐만 아니라 식기에도 광적인 집착을 보였다. 자기 접시, 자기 컵, 자기 유리잔 등 자기 그릇이 아니면 먹지를 않았다. 학교 갈 때도 뒷주머니에 자기 포크를 꽂고 다녔다.

"군대 가기 전까지 이런 버릇을 놓지 못했죠."

사촌 빌리 스미스(Billy Smith)가 말했다.

엄마를 보호해야 한다는 엘비스의 강박은 아주 일찍부터 가족과 친구들을 놀라게 했다. 이따금씩 엘비스의 집을 방문하던 앨리스 로빈슨은 엘비스가 마당에서 가지고 놀던 트럭을 내버려두고 현관 앞으로 달음질쳐 엄마의 무릎에 올라앉던 장면을 기억한다. 앨리스와 글래디스 프레슬리가 현관 앞 그네에 마주앉아 있는 동안 엘비스는 엄마 무릎에 앉아 엄마를 쓰다듬었다.

"그렇게 조용히 앉아서 내가 하는 말 한 마디 한 마디에 집중하며 나의 움직임을 샅샅이 관찰했어요. 대화가 오가는 도중에 엘비스는 '뭐 필요한 것 없어? 물 가져다줄까?' 하고 엄마에게 묻는 거예요. 거 참, 그렇게 기특한 아이는 처음이었죠."

그것이 로빈슨이 기억하는 엘비스였다.

그러나 그 기특한 아이는 또한 악마적인 기질도 내비쳤다. 만 다섯 살 때는 갑자기 발끈 화를 내더니 야구공을 집어서 할머니 미니 매이에게 던진 적도 있었다. 미니 매이가 하도 잽싸게 피하는 바람에 그 이후로 '다저스 선수' 라는 별명까지 얻었다. 미니 매이는 평생 엘비스에게 자상했고 엘비스 역시 할머니를 좋아했으며 어른이 되어서는 그녀를 돌보았다.

엘비스가 이스트 투펠로 통합 초등학교에 입학하자 글래디스는 새벽같이 일어나 일할 준비를 끝내고 엘비스에게 신경 썼다. 7시도 안 돼서 엘비스를 깨우고 얼굴, 목, 귀를 집에서 만든 비누로 깨끗이 씻긴 다음 깔끔한 옷으로 갈아입혔다. 그리곤 고속도로까지 데리고 가서 엘비스가 안전하게 길을 건너는지 직접 확인했다. 이것은 훗날 엘비스가 조금은 불편해한 10년에 걸친 의식의 시작이었다. 어느 날 아침 엘비스가 다음과 같이 선언했을 정도였다.

"엄마, 가끔 나무 뒤에라도 좀 숨어 있으면 안 돼?"

버넌은 교도소에서 석방되자 리처드네 집에서 사는 아내와 아들에게 돌아왔다. 글래디스는 더할 나위 없이 기뻤지만 한편으로는 버넌의 움직임을 살펴야 했다. 버넌은 석방된지 일주일도 안 되어 이미 몇 번의 암거래를 시작했던 것이다. 그는 밀주단지들을 배달해주고 화물자동차 한 대 분량의 설탕을 받아왔다. 이 설탕은 밀주를 담그는 데, 즉 화이트라이트닝에 필수였다. 글래디스는 남편이 경범죄 따위로 다시 잡혀들어가 이번에는 더 힘든 징역살이를 할까봐 걱정이 태산이었다.

글래디스는 말을 삼갔다. 전과자인 버넌으로서는 합법적인 일거리를 잡기가 힘들었다. 이스트 투펠로의 시장이었던 노아 삼촌 덕분에 그나마 허드렛일이라도 전전할 수 있었다. 1940년에서 1948년까지 버넌은 최소한 여덟 번은 일자리를 옮겼다. 걸프 해안에 있는 조선소에서도 일했고 노동진흥청에서 주관한 독일군 포로수용소 건설현장에서도 일했다. 투펠로 식육포장 공장에서 소시지 만드는 일도 했고 2차 대전이 터지기 직전엔 멤피스의 군수공장 조립라인에도 섰다.

그 중에서 가장 오랫동안 일했던 곳은 L.P. 맥카티의 도매상이었다. 1945년부터 3년간 일했다. 마을 사람들이 '맥카티 할아범' 이라고 부르던 사장은 버넌을 좋아했다, 버넌이 맘 잡은 것을 기특하게 여겨 주말이면 새로 산 포드 트럭을 빌려주기도 했다. 버넌은 이 트럭을 제대로 썼다. 밀주 수송을 더욱 열심히 했던 것이다.

그러는 동안 엘비스는 아버지의 모진 고생에도 아랑곳없이 무럭무럭 자라났다. 글래디스와 마찬가지로 버넌도 아들 하나만 바라보고 살았다.

"그저 엘비스가 잘되기만 바랐어요. 아들의 기를 꺾고 싶지 않았죠."

투펠로의 다른 부자(父子)들처럼 엘비스와 아버지가 사냥을 가지 않은 것도 엘비스의 뜻이었다. 버넌이 사냥여행을 가자고 하자 엘비스가 한마디로 대답했던 것이다.

"아빠, 새들을 죽이고 싶지 않아요."

엘비스는 어른이 되어 당시에 아버지와 함께 영화관에 몰래 들어갔던 일을 기억했다. 당시 퍼스트 어셈블리 오브 갓 교회는 극장에 가는 것을 금하고 있었다. 그들은 아는 사람이라도 만날까봐 자리에 쪼그리고 앉았다. 어린 엘비스는 영화관을 드나들며 타잔이나 로이 로저스의 모험영화에 푹 빠져들었다. 재개봉관이었던 스트랜드 극장에서는 이따금 쥐들이 마룻바닥을 누비는 것도 아랑곳하지 않은 채 케케묵은 의자에 앉아 빙 크로스비나 진저 로저스, 프레드 아스테어의 뮤지컬에 빠졌다. 영화가 끝나고 자막이 올라갈 때면 아버지를 올려다보며 한 번만 더 보자고 애원하곤 했다.

그러나 조금 더 자라고 나서는 무엇보다도 음악에 사로잡혔다. 여덟 살 때부터 줄곧 마을 이곳저곳을 돌아다니며 아무나 붙들고 자신의 두번째 기타로 칠 수 있는 노래의 코드를 좀 가르쳐달라고 할 정도였다. 그의 두번째 기타는 두꺼운 보드지로 만들어 겨우 화음을 낼 수 있는 기타였는데, 베스터 삼촌에 따르면 그 소리는 '완전 짝퉁' 이었다고 한다.

그는 자의반 타의반으로 가르쳐주겠다고 약속한 이웃집 문간에 무턱대고 앉았다. 그리고는 가장 잘 아는 노래인, 소년과 그의 개에 관한 슬픈 사연을 담은 〈올드 셉(Old Shep)〉을 제멋대로 연주해대는 것이었다.

"정말 처음에는 이를 악물고 하더라구요. 그러나 다들 알다시피 엘비스는 금방 곧잘 했어요."

삼촌 베스터 프레슬리의 회상이다.

엘비스의 동창들은 엘비스가 만화책을 처음 산 상태 그대로 수집하던 것하고 수업 전의 예배시간에 열정적으로 노래하던 모습을 기억했다.

"엘비스가 얼마나 진심을 다해 노래하는지 눈물을 글썽이는 친구까지 있을 정도였어요."

엘비스와 함께 로혼 초등학교를 다닌 베키 마틴의 회고담이다.

엘비스가 열두 살 때, 가족은 마을의 유색인종 거주지역인 셰이크 랙 근처로 이사했다. 엘비스는 기타를 들고 흑인 뮤지션들이 리허설을 하는 낮에 선술집을 찾아가 코드 좀 가르쳐달라고 졸라대곤 했다.

엘비스가 친구들 앞에서 〈올드 셉〉을 귀에 못이 박이도록 불러대자 한 어린 평론가가 이렇게 한탄하기도 했다.

"제발, 엘비스, 또 반복이야?"

이스트 투펠로 통합 초등학교의 예배시간에도 친구들 앞에서 〈올드 셉〉을 부른 적이 있었다. 5학년 때는 미시시피-앨러배마 시장 낙농 전시회 기간 중에 투펠로 장터에 모인 200명의 청중 앞에서 이 노래를 부르기도 했다. 엘비스는 6학년, 7학년을 다닌 밀람 스쿨에서도 불렀다.

그가 무슨 노래를 부르건, 최고의 팬이자 좋은 평가를 해주는 평론가는 역시 엄마 글래디스였다. 엄마가 축복해주면 아무래도 상관없었다.

사실 엘비스가 스타의 꿈을 키우기 시작한 것은 아주 어려서부터였다. 이미 아홉 살 때 그 지역에서 유행한 '컨트리빌리' 스타일의 노래들로 레퍼토리를 쌓아나가고 있었고, 당시 투펠로의 '컨트리 왕'이자 어린 엘비스의 음악적 우상이었던 '미시시피 슬림(Mississipi Slim)' 앞에서 오디션을 볼 준비도 했다. 카벨 리 오스본(Carvel Lee Ausborn)이라는 이름으로도 알려진 미시시피 슬림은 매일 오후 한 시간 동안 라디오 프로그램을 진행하고 있었다. 투펠로 흑백 상점 제공으로 제작했으며, 라디오 방송국은 WELO였다. 특별한 우연도 아니지만 엘비스의 가장 친한 친구가 슬림의 어린 동생인 지미 오스본이었다.

엘비스는 WELO 방송국 바깥의 돌장식에 앉아 라디오 프로그램을 들었다. 이 프로그램에는 여러 컨트리 가수들이 출연했는데, 엘비스는 얼빠진 관객들이 쳐다보는 가운데 노래를 따라 부르기도 했다. 그러나 엘비스는 개인적으로 슬림을 만나고 싶어하지는 않았다. 아직 진짜 기타가 없었기 때문이다. 보드지로 만든 기타를 들고 슬림을 만나기는 싫었던 것이다.

엘비스가 첫번째 '진짜' 기타를 누구한테 샀는지에 관해 수십 년 동안 수많은 억측이 나돌았다. 엘비스 부모도 여러 팬진에서 엇갈린 진술을 했다. 엘비스 자신조차 분위기에 따라서 말이 바뀌었다. 진실이 무엇이든 엘비스에게 첫 기타를 판 영예는 투펠로 하드웨어(Tupelo Hardware)에게 돌아가는 것이 일반적이다. 엘비스의 광적인 팬들에게 '투펠로 하드웨어'와 그 낡아빠진 유리 케이스는 성물이나 마찬가지다.

신화에 따르면 엘비스가 열한 살 생일선물로 자전거를 원했지만 돈이 모자란 것을 알고 자전거 대신 계산대 옆 유리 케이스 속의 기타를 사달라고 했다는 것이다. 기타의 가격은 7달러 95센트였다.

드디어 믿음직한 악기로 무장했으니 엘비스는 이제 미시시피 슬림을 만날 준비가 된 것이다. 1944년 4월 10일, 엘비스는 망설이다가 WELO 방송국으로 들어갔다. 거기서 그는 미시시피 주 빌록시 콘서트를 위해 떠나기 전에 커피를 마시던 우상을 만났다. 슬림은 인사도 하려 들지 않다가 엘비스가 어른스럽게 책상에 걸터앉아 〈올드 셉〉을 비롯한 당시의 컨트리 히트 넘버들을 부르자 태도가 달라졌다. 슬림은 주의 깊게 듣다가 엘비스의 등을 두드리며 말했다.

"어린 나이에 진짜 대단하구나. 계속 연습하고 새 노래들을 익히렴. 그럼 언젠가는 될 거야."

5월 15일 슬림은 자신의 '문하생'에게 '흑백 잼보리(Black and White Jamboree)'에 참가하여 두 곡을 부를 수 있도록 배려함으로써 용기를 불어넣었다. 당연히 한 곡은 엘비스가 강렬하게 부를 수 있는 〈올드 셉〉이었다. 꼬마 가수 엘비스는 슬림의 쇼에 세 번 더 출연할 기회를 얻었다. 그리고 출연할 때마다 특별 '리본'을 선물 받았고 엘비스는 자랑스럽게 집으로 가져와서 어머니에게 주었다.

슬림은 1948년까지 엘비스 뒤를 봐주었다. 그러나 그해 11월, 엘비스네 집은 친지들에게 작별인사를 할 겨를도 없이 마을을 떠났다. 한밤중에 1939년식 크라이슬러 플리머스를 타고 마을을 빠져나갔다. 십중팔구 버넌의 불법행위가 급작스런 도피의 원인이었을 것이다. 오랜 세월이 지난 후 엘비스가 고백한 대로였다.

"완전히 거덜났던 거죠 뭐."

종전 이후 쇠퇴일로에 놓인 각박한 멤피스가 그를 기다리고 있었다. 투펠로에서는 가난이 뭔지 몰랐다. 그러나 멤피스에서는 계층 간의 생활방식이 달랐다.

엘비스는 이제 '가난한 백인 쓰레기'라는 꼬리표를 견뎌내야만 했다.

3 게토에서
-In the Ghetto

멤피스의 가을, 비좁은 방은 찌는 듯했다. 엘비스는 더위에 지쳐 어질어질한 상태로 아파트 거실을 게걸스럽게 두리번거렸다. 벽과 천장의 페인트가 벗겨진 걸 눈치챘더라도 별 내색은 없었을 것이다. 엄마한테 고갯짓을 하고 재빨리 거실을 지나 감옥만 한 뒷방으로 걸어갔다. 작은 침대, 의자, 식탁이 겨우 들어갈 만한 방이었다. 소중한 만화책들을 놓아둘 구석 쪽을 보니 심장이 두근거렸다.

프레슬리 가족은 멤피스에서 11개월을 살다가 사회복지회의 도움을 받아 좀더 괜찮은 로더데일 코트로 이사했던 것이다.

처음에는 바퀴벌레가 우글거리는 파플러 애비뉴의 누추한 단칸방에 세 들어 살았다. 방세는 글래디스가 냈다. 그녀가 먼저 커튼 공장의 재봉사로 취직했던 것이다. 다행히 버넌도 일자리를 구했다. 겨우 무기 제조업체였지만.

하지만 그들은 맞벌이를 해도 이사 갈 돈을 마련하지 못해 멤피스주택관리국(Memphis Housing Authority)에 도움을 청했고, 주택 서비스 고문인 제인 리처드슨이 직접 찾아와 극빈 구호 대상인지 여부를 결정했다.

엘비스는 세 식구를 단칸방의 지옥에서 해방시켜준 그 만남을 결코 잊을 수 없었다. 리처드슨은 예의 바르지만 사무적인 태도로 어떤 점이 구호 조건에 해당하는지 꼼꼼히 적고 '기준 이하'라는 결론을 내렸다. 난방도 부실했고 물도 8명의 세입자들이 나눠 쓰는 화장실에서 받아야만 했다. 게다가 주방시설조차 없어서 글래디스는 전열기로 가족들의 식사를 준비해야 했다.

프레슬리 부인은 바짝 긴장한 상태였고, 그 앞에 앉은 리처드슨은 체크리스트를 잽싸게 확인해 내려갔다. 지금 남편이 일하는 곳은? 일한 지 얼마나 됐나? 수입은? 가장 가까운 친척은? 아들 나이는?

엘비스가 노래하듯 말했다.

"열네 살입니다, 부인."

리처드슨 부인은 고개를 들어 훤칠한 소년을 자세히 살펴보았다. 그녀는 공식적인 보고서에 엘비스를 "좋은 아이"라고 묘사했다. 엘비스가 이해심 많은 어머니의 등뒤에서 일어나며 어머니의 어깨에 믿음직한 손길을 건넨 것도 좋은 인상을 주었다.

마침내 프레슬리 가족은 무계획적으로 지은 붉은 벽돌 단지인 로더데일 코트의 윈체스터 185번지 328동 아파트 1층으로 이사했다. 전형적인 중

남부의 공공주택이었을 것이다. '슬럼가에서 공공주택과 내 집 마련까지', 멤피스주택관리국의 모토였다.

단순한 건물은 공공기관 같은 분위기였고, 내부는 얼마나 낡았는지 온통 손볼 곳투성이였다. 욕조는 물때가 껴서 시커멓고 싱크대는 막혀버렸으며 현관등은 계속 깜빡거리고 침실 창문의 차양은 덜렁덜렁 매달려 있었다. 그래도 '부자 동네'로 이사한 거였다.

게다가 버넌이 근처의 유나이티드 페인트 컴퍼니에서 시간당 83센트를 받고 캔을 쌓는 안정적인 일자리를 얻자 가족들은 드디어 지위가 상승했다고 생각했고, 리처드슨이 묘사한 대로 '그럴 자격이 있다'고 흡족해했다.

연소득이 3000달러가 넘는 집은 자격을 박탈당하는데, 프레슬리네 집은 2000달러가 좀 안 됐다.

엘비스와 글래디스는 리스 계약에 서명할 때 가장 뿌듯해했다. 아들이 껴안으며 "앞으로 더 나아질 거야, 엄마. 내가 약속할게."라고 장담할 때에는 글래디스의 두 눈에 눈물이 가득 고였다. 그녀는 직접 만든 비누로 바닥에 찌들어 있던 왁스 찌꺼기를 벗기기 시작했다. 그 다음에는 오크 바닥을 문질러 윤을 냈다. 반짝거릴 때까지 세면대의 때도 벗겨내고 리놀륨도 박박 문질렀다.

엄마가 청소하는 동안 엘비스는 바깥을 돌아다니다 코트 아파트 3층에 사는 폴 도어를 만났다. 도어는 엄마랑 사는 열세 살 소년이었다. 훗날 그는 "우리는 그냥 안녕 하고 인사한 다음 잠시 얘기를 나눴다. 엘비스가 집에 들어가야 한다고 해서 첫 만남은 그렇게 끝났다."고 회상했다. 도어는 다음날 새 이웃을 다시 만났다.

"난 코트 사람들에 대해 들려주었죠. 아이들이 많았거든요. 그러자 엘비스는 다른 사람들을 만날 수 있다는 사실에 매우 흥분했어요. 코트에 사는 여자애들이 지나가면 누군지 궁금해했죠."

아파트마다 구조가 같았기 때문에 방 크기가 같았는데도 엘비스는 침실을 자랑했다고 도어는 회상했다. 엘비스는 만화책을 정리하기 위해 와이어로 홀더를 만들었고 낡은 장난감 기차 등 자기 물건들을 군대식으로 정확하게 정돈했다. 기타는 언제든 쉽게 집을 수 있도록 침대 옆에 두었다. 로더데일 코트 주민들은 곧 그 기타 소리와 감상적인 멜로디하며 음울한 〈올드 솁〉에도 친숙해졌다. 더불어 아들을 과잉보호하는 어머니에게도 익숙해졌다.

도어는 글래디스에 대해서도 말했다.

"엘비스 혼자는 내보내려 하지 않았죠. 누구든 딸려 보내려고 했어요."

애니 프레슬리도 같은 지적이다.

"멤피스는 엄청 컸어요. 글래디스는 아들한테 무슨 일이라도 생길까봐 항상 걱정이었죠."

어느 날 오후 3시가 됐는데도 엘비스가 학교에서 돌아오지 않자 글래디스는 너무나 걱정이 되어 남편을 내보냈다. 버넌은 수소문 끝에 반 친구인 보니 진 딕슨의 집에서 '막 저녁을 먹으려고 앉은' 엘비스를 찾아냈다. 하지만 엘비스는 저녁을 마저 먹고 보니와 극장에 갔다. 물론 어머니한테 사과하는 것도 잊지 않았다.

엘비스는 아들이 어디에 있는지 몰라 안달하는 어머니의 강박관념에 반항하곤 했다고 실토했다.

"사춘기에는 어머니한테 버럭 화를 낸 적도 많아요."

때로는 좀더 자유분방한 친구들과 어울리기 위해 극단으로 치닫기도 했다. 한번은 친구들하고 수영장에 갔는데, 엘비스는 수영을 못 했기 때문에 얕은 쪽에서 친구들이 노는 깊은 쪽을 바라보며 물장구치는 데 만족해야 했다. 그런데 친구들이 한 사람씩 돌아가며 다이빙대에서 점프하는 것을 보고는 자기도 하고 싶어졌다. 그는 심호흡을 한 후 물이 얼마나 깊은지도 모르고 무조건 점프했다. 결국 숨이 막히는 바람에 꼬르륵거리며 발버둥 쳤지만 물 속에 가라앉고 말았다. 도어는 그날의 일을 이렇게 회상한다.

"우리가 그를 끌어냈죠."

친구들이 풀장 옆 콘크리트 바닥으로 올려주자 엘비스는 눈물을 참으려고 애썼다.

이웃에 살던 빌 블랙(Bill Black, 나중에 엘비스의 베이시스트가 됨)의 어머니도 한마디 거든다.

"아이들은 엘비스를 두 살바기처럼 다뤘죠. 프레슬리 부인은 쌍둥이 얘기를 하면서 엘비스가 이제는 전부라고 했어요."

드디어 엘비스의 학창시절이 시작되었다. 엘비스는 도시의 한 블록을 가득 차지한 L.C. 흄스 하이의 1600명 학생 가운데 하나가 되었다. 글래디스에게 학교는 도시 자체만큼이나 걱정거리였다. 아들의 학교생활 첫 3년 동안, 특히 엘비스가 불량배들이 괴롭힌다고 불평할 때면 열 블록을 걸어서 데려다주는 일도 마다하지 않았다. 덤불 뒤에 숨어서 집까지 엘비스 뒤를 따라온 적도 많았다고 사촌 빌리 스미스는 기억한다.

빌리네 가족은 프레슬리네 가족과 함께 멤피스로 왔다. 곧이어 또 다른 스미스와 프레슬리 가족이 따라왔는데, 그 중에는 로더데일 아파트에 이사 온 미니 매이 할머니도 있었다. 엘비스는 평생 가족의 유대와 의무를 중요하게 생각했다. 그만큼 글래디스가 아들에게 귀에 못이 박이도록 강조한 것이 있었다.

"우리 집안에선 고등학교를 마친 사람이 아무도 없단다. 네 아버지 쪽도 마찬가지고. 그 바람에 고생이 말이 아니었지. 너는 그러지 말아라."

그녀가 엘비스를 학교까지 데려다준 것도 반드시 학교에 가야 한다는 생각의 발로였다.

엘비스는 애초에 흄스 하이에서 조금도 튀지 않았다. 그냥 평범하게 지내는 데 만족했다.

"엘비스의 영어실력은 끔찍했어요."라고 말하는 교사가 있는 반면, 말이 너무 빠르고 미시시피 악센트가 강하며 말끝을 얼버무린다고 나무라는 교사도 있었다. 약간 더듬는 것도 문제였다.

1, 2학년 때는 숨어지내다시피 했다. 도서관에서 자원봉사를 하며 몰래 책이나 모을 뿐, 서클에 가입하지도 않았고 운동도 안 했으며 사람들 앞에 나서는 것도 수줍어했다. 교실에서는 뒷자리에 앉았으며 손을 들고 대답하는 일도 거의 없었다. 식당에서 샌드위치로 혼자 점심을 때우거나 강당에 혼자 앉아 있는 적도 많았다. 반 친구들은 그가 특별히 관심 두는 분야가 있는 걸 전혀 몰랐다. 하지만 투펠로에서처럼 그의 마음속에는 항상 음악이 있었다.

코트는 원래 널따란 농장터였다. 무더운 여름밤이면 사람들이 의자와 퀼트를 갖고 나와 잘 가꾼 잔디밭의 나무그늘 아래에 앉아 있곤 했다. 라디오의 불협화음이 밤공기와 섞이곤 했는데, 주로 말러의 5번 교향곡, 행크 윌리엄스, 로즈마리 클루니가 뒤섞였다. 엘비스는 시간을 맞춰 나갔고, 라디오에서 나오는 노래에 맞춰 연주하거나 투펠로에서 늘 부르던 노래를 부르곤 했다. 〈올드 셉〉이 질리면 다른 곡으로 넘어갔다.

멤피스는 자라나는 새싹 뮤지션에게 최고의 도시였다. 음악의 메카였던 것이다. 남쪽으로 800미터만 가면 조명이 휘황찬란한 술집가인 빌 스트리트(Beale Street)가 있었고, 블루스의 명소답게 루이 암스트롱, 빅 마마 손튼, 다이나 쇼어가 연주했다. 브로드웨이의 에델 머먼도 일주일 가량 머문 적이 있었다. 바비큐도 잔뜩 먹고 새로운 쇼 〈애니 겟 유어 건(Annie Get Your Gun)〉에 필요한 변두리 템포를 배우기 위해서였다.

한편 교회와 홀에서는 가스펠 사운드가 메아리쳐 거리로 쏟아져나왔다.

술집에서는 오작스의 힐빌리 밴드와 내슈빌의 카우보이 싱어가 무대에 섰다.

1909년 〈세인트 루이스 블루스(St. Louis Blues)〉로 유명한 흑인 블루스 뮤지션 W. C. 핸디(W.C. Handy)가 멤피스를 터전으로 삼은 이후 이 도시는 음악적 영감의 본향이 되었다. 1950년대에는 인종차별 문제를 둘러싼 변혁의 전선이 되기도 했다. 백인과 흑인이 클럽에서 같이 연주하기 시작했던 것이다. 냇 D. 윌리엄스의 〈탠 타운 잼보리(Tan Town Jamboree)〉와 비비 킹이 진행하던 〈세피아 스윙 클럽(Sepia Swing Club)〉의 터전인 WDIA 같은 '유색인종' 라디오 방송국은 흑인과 백인 모두에게 방송을 내보냈다.

엘비스는 침대에 누워 이 방송국에서 저 방송국으로 다이얼을 돌리곤 했다. 행크 스노의 애조 띤 컨트리부터 시스터 로제타 타프의 '천상의 영광'까지 오가곤 했다. 그리고 시내의 젊은이들처럼 듀이 필립스, 즉 '대디-오' 듀이('Daddy-O' Dewey)의 프로그램을 들었다. 딘 마틴, 패티 페이지부터 냇 킹 콜, 비비 킹에 이르기까지 음악적 취향이 폭 넓었던 필립스는 멤피스에서 가장 유명한 백인 디제이였다. 밤 9시부터 자정까지 일주일에 다섯 번 방송했는데, 청취자가 10만 명이 넘었다.

듀이의 〈레드, 화이트 앤 블루(Red, White & Blue)〉 쇼는 원래 흑인 청취자 취향의 WHBQ에서 시작했는데, 방송을 타자마자 그 도시의 젊은이라면 반드시 청취하는 프로그램이 되었다. 비결은 듀이가 경계를 넘나든다는 단순한 이유였다. 십 대들은 보수적인 관습에 갇힌 듯한 부모 세대의 메인스트림 음악이었던 '안전하고' 시럽같이 달콤한 팝 발라드에 싫증을 냈다. 필립스는 거리낌 없고 분방한 성미에 직설적이고 음란했다. '탑 40' 이전의 시절, 라디오가 '공식적인' 쇼와 공인된 플레이리스트에 지배되지 않던 시절이라 청취자들은 듀이가 어떤 짓을 하고, 어떤 말을 하고, 어떤 곡을 틀지 전혀 예측할 수 없었다. 부모들은 당시 '유색인종'의 음악이었던 리듬앤블루스를 허락하지 않았던 터라, 듀이는 그 아이들에게 부족한 부분을 정확하게 채워주었다.

그는 유머도 풍부했다. 청취자들이 WHBQ의 주요 스폰서인 팰스태프 맥주를 마시기 싫다고 하면 '갈비뼈를 열고 들이부어라.' 고 충고했다. 광고주와의 계약 때문에 제품을 홍보할 때면 노골적으로 소리치곤 했다.

"다 써서 닳아없어질 때까지 돈을 내세요!"

마음에 안 드는 음반은 턴테이블에서 돌아가는 도중에라도 꺼내버려서 지직거리거나 판 튀는 소리가 나기도 했다. 크레이지 듀이가 방송할 때 벌인 기행은 사생활에서 보여주는 기행에 버금갔다. 1951년의 자동차 사고 이후에 시작된 과도한 약물복용 때문에 생긴 일이었다.

엘비스는 상식을 뒤엎는 또 다른 사람에게 매혹되었다. 유니언 애비뉴에 있는 선 레코드(Sun Records)의 샘 필립스(Sam Phillips)였다. 그는 듀이하고는 아무 관련이 없었지만, 다른 회사들이 거부하는 음악을 전문적으로 녹음했다. 필립스가 설명한 것처럼 그는 아직 알려지지 않은 아주 풍요로운 음악에 주목했다. 물론 대부분이 유색인종의 음악이었다. 인종문제라는 장벽에 도전한 선 레코드의 모토는 '언제 어디서나 누구의 음악이라도 녹음한다' 였다.

엘비스의 취향도 유별났다. 1500명의 군중들로 가득 찬 시내의 엘리스 오디토리엄에서 심야 가스펠 공연이 한창일 때도 엘비스는 거기 있었다. 파플러와 메인의 레코드 가게에서 78회전판과 45회전판 칸을 샅샅이 뒤지느라 몇 시간을 보내는가 하면 멤피스 퍼스트 어셈블리 오브 갓 교회가 후원하는 가스펠 공연도 빠지지 않았다. 내슈빌에서 가장 유명한 〈그랜드 올 오프리(Grand Ole Opry)〉 쇼에 라디오 다이얼을 맞추기도 하고, 몰래 빌의 흑인클럽을 찾기도 했다.

물론 기타연습도 게을리 하지 않았다.

로더데일의 계단에서 연주할 때면 제시 리 덴슨이 곁에서 코드를 가르쳐주며 참을성 있게 듣곤 했다. 덴슨은 근처에서 '펜티코스털 가스펠 미션'을 운영하는 제시 제임스 경과 매티 덴슨의 아들이었다. 글래디스와 엘비스는 가끔 그 기도모임에 참석했다. 주택단지 중간에 있는 풀밭 근처에서 수많은 지역 뮤지션들이 잼을 했는데, 그들 중에 제시 리도 있었다. 소년들이 코트의 세탁실을 차지하면 사운드가 단지 전체를 울리기도 했다. 제시 리는 훗날 제시 제임스와 리 덴슨이라는 이름으로 음반을 녹음했고, 많은 곡을 작곡했다. 1971년 엘비스는 제시 리의 가스펠송 〈로저리의 기적(Miracle of the Rosary)〉을 녹음했다.

엘비스는 수줍음을 많이 타서 어울리지 못했다고 제시의 동생 지미 덴슨이 회상한다.

"실력이 안 된다고 생각했나봐요. 이제 막 코드를 깨우쳤거든요."

하지만 친구들과 있을 때는 달랐다. 코트의 지하실에 '시어즈' 사의 포터블 레코드 플레이어를 설치하거나 버넌과 글래디스가 지켜보는 가운데 집에서 파티를 열곤 했다. 코트 근처에 사는 가까운 친구였던 이반 '버지' 포베스도 한마디한다.

"아는 사람들 앞에서는 일어나서 노래하고 연주했죠. 연주하는 걸 수줍어하기도 했지만요."

포베스는 엘비스가 생물반 크리스마스 파티 때 연주할 곡을 리허설하느라 몇 주 동안 날마다 집에 처박혀 있던 일도 떠올렸다.

"정작 파티에 참석할 때는 기타를 깜빡 잊었죠. 겁에 질린 나머지 일부러 그랬을지도 모르지만요."

부모의 후원이 모자란 것도 아니었다. 특히 글래디스는 아들에게 적극적으로 음악을 권했다. 웨이트리스로 일하고 간호조무사로 부업을 하면서 아들의 음악적 관심을 뒷바라지했다.

그녀는 아들이 외모를 가꾸는 것도 도와주었다. 엘비스는 특히 3학년과 4학년 때 외모에 신경을 썼는데, 한동안은 로즈 오일로 색을 어둡게 한 블론드 머리를 뒤로 넘기고 등교했다. 다른 아이들이 유격대 스타일로 커트할 때도 엘비스는 구레나룻과 함께 머리를 길렀다. 로더데일의 친구가 모호크족 스타일의 머리라고 묘사한 스타일을 시도하는 대담함을 보이기도 했다. 어머니가 부엌에서 조심스럽게 토니 가정용 파마약을 바르는 동안 몇 시간씩 참을 정도로 끈기도 있었다. 한 친구는 당시의 모습을 이렇게 회상한다.

"집에서 파마한 걸 어떻게 몰라봐요. 생머리가 갑자기 웨이브 머리가 될 순 없잖아요."

그는 옷에서도 대담한 실험을 했다. 또래의 남자애들이 터프한 이미지를 원할 때도 엘비스는 핑크색을 입었다. 리바이스 진 대신 핑크색 옆줄이 있는 검은색 개버딘 바지를 골랐다. 다른 남자애들이 플레이드 셔츠를 입을 때도 그는 검은색과 핑크색이 섞인 요란한 펌프 룩을 택했다. 공작시간에 어머니를 위해 만든 샐러드 그릇도 확실히 튀었다. 흄스의 같은 반 친구였던 루이스 캔터의 지적처럼.

"그 수준은 애가 튀기 시작했던 거죠."

엘비스는 이상한 옷과 바보 같은 머리 때문에 몇몇 친구들 말처럼 느끼해 보였다. 악성 여드름이 나기도 했다. 팻 라이테엘은 "고등학교 때 멋졌다는 얘기는 믿지 마세요."라고 잘라 말한다. 그녀와 친구들은 엘비스를 보면 말을 걸려고 멈춰서는 대신 서둘러 지나가곤 했다. 다른 반 친구들도 엘비스가 나타나면 등을 돌렸다.

엘비스는 핑크색을 입었지만 여성스럽지는 않았다. 폴 도어는 우르르 몰려온 남자애들 중 하나가 무슨 말을 해서 자꾸 성질을 건드리자 엘비스가 화내는 것을 본 적이 있다고 회상했다.

"눈에서 순간 불빛이 번쩍하더라고요. 모두를 한꺼번에 날려버릴 기세였어요. 엘비스가 그렇게 공격적인 모습은 처음 봤어요."

예상대로 엘비스는 그 소년을 잡아 바닥에 내동댕이치고 올라탔다.

3학년 때는 공격성이 자주 드러났다. 키는 180센티미터가 넘게 훌쩍 자랐지만 몸무게는 68킬로그램밖에 안 되었는데, 미식축구팀 테스트를 받기도 했다. 도어는 그 당시를 회상하며 말했다.

"빨랐어요. 손놀림도 적당했고 공차는 것도 좋아했죠. 잘할 거라고 생각했어요."

그러나 엘비스는 뒤로 넘긴 머리에 헬멧을 쓰는 게 내키지 않았다. 엘비스를 라인맨으로 기용했던 맬컴 필립스 코치는 필드 건너편에서 그에게 헬멧을 다시 쓰라고 외치던 일을 기억했다.

"게다가 라인맨이 갖춰야 할 테크닉도 없었어요."

하지만 튀는 패션 덕에 새 친구가 생겼다. 남학생 화장실에서 싸우다 로버트 '레드' 진 웨스트를 만났던 것이다. 웨스트는 엘비스가 자신의 외모와 태도를 마음에 들어하지 않은 반 친구들과 싸움이 붙었을 때 그를 도와주었다. 멤피스의 미식축구 대표선수였던 웨스트는 엘비스의 가장 친한 친구가 되었으며 훗날 멤피스 마피아(Memphis Mafia)의 일원이 된다.

흄스 하이의 우수생 조지 클라인은 학생회장이자 학교 신문과 연감의 편집자였는데 4학년 때 엘비스의 친구가 되었다. 학내의 위치 때문에 엘비스를 '완전히 엉망'이라고 생각했던 클라인은 이렇게 말하며 웃는다.

"이제는 우리 모두 진실을 알죠."

클라인은 엘비스가 눈에 띄었을 때를 기억했다.

"진, 티셔츠, 로퍼, 스포츠 셔츠를 입은 녀석들로 가득 찬 교실에서 짙은

색 머리에 눈이 파란 애가 핑크색 스포츠 코트, 양옆에 규칙적인 줄무늬가 있고 핑크와 검은색이 섞인 바지를 입었다고 해봐요. 의자에 퍼질러 앉아서 다리는 앞으로 벌리고 팔은 일부러 의자 등받이에 걸치고 말이죠. 게다가 경멸하는 듯한 표정까지 지었다니까요."

엘비스의 행동은 엉망으로 보였을 수도 있지만 클라인은 '배짱은 있는 녀석이구나.' 라고 생각했다.

둘이 친구가 되고 나서 클라인이 엘비스에게 충고했다.

"알겠지만, 그 옷하고 기타 때문에 너랑 친구들 사이에 거리가 생기는 거야."

"그건 그래. 바로 그게 내가 추구하는 거야."

클라인은 그 시절을 회상했다.

"고등학교에서 어떤 위치를 차지하려면 세 가지 방법밖에 없어요. 스포츠 영웅, 학생 리더, 치어리더. 엘비스는 스스로 반항아가 되어 또 다른 방법을 찾은 거죠."

클라인은 엘비스를 회고하면서 그가 멤피스 최초의 반항아라고 불렀다.

엘비스는 열렬한 영화팬이었다. 정기적으로 150센트의 입장료를 던지다시피 내고 시내의 '쉬조 넘버 2' 극장에 들어가 물이 새는 지붕과 덜컹거리는 환풍기를 참으며 동시상영이나 시리즈 영화를 보았다. 그는 좋아하는 배우를 보러 갔는데, 특히 서부극과 코미디를 좋아했다. 그러나 성숙해지면서 점차 '반항적인 십 대'를 연기하는 은막의 새로운 영웅에 이끌렸다.

어머니와 엘비스 둘 다 새로운 '프리티 보이' 영화스타 토니 커티스를 좋아했다. 그는 〈강 건너 도시(City Across the River)〉 〈자니 스툴 피전(Johnny Stool Pigeon)〉 같은 영화에서 십 대 문제아를 연기하며 명성을 얻었다. 그러나 엘비스와 어머니가 좋아한 것은 토니의 영화보다는 깎아낸 듯한 외모였다. 엘비스 모자는 새까만 웨이브 머리가 커티스를 더 다이내믹한 존재로 만든다는 점을 예리하게 알아차렸다. 특히 강철 같은 푸른 눈은 엘비스의 눈동자 색과 같았다.

엘비스는 열다섯 살이 되자 메인 스트리트의 로 스테이트 극장에서 급사로 일했다. 그는 어두운 극장 안에서 손전등을 흔들며 젊은 커플에게 자리를 안내할 때마다 친절하게 말하곤 했다.

"조심하세요, 여러분들."

엘비스는 그 일을 즐겼다. 공짜로 영화를 보는 것말고도 유니폼을 입는 게 좋았다. 어깨를 강조한 갈색 재킷과 양옆에 갈색 줄무늬가 있는 베이지색 바지였다. 게다가 일이 끝나 극장 간판의 불빛이 희미해지면 뮤지션 친구들을 찾아갈 수 있었다.

그는 밤거리를 활기차게 걸었다. 술집에서 비틀거리며 나오는 험악한 선원들하고 다투지 않기 위해서였다. 뛰듯이 야간 식당 그라이디런으로 가서 사우스 사이드 하이에 다니는 기타리스트 로널드 스미스를 만나 카운터 쪽에 나란히 자리를 잡곤 했다. 스미스 역시 워너 브러더스 극장에서 급사로 일했다. 스미스는 추억에 젖어 당시를 기억해낸다.

"우리는 음악 얘기를 했죠. 가장 최근에 들은 소식들과 우리의 아이디어에 대해. 그리곤 웨이트리스한테 추파를 던지거나 파이가 담긴 랙으로 달려가곤 했죠."

엘비스의 부모는 아들이 수업시간에 조는 것을 알고 급사일을 그만두라고 했다. 그리고 글래디스는 근처의 세인트 조셉 병원에서 다시 간호조무사로 일했다. 버넌이 등이 안 좋아져서 일하는 게 힘들어졌으므로 돈을 벌어야 했던 것이다. 등이 안 좋다는 것은 장애수당을 받는 가장 쉬운 방법이었다. 버넌은 자신이야말로 '허리 통증의 왕자'라고 복지사무관에게 호소했다.

“지겹냐? 난 정말 지겹다.”

엘비스가 털어놓았다. 그와 폴 도어는 급사로 일하던 로 스테이트의 발코니에 있었다. 1951년 여름이었고, 엘비스는 다시 급사가 되었다. 도어의 말에 의하면 일주일에 15달러를 벌 수 있는 일이었다.

극장이 가득 차지 않으면 엘비스와 도어는 영화를 보거나 빈둥거렸다. 어느 날 밤 엘비스는 너무 지겨운 나머지 뭔가 신나는 일을 해보기로 했다. 엘비스가 통로를 달리며 “불이야!”라고 소리 지르는 동안 도어는 로비에서 망을 보았다. 도어는 급사가 넋 나간 단골손님들을 거리로 내보내는 것을 도왔고, 엘비스는 거리로 나간 사람들을 달랬다.

“여러분, 경보 오류였어요. 그냥 작은 불이라 저절로 꺼졌어요.”

한번은 엘비스와 도어가 상영 예정인 영화의 광고 전단지를 뿌려야 했다. 하지만 그 일에 싫증이 나서 대충 〈킹 솔로몬의 보물(King Solomon's Mines)〉 전단지를 돌린 다음 나머지는 하수구에 버렸다.

엘비스는 결국 근무시간에 매점 카운터 여점원에게 무료 샘플을 달라고 치근덕거리다 매니저에게 들키고 말았다. 매니저 아서 그룸은 그때 일을 이렇게 설명한다.

“엘비스는 일할 시간에 빈둥거리며 앉아 있었어요.”

이 사건 때문에 엘비스는 처음으로 분노를 표출했다. 다른 직원이 고자질한 것을 알고 그를 때려눕혔다.

그가 다시 찾은 일은 금속 제품 회사의 야간청소부였다. 얼마나 피곤했는지 역사시간에 종이 울리자 어린애처럼 머리를 들고 일어나 몽유병 환자마냥 돌아다닌 적도 있었다. 밀드레드 스크라이브너 교사는 집에다 이 일을 통지했고, 엘비스는 또다시 일을 그만두어야 했다. 그러나 프레슬리는 다른 일을 찾겠다고 다짐했다. 폴 도어는 엘비스가 “돈으로 뭔가 살 수 있다는 걸 좋아했다."고 떠올렸다.

일하는 동안 집을 나와 있는 것도 해롭지 않았다.

겉으로 보기에 프레슬리 가족의 로더데일 단지 시절은 꽤 평화로워 보였다. 아들을 끔찍이 떠받든 편이라 엘비스는 흄스에서 차가 있는 몇 안 되는 학생에 들었다. 로널드 스미스는 멤피스까지 차를 계속 밀고 간 적도 있다며 웃는다.

"가끔 서거나 운전석쪽 창이 안 열리기도 했죠. 엘비스는 판지 하나를 끼워 넣었어요. 매연을 뿜어도 신경도 안 썼구요."

1941년식 링컨 제퍼는 자기 차를 가진 젊은이가 거의 없던 그 당시에는 특권의 상징이었다.

글래디스와 버넌에게 엘비스가 전부였던 것은 의심의 여지가 없다. 하지만 그들은 비밀이 있었고, 이 이야기는 최근에야 알려지기 시작한 사실이다.

글래디스와 버넌 모두 몰래 술을 마시는 알코올 중독자였다. 둘 다 밀주업을 하는 부모 밑에서 자라면서 알코올을 접했는데, 특히 버넌은 금주법 시절에도 남들보다 술을 많이 마셨고 멤피스로 이사 온 후에는 꾸준히 마셨다.

엘비스의 친구들은 가끔씩 프레슬리 가문의 치부를 엿볼 수 있었다.

"엄청 마셨죠."

폴 도어는 버넌이 식탁에 앉아 저녁 내내 마시던 모습을 기억해내며 말했다. 하지만 엘비스와 도어는 그 일에 대해 말하지 않았다.

"우린 그냥 침실로 가서 문을 닫았죠."

글래디스가 찬장 구석에 맥주를 숨기는 것을 본 친구들도 있었다.

그리고 술은 싸움으로 이어졌다.

"창문을 열어놓은 날에는 싸우는 소리가 들렸어요. 사실 안 들릴 수가 없잖아요."

젊어서 이웃에 살던 마가렛 크랜필의 증언이다. 부부싸움은 폭력으로 발전하기도 했다. 고등학교 때 엘비스를 만난 마티 래커는 안타까운 일이라는 듯 회상했다.

"아저씨가 아줌마 뺨을 때리니까 아줌마는 갖은 욕을 퍼부었죠. 이해가 되더군요. 정말 다정하고 연약한 분인데 그런 일을 당하다니 상상할 수 없었죠."

엘비스는 멤피스에 온 지 몇 달 만에 이러한 사실을 알았다. 엄마가 목의 푸른 멍을 파우더로 감춘다는 것을 알아낸 것이었다.

"아빠가 그랬어?"

글래디스는 눈물을 흘릴 뿐이었다.

엘비스는 새벽 2시까지 기다리다 소파에서 튀어올라 집으로 들어오는 아버지를 벽에 밀쳤다.

"아빠, 엄마한테 또 이러면 맹세코 죽여버릴 거야."

프레슬리가 래커에게 한 말에 따르면 그런 폭력은 한동안 자취를 감췄다가 엘비스가 밤에 집을 비우면 다시 시작되곤 했다. 결국 글래디스는 대리석 밀대로 맞서 싸우겠다고 결심했고, 버넌이 비틀거리며 들어왔을 때 어둠 속에서 그를 기절시켰다. 엘비스나 래커 모두 다시는 프레슬리 부인의 멍을 보지 못했다.

하지만 술은 더 자주 마셨다. 글래디스의 언니 릴리언은 동생이 로더데일의 거실에서 비틀거리며 차를 따르려 하던 모습을 기억한다.

글래디스는 부끄러워했다.

"아들한테 이런 모습을 보이고 싶지 않아."

릴리언은 동생의 손을 잡으며 충고했다.

"그냥 끊어버려. 백해무익이야. 다 경험이 있어서 하는 말이야."

1953년 초 엘비스가 4학년 때, 멤피스주택관리국은 프레슬리 가족에게 로더데일 코트에서 나가라고 통고했다. 가난하기는 했지만 총수입이 공공 지원의 기준에 맞지 않았던 것이다. 결국 흄스에서 몇 블록 떨어진 방 두 칸짜리 낡은 아파트로 잠시 이사해야 했다.

"군이 집에 오려고 하지 마."

엘비스는 자존심이 상해서 친구들에게 냉정히 말했다가 좀더 나은 아파트로 옮기자 비로소 누그러졌다. 옛날 동네 근처의 빅토리아식 아파트였는데 방이 꽤 넓었다.

그의 삶에 또 다른 변화가 있었는데, 바로 졸업이었다. 그는 고등학교 졸업 파티에 열네 살짜리 레지스 본을 데려갔다. 로더데일에 살 때 만났는데, 훗날 그의 요란한 춤사위를 생각하면 아이러니컬한 일이지만 그들은 한 번도 춤춘 적이 없었다. "어떻게 추는지 몰라."라고 엘비스는 파트너에게 고백했다.

6월 3일 엘비스는 직업안내소의 소개로 M.B. 파커 공구사에 취직했다.

그날 밤에는 엘리스 오디토리엄의 사우스 홀에 모여 졸업식 예행연습을 하는 흄스 하이의 4학년 학생들 속에 있었다. 학생들은 학업을 마쳤고 '윤리적으로 행동했다.'는 말을 들었다. 밀드레드 스크라이브너 교사는 엘비스의 학업에 대해 "반에서 상위권이었다고 말할 수는 없지만 적어도 나를 걱정시킬 정도는 아니었다."고 회상했다.

졸업생들은 〈위풍당당 행진곡〉에 맞춰 한 명씩 단상으로 올라갔다. 졸업장을 든 엘비스는 흥분한 동시에 안도한 듯 보였는데, 반 친구들에게 손을 흔들며 외쳤다.

"결국 받았군."

성공가도에 막 들어선 1955년 당시 모습.

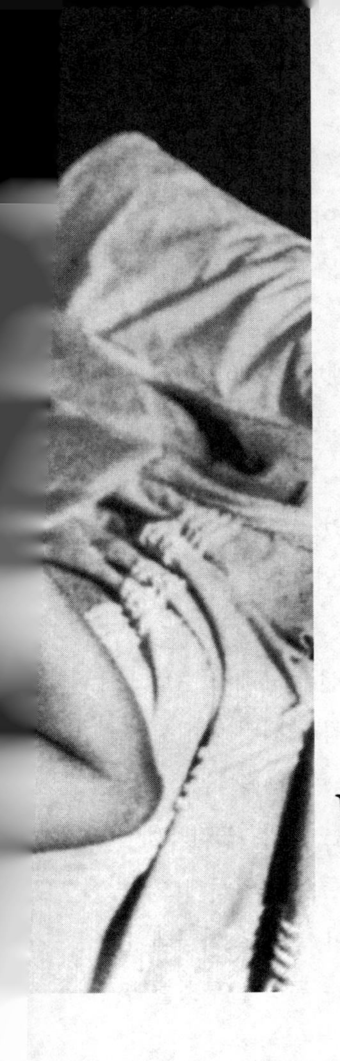

멤피스 플래시

–The Memphis Flash

엘비스는 기타를 어깨에 메고 허름한 벽돌건물 앞에서 왔다갔다하고 있었다. 졸업한 지 막 여섯 달이 지난 1953년 7월의 점심시간이었다. 습기로 가득 찬 멤피스의 공기가 무겁게 느껴졌다. 그러나 셔츠를 적신 땀은 날씨 때문이 아니었다. 심호흡을 하고 문을 열었다. 초긴장 상태였다.

"난 엘비스가 구걸하러 온 떠돌이인 줄 알았어요."

멤피스 레코딩 서비스(Memphis Recording Service)의 매니저 머라이언 키스커(Marion Keisker)의 회상이다.

엘비스 자신은 그곳이 음반사인 줄 몰랐다고 한다.

"그냥 돈만 내면 음반을 만들어주는 가게인 줄 알았어요."

언론이 유명인을 다룰 때 늘 그렇듯, 엘비스가 이 문을 열고 들어간 것은 운명의 장난이라고들 떠든 것이다.

사실 엘비스가 선 레코드 레이블이 있는 유니언 애비뉴 706번지에 간 것은 우연이 아니었다. 그는 선 레이블과 아주 친숙했고 자신이 하려는 일을 정확히 알고 있었다. 그해 초 리틀 주니어 파커가 그 스튜디오에서 녹음한 〈미스터리 트레인(Mystery Train)〉의 열렬한 팬이었고, 바로 이웃에 있던 테일러스 카페의 룸에서 선 레코드의 배짱 좋은 창업자 샘 필립스에 대해 들었던 것이다.

필립스와 선 레코드는 지역신문에 실리기도 했다. 선은 테네시 주립 교도소 출신 5인조의 음악을 녹음했는데, 죄수들은 삼엄한 경비 속에서 스튜디오까지 〈저스트 워킹 인 더 레인(Just Walkin' in the Rain)〉을 녹음하러 외출했던 것이다. 이들이 아무 이유 없이 '수감자' 라는 뜻의 '프리즈네어스(Prisonaires)' 라는 밴드 이름을 가진 게 아니었다. 이들이 흑인인 것도 우연이 아니었다. 목화밭에서 자라 훗날 내슈빌 디카투어, 그리고 마침내 멤피스에서 디제이로 일한 앨러배마 토박이 샘 필립스는 특히 블루스를 부르는 재능 있는 유색인종의 녹음으로 평판을 얻었다.

엘비스가 용기를 내어 들어갔을 때, 둥지에서 햇살을 받고 있는 수탉을 그린 이 회사의 밝은 노란색 레이블은 이미 남부 전역의 라디오 방송국에서 꽤 친숙했다. 필립스는 이미 비비 킹, 바비 블루 블랜드, 하울링 울프, 빅 월터 호튼, 빅 마 레이니, 루퍼스 토머스 같은 아티스트와 녹음했다. 앞으로도 자니 캐시, 로이 오비슨, 찰리 리치, 칼 퍼킨스 같은 전설적인 아티스트의 녹음을 계속할 터였다. 놀랄 것도 없이 선은 향수를 불러일으키는 로큰롤의 낙원이 되었다. 로큰롤에 관한 1975년 작 비평서인 《미스터리

트레인》에서 비평가 그레일 마커스(Greil Marcus)는 강조한다.

"선 레이블은 자유의 공간, 기회의 장소였다. 그들의 음악은 어떤 음악보다도 새로운 정통성이 있었다."

그 음악들이 나온 곳은 원래 '오토모빌 로'라는 시내의 라디에이터 가게였는데, 1950년에 필립스가 임대했다. 그는 머라이언 키스커와 함께 직접 천장과 벽을 흰 방음재로 채웠다. 로커빌리 스타 칼 퍼킨스는 그곳을 '땡땡이 무늬 스튜디오'라고 부르곤 했다.

엘비스는 아직 유료고객으로서 작은 대기실에 서 있었다. 베테랑 뮤지션을 쉴 새 없이 쫓아다니면서 이야기를 나눈 터라 자비 녹음이 뭔지도 잘 알았다. 그는 주머니에 4달러를 넣은 채 생전 처음으로 자기 목소리를 녹음했다.

하지만 이 일은 엘비스와 엘비스의 음악이 항상 그랬듯 계획적이었다. 그는 250센트짜리 아세테이트판 값을 내면서 키스커에게 말했다.

"혹시 가수 필요하세요? 제가 관심이 많거든요."

키스커는 땀에 절은 카키색 옷, 기름을 발라 뒤로 넘긴 머리, 그리고 구레나룻을 유심히 보고는 단도직입적으로 물었다.

"그래, 어떤 가수요?"

"네?"

"어떤 가수냐고요."

"어떤 노래든 다 불러요."

"누구랑 비슷하죠?"

"누구하고도 비슷하지 않아요."

엘비스는 마이크 앞에 서서 파이드 파이퍼스, 엘라 피츠제럴드 등의 가수가 불러서 성공시킨 발라드 〈마이 해피니스(My Happiness)〉와 버넌이 좋아하던 그룹 잉크 스파츠가 불러서 인기를 얻은 〈가슴 아픈 시간(That's

When Your Heartaches Begin)〉을 몇 분 만에 불러댔다.

"끔찍했어요."

훗날 엘비스는 솔직히 고백했다.

"기타 소리는 양동이 뚜껑 두들기는 소리 같았죠."

그러나 키스커는 생각이 달랐다. 엘비스가 돌아가기 전에 이름과 전화 번호를 받아서 그 옆에 메모했다. '좋은 발라드 가수. 꼭 붙잡을 것.'

아들과 함께 그 건물에 있던 익명의 여인은 방금 노래한 젊은이가 누구인지 묻고는 키스커에게 말했다.

"거 소름끼치네."

엘비스는 친구들에게 어머니 생일선물로 〈마이 해피니스〉를 녹음했다고 말했고, 이 얘기는 훗날 유명한 에피소드가 되었다. 며칠 안 되어 엘비스는 누구든 듣고 싶어하는 사람에게는 '글래디스의 음반'을 들려주었다. 노래가 썩 괜찮다는 소문이 흄스 하이 졸업생들 사이에 퍼졌다. 그러나 '생일선물' 이라는 말은 웃음을 자아냈다.

어느 날 밤 조지 클라인이 엘비스의 손가락을 비틀며 말했다.

"엘비스, 솔직히 어머니 생신은 몇 달 후였잖아. 사실은 그런 식으로 샘 필립스에게 좋은 인상을 남기려고 했던 거지?"

엘비스는 부끄러워하며 고개를 끄덕였다.

"안 그러면 내가 어떻게 선 레코드에 들어가겠어?"

클라인은 그때 일을 회상했다.

"엘비스는 처음부터 그런 과정을 계획했죠. 옷, 기타, '아마추어 음반' 모두 그 계획에 들어 있었던 거예요."

그는 엘비스가 단돈 4달러를 들고 녹음을 하러 간 일을 한마디로 정리했다.

"엘비스는 오디션을 본 거였어요."

엘비스는 여름이 끝나갈 무렵 배송업체인 크라운 일렉트릭 컴퍼니에서 트럭을 운전했다. 크라운의 소유주인 제임스 R. 타이플러의 아내 글래디스 타이플러는 주립 노동청 대표에게 프레슬리를 외모로 판단하지 말아달라고 부탁받은 일을 떠올린다.

"거친 머리에 헝클어진 구레나룻하며 완전히 건달 같아 보였어요."

엘비스는 인기를 얻자마자 운전사의 삶을 동경했다고 털어놓았다.

"셔츠를 벗고 목엔 손수건을 두르고 머리엔 캡을 쓴 운전사를 보곤 했죠. 내 눈엔 당당해 보였어요. 거친 트럭운전사가 되고 싶었거든요."

그러나 트럭운전사 시절은 전혀 거칠지 않았다. 오히려 길동무삼아 비올라 '마미' 마센길이라는 이웃의 70대 할머니와 배송길에 함께 오르곤 했다. 그녀의 손자 월터 '버디' 윈셋은 이렇게 회상했다.

"할머니는 저녁식탁에서 말씀하시곤 했죠. '오늘도 엘비스와 차를 탔단다.' 엘비스가 길동무를 해달라고 했다는 거였죠. 할머닌 엘비스와 함께 멤피스를 누비는 걸 즐거워하셨어요."

몇몇 친구들에게는 전기기술자가 되기 위해 밤마다 공부한다고 말하기도 했다. 사실은 무대에 서기 위해 그 지역의 술집을 전부 돌아다니느라 친구들을 따돌린 거였다. 프레이저 근처에 있는 생맥주집 닥스에서는 카우보이 모자와 웨스턴 셔츠에 줄타이까지 갖추고 노래했다. 쉬는 시간에는 콜라를 마시며 동네 사람들이 그의 연주에 대해 평가하는 말을 들었다. 비비 킹도 엘비스가 빌 스트리트에서 뮤지션들을 구경하는 모습을 목격한 적이 있었다. 이따금씩 선 사무실에 들러서 샘 필립스의 시선을 끌어보려고 하기도 했다.

이제 엘비스는 엘리스 오디토리엄의 '심야' 가스펠 공연에서 친숙한 존재가 되었다. 사실 그는 공연자들의 취향대로 노래를 같이 불러서 오디토리엄 사람들의 시선을 끌었다. 관중들이 다 나가고 난 후에도 어두워진 홀에 혼자 앉아 있는 날도 많았다.

그는 로널드 스미스와 함께 사우스 사이드 하이의 장기자랑 무대에서도 연주했고, 그 지역의 오드 펠로 여관에서도 연주했다. '홈 포 디 인큐어러블스' 등의 지역병원을 찾아가 환자들을 위해 연주하기도 했다.

그 전인 4월에 엘비스가 흄스의 〈애뉴얼 민스트럴 쇼(Annual Minstrel Show)〉에 배짱 좋게 출연하자 반 친구들은 적이 놀랐다. 그는 버지 포비스에게 빌린 빨간 플란넬 셔츠를 입고 무대로 튀어나갔지만 처음에는 겁이 나는지 가만히 서 있었다. 그러나 곧 심호흡을 하고는 기타를 치며 테레사 브루어의 히트곡 〈틸 아이 왈츠 어게인 위드 유(Till I Waltz Again With You)〉를 불렀다. 포비스는 그때 일을 생각하면 아직도 감격스러운 듯 생생하게 기억한다.

"교사들이 울기 시작하더니, 그냥 엉엉 울다시피 했죠."

워낙 많은 학생들이 쇼에 출연한 터라 앙코르는 가장 큰 박수를 받은 단 한 사람에게만 돌아갔다.

그가 바로 엘비스였다. 엘비스는 활기차게 무대에 올라 그의 상징이 되어버린 노래 〈올드 솁〉을 연주하기 시작했다.

그 쇼에서 트럼펫을 불던 레드 웨스트(Red West)는 놀라서 엘비스를 쳐다보았다.

"엘비스가 원래 노래를 부르는지도 몰랐어요."

남들의 생각 이상으로 야심만만했던 엘비스는 1954년 1월 멤피스 레코딩 서비스에서 두번째 자비 음반을 녹음한다. 조니 제임스의 히트곡 〈아일 네버 스탠드 인 유어 웨이(리틀 달링)〔I' ll Never Stand in Your Way(Little Darlin')〕〉이었다. 이번에는 샘 필립스에게 들려주고 이름까지 적어주었다.

음악에 대한 강박관념은 퇴근 후에도 이어졌다. 하이-햇, 벨 에어 같은 지역 클럽에서 뮤지션들과 어울렸고, 로더데일 근처의 호프에서 연주했다. 빌 스트리트의 클럽에 자주 드나들었으며, 엉덩이에 걸치는 끈장식을 찾아 네이트 엡스타인의 전당포를 뒤지기도 했다.

그의 음악적 노력이 항상 성공한 것은 아니었다. 1954년 어느 여름밤, 그는 부기우기 피아노맨이며 힐빌리 싱어인 로이 홀에게 내슈빌에 있는 그의 클럽에 서게 해달라고 부탁했다. 그의 뮤직박스는 블랙잭 테이블과 룰렛, 그랜드 올 오프리의 연주자들을 포함한 고객들을 자랑스럽게 내세웠던 터라 시큰둥한 반응을 보였다. 홀의 얘기를 들어보자.

"난 그날 밤 술에 취한 터라 피아노를 치고 싶지 않았어. 엘비스더러 무대에 올라가서 멋대로 하라고 했지."

그리곤 씁쓸하게 덧붙인다.

"그날 딱 하룻밤만 해보고 잘랐어. 별로 쓸 만하지 않았거든."

엘비스가 배짱 좋게 선 레코드의 문을 열고 들어간 지 1년이 다 된 1954년 6월 말, 샘 필립스는 〈위드아웃 유(Without You)〉라는 발라드의 데모를 가지고 내슈빌에서 돌아왔다. 그에게 필요한 것은 발라드를 부를 수 있는 가수였다. 블루스의 도시에서 그런 가수는 드물었다.

"그 구레나룻 청년한테 전화해봐."

키스커는 자기가 권한 그 엘비스에게 직접 전화했다.

"세 시간 뒤에 여기로 올 수 있겠어요?"

엘비스는 헐떡거리며 30분도 안 되어 도착했다.

그녀는 농담을 건넸다.

"뭐예요? 뛰어오기라도 한 거예요?"

엘비스는 기를 쓰고 샘 필립스의 주목을 받으려 했지만 쉽지 않았다. 결국 아홉번째 테이크에서 필립스가 일어났다.

"이거 잘 안 되는데. 잠시 쉬자고."

하지만 프레슬리는 못 들은 척하고 즉흥적인 레퍼토리를 시작했다.

"아는 노랜 다 불렀어요. 팝, 영가, 기억나는 대로 몇 구절씩 불렀죠."

그가 딘 마틴의 히트곡 목록을 줄줄 꿰다가 〈댓츠 아모어(That's Amore)〉에 접어들자 필립스가 소리쳤다.

"빌어먹을! 난 스탠더드 팝 가수를 찾는 게 아냐."

필립스는 '흑인처럼 부르는 백인'을 원했다. 엘비스야말로 적임자라고 생각했지만, 이 청년을 조심스럽게 다뤄야 한다는 것도 깨달았다.

"엘비스는 선에 들어온 사람들 중에서 가장 내향적인 성격을 타고났을 겁니다."

게다가 엄격히 말하자면 엘비스의 기타연주는 아직 미숙했다. 필립스가 보기에 엘비스에게 가장 필요한 것은 끈질긴 인내심과 탁월한 기타연주였다.

그래서 필립스는 엘비스와, 정확한 것으로 평판이 높은 퇴역해군이자 명기타리스트 스카티 무어(Scotty Moore)를 엮어 팀을 만들었다. 베이스는 사교적인 유머감각과 역동적인 연주로 유명한 빌 블랙(Bill Black)을 선택했다.

엘비스와 생판 모르는 사람들은 아니었다. 두 남자 모두 더그 포인덱스터 앤 히즈 스타라이트 랭글러스(Doug Poindexter and His Starlight Wranglers)의 멤버였고, 엘비스는 이 힐빌리 밴드가 연주하는 것을 본 적이 있었다(필립스가 녹음한 적도 있다). 게다가 블랙의 동생 자니는 로더데일 근처에서 자랐고, 엘비스와 잼을 하기도 했다. 어머니 루비 블랙 역시 엘비스와 글래디스 모자하고 꽤 친했다.

무어, 블랙 모두 프레슬리처럼 낮에는 돈벌이를 했는데, 무어는 모자를 만들었고 블랙은 타이어를 팔았다. 또한 무어는 스물두 살, 블랙은 스물일곱 살로 엘비스와 어울릴 만한 젊은이였다. 적어도 그렇게 보였다.

비공식 리허설이 있던 밤, 엘비스는 무어의 집에 핑크색 셔츠와 흰 세로 줄 무늬가 있는 핑크색 바지를 입고 나타났다. 가정용 파마기로 거대하게 부풀린 웨이브 머리를 뽐내면서.

"엘비스는 열두 살처럼 보였어요."라고 무어는 회상했다. 블랙은 그를 '코흘리개'로 보았다.

그러나 세션이 끝난 뒤 엘비스가 덜덜거리는 링컨을 몰고 떠나자 무어는 필립스에게 전화했다.

"자기 분야에서는 뭔가 해낼지도 모르겠군요."

무어의 분석은 예언적일 뿐 아니라 예리했다. 수많은 전설에도 불구하고 엘비스는 타고난 목소리로 쉽게 성공한 것이 아니었다. 초기의 보컬 스타일은 부드러우면서도 아마추어적이었다. 오랜 시간을 투자하여 문자 그대로 수백 밤을 보내고서야 완벽한 목소리를 전달할 수 있었다.

그래도 엘비스는 무어와 블랙을 만나는 동안 뭔가 중요한 일이 일어날 것임을 직감적으로 알았다.

"엘비스는 마침내 최고의 조합을 찾았다고 말했죠."

사촌 진 스미스(Gene Smith)의 말이다.

엘비스가 느낀 것은 서로 잘 어울린다는 것이었다.

다음날 밤 엘비스, 무어, 블랙은 선에서 필립스를 만났다. 도시는 푹푹 찌는 더위로 고통스러웠지만 그날 밤 스튜디오는 조금도 덥지 않았다. 필립스는 컨트롤 부스에 앉은 채 별로 인상 깊지 않은 〈하버 라이츠(Harbor Lights)〉의 다섯 컷, 엘비스가 좋아하는 연가버전 〈아이 러브 유 비코즈(I Love You Because)〉를 참아냈다. 무어는 그날의 일을 떠올렸다.

"우리는 그 곡들이 조금도 만족스럽지 않았어요. 그래서 중단한 뒤 스튜디오에 앉아 그냥 콜라나 마시며 잡담을 했죠."

마침내 필립스가 컨트롤 부스에서 소리쳤다.

"엘비스, 제대로 부를 줄 아는 거 없냐?"

엘비스는 기타를 들고 아서 '빅 보이' 크러덥('Big Boy' Crudup)의 〈댓츠 올라이트(마마)〉의 빠른 버전으로 장난을 쳤다. 무어는 두들기는 듯한 기타 리프를 시작했고 블랙도 화난 사람처럼 베이스를 쳤다. 비로소 필립스가 놀라기 시작했다.

"엘비스가 '빅 보이' 크러덥의 노래를 안다는 것 자체가 놀라운 일이었죠. 그냥 놀라버리고 말았어요."

세 뮤지션이 코러스로 들어가자 필립스는 마침내 컨트롤 부스에서 외쳤다.

"지금 뭐 하는 거야?"

무어가 맞받아서 소리쳤다.

"우리도 몰라요."

훗날 무어는 그 순간을 회상했다.

"우린 가능한 한 소음을 많이 내려고 했어요. 그런데 다시 틀어보고 나서야 뭔가 약간 다른 리듬이었다는 걸 알았죠. 뭐라고 이름 붙여야 할지는 아무도 몰랐어요. 결국 당시엔 뭐라 부르지도 않았죠."

트리오는 계속 여러 가지 테이크를 시도하여 적어도 아홉 번은 연주했다. 다시 틀어서 들어보면 뭔가 독특한 것이 있었다. 엘비스의 목소리는 최면을 거는 듯했고, 가스펠과 컨트리가 섞여서 자갈을 가는 듯 낮게 으르렁거리는 소리를 내는 놀라운 '흑인' 사운드였다. 무어는 놀라서 말했다.

"이런! 이걸 들으면 다들 우리를 시내에서 쫓아낼 거야."

엘비스는 비로소 자신의 목소리를 찾았다. 이제 노래를 알려야 했다.

디제이 듀이 필립스가 들어왔다.

멤피스에서 가장 인기 있는 이 디제이는 마음에 들지 않는 음반은 틀지 않았다. 잘 알려진 것처럼 그는 샘 필립스가 데모 디스크로 슬쩍 건네준

〈댓츠 올라이트〉를 좋아했다.

"이거 큰 사고 한번 치겠군."이라는 멘트와 함께 7월 10일 밤 9시 30분쯤 그 곡을 처음 틀었다. 실제로 그 곡은 사고를 쳤다.

블루스와 컨트리를 이상하게 조합했고, 프레슬리의 톤에 독특한 변화를 준 보컬 때문에 〈댓츠 올라이트〉는 즉각적인 반응을 보였다. 방송국으로 전화가 쏟아졌다. 안 그래도 광적인 듀이 필립스는 그 어느 때보다 더욱 열광적이었다.

"그 친구는 그 음반이 뭔가 다르다고 너무나 흥분했어요. 다른 사운드라고 말이에요. 나한테 전화를 걸어 히트곡이 나왔다고 말했죠."

그의 미망인 도로시 필립스의 회상이다.

듀이는 프레슬리의 집에도 전화를 걸어 젊은 싱어와 인터뷰하려고 했지만 그는 극장에 가고 없었다.

"너무 긴장해서 들을 수가 없었을 거예요."

글래디스는 그렇게 해명했다.

"음, 그러면 가서 찾아보고 방송국으로 데려와주세요."

글래디스와 버넌은 '쉬조 넘버 2'의 어두운 객석으로 달려갔다. 진 오트리의 영상이 화면에서 깜빡거리는 동안 버넌과 글래디스는 각자 흩어져서 통로마다 뒤지고 다녔다. 마침내 글래디스가 중간에 앉아 있는 엘비스를 발견하여 어깨를 두드리자 그는 얼굴이 창백해질 정도로 깜짝 놀라서 물었다.

"무슨 일이에요?"

"아주 여러 가지. 전부 좋은 소식이야."

엘비스는 멤피스의 치스카 호텔 1층과 2층 사이에 위치한 WHBQ 스튜디오로 가는 동안 흥분한 듯 들떠 보였다. 필립스는 엘비스를 맞은편에 앉혔다.

"전 인터뷰할 줄 모르는데요."

엘비스가 걱정스럽게 털어놓았다.

"음탕한 말만 하지 마."

필립스가 충고했다. 디제이는 일상적인 말로 대화를 시작하면서 젊은 게스트에 대해 설명했다.

"엘비스는 앞에 마이크를 켜놓은 것도 몰랐어요."

도로시 필립스는 아련한 추억처럼 떠올린다.

마침내 듀이가 대화를 마치자 엘비스가 속삭였다.

"이거 꼭 인터뷰하는 거 같잖아요, 필립스 씨."

필립스는 웃으면서 말했다.

"방금 했잖아."

사실 필립스는 프레슬리와 인터뷰하는 동안 피부색에 대해 언급하지 않으면서도 인종문제를 다뤘다. 듀이가 어떤 학교를 다녔느냐고 묻자 엘비스가 대답했다.

"흄스 하이입니다, 선생님."

청취자들은 사운드가 아무리 흑인같이 들려도 그 가수는 백인 청년이라는 것을 깨달았다. 흄스는 백인들만 다니는 학교였던 것이다.

그날 밤 11시가 되자 WHBQ는 그 곡과 가수에 관해 10통이 넘는 엽서와 50통에 가까운 전화를 받았다.

"다음날 즉시 멤피스의 화젯거리가 됐죠."라고 엘비스의 친구 폴 도어는 회상했다. 엘비스는 특히 흄스 하이 졸업생들 사이에서 큰 화제가 되었다. 그들의 괴짜 친구가 성공했다고.

수십 년이 지나는 동안 그 무더운 7월 밤에 대해 신화가 생겨났다. 〈댓츠 올라이트〉 덕분에 어느 날 자고 일어났더니 성공을 거머쥐고 있었다고. 사실 이 시나리오는 엘비스를 지방의 스타로 만들었을 뿐이다. 전국적인 인기를 얻는 데는 3년의 노력이 더 필요했다.

샘 필립스는 엘비스, 무어, 블랙을 데리고 돌아와 〈댓츠 올라이트〉의 B 사이드를 녹음했다. 고심 끝에 블루그래스의 아버지 빌 먼로가 쓴 경건한 왈츠 〈블루 문 오브 켄터키(Blue Moon of Kentucky)〉의 업템포 버전으로 결정했다. 이 노래는 바이올린이나 스틸 기타 없는 로커빌리 사운드거나, 아니면 필립스가 부른 대로 '아주 팝적인 것!' 이었다.

엘비스의 첫 음반카피는 온 동네의 디제이들한테 전해졌고, 〈댓츠 올라이트〉〈블루 문 오브 켄터키〉 모두 이내 그 지역의 송가가 되었다. 며칠 지나지 않아 샘 필립스의 선 레코드는 주문을 6000장이나 받았다. 크라운 일렉트릭의 점심시간이면 그 젊은 가수는 메인 스트리트의 파플러 턴스에 들어가 어슬렁거리다 콜라 자동판매기 뒤에 숨곤 했다.

"모두 나가고 나면 엘비스가 다가와 자기 음반을 산 사람이 있느냐고 물었어요."

점원 메리 앤 린더의 회상이다.

엘비스는 신문에도 실렸다. 7월 27일 머라이언 키스커는 그를 『멤피스 프레스-시미타』 신문의 사무실에 데리고 갔다. 이 신문의 칼럼니스트인 에드윈 하워드는 엘비스가 아주 불편해 보였다고 말했다. 그는 아주 말라 보였고, 짧게 쳐올렸다가 길게 기른 듯한 머리에 여드름이 많았다. 목까지 단추를 채운 플레이드 셔츠에 나비 넥타이까지 매고 왔는데, 너무 긴장한 나머지 하워드의 질문에 네, 아니오라는 대답밖에 하지 못했다. 결국 기사에서는 한마디도 실리지 않았다.

결국 키스커가 나서서 하워드에게 말했다.

"이 청년은 우리 모두에게 뭔가를 어필하는 듯해요."

프레슬리는 대중 앞에서만 수줍어하는 게 아니었다.

"엘비스는 듀이가 그 음반을 튼 지 꽤 지나서 다시 찾아왔어요. 사실 전 엘비스가 항상 약간 긴장한 상태라고 생각했죠. 어쨌든 주목하는 시선들 때문에 겁에 질리기도 하고 흥분하기도 했어요."

7월 말이 되자 스포트라이트는 더욱 강해졌다. 70번 고속도로에 있는 본 에어 클럽에서는 스카티와 빌, 그리고 다른 스타라이트 랭글러스 멤버와 함께 무대에 올랐다. 엘비스는 자신감이 생기자 때때로 멋진 발동작을 선보였다.

그리고 멤피스의 오버튼 파크 쉘 야외에서 열린 '힐빌리 호다운' 댄스 파티에서 비로소 주저 없이 나섰다. 그 파티의 헤드라이너는 당시 〈인디언 러브 콜(Indian Love Call)〉로 유명했던 슬림 휘트먼이었다. 그러나 사람들의 관심은 새로운 출연진에 쏠렸다. 그 이벤트의 신문광고에는 그의 이름이 엘리스 프레슬리라고 잘못 나왔다.

엘비스는 겁을 집어먹고 무대 뒤에서 왔다갔다하고 있었다. 스카티, 빌과 무대로 올라간 후에는 똑바로 서 있을 수도 없었다.

"그냥 똑바로 서서 발을 굴리는 대신 앞뒤로 흔들거렸죠."

무어는 그날 밤을 회상하면서 자신도 다함께 맞춰 입은 헐렁한 '바지' 쪽으로 고개를 숙인 채 생각에 잠겼다고 했다.

"네가 다리를 흔드니까 무대 아래가 온통 난리던데!"

엘비스의 노래는 기대 이상의 반응을 보였다. 소리를 지르는 여자애들까지 있었다.

휘트먼은 신인 뒤에서 쇼를 마쳐야 하는 불행을 떠맡았다.

"슬림에게 미안했지요. 엘비스가 내려왔는데도 사람들이 계속 엘비스만 보고 싶어했거든요."

샘 필립스가 자랑스럽게 말했다.

그 공연을 계기로 엘비스는 새로운 단계에 올랐다. 이글스 네스트는 그의 고정 출연을 결정했고, 『빌보드』는 '재능 있고 강력한 신인' 이라는 찬사를 보냈으며, 엘비스와 밴드는 심야와 주말마다 공연날짜가 잡혔다.

쇼핑센터가 오픈하면 으레 엘비스가 새로운 고객들을 끌어들였다. 라마-에어웨이스 센터가 오픈할 때는 캐츠 드럭 스토어 뒤의 트럭 짐칸에서 연주하여 군중을 300명이나 모으기도 했다.

"친구들하고 도착해보니 쇼핑센터는 이미 십 대 팬들로 가득하더군요."

십 대 시절 부모님을 졸라 그 공연에 갔던 베키 얀시(Becky Yancey)의 이야기다.

우연히도 베키와 엘비스는 옷색깔이 맞춘 듯 어울렸다. 그는 핑크색 셔츠와 검은색 바지 차림에 머리는 기름을 발라 뒤로 넘긴 덕테일 스타일이었고, 그녀는 핑크색 스웨터에 타이트한 검은 스커트를 입었다. 그녀가 다가가서 사인을 부탁하자 엘비스는 놀라운 금발 소녀를 훑어보고는 쿨하게 대답했다.

"물론이죠. 근데 누구라고 해드릴까요? 마릴린 먼로?"

몇 년이 지나 얀시는 프레슬리와 다시 만났고, 비서가 되었다.

엘비스의 연주는 그 도시에서만 머물지 않았다. 샘 필립스가 열렬히 홍보한 결과 컨트리 음악의 전당에서 그를 초대했다. 엘비스 프레슬리가 그랜드 올 오프리에서 연주하게 된 것이었다.

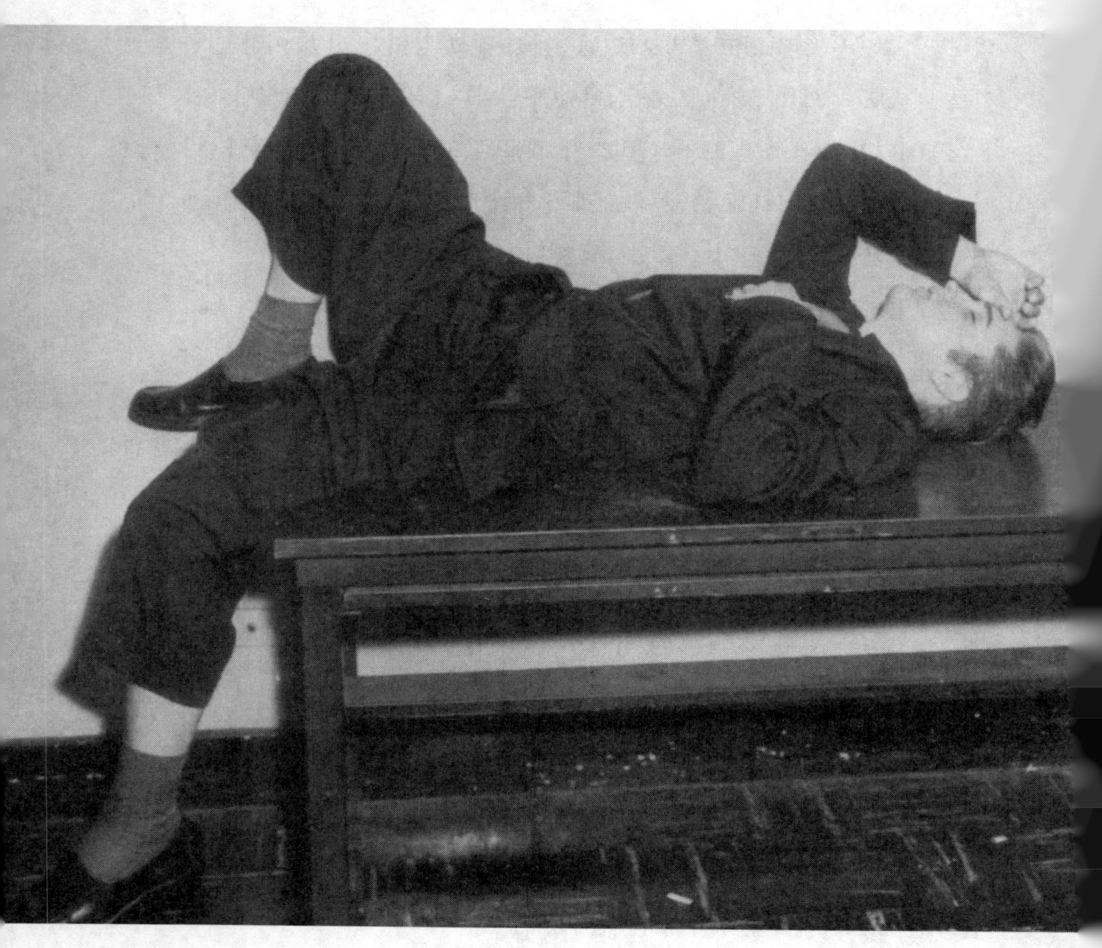

스물한 살의 엘비스. 로스앤젤레스의 슈라인 오디토리엄에서 잠깐 휴식을 취하다.

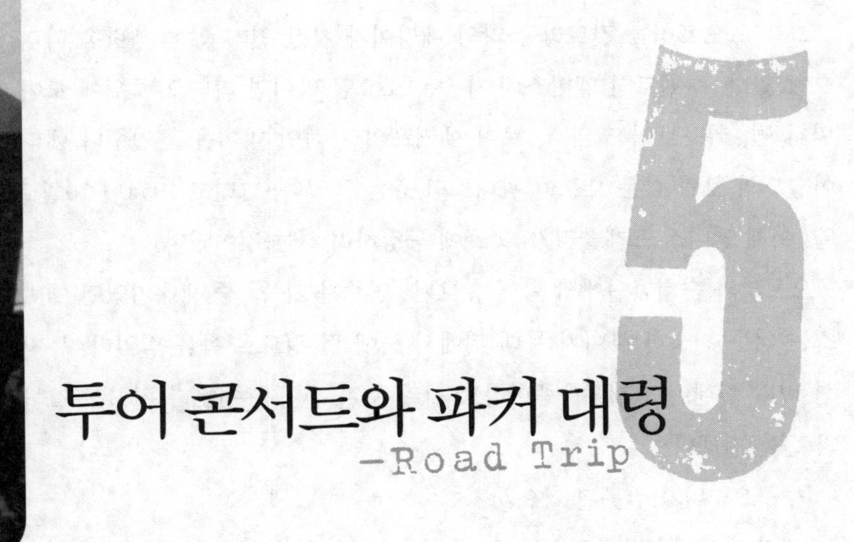

투어 콘서트와 파커 대령 5

—Road Trip

엘비스 프레슬리는 몸을 숙여 낡은 나무벤치에 앉았다. 그리고 고개를 들어 스테인드글라스 창의 선명한 색깔을 응시했다. '그랜드 올 오프리' 쇼가 열리는 라이먼 오디토리엄은 1891년에 헬파이어앤브림스톤 순회설교단이 쓰려고 지은 건물이었다. 열아홉 살의 프레슬리에게 이 공연은 그의 첫번째 '지옥불 세례' 였다.

스카티 무어에 따르면 그와 빌 블랙, 엘비스는 붉은 벽돌로 만든 3500석의 홀에 들어서는 순간 실망했다고 한다. '컨트리 음악의 산실' 이라고 알려진 그곳에 대한 반응은 "겨우 이거야?"였다. 벽의 페인트는 벗겨지고, 스테인드글라스와 무대 전체를 뒤덮은 농장 그림과 가장자리가 붉은 커튼을 제외하면 그 홀은 아무런 장식이 없었다. 에어컨조차 없어서 로열석에서도 전단지로 부채질을 했다. 무대 뒤 가수대기실은 너무 좁아서 수많은 뮤지션들이 무대 입구부터 복도 너머까지 나와 있었다. 남자용 탈의실은 3개였지만 차례를 기다리는 줄이 길었고, 그나마 여자용 탈의실은 겨우 1개뿐이었다.

그래도 오프리는 컨트리 음악의 메카이자 가장 인기 있는 생방송 라디오 쇼였다. 투펠로의 엘비스네 가족은 토요일 밤이면 라디오 주위에 모여 미니 펄, 카우보이 코파스, 로이 애커프의 광적인 바이올린 연주나 에디 아널드의 보컬 같은 오프리 광대들의 쇼를 들었다. 그리고 1954년 10월 2일, 이제 엘비스 프레슬리가 그 쇼에 등장하려 하는 것이었다.

오프리와 순회공연에서 함께 홍보된 '연주자 가족' 중 새내기였던 엘비스는 너무 긴장한 나머지 무대 뒤에서 눈에 띌 정도로 몸을 떨었다. 뮤지션 버디 킬렌이 전쟁후유증이라도 걸린 듯한 신참을 엿보다 천천히 걸어와 손을 건넸다.

"누구요? 뭐가 잘못된 거요?"

"엘비스 프레슬린데요, 무서워 죽겠어요. 아마 사람들이 나를 싫어할 거예요."

오프리의 연주자들은 컨트리 음악의 표준을 따르는 터라 고전인 〈블루 문 오브 켄터키〉를 자기 버전으로 부르면 컨트리 차트에서 응징을 당할 정도였다. 그런데 1939년부터 오프리의 멤버였고 〈블루 문〉을 쓴 빌 먼로를 보았으니 엘비스의 긴장감이 더 고조되었던 것이다.

엘비스는 먼로의 신성한 블루그래스 곡의 리듬을 나름대로 바꿔봤다고 하며 말했다.

"저 때문에 불쾌하지 않으셨으면 좋겠습니다, 선생님."

그런데 먼로는 엘비스의 버전에 행운을 빌어주었을 뿐만 아니라, 자신은 더 빠른 업템포 버전을 만들었다고 털어놓았다.

먼로는 엘비스가 안심하고 걸어가는 걸 보며 그의 붉은 새틴 바지와 장식을 한 카우보이 셔츠, 헤어스타일을 궁금해했다. 역시 오프리 베테랑인 기타리스트 쳇 앳킨스는 엘비스가 아이섀도를 발랐다고 비꼬듯이 지적했다.

"깜짝 놀랐어요. 그런 걸 바른 남자는 본 적이 없거든요."

매번 스폰서와 헤드라이너를 바꿔가며 30분씩 공연하는 오프리는 6시 30분부터 자정까지 방송했다. 그날 밤 엘비스는 행크 스노가 헤드라이너이고 로열 크라운 콜라가 스폰서인 쇼에서 10시 15분에 무대에 올랐다. 망치지는 않았지만 컨트리 팬들에게 특별한 인상을 주지도 않았다.

"박수는 괜찮게 받았죠. 관중들이 예의가 있었거든요."

작고한 오프리의 매니저 짐 데니의 아들 빌 데니의 말이다.

"컨트리 팬들은 엘비스의 음악을 잘 모르는데다 로큰롤을 별로 좋아하지 않았어요."

오프리의 싱어 마티 로빈스는 "오프리 쇼 바로 전까지만 해도 엘비스가 흑인인 줄 알았다."고 시인했다.

"그리 잘하지는 못했어요. 엄청난 충격을 주지도 못했고요. 하지만 당시 오프리의 주요 관객은 나이가 많은 층이었다는 점을 명심해야 해요."

무대 뒤에서 관중의 반응을 점검하던 저스틴 터브의 회상이다. 오프리의 전설 어니스트 터브의 아들인 저스틴은 엘비스보다 겨우 7개월 어렸고 근처 테네시 갤러틴의 컨트리 음악 방송국 디제이였다. 엘비스의 〈블루문〉은 신청곡 1위였다.

"모두들 멤피스 출신의 엘비스 얘기만 했죠."

저스틴은 오프리가 끝난 후 어니스트 터브 레코드 스토어에서 방송된 라디오 쇼 〈미드나이트 잼보리(Midnight Jamboree)〉에서 엘비스가 연주하는 것도 보았다.

"엘비스는 오프리에서 일어난 일에 당황한 듯 보였어요. 무례하게 행동한 사람들도 있었을 거예요. 당시 엘비스에게 악의를 품은 컨트리 팬들도 많았으니까요. 엘비스는 정통 컨트리가 아니라고 싫어했죠."

컨트리 음악계에서 얼마나 무관심했는가는 그의 연주에 대해 리뷰조차 없었다는 점으로도 짐작할 수 있다.

여러 해 동안 엘비스의 오프리 쇼를 놓고 상반되는 설명들이 오갔다. 그가 오프리 무대를 떠나자 짐 데니가 계속 트럭이나 몰라고 잔인한 충고를 했다는 보고서도 있다. 하지만 빌 데니는 아버지가 그랬을 리 없다고 부인한다.

"아버지가 엘비스의 쇼를 보고 그런 말을 했다면 내가 계속 커널 밑에서 일을 했겠어요?"

어쨌든 엘비스는 다시 초대받지 못했다.

오프리가 적합하지 않은 무대였다는 사실은 입증되었지만, 엘비스와 스카티, 빌은 여전히 멤피스와 그 주변에서 인기 있는 밴드였다.

"우리는 점점 더 유명해졌죠. 더 멀리 갈수록 주가가 올라서 50달러, 60달러를 받기도 했어요. 우리는 기꺼이 받았죠. 집까지 가는 기름값을 벌 수 있었으니까요."

그 당시 엘비스의 매니저 노릇을 하던 스카티 무어의 회상이다. 선에서 두번째 앨범 〈굿 록킹 투나이트(Good Rockin' Tonight)〉와 〈아이 돈 케어 이프 더 선 돈 샤인(I Don't Care If the Sun Don't Shine)〉이 발매되자 고등학교 강당, 시민회관, 정기 출연 중인 이글스 네스트의 무대에 섰다.

이제까지 멤피스의 '토박이 힐빌리 싱어'로 알려진 엘비스는 샘 필립스가 루이지애나 헤이라이드의 슈레브포트 공연을 잡으면서 대규모 관중 앞에 두번째로 나섰다. 겨우 6년차였지만 헤이라이드는 오프리 다음 가는 인기를 누렸고, 13개 주의 200곳이 넘는 방송국 청취자에게 전달되었다. 신인을 기용하는 데도 더 개방적이었다.

헤이라이드는 3800석 규모의 오래된 시청 강당에서 토요일 밤에 방송되었다. 천장 들보에 모인 참새떼들은 비공식 관객이었다. 이 쇼의 헤드라이너들은 개인탈의실이 있었지만, 엘비스는 2층에 있는 공용탈의실을 이용해야 했다. 그는 흰 바지와 검은 셔츠에 핑크색 재킷을 걸쳤고, 클립으로 다는 밝은 색 나비넥타이로 포인트를 주었다. 머리는 의식을 치르듯 기름을 발라서 빗어넘겼다. 차라리 물로 씻어버리라고 조롱하는 뮤지션들도 있었다. 그 자리에 있었던 연주자의 회상이다.

"지저분했어요. 목도 지저분했죠."

그래도 엘비스의 에너지와 부인할 수 없는 카리스마는 헤이라이드의 매니저 패피 코빙턴의 주목을 끌었다. 럭키 스트라이크 담배를 그린 무대배경을 뒤로하고 웨스턴 복장을 한 스카티, 빌과 함께 엘비스는 간헐적으로 더듬으며 말했다.

"저, 우, 우리는 선 레코드 레이블에서 나온 노, 노, 노래를 여러분을 위해 들려드리겠습니다. 이런 노래죠……."

밴드는 〈댓츠 올라이트〉를 시작했다. 그런데 오프리하고 전혀 달랐다. 군중들은 한 비트, 한 비트를 그와 함께 따라갔다. 엘비스의 독특함에 충격을 받은 나머지 다음 쇼까지 내내 눌러앉은 관객도 있었다. 이번에는 연주도 하기 전에 박수부터 쳤다.

다음날 엘비스는 레드 웨스트와 함께 의기양양하게 멤피스로 돌아왔다. 그 여행에는 동반자가 있었다. 친구네 가족을 만나야 한다면서 쇼가 있는 곳까지 태워달라고 이웃을 설득할 정도로 임기응변이 뛰어난 열네 살짜리 소녀 키티 존스(Kitty Jones)였다. 사실 존스는 오프닝 무대에 선 젊은 가수 토미 샌즈를 만나려고 휴스턴에서 왔던 것인데, 대신 엘비스와 시간을 보냈다. "하지만 로맨스는 없었다."고 존스는 말한다. 그녀는 프레슬리 가족과 며칠을 지낸 후 버스를 타고 집으로 돌아갔다.

활기 넘치는 푸른 눈의 금발로 킴 노박을 닮았다는 얘기를 자주 듣던 키티는 글래디스 프레슬리의 따뜻한 환대를 받았다. 글래디스는 거실에 침대를 만들어줄 정도였다. 버넌 프레슬리도 아들의 여자친구에게 친절했다. 존스는 그때 일을 회상한다.

"글래디스와 엘비스가 방에 없을 때마다 버넌이 수작을 걸었죠."

하지만 그녀는 엘비스에게 이 일을 전하지 않았다. 키티는 나중에도 프레슬리의 좋은 친구로 남았고, 엘비스의 화려했던 할리우드 시절에는 비밀을 털어놓는 사이가 되었다.

버넌은 아들이 크라운 일렉트릭을 그만두려고 하자 버럭 화를 냈다. 엘비스는 마침 사무직으로 승진하여 전화 받는 일을 했지만, 헤이라이드와의 1년 계약을 받아들여 음악에 온전히 집중하고 싶었다.

"기타나 들고 다니는 놈들치고 반푼어치라도 제 몫을 하는 놈이 있는 줄 알아!"

버넌은 장기 실직 상태였으므로 더더욱 핀잔을 주었다.

그래도 엘비스는 그만두었고, 부모님하고 슈레브포트에 가서 휘황찬란한 캡틴 슈레브 호텔에 묵었다. 주말에는 헤이라이드 계약서에 서명했다. 쇼당 18달러였다. 스카티와 빌은 각각 12달러였다. 엘비스는 그들 팀이 최소한 자기 앞가림은 한다고 생각했다.

'스타의 요람' 이라고 알려진 헤이라이드는 행크 윌리엄스를 전설로 만들었고 슬림 휘트먼, 짐 리브스, 패런 영의 이력을 장식했다. 엘비스 프레슬리에게도 그만큼 중요한 출발점이라는 것을 입증할 터였다. 실제로 방송을 더 많이 탔을 뿐 아니라, 헤이라이드 아니었으면 방송을 타지 못했을 지역까지 방송을 탔다. 엘비스는 스카티, 빌과 함께 텍사스 동부와 서부, 루이지애나, 아칸소 전역에 깊은 인상을 남겼다.

순회공연이 이어졌다. 1954년 10월 말 헤이라이드와 계약했을 때부터 트리오의 삶은 자동차 여행의 연속이었다. 토요일 밤마다 슈레브포트의 무대에 섰다. 엘비스는 선에서 녹음한 곡들을 불렀고, '겁나게 뜨거운' 서던 도너츠의 CM을 연주하기도 했다. 세트 위로 막이 내려오자마자 밴드는 빌 블랙의 베이스를 스카티 무어의 낡은 쉐비 위에 묶고 차에 올라탔다. 무어는 그 당시를 돌이키며 말한다.

"밤새 운전하고 하루종일 잤죠. 우리는 운전하고, 운전하고 또 운전하는 것밖에 몰랐어요."

1954년 말부터 1955년 봄까지 3개월 동안 4만 킬로미터 이상을 돌았다. 헤이라이드의 투어 패키지를 따라 공연하기도 했지만, 단독 공연도 잦았다. 그들은 하룻밤에 50달러에서 75달러의 정액을 받거나 클럽과 수입을 나누기도 했다.

이제 베테랑 컨트리 음악 디제이인 밥 닐이 매니저가 되었다. 그들은 라디오 프로모션을 하러 가기도 했고, 전시회나 농장쇼 같은 야외에서 연주하기도 했고, 고등학교 강당이나 시민회관, 연기 자욱한 시골 댄스홀 아니면 시내 변두리 외딴길에 있는 싸구려 술집에서도 연주했다.

휴스턴 항부터 당시 버팔로 베이유라 부르던 곳까지 오가며 야외 매그놀리아 가든의 창고 같은 나무무대에서 일요일 오후의 스퀘어 댄스를 연주했다. 휴스턴 시내에서는 프래터널 오더 오브 이글스 빌딩에서 연주했다. 텍사스 글레이드워터에서는 야구장 2층에 세워놓은 트럭 짐칸에서 노래했다. 텍사스 호킨스 근처에서는 험블 오일 캠프 중간의 레크리에이션

홀에서 공연했다. 아칸소 헬레나의 가톨릭 클럽 쇼 티켓은 그 지역 약국에서 75센트에 예매했다.

미주리 사이크스턴에서는 재미난 일도 있었다. 어느 날 밤 국경 수비대원 두 명이 무기고에서 접이식 의자를 배열하는 동안 엘비스가 급하게 화장실을 다녀오다가 그들을 만났다. 그들은 그날 밤의 헤드라이너 '프레슬리 보이'가 흑인인지 백인인지 아느냐고 물었던 것이다.

그는 "오리지널 엘비스는 백인인데 그냥 흑인같이 들리죠." 하면서 "바로 접니다."라고 대답했다. 그리곤 밖에 있는 차로 달려나가 피기 위기 스토어에서 산 배낭을 가지고 돌아왔다. 대원들이 지켜보는 가운데 배낭을 열자 핑크색 실크 정장이 나왔다.

처음에는 모두들 그의 이름을 제대로 알지 못했다. 쇼의 신문광고는 '앨비스(Alvis)' 프레슬리, '앨빈(Alvin)' 프레슬리, 엘비스 '프레슬리(Prestly)', 엘비스 '프레슬리(Pressley)' 등으로 잘못 홍보되었던 것이다. 그의 음악을 분류하는 것도 당황스럽기는 마찬가지였다. 어쩌다 이런 스타일을 들고 나왔느냐고 물으면 수줍음 많은 젊은 싱어는 "솔직히 우연입니다."라고 털어놓을 뿐이었다. 자신의 사운드를 뭐라고 부르면 좋겠느냐는 라디오 인터뷰 진행자의 질문에는 "제 음악에 이름을 붙인 적은 없어요."라고 대답했다. 이름 붙이기는 디제이와 프로모터의 몫이었고, 그에게는 '밥핑 힐빌리' '힐빌리 캣' '비밥 웨스턴 스타' '멤피스 플래시' '웨스턴 밥의 왕' 심지어 '포크 뮤직 탤런트'라는 칭호가 잇따랐다. 음악전문지 『컨트리 송 라운드업(Country Song Roundup)』은 한마디로 선언했다.

"이 젊은이는 진정한 '포크 뮤직의 새로운 별'이다."

한 가지는 의심의 여지가 없었다. 이전에 그와 비슷한 사람을 보거나 그와 비슷한 목소리를 들은 사람이 아무도 없다는 점이었다.

훗날 프레슬리의 트레이드마크가 될 '허리 돌리기'는 아직 완성하지 못한 상태였지만, 외모와 행동은 숨이 막힐 정도로 튀었다. 텍사스 브레켄리지의 고등학교 강당에서 공연할 때는 검은 바지에다 셔츠와 어울리는 살구빛 오렌지색 파이핑 장식이 달린 재킷을 입었는데, 십 대 소녀들이 무더기로 '기절'하는 사태가 벌어지기도 했다. 『브레켄리지 아메리칸(Breckenridge American)』의 리뷰기자는 그 소녀들의 남자친구들이 여드름투성이 가수에게 시비를 걸면서, 농장 뒤에서 흠씬 패주겠다고 요란하게 떠벌렸다고 적었다.

텍사스 킬고어에서는 빨간 바지, 녹색 코트, 핑크색 셔츠를 입고 핑크색 양말을 신었다. 그리곤 기타를 튜닝하느라 줄 하나를 퉁겼다. 그는 '5분이나 지난 것처럼 느껴지는 동안' 마이크 앞에 조용히 서서 특유의 졸린 눈으로 군중들을 쳐다보다가 갑자기 경멸하듯 웃었다. 여고생들이 소리를 지르기 시작했다. 마침내 그가 움직이자 "기타 속에 뭐가 있는 것 같았다."고 컨트리 음악 가수 밥 루먼은 회상했다.

"등줄기에 한기가 느껴졌다고요. 옷깃에 머리카락이 걸려서 잡아당겨질 때처럼 말이에요."

그의 충격적인 무대매너는 가수 스카우터 오스카 데이비드의 시선을 끌었다. 그는 멤피스로 돌아오는 길에 이글스 네스트에서 엘비스의 공연을 보았다. 그리고 이미 음악판의 전설이 된 인물에게 전화를 걸었다.

"당신이 보고 싶어할지도 모르는 청년이 있어요."

전화를 받은 사람은 톰 파커 대령(Colonel Tom Parker)이었다. 톰 파커는 1929년부터 1932년까지 36 연안 포병대에서 복무한 예비역 대령으로, 카니발을 순회하며 게임기 대여업과 홍보대행업을 했다(그가 생각해낸 문구로 '30센티미터짜리 핫도그'가 있다). 플로리다 탐파에서는 조련된 조랑말이 등장하는 링을 운영하고, 심지어 들개잡이로 일한 적도 있었다. 이어서 카우보이 스타 진 오트리(Gene Autry)와 컨트리 싱어 에디 아널드(Eddy

Arnold)의 매니저를 하고 그랜드 올 오프리의 프로모션을 맡은 뒤로 매니지먼트 회사를 차려서 성공적으로 운영했다. 1955년 2월 초에 밥 닐, 샘 필립스, 엘비스와 멤피스의 커피숍에서 만났을 때는 그랜드 올 오프리의 헤드라이너 행크 스노를 관리하고 있었다.

이 역사적인 만남은 엘리스 오디토리엄의 귀향콘서트가 두 회 모두 매진되는 사이에 '팔룸보스' 레스토랑에서 이루어졌다. 엘비스는 콜라를 시켰고 다른 사람들은 커피를 시켰다. 대령이 엘비스의 눈을 쳐다보았다.

"학교강당에서 하는 월요일 공연 같은 건 집어치우라구. 알겠나? 돈이 있는 곳으로 가야지."

"네, 그래야죠."

"그리고 이것도 아나? 선 레코드는 자네한테 어울리지 않아."

엘비스는 놀란 표정으로 샘 필립스를 초조하게 쳐다보았다.

"큰 회사가 필요해. 자네 같은 사람은 큰 레이블에서 더 좋은 기회를 가져야 해."

파커는 요란하게 밖으로 나가면서 말했다.

밥 닐은 대령이 여기에는 센세이셔널할 것이 없다고 생각한다는 애기로 듣고 이 미팅은 실패인 줄 알았다고 회상했다. 엘비스는 모욕감을 느꼈다. 파커가 갑자기 퇴짜를 놨다고 생각했기 때문이었다. 사실 파커는 미끼를 던졌을 뿐이었다. 항상 치밀한 성격답게 여러 달 전부터 엘비스의 콘서트 여정을 비밀리에 추적해왔던 것이다.

사실 젊은 가수와 계약을 맺어서 스타로 만들려는 파커의 노력은 행크 스노 덕으로 시작되었다. 파커와 스노가 잼보리 프로덕션을 차린 지 며칠 지나지 않아 파커는 엘비스를 투어 광고전단지에 최신 '객원 스타' 로 소개했다. 이 전단지에는 '듀크 오브 파두카' 로 알려진 남부지방의 코미디언도 있었다. 글래디스가 좋아하는 연예인이었다. 이 악단은 텍사스, 뉴멕

시코, 루이지애나를 돌았다. 엘비스는 스노 바로 전에 연주하여 부러움을 샀다. 특수 조명이 더해지자 프레슬리는 점점 더 감각적인 몸동작을 선보였다.

대령은 행크의 투어에 엘비스의 룸메이트도 붙여주었다. 파커에게 열광적인 '리뷰' 를 제출했던 행크의 아들 지미 로저스 스노였다. 그의 리뷰 내용을 보자.

"엉덩이를 뒤틀며 흔들고, 다리를 떨다 빠르게 움직이고, 기타를 빠른 드럼비트에 맞춰 거칠게 연주하면서 여자들을 히스테리로 몰아갔다."

대령이 프레슬리를 설득하는 동안 연예인 매니지먼트를 하는 아널드 쇼가 그의 사무실에 들렀다. 사무실이라고 해봤자 내슈빌 근교 매디슨의 집 뒤에 있는 오두막이었다. 쇼는 노란색과 오렌지색으로 인쇄한 선 레코드 레이블의 45회전판 더미를 곁눈질했다.

"얘 좀 들어봐요."

대령이 판을 돌리며 말했다. 쇼는 '흑인의 감정이 뚜렷하게 살아 있는' 가수가 백인 청년이라는 것을 알고 놀랐다고 회상했다.

"메이슨—딕슨 경계선 이북에선 아무도 들어본 적이 없어요. 하지만 몇 년 안에 남부를 강타할 최고의 거물이 될 날이 확실하게 올 거요."

대령이 트레이드마크인 시가에 불을 붙이며 강조했다.

"여자애들은 할 수만 있다면 이 애의 바지를 찢어버리고 싶어할 걸."

'행크 스노 잼보리' 투어가 이어지는 동안 대령은 별도로 프레슬리 홍보 캠페인을 시작했다. 전단지에 프레슬리의 사진을 넣고 선에서 나온 앨범을 라디오 방송국에 뿌렸다. 행크 스노가 알고 화를 내자 그는 단호하게 말했다.

"젊은애들도 잡아야지. 엘비스의 팬은 자네 팬하고 전혀 달라."

스노는 번쩍거리는 카우보이 복장에 어울리는 악어가죽 부츠를 신고 무대에 올랐지만 몹시 불쾌했다. 엘비스를 보기 위해 얼굴을 잔뜩 찌푸린 남자친구를 끌고 온 남부 소녀들로 객석이 가득 차는 광경을 보았던 것이다.

"그냥 믿을 수가 없었어요."

RCA의 프로듀서 펠튼 자비스가 말했다.

"내 말은 엘비스가 다 쓸어버렸다는 겁니다. 관중들은 소리를 지르고 발을 구르며 엘비스를 무대에서 내려보내려 들지 않았어요. 게다가 행크 스노가 올라오면 야유를 보냈죠."

'기타를 든 꼬마'에 밀린 스노의 오프닝 곡은 군중들이 빠져나가는 소리와 박자를 맞추기도 했다. 엘비스의 십 대 팬들이 오디토리엄을 빠져나가며 내는 쟁그렁거리는 팔찌소리와 조잘거리는 소리였다.

"불쌍한 행크 스노. 헤드라이너한테는 운이 없었죠."

20년이 더 지난 후 『멤피스 프레스 시미타』의 켄 존스 기자가 정리한 말이다.

스노는 어쩔 수 없이 엘비스를 쇼의 끝에 세우라고 요구했다.

"유일한 해결책이었어요. 부담을 덜어낸 거죠."

엘비스는 이제 남부와 남서부의 심장을 강타했다. 하지만 아직 공략해야 할 지역이 남아 있었다. 클리블랜드의 '서클 시어터'에서 〈힐빌리 잼보리(Hillbilly Jamboree)〉를 연주했을 때 관중들은 아무런 반응이 없었다. 샘 필립스가 아직 지역배급망을 찾기 전이라 그의 노래에 친숙하지 않았던 것이다. 노래 사이마다 미시시피 토박이의 강한 억양이 섞인 농담을 알아듣기 어려웠던 탓도 있었다. 클리블랜드 WERE 방송국의 빌 랜들이라는 동맹을 찾은 것은 행운이었다. 그는 당시 『타임스』에서 '미국 최고의 디제이'로 부각된 적이 있었다.

밥 닐은 클리블랜드 공연에 이어 엘비스와 밴드를 뉴욕으로 데리고 갔다. 이 여행은 오프리에서 얻은 괜찮은 반응보다 훨씬 성공적이었다. 닐은 엘비스가 CBS 텔레비전의 인기 프로그램 〈아서 갓프리스 탤런트 스카웃(Arthur Godfrey's Talent Scouts)〉에 출연하는 것이 당연하다고 생각했지만 오디션에서 실패하고 말았다. 이 쇼는 매회마다 '박수 미터'로 승자를 결정했다. 훗날 닐은 엘비스를 카메라로 클로즈업 해서 봤더니 여드름이 많아서 탤런트 스카웃 담당자들이 반대했다는 말을 들었다. 게다가 너무 긴장하고 겁먹은 듯 보였다는 것이었다.

"그들의 반응은 '연락하지 마시오. 우리가 할 테니.' 였죠. 물론 연락이 없었고요."

그러나 엘비스는 멤피스의 자생적인 스타로 성장했다. 듀이 필립스가 턴테이블에 〈댓츠 올라이트〉를 올려놓은 지 여섯 달 만에 엘비스는 부모님을 방 네 칸짜리 아파트로 옮겨드릴 수 있었다. 어렸을 때부터 꿈꾸던 매끈하고 번쩍거리는 자동차도 장만했다. 엘비스는 "돈이 생기면 차를 실컷 사버리겠다고 혼잣말을 했죠."라고 털어놓은 적이 있었다. 버넌과 글래디스는 낡은 녹색 쿠페를 버리고 핑크색과 흰색이 섞인 크라운 빅토리아를 샀다. 엘비스가 투어 때 그 차를 몰고 가기도 했다. 엘비스 자신은 1951년식 코스모폴리탄 링컨을 사자마자 '엘비스 프레슬리—선 레코드'라는 문구를 페인트로 적었다.

그는 기타에도 돈을 뿌렸는데 1942년형 마틴에 175달러라는 거금을 썼다. 그리고 빌 스트리트에 있는 랜스키의 단골이 되어 특별히 재단한 튀는 색깔의 바지와 스포츠 코트를 카트에 가득 실었다. 곧 전국적으로 유행할 패션이었다.

대담하게 사무실도 열었다. 샘 필립스의 선 레코드에서 겨우 몇 블록 떨어진 유니언 애비뉴 160번지의 '엘비스 프레슬리 엔터프라이즈'는 핑크색과 검은색 모티프에 검은 주철가구, 메탈릭 핑크색 커튼과 핑크색 전화기로 장식되었다. 책상 위의 검은색 금속 바구니는 팬레터로 가득 찼다.

1955년 봄까지 엘비스는 하루에 60통에서 75통의 편지를 받았는데, 대부분은 사진을 요청하는 내용이었다.

처음에는 무료로 사진을 보내줬지만, 요청이 기하급수적으로 늘어나자 한 장에 25센트, 여러 장 주문할 경우 세트당 80센트를 받았다. 그 중에는 꿈꾸는 듯한 눈빛으로 바라보는 사진도 있었다. 엘비스의 첫번째 브로마이드였다.

"다이너마이트처럼 끝내줬죠."

1954년에 엘비스를 렌즈에 담은 빌 스피어의 회고다.

"엘비스는 카메라 앞에 앉자마자 분위기를 낼 줄 알더군요."

스피어의 아내 바실은 저녁 무렵 밥 닐이 엘비스를 스튜디오에 데려왔을 때 이미 깊은 인상을 받았다.

"문을 여는 순간 느낀 엘비스의 동물적인 매력과 흡인력이란 참!"

사진가 빌은 스포츠 코트와 셔츠를 입은 엘비스의 사진을 필요한 만큼 다 찍고 나서 말했다.

"글쎄, 가져온 옷이 이게 전부라면 끝난 것 같은데."

"아니야, 여보."

바실이 새로운 제안을 했다.

"셔츠를 벗으라고 해!"

젊은 가수는 내키지 않았지만 결국 수줍게 셔츠 버튼을 풀었다. 나중에 엘비스는 셔츠를 벗은 사진의 복사본을 받고는 그중 하나를 골라 뒷면에 끄적거렸다.

"이건 버려야 돼! 하하하!"

1년이 채 지나지 않아서 엘비스는 훨씬 더 자신이 생겼고, 마침내 『퍼레이드(Parade)』지의 로이드 쉬어러의 카메라 앞에 섰다. 쉬어러는 침실 구석에 높이 쌓아놓은 곰인형과 함께 엘비스의 스냅사진을 찍으려고 했지만 엘비스는 고개를 저었다.

"게리 쿠퍼나 말론 브랜도한테는 이런 걸 시킬 수 없을 텐데요?"

이 시골청년은 상상 이상으로 노련했다. 멤피스의 화려한 피바디 호텔 6층 스위트룸에서 쉬어러를 만났을 때도 '살짝 웃었지만' 웃는 얼굴로 사진 찍는 건 거절했다. 엘비스의 설명을 들어보자.

"말론 브랜도를 연구했어요. 얼마 전에 죽은 가엾은 제임스 딘도 연구했죠. 나 자신도 연구했고요. 덕분에 적어도 여자애들이 우리한테 넘어오는 이유를 알았죠. 우린 우울하고 음침하고 뭔가 위협적이었거든요."

엘비스는 매주 영화 팬진을 쌓아두고 읽어놓고도 할리우드는 전혀 모른다고 주장하다가 이렇게 말했다.

"웃으면 섹시할 수 없다는 걸 알았어요. 웃으면 반항아가 될 수 없죠. 괜찮다면 제가 알아서 포즈를 취하게 맡겨주세요."

그는 자신 있게 셔츠를 벗고 침대에 올라갔다. 매트리스에 머리를 누이고는 감성적인 시선으로 쳐다보았다.

글래디스 프레슬리는 아들이 집에서 점점 더 멀리 떠돌자 버림받은 기분이 들었다. 엘비스가 콘서트 여행을 떠날 때면 샘 필립스가 프레슬리 가에 들러 글래디스를 위로했다.

"강한 여자였죠. 제가 아는 한 가장 강한 여자였어요. 하지만 엘비스한테 일어나는 일은 자신이 감당할 수 있는 게 아니란 것을 이미 아는 듯 보였어요."

엘비스가 길에 오르면 그녀는 안락의자에 앉아 아들에게 혹시 무슨 일이나 생기지 않을까 하는 두려움에 괴로워하곤 했다. 아들이 비행기를 타야 할 경우에는 더욱 괴로워했다. 글래디스는 비행기를 무서워했는데, 초기에 투어를 다닌 뒤로 엘비스도 그랬다. 그를 비롯한 뮤지션들은 어느 날 자정에 아마리요를 출발하는 엔진 두 개짜리 비행기를 타고 녹음 세션이 있는 내슈빌로 향했는데 갑자기 이 소형 비행기에 연료문제가 생겨 고도를 잃었던 적이 있다. 엘비스와 밴드는 하늘에서 추락하는 느낌이 들자 의자에 파묻힌 채 주먹을 쥐고 침묵과 넋 나간 표정을 나누었다.

"괜찮습니다. 이 녀석을 데리고 내려가 연료문제를 해결하겠습니다."

조종사는 아칸소 변두리 마을에 비상착륙을 하여 연료문제를 해결하고 다시 이륙했지만 연료계기반이 오작동하면서 또 문제가 생겼다.

"여기, 조종간을 잡아요."

조종사는 스카티 무어에게 말했다.

"뭐요?"

무어가 공포에 질려 소리쳤다. 조종사는 기기를 대충 손본 다음 이번에는 멤피스에 비상착륙을 시도했다. 엘비스와 친구들이 들판을 서성이며 숨을 죽이고 중얼거리는 동안 서툰 정비를 끝내고 세번째이자 마지막 여정에 올라 지친 뮤지션들을 내슈빌에 내려주었다. 엘비스는 후들거리는 다리로 들판을 걸어가는 동안 다짐하고 또 다짐했다.

"앞으로 비행기는 절대 안 탈 거야."

그는 다른 교통수단이 없지 않은 한 비행기에는 오르지도 않았다. 글래디스 앞에서 진지하게 맹세하기도 했다.

엘비스가 어디를 여행하든지, 언제 집으로 돌아오든지 글래디스는 어둠 속에서 나타나 그를 감싸안았다.

"감사합니다, 하느님. 돌아왔구나!"

글래디스는 눈물을 보이곤 했으며, 때로는 손톱으로 아들의 팔을 너무 강하게 누르는 바람에 엘비스가 흠칫 물러나기도 했다.

글래디스는 히스테리가 심해지면서 팬들이 그를 해칠지도 모른다는 환상에 사로잡히곤 했다. 그보다 더한 걱정은 팬들의 남자친구들이 그를 흠씬 두들겨패지나 않을까 하는 것이었다.

"그 녀석들은 이 꽃미남을 때려눕히고 싶어했죠."

1956년 엘비스의 데이트 상대였던 준 후아니코(June Juanico)의 말이다.

"두들겨 패서 얼굴을 아예 바꿔놓으려고 했어요. 엘비스를 뭉개버리고 싶어했죠."

글래디스는 그들의 분노를 알고 그 성난 젊은이들의 편지를 한 움큼이나 보관해두었다가 아들에게 사정하곤 했다.

"이거 좀 읽어봐라. 뭐라고 하는지 읽어봐. 이 아이들이 너를 절단 내려고 해."

글래디스는 초라한 홈드레스를 입고 앉아 알코올과 다이어트 약이라는 두 가지 중독에 빠져들었다. 약은 병원에서 수백 알 단위로 처방받은 덱서드린이었다. 알코올 의존도는 릴리언이 '비밀스런 수치'라고 부를 정도였다. 글래디스는 하루종일 맥주를 홀짝거리고는 빈 캔을 소파 뒤나 즐겨 앉는 의자 뒤에 숨겼다가 밤에 몰래 나가 쓰레기통에 버리곤 했다.

글래디스가 원하는 대로 했다면, 엘비스는 가정에 충실한 지역의 스타로 남아 집에서 저녁을 먹고 주말을 어머니와 보냈을 것이다.

"글래디스가 생각한 모델은 미시시피 슬림, 오프리의 코미디언인 듀크 오브 파두카의 화이티 포드뿐이었죠."

릴리언의 증언이다. 그들은 컨트리 음악 연주 일정을 소화하면서도 일요일이면 집에 돌아와서 저녁을 먹었던 것이다.

엘비스에 대한 반응은 컨트리 음악 관중에게만 한정되지 않았다. 팬들의 반응이 커지면서 그는 점점 더 높은 차원의 스타덤에 굶주렸다.

"엘비스는 초조해했어요."

밥 닐은 그의 집요한 욕망을 떠올리며 말했다.

"우리는 방법을 강구해야 했죠. 계속 나아가야 했어요."

글래디스는 유일한 방법으로 맞섰다. 엘비스를 어린애처럼 다루는 것이었다. 하루는 아들이 다 늦은 밤에 기타를 들고 나가려 하자 애원하듯 말렸다.

"도대체 언제쯤에나 돌아올 거니? 그렇게 늦게까지 밖에 있을 필요는 없잖니?"

엘비스는 어머니를 감싸안았다.

"엄마, 걱정할 거 하나도 없어요. 내 주위에는 오천 명이나 있거든요."

엘비스는 어머니를 달래기 위해 고등학교 댄스파티나 카니발 잼보리처럼 비교적 조용한 콘서트에 초대했다.

"처음에는 글래디스도 아들의 공연을 무척 자랑스러워했지요. 저에게 '언니, 엘비스가 얼마나 잘 부르는지 들어봐야 돼.' 라고 하더군요."

릴리언이 들려주었다.

실제로 글래디스는 버넌과 함께 아들의 공연을 보러 다녔다. 엘비스는 무대에서 일부러 어머니와 시선을 마주쳤다. 그가 본 것은 캐시미어 스웨터에 플레어드 스커트를 입은 소녀들 사이에서 어쩔 줄 몰라하는 촌스런 중년 아줌마였다. 그녀의 전기작가 일레인 던디의 얘기를 들어보면 글래디스가 처음에는 아들이 공연할 때마다 발전하는 것을 보고 스릴을 느꼈다고 한다. "하지만 아들이 얼마나 많은 걸 잃는지 깨달은 다음부터는 그녀도 많은 걸 잃어갔다."고 일레인은 적었다.

미시시피의 훈훈한 봄날 저녁, 체육관은 남자친구들을 따돌린 소녀들로 가득 찼다. 소녀들은 엘비스가 나타나자 비명을 지르면서 무대로 기어오르더니 그에게 달려들어 핑크색 재킷과 검은색 바지를 잡아당겼다. 글래디스는 백을 흔들어대며 의자에서 튀어나가 히스테릭한 십 대들을 뚫고 길을 냈다. 그리곤 아들에게서 가장 가까이 있는 여자애를 잡아 떼어놓았다.

"뭐 하는 거니? 내 아들을 죽일 셈이야?"

"아뇨."

소녀는 울면서 애원했다.

"그냥 만져보고 싶었어요. 딱 한 번만."

"저리 가!"

글래디스는 머리를 흔들며 충고했다.

"그런 식으로 행동하면 못 써."

그녀는 버넌과 함께 엘비스가 팬들을 뚫고 길을 내서 차까지 나가는 것을 돕고 나서야 쓰러지며 흐느꼈다.

"이러다 사람 잡겠다, 아들아. 요새 같으면 사람 잡겠어."

그들은 말없이 집으로 차를 몰았다.

다음날 아침 글래디스는 버넌이 보는 앞에서 아들과 싸웠다. 가족의 수입원이라곤 엘비스가 벌어오는 돈뿐이었지만, 글래디스는 그만두라고 못 박았다.

"이젠 그럴듯한 일을 찾아야지."

"하지만 엄마, 이게 내 일이에요. 엄마 아빠 모두 익숙해져야 해요. 앞으로 계속 이럴 거예요. 이게 내 일이라고요."

프레슬리 가족의 친구 머크 걸리는 이 세 식구의 갈등을 목격했다.

"글래디스는 엘비스가 하는 일도 직업이라는 걸 깨닫지 못했어요. '진짜' 일을 찾아서 괜찮은 멤피스 여자랑 결혼하고 멤피스에 정착하기를 바랐죠."

전기작가 일레인 던디는 이 사건을 '엘비스가 오랫동안 미뤄온 독립선언'이라고 보았다.

"엘비스는 받아들이려면 받아들이고 말라면 말라고 말한 것이다. 이제부턴 인기가 내 집이라고. 그는 할 일이 있었고, 세상으로 나가서 그 일을 해야 했다."

엘비스는 다짐을 하듯 말하곤 했다.

"다 엄마를 위해서 하는 거야."

엘비스는 어린 시절에 하듯이 다시 한 번 엄마를 '리틀 베이비' 라고 불렀다. 외출할 때마다 엄마를 안심시키려면 그렇게 부르곤 했다.

"엄마, 다 괜찮을 거예요."

그러나 글래디스는 조금도 괜찮지 않았다. 아들은 인기라는 심연으로 점점 더 멀리 떠내려갔고, 어머니의 속박에서 벗어나 자신만의 생활을 누렸다.

1955년의 투어에서 엘비스와 자주 어울린 레드 웨스트는 그런 변화를 눈치챘다.

"엘비스는 아직도 몹시 수줍어했지만 박수갈채와 열광적인 분위기 속에서 서서히 긴장을 풀었죠."

하루는 머라이언 키스커가 선 레코드 사무실에서 일하는데, 엘비스가 정말 예쁜 여자애들을 네댓 명이나 뒷좌석에 태우고 나타나서는 같이 드라이브를 즐기겠느냐고 물었다. 그리고 겨우 몇 블록 지났을 때 그녀를 돌아보고 웃으며 말했다.

"머라이언, 애네들을 소개해주고 싶은데 아직 이름을 몰라요."

여자가 있어야 편안해하던 청년은 이제 항상 여자에게 의존하는 남자로 변하기 시작했다. 가끔 즐기는 상대, 때로는 영혼의 동반자, 언제나 함께하는 친구로서. 여자들은 남자친구 이상으로 그의 삶과 연결되었고, 비밀을 털어놓는 상대가 되었다.

엘비스는 1970년대에 자신의 스타덤을 회고하면서 "눈에 보이는 모든 걸 거덜냈다."고 고백한 적이 있었다. 그러나 이런 상태는 입대 후에야 본격적으로 찾아왔다. 처음에는 미국 남부의 보수적인 '바이블 벨트(Bible

Belt, 성서와 복음을 추종하는 것이 지배적인 미국 남부의 문화권을 말함—옮긴이)' 의 제약말고도 시대적 조건 때문에 한계가 있었다. 엘비스 자신이 폭파시켜버린 바로 그 시대 말이다.

프레슬리가 말기에 사귄 여자친구의 말을 들어보면 그는 고등학교를 졸업할 무렵까지 동정을 잃지 않았다고 한다. 사실 멤피스 여자친구들과의 관계는 순수했고, 순결서약과 '방황' 하지 말라는 설교에 대한 진솔한 대화로 완성되었다.

'하나님의 성회' 교회에서 열다섯 살의 예쁜 딕시 로크를 만난 것은 열아홉 살 때였다.

"처음 만났을 때부터 다른 사람하고 다르다는 걸 알았죠."

딕시의 말대로 '크라이스트 앰배서더(예수의 외교관)' 라는 성경공부 모임을 만든 다른 젊은이들하고는 전혀 달랐다. 트레이드마크였던 기름 바른 머리, 핑크색과 검은색의 튀는 옷 같은 외모만이 아니었다. 성경을 읽는 집중력과 신에게 열렬히 호소하며 기도하는 열성도 달랐다. 그에게 신은 외모만큼이나 중요해 보였다.

한번은 주말에 롤러스케이트장에서 만나기로 했는데, 엘비스가 놀라운 모습으로 나타났다. 혼자였는데도 핑크색 옆선이 있는 타이트한 검은 바지와 주름장식이 달린 셔츠를 입고 짧은 볼레로 재킷을 걸쳤던 것이다. 스케이트도 신었지만 플로어를 달리지는 않았다. 딕시가 흰 타이츠에 살랑거리는 스케이팅 스커트를 입고 미끄러져 오는 걸 보는 순간 스케이트에 흥미를 잃어버렸다.

둘은 스케이트를 들고 콜라를 마시러 나갔다. 한참을 돌아다니다 밤에는 햄버거와 밀크셰이크를 먹었다. 엘비스의 링컨 앞좌석에서 키스도 나누었다. 그리고 바로 다음날 엘비스가 전화를 걸었다.

이어지는 로맨스는 소박했다. 가족들과 저녁을 보내고 사촌동생들과 놀

아주고, 텔레비전을 보고, 손을 잡고 동시상영 영화를 보았다. 그녀는 그의 독특하고 예민한 면이 좋았다. 그는 가족에 대해 속마음을 털어놓기도 했는데, 그녀의 가냘픈 아름다움과 낙천적인 성격을 좋아했다. 그녀에게서 가장 환한 웃음을 보았다고 말할 정도였다.

둘은 결혼할 때까지 순결을 지키자고 맹세했다. 젊은 연인이 될 수도 있었던 두 사람은 미시시피 에르난도 근처의 지방법원으로 도망가서 결혼하자는 얘기도 했다. 하지만 둘 다 그러지 않았다. 딕시는 고등학교를 졸업하려면 2년이 남았고, 엘비스는 관심이 가는 여자가 또 있었다.

기타리스트 친구인 로널드 스미스는 엘비스가 로크와 데이트하면서도 아주 늘씬한 열다섯 살짜리 소녀를 만났다고 귀띔했다. 엘비스는 로크를 현관 앞에 내려준 다음 다른 여자애 집에 찾아가 밤 1시까지 현관 앞에 같이 앉아 있곤 했다.

"더 늦게까지 있을 수는 없었죠. 여자애 아빠가 쫓아냈거든요."

스미스는 그 소녀에 대한 설명도 잊지 않았다.

"열두 살인데도 열여덟 살처럼 보이는 애들 있잖아요? 걔가 바로 그랬어요. 나쁘다는 건 아니고요. 사실 엘비스는 쉴 새 없이 한눈을 팔았죠."

여자들에게는 남자친구에게 말하지 않은 자기 얘기를 털어놓았다. 딕시 로크에게는 집안 문제를 의논했고, 졸업파티 때 파트너가 되어준 레지스 본에게는 "내가 원하는 건 엄마한테 집을 사주는 것뿐이야."라고 고백했다. 로더데일 시절에 사귄 빌리 워들로 앞에서는 대놓고 울기도 했다. 그녀의 지갑에서 다른 남자친구의 사진을 발견하고는 질투심에 그 사진을 찢으며 울었던 것이다. 훗날 워들로도 인정했다.

"그날 밤 남자가 우는 걸 처음 봤어요."

순회공연을 시작할 때는 그냥 보거나 유혹하는 데 만족했다. 슈레브포트의 헤이라이드 사무실 근처에 있는 머렐스 카페에서 아주 바싹 구운 치즈버거를 먹고(그는 "날음식을 시킨 게 아닌데요."라고 즐겨 말할 정도로 바싹 익힌 음식을 좋아했다) 밀크셰이크를 서너 잔이나 홀짝거리면서 여자를 쳐다보곤 했다. 콘서트에서는 앞줄에서 가장 예쁜 애들을 골라 무대에 세워놓고 장난을 치거나 유혹하곤 했다. 쇼가 끝난 뒤 자동차 뒷좌석에서 몸을 더듬거나 애무를 즐길 지원자들을 노리는 것이었다.

콘서트 일정은 점점 늘어났고, 집과 어머니의 감시에서 멀어질수록 순결서약도 희미해졌다. 몇 달 지나지 않아 엘비스는 한꺼번에 여러 여자들을 모텔로 데리고 가는 습관에 빠져들었다.

"엘비스는 그냥 여자를 좋아했죠. 여자들도 그걸 알았을 테고요."

투어를 하는 동안 엘비스와 같은 방을 썼던 지미 로저스 스노의 말이다. 그는 방문이 잠겨서 들어갈 수 없을 때도 있었다고 덧붙였다. 역시 엘비스의 투어에 함께했던 저스틴 터브도 비슷한 지적이다.

"엘비스는 담배도 전혀 안 피우고 술도 안 마셨어요. 하지만 여자문제가 있었죠."

디제이 빌 랜들은 아주 매혹적인 여자들이 무대 뒤에 모여 있다가 쇼가 끝나면 엘비스의 차안에서 즐겼다고 회상했다.

"차 안에서 별의별 짓을 다 했죠. 엘비스는 아주 섹시한 청년이었어요. 자유분방한 호색한이었죠."

엘비스가 처음부터 그런 것은 아니었다. 샘 필립스는 스물한 살의 엘비스가 집으로 찾아와 초조하게 고백하던 시절을 즐겨 얘기했다.

"아아, 필립스 씨. 정말 걱정돼 죽겠어요."

엘비스는 바지를 내리고 음모 바로 위에 난 곪은 상처를 보여주었다. 엘비스는 매독이라고 생각했던 것이다. 하지만 샘은 엘비스의 '종기'를 '등창'이라고 진단했다(나중에 의사의 치료를 받았다).

엘비스는 튀는 패션과 경멸하는 듯 내민 입술만큼이나 주목을 끈 몸동작을 선보이기 시작했다. 이 시기에 엘비스와 순회공연을 했던 뮤지션 데이비드 휴스턴은 엘비스가 일종의 인조 성기를 바지 속에 넣고 그것이 흔들리게(rock and roll) 했다고 주장한다.

"엘비스는 두루마리 화장지에서 마분지 심지를 꺼내 한쪽 끝에 줄을 달아서 그 줄을 허리에 두르곤 했어요. 그러면 마분지 심지가 그의 남성 가까이에 매달렸죠."

엘비스는 기타를 치다가 몸을 뒤로 젖히면서 그 줄을 당겨 마분지 심지를 흔들곤 했다.

엘비스 프레슬리는 앞줄에 앉은 아이젠하워 시대의 소녀들에게 새로운 음악만 제시한 것이 아니라 성적인 자유도 제시했던 것이다.

글래디스 프레슬리는 '좋은' 여자와 '나쁜' 여자를 구별하면서 하느님의 가르침에 대해 엄중히 경고했다. 그녀 자신이 파티걸로 이름을 날리던 투펠로 시절을 떠올릴 때마다 아들이 자라면 어떤 일이 일어날지 오래전부터 걱정해온 터였다.

꼬마 엘비스는 엄마와 고모가 갑자기 즉흥댄스를 추는 모습을 본 적이 있었다. 움직임에 따라 스커트 자락이 올라가자 엘비스는 프린트가 있는 흰 팬티를 보고는 고모의 다리를 잡고 소리쳤다.

"어어, 내 고추!"

글래디스의 시누이는 웃음을 터뜨렸지만 글래디스는 아니었다.

"이 따위 춤은 그만둬. 지금 애한테 무슨 짓을 하는지 똑똑히 봐!"

그리곤 어린 아들을 낚아챘다.

하지만 이제는 아들이 죄 짓는 것을 즉 섹스를 하지 말라고 말릴 수가 없었다.

그녀는 고민 끝에 아들의 감시자로 길동무를 붙여주려고 했다.

"자, 레드, 아들을 부탁해. 아들을 잘 돌봐줘."

사촌 진 스미스도 감시자 리스트에 등록되었다. 그러나 대부분은 엘비스의 친구들이었다.

집에서 멤피스까지 가는 동안 엘비스와 레드는 크라운 빅토리아를 몰고 다니다 두 여자를 만나 레드 웨스트의 표현대로 '작업'을 했다. 웨스트는 아직 멤피스의 주택원조 프로그램의 도움으로 어머니와 살고 있었다. 하지만 웨스트 부인은 아들과 엘비스가 여자들을 데리고 갔을 때 집에 없었다. 레드는 파트너를 데리고 방으로 들어가 문을 잠갔다. 엘비스는 웨스트 부인의 방으로 들어갔는데, 침대 매트리스가 꺼져서 합판에 살짝 올려놓은 것을 알지 못했다.

레드는 어머니방에서 들려오는 비명을 듣는 즉시 바지를 입고 달려나갔다. 파트너가 마음을 바꾸자 엘비스가 완력으로 해결하려 하는 줄 알았던 것이다. 그러나 방문을 여는 순간 엘비스 커플이 반라상태로 사춘기 소년 소녀들처럼 키득거리는 것을 보았다. 격정적인 사랑을 나누는 와중에 합판으로 떨어진 것이었다.

플로리다 잭슨빌에서 엘비스의 음악인생 최초로 대규모의 난동이 일어났다. 지금은 게이터 볼이라 불리는 곳에서 열린 '행크 스노 잼보리'에 1만 4000명의 관중들이 모여들었다. 당시 스노의 투어에서는 스노, 슬림 휘트먼, 카터 시스터스, 머더 메이벨 등의 베테랑 공연자와 스키터 데이비드를 포함한 데이비스 시스터스나 엘비스 같은 신인들의 라인업을 동시에 홍보했다.

엘비스의 음반은 플로리다 관중에게 아직 친숙하지 않았지만, 젊은이들은 쌍꺼풀이 깊게 파인 스물한 살 청년의 이름을 알고 있었다. 1955년 5월 13일 밤 그는 기대를 저버리지 않는 공연을 했고, 십 대 소녀들의 상상력도 만족시켜주었다. 공연이 끝났을 때는 땀에 젖은 채 거친 숨을 몰아쉬면서 경멸하듯이 웃고는 마이크에 대고 느끼한 말투로 말했다.

"아가씨들, 모오두 무대 뒤에서 봐요오."

소녀들은 그 말을 곧이곧대로 들었다. 엘비스가 덕아웃 래커룸 아래에 있는 분장실까지 안전하게 길을 내기도 전에 수백 명의 소녀들이 자리에서 일어나 히스테릭하게 달려들었다.

"난 그때 엘비스가 죽는 줄 알았어요. 관중들은 성난 폭도들처럼 통제 불가능이었거든요."

아들의 안전에 대해 그 이상 겁먹은 적이 없는 버넌 프레슬리의 말이다. 이 쇼의 홍보담당자 메이 보렌 액스턴은 분장실에서 '우레와 같은 가축떼의 발굽소리'와 엘비스의 겁에 질린 비명을 들었다. 스키터 데이비스는 겁에 질린 얼굴로 경찰이 분장실까지 길을 내려고 애쓰는 모습을 지켜보았다.

마침내 질서가 잡혔고, 엘비스는 샤워기 위에서 내려왔다. 옷은 허리까지 벗겨진 채였다. 핑크색 레이스 셔츠는 조각조각 나서 소녀들의 기념품이 되었다. 재킷도 찢어졌다. 신발과 양말도 사라졌다. 팔과 가슴에는 멍이 생겼고 얼굴은 열성적인 팬들이 남긴 립스틱 자국으로 엉망이었다.

야외주차장에 세워놓은 캐딜락은 고물이 다 된 듯 보였다. 쿠션은 기념품 사냥꾼들의 손에 찢겨나갔고, 차는 수십 개의 전화번호로 긁혔다. 유리창은 립스틱 자국 범벅이었다.

『빌보드』와 『캐시박스(Cashbox)』는 이 난동을 숨가쁘게 보도했다.

톰 파커 대령에게 이 일을 보고할 필요는 없었다. 그는 RCA 빅터의 대변인인 동료와 모든 일을 목격했고, 이 사건 하나로 결정을 내렸다.

엘비스는 꼭 필요한 휴가를 얻어 집으로 돌아온 순간부터 RCA 빅터와의 계약을 성사시켜줄 사람을 칭찬하기 시작했다. 엘비스를 영화에 출연시켜주고 백만장자로 만들어줄 사람이라고 부모님을 설득하는 거였다.

글래디스는 초조해졌다. 버넌처럼 난동을 목격하고 겁에 질린 것이었다. 아들은 너무나 지치고 초췌해 보였다. 욕조에 몸을 담그고 쉬어야 할 것 같았다. 보라색 반점 때문에 눈이 퀭하게 보였고, 옷은 입었다기보다 그냥 몸에 걸친 듯 보였다. 목욕을 못 해서 얼굴, 목, 등이 온통 여드름투성이였다.

"애야, 반쯤 죽은 몰골이구나."

글래디스는 엘비스를 욕실로 안내하며 말했다.

"눈 좀 붙이렴. 저녁을 준비할 테니까."

투어가 여러 달 이어지면서 수입도 서서히 늘어났다. 이제 프레슬리 가족은 침실 두 칸짜리 벽돌집에 세들어 살았다. 투펠로를 떠난 뒤로 처음 얻은 단독주택이었다. 엘비스는 핑크색과 검은색이 섞인 캐딜락을 새로 사고 요란한 의상도 마련했다. 하지만 여윳돈은 별로 없었다.

그는 하룻밤에 75달러에서 250달러를 벌었지만, 45퍼센트를 월지출비와 여행경비로 써버렸다. 얼마 전에 선에서 나온 세번째 싱글 〈베이비 레츠 플레이 하우스(Baby, Let's Play House)〉[(B면은 〈아임 레프트, 유어 라이트, 쉬즈 곤(I'm Left, You're Right, She's Gone)〉]가 발매되었지만, 배급은 제한적이었다. 집에 도착해보니 푼돈인 178달러짜리 로열티 수표가 식탁에서 기다리고 있었다.

엘비스는 집에 머무르면서 몸부터 회복했다. 움푹 들어간 현관에 할머니 미니 매이와 앉아 있거나, 아버지와 베스터 삼촌이랑 서툰 실력이나마 차를 정비했다. 젊은 스타를 보았다고 영광스러워하는 새 이웃들도 만났다. 또한 딕시를 졸업반 파티에 데리고 갔다. 하지만 이때 이미 그들의 미래에는 웨딩벨이 없으리라는 것을 알 수 있었다.

그가 원한 것은 톰 파커 대령하고의 계약을 허락해달라는 것이었다. 그러나 버넌 부부는 아직 어린 아들을 악명 높은 잭슨빌 콘서트를 홍보한 사람에게 넘겨줄 수 없다고 화를 냈다. 그들은 아들을 반쯤 벗겨버리고 캐딜락을 고물로 만들었다.

"엄마는 이해 못 해요."

엘비스는 반항적으로 중얼거렸다.

"내가 이해하는 건 딱 하나야. 우리는 네가 꼬박꼬박 집에 왔으면 한다는 거야. 넌 여행을 너무 많이 해. 너무 많은 도시에서 연주하고."

밥 닐의 얘기를 들어보면 글래디스는 아들이 멤피스 근처에서만 공연해도 잘살 수 있다고 굳게 믿었다.

샘 필립스의 얘기를 들어보자.

"글래디스는 상황이 걷잡을 수 없게 돌아가는 걸 이해하지 못한 것 같아요. 그 엄청난 상황을요. 우리 역시 아무도 몰랐죠. 전에는 그런 스타덤이 없었다는 사실을 감안해보세요."

엘비스의 초기 음악인생에 관한 연대기에서 전기작가 피터 거랠닉이 지적했다.

"엘비스는 대령하고의 계약을 간절히 원했다. 하지만 글래디스의 반응은 '더 이상 아무 말도 꺼내지 마.' 였다."

버넌도 그 일에 대해 회상한 적이 있었다.

"글래디스와 난 엘비스한테 톰 파커는 정말 알 수 없는 사람이라고 경고했죠."

대령처럼 글래디스에게도 계획이 있었다. 아들이 일을 덜 하면 덜 했지 더 하지는 않기를 바랐다. 가스펠과 컨트리를 부르기 원했지 로커빌리가 아니었다. 가족을 지키는 데 집중하기를 바랐지 음악에 매달리는 것을 바라지는 않았다. 글래디스는 밥 닐이 매니저를 하면 밥 닐은 물론 그의 아내 헬렌하고도 친했으므로 엘비스의 공연일정을 통제할 수 있었지만 대령이 관리하면 어쩔 도리가 없다는 것을 잘 알았다.

엘비스는 '행크 스노 잼보리'에 다시 합류했는데, 그러면서 대령의 목표를 벗어나면 살아갈 전망이 별로 없다고 느꼈다. 어쨌든 밴드는 아칸소 리틀 록에서 쉬었고, 버넌 부부는 대령을 만나러 갔다.

버넌은 그때 일을 간단하게 설명했다.

"똑똑해 보였어요. 하지만 어떤 사람인지는 여전히 잘 몰랐죠. 당연히 사인할 수 없었어요."

글래디스 프레슬리는 아무리 봐도 대령이 수상했다. 대령이 글래디스가 성경을 지닌 것을 보고 자기도 교회에 꼬박꼬박 나간다고 하자 다그치듯 쏘아붙였다.

"어느 교회요?"

물론 대령은 대답이 없었다.

톰 파커는 포기하지 않았다. 6주가 지난 8월 15일 저녁 멤피스 피바디 호텔에서 엘비스 가족과 샘 필립스, 닐 부부에게 근사한 식사를 대접했다. 글래디스가 좋아하는 행크 스노도 있었다.

대령은 카니발에서 갈고 닦은 설득력으로도 '늙은 암사자(그가 글래디스에게 붙인 별명)'에게 확신을 주지 못할 경우 스노에게 도와달라고 부탁했다. "글래디스는 내가 아니라 자네랑 얘기하고 싶어하네. 자네가 없으면 그 녀석을 못 잡겠는데."라는 대령의 전화를 받고 스노는 내슈빌에서 전세비행기로 멤피스까지 날아왔다.

이 컨트리 스타는 모르고 있었지만, 스노의 손길이 파커의 에이전시가 내리는 모든 결정의 뒤를 봐주고 있다는 점을 파커가 이미 글래디스에게 귀띔한 뒤였다. 어쨌든 그녀는 깊은 인상을 받을 수밖에 없었다. 행크 스노는 최고의 컨트리 스타였다. RCA 음반판매만으로 1년에 80만 달러를 모을 정도였다. 글래디스에게 더 중요한 사실은 그의 노래가 기독교에 기반을 둔 교훈적인 내용이라는 것이었다. 그는 특유의 구슬픈 바리톤으로 알코올, 헤픈 여자, 댄스홀을 경고했다.

스노는 고집 세고 음울한 글래디스를 만나기 위해 피바디에 도착했다. 넉넉한 주홍색 정장 차림으로 앉아 있던 엘비스는 상기되어 있었다. 대령은 식탁에 모인 사람들에게 과도한 칭찬을 늘어놓았다. 스노는 자신의 역할을 떠올리곤 말문을 열었다.

"대령, 내가 프레슬리 부부를 모시고 저쪽에 가서 잠시 얘기 좀 나눠도 될까?"

스노는 그 자리에서 있었던 일을 회상한다.

"난 글래디스가 모든 힘을 쥐고 있고 모든 결정을 내린다는 사실을 즉시 깨달았죠. 그래서 파트너로서 대령과 내가 엘비스를 더 큰 콘서트의 세계로 끌어올리고 싶고, 전국으로 방영되는 지상파 방송에 출연시키고 싶다고 조심스레 설명했죠. RCA가 엘비스와 계약하도록 모든 일을 다 하겠다는 약속도 잊지 않았어요."

글래디스는 별로 인상을 받지 못한 듯 몸을 기울이고 한탄했다.

"스노 씨, 엘비스는 죽도록 일만 해요. 집에 오지도 못해요."

스노는 다시 설득했다.

"이 모든 게 변할 겁니다."

더 큰 규모의 콘서트를 하고 음반계약을 하면 여가시간이 많이 생길 테고, 그러면 안정감을 가지고 가족과 함께할 시간이 많아질 거라고 설명했다.

글래디스 프레슬리는 아들과 남편이랑 싸우는 데 지친 나머지 눈물을 머금은 채 계약서에 동의했다. 이제 엘비스가 상상 속에서만 존재하던 다른 세상으로 떠나리라는 것을 알았다. 한 가지만 확신할 뿐이었다. 그녀가 홀로 남겨진다는 사실만.

플래시가 터지고 샴페인잔을 부딪치는 가운데 글래디스와 버넌은 애써 웃어 보이며 서명했다.

미숙하고 현명하지 못한 한 사람만이 자신을 파국으로 몰아갈 이 문서에 동의하면 됐다. 엘비스는 그 계약서에 서명하는 순간부터 '특별 고문'인 파커에게 빚을 졌다. 엘비스는 5회 분할로 파커에게 2500달러를 지불해야 했다. 게다가 뮤지션들의 수당을 포함해서 회당 200달러를 받고 100회의 콘서트에서 연주할 의무가 있었다. 파커는 엘비스의 몸값을 콘서트당 500달러까지 올릴 계획이었기 때문에 계약상대인 엘비스보다도 많이 벌어들이는 셈이었다.

그날 밤 파커는 스노에게 "프레슬리 가족을 속아 넘겼다."고 자랑하면서 내슈빌까지 차를 몰고 가다가 코트의 왼쪽 주머니를 두드렸다.

"바로 여기에 두번째 계약서가 있지. 훨씬 더 현실적인 거야. 첫번째 계약서에 서명했으니 이젠 엘비스 프레슬리가 평생 날 먹여 살릴 거야."

스노도 의기양양했다.

"대령, 엘비스는 대 히트를 칠 거야. 우리 둘 다 잘될 거라고."

파커는 무표정하게 정면을 응시했다.

"틀렸어, 행크. 엘비스는 나랑 독점 계약한 거야. 자네와는 아무 상관도 없어."

"하지만 우린 파트너잖아. 어떻게 이럴 수 있어?"

"계약서를 보라고, 행크."

스노는 대령에게 화가 났을 뿐만 아니라 엘비스에게 미안했다.

"엉망이었죠. 거의 고소를 할 뻔했어요."

그는 수십 년이 지나서 털어놓는다.

"하지만 그랬다간 사서 고생만 할 뻔했죠. 지금은 그때처럼 놀랍지도 않아요. 파커처럼 이기적이고 지독한 인간은 생전 처음이었어요."

프레슬리 부부는 이런 사람에게 아들의 미래를 저당잡힌 것이었다.

6

Sing, Boy, Sing

1956년 8월, 세인트 피터스버그의 올드 플로리다 극장에서.

6 청년이여, 노래하라
—Sing, Boy, Sing

1956년 1월 10일 갓 스물한 살이 된 엘비스 프레슬리는 RCA 빅터의 내슈빌 녹음실에 똑바로 서 있었다. 2년 가까이 예술적 고향이었던 선 스튜디오보다 다섯 배 가까이 크지만 춥고 황량했다. 가는 스트라이프가 들어간 정장을 입은 RCA의 임원들과, 행크 스노나 에디 아널드 같은 컨트리의 거목과 작업한 레코딩 엔지니어들이 그를 둘러싸고 걱정스럽게 쳐다보았다. 얼마나 거대한지 두려운 괴물처럼 보이는 싱글 마이크가 엘비스의 머리 위에 걸려 있었다.

"우린 불가능한 걸 원했어요."

프로듀서 스티브 숄스는 그의 임무를 '병을 들고 반딧불을 잡는 것' 에 비교하며 회상했다.

"엘비스의 목소리는 수은 같았어요. 잡으려는 순간 손가락 사이로 미끄러졌죠."

엘비스는 동굴 같은 방 한가운데에 X표로 조잡하게 페인트칠한 곳에 서 있으라는 지시를 받았다.

"뭘 하든 좋으니 움직이지만 마."

숄스가 경고했다. 그는 뒤뚱거리는 곰 같았지만 모든 아티스트들을 상냥하게 대했다. 프레슬리는 숄스의 자상한 매너에 쉽게 호응하여 앞으로 20년 동안 그의 음악인생과 함께할 이 사람하고 서서히 유대관계를 맺기 시작했다.

숄스는 프레슬리의 목소리가 가진 순간적이고 신들린 듯한 특징을 포착하기 어렵다는 것을 엘비스가 〈아이 갓 어 워먼(I Got a Woman)〉의 첫 코러스를 부를 때 깨달았다. 뭔가 잘못됐다는 느낌이 들었는데, 이내 RCA의 마스터 녹음기에 녹음된 목소리가 커졌다 작아졌다 하고 가수가 치는 기타 소리도 일부분만 녹음된다는 점을 깨달았다. 숄스는 새로운 스타를 걱정스럽게 쳐다보며 뭐가 잘못됐는지 알아차렸다. 엘비스는 스타일만큼이나 가만히 있지 않고 미끄러지듯 음악에 맞춰 움직였다. 때로는 머리를 뒤로 젖히고 힐빌리식의 구슬픈 창법을 써서 사운드를 아주 독특하게 만들었다.

엔리코 카루소의 트랙을 녹음했던 세기 초부터 RCA의 연주자들은 녹음할 때 가만히 서 있어야 했다. 그 원시적인 시절에는 카루소가 머리를 좌우로 너무나 많이 움직이면 그 거대한 마이크가 소리의 일부만 잡아냈던 것이다.

프레슬리가 자신만의 방식으로 연주하자 그 거대한 싱글 마이크의 음역이 들락날락 움직였고, 그 바람에 노래는 물론 기타 소리가 간헐적으로 커졌다 작아졌다 했다.

"그만. 모두 쉽시다."

숄스가 지시했다. 그리곤 엘비스의 어깨에 팔을 둘렀다.

"이봐, 자네가 보통 무대에서 부르는 데 익숙한 것은 알겠는데, 가만히 서서 부를 순 없겠나?"

"아뇨, 선생님. 전 뛰어다니면서 불러야 소리가 제대로 나와요. 그래야 뭔가가 되거든요. 제가 노래하는 방식일 뿐이에요."

숄스는 잠시 생각한 다음 자신 있게 말했다.

"내가 고칠 수 있네."

그는 엘비스와 뮤지션들에게 휴식시간을 주고 엔지니어들에게 전화했다. 그들은 프레슬리가 어떻게 움직이든 목소리를 잡을 수 있도록 내슈빌 스튜디오의 마이크를 완전히 손보았다. 의도한 것은 아니지만 선 레코드에서 나온 앨범들의 너무나 틀에 박힌 듯한 에코 효과를 부분적으로 재창조했다.

엘비스는 빅터의 전자기술이 아무리 좋아도 스승인 샘 필립스가 자신을 위해 이룩해준 것을 복제해낼 수 있을지 의심스러웠다. 필립스는 엘비스의 관심사를 이해했고, 이 싱어가 결과에 만족할 때까지 밤낮으로 일했던 사람이다. 이런 일이 평균 연령 50대의 RCA 빅터라는 기업문화에서도 가능할 것인가?

이 세션에서 기타를 연주한 스카티 무어는 엘비스가 RCA 스튜디오의 X 표시 안에 서 있는 것을 지켜보았다.

"나조차도 RCA의 입맛에 맞추기 위해 잘리고 다져지고 얇게 저며진 생고기 한 조각 같다는 느낌이었어요. 엘비스는 어땠겠어요?"

8주 전 파커 대령과 필립스는 닷, 애틀랜틱, 컬럼비아 등의 레이블과 조용히 협상하여 엘비스를 4만 달러에 RCA로 넘겼다. 그중 3만 5000달러는 필립스에게 갔고, 5000달러는 엘비스에게 갔는데 엘비스는 그 돈으로 또 샘에게 빚진 로열티를 갚아야 했다. 이 계약은 팝 보컬리스트에게 지불한 액수 중 가장 큰 액수였기 때문에 헤드라인을 장식했다.

필립스는 프레슬리의 계약서를 넘긴 이유에 대해 수십 년 동안 많은 질문을 받았다. 이유는 간단했다. 돈이 필요했던 것이다. 엘비스에 관해서는, 메이저 레이블에서 잘 헤쳐나갈 수 있을지 걱정이 앞섰다. 필립스의 얘기를 들어보자.

"엘비스가 선에서 작업한 뒤라 RCA 스튜디오와 컨트롤 룸에서 얼마나 편안해할지 잘 몰랐어요. 그래서 엘비스한테 말했죠. '이봐, 그냥 네 세션은 네가 책임진다고 믿어버려. 창조적인 부분은 네가 컨트롤하는 거야.'"

RCA 계약이 성사되자 두 가지 일정이 잡혔다. 내슈빌 세션과 1월 30일의 뉴욕 세션이었다.

음반업계의 강력한 전문지 『빌보드』는 이렇게 전했다.

"엘비스 프레슬리를 얻는 사람은 누구나 진퇴양난에 빠질 것이다."

"RCA는 엘비스의 인기에도 불구하고 히트 싱글 몇 개나 앨범 한두 장 정도로 만족할 뿐, 대중들은 새로운 유행인 로큰롤에 싫증낼 거라고 확신했죠."

숄스의 조수였던 조운 디어리의 말이다.

"모두들 엘비스는 빛 좋은 개살구일 거라고 생각했어요. 대중들이 새로운 유행에 싫증내기 전에 제품을 팔려고 레코딩 세션을 서두를 정도였거든요."

RCA의 홍보담당자 앤 풀치노는 프리랜서 사진가 앨프레드 워트하이머를 고용해 4개월 동안 프레슬리를 따라다니라고 하면서 지시했다.

"엘비스한테 컬러필름을 낭비하지 마. 흑백만 써. 6개월 이상 못 갈지도 몰라."

아이러니하게도 4년 뒤에 워트하이머의 사진은 프레슬리의 사진 중에서 가장 큰 인기를 누렸다. 전시대여료가 1000달러에서 2000달러를 호가할 정도였다.

엘비스의 백밴드였던 내슈빌 출신의 고든 스토커 앤 더 조더네어스는 돈부터 챙기라는 경고를 귀에 못이 박히도록 들었다.

"우린 '엘비스가 오래 못 갈 거니까 챙길 수 있을 때 챙겨.' 란 말을 들었어요. 음반사 임원들과 내슈빌의 악보 판권 회사 대표들마다 그런 얘길 했죠."

그래도 엘비스는 첫날 오후까지 〈아이 갓 어 워먼〉〈머니 허니(Money Honey〉〈아이 워즈 더 원(I Was the One)〉과 〈핫브레이크 호텔(Heartbreak Hotel)〉을 녹음했다. 마지막 곡은 엘비스말고는 아무도 좋아하지 않았던, 사랑의 어두운 면을 노래한 가슴 아픈 비가였다.

엘비스는 내슈빌에 머물던 1955년 가을, 우연히 홍보담당자 메이 보렌 액스턴을 만나 이 곡을 처음 들었다. 그녀는 잭슨빌의 난동 이후 프레슬리의 연주마다 밀착 동행했다. 또한 "당신한테 필요한 건 히트곡이야."라고 충고한 다음 토미 더든과 같이 쓴 곡의 데모를 들려주었다. 자살한 사람이 "난 쓸쓸한 거리를 걷는다."라는 메모를 남겼다는 신문기사에서 영감을 얻은 곡이었다. 더든과 액스턴은 불운한 사랑과 '쓸쓸한 거리의 끝' 에 위치한 호텔에 관한 슬픈 추모곡을 20분 만에 완성했다.

엘비스는 〈핫브레이크 호텔〉을 녹음하면서 숄스의 기발한 마이크 세팅도 충분하지 않다고 생각했다. 고민 끝에 기지를 발휘하여 사다리에 올라가 불렀다. 덕분에 신비한 에코가 살아났고, 엄청난 히트곡이 되는 동시에 로큰롤의 송가가 되었다.

데모테이프에서는 부드럽게 전개되었다. 물론 그의 버전도 데모를 음표 하나까지 그대로 부른 것이지만, 쓸쓸한 울부짖음은 엘비스만의 사운드였다. 디어리는 그 느낌이 되살아나는 듯 감회에 젖는다.

"다시 들을 때까진 엘비스가 얼마나 신들린 듯했는지 깨닫지 못했죠. 등골이 오싹했어요."

이 세션의 데모테이프가 뉴욕으로 날아가 임원회의에서 재생되었는데, 그들의 반응은 쥐죽은 듯한 침묵이었다. 숄스를 내슈빌로 돌려보낸 다음 다시 임원회의를 소집한다는 RCA 사내 메모가 나붙었다. 회의석에 앉은 다섯 명 모두 〈핫브레이크 호텔〉을 싫어했다. 특히 메모에 'D. J.' 라고 쓴 사람은 혹독한 평을 했다.

"그 곡은 발매할 수 없다."

마케팅 대표는 마케팅부서와 배급부서도 동의한다고 지적했다.

"〈핫브레이크 호텔〉은 실패작이다."

D. J.라는 임원은 답답하다는 듯 말했다.

"이해가 안 돼요. 이 곡은 엘비스가 지금까지 발표한 곡들하고 전혀 달라요. 어떻게 된 일이죠?"

1월 30일 뉴욕 녹음 세션도 더 좋지 않은 결과를 예고했다. 엘비스가 평소의 장난기를 발휘하여 RCA 임원들을 만나 악수하다 부저로 장난을 쳤던 것이다. 프레슬리는 갑자기 웃음을 터뜨렸지만, 기분이 상한 음반사 대표들은 표정이 없었다. 당시 대령은 언론에 엘비스의 존재를 알렸고, 언론은 십 대 관중을 타깃으로 뉴스를 전했다.

"엄청난 소녀팬들이 정문에 모여들었죠."

디어리가 당시의 상황을 설명했다.

"우리 안전요원들과 뉴욕경찰이 안전거리를 확보해야 했죠. 하지만 밀려드는 팬들을 당해낼 수가 없어서 안전요원을 추가로 고용해야 했어요. 악몽이었죠."

RCA의 고참들이 그의 작업을 싫어한다는 말이 또다시 들려오자 엘비스는 뉴욕 세션 동안 〈블루 스웨이드 슈즈(Blue Suede Shoes)〉 〈마이 베이비 레프트 미(My Baby Left Me)〉 같은 곡의 록 버전을 천천히 정해진 호흡대로 작업했다.

숄스는 이 싱어의 뛰어난 기술이 시골소년의 '촌스런' 행동 때문에 인정받지 못한다는 것을 깨달았다. 그는 컨트리 팝 아티스트와 계약한 것이 아니었다. 엘비스는 새로운 지평을 열려는 것이었다.

숄스가 전화를 걸자 샘 필립스가 충고했다.

"엘비스한테 뽑아낼 수 있는 최악은 그를 망할 놈의 컨트리 팝 싱어로 만들려는 거요. 모든 걸 그가 원하는 대로 자유롭게 해줘요. 그게 중요해요, 스티브."

맨해튼 컨트롤 부스를 차례로 방문한 임원들의 꾸준한 퍼레이드는 앞날을 내다보는 행위가 아니었다.

그들은 뚱하게 지켜보거나 고개를 흔들었다. RCA의 디어리는 회사 임원들이 단발적인 음악적 일탈을 꿈꾸는 괴짜를 고용했다고 평했다는 말을 전했다.

"즉시 첫 앨범을 완성해서 현금을 회수하라고 성화였죠."

RCA가 몰랐던 점은 숄스가 이미 RCA 곡들과 선 레코드 세션 중 최상의 곡들을 합쳐서 엘비스의 첫 앨범을 만들 만한 컷을 확보했다는 것이었다. 그는 황홀할 정도로 만족스러워했다.

숄스는 부스에서 엘비스를 보며 비꼬듯이 말했다.

"어이, 그 구레나룻이 짜증나네. 수염도 기르지 그래?"

그리곤 디어리에게 웃어 보이며 덧붙였다.

"하지만 그게 어필한다는 건 부인할 수 없겠지."

사실 1월 말에 발표한 〈핫브레이크 호텔〉은 RCA가 원하는 결과를 얻지 못했다.

"안타깝게도 그 음반은 나오자마자 그대로 쌓였죠. 스티브 숄스가 전화해서 물어보더군요. '제가 잘못 짚은 건가요?'"

필립스는 당시를 회상하며 얘기를 이었다.

"숄스를 안심시켰죠. 그냥 좀 참고 기다려보라고."

한편 프레슬리는 그 곡에 대한 신념을 결코 잃지 않았다. 초기에 헤드라인을 장식했던 대로 텔레비전에 출연하고 콘서트를 열었다. 기다린 보람이 있어 전국의 십 대들이 잃어버린 사랑에 대한 다운비트의 추모곡에 대해 엘비스와 열정을 공유하기 시작했고, 4월 중순까지 빌보드 탑 40 팝차트에서 1위를 차지했다. 컨트리 차트와 리듬앤블루스 카운트다운도 1위로, 사상 최초로 세 개의 차트에서 1위를 차지한 곡이 되었다. 이 싱글 하나가 그해 RCA 판매량의 5분의 1에 이르렀다.

그럼에도 불구하고 회사 임원들은 크게 동요하지 않았다. 엘비스를 '신사적인 컨트리 싱어' 로 바꾸고 싶어했던 것이다. 그 히트곡에 대한 RCA 내부의 비밀메모는 RCA가 1954년부터 엘비스를 모니터링해왔다는 사실을 입증한다. RCA는 선에서의 마지막 녹음 세션 결과를 측정하기 위해 신분을 숨긴 스카우터를 보냈다. 스카우터는 '선 레코드에 유망주 있음' 하고 예측했다. 나아가 '프레슬리 보이' 의 가치는 '판매고 주기' 로 볼 때 1년 정도라고 추정했다.

그러나 1956년 말까지 RCA의 엘비스 앨범이 1000만 장이나 판매되었고, 이는 그 해 판매고의 절반을 차지했다. 그는 이 오래된 음반사의 최다 판매 아티스트가 되어 마리오 란자, 글렌 밀러 같은 간판들을 자신의 그늘로 가려버렸다.

콘서트에서 〈핫브레이크 호텔〉을 연주하기 시작하면 객석은 그동안 들어보지 못했던 아우성과 갈채로 폭발했다. 그러나 엘비스의 동료 뮤지션들은 별로 반기지 않았다. 이유는 저스틴 팁의 얘기에 그대로 담겨 있다.

"질투와 악의도 많았죠. 그 점은 의심의 여지가 없다고 생각해요."

엘비스는 쇼당 200달러를 받았던 루이지애나 헤이라이드에서 차갑게 외면당하기도 했다. 서서히 익어가던 악의의 물결이 마침내 카터 시스터스, 머더 메이벨, 마침 글래디스가 좋아한 찰리 앤 아이라 루빈 등 오프리 공연자들과의 투어에서 들끓기 시작했다.

쇼를 시작하기 전에 루빈이 무대 뒤로 와서 가스펠 찬송가를 부르자 엘비스도 같이 부르다가 진지하게 선언했다.

"그래, 이게 바로 내가 좋아하는 음악이야."

"이 하얀 검둥이야, 그렇게 좋아하면 저기 나가서 부르지 그러냐?"

아이라 루빈은 무대를 가리키며 쏘아붙였다. 그는 엘비스가 정말 부르고 싶은 음악과 반대되는 음악을 연주한다고 비난했다.

엘비스는 얼굴이 빨개진 채 다른 사람들도 들으라는 듯 자신은 관중들이 듣고 싶어하는 음악을 연주한다고 못박았다.

엘비스는 음반 프로모션을 위해 투어일정을 극도로 빡빡하게 잡아야 했다. 물론 이제 악기는 고물 자동차 지붕에 묶는 대신 레드 웨스트가 핑크색과 회색이 섞인 세련된 트레일러에 실었다. 그 트레일러에 엘비스의 이름을 새겨 장식하고 캐딜락으로 끌었다.

"힘든 일, 눈물, 잠 못 이루는 밤이 얼마나 많았는지 사람들은 몰라요."

언젠가 엘비스가 한 말이었다. 그는 '살기 위해 싸우거나' '교통사고를 당하거나' '물건을 부수는' 악몽으로 고통받기 시작했다.

1956년 2월 23일 엘비스는 잭슨빌 게이터 볼 주차장에서 쓰러졌다.

"그냥 쓰러져서 얼어버리더라구요."

악기를 신던 빌 블랙이 기억을 떠올리며 말한다. 엘비스는 지역 병원으로 옮겨졌고, 의사는 그가 깨어나자 냉정하게 충고했다.

"서두르지 마세요. 안 그러면 앞으로 몇 년간 콘서트는 절대로 불가능할 겁니다."

엘비스는 진단을 받은 바로 다음날 밤 게이터 볼 무대로 돌아갔다.

그는 공연에 모든 정열을 쏟은 나머지 스카티의 기타, 빌의 베이스와 함께 D. J. 폰태나의 스타카토 드럼이 있는 무대에 올라서면 땀에 흠뻑 젖었다. 몸동작은 점점 격렬해져서 이제는 노골적으로 성을 암시했다. 하루는 객석 가장자리에 앉아 있던 부킹 에이전트가 공연을 구경하다가 대령에게 숨을 헐떡이며 말했다.

"젠장! 하고 있잖아! 그것도 바로 무대에서. 제길, 객석의 모든 여자들이랑 하고 있잖아."

파커 대령은 조용히 대답했다.

"섹스만큼 잘 팔리는 게 있나……."

대령의 홍보담당이었던 게이브 터커는 파커 대령 자신이 엘비스에게 엉덩이를 들썩이고 돌리라고 제안했다는 사실을 전했다. 《업 앤 다운 위드 엘비스 프레슬리(Up and Down with Elvis Presley)》에서 터커는 대령이 엘비스에게 한 말을 인용했다.

"엉덩이를 흔들었으면 좋겠는데. 그러면 여자애들이 흥분할 거야. 스트립 걸이 남자들을 흥분시키려고 보여주는 쇼에 변화를 주는 거지."

훗날 엘비스는 그 '섹시한' 페르소나가 사전에 세심하게 계획된 것임을 인정했다.

"대령이 나를 논란의 대상으로 만들었지만, 우린 나쁜 짓을 하지 않았어요. 대령을 믿었죠. 집을 떠나면 정말 아빠 같았거든요."

쇼는 무대에만 한정되지 않았다. 여자들이 그의 모텔을 에워싸고 "창가로 와! 얼굴 좀 보여줘!"라고 소리치면 엘비스는 가슴근육을 드러내고 왔다갔다했다. 때로는 얼굴 가득 섹시한 표정을 짓고 창 밖에 기대어 눈을 감은 채 입술을 정열적으로 벌리고 가슴을 천천히 매만진 다음 머리카락을 쓸어올리기도 했다.

쇼와 함께 외모에 대한 집착도 커졌다. 선 레코드가 그를 내놓겠다고 하자 계약조건을 내걸고 경쟁하던 음반사 임원들은 이 청년의 남다른 점은 일일연속극의 아이돌 같은 자질이었다고 언급했다. 그래서 엘비스는 메이크업을 하기 시작했다.

지금은 남자 로커들도 쇼무대의 모델보다 메이크업에 신경 쓴다. 하지만 1950년대의 남자들에게는 생소한 일이었다. 엘비스는 투어 내내 여드름을 가리려고 팬케이크처럼 두툼한 메이크업에 의존했다. 그리고 원래부터 최면을 거는 듯 보이는 눈을 더 극적으로 만들기 위해 마스카라와 아이섀도를 선호했다. 불행히도 남동부의 습한 콘서트 무대에서 공연에 열중하다 보면 눈화장이 흘러내리는 일도 잦았다. 그럴 때면 아무도 못 알아차렸기를 바라면서 손수건으로 훔쳤다. 하지만 눈이 예리하고 적대적인 기자들은 흘러내린 마스카라를 즐겨 언급했다.

엘비스는 온갖 곳에서 타깃이 되는 음악스타일을 추구했기 때문에, 그리고 대령이 장기적인 계획을 세웠기 때문에 행동거지도 조심하고 어울리는 사람들에 대해서도 신경 써야 했다. 1950년대에 데이트하던 식이었다. 이 시기에 그의 여자친구였다고 알려진 여자들은 하나같이 그와 관계를 맺고 싶은 유혹을 받았지만 그런 적은 없었다고 말했다. 결국 엘비스는 계속 떠돌이 젊은이였고, 여자들도 자신의 '평판'을 생각해야 했던 것이다.

파커는 그의 섹시함이 쇼맨십이기를 바랄 뿐 실제로 자유분방하기를 바란 것은 아니었다. 그래서 사람을 붙여 감시했는데, 바로 엘비스에게 월급을 받고 투어를 함께 다니는 친구들이었다. 대령은 그에게 직접 경고하기도 했다.

"조심해, 엘비스. 문제가 생기면 곤란해."

엘비스는 1950년대식 표현으로 '좋은 사냥감' 이거나 '맛을 아는' 여자들과 있을 때 더 대담해졌다. 한번은 파티에서 만난 거의 은색에 가까운 금발 사진모델에게 살짝 속삭였다.

"드레스 속에 팬티를 안 입었을 거 같은데, 맞지?"

아직 '그루피' 가 나타나지는 않았지만, 젊고 섹시한 여자들은 투어 때마다 엘비스의 호텔에 나타났다. 1956년 3월 말 노스캐롤라이나 렉싱턴에서 연주할 때도 여자들이 그가 머무는 뉴 렉싱턴 호텔 로비에 모였다. 호텔에서 경비를 서던 경찰의 얘기를 들어보면 엘비스가 새벽 2시 30분에 들어와서 계단을 올라가려고 하는데 웬 여자가 나타나 같이 가겠다고 했다는 것이었다. 그러나 엘비스는 그 자리에서 만난 다른 여자와 약속을 했다.

"엘비스가 부탁한 여자 따로, 즐긴 여자 따로인 셈이죠."

엘비스는 원 나이트 스탠드의 영향을 받은 적도 있는 듯 보였다. 사우스캐롤라이나에 머물 때였다. 레드 웨스트는 아침 일찍 엘비스의 방 앞에서 외쳤다.

"빨리 나와! 지금 떠나야 돼!"

그는 다음 쇼에 맞춰 도착할 수 있을지 걱정하며 시계를 보았다. 하지만 엘비스는 서두르지 않았다.

"그 여자애가 뭘 했는지 모르지만 엘비스가 침대에서 나오지 않으려고 한 걸 보면 분명히 엄청 재미를 보고 있었나봐요. 마침내 엘비스가 기타와 장비를 챙기고 나타났는데, 그야말로 계란을 저어놓은 몰골이었죠. 그 여자애가 엘비스를 정말 그렇게 녹초로 만들어놓은 것 같더라고요."

레드 웨스트는 빗속에서 꾸불꾸불한 길을 미친 듯이 내달려 버지니아의 오디토리엄으로 싱어를 데려갔다.

"도대체 어디 있었어?"

대령은 '웨스트가 자기 땅이라도 떼먹으려 한 듯한' 표정으로 쳐다보며 으르렁거렸다. 엘비스가 달려가서 준비하자 대령이 얼마나 엄중히 경고했는지 웨스트는 "밤새 대령 가까이 가는 게 겁났죠."라고 어깨를 으쓱거렸다.

한번은 원 나이트 스탠드로 강간혐의를 쓸 뻔한 적도 있었는데, 엘비스가 여자의 어머니를 설득하여 겨우 해결했다. 그는 나중에 뮤지션 데이비드 휴스턴에게 마음만 먹었다면 그 어머니하고도 잤을 거라고 으스댔다.

여자를 대하는 상스러운 태도는 샌 앤토니오에서의 인터뷰 도중에 대중들에게 알려졌다. "언제 결혼할 생각이세요?"라는 질문에 "뭐하러 소를 사요? 담만 넘으면 우유가 생기는데."라고 대답했던 것이다. 나름 재치 있게 들리는 이 말에 대령은 버럭 화를 냈다. 그 후로 엘비스는 인터뷰를 해도 결혼문제는 정중하게 피하려 했다.

그렇긴 해도 엘비스의 수줍은 천성이 아직 완전히 사라진 것은 아니었다. 프레슬리의 수행원이자 보디가드가 된 멤피스의 풋볼 하프백 앨런 포르타스(Alan Fortas)의 얘기는 꽤 의미심장하다.

"엘비스는 섹스 파트너 이상으로 아껴줄 사람을 원했어요. 어머니처럼 성적인 압박 같은 위험 없이도 엘비스를 사랑해주는 사람한테 관심받는 걸 아주 좋아했죠."

프레슬리 가족이 멤피스의 중상류층 동네에 있는 전원주택으로 이사한 후 엘비스는 집 앞 차도나 높은 담장 밖에서 서성이는 몇몇 소녀들과 친구가 되었다. 그 중에는 열네 살짜리도 있었다. 포르타스의 말에 따르면 그들은 콘서트를 자주 찾는 팬이면서 '엘비스의 개인적인 투어'에도 동행했다고 한다.

엘비스는 그들을 불러들여 뒤뜰 풀장에서 즐기거나 수박씨 뱉기 콘테스트를 열곤 했다. 글래디스가 핑크색과 흰색이 섞인 꽃무늬 벽지에 어울리는 침대시트로 장식해준 그의 침실까지 들어가 난잡한 베개싸움을 벌이기도 했다. 때로는 모두들 침대에 책상다리로 앉아 그의 팬진을 훑어보거나 봉제 동물인형 컬렉션을 보면서 감탄했다. 다함께 껴안고 눕기도 했다. 애무까지는 아니어도 상당히 난잡한 장난을 쳤다. 실없는 웃음과 순수한 포옹 중에도 엘비스는 서두르지 않겠다고 다짐했다.

"난 처녀애들하곤 자지 않아. 밖에 나가면 창녀들이 널렸거든."

포르타스는 한때 이해할 수가 없었다.

"세상에서 가장 멋진 여자를 선택할 수 있는 엘비스가 열네 살짜리들과 어울리다니."

엘비스는 언제나 여자들하고 어울리는 것을 좋아했다. 엘비스 자신이 무척 여성적이기 때문이었다.

"동성애는 아니었어요. 사실은 남자를 아주 두려워했죠."

프리실라 볼리외 프레슬리(Priscilla Beaulieu Presley)의 회고록《엘비스 앤 미(Elvis and Me)》의 공저자로 5년간 프레슬리의 삶을 연구한 샌드라 하먼의 말이다. 프레슬리는 양성애자도 아니었다. 단지 감수성이 예민했을 뿐인데, 그 시대는 그런 것조차도 남자답지 않다고 생각하던 때였다. 가냘픈 컨트리 싱어 스키터 데이비스와 공연할 때는 몇 년 전 그녀의 공연 파트너가 죽었다는 소식을 들었을 때 너무 슬펐다고 고백하기도 했다. 그 사고에 관한 소식을 들었을 때, 그는 크라운 일렉트릭의 트럭을 몰고 있었다.

"가슴이 너무 아파서 길가에 차를 세워야 했죠. 거기서 울다가 교회에 갔어요."

그는 이 고백을 하고 나서 눈물을 흘리며 말했다.

"정말이에요, 스키터. 내가 좀 나약한 편이죠? 남자는 울면 안 되는데 말이에요."

때로는 그가 탐독하던 영화 팬진에서 최신 뉴스를 주고받던 여자들에게 선배 같은 충고도 했다. 또한 머리손질과 메이크업 기술을 자유자재로 활용했다. 말년에는 여자친구들의 메이크업은 물론 머리 색깔까지 관리해주었다.

엘비스가 멤피스 마피아 친구들에게 메이크업을 해보라고 제안하자, 그들은 버럭 화를 냈다. 그래도 엘비스는 마치 규칙처럼 남자들에게는 가장 남성적인 면만 보고 싶어했다. 사실 엘비스와 친구들은 터프한 풋볼게임을 즐기고 롤러 스케이트장에서 멍들고 피가 날 정도로 스케이트를 타는 것으로 유명했다.

엘비스는 그들 앞에서 기타를 연주했지만 아이러니하게도 기타를 평생 마스터하지는 못했다.

"막 치는 기타죠 뭐."

그는 솔직하게 고백했다. 조용할 때는 독학으로 익힌 건반에서 위안을 찾았다. 그는 여자들 앞에서 수줍어하지 않고 장중하게 연주하는 피아니스트였다.

글래디스는 아들이 '예의 바르게 행동'하는 한 나이가 몇이건 상관없이 여자친구들을 환영했고, 그들과 함께하는 것을 즐겼다. 엘비스에게 매일 구워주던 그 유명한 코코넛 뿌린 케이크를 크게 잘라서 코카콜라와 함께 여자애들에게 대접하는 것도 좋아했다. 한번은 집에 전화해서 엘비스를 찾는 기자에게 자연스럽게 대답했다.

"아, 엘비스는 진짜 금발 아가씨들과 침실에 있어요."

글래디스는 엘비스가 집에만 있으면 그냥 좋았던 것이다.

방송국 간부들과 특급 프로듀서들마다 논란을 일으키는 그 청년에게 텔레비전 출연을 하락할 수 없다고 톰 파커에게 알려왔다. 아서 갓프리는

"화면에 내놓을 만한 얼굴이 아니에요."라고 한마디로 규정했고, CBS 검열국은 "공격적이에요."라고 선언했다. 전국에서 가장 인기 있는 버라이어티 쇼의 진행자 에드 설리번(Ed Sullivan)은 "3미터짜리 막대로도 엘비스를 건드리지 않겠다."고 화를 냈다.

파커는 그런 근시안을 인정하지 않았다. 그래서 1955년 가을 어느 날 음울한 분위기의 대형 사진을 CBS의 히트 코미디 시리즈 〈더 허니무너(The Honeymooners)〉의 스타이자 프로듀서로 친숙한 재키 글리즌에게 우편으로 보냈다. 글리즌은 밴드 리더 타미 도시와 지미 도시가 출연하는 새 버라이어티 프로그램 〈스테이지 쇼(Stage Show)〉의 프로듀서이기도 했다. 〈더 허니무너〉의 오프닝 쇼였다.

대령은 사진 뒷면에 메모하듯 흘려썼다.

재키 글리즌에게

이게 엘비스 프레슬리요. 정말 크게 터지기 직전이죠.

— 대령

이런 구어체는 파커와 글리즌의 오랜 우정을 상기시켰고, 글리즌은 이 사진을 프로듀서 회의에 들고 들어가서 스태프들에게 말했다.

"이 녀석이 조금이라도 알려지면 계약합시다."

"하지만 대중들에게 알려지지도 않았는데요."

섭외담당이 불쾌하게 문제를 제기했다.

글리즌은 당시 가장 노련한 텔레비전 프로듀서로 유명했다. 그는 스타가 될 만한 재목인지 한눈에 알아봤는데, 엘비스의 사진을 보고는 흥미를 느꼈다.

"봐, 이 녀석은 기타를 든 브랜도야. 이렇게 섹시하고 땀에 젖은 동물적

흡인력이 브랜도를 스타로 만들었거든."

아주 현실적인 글리즌은 잠시 멈췄다가 덧붙였다.

"우선 노래를 할 줄 아는지 알아보자고."

그는 엘비스의 최근 앨범을 주의 깊게 들어보고는 마치 으르렁거리듯 지시했다.

"당장 계약해버려!"

마침내 엘비스는 스카티와 빌의 백업으로 〈셰이크, 래틀 앤 롤(Shake, Rattle and Roll)〉을 부르기로 했고, 지상파 텔레비전에 출연했다. 글리즌은 엉덩이와 다리를 흔들어대는 이 섹스 심벌에게 전권을 주며 짜증나는 CBS 임원들에게 말했다.

"검열이랑 지옥에나 가버려!"

멤피스로 돌아간 엘비스는 130만 달러를 벌어들일 지상파 텔레비전 데뷔에 설레며 전신거울 앞에 섰다. 특별한 용도로 설치한 그 거울 앞에서 가능한 한 가장 섹시한 동작으로 안무를 짰다. 그는 순수함을 주장했지만("어쩔 수가 없어요. 발이 음악을 따라 저절로 움직이는 거예요. 무의식적으로"), 1956년 1월 28일 무대로 걸어나가기 전에 온갖 성적인 뉘앙스를 지닌 동작을 수백 번 연습했던 것이다.

엘비스 프레슬리는 도시의 쇼를 통해 전국의 시청자들에게 처음으로 노출되었다. 그는 자신의 모든 것을 보여주었고, 그날 밤의 〈셰이크, 래틀 앤 롤〉을 가장 섹시한 버전으로 만들었다. 〈플립, 플랍 앤 플라이(Flip, Flop and Fly)〉의 엔딩으로 부드럽게 넘어가면서 절정에 다다르는 순간 글리즌은 컨트롤 룸에서 보고 있다가 한마디로 표현했다.

"와!"

사실은 스카치가 담겨 있는 초대형 커피 머그잔을 쥐고는 조수에게 지시했다.

"당장 달려가서 노래 한 곡 더 하라고 해."

조수가 "어떤 노래요?"라고 묻자 글리즌은 잠시 말을 멈췄다.

"몰라. 아, 그, 시내에 가서 여자를 낚았다는 노래 있지? 아니 부자동네였나? 뭐든 괜찮아. 그 앤 내 말이 뭔지 알 거야."

엘비스는 원초적인 격렬함으로 〈아이 갓 어 워먼〉을 시작했고, 그 황홀한 순간에 글리즌은 이 싱어와 봄 프로그램에 다섯 번 더 출연하기로 계약했다.

하지만 도시의 쇼는 빅 밴드 쇼였기 때문에 시청자들 대다수는 매주 준 테일러 댄서즈와 마차를 탄 수영복 미녀 50명이 실로폰을 연주하는 등 이어지는 버라이어티 쇼를 꼬박꼬박 보기 위해 채널을 고정한 노인들이었다. 엘비스는 스테이지 쇼에 출연한 3개월 동안 위대한 재즈싱어 엘라 피츠제럴드와 코미디언 조 E. 브라운, 곡예사, 연기하는 침팬지 티피와 코비나, 복화술사와 그의 인형, 열한 살짜리 오르간 연주자와 함께 프로그램에 출연했다. 엘비스는 쇼에서 특별한 인상을 남기지 못했다. 놀랄 일도 아니었다.

엘비스를 전국적으로 알리는 방법은 주간 블록버스터 쇼밖에 없다는 것을 깨달은 파커는 스테이지 쇼의 테이프와 음반들을 NBC의 밀튼 벌에게 보냈다. 벌은 텔레비전 방송의 초기 원로로서 영향력이 아주 컸다. 특히 노동자들에게 꾸준한 인기를 받아서 미스터 텔레비전이라는 별명을 얻기도 했다.

〈더 밀튼 벌 쇼(The Milton Berle Show)〉는 그 시즌의 가장 큰 쇼에 프레슬리를 내보내기로 했다. 미 해군 행콕비행장에서 방송될 예정이었다. 행콕비행장은 샌디에이고 만의 부두에 있었고, 프레슬리와 같은 세대의 젊은이인 수백 명의 선원들이 북적거렸다. 프레슬리가 세 곡 세트를 부르고 밀튼 벌이 엘비스의 쌍둥이 '멜빈 프레슬리' 역을 하는 바보 같은 미니 코미디에서 실제 관중역할을 할 터였다.

4000만이 넘는 시청자, 즉 미국인 가운데 4분의 1이 1956년 4월 3일 그 쇼에 채널을 맞췄다. 대부분은 그 음악적 사건을 처음 보았다.

모두들 입을 모아 그의 재능을 인정한 것은 아니었다. 녹화 도중 엘비스가 〈블루 스웨이드 슈즈〉를 시작하자, 해리 제임스 오케스트라와 연주하던 드러머 버디 리치는 눈살을 찌푸리며 제임스에게 단언했다.

"이건 최악이에요."

벌은 6월 5일 두번째 쇼에도 엘비스를 출연시켰다. 엘비스가 〈하운드 독(Hound Dog)〉을 노래할 때 성적인 암시를 얼마나 할 것인지를 놓고 몇 주 동안 논쟁을 거듭했다. 제리 라이버와 마이크 스톨러가 블루스의 여왕 빅 마마 손튼을 위해 썼고, 그녀가 엄청난 히트곡으로 만든 노래였다. 표면적으로도 섹스를 밝히는 남창에 관한 내용이었다. 엘비스는 라스베이거스에서 프리디 벨 앤 더 벨보이스가 코믹하게 부르는 것을 우연히 듣고 나중에 멤피스의 레코드 가게를 뒤져서 손튼의 1953년 버전을 찾아냈고, 그 특유의 스윙감을 살려 리메이크했다.

엘비스는 리허설용 개인거울 앞에서 빅 마마의 음반을 틀어놓고 그 어느 때보다도 원초적인 몸동작을 연습했다. 가사의 끝부분마다 박자를 맞춰 골반을 쑥 내밀며 들썩거리거나 돌리다가 템포를 늦춰 발끝으로 물러나면서 가능한 한 몸을 뒤로 젖힌 채 곡을 끝냈다. 또 동작마다 눈을 게슴츠레하게 떠서 타깃으로 삼은 십 대에게 은밀한 성적 메시지를 보낼 수 있다는 점도 미리 계산했다.

"이거, 위험한 노래지."

그는 쇼에 참여한 고든 스토커를 보며 자랑스럽게 말했다.

엘비스는 방송 중에 섬나라 공주, 인도의 시녀 등 이국적인 역을 주로 맡은 스물두 살의 예비 스타 데브라 패짓(Debra Paget)을 만났다. 검은 머리가 멋진 패젓은 실제로 1년도 안 돼서 엘비스의 첫 영화에 출연했다. 그녀의 '임무'는 엘비스의 십 대 팬을 흉내내어 갑자기 비명을 지르고 엘비스에게 진한 키스를 날리는 역이었다.

그녀는 굳이 연기할 필요가 없었다. 엘비스의 몸짓은 계획대로 섹시했다. 〈하운드 독〉 연주는 쇼를 독차지했고, 정부 관리, 신문 칼럼니스트, 지역 커뮤니티 대표, 특히 전국에 있는 부모들의 분노를 유발했다.

『뉴욕타임스』의 텔레비전 비평가 잭 굴드는 엘비스야말로 '무감각한 청각'에다 끔찍한 패션이라고 비난하며 경종을 울렸다.

"프레슬리 씨는 특별한 가창력도 없이 가장 표준적인 쇼 비즈니스에 로큰롤이라는 변화를 주었을 뿐이다. 섹시한 밸리댄스의 대가인 것이다. 허리를 돌리는 것은 대중음악계와 아무런 상관이 없었고, 지금도 상관이 없다."

다른 신문도 굴드를 좇아서 '음탕한', '성적인 암시가 짙은' 등등의 단어들이 난무하는 특집기사를 실었다. 프레슬리가 음악의 열정에 넋이 나가서 에로틱하게 골반을 돌리고, 상반신을 앞으로 숙였다가 머리를 확 넘기는 순간을 포착한 사진이 기사와 함께 실린 경우도 많았다.

프레슬리는 미디어의 공격에 대응하기 위해 계속 결백하고 순수한 척 연기했다.

"제 팔과 다리는 그냥 음악을 따르는 거예요."

샬럿 옵서버와의 인터뷰에서도 강조했다.

"데브라 패젓은 타이트한 드레스를 입고 나보다 더 심한 동작을 했어요. 여기저기 돌아다니며 엉덩이를 들썩이고 쑥 내밀었다고요. 그런데 섹스 이야기만 나오면, 누가 음탕하다고요? 나라는 거잖아요!"

가장 지적인 텔레비전 버라이어티 쇼 진행자 스티브 앨런은 항상 신뢰할 수 있는 의견을 내놓았다. 젊은 프레슬리를 보는 그의 신랄한 예측을 들어보자.

"엘비스는 그 숱한 노력에도 불구하고 실패할 것이다. 1년을 버티지 못할 것이다."

하지만 앨런은 조용히 프레슬리를 고용하여 CBS의 인기 프로그램 〈에드 설리번 쇼(The Ed Sullivan Show)〉에 맞서는 새로운 NBC 버라이어티 쇼의 간판을 맡겼다. NBC 검열국에서는 '위험하다' 고 판단했지만, 앨런의 쇼를 총지휘하는 빌 하벅은 상관하지 않았다. 그는 간단히 설명했다.

"결국 우리는 에드 설리번을 꺾으려는 겁니다."

그러나 검열국은 경고를 잊지 않았다.

"언제라도 화면에서 이 녀석의 아랫도리가 잘릴 각오를 하시오."

앨런의 계획은 더 계산적이었다. 일단 이 가수를 검은 넥타이와 아주 타이트하게 재단하여 무릎만 살짝 굽혀도 바지의 재봉선이 터질 것 같은 연미복 안에 가둬버렸다. 재킷 라인도 겨드랑이까지 깊이 파고 올라가게 재단했다. 전체적으로는 옷으로 거세한 효과를 주었던 것이다.

앨런은 더욱 심한 축소 효과를 내기 위해 작은 탑 햇과 턱시도 칼라를 착용한 잘 훈련된 사냥개로 쇼를 꾸몄다. 프레슬리는 〈하운드 독〉을 통해서 그 사냥개에게 세레나데를 불러야 했다. 앨런이 그 시퀀스를 설명하자 젊은 가수는 무대 뒤에서 우울하게 발등만 내려다보았다. 그러다가 고개를 들어 대령을 쳐다보면서 구원을 청했고, 매니저가 시선을 피하면 다시 절망적인 표정을 지었다.

"파커는 항상 뒤에 있었지만 아무런 요청도 하지 않았어요."

하벅이 당시를 회상했다.

"엘비스는 무관심한 듯 아주 순진하게 행동했죠. 지상파 텔레비전이 너무 벅차 보였어요."

사실 엘비스는 자신의 권리를 주장할 수 없다는 데 화가 난 나머지 탈의실에서 대기하는 동안 앉지도 못하고 서성거렸다. 조더네어스는 옆에서 지켜볼 뿐이었다. 그때 고든 스토커가 그의 어깨를 잡았다.

"이봐, 그렇게 내키지 않으면 가서 내가 이 일의 보스라고 말해버려. 앨런한테 네 맘대로 이 곡을 연주하겠다고 해."

엘비스는 잠시 두 눈을 번뜩였다. 그러나 곧 바닥으로 고개를 떨구었다.

"아, 이런 젠장! 자기들 맘대로 하라고 해. 정말이지 개네들이랑 다투고 싶지 않아."

"엘비스는 파커 대령이라면 항상 겁부터 집어먹고 도망쳤죠."

스토커가 자세히 설명했다.

"엘비스는 대령이 뒷얘기를 하거나 문제를 일으키면 지금까지 이뤄놓은 성공이 사라져버리지 않을까 두려워했어요. 엘비스가 그 사냥개 코미디를 받아들인 이상 우린 가능한 한 돕기로 했죠."

그날 밤 엘비스는 그 최악의 상황에서 최선의 결과를 얻어냈다. 그게 바로 그 유명한 〈스티브 앨런 쇼(The Steve Allen Show)〉 출연이었다. 그는 슬픈 눈으로 쳐다보는 개의 뺨을 어루만졌을 뿐만 아니라 그 곡이 끝날 무렵에는 가벼운 키스까지 했다.

사냥개와 공연한 것도 충분하지 않았는지 엘비스는 6연발 권총을 차고 무식한 얘기를 떠벌려야 하는 힐빌리 코미디에도 출연했다. 아이모젠 코카, 앤디 그리피스와 함께.

"엘비스는 그 쇼를 경멸했어요."

스토커는 계속해서 이렇게 전한다.

"남들의 입에 다시 오르내리는 것도 결코 원하지 않았죠. 거기서 보낸 테이프 역시 쳐다보지도 않았어요. 무대에서 수군거리는 데 깊은 상처를 받았죠. 다들 자길 비웃는다는 것을 알았으니까 상처를 받은 거죠."

엘비스를 출연시킨 대가는 컸다. 앨런이 〈에드 설리번 쇼〉를 보기 좋게 눌렀던 것이다. 그날 밤 〈스티븐 앨런 쇼〉는 55.3퍼센트의 시청률을 보인 반면 〈에드 설리번 쇼〉의 시청률은 39퍼센트였다.

다음날 에드는 대령에게 전화했고 3회 출연하는 데 5만 달러를 달라는 제안에 동의했다. 그 다음에 일어난 일은 엘비스 프레슬리의 음악여정에서 커다란 전환점이 되었다.

〈에드 설리번 쇼〉는 텔레비전에서만 존재하는 최고의 버라이어티 시리즈가 아닌 실제로도 버라이어티한 시리즈였다. 무표정한 진행자는 브로드웨이 신문의 칼럼도 썼고 당대의 스타만큼이나 유명했다. 대부분의 스타가 그의 시리즈에서 텔레비전 데뷔를 했는데, 딘 마틴과 제리 루이스가 대표적이었다. 밥 호프와 재키 글리슨도 이 쇼가 토스트 오브 더 타운(Toast of the Town)이라 불릴 때 전설을 남겼다. 〈설리번 쇼〉는 쥐새끼라도 유명인으로 바꿔놓을 만큼 막강했다. 이탈리아의 생쥐인형 토포 지조도 에드의 단골 게스트였다.

수십 년 후 『워싱턴포스트』의 텔레비전 비평가 톰 쉐일즈는 설리번이 두 손을 든 상황을 설명했다.

"엘비스가 등장하여 〈하운드 독〉 〈블루 스웨이드 슈즈〉 〈핫브레이크 호텔〉을 불렀을 때 그는 미국 주류의 '엉덩이를 깊숙이 뒤흔들었다'. 문화적인 의미에서는 원자를 분해하고 전구를 발명하는 것에 버금갔다. 온갖 지옥이 자유롭게 풀려난 것이다."

엘비스는 앨런의 코미디에 여전히 화가 났으면서도 뉴욕에서 가장 인기 있는 심야 텔레비전 쇼 〈하이 가드너 콜링(Hy Gardner Calling)〉에 출연하기로 했다. 이 프로그램은 화면을 나누어 한쪽 화면에서 가드너가 질문하면 다른 쪽 화면에서 게스트가 대답하는 형식이었다. 가드너는 방송국에서 전화를 걸었고, 엘비스는 워윅 호텔의 룸에서 인터뷰에 응했다.

가드너는 가벼운 유머로 오프닝을 한 다음 잽싸게 화제를 돌렸다.

"비평가들이 허리 돌리는 스타일을 지독히 비난하는데, 그들에게 적대감이 들지는 않나요?"

"글쎄요, 그렇지는 않아요. 그들도 자기 일이니까 그런 것뿐이죠."

"그러면 당신을 겨눈 비판에서 얻은 교훈이 있나요?"

가드너는 아버지가 자식을 훈계하는 말투로 질문했다.

엘비스는 완고했다.

"아뇨, 그렇지 않습니다."

가드너는 입술을 깨물었다.

"아니라고요, 네?"

"아니에요. 잘못한 것이 없으니까요."

이 젊은이는 자신 있게 저항했다.

"사람들에게 나쁜 영향을 주는 음악은 없다고 생각하거든요. 음악은 그냥 음악일 뿐이니까요. 이유는 모르겠어요. 신문들마다 로큰롤이 청소년들에게 큰 영향을 끼친다고 하는데 전 생각이 달라요."

엘비스가 어떻게 생각하든 로큰롤은 태풍 같은 논란을 일으켰다. 그리고 멤피스 출신의 스물한 살 청년은 그 폭풍의 눈에 갇혀 있었다.

요란한 나날들
-Wild in the Country

물론 엘비스 프레슬리가 최초의 로큰롤 가수는 아니다. 하지만 격렬한 비판의 대상이 된 1950년대에 가장 두드러진 뮤지션이었다. 퓰리처상 수상자인 저널리스트 데이비드 핼버스탬은 《50년대(The Fifties)》에서 다음과 같이 단언한다.

"문화적인 의미에서 엘비스의 출현은 혁명의 시작 이상이었다."

엘비스가 로큰롤 쪽에 등장했을 당시의 히트곡 제조기는 프랭크 시내트라, 로즈마리 클루니, 조니 제임스, 페리 코모, 도리스 데이, 에디 피셔, 에임스 브러더스 같은 아티스트였다. 그런데 엘비스의 등장으로 그동안 전혀 볼 수 없던 현상이 벌어졌다. 1950년대 초부터 패츠 도미노, 리틀 리처드, 척 베리 같은 '유색인종' 아티스트의 인기가 늘어나면서 음악의 양상이 변했던 것이다. 그들은 놀라울 정도로 새로운 사운드를 들려주었다. 가스펠, 리듬앤블루스를 날것 그대로 섞었고, 클리블랜드의 디제이 앨런 프리드는 거기에 '로큰롤'이라는 이름을 붙였다(앨런 프리드가 로큰롤이라는 용어를 만들었는지 여부는 확실하지 않다—옮긴이).

하지만 '백인' 아티스트가 연주하기 전까지 로큰롤은 접하기 어려운 음악이었다. 〈셰이크, 래틀 앤 롤〉〈록 어라운드 더 클락(Rock Around the Clock)〉의 원투 펀치로 빌 헤일리 앤 히즈 커메츠는 선구자들 중에서도 가장 돋보였다. 그 뒤를 이어 엘비스 프레슬리의 '흑인 사운드'가 생생한 전환점을 제공했고, 현실에 기꺼이 맞부딪친 엘비스 덕분에 젊은 세대의 길이 트인 것이었다. 로버트 블레어 카이저는 『뉴욕타임스』 잡지판에서 다음과 같이 지적한 바 있다.

"미국 중부의 백인소녀들은 흑인남성과는 어떤 종류의 환상도 상상하기 힘들었다. 그런데 엘비스하고는 쉬웠다."

엘비스가 처음 아레나에 출연하자 여드름이 났든 금발에 기름을 덕지덕지 발랐든 상관이 없었다. 밀가루처럼 빽빽하고 강한 남부 억양으로 말을 더듬거려도 문제되지 않았다. 십 대들은 그가 음악적으로 제임스 딘, 말론 브랜도 같은 영화 속의 반항아들과 어깨를 견준다는 사실을 깨달았다. 하지만 부모와 교사들은 두려움에 휩싸였다. 과장된 성적 표현도 마찬가지였다.

동해안부터 서해안까지 온 나라에 극단적인 조치가 내려졌다. 텍사스의 샌앤토니오는 공용 수영장 주크박스에서 로큰롤을 금지했다. 수영복을 입고 춤출 때 '부적절한 요소'가 강조되는 것을 막기 위해서였다. 뉴저지 애슈베리파크의 시립 댄스홀에서도 로큰롤을 틀 수 없었다. 캘리포니아의 산호세는 공공건물에서의 로큰롤 방송을 금지했다. 보스턴은 한술 더 떠서 디제이를 '십 대 문제'를 증가시킨 '사회의 추방자'라고 불렀다. 그런 이유로 디제이들에게 음반을 틀고 춤을 추는 댄스파티에 참석하는 것을 금지했다.

미디어는 충동적으로 이러한 현상과 그 선구적인 젊은 가수를 분석했다. 엘비스를 모욕하는 경우도 많았다. 가톨릭 전문지 『아메리카(America)』는 부모들에게 엘비스가 '옷을 입고 스트립쇼를 한다'고 경고했다.

『유나이티드 프레스(United Press)』의 얼라인 모스비는 그의 몸동작이 암시하는 성적인 분위기에 십 대 소녀들이 반응한다는 정신분석학자의 발표를 이용해 쉴 새 없이 엘비스를 몰아세웠다. 엘비스는 섹시해 보이려고 한 게 아니라고 주장하며 그 이론을 반박했다. 모스비는 엘비스의 의견을 보도하며 인터뷰 자리에 나타난 엘비스가 허리까지 단추를 푼 밝은 색 스포츠 셔츠를 입었다고 건조하게 지적했다.

재즈 뮤지션 에디 콘던은 『코스모폴리탄』에서 이 젊은 연주자의 영향력을 판단해달라는 요청을 받자, 프레슬리의 노래는 동물보호소에서 들리는 소리 같다고 평했다. 또한 그는 근거도 없이 엘비스가 마작과도 같으며 갱스터 존 딜린저 같다고 하면서 이 도취상태는 지나갈 것이라고 덧붙였다. 이어서 친구 재키 글리즌이 "엘비스는 오래 가지 못해."라고 한 말을 인용하기도 했다.

AP는 엘비스에게 어머니가 이 소란을 어떻게 생각하느냐고 질문한 다음 그의 말을 인용하며, 그의 남부 억양을 비아냥거리듯 활자화했다.

"어무이, 어무이, 지가 무대에서 거시기하다고 생각하세요? 지두 어쩔 수 없어요. 지는 그냥 노래할 때 방방 뛰어다녀야 해요."

이 정도는 별로 잔인하지 않다는 듯 그의 '깊게 파인 셔츠'와 뒤로 넘긴 머리도 언급했다.

영국의 『이브닝 뉴스(Evening News)』는 엘비스를 '소리나 지르고 비명을 울리는 회교 탁발승' 에 비유했고, '특급 정신분석학자' 가 로큰롤을 '야만스럽고 원시적' 이라고 판단했다고 전했다. 여기에 『위스퍼(Whisper)』 같은 스캔들 잡지들까지 가세하여 질문공세를 펴댔다.

"엘비스 프레슬리를 연호하는 열광이 미국의 젊은이들을 불구로 만드는가?"

부모들에게는 '로큰롤 숄더' 라고 소문난 신체적 질병에 대해 경고했다.

윤리적인 비난이 거세지자 엘비스의 콘서트는 점점 더 논란의 대상이 되었다. 1956년 8월 엘비스가 플로리다 잭슨빌에 다시 왔을 때 당국은 1955년에 그가 일으켰던 소동을 반복하고 싶지 않았다. 지역 청소년 법원 판사 머라이언 구딩은 아무 문제도 만들지 말라고 명령했고, 엉덩이를 들썩이거나 돌리는 것도 금지했다. 실제로 엘비스는 콘서트 내내 가만히 서서 연주해야 했다.

교회는 엘비스가 잭슨빌의 젊은이들에게 미친 영향력을 조절하기 위해서 사교적이고 '봐줄 만한' 댄스파티를 열었다. 그 전에 '차량 개조, 마리화나와 로큰롤' 이라는 제목의 설교가 있었다.

엘비스는 적대적인 반응을 보이며 한탄했다.

"도대체 제가 뭘 잘못했는지 모르겠어요. 어머니도 제가 하는 일을 인정했는데. 나한테 십 대 여동생이 있다면 이런 쇼를 보지 말라고 반대하지 않을 거예요."

엘비스가 자신을 비판하는 사람들에게 화가 나서 얘기한 경우는 거의 없었다.

라디오 인터뷰에서 디제이가 『마이애미 뉴스(Miami News)』 허브 로의 비판을 큰 소리로 읽어 엘비스를 놀라게 한 적이 있었다. 로는 엘비스를

'재능 없는 연주자' '사상 최대의 엽기쇼' 라고 불렀다. 이 젊은 가수는 흥분하여 반박했다.

"로는 바보일 뿐이에요. 바보가 아니라면 가만히 앉아서 그런 것만 쓰지는 않겠죠. 그냥 너무 늙어서 더 이상 재미를 볼 수 없다는 걸 인정하기 싫은 거예요."

로가 엘비스를 스트리퍼에 비유했을 때도 냉정하게 쏘아붙였다.

"글쎄요, 그런 것을 잘 아나 보죠. 그런 곳을 자주 가는 모양이죠."

또 한번은 노바스카티아의 방송국에서 그의 음반을 전부 내다버렸다는 말을 듣고 무표정하게 말했다.

"노바스카티아에 라디오 방송국이 있는지 지금까지 몰랐어요."

그는 침묵으로 반응했지만 개인적으로는 남부 출신이라는 점을 겨냥한 공격에 상처를 받았다. 『라이프』와 『뉴스위크』 모두 그를 '힐빌리' 라고 불렀을 때, 엘비스는 그 뜻이 '백인 촌놈' 이라는 것을 깨달았다. 또 미디어에서 사용하는 '로커빌리' 에도 공격적으로 반응했다.

"엘비스는 그 단어를 '가난한 백인' 이나 '백인 쓰레기' 처럼 멸시하는 말이라고 느꼈어요."

그의 사촌 진 스미스가 설명해준다.

아이러니하게도 미디어는 엘비스의 주요 경쟁자이자 같은 남부 출신인 팻 분에게는 부당한 공격을 조금도 퍼붓지 않았다.

실제로 팻 분은 프레슬리와 정반대였다. 대니얼 분의 직계 후손인 팻 분은 스물두 살에 결혼한 세 아이의 아버지였고, 평점을 모두 A로 유지하는 컬럼비아 대학생이었다. 엘비스가 아서 갓프리 텔레비전 쇼에서 너무 '느끼하다' 는 인상을 준 반면, 파스텔톤 카디건과 얌전한 벅스킨 슈즈로 잘 알려진 단정한 팻 분은 이 쇼의 단골 게스트였다. 팻의 노래 〈아이 얼모스트 로스트 마이 마인드(I Almost Lost My Mind)〉는 엘비스의 노래가 하위권에 걸쳐 있을 때 판매고 1위였다. 당연히 미디어는 두 연예인 사이의 '혈투' 를 조작해냈다(이상하게 보이겠지만 실제로는 서로 좋아하고 존중했다).

하지만 그 모든 억압에도 불구하고 프레슬리 광풍은 최고조에 이르렀다. 보스턴에서는 한 디제이가 프레슬리의 머리카락을 일곱 가닥이나 갖고 있다고 주장하자(머리카락 뽑는 장면을 목격했다고 주장하는 증인도 있었다), 그 머리카락을 기념품으로 요청하는 편지가 5000통 가까이 쏟아졌다.

미국의 19세기 초반 민중영웅인 데이비 크로켓(Davy Crockett)의 상품라인을 책임지고 있던, 디즈니 측의 책임자 행크 세이퍼스타인하고 계약이 체결됨에 따라 엘비스의 다양한 캐릭터 상품이 출시될 예정이었다. 『데일리 버라이어티(Daily Variety)』의 보도에 의하면 북엔드부터 팔찌, 립스틱, 청바지 할 것 없이 다양한 품목의 이런 프로모션은 십 대들의 주머니를 겨냥한 최초의 상업적 시도였다고 한다.

포토 에세이로 유명한 『라이프』지는 엘비스처럼 덕테일 머리를 하려고 이발소 앞에 줄지어 선 십 대 소년들을 화보에 담았다. 미시건 로미오에서는 열여섯 살짜리 소년이 '엘비스 프레슬리 머리' 를 했다고 학교에서 쫓겨나 뉴스거리가 되었다. 퇴학을 지지한 순회판사의 지적을 들어보자.

"법원은 개인이 선택한 이상 우스꽝스러워 보일 권리를 반대하지는 않는다. 하지만 학교 이사회는 규율을 지킬 책임이 있다."

이런 시도들은 파도를 거슬러 헤엄치는 셈일 뿐이었다. 테네시에서는 안티 엘비스 프레슬리 클럽 회원 50명이 '엘비스의 판을 틀지 말 것' 을 디제이들에게 탄원했다. 그러나 엘비스 팬들의 항의로 겨우 2주 만에 끝나고 말았다.

엘비스는 다른 스타들과 달리 팬들을 힘겨워하기보다는 좋아했다. 가능한 한 언제든 시간을 내어 팬들과 얘기하고 스냅사진을 함께 찍고 사인도 해주었다. 그의 말대로 "팬이 없었다면 난 여기까지 오지 못했을 거예요."

였다.

하루에 4000통의 편지가 전국의 팬클럽을 관장하는 '엘비스 팬클럽'의 사서함을 채웠다. 그렉 배리오스는 텍사스 빅토리아의 시골에서 클럽을 운영하는 팬이었다. 그는 엘비스를 보기 위해 샌앤토니오의 콘서트에 가려고 클럽회원들과 함께 왕복 386킬로미터의 버스여행을 감행한 열네 살짜리 소년이었다. 그들은 회원카드를 제시한 다음 무대 뒤로 달려갔고, 엘비스는 여자 회원들과 포옹한 뒤 배리오스하고 악수를 나누었다. 그는 자신의 우상이 못생겼다는 사실을 깨닫고 안도했다.

"엘비스의 외모는 완벽하지 않았어요."

훗날 배리오스의 클럽은 소크가 발명한 소아마비 백신을 홍보하는 〈마치 오브 다임스(March of Dimes)〉 프로그램에 참가했다. 팬클럽 전체가 백신을 맞은 대가로 엘비스가 주사 맞는 사진을 받았던 것이다. 서명까지 들어 있는 사진이었다.

소녀들이 우상을 만난다는 희망에 집을 나와서 멤피스까지 히치하이킹을 하자, 글래디스 프레슬리는 전국의 팬클럽에 부모의 동의 없이 멤피스까지 여행하지 말라고 경고하는 편지를 보냈다. 그렇게 해서는 아무도 자기 아들을 만날 수 없다고 덧붙였다.

단지 홍보차 하는 모험이었지만, 엘비스 프레슬리 난쟁이 팬클럽조차 있었다. 파커 대령의 아이디어로 카니발 순회공연과 할리우드에서 회원들을 모집했는데, 그 중에는 고전영화 〈오즈의 마법사(The Wizard of Oz)〉에 출연한 원조 먼치킨(Munchkins)도 있었다. 엘비스는 그 아이디어를 듣고 웃었다.

팬들의 숭배가 커지면서 폭발적인 결과가 나오기도 했다. 엘비스의 오프닝 공연이 여자 보컬리스트, 곡예댄스 팀, 코미디언, 실로폰 주자로 구성되었던 샌디에이고에서는 관중들이 너무나 무질서하게 구는 바람에

"앉지 않으면 쇼는 끝입니다!"를 반복해야만 했다. 그 뒤에 이어진 공연이 어땠는지는 경찰서장 A. E. 잰슨이 너무 화가 나서 프레슬리에게 경고장을 보낸 걸 보면 짐작할 수 있다. 시내에 돌아가서도 비슷한 쇼를 하면 풍기문란으로 구속될 수 있다는 내용이었다.

휴스턴의 시민회관에서는 패딩이 잔뜩 들어간 보라색 스포츠 코트에 검은 바지를 입고 장내를 가득 채운 4000명을 향해 제발 노래가 들릴 정도로만 조용히 해달라고 사정해야 했다. 물론 관객들은 듣지 않았다. 쇼의 클라이맥스에서 싱어의 멍청한 맺음말을 들었을 뿐이었다.

"굉장한 쇼였어요, 여러분. 이것만 명심하세요. 비오는 날엔 소젖을 짜러 가지 마세요. 번개라도 치면 그릇밖에 안 남을 거예요."

장내는 여자들의 비명으로 천둥이 치는 듯했다.

아마리요에서는 여성팬들이 공연장의 유리창을 깨고 달려가서 팔과 속옷에 사인을 해달라고 매달렸다. 브래지어에 사인을 받기 위해 블라우스를 벗는 팬도 있었다. 그 난동 속에서 엘비스는 셔츠를 잃어버렸고, 온몸이 할퀴고 멍든 자국투성이였다.

오직 세련된 라스베이거스에서만 무사했다. 엘비스와 사촌 진 스미스는 1956년 4월 23일 '뉴 프론티어 호텔' 입구에 차를 세우는 순간 마치 딴 세상에 온 듯한 느낌을 받았다. 그 낯선 느낌은 자신을 모델로 한 6미터짜리 모형을 마주쳤을 때 더 강해졌다. 그는 카지노 입구를 지키는 '원자력 가수'였다.

엘비스는 뉴 프론티어 안에 들어가는 순간 주눅이 들었다. 바닥에는 연보라색 카펫이 깔려 있었고, 연보라색과 붉은색이 섞인 벽과 샹들리에는 비행접시 모양이었다. '클라우드 9' 칵테일 바의 벽에는 식물과 우주선 모양의 부조가 있었고, 엘비스가 밴드 리더 프레디 마틴과 코미디언 셰키 그린을 위해 오프닝을 할 비너스 룸에는 무대가 태양계처럼 공전하고 있었다. 그 다양한 우주시대의 장식에도 불구하고 비너스 룸은 다른 라스베이거스의 유흥업소들처럼 공연자를 선택하는 건 선구적이지 못했다. 그 도박의 중심지는 마를렌 디트리히, 노엘 코워드, 리나 혼, 맥과이어 시스터스, 소피 터커 같은 '존경할 만한' 이름을 내세워 부유한 도박꾼들을 유혹했다. 인기 있는 '신인'은 멤버들이 합창단 출신인 전형적인 팝 보컬 사인조 그룹 '더 포 래즈'였다. 그들은 엘비스가 도착했을 때 선더버드에서 연주하고 있었다.

로큰롤 스타는 도박일 수도 있었지만, 대령이 2주 계약으로 두둑한 출연료를 요구한 덕에 신인치고는 후한 주당 7700달러를 받았다. 리비에라의 베테랑 헤드라이너 리버레이스는 주당 5만 2000달러를 받았고, 마를렌 디트리히는 10만 달러를 받은 걸 보면 비교할 수 있을 것이다. 또한 이 돈은 현금으로 지불했다고 전해진다. 나중에 대령이 말했다.

"핵폭탄 실험 장소가 저기 사막에 있어. 어떤 놈이 버튼을 잘못 누르면 어쩌지?"

엘비스는 오프닝 무대에서 히트곡 〈핫브레이크 호텔〉을 초조하게 소개하는 순간, 뭔가 문제가 생겼다는 것을 알았다. 저녁식사를 하는 관중들 앞에서 연주하려는 참이라 접시가 부딪히고 은식기가 쨍그랑거리는 소리가 났으며 반응도 무표정하고 시큰둥했다. 우울한 버전의 〈블루 스웨이드 슈즈〉를 연주하는 동안에도 마찬가지였다. 사실 성인 관중들은 프레디 마틴이 무대에 나타나 차이코프스키의 호화로운 곡을 포함한 사치스러운 4100만 달러짜리 플로어 쇼를 시작할 때만 반응이 좋았다. 이어서 셰키 그린이 나와 마드모아젤 굴레투시를 소재로 한 인기 있는 코미디를 시작했다.

현재 라스베이거스에서 가장 존경받는 그린(Greene)은 그 사실을 인정했다.

"예약이 정말 뒤죽박죽이었죠. 엘비스가 프레디 마틴의 오프닝을 한다는 아이디어 자체가 우스꽝스러웠죠. 경영진이 그 친구한테 뭘 기대했는지 모르겠어요. 라스베이거스 쇼를 할 만한 준비가 안 된 상태였어요. 노래도 관중하고 안 맞았고, 웃은 말할 것도 없고, 프로덕션도 없었어요."

프레슬리를 노리던 비평가들은 제날을 맞았다. 엘비스가 "샴페인 파티의 옥수수 술 조끼 같았다."는 『뉴스위크』의 비꼬는 듯한 논평이 가장 전형적인 공격이었다. 라스베이거스의 다른 쇼들도 그를 조롱했다. 사하라 호텔 캐스바 룸에서 쇼무대에 선 메리 케이 트리오의 프랭크 로스는 힐빌리 싱어를 흉내내어 누덕누덕한 청바지에 찢어진 셔츠를 입었다. 그는 몰랐지만 엘비스는 관중들 사이에 앉아 있었다. 프레슬리는 다른 사람들과 함께 웃었지만 속으로는 화가 끓어올랐다. 나중에야 자신의 라스베이거스 시절을 변호했다.

"호텔은 그래도 이 주 동안을 놔뒀죠. 그렇죠? 실패작은 그렇게 놔두지도 않아요. 실패작은 이 주 동안 쓰지 않죠."

사실 라스베이거스 체류가 완전히 실패한 것은 아니었다. 십 대들을 위한 시내의 특별 쇼는 매진이었고, 팬들은 그의 호텔 스위트룸까지 쫓아와 문을 부수고 셔츠를 벗겼다. 공연이 없을 때는 24시간 레스토랑과 하루종일 나오는 메뉴 등 그 도시의 안락함을 즐겼다. 아침으로 칸탈루프 멜론과 아이스크림을 두 개씩을 주문한 다음 사이드 디시로 베이컨을 함께 주문하기도 했다. 또한 화려한 가수 리버레이스에게 사인을 받아서 멤피스의 어머니에게 선물로 드렸다.

프레슬리 가족은 오드본 드라이브의 4만 1000달러짜리 집으로 이사한 참이었다. 방이 일곱 칸이나 되는 전원주택 스타일이었다. 엘비스가 사준 그 집은 훗날 관광명소가 되었다. 엘비스를 보려고 달려간 것은 젊은 여자들만이 아니었다.

삼촌 베스터가 지적한 대로 "엘비스는 스타일과 개성이 있었다. 스타일로 여자들을 사로잡았고, 개성으로 남자들을 사로잡았다." 무슨 사도들처럼 친구들이 서서히 많아져서 친척과 고등학교 동창들을 벗어났다. 라마 파이크는 초대받기 전까지 오드본 교외 주변에서 놀던 친구였다. 클리프 글리브스(Cliff Gleaves)는 난잡한 디제이이자 때로는 로커빌리 싱어였는데, 멤피스 시내에서 프레슬리를 만났다. 며칠 후 프레슬리는 그를 뉴욕으로 불렀다. 그러자 빨리 말하기와 심한 농담으로 유명한 글리브스(또한 질질 끌면서 "맙소사, 선생님, 맙소사"를 연발하는 체념한 듯한 말투도 유명하다)도 나중에 할리우드에 같이 가서 그가 프레슬리의 '굿 올드보이 네트워크' 라 부른 모임에 들어갔다. 엘비스는 얼마나 잘 노느냐에 따라 사람들을 좋아했다. 그의 이채로운 친구 랜스 르 골(Lance Le Gault)은 다소 근거없이 이런 주장을 한다.

"엘비스는 인생이 몹시 짧다는 듯한 태도였어요. 좋아하는 사람들하고 즐기자는 거였죠."

하지만 그가 가장 사랑하는 사람은 은둔과 희생에 매달리고 있었다. 글래디스의 유일한 관심사는 엘비스였다.

엘비스가 여자친구들을 집에 데려가면 글래디스는 그들에게 집착했다. 좋은 여자가 자신의 환상인 엘비스, 엘비스를 사랑하는 며느리, 손자 손녀들과 이웃에 사는 꿈을 충족시켜줄 거라고 믿었던 것이다.

그녀는 바로 준 후아니코에게서 그런 인상을 받았다. 갈색 머리에 유혹적인 눈이 인상적이었는데, 특히 눈을 보면 아들이 떠올랐다. 준은 1955년 미시시피 빌록시의 심야술집에서 엘비스의 눈에 들어왔을 때 겨우 열일곱 살이었다. 엘비스는 마티 로빈스, 소니 제임스와의 공연을 끝내고 다음 공연장소인 키슬러 공군기지로 가는 참이었다.

프레슬리가 준의 놀라운 외모와 배짱 좋은 행동에 금세 사로잡힌 건 사실이지만, 1956년 여름 그녀가 멤피스의 친구를 만나러 오기 전까지는 다시 만날 수 없었다. 그녀는 충동적으로 오드본의 집에 가서 팬들 사이에서 있었고, 엘비스는 캐딜락을 도로에 세운 채 준을 훔쳐보았다. 고단한 투어에서 돌아오는 길이었다. 타이밍이 중요했다.

그는 아직도 딕시 록을 만나는 상태에서 바바라 헌이라는 세련된 멤피스 여자친구를 새로 사귀는 중이었다. 하지만 준을 다시 만나서 광란의 여름 로맨스를 시작했고, 글래디스도 인정했다. 글래디스는 아들에게 경고하는 것도 잊지 않았다.

"파커 대령한테는 네가 준을 얼마나 심각하게 생각하는지 알리지 않는 게 좋을 거야. 그 사람이 결혼을 어떻게 생각하는지 너도 알잖니."

그 충고는 글래디스가 다시 아들을 통제하려는 비극적인 시도이기도 했다. 그녀와 파커는 엘비스에 대한 통제권을 놓고 끊임없이 다투었다. 글래디스는 결혼을 시켜 곁에 두려고 했고, 대령은 콘서트장을 가득 채운 여자들이 사귈 만하다고 믿는 로큰롤 가수의 이미지를 유지하려고 했다. 대령은 진지하게 사귀는 여자친구도 허락하지 않았다.

그러나 글래디스는 준 후아니코야말로 대령에게 맞설 만한 힘을 가진 사람이라고 느꼈다. 준이 멤피스에 있는 동안 엘비스는 로더데일 코트에 데리고 가서 전에 살던 아파트도 보여주고, 흄스 하이에 가서 열심히 공작 수업을 받았던 얘기를 들려주는 등 어린 시절의 추억을 나눴다. 이 젊은 가수는 그녀에게 더 깊은 인상을 남기기 위해 아직도 비밀을 털어놓을 만큼 친하다고 생각하는 듀이 필립스를 자랑스럽게 소개했다. 엘비스와 준은 손을 잡고 음악인생의 출발지였던 작은 녹음 스튜디오도 거닐었다. 엘비스는 준에게 달콤하고 순수한 본성을 보여주었다. 무대 위의 페르소나와는 정반대였다.

7월에 여름휴가차 미시시피 오션 스프링스 리조트에 갔을 때는 어렸을 때부터 믿어온 이야기를 들려주었다. 부두에 앉아 밤하늘을 보면서 마음과 몸을 편안히 하고 눈을 감으면 우주 속을 떠다니며 별들과 달 사이에 둥지를 틀 수 있다는 류의 이야기를.

엘비스의 관심은 천체에만 머물지 않았다. 단호히 거부하던 준과 섹스를 하고 싶은 마음이 간절했다. 몇 년 안에 결혼할 수 없다는 건 이미 말한 터였다. 연주가 우선이고 독신으로 남아 있는 것이 중요하다고 강조하는 대령의 명령 때문이었다.

"데이트는 했지만 아무 일도 없었어."

그녀가 고백했다.

"아직 처녀라는 거야?"

그가 놀리듯 되물었다.

준은 당당히 쏘아붙였다.

"이 바보야, 그냥 처녀가 아니고 숫처녀라고."

50년 뒤에 후아니코가 지적한 대로 그때는 '다른 시대, 다른 감수성'이었다.

"나를 포함해 대부분이 처녀였죠."

그녀도 엘비스를 의심했다.

"실제론 경험이 많아 보이지 않았어요. 너무나 신사적이었거든요."

둘 다 서로를 이해했다. 준은 임신이 두렵기도 했다.

"그러다가 임신하면 결혼하고 마는 식이었죠."

하지만 정열적인 키스는 허락했다. 에로틱하고 창의적인 애무까지도.

아들이 보트를 타고 바다 멀리 나가 낚시를 한다는 이야기를 듣고 엘비스의 부모가 오션 스프링스에 왔다. 글래디스 프레슬리는 아들의 여자친구를 보고 한눈에 반했다. 그러나 엘비스의 침실이 너무 조용해지면 문을 살짝 두드리곤 했다.

어느 날 아침 밖에서 글래디스의 목소리가 들렸을 때, 준과 엘비스는 실제로 침대에서 껴안고 있었다.

"엘비스, 우린 아이를 원하지 않는다."

하루는 엘비스, 준과 준의 어머니, 부모님, 준의 친구 에디 벨맨이 함께 바다낚시를 갔다. 개조한 새우잡이배 '앤트 제니'를 타고 연안에서 32킬로미터 떨어져 걸프를 지나 속도를 내고 있었다. 쾌청한 하늘 아래에서 웃통을 벗은 엘비스와 에디는 어슬렁거리며 반짝이는 미끼를 던졌다. 머리에 스카프를 두르고 바비핀으로 고정한 준은 그들을 응원했다. 엘비스의 어머니도 소리지르며 응원했다.

"얘야, 넌 할 수 있어!"

그의 어머니는 진주가 달린 블라우스 모양의 핑크색 드레스를 입었고, 버넌은 셔츠와 바지 차림이었다. 엘비스가 출발 직전에 전화를 걸어 연안으로 오라고 재촉하는 바람에 리조트용 옷을 가지고 오지 않았던 것이다.

에디 벨맨이 그날 찍은 8밀리미터 영상을 보면 엘비스가 긴장을 푼 채 갑판에서 준과 뛰놀고, 배 뒤에서 구르며 키스하러 돌아다니는 장면이 나온다. 훗날 후아니코는, 엘비스는 머리가 젖는 것을 좋아해서 물가에 있는 걸 즐겼다고 회생했다.

"머리색이 어두워지는 걸 좋아했죠."

금발이 젖으면 갈색이 된다.

후아니코는 엘비스가 미시시피에 머무는 동안 어느 덥고 끈끈한 날 밤에 프러포즈를 했다고 고백했다. 그러나 이 프러포즈는 옵션이 있었다.

"날 기다려줄래? 앞으로 3년간은 결혼할 수 없거든."

그 기약이 진실인지는 모르지만, 엘비스의 이 로맨틱한 꿈에 '불가' 도장을 찍은 건 파커였다.

"대령은 필사적으로 날 반대했어요."

후아니코의 회상이다.

"파커 대령은 내가 완전히 사라지기만 바랐죠. 내가 엘비스의 미래를 위협하는 존재였나 봐요."

한 지역 라디오 방송국은 준이 인터뷰에서 약혼했다고 말했으나 엘비스가 찾아와 그 말을 내보내지 말라고 했다는 사실을 전했다. 엘비스가 이렇게 강조했다는 것이다.

"결혼할 계획은 없거든요."

그는 3주간의 광적인 콘서트를 위해 플로리다로 향했다. 당시 『세인트 피터스버그 타임스(St. Petersburg Times)』의 스무 살짜리 리포터였던 앤 골드먼은 탐파에 있는, 심지어 레슬링 시합도 열린 적이 있는 호머 헤스털리 무기고의 엘비스 쇼 취재를 맡았지만 별 생각이 없었다. 당시의 보통 저널리스트들처럼 그녀도 스타에게 적대적인 입장에서 기사를 쓰는 것이 임무였다. 골드먼 자신이 지적한 대로 엘비스가 나중에 어떻게 될 것인지 아무도 몰랐다는 점을 감안해야 했다. 그래도 엘비스가 무기고에 도착하는 것을 기다리느라 초조해하는 십 대 소녀들의 행렬과 마주치는 순간 동요하기 시작했다. 그녀도 엘비스의 매력에 무장 해제되었고 가수가 다정하게 작업을 걸어올 때는 최고의 기분이었다.

여름이 끝나가자 엘비스는 첫 영화를 준비했다. 할리우드는 어머니와 아들 그리고 프레슬리와 준 후아니코 같은 여자친구들의 사이를 더 멀리 떨어뜨렸다. 엘비스 인생의 여자들은 점차 쇼 비즈니스 세계 출신들이 많아졌다.

그중 한 명이 도티 하머니(Dottie Harmony)였다. 엘비스가 시내에서 짧은 휴가를 즐길 때 만난 사하라의 댄서였다. 카지노 테이블에 앉는 그 가냘픈 금발에게 먼저 접근한 건 엘비스가 아니었다. 대신 강한 남부 억양으로 치근대는 낯선 청년이었다.

"부인, 엘비스가 술 한잔하고 싶어합니다."

"꺼져요."

하머니는 이 남자가 농담을 하나 싶어서 잘라 말했다. 그런데 얼마 후에 이 낯선 남부 청년이 또다시 슬금슬금 접근하는 것이었다. 이번에는 진심일 거라고 생각하긴 했지만 딱 잘라서 말했다.

"이봐요, 엘비스가 나랑 마시고 싶다면 직접 오라고 해요."

전령은 다시 돌아갔고, 하머니는 그게 끝이려니 생각했다. 그런데 누군가 다가오는 것이 느껴졌다. 돌아보니 무릎을 꿇고 자기 눈을 쳐다보는 엘비스였다.

그는 희롱하듯 자신을 소개했다.

"부인, 세상에서 가장 아름답군요. 저와 한잔하시겠습니까?"

이 성급한 금발 미녀에 대한 작업은 그렇게 시작되었다.

엘비스는 콜라를 홀짝이며 데이트 약속을 잡았다.

"제 사촌 진에게도 누구 한 사람을 소개해주세요. 그래서 더블 데이트를 하면 어때요?"

도티는 엘비스의 제안대로 친구를 데리고 나왔고 엘비스, 진 스미스와 사하라에서 만났다. 그런데 팬들이 몰려와 엘비스를 에워쌌고, 그는 끊임없는 사인공세에 시달렸다.

"이봐요, 사인하는 것 보여주려고 나한테 데이트 신청했어요? 순수하게 데이트 신청한 거 맞아요?"

하머니가 쏘아붙였다.

엘비스는 도티의 당돌함에 질린 나머지 도티 친구의 손을 잡고 도티는 진에게 넘겨버렸다.

그들은 일단 밖으로 나갔다. 엘비스와 엘비스의 갑작스러운 파트너가 캐딜락 앞좌석에 앉았고 도티는 진과 뒷자리에 앉았다. 엘비스는 네온장식이 화려한 미라클 마일 호텔 쪽으로 차를 몰았다. 가는 길에 새로 지은 우아한 샌즈, 나무와 돌 아치로 입구를 만든 윌버 클락의 데저트 인, 샴페인 탑이 있는 플라밍고, 거대한 인조유리로 만든 술탄이 입구 위에서 경계를 서고 있는 듄스 등을 지나쳤다. 엘비스는 사막 쪽으로 가는 고속도로에 들어서서 점점 더 멀리 나가면서도 묵묵히 운전만 했다. 사실은 도티가 눈치채지 못하게 백미러로 관찰하고 있었다.

"엘비스는 화가 났죠."

도티는 웃으며 회상했다.

마침내 네 사람은 라스베이거스 끝 외딴 곳에 요새처럼 서 있는 하시엔다 호텔에 도착했다. 엘비스의 오랜 친구 빌리 우드가 도미노스와 공연하고 있었다.

"들어와서 쇼나 볼래?"

엘비스가 카지노로 안내하면서 중얼거렸다.

도티는 하시엔다의 라운지로 들어서면서 엘비스가 자리에 앉아 있는 미녀들을 흘끔거리는 것을 목격했다. 그녀도 남자를 찾아 주위를 둘러보기 시작했다. 엘비스는 화가 나서 테이블을 발로 차고 의자들을 집어던지는 격한 반응을 보였다.

"이리 와!"

엘비스는 거칠게 말하며 그녀의 손을 잡았다.

"뭐 하는 거야? 저런 놈들한테 눈길이나 돌리고?"

하머니는 반항적으로 선언했다.

"네가 그러는데 나라고 못 그래?"

결국 엘비스는 라스베이거스에서 머무는 남은 시간 동안 최대한 신경을 쓰려고 했다. 그들은 쇼를 본 다음 맥커랜 공항에 가서 비행기가 뜨고 내리는 것을 구경했다. 하머니는 "엘비스는 그걸 그냥 좋아했어요."라고 회상했다.

그들은 새벽에 사막을 뚫고 드라이브를 즐기기도 했다. 한참을 달리다 타이어가 펑크난 낡은 트럭을 길가에 세우고 있는 노인을 만나자 엘비스가 캐딜락을 세우고 직접 타이어를 갈아주었다.

"특별히 뭘 바란 것도 아니었죠."

하머니는 가볍게 말했다.

두 사람은 뉴 프론티어 호텔 스위트룸에서 몸을 웅크린 채 추억의 영화를 보기도 했다. 〈폭풍의 언덕(Wuthering Heights)〉을 보며 비련의 연인 캐시와 히스클리프의 사랑이 너무 슬프다는 이야기를 나누었다. 〈미스터 스케핑턴(Mr. Skeffington)〉을 보면서는 당찬 계급상승 의지를 지닌 여인을 연기한 베티 데이비스에게 갈채를 보내기도 했다.

"엘비스는 베티 데이비스의 열렬한 팬이었죠."

하머니는 그렇게 느낀 바를 전한다.

엘비스는 날마다 글래디스와 통화했는데, 하루는 하머니를 소개했다.

"어머니랑 얘기를 끝내고 나서 나를 바꿔주더라고요."

글래디스는 통화하다가 감격한 듯 외치기도 했다.

"다티야, 내가 기른 토마토라고 믿지 못할 걸. 네 주먹 두 개를 합친 만큼 크단다."

다티는 엘비스가 부르는 도티의 애칭이었다.

하머니는 라스베이거스에 있을 때 스물한 살이었다고 주장했지만 거짓말이었다. 나이에 비해 조숙했을 뿐 실제로는 열여덟 살이었다. 그녀는 엘비스에게 호감을 느꼈지만, 그만큼 그가 철이 없고 소유욕이 강하다는 사실을 알았다. 하지만 그녀는 아무리 유명한 가수라도 자기를 간섭하는 것은 질색이었다. 둘이 성적인 관계로 발전하지 못한 이유였다.

"1950년대였다는 걸 잊지 마세요."

하머니는 그렇게 말하지만 두 사람은 마음을 여는 사이였고, 서로의 상반되는 특징을 가지고 장난치는 것을 즐겼다.

브루클린 출신의 하머니는 엘비스가 전에 유혹했던 남부의 미녀들보다 터프했다. 하머니는 멤피스 여자들과 달리 쇼 비즈니스 생활에 능통했고 할리우드와 라스베이거스에서 일했다. 엘비스의 요구라면 무조건 들어주던 여자들하고는 달라서 고분고분하지도 않았다. 사실은 그런 도발 때문에 엘비스가 흥분했던 것이다.

그가 흡연을 가지고 못살게 굴자 그녀는 "네가 손톱 깨무는 걸 그만두면 내가 담배를 끊을게."라고 응수했다. 또한 엘비스는 하머니에게 좀더 먹으라고 성화였다.

"넌 너무 말라깽이잖아."

하머니는 163센티미터에 45킬로그램이었다. 엘비스는 하머니가 너무 허약하다고 생각했고, 하머니는 밀크셰이크를 더 많이 마셔줘서 엘비스를 달래보려고 했다. 그러나 살이 찌기는커녕 자꾸 빠지기만 하자 엘비스는 당황해했다. 그는 전설이 되어버린 꺼지지 않는 식욕 탓에 살이 불어나기 시작하고 있었다. 엘비스가 디럭스 치즈버거 여덟 개, 베이컨 두 개, 양상추, 토마토 샌드위치, 초콜릿 밀크셰이크 세 잔을 앉은자리에서 먹어치운 것이 신문에 나기도 했다.

도티와의 데이트도 언론을 탔다. 둘이 멤피스에 나타나 프레슬리 가족과 크리스마스 휴가를 보냈을 때는 시내의 여자들에게 이미 경고가 내려진 뒤였다.

마침내 비행기가 활주로에 내렸을 때 하머니는 잠이 부족해서 지칠 대로 지친 상태였다. 이틀간의 힘든 비행을 견디고 겨우 테네시에 도착한 참이었다. 그러나 공항에서 나가는 순간 '집에 가버려, 도티 하머니!' 라고 쓴 현수막을 든 여자들말고는 아무도 자신을 반기지 않는다는 것을 깨달았다. 결국 프레슬리 가족의 수행원이 마중나오기로 했다는 것을 알고는 라디에이터 옆에 앉아 있다가 그 온기에 잠들어버렸다.

마침내 엘비스가 그녀의 어깨를 부드럽게 흔들어 깨웠다.

"아, 결국 오긴 왔어!"

엘비스가 와락 끌어안고 차에 태우자 도티는 가볍게 외쳤다. 그리고 캐딜락의 가죽시트에 파묻히며 그의 가족을 그려보았다.

오드본 집의 문이 활짝 열리는 순간 그녀는 글래디스의 엄청난 따스함을 느끼며 진심으로 껴안았다.

"그러나 버넌은 껴안지 않았어요."

하머니는 그날의 일을 회상했다.

"왠지 그러지 말아야 될 것 같았거든요."

고생 끝에 멤피스에 도착한 도티가 원한 것은 잠이었다. 그러나 글래디스는 다른 계획이 있었다.

"둘이 나가서 크리스마스 쇼핑을 해야겠다."

그리곤 도티의 손에는 여자들을 위한 목록을, 엘비스의 손에는 남자들을 위한 목록을 쥐어주었다.

도로시 도티 하머니는 멤피스 시내의 대형 백화점에서 갑작스런 쇼핑을 하는 것으로 엘비스와의 첫 데이트를 보냈다.

"엘비스는 남성매장에서, 난 여성매장에서 각자 쇼핑을 했죠."

군중들이 가수를 엿보려고 뛰어오자 엘비스는 밖에서 기다리는 차로 도망쳤다. 이제 도티는 완전히 지친 데다 길까지 잃고 말았다. 다행히 누군가가 프레슬리네 집까지 데려다주었고, 그녀는 핑크색과 흰색이 섞인 엘비스의 침실을 썼다. 그는 파티룸에서 잤다.

도티는 프레슬리 가에서 묵는 동안 글래디스가 아들에게 퍼붓는 애정을 목격했다.

“날마다 코코넛 케이크를 만들었어요. 바나나를 으깨서 땅콩버터와 섞기도 했죠. 글래디스는 엘비스한테 먹이는 것을 마냥 좋아했죠.”

도티는 엘비스가 아무리 지나쳐도 어머니가 조금도 찡그리지 않는다는 것을 발견하고 적이 놀랐다. 한번은 엘비스가 애완동물 가게에서 원숭이를 구경하다가 충동구매를 하여 집에 데려간 적이 있었는데, 글래디스는 역시 아무 말도 하지 않았다.

“그저 엘비스의 행복만 보고 사는 분이었어요.”

애완동물 가게부터 오드본까지 차를 모는 동안 도티는 정신없는 원숭이를 붙들고 있어야 했다. 그런데 어린 원숭이 짐보가 그만 변을 보고 말았다. 하필이면 그녀는 하얀 드레스에 하얀 라이닝이 달린 붉은 가죽코트를 입고 있었다.

엘비스는 주유소에서 차를 세우고 도티와 원숭이를 여자 화장실에 보낸 다음 자신은 하얀 시트를 닦았다. 하머니는 정말 난처했던 듯 얼굴을 찌푸리며 회상했다.

“화장실에서 원숭이를 놓치는 바람에 원숭이가 마구 돌아다녀서 도저히 잡을 수가 없었어요.”

그녀는 짐보를 구석으로 몰아서 낚아챈 다음 엘비스에게 화난 표정을 던지며 차로 돌아왔다. 엘비스가 그녀의 코트를 세탁소에 보내 라이닝을 바꿔준 덕에 못 입게 되는 것을 겨우 면했다.

엘비스는 가족이 함께하는 저녁식탁에서 짐보에게 자기 접시를 내밀기도 했고, 식사가 끝나면 대문까지 데리고 나가서 팬들과 얘기하곤 했다.

“나한테까지 사인해달라는 팬들도 있었어요.”

하머니는 그때 일을 떠올리며 웃는다.

그들은 엘비스에게 어울리는 검은 가죽옷을 산 다음 오토바이를 타고 멤피스의 거리를 누볐다. 집에 돌아오면 닳아빠진 성경을 꺼내 읽을 때도 있었다.

"농담이 아니라고요. 진짜 소리내어 같이 읽었어요. 엘비스는 할리우드에서 받은 대본을 훑어보기도 했죠. 우린 엘비스의 배역에 관해 이야기했어요."

크리스마스 아침이 되자 도티는 손목시계, 작은 터키석 포터블 라디오, 인형더미 등 선물에 파묻혔다. 그녀는 엘비스가 여행할 때 지켜주고 비행기 공포증을 달랠 수 있게 성 크리스토퍼 메달을 선물했다. 대령은 사진 찍을 기회를 엿보다 사진사와 약속을 잡아서 프레슬리 가족, 엘비스, 도티의 휴가사진을 찍었다. 보도자료에는 엘비스와 '쇼걸'의 사진을 실었다.

도티와 글래디스는 엘비스가 집을 비울 때면 '여자들만의 얘기'에 빠져들었다. 도티는 글래디스가 숨겨둔 맥주를 따서 얼음 위에 따르는 것을 지켜보곤 했다.

"엘비스는 어머니가 술 마시는 것을 싫어해서 맥주를 찬장 구석에 숨겨야 했죠."

하머니는 엘비스가 술 마시는 것을 본 적이 없었다. 하지만 처음으로 수면제를 먹는 건 보았다고 했다.

"내가 줬거든요."

도티가 멤피스를 떠나자 글래디스는 다시 혼자가 되어 식탁 의자나 거실 소파에 앉아 아들의 스크랩북을 훑어볼 뿐이었다. 이제 근심걱정, 앰피타민, 맥주가 그녀를 위로하고 그녀의 삶을 지배했다. 남편은 동네 술집으로 나가 있고 엘비스는 여행을 떠난 기나긴 나날을. 이웃들은 친근하게 유명인과 그 가족에 대해 호기심을 보였지만, 글래디스는 '투펠로의 행복했던 시절'이 그리울 뿐이었다. 연말이 되어 엘비스가 분홍색 캐딜락을 사줬지만 훗날 그가 인정한 대로 어머니는 자동차는 물론 옷, 모피코트, 주방기기 따위의 선물을 정말 원하지 않았다.

"그 모든 일을 줄곧 겪고도 결코 달라지지 않으셨죠."

사실 그녀는 예전 습관 그대로 빨랫줄에 빨래를 널어 오드본 드라이브의 거주자들을 화나게 했다. 또한 글래디스는 찾아오는 팬들을 쫓는 대신 안으로 초대하곤 했다.

"시외버스들이 들르는 통에 일요일마다 차가 붐벼서 경찰관이 다섯은 필요했어요. 그의 팬들은 정말 골칫거리였죠."

이웃에 살던 페기 제이미슨은 여자들이 엘비스의 침실 창문으로 오르려다가 전망창에 코를 박던 모습이며 프레슬리 집 앞 도로를 가득 메우던 일 등을 회상했다.

한번은 제이미슨 가족이 다른 주에서 걸려온 팬의 전화를 받기도 했다. 그 팬은 시내 전화번호부를 뒤져서 프레슬리 가족의 바로 이웃에 사는 그녀의 집에 전화를 걸어 사정했던 것이다.

"제발 엘비스 집 정원 잔디에서 풀 좀 뽑아주세요."

실제로 제이미슨은 아들을 보내 풀을 뽑아주었다.

"아들이 묻더군요. '그냥 우리집 뜰에서 뽑으면 안 돼? 뭐가 달라?'"

물론 대답은 노였다. 그 팬은 약속대로 엘비스네 정원의 풀을 받았다. 우편으로 풀을 받은 팬은 훗날 제이미슨 가족에게 감사의 편지를 보냈다.

"그 풀이 제 삶을 바꿨어요."

마침내 프레슬리의 집 주위에 음표로 장식한 철문을 달았다. 기타 모양의 수영장을 짓겠다는 희망은 이웃의 항의와 그런 풀장을 설치할 만큼 집이 넓지 않다는 이유로 미뤄두었다.

사실 오드본에서는 프레슬리 가족을 반기지 않았다. 거주자들이 대개는 전문직이었던 것이다. 제이미슨의 얘기를 들어보자.

"좋은 사람들이었지만 우리하고는 어울리지 않았어요. 자기들만의 세계에서 넘어온 사람들 같았어요."

아이러니하게도 글래디스와 버넌 부부 역시 오드본이 집처럼 느껴지지 않았고, 자신들이 점점 더 죄수 같아지는 걸 깨달았다. 둘이 외출해서 식료품점이나 근처 카페에 갈 때마다 군중들이 쫓아다녔다. 버넌은 오드본의 카페에 앉아 파이 한 조각을 먹으면서도 다른 사람들의 시선을 느껴야 했다. 글래디스는 맥주를 홀짝거리는 것까지 감시당했다. 그들도 유명세의 죄수가 되었던 것이다. 그런데도 어머니가 보고 싶어하는 그 얼굴만은 늘 너무나 멀리 있었다.

그녀의 병을 분석한 심리학자 피터 휘트머에 따르면 글래디스의 '버림받음에 대한 두려움'이 완전히 표면화되고 있었다. 휘트머는 "엘비스는 항상 글래디스의 간호인이었다."라고 적었다.

"그녀는 아들이 나돌아 다니는 것을 걱정했지만 그것은 아들의 안전뿐만 아니라 자기 자신의 안전에 대한 걱정이기도 했다. 아들이 없는 만큼 버넌과 어울려야 했는데 그건 또 20년 이상 하지 않은 일이라서 결코 편치 않았다."

"아들이 당장 그만두고 가구점을 차려서 결혼했으면 한다."

글래디스가 후렴처럼 반복하는 말이었다. 그녀의 불평은 엘비스가 집에 올 때마다 늘어났지만 결국 그 때문에 엘비스는 엘비스대로 오드본에서 쉬는 것을 포기하고 말았다. 어머니를 만나는 것보다 콘서트 일정에 쫓기는 게 더 편했으니까. 1956년에는 집을 찾은 것이 겨우 여섯 번뿐이었다. 집에 머물 때조차도 낮에는 내내 자고 밤에만 돌아다녔다. 밤중에 몰래 들어오다 식탁에 앉아 기다리는 어머니와 마주친 적도 있었다. 어머니는 아들과 시선이 마주치자 탄식하며 말했다.

"나 참, 기가 막혀서."

엘비스는 눈을 깔고 대답했다.

"그러게요."

훗날 엘비스는 이 사건을 돌이키며 설명했다.

"어머니와 난 풀 수 없는 실타래에 감겨버린 거죠."

글래디스는 수치심에 고통스러워하기도 했다. 엘비스는 몰랐지만 신앙심 깊은 어머니는 전국의 목사들이 가하는 공격에도 상처를 입었던 것이다. 특히 엘비스의 '음란함'에 대한 공격이 빗발치자 이웃을 불러 엘비스의 옷장을 보여주었다.

"엘비스가 그런 모함에 시달리다니 말이 돼요?"

글래디스는 이웃 여자의 팔을 잡으며 말을 이었다.

"우리 아들은 천박하지 않아요. 그냥 자기 일에 자신을 전부 쏟을 뿐이에요."

엘비스는 〈에드 설리번 쇼〉의 공연날짜가 다가오자 더 적절한 패션을 찾아내는 데 전념했다. 8월 말의 어느 아침 그는 빌 스트리트에 있는 랜스키 의상실의 문을 열어젖히며 선언하듯 말했다.

"랜스키 씨, 저 설리번 쇼에 나가요. 새 옷이 필요해요."

"우리가 그 옷을 마련해주지."

버너드 랜스키가 장담했다. 버너드는 최신 코트를 보고 부러운 듯 창문에 코를 뭉개던 수줍음 많은 소년에서 '원하면 뭐든 사는' 능력 있는 청년이 된 엘비스를 대견해했다.

랜스키는 무지갯빛 재킷, 바지, 조끼, 짙은 남색 벨벳 셔츠 등 터프한 옷들을 한아름 안고 요란하게 돌아다녔다. 엘비스는 그 셔츠와 금실을 박은 조끼, 그에 어울리는 벨트를 샀다. 안감에 검은색 점을 수놓은 큰 사이즈의 연두색 스포츠 코트와 체크 무늬가 어지럽게 들어간 셔츠에도 눈길이 갔다. 엘비스는 검은색 옆선이 있는 검은색 바지 몇 벌에, 검은색과 흰색

두 가지 톤의 구두도 두 켤레 샀다.

"얘야, 가게를 통째로 사온 거니?"

글래디스는 아들이 돌아와 쇼핑한 옷들을 내려놓자 소리부터 질렀다.

"하지만 엄마, 〈설리번〉이잖아요."

뉴욕에 있는 〈설리번 쇼〉 제작 사무실의 분위기는 다소 침울했다. 항상 의심이 많고 즉흥적인 에드는 비밀리에 RCA 홍보담당자로부터 전화를 받았다.

"이런 말을 해선 안 되는 줄 알지만 엘비스를 주의 깊게 지켜보는 게 나을 거요."

"엘비스가 뭘 하는데요?"

설리번이 물었다.

"쇼 중간에 바지라도 내린대요?"

"그거 빼고 다요."

그렇게 경고조로 귀띔해주었다.

텔레비전 프로듀서는 즉시 〈스티브 앨런 쇼〉와 〈밀튼 벌 쇼〉의 클립을 보았다. 에드는 촬영분을 두 번이나 본 다음 프레슬리의 사타구니를 가리켰다.

"저거 봐요."

그는 프로듀서인 말로 루이스에게 말했다.

"바지 안쪽 사타구니에 장치를 걸어놓아서 다리를 앞뒤로 움직이면 그 윤곽이 보여요."

그리곤 머리를 내저으며 덧붙였다.

"꼭 콜라병 같잖아요."

그야말로 난감했다.

"이런 걸 일요일 밤에 내보낼 순 없어요. 가족들이 모여서 함께 보는 쇼라고요!"

그는 결국 루이스에게 명령했다.

"어떻게 좀 고쳐보세요."

설리번만 신경이 곤두선 게 아니었다. 『뉴욕타임스』의 잭 골드는 CBS를 향해 다시 경고했다.

"컬럼비아 브로드캐스팅 시스템(CBS)은 프레슬리가 엉덩이를 들썩거리고 마구 돌리면 열두 살짜리마저 자극받을 수 있다는 점을 명심해야 한다. 어쩌면 프레슬리는 성교육의 필요성을 지적하는 좋은 일을 하는 건지도 모른다."

엘비스의 9월 9일 쇼는 할리우드의 CBS 스튜디오에서 생중계될 예정이었다. 설리번은 서부에 있는 제2의 팀을 신뢰하지 않았기 때문에 말로 루이스를 할리우드에 파견했다.

"이 애의 음란함이 스크린에 나타나지 못하게 해."

프레슬리는 개인적으로 좋아하는 〈돈 비 크루얼(Don't Be Cruel)〉로 시작했고, 예상했던 대로 들썩거리고 돌리는 레퍼토리를 시작했다. 말로 루이스는 당황한 나머지 메인 카메라맨에게 달려가서 거대한 크레인을 옆으로 밀어버림으로써 엉덩이 돌리는 모습을 감춰버렸다. 〈설리번 쇼〉에 관한 특별 프로그램을 감독하느라 10년을 보낸 다큐멘터리 감독 앤드루 솔트의 말을 들어보면 '사이드샷이나 롱샷에 의존해 그런 섹슈얼리티를 완화'하려고 했다.

설리번은 교통사고를 당해 휴직 중이었기 때문에 뛰어난 영국 배우 찰스 래프턴이 쇼를 진행했다. 1930년대부터 아카데미상을 수상한 래프턴은 다양한 역할을 소화했으며 순회 낭독회를 열기도 했다. 〈설리번 쇼〉에서는 흡사 셰익스피어의 대사를 읽는 배우같았다. 그러나 프레슬리의 광풍에 대해서는 아무것도 준비하지 않은 상태였다.

"아주 고통스러웠죠."

그는 '그 쇼가 어떻게 검열국을 통과했는지' 의문을 풀지 못했다.

이 쇼는 검열을 통과했을 뿐만 아니라 80퍼센트의 시청자를 끌어모아서 엘비스가 출연한 〈스티브 앨런 쇼〉의 시청률을 능가했다. 10월에 있었던 엘비스의 다음 출연도 85퍼센트의 시청자를 끌어모으면서 성공가도를 달렸다. 〈설리번 쇼〉의 홍보 시스템은 프레슬리가 일곱 곡을 부를 예정인 이듬해(1957년) 1월 6일의 스펙터클 쇼를 홍보하기 시작했다.

엘비스는 투펠로에 돌아와 어린 시절 〈올드 셉〉을 연주했던 〈미시시피-앨러배머 페어 앤 데어리 쇼〉에서 귀향 콘서트를 열었다. 이번엔 온 세상이 보고 있는 듯했다. 엘비스가 오후와 저녁 쇼의 헤드라이너였다. 지역 신문에서는 팬들의 올바른 행동에 관해 충고하기도 했다. 『런던 선데이 익스프레스(London Sunday Express)』는 통신원을 보냈고 폭스, 무비톤 뉴스가 카메라맨들을 파견했다.

엘비스가 미시시피 슬림과 라디오 데뷔를 했던 바로 그 건물 근처 거리에 '환영' 현수막이 걸렸다. 인기 많은 렉스 플라자 카페의 메뉴 중에는 러브 미 텐더 스테이크, '하운드 독'과 사우어크라우트, 로큰롤 스튜도 있었다.

여느 시골장터와 마찬가지로 장터에서는 여자들이 통조림 제조 비법과 요리 솜씨를 뽐냈다. '면가방 바느질' 경연대회에서는 상금을 놓고 경연이 벌어졌다. 꽃 전시회 상품의 영예는 스파이더 릴리와 콜레우스 바구니에 돌아갔다. 이밖에 200마리 이상의 낙농가축이 선보여졌으며, 처음으로 전시되는 돼지도 있었다.

하지만 모든 사람들의 눈길은 〈설리번 쇼〉에서 성공한 고향소년에게 쏠렸다. 스탠드에는 그의 도착을 기다리는 군중들이 모여들었다. 시장은 기타 모양의 '훌륭한 시민상'을 가수에게 수여하는 리허설을 했다.

야간쇼 무대에 오르기 전에 기자단, 무장한 시민병 네 명, 미시시피 주지사, 국경수비대에서 조직한 방어대를 뚫는 데 가까스로 성공한 십 대 소녀들, 시경, 주 고속도로 순찰대가 텐트 밖에서 엘비스를 에워쌌다.

엘비스는 가슴이 드러나게 풀어헤친 파란 벨벳 셔츠와 검은 물방울 무늬가 있는 바지에 흰 구두를 신고 왼손에는 금반지를 두 개나 끼고 의기양양하게 걸어나오다가 한 여성팬이 다가와서 손가락으로 7센티미터가 넘는 구레나룻을 문지르자 그 자리에 멈춰섰다. 그녀는 텐트를 빠져나가며 소리질렀다.

"엘비스를 만졌어!"

이번에는 민소매 드레스를 입은 소녀가 자기 등에다가 사인해달라면서 맨등을 내밀었다. 그는 그녀의 립스틱으로 사인해주었다.

무대동작에 대해 즉흥적으로 던지는 질문에 익숙해진 터라 『런던 선데이 익스프레스』의 피터 다커에게 이렇게 응수했다.

"사람들은 저한테 말해요. '올챙이처럼 꿈틀거리지 좀 마.' 하지만 전 멋대가리없이 하느니 내 목을 자르는 게 낫다고 봐요."

그는 나중에 주지사에게도 말했다.

"이쪽을 떠나면 정치에 입문하겠어요."

어느 당에서 출마할 거냐는 물음에 씩 웃으며 대답했다.

"시 경호대요."

마침내 엘비스는 삼엄한 경호를 받으며 공연장으로 출발했고, 스포트라이트 세례를 받으며 흰색 링컨 컨티넨털을 타고 입장했다. 야외 스탠드에서 함성이 일었다. 터져라 갈채를 보내던 사람들 중에는 아들과 투펠로까지 동행한 글래디스와 버넌도 있었다.

무대에 올라 열광적이고 감정적인 연주를 하기 전에 확성기에서 안내방송이 나왔다.

"500명의 국경수비대와 경찰이 있으니까 문제를 일으키지 맙시다. 그리고 제발 무대에서 떨어져주세요. 지난번 쇼에서는 불에 타고 부서졌어요. 그래서 엘비스도 못 봤습니다."

그날 밤도 사람들은 엘비스를 못 봤고, 투펠로 이후 엘비스는 다시 순회공연 길에 올랐지만 점점 더 통제 불능이었다. 100명이 넘는 댈러스의 경찰관이 엘비스가 출연한 '코튼 볼' 경기장을 순찰해야 했고, 고용된 의료진과 간호사들이 공연장 둘레의 2.5미터 경계벽으로 달려가다 기절하거나 탈진한 여자들을 치료했다.

엘비스 자신도 도착했을 때부터 눈에 띄게 기진맥진한 상태였다. 불면증이 심해졌기 때문에 이틀 동안 겨우 네 시간밖에 못 잤던 것이다. 그는 현란한 스포트라이트를 받으며 455미터를 곧장 달려 공연장 안 플랫폼까지 데려다줄 컨버터블에 올라탔다. 그런데 이상하게 최면을 거는 듯한 형체를 보았다. 연두색 스포츠 코트, 주름진 생사 셔츠, 짙은 회색 바지, 목이 높은 빨간 힐을 신고 밝은 파란색 타이를 맨 차림이었다.

그는 가까스로 그 형체를 떨쳐버리며 묵직한 스탠딩 마이크를 잡고 〈핫브레이크 호텔〉의 오프닝 라인을 소리쳐 부르기 시작했다. 『댈러스 뉴스』의 기자는 이 모습을 '비틀거리며 다리를 흔드는 춤'이라고 불렀다. 리뷰를 쓴 그 기자는 엘비스가 자신의 유명한 골반을 '미식축구 경기장의 45미터 라인에서 32미터라인까지' 던지는 듯한 영감을 받았다. 극적 효과는 제값을 하는 법, 2만 6500명의 관중들이 질러대는 폭발적인 비명은 엘비스가 〈하운드 독〉의 특이한 피날레를 마칠 때까지 이어졌다. 플랫폼에서 내려와 사지를 맘껏 벌리고 누워서 몸을 틀고 꼬며 공연장 바닥을 물어뜯는 듯한 동작이었다. '완벽한 광신자의 곡예'였다고 그 기자는 놀라서 리뷰를 썼다.

그동안 파커 대령은 내내 경기장 주위를 돌아다니며 엘비스의 사인이 있는 사진을 100달러에 팔고 있었다.

엘비스가 와코, 휴스턴, 코퍼스 크리스티를 도는 동안 공연수입이 불어나기 시작했다. 하지만 콘서트 전에 무대 뒤에서 하는 인터뷰는 그를 더 긴장시켰다. 엘비스는 이를 문지르거나 만지기도 하고, 오른발을 쉴 새 없이 움직이거나 계속 손을 떨었다. 충혈된 눈을 비비기도 했다.

스타덤과 함께 유명세의 댓가도 치러야 했다. 나중에 두 번이나 주먹다짐에 연루되었는데, 한 번은 멤피스의 주유소에서, 다른 한 번은 톨레도의 호텔에서 벌어진 일이었다. 두 사건 모두 주먹 한번 제대로 날려보지도 못하고 언론의 표적이 되었지만.

멤피스 사건은 결백했다. 엘비스는 링컨 컨티넨털을 주유소에 세우고 직원에게 에어컨을 봐달라고 했다. 그런데 마침 지나가는 사람들이 가수를 발견하고 에워싸버렸다. 직원 에드 하퍼가 엘비스에게 차를 빼달라고 했을 때 그는 사인을 해주고 있었다.

"좋아요, 잠깐만요."

엘비스는 대답을 하면서도 계속 사인을 끼적였다. 결국 하퍼는 화가 나서 프레슬리의 얼굴을 때리고 말았다.

"빼달라고 했잖아요!"

엘비스 역시 앞으로 달려나가 하퍼를 때렸고, 그는 3미터 정도 나가떨어졌다. 다른 직원이 하퍼를 도우려고 달려오자 엘비스는 그에게도 펀치를 날렸다.

"거의 맞을 뻔했다니까요."

오브리 브라운은 멀쩡했지만 하퍼는 눈에 멍이 들고 왼쪽 눈두덩이 찢어졌다.

세 남자 모두 폭행과 구타, 풍기문란 혐의가 인정되었다. 체포한 경찰관이 이름을 묻자 엘비스는 남부 억양으로 말했다.

"글쎄요, 아마 칼 퍼킨스라고 적는 게 나을걸요."

『유나이티드 프레스』는 기사에서 엘비스를 '악동 프레슬리' 라고 칭하고서, '챔피언' 이 조막만 한 강아지 스위트피를 데리고 있는 사진을 실었다.

40명이 넘는 여성팬들이 경찰서에 전화를 걸어 엘비스의 보석금을 내겠다고 했다. 그런데 변호사가 선수를 쳐서 다음날 엘비스는 아버지와 함께 법정에 출석했다. 하퍼와 브라운은 결국 벌금을 물었지만 판사는 프레슬리의 혐의를 기각했다. 사람들로 꽉 찬 법정이 환호로 폭발하자 판사는 화를 냈다.

"박수 좀 그만 치시오! 여기는 법정이지 무대가 아니란 말이오!"

두번째 싸움은 11월 말에 톨레도 코모도어 페리 호텔의 화려한 샬리마룸에서 일어났다. 열아홉 살의 루이스 밸린트 주니어는 무법자처럼 터프한 건설인부였는데, 바에서 만난 여자한테 치근거리고 있었다.

"제가 확실히 취했어요."

밸린트는 40년이 지난 뒤에야 그렇게 인정한다.

그는 라운지에 들어가 엘비스가 긴 테이블 상석에 앉아 다른 뮤지션들과 함께 있는 것을 발견했다.

"엘비스 프레슬리세요?"

엘비스는 일어나서 악수를 청했다. 그러나 밸린트는 악수는커녕 자신의 묘사대로라면 터프가이 배우 '지미 캐그니' 식으로 엘비스의 빰을 때렸다. 가수는 잠시 놀랐지만, 다른 뮤지션들은 잠시가 아니었다. 스카티 무어가 뛰어올라 밸린트에게 달려갔지만 그는 무어를 팔걸이 너머로 밀쳐버리고 프레슬리의 다른 두 친구도 밀쳐냈다.

엘비스는 바를 가로질러 구석자리에 앉았다.

"도대체 무슨 영문인지 모르겠군."

그때 갑자기 경찰관 둘이 들어와 등뒤에서 밸린트를 잡았다. 엘비스는 의자에서 일어나 앞으로 걸어갔다. 엘비스는 펀치를 날렸지만 밸린트가 피하는 바람에 톨레도의 경찰을 때리고 말았다. 하지만 경찰서에 끌려간 것은 밸린트였고 21일 형을 선고받았다.

"아버지께서 보석금을 주셨어요."

밸린트가 사실대로 말했다.

밸린트는 숱한 언론보도에도 불구하고 가수에게 '얻어터진' 것처럼 보이고 싶지 않았다. 그래서 기자들에게 전화를 걸어 싸웠다고 주장했지만, 톰 파커 대령은 강력히 부인했다. 사건이 이상하게 전개되어 밸린트는 그 뒤로 무술 커뮤니티에서 활발하게 활동한 다음 1970년에는 엘비스의 보디가드가 되었다.

물론 인기가 나쁜 측면만 있는 것은 아니었다. 어느 날 오후 엘비스는 라스베이거스 쇼걸 마릴린 에번스(Marilyn Evans)와 팔짱을 끼고 선 스튜디오에 들렀다. 그의 금발은 이제 짙은 흑발이 되었고, 표정도 부드러워졌으며 목의 여드름도 사라졌다.

로커 칼 퍼킨스는 밴드와 녹음을 하다가 엘비스의 변신을 보고 깜짝 놀랐다.

"엘비스가 정말 잘생기고 멋있어졌더라고요."

칼이 엘비스의 여자친구와 얘기하는 동안 프레슬리는 피아노 앞에 미끄러지듯 앉아 키보드로 장난하기 시작했다. 바로 그때 칼을 위해 피아노 반주를 하던 젊은이가 다가와 자기 소개를 했다.

"그러니까 당신이 엘비스 프레슬리 맞죠?"

"아니면 누구겠어요?"

그러자 낯선 빨강머리 청년이 자기를 소개했다.

"글쎄요, 전 제리 리 루이스(Jerry Lee Lewis)예요."

그때 한참 떠오르던 신인 자니 캐시(Johnny Cash)가 어슬렁거리며 들어왔고, 샘 필립스는 뭔가 마법 같은 것이 일어나리라는 예감이 들었다. 실제로 그랬다. 엘비스 프레슬리, 칼 퍼킨스, 제리 리 루이스, 자니 캐시는 오후 내내 잼을 했다. 가스펠을 부르고 주크박스의 히트곡과 로큰롤을 연주했다.

'어쩌면 내 인생의 하이라이트' 라고 했을 만큼 필립스는 너무나 흥분해서 『프레스 시미타』에 전화를 걸었다. 스튜디오로 달려온 사진기자는 엘비스가 피아노를 치고 그 뒤에서 칼이 어쿠스틱 기타를 치며 돌아다니고 제리 리와 자니 캐시가 그 둘을 바라보는 광경을 목격했다. 이 사진에는 '10억 원짜리 사인조(The Million Dollar Quartet)' 라는 캡션이 붙었다.

그동안 각자 나름의 음악천재였던 이 네 사람의 이야기와 그 즉흥 세션은 로큰롤의 가장 기념비적인 사건이 되었다. 프레슬리를 발견했던 작은 녹음 스튜디오 '선' 에서 일어났다는 점도 전설에 한몫을 했다. 샘 필립스는 그날 일어난 일을 '영적인 각성' 에 비유했다. 엘비스에게는 기념비적인 도약을 앞둔 음악인생의 황금 같은 순간이었다.

세번째이자 마지막 〈에드 설리번 쇼〉 출연이 다가오자 그만큼 기대도 커졌다. 대령조차 초조해했다. 텔레비전의 엄청난 힘을 간파하고 있었기 때문이었다. 엘비스의 압박감이 최고조에 달했다는 것은 1957년 1월 6일 늦은 오후 맨해튼의 CBS극장에서 명백해졌다. 엘비스는 리허설을 일곱 번이나 하는 전무후무한 기록을 남겼는데도 연주에 생기가 없었다. 인쇄매체와 인터뷰 쇼마다 그를 겨냥해 공격을 퍼붓고 설리번까지 날카로운 지적을 하자 눈에 띄게 쩔쩔맸던 것이다.

엘비스는 막이 오르기 직전에 고든 스토커를 데리고 구석으로 갔다.

"난 춤출 줄 몰라. 노래도 못 해. 사실 좋은 뮤지션도 아냐. 그런데 나한테 뭘 원하는 거지?"

"이봐, 엘비스."

백업 싱어가 위로했다.

"바로 그게 멍청한 사고방식이야. 넌 미국 최고의 쇼에서 최고의 자리를 차지했고 히트곡도 많잖아."

말은 그렇게 했지만, 스토커가 보기에 엘비스에게 정말 필요한 것은 대령의 격려였다.

"엘비스는 자길 사랑해줄 사람을 원했지만, 대령은 그런 타입이 아니었어요. 아주 강경하고 무례하고 거칠었죠. 그런 중요한 무대 뒤에선 도움이 안 됐죠."

결국 엘비스는 항상 '하던 대로' 했다. 기대를 저버리지 않았던 것이다. 투펠로의 귀향공연 때 입었던 파란 벨벳 셔츠와 금실 조끼를 입고 무대를 누비면 머리가 번쩍거렸다. 얼굴은 전보다 더 핸섬해졌다. 인상도 깔끔해졌을 뿐더러 간단한 성형수술 덕에 코도 살짝 달라 보였다. 웃을 때마다 보이는 새로 씌운 하얀 치아까지 완벽했다. 더욱이 선탠을 한 뒤로 자신감도 강해졌다.

그는 최면을 거는 듯한 〈돈 비 크루얼〉을 비롯하여 히트곡 메들리를 부르다가 생방송의 관객들에게 완화된 버전의 프레슬리식 허리 돌리기를 선사하며 곡을 끝냈다. 먼저 백 보컬 그룹 조더네어스(Jordanaires)에게 "자, 갑니다." 하고 알려주었다.

텔레비전에서는 허리 윗부분만 보여주었어도 거실의 시청자들은 그 메시지를 접수할 수 있었다.

그 압도적인 연주로 장내가 떠나갈 듯 술렁이자 설리번이 무대 옆으로 걸어나가 생방송 현장의 관중에게 조용히 하라는 몸짓까지 해야 했다.

설리번은 프레슬리의 어깨에 손을 올리고 엘비스와 전국의 시청자들에게 말했다.

"엘비스는 정말 예의 있고 좋은 청년이며 시청자 여러분께 소개한 어느 빅 스타보다 우리 쇼에 흐뭇한 경험을 선사했습니다."

부모들을 포함하여 모든 관중이 진심으로 박수를 보냈다. 엘비스는 자긍심과 승리감으로 폭발할 듯 보였다. 짧고 우아하게 고개를 숙인 다음 조더네어스와 함께 경건한 가스펠곡 〈피스 인 더 밸리(Peace in the Valley)〉로 쇼를 마쳤다.

"그 멘트는 에드의 마음에서 직접 우러나온 거였죠."

프로듀서 앤드루 솔트의 말이다.

"리허설 땐 그런 게 없었어요. 에드는 다 끝나갈 무렵에야 그 젊은이가 엄청 맘에 들었던 거예요."

스토커도 그때 일을 회상했다.

"설리번은 엘비스의 인생에서 그 특별한 시기에 필요했던 걸 준 거죠. 계속 밀어주면서 진정한 대 스타로 만들어준 거예요."

한편 멤피스의 글래디스는 아들의 승리에 찬 연주를 지켜보고 기쁨의 눈물을 흘렸다. 그 눈물은 자신이 누구를 잃을 것인지 깨닫고 흘리는 것이기도 했다.

8

할리우드에 가다
–The Moving Image

엘비스 프레슬리가 할리우드에 간 것은 필연적이었다. 유성영화가 나온 후로 히트곡도 있고 잘생긴 남자 가수라면 적어도 한번쯤은 영화 스타덤을 노리는 법이었다. 히트곡 퍼레이드를 펼친 후 바로 빅 스크린으로 도약해서 할리우드 최고의 스타가 된 사람들이 꽤 있었다. 엘비스가 좋아하는 스탠더드 팝 가수 딘 마틴도 그랬다. 빙 크로스비와 프랭크 시내트라는 아카데미상까지 받았다. 크로스비는 〈고잉 마이 웨이(Going My Way)〉(1944)에서 노래하는 신부역으로, 시내트라는 〈지상에서 영원으로(From Here to

Eternity)〉(1953)에서 호전적이고 불운한 병사라는 직선적인 역을 맡았다. 빅 데이먼에서부터 딕 파웰, 프랭키 아발론, 크리스 크리스토퍼슨에 이르기까지 영화는 항상 매력적인 가수를 유혹해왔다.

물론 이러한 시도가 항상 성공한 것은 아니었다. 50년대 초에 활약했던 멜로드라마틱한 가수 자니 레이는 울부짖는 듯한 감성적 스타일로 〈크라이(Cry)〉를 불러 크게 히트쳤다. 그래서 '울부짖는 왕자(Prince of Wails)' 라는 별명이 생겼고, 영화 스타덤을 노렸으나 기대 이하였다. 그래도 할리우드에 가는 것은 프레슬리가 가야 할 다음 단계였다. 사실 그것은 그의 가장 은밀한 꿈을 이루는 일이기도 했다.

투펠로의 어린 시절, 엘비스는 동네 영화관에서 영웅들의 환상세계에 빠져들었다. 멤피스의 십 대 시절, 로 스테이트 시어터에서 허드렛일을 할 때는 극장 뒤에 서서 플래시를 옆구리에 끼고 영화장면이 흘러갈 때마다 대사를 한 줄 한 줄 립싱크하곤 했다.

그는 스카티, 빌, 밥 닐 부부와 함께 남부 투어를 하는 동안 그들이 보기엔 너무 높은 목표에 관해 끝없이 지껄여댔다. 고등학교 강당이나 퓨처 파머스 오브 아메리카 홀을 겨우 채우던 시절이었지만.

"엘비스의 야심은 큰 영화에 출연하는 거였어요."

닐의 회상이다.

엘비스와 카메라의 부인할 수 없는 관계는 이미 텔레비전 첫 출연 때 입증되었다. 그런 재능을 발굴했던 대령의 역할도 빼놓을 수 없다. 오랜 친구 에이브 래스트포겔은 파커가 에디 아널드를 관리할 때 카우보이 영화의 계약을 맡아하던 윌리엄 모리스의 에이전트였다. 1956년 무렵 래스트포겔은 엄청 잘 나가는 모리스 탤런트 에이전시의 책임자였을 뿐 아니라, 마릴린 먼로, 시내트라, 아카데미 수상자 비비안 리와 캐서린 헵번, 지적인 래나 터너 같은 고객목록을 확보한 상태였다. 엘비스에게는 좋은 동반자였다.

이 로큰롤 스타는 모리스의 사무실에서 가진 첫 미팅 때부터 관심을 끌기 시작했다. 청바지에 찢어진 티셔츠를 입고, 눈화장을 한데다 향수가 너무 진해서 그가 지나가면 비서들이 손수건으로 코를 막아야 할 정도였다.

엘비스는 '난 지금 제2의 제임스 딘이 되기 위해 오디션을 보는 거야.' 라고 생각했을 것이다. 제임스 딘은 교통사고로 6개월 전에 세상을 떠났지만, 엘비스가 너무나 존경한 반항적인 배우였다. 그 시대의 다른 젊은이들처럼 엘비스도 딘의 신들린 듯한 연기에 많은 영향을 받았다. 딘이 출연한 〈이유 없는 반항(Rebel Without a Cause)〉의 모든 대사를 기억할 정도였다. 1950년대의 또 다른 반항아 말론 브랜도의 영화에도 마찬가지로 깊이 빠졌다. 말론 브랜도는 〈와일드 원(The Wild One)〉의 성난 폭주족 장면에서 정말 포효하는 연기를 펼쳤다.

프레슬리는 할리우드에 처음 도착해서 예술적인 영화를 만들어보고 싶은 욕망과 배우로서 성공해보겠다는 그만의 희망을 숨기지 않았다.

파라마운트 픽처스와 계약한 여배우 발레리 앨런은, 자신의 드라마 코치 샬럿 클레리가 감독한 스크린 테스트 화면을 보고 있었다. 윌리엄 잉거의 희곡《더 걸스 오브 서머(The Girls of Summer)》의 한 장면이었다. 한 청년이 뉴올리언스의 어느 집 창문에 기대어 있는 여자에게 진심을 고백한다. 하지만 정작 그녀는 위층에 사는 뮤지션에게 반한 상태다. 여자는 절실한 고백을 받고 나서도 트럼펫 소리가 나는 창 밖으로 고개를 돌린다.

이제 엘비스가 등장할 차례다. 그 여자가 사랑하는 남자가 바로 엘비스다. 그가 너무나 감동적인 열정을 품고 뮤지션을 연기해내자 샬럿 클레리는 파라마운트 픽처스의 연기자 지망생들을 향해 열정적으로 말했다.

"보세요, 저게 바로 타고난 배우예요."

그 다음에 이어진 스크린 테스트에서는 히트한 연극 〈레인메이커(The

Rainmaker)〉의 한 장면으로 아버지(베테랑 캐릭터 배우 프랭크 페일런 분) 때문에 고민하는 젊은이를 연기했다. 훌륭한 프로듀서 할 월리스(Hal Wallis)가 버트 랭카스터를 매력적인 사기꾼(가뭄 때 비를 약속하는)으로, 캐서린 헵번을 그와 사랑에 빠지는 노처녀로 캐스팅해 영화를 만들려 하고 있었다. 사실 월리스가 처음에 구상할 때는 엘비스를 헵번의 의심 많은 오빠로 설정했다(이 역은 얼 홀리먼이 연기했다). 엘비스는 기자들 앞에서 흥분한 목소리로 랭카스터의 상대역이라고 발표했다. '그 소녀' 는 누가 연기하느냐는 질문에는 '캐서린 헵번' 이라고 대답하며 순진하게 덧붙였다.

"소녀라고 부를 수 있다면요."

엘비스가 할 월리스의 파라마운트 사무실 문을 쭈뼛거리며 두드린 날, 월리스보다 놀란 사람은 없었다.

"전 엘비스가 무대에서처럼 공격적이고 역동적인 성격일 줄 알았어요. 그런데 마르고 창백한데다 수줍어할 뿐 아니라 오히려 초조해했죠."

월리스는 엘비스의 스크린 테스트를 다시 검토한 결과 그래도 스타기질이 있다는 것을 알았다.

"카메라가 엘비스를 애무하고 있었죠."

그는 이 신인에 대해 칼을 찬 모험가가 등장하는 화려한 의상의 영화에 잘 어울리는 에롤 플린과 비교하며 그처럼 힘, 남성성, 성욕을 불러일으킨다고 평가했다.

당시 선도적인 인디 프로듀서였던 월리스는 이 젊은이와 7년간의 비독점 계약에 사인했다. 엘비스는 바로 첫 영화부터 10만 달러를 받을 예정이었고, 대령이 지켜보는 가운데 월리스와 악수했다. 어쨌든 월리스는 워너 브러더스의 대표출신으로 〈리틀 시저(Little Caesar)〉 〈카사블랑카〉 〈말타의 매(The Maltese Falcon)〉 같은 고전영화를 제작한 바 있는 유명인사였다. 후에 위대한 테네시 윌리엄스의 희곡인 《로즈 태투(The Rose Tattoo)》를 영화화하기도 했다. 전쟁 중에 결혼한 이탈리아 출신의 신부(안나 마냐니)와 터프한 트럭운전수(버트 랭카스터) 사이의 불가능해 보이는 관계를 그린 희곡이었다.

월리스는 엘비스에게 극적인 배역을 찾아주겠다고 약속하는 동시에 와이드 스크린과 하이파이 사운드로 히트곡 〈블루 스웨이드 슈즈〉를 '연기하는' 테스트를 받도록 했다. 엘비스는 커튼을 배경삼아 에디스 헤드가 디자인한 코트와 재킷을 입고 줄이 없는 기타를 연주하는 척하며 가사에 맞춰 립싱크를 했다. 두 번의 테이크로 진행된 이 테스트에서 엘비스는 조명을 맞추는 동안 땀으로 목욕을 하면서도 불평 한마디 없었다. 작가 앨런 와이스는 그 일을 대신할 대역도 없었다고 말하며 그 젊은 신인이 테스트를 받는 동안 얼마나 여러 번 사과했는지 회상했다.

"내가 칼같이 정확한 걸 요구하는 것도 아닌데 말이죠."

카메라 세 대로 찍은 이 테스트는 프레슬리의 리드미컬한 동작과 감정적인 포인트에 다다를 때마다 클로즈업을 하는 데 강조점을 두었다. 월리스와 파라마운트는 극적인 역할에 대해 엘비스와 얘기를 나눴을 수도 있지만, 이 테스트는 그들이 분명히 그의 음악적 재능에 더 관심이 있었음을 보여준다. 결국 젊고 전망 있는 연기자에 대한 그 모든 갈채의 이면에서 엘비스는 단지 또 하나의 상업용 도구에 지나지 않았던 것이다.

아이러니하게도 이 프로듀서는 계약 이후 적절한 매체를 찾지 못하겠다고 주장하며 프레슬리를 〈더 랫 레이스(The Rat Race)〉에 출연시키는 문제를 곰곰이 생각했다. 〈더 랫 레이스〉는 맨해튼에서 출세하려고 갖은 노력을 다하는 뮤지션을 그린 영화로 주인공은 순진하고 순수한 소년이었다. 하지만 한 스튜디오의 총제작자가 표현한 대로 "엘비스 프레슬리는 그래 보이지 않았다".(이 영화는 결국 엘비스의 십 대 때 우상인 토니 커티스를 캐스팅했다.)

제리 루이스와 딘 마틴이 17편의 영화에서 이어졌던 동반자관계를 청산하고 막 갈라섰기 때문에 윌리스는 잠시 프레슬리를 루이스의 상대역으로 고려하기도 했다. 그 와중에 브로드웨이의 한 대행사가 엘비스의 출연문제로 대령에게 접근했다. 풍자가 '앨 캡'의 만화에 기반을 둔 뮤지컬 〈릴 애브너(Li'l Abner)〉였는데, 독패치라는 가상의 커뮤니티 안에 있는 힐빌리 주민들에 관한 내용이었다. 엘비스는 아무리 노력해도 '힐빌리', 다시 말해 남부 촌놈의 이미지를 떨쳐낼 수 없었던 것이다.

마침내 윌리스는 엘비스를 20세기 폭스 작 〈더 리노 브라더스(The Reno Brothers)〉에 '대여했다.' 엘비스는 남군 가족의 막내인 클린트로 캐스팅되었다. 클린트는 전쟁에서 죽은 줄 알았던 형의 약혼녀(데브라 패젓)와 결혼한다. 그런데 형인 밴스 리노(리처드 이건)가 돌아오자 판에 박은 문제가 생기고 삼각관계에 휩싸인다.

촬영 첫날 엘비스를 태운 차가 폭스의 주차장에 도착하자 스튜디오 직원의 딸들을 포함한 팬들이 스튜디오 앞 대로에 모여들었다. 미술부에서 급조한 '프레슬리를 대통령으로' 라는 현수막을 들고 있었다. 대령은 기뻤다. 영화뉴스 제작자들, 라디오 디제이, 유명 기자들도 새 스타를 보러 내려왔는데, 그 중에는 이 기념비적인 날을 『포토플레이(Photoplay)』지에 보도한 아미 아처드도 있었다. 아처드는 이 잡지에다 열광적인 어조로 이렇게 썼다.

"타이런 파워가 새로운 거물이 된 뒤로 이 주차장에서 이렇게 많은 사람들이 흥분한 적은 없었다."

엘비스는 냉정하고 차분해 보였다. 몇 시간 전부터 그의 도착을 기다리던 팬들에게 우아한 몸짓으로 사인도 해주고, 집단으로 업무를 포기한 듯한 스튜디오 비서들과 농담도 주고받았다. 그러나 금세 손톱을 물어뜯고 계속해서 금발을 쓸어올렸다. 질문이 쏟아지면서 사라져가던 말더듬까지 다시 시작되었다.

기자들은 그의 꾸밈없는 성격에 적이 놀랐다. 인터뷰를 진행하던 여성이 담배에 불을 붙이자 그는 진심으로 걱정하는 듯 말했다.

"꼭 담배를 피워야 됩니까, 부인?"

엘비스는 그녀가 당황한 표정을 짓자 진지하게 덧붙였다.

"그거 때문에 죽을 날이 올지도 몰라요."

그는 동료배우와 스태프들에게 깊은 인상을 남기고 싶은 마음에 대본을 통째로 외우고 나타났다. 다른 배우들이 그와 함께 일하는 것에 이미 화가 났다는 것도 알지 못했다. 캐머런 미첼은 겨우 이틀이 지나 로큰롤 가수를 위한 영화에 지나지 않는다는 사실을 깨닫고 화가 나서 연기를 그만두었다. 인기 배우 리처드 이건은 '새로 온 꼬마'가 배우소개에서 자기보다 먼저 나오면 촬영장에 나타나지 않겠다고 협박했다. 메모가 이리저리 오가고 나서야 이건은 패젓과 나란히 주연으로 홍보될 수 있었다. 이 영화에서 엘비스는 맨 뒤에 나왔지만 '인트로듀싱 엘비스 프레슬리'라고 중요하게 소개되었다.

이건은 젊은 신인을 중심으로 한 영화홍보에 대해서도 불평했다. 공동 출연한 윌리엄 캠벨과 네빌 브랜드가 한잔하자고 탈의실에 들르면, 이건은 벼락스타가 된 배우에 대해 불평하곤 했다.

"뭐야! 이 영화의 스타는 바로 나란 말이야."

어느 날 저녁 이건은 결국 소리를 질렀다.

"그런데 내 홍보는 조금도 안 해준다고!"

그는 한잔한 다음 홍보담당자에 전화를 걸었다.

홍보담당자가 달려와 이건에게 말했다.

"선생님, 그 점에 대해 기분이 언짢으시면 저보다 높은 사람한테 얘기하시는 게 나을 겁니다. 계속 엘비스 프레슬리의 사진을 찍으라는 명령을 받

〈러브 미 텐더〉의 상대역인 데브라 패짓과 함께.

았거든요."

이건은 마침내 진정하고 7주간 이어진 촬영기간 동안 이 신출내기 배우와 친근한 척까지 했다. 결국 프레슬리 옆에 앉는다는 것은 자신도 카메라에 찍힌다는 의미였다.

첫 영화와 함께 할리우드에서의 첫사랑도 찾아왔다. 엘비스는 촬영 시작 전부터 폭스의 어두운 영사실에 앉아 질투하는 눈빛과 불타는 듯한 머리가 인상적인 데브라 패짓의 스크린 테스트 영상을 마치 그녀를 처음 본다는 듯 지켜보았다.

"야, 저 여자 끝내주지 않아요?"

그가 큰 소리로 말하자 대령은 고개를 끄덕였다.

"영화에서 제가 저 여자한테 키스해야 할지도 모르는 거죠?"

엘비스는 희망에 차서 물었는데 대령은 그냥 웃을 뿐이었다.

사실 엘비스가 키스신을 즐기려면 두번째 영화까지 기다려야 했지만, 카메라 밖에서는 패짓에게 쏠리는 관심을 숨기지 않았다. 패짓은 〈밀튼 벌 쇼〉를 녹화하면서 엘비스와 처음 만났는데, 그때는 엘비스 때문에 신경질이 나는 척 했다. 그는 라디오 인터뷰를 할 때면 캘리포니아의 여자친구 데비에 대해 얘기했다.

하지만 그는 생전 처음으로 여자에게 거절을 당하고 말았다. 그는 스물세 살의 여배우가 데이트할 수 없다고 말하자 놀라서 기절할 지경이었다. 패젓의 어머니 마그리트 깁슨은 할리우드에서 가장 유명한 연예인 어머니였다. 그녀는 데브라가 열네 살에 36-21-35 사이즈가 되도록 딸의 일정을 철저하게 관리한 버라이어티 쇼 퀸 출신이었다. 영화세트마다 따라다니며 보석으로 장식한 흰 캐딜락을 세워놓고 딸을 찾아 돌아다녔다.

결국 방이 26칸이나 되는 베벌리힐스의 저택에 초대받았지만 엘비스는 마음이 편하지 않았다. 엘비스는 복도에서 인어들을 그린 거대한 그림에 얌전하게 매달려 있는 모조 다이아몬드 브래지어를 장난스럽게 문질렀다.

"하나도 우습지 않구만, 젊은이."

나중에는 엘비스가 피아노를 치면서 옆에 앉은 데브라의 어깨에 기대자 마그리트가 호통을 쳤다.

"계속 연주나 해요, 젊은이. 피아노만 연주하라고."

둘은 수영을 하기로 했다. 데브라가 수영복을 갈아입으러 위층으로 뛰어올라가는 것을 보고 엘비스가 쫓아가자 마그리트가 소리쳤다.

"젊은이, 내려와! 창고에서 갈아입어."

약이 오를 대로 올라 있는데 데브라의 어머니는 데브라가 자러 갈 시간이라고까지 했다. 아직 날이 어두워지지도 않았는데.

"집에 가는 게 좋겠네, 엘비스. 데브라는 일찍 자야 돼. 내일 아주 일찌감치 약속이 있어."

사실은 데브라를 쫓아다니는 사람이 또 있었다. 영화 스튜디오와 비행기 회사를 운영할 정도로 아주 강력한 남자였다. 엘비스는 어느 날 저녁 데브라의 집 앞 차도에서 오토바이를 타고 나가다 미심쩍은 느낌으로 근처의 덤불에 숨었다. 의심했던 대로 어두운 색 세단이 나타났다. 엘비스는 번호판을 보고 메모했다가 추적했다.

엘비스가 모시는 여신을 다른 사람도 아닌 하워드 휴스가 유혹하고 있었던 것이다. 소문난 바람둥이였던 그는 쫓아다니는 여자의 어머니에게 접근하여 환심을 사는 방법을 즐겨 이용했다.

엘비스는 그와 같은 급일 수는 없었지만 결코 포기하지 않았다. 촬영이 끝나는 즉시 장거리 전화를 걸어 청혼했다. 패젓은 감정표현을 극도로 자제하며 "어머니가 허락하지 않는다."고 대답했다.

프레슬리는 데비 패젓에 대한 집착을 결코 극복하지 못했다. 결국은 쌍둥이라고 할 만큼 그녀와 닮은 어린 여자랑 결혼했다.

그렇다고 엘비스가 틴슬타운에서 괴로움에 지쳐간 건 아니었다. 할리우드 니커바커 호텔의 11층 펜트하우스 스위트를 사촌 진 스미스, 주니어 스미스와 나눠 쓰며 여자들과 실컷 어울렸다. 엘비스가 체크인한 날만 237통의 전화기록이 교환기에 남아 있다.

팬들이 할리우드 불르바드에서 아이바 애비뉴 입구까지 모여들어 로비를 막았다. 부지런한 팬들은 감히 화재탈출구를 기어올라가 창문을 두들겨서 엘비스의 관심을 끌려고 했다. 어느 날 저녁 그는 창가에서 웃고 있는 두 소녀를 끌어당겨 그들의 곡예가 얼마나 위험한지 강조하며 진심으로 말했다.

"엄마가 뭐라고 하시겠니! 너희들이 나 때문에 다쳤다면 내가 나 자신을 무슨 수로 용서해!"

그리곤 다정하게 안아준 다음 사냥개 봉제인형을 줘서 보냈다.

엘비스는 가끔 데이트 상대 없이 롱 비치의 누파이크 놀이공원을 어슬렁거리거나, 다채로운 서커스 구역에 가서 벼룩서커스를 보고 이 게임 저 게임 줄을 서다가 집에 오기도 했다. 특히 야구공으로 우윳병을 쓰러뜨리는 데 탁월한 실력을 보였다. 어느 날 밤에는 테디베어 인형을 일곱 개나 타서 자신을 알아보는 여자들에게 나눠주었다. 저녁이면 바닷물을 담아놓은 거대한 실내수영장인 플런지에 들어가기도 했다. 엘비스는 놀이기구가 있는 곳을 어슬렁거리면서 솜사탕도 먹고 밝은 조명이 들어온 페리스 휠과 우뚝 솟은 하이라이드, 거기에 탄 사람들이 돌아가는 새장 속에서 하늘을 향해 올라가는 것을 올려다보았다. 사이클론 레이서를 구경하거나 타는 것도 좋아했다. 사이클론 레이서는 태평양을 향해 발사되는 나무 롤러코스터였다.

하지만 놀이기구보다 바다가 더 멋지다고 생각했다. 바다는 그의 마음을 달래주는 순수한 도피처였다.

"저렇게 크다니, 믿을 수 없어."

그는 높아지는 파도를 바라보며 말하곤 했다. 바다를 볼 때면 부모님을 바닷가로 여행 보내드릴 계획을 하느라 생각에 잠기곤 했다.

어느 날 저녁 그와 빌 캠벨은 캠벨의 작은 선더버드에 올라타고 올림픽 불르바드부터 베니스 비치까지 달렸다.

"야, 해안이 정말 아름다워!"

엘비스는 해안을 보면서 탄성을 질렀다. 갑자기 바다 저 건너편의 허름한 식당에서 먹어보고 싶은 생각이 들었다. 캠벨에 따르면 어느 날 저녁 엘비스는 지저분한 앞치마와 모자를 쓰고 그보다 더 지저분한 철판 앞에 서 있는 요리사에게 "기름지고 맛좋은 커다란 더블버거 줘요. 기름이 많을수록 좋아요."라고 했다고 한다. 요리사는 주문대로 해주었고 엘비스는 기름이 뚝뚝 떨어지는 더블버거를 게걸스럽게 공략했다. 캠벨은 나중에 엘비스를 설득하여 좀더 고상한 햄버거 가게를 찾아갔다. 트렌디한 선셋 스트립의 스트립스였다.

"전 엘비스한테 싱싱한 고기를 갈아넣은 햄버거에 맛난 애플파이도 있다고 했죠."

캠벨이 회상했다.

"빌, 거기 가야 되는 거예요?"

엘비스가 묻자 캠벨은 그러지 않아도 된다고 하면서 베니스의 식당보다는 식중독에 걸릴 위험이 적다고 충고했다. 심지어는 그곳에 세균감염을 일으키는 프토마인 골목이라는 별명을 붙였다.

"하지만 빌, 난 그 기름진 햄버거가 좋다고요."

엘비스는 쉽게 물러서지 않았다.

"내가 특히 좋아하는 건 그 빌어먹을 요리사 녀석이 내가 누군지 모른다는 거라고요. 내가 누군지 알면 모든 게 달라질 거예요."

그는 멍청하게 씨익 웃으며 인정했다.

"나한테 햄버거를 주면서 투덜거리는 것도 좋고요."

여배우 발레리 앨런은 니커바커 스위트의 작은 주방에 앉아서, 엘비스가 으깬 바나나에 땅콩버터를 섞어서 샌드위치 만드는 모습을 지켜보곤 했다.

"생각해보면 엘비스는 뭐든 먹을 것 같았어요. 근데 꼭 자기 샌드위치는 자기가 만들더라구요."

앨런은 그렇게 말하며 웃는다.

"그리고 아주 친절하게 '마실 것' 좀 드시라고 엘비스가 말하면 그건 코카콜라나 세븐업을 말하는 거였죠. 그게 엘비스의 세상이었어요."

그녀는 엘비스와 진 스미스가 파라마운트 주차장에서 미식축구 공을 가지고 놀 때 그를 처음 보았다. 엘비스는 스크린 테스트를 찍고 있었다. 앨런은 흰 셔츠와 바지를 입은 그 훤칠한 금발 남자가 누군지 알아보지 못했다.

"엘비스는 아주 잘생겼죠. 정말 스크린이나 사진보다 실물이 백배 천배 더 나았어요. 그는 아무 장소에서도 눈에 띄는 남자였어요."

그녀는 프레슬리와 심각한 연애를 하지는 않았지만("저는 그때 다른 사람과 사귀고 있었어요") 심각한 스킨십에 빠져든 건 사실이었다. "엘비스는 여자를 좋아했어요. 놀라운 자질도 있었죠. 너무나 남성적인데도 감수성을 보여주는 걸 두려워하지 않았어요."

밤이면 스타덤의 압박감이 더 심해졌다. 진 스미스는 엘비스의 건너편 침대에서 자다가 사촌이 벌떡 일어나는 바람에 덩달아 깨곤 했다. 엘비스가 또 악몽을 꾸었던 것이다.

한번은 꿈에 세 명의 자객이 나타났다. 그 중 하나가 공격하려 하자 "조심해!"라고 경고하며 그를 향해 킥을 날렸는데, 그 순간에 실제로 침대를 차기도 했다. 그러다 다음날 아침이면 최신 악몽 드라마였다는 것을 깨닫고 웃어버리는 식이었다. 하지만 그의 불안감은 아웃사이더처럼 느껴지는 할리우드에서 점점 더 심해져갔다. 대령은 오히려 그런 면을 자랑했다. 명예와 돈에도 불구하고 엘비스는 아직 '변하려 들지 않는' 시골청년이라고. 대령의 얘기를 들어보자.

"엘비스를 근사한 레스토랑이나 나이트클럽에 들여보낼 순 없어요. 어울리지 않거든요. 내 생각엔 앞으로도 그럴 것 같아요."

엘비스가 순진한 시골청년으로 남는 한 대령은 자신의 젊은 뮤지션을 맘대로 통제할 수 있다는 것을 알았다. 그런데 엘비스가 할리우드의 군중들과 슬슬 몰려다니기 시작하자 당연히 초조해했다. 그의 음악인생에서 그런 시기는 그때뿐이었다.

금발에 호리호리하고 욕심 많은 젊은 배우라는 평판이 난 닉 애덤스는

1956년 나탈리 우드와의 데이트.

1968년 처방약을 과다 복용해서 그만 세상을 떠난 배우였는데, 뛰어난 언변으로 〈미스터 로버츠(Mister Roberts)〉 〈피크닉(Picnic)〉 〈이유 없는 반항(Rebel Without a Cause)〉 등의 영화에서 단역을 맡았다. 그냥 형식적인 출연은 아니었다. 그의 연기는 날카롭고 격렬해서 아카데미상 후보에 오르기도 했다〔1963년 법정 드라마 〈트와일라이트 오브 아너(Twilight of Honor)〉에서 리처드 챔벌레인의 상대역이었다〕. 남북전쟁 시대를 재현한 세트에서 찍은 1960년대 초의 인기 드라마 〈리빌(The Rebel)〉에서는 주연을 맡았다.

애덤스는 엘비스를 처음 만났을 때도 평소처럼 언변을 늘어놓았다. 프레슬리 영화에 출연하고 싶었던 것이다.

"이봐, 캐머런 미첼은 그 영화 못해. 그러니까 그 사람 역에 다른 사람이 필요한 거 맞잖아?"

그는 세트에서 자기 소개를 한 다음 단도직입적으로 말했다.

애덤스의 당돌함과 〈이유 없는 반항〉에 출연했다는 사실에 인상을 받은 엘비스는 마음 좋게 그 배우를 위해 대사를 집어넣었지만, 로버트 웹 감독은 더 나이 든 사람을 캐스팅하고 싶어했다.

어쨌든 애덤스와 프레슬리는 친구가 되었고, 젊은 나탈리 우드와 성난 배우 데니스 호퍼, 러스 탬블린이 속한 할리우드의 멋진 에이전시를 소개받았다. 호퍼는 당시 〈이유 없는 반항〉 〈자이언트〉 같은 영화에서 제임스 딘의 상대 조연으로 알려졌다. 탬블린은 아역배우로 멋진 춤동작〔〈7인의 신부(Seven Brides for Seven Brothers)〉〕과 확실한 깡패연기를 선보였다.

엘비스는 그 그룹에 들어간 것만 해도 영광이었다.

나탈리 우드는 엘비스 프레슬리가 애초의 이미지와 다르다는 데 흥미를 느꼈다. '절대 바람둥이가 아니었다.' 는 것이다. 우드는 열여덟 살이었지만 카메라 앞에서는 성숙해 보였다. 1947년의 고전 〈34번가의 기적(Miracle on 34th Street)〉에서는 산타를 믿지 않으려는 어린 소녀였지만, 엘비스를 만났을 때는 〈이유 없는 반항〉에서 제임스 딘과 엮이는 모순된 십대와 같은 좀더 성숙한 역으로 이미지를 바꾸고 있었다. 그녀는 갈색 눈동자를 반짝이는 아름다운 반항아이기도 했다. 실제로 줄담배를 피우고 나이보다 훨씬 성숙한 파티를 즐기는 십 대였다. 그녀와 프레슬리는 서로 달라서 끌리는 연구대상이었다.

"왜 그런 걸 피우고 싶은 거야?"

그는 그녀가 과시하듯 피워대는 담배에 대해 물었다. 또한 파티에서 그녀가 술을 마시면 큰 소리로 주문했다.

"코카콜라 주세요."

엘비스는 그녀가 아파트에서 혼자 사는 것도 이해할 수 없었다. 다른 여자애들처럼 부모와 함께 살 수는 없을까?

그래도 그는 매혹되었다. 그녀는 도전적이고 재능이 있었으며, 이미 오스카상 후보(〈이유 없는 반항〉)로서 주목을 받은 터였다. 그런데 엘비스와 함께 있으면 '고등학교 때는 전혀 해보지 못한 데이트를 하는' 기분이 들었다. 특히 그의 신앙심에 끌렸다. 유태인인 나탈리 우드는 신과 성경에 대해 엘비스처럼 심각한 사람을 본 적이 없었다. 그토록 섹시해 보이는 남자가 어떻게 그렇게 진심으로 경건할 수 있을까?

"엘비스는 그 재능, 그 재주를 신에게 받았다고 생각했어요. 당연한 걸로 받아들이지 않았죠. 잘 지켜야 한다고 생각했어요."

그녀는 엘비스가 다른 사람들에게 친절하려고 노력하는 걸 보고 벼락을 맞은 것처럼 놀랐다. 그는 친절하지 않으면 신이 그에게 준 모든 것을 다시 빼앗아간다고 믿었다.

둘은 베벌리힐스 호텔 테라스 룸에서 저녁을 먹고, 〈버스정류장(Bus Stop)〉〈왕과 나(The King and I)〉 같은 히트 영화를 본 다음 밤이 깊어지면 할리우드 힐스를 폭주했다. 청바지와 스웨터를 입고 짙은 색 머리에 스카프를 두른 우드는 엘비스가 할리 데이비슨을 타고 어두운 길을 굽이굽이 안내하는 동안 그의 허리에 찰싹 달라붙었다.

엘비스의 초대로 나탈리와 닉 애덤스가 멤피스에 오자 버넌과 글래디스는 반갑게 맞이했다. 그들 역시 엘비스의 자상함에 놀라는 눈치였다. 닉 애덤스가 스케줄을 이끌었다. 그 중에는 듀이 필립스의 라디오 출연도 있었는데 그건 엘비스의 아이디어였다. 그는 집에 올 때마다 쉬스카 호텔에 들러 듀이와 청취자들에게 근황을 전하려고 했다.

언제나 그렇듯 엘비스는 집에 갔다가 집이 팬들로 둘러싸인 것을 보았다. 나탈리는 엘비스가 마치 금붕어 어항 같은 곳에서 얼마나 편하게 사는지 보고는 충격을 받았다.

"밤이고 낮이고 사람들이 집 밖에 떼를 지어 몰려 있었죠. 핫도그랑 아이스크림을 파는 노점상까지 생길 정도였어요. 동네에 서커스가 온 것 같았죠."

그녀가 오드본의 집에 도착한 첫날 밤 엘비스는 차창을 내리고 팬들에게 제발 도로로 나가달라고 부탁했다.

"잠시만요. 다시 돌아올게요."

우드는 농담이라고 생각했다. 그러나 엘비스는 가방을 안에 들여놓고 부모님께 인사한 다음 나탈리와 닉을 에스코트하여 다시 밖으로 나갔다. 그리곤 잔디에 서서 한 시간 넘게 팬들과 얘기를 나눴다.

"엘비스, 사인 좀 해줄래요?"

한 소녀가 외쳤다.

"나탈리, 엘비스랑 결혼할 계획이에요? 아니면 닉이랑?"

다른 팬이 고함쳤다.

글래디스는 아들이 돌아온 것이 기뻐서 엘비스가 좋아하는 환영음식을 정성껏 준비했다. 시골햄, 검은콩, 크림 넣은 감자, 곱게 간 옥수수, 옥수수빵, 뜨거운 비스킷빵, 기름에 튀긴 옥수수, 오크라 등이었다.

"다들 전부 먹어치워요."

그녀는 함박 웃으며 말했다.

우드는 예의상 조금씩 먹었지만 애덤스는 괜히 옥수수빵과 오크라를 의심스럽게 쳐다보며 물었다.

"이게 뭐예요?"

프레슬리 가족은 웃음을 터뜨렸다.

엘비스, 닉, 나탈리가 오토바이를 타러 나가자 즉시 '자동차 행렬' 이 이어졌다. 우드가 싫지 않은 듯 말했다.

"이 줄은 족히 한 블록 길이는 될 거야. 마치 내가 로즈 퍼레이드의 선두에 있는 기분인데."

며칠 후 그녀는 집에 돌아갔지만 테네시의 모험에 대해 공식적인 언급을 거부했다. 사실은 몇 년 동안 엘비스에 대해 말하지 않으려고 했다. 두 유명인 사이에 어떤 일이 있었는지는 지금까지도 엇갈린 추측만이 존재한다. 래나 우드는 톱스타 언니에 관한 책에서 나탈리가 프레슬리네 집에 묵을 때 화가 난 듯이 전화를 걸었다고 말했다.

"글래디스가 완전 망쳐버렸어. 가망이 없다구. 여기서 빨리 내보내줘."

나탈리는 로스앤젤레스로 돌아온 후에야 래나에게 모든 걸 털어놓았다.

"하느님 맙소사, 완전 엉망이었어. 엘비스는 노래만 부를 줄 알지 다른 건 할 줄 아는 게 없어."

그러나 엘비스는 멤피스의 친구들 앞에서 우드와 잤다고 자랑했다. 슬픈 장면을 촬영하는 바로 전날 밤이었다면서 과장된 표정으로 말했다는 것이다.

"알잖아, 내가 슬픈 연기 힘들어 하는 거. 그런데 전날 밤에 나탈리 우드랑 침대에 있었으니 어떻게 불행한 감정을 잡겠냐?"

반면 듀이 필립스는 프레슬리와 우드의 만남에 관한 다른 이야기를 들었다고 했다. 듀이와 샘 필립스는 놀라 입이 벌어진 엘비스 앞에서 여자랑 자는 얘기 하는 것을 은근히 즐겼던 때가 있었다. 그런데 엘비스가 나탈리하고 데이트한 다음에 듀이에게 이렇게 고백했다는 것이다.

"아저씨들이 여자랑 자는 얘기로 날 토할 것같이 만들었던 거 기억나요? 며칠 전 밤에 저도 좀 했거든요. 그런데 문제가 생겼다고요. 너무 좋아서 큰일났어요."

엘비스는 〈리노 브러더스〉를 만드는 동안 프로듀서 데이비드 와이즈바트에게 제임스 딘을 연기하고 싶다는 희망을 애기했다.

"전 아주 쉽게 해낼 수 있을 것 같아요. 다른 어떤 것보다도 그 역을 해보고 싶어요."

〈이유 없는 반항〉을 제작했던 와이즈바트는 정중하게 들었다. 딘의 전기영화를 구상하던 참이었다.

엘비스는 촬영 사이사이에 머그잔을 들고 앉아서 와이즈바트가 자신의 두 배우를 기자단에게 비교하며 설명하는 것을 듣곤 했다. 와이즈바트에게 엘비스는 '안전밸브'였다. 그는 십 대들이 소리치고 비명을 지르며 떠들어댈 수 있는 대상이었다. 하지만 딘은 달랐다. 그에게는 십 대들도 감정을 억눌렀다.

와이즈바트는 직업적인 습관의 차이점도 인용했다. 엘비스는 항상 시간에 맞춰 왔고 협조적이었다. 그러나 딘과 일할 때는 전혀 딴판이었다.

"그런 시절도 있었죠. 울퉁불퉁한 유리파편 위를 걷는 것 같았어요."

차이점은 또 있었다. 딘은 연기코치의 지도를 받으며 무대에서 훈련받은 연기자였다. 하지만 엘비스도 그런 훈련을 받아야 한다고 제안하는 사람은 아무도 없었다. 더욱이 딘은 영화 속에서 자기 목소리를 냈다. 반면 엘비스는 들은 대로만 연기했다.

〈리노 브러더스〉는 엘비스의 노래를 부각시키기 위해 급하게 재편집되었고, 그도 대놓고 화를 내지는 않았다. 사실 그는 발라드 〈러브 미 텐더〉가 좋았고, 영화의 제목도 그것으로 정해졌다. 그는 전화를 걸어 여자친구 준 후아니코에게 그 노래를 들려주기도 했다. 그런데 세 곡이 급하게 추가되자 다시 전화를 걸어 '강력히' 거부한다는 푸념을 늘어놓았다.

"빌어먹을! 쓰레기를 집어넣었어. 그따위 바보 같은 노래를!"

엘비스는 스카티 무어, 빌 블랙과 그 음악을 연주하지 못하자 더욱 화가 났다. 스튜디오는 그럴싸했지만 실력이 좀 부족한 켄 다비 트리오를 합류시켰던 것이다.

폭스의 전문가들은 그 영화의 결말도 바꾸기로 결정했다. 프레슬리가 영화 속에서 죽는 충격을 줄이는 결말이었다. 프레슬리는 뉴욕 스튜디오에 가서 8시간 분량을 다시 찍었다. 영화는 그의 유령 같은 이미지가 마지막 장면 내내 겹치는 것으로 끝났다. 그의 신들린 주제가 연주처럼.

〈러브 미 텐더〉가 개봉했을 때 팬들은 그들의 우상이 열광하는 남군 노병들 앞에서 로큰롤을 부르는 것에 대해 상관하지 않는 듯했다. 폭스는 3일 만에 박스 오피스에서 10억 원의 예산을 회수했다.

이 영화가 뉴욕 파라마운트 극장에서 개봉한 것은 엘비스의 라이브 콘서트만큼이나 사건이었다. 극장 문이 열리기도 전에 입구의 천막에 고정된 엘비스의 12미터짜리 사진이 공개되었는데, 그 이미지의 거대한 팔목에 '세계에서 가장 큰 팔찌'를 끼워놓았다.

선착순으로 2000명의 관람객들이 엘비스의 '선물'을 받았다. 물론 대령의 아이디어였다. 30분도 지나지 않아 운 좋은 팬들은 엘비스 스카프, 모자, 버튼, 팔찌를 한아름 받았다. 그의 팬들이 무리를 지어 전리품을 얻는 동안, 뉴욕교육위원회의 무단결석 담당관들이 왔다갔다하며 로비를 수색했다. 어쨌든 등교일이었던 것이다.

놀랄 일도 아니지만 영화비평가들은 가만히 누워서 기다리지 않았다. 『타임』은 고약한 공격을 시작했다.

"소시지인가? 분명히 매끈하고 촉촉해 보이는데. 180센티미터 길이에 77킬로그램짜리 소시지에 대해 들어본 사람이 있는가? 월트 디즈니의 금붕어인가? 월트 디즈니에게는 크고 부드럽고 아름다운 눈에 길게 웨이브진 눈썹을 지닌 비슷한 종류의 금붕어가 있다. 하지만 구레나룻을 기른 금붕어에 대해 들어본 사람이 있는가? 시체인가? 얼굴이 제자리에 걸려 있긴 하나 간이의자 같은 작은 입하며 전체적으로 하얀 것이 허약해 보인다. 오히려 밀랍박물관의 바이런 경 같다."

『뉴 리퍼블릭(New Republic)』의 재닛 윈은 엘비스가 〈카라마조프 가의 형제들(The Brothers Karamazov)〉에 출연하는 게 어떻겠냐고 했다. 마릴린 먼로가 그 영화에 나가고 싶다고 했다는 점을 상기시키면서 엘비스가 출연하면 무식한 먼로와 딱 어울릴 것이라고 경멸조로 비꼬았다.

『뉴욕타임스』의 보즐리 크로더는 엘비스의 B급 영화에 대한 열정을 칭찬하면서, 그가 "마치 〈바람과 함께 사라지다〉인 듯 연기했다."고 전했다. 『뉴욕 헤럴드 트리뷴(New York Herald-Tribune)』의 리뷰에서는 극장을 쩌렁쩌렁 울리는 비명소리 때문에 대사를 들을 수 없었다며 대사에 대해서는 논평을 하지 못했다.

엘비스는 당황하고 창피했다. 훗날 체면을 살려보려는 듯 영화데뷔에 대해 말했다.

"아주 끔찍했죠. 완성되었을 때 그 영화가 엉망이라는 걸 알았어요. 스스로도 최하점을 주고 싶어요."

하지만 그는 끈질겼다. 1957년 1월 로스앤젤레스에 돌아가 두번째 영화 작업을 시작했던 것이다. 이번에 맡은 배역은 점차 높아지는 스타덤 때문에 고생하는 젊은 연주자였다. 역시 노래도 부를 예정이었다. 하지만 거기에 안주하지는 않았다. 3월에 다시 순회공연을 시작했다. 할리우드와는 달리 그 공연은 스스로 통제할 수 있었다. 영화비평가들에게는 폭격을 당했을지 모르지만, 그는 공연에서 관중을 압도하는 방법을 알고 있었다.

디트로이트에서는 각각 만 4000명 이상의 팬이 2회에 걸친 올림피아 스타디움의 프레슬리 쇼에 입장했다. 『프리 프레스(Free Press)』지는 그가 디트로이트 에디슨 컴퍼니의 송전기를 다 합친 것보다 더 많은 전기를 발산했다고 전했다. 놀랄 일도 아니었다. 엘비스는 금실을 박은 2500달러짜리 정장에 금줄 넥타이를 매고 금속이 박힌 레이스로 장식한 금색 구두를 신고 당당히 등장했다. 기타에도 금빛으로 이름이 새겨져 있었다.

140명의 시 경찰관이 추가로 투입되었고, 경찰특공대 12명에다 여경도 10명이나 동원되었다. 그러나 두번째 쇼가 끝나고 몰려든 군중들을 진압하지는 못했다. 엘비스는 수천 명의 팬들이 그를 향해 달려들자 새 기타를 낚아채며 고함쳤다.

"여기서 빨리 나가자. 우릴 쫓아오고 있다고!"

뮤지션들과 코러스 싱어들은 달리기 시작했다.

"누군가 수백만 마리의 벌떼를 풀어놓은 것 같았어요. 통로, 의자, 그리고 무대 할 것 없이 떼를 지어 날아다니는 것 같았죠."

고든 스토커는 아직도 그 광경이 생생한 듯 회상한다.

엘비스가 길을 내자 연주자들은 계단을 달려내려가 경찰의 호위 속에서 기다리던 차에 뛰어들어갔다. 스토커의 말에 따르면, 일단 차안에 들어가자 모두들 "엘비스를 재난에서 구했다."고 자축했다. 프레슬리는 기분이 나쁘지 않았다.

"이봐, 우린 아까 운이 좋았던 거야. 그런 상황에서는 코트나 셔츠를 잃어버리기 십상이라구."

며칠 후 엘비스는 금색 바지를 벗고 검은색 바지를 입었다. 리버라체의 의상에서 영감을 얻은 번쩍이는 코트를 더 강조하기 위해서였다. 모조 다이아몬드가 박힌 카우보이 의상으로 유명한 할리우드의 '누디즈' 양복점이 대령의 요청대로 엘비스의 정장을 마련했다.

엘비스가 토론토의 메이플 리프 가든 무대에 오르자 만 5000개의 플래시 등을 켜놓은 듯 보였다. 그 재킷이 어찌나 휘황한지 우주에서도 보였을 것이다. 이번에는 가슴을 풀어헤친 검은색 셔츠를 받쳐입고 금빛 스팽글이 달린 구두를 신었다. 그런 차림으로 양쪽 발끝에 힘을 실어 간신히 균형을 잡고 무릎을 굽힌 채 중력에 도전하는 자세를 취했다.

캐나다 투어의 일환으로 오타와에 갔을 때는 그곳의 석간신문 기자가 엘비스가 열차에서 내리자마자 잽싸게 사라지는 것을 포착했다.

"메이크업 자국과 마스카라 자국도 그리스 사람 같은 코 주위의 지친 라인을 감추지 못했다."

이런 냉소는 그가 일으킨 분노를 반영했다. 오타와에서도 노트르담수도회 학생들은 엘비스 프레슬리 쇼에 가지 말라는 지도를 받았다. 여자애들은 "엘비스 프레슬리가 제공하는 리셉션에 참가하지 않고, 1957년 4월 3일 수요일 강당에서 그가 제시하는 프로그램에 참여하지 않겠다."고 약속하는 맹세를 칠판에 적어야 했다. 그럼에도 불구하고 8명이나 퇴학을 당했지만.

세인트루이스에서는 여고생들이 엘비스의 입상을 불태우는 한편, 다른 십 대들이 저지른 지나친 행동에 대해 공적으로 그 죄를 보상하는 의미에서 기도문을 암송했다.

로스앤젤레스 사건은 청소년 범죄와 관련된 것이었다. 헤드라인을 장식한 판사의 진술을 들어보자.

"사건에 연루된 소년들이 모두 엘비스 프레슬리의 헤어스타일을 했다는 것이 이상합니다."

그는 결론적으로 덧붙였다.

"엘비스 프레슬리가 태어나지 않았더라면 좋았을 겁니다."

이란 정부도 마찬가지였다. "엘비스가 싫어요."라는 캠페인도 시작하고 로큰롤을 '문명의 위협'이라고 해 금지시켰다. 〈라디오 테헤란(Radio Teheran)〉은 결국 프레슬리의 음반을 더 이상 틀지 않았다. 이란 소년들은 순순히 받아들인 반면 여자들은 '엘비스가 좋아요.'라는 버튼을 달아 무슬림 전통에 도전했다. 여자들에게 고상하지 못한 행동을 금지하는 전통에 대한 도전이었다.

결국 그와 그의 음악은 적어도 자유를 의미했다.

체코슬로바키아의 한 독자는 『하퍼스』지에 이런 편지를 보냈다.

"로큰롤에 관해 들어봤어요. 새로운 스타일의 재즈인가요? 아니면 팝음악 계열인가요? 들을 수 있다면 기쁘겠어요. 엘비스 프레슬리는 어떻게 노래하죠? 캐나다 신문 『리버티(Liberty)』의 1956년 1월호를 빌렸는데 그 안에 노래하고 기타를 연주하는 엘비스 프레슬리의 사진이 있었어요. 그는 황홀경에 빠진 듯 보였어요. 제발 많은 정보를 알려주세요."

그러나 프레슬리의 황홀한 공연은 얼마 남아 있지 않았다. 1955년부터 시작된 순회공연은 끝을 향해 치닫고 있었다.

RCA VICT
A "New Orthophonic"
ELVIS
PRESLE
254

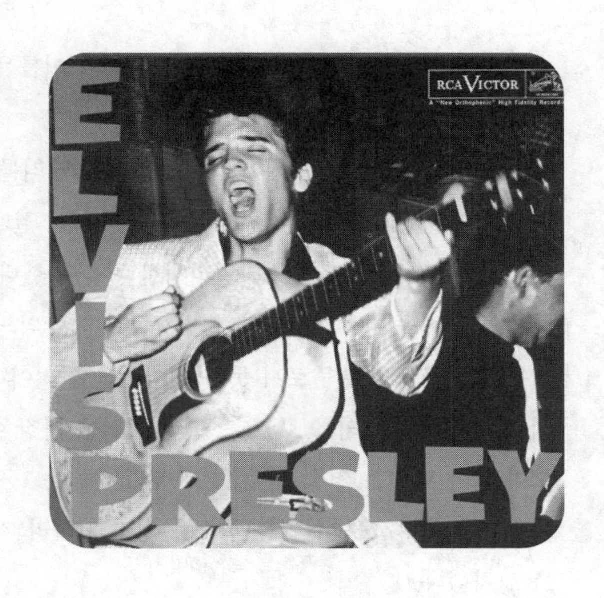

9 냉정과 광기
-The Cool and the Crazy

1957년 봄 엘비스는 부모님과 함께 오드본을 떠나야 할 때라고 결정했다. 이웃들이 프레슬리 가족 때문에 일어나는 소음과 팬들의 법석에 적대적인 반응을 보였던 것이다. 글래디스의 말을 들어보면 그들이 원한 것은 프라이버시와 여유였다. 엘비스는 들판이 펼쳐져 있고 아름드리 떡갈나무가 있는 도시 외곽의 화이트헤이븐을 둘러보고 대지가 5만 제곱미터(약 1만 5000평)나 되는 방 18칸짜리 집을 샀다. 사우스 벨뷔 불르바드 3764번지의 식민지 시대 조지아주 스타일로 1930년대에 지었으며, 저택의 이름은 원래 소유주의 어머니 이름을 딴 그레이스(Grace)였다.

엘비스 프레슬리는 그레이스랜드에 10만 달러를 지불했지만, 상아로 만든 베이지색 벽, 바로크식 천장 같은 귀족적인 실내장식이 취향에 맞지 않았다. 그는 색깔이 있고 스타일리시한 것을 원했다. 거액을 들여 리노베이션을 시작했을 때 그의 어머니는 거실과 식당의 벽을 보라색으로 칠하고 테두리를 금색으로 두르지 못하게 아들을 말려야 했다. 결국 그들은 파란색 모자이크로 합의를 보았다. 그의 침실은 가장 어두운 파란색으로 꾸몄으며 한쪽 벽면은 거울로 덮었다. 특히 침대는 2.4미터짜리 정사각형으로 특별 제작했다. 오락실에는 업소용 의자와 콜라 자판기를 갖춘 소다수 바를 설치했다.

현관홀은 할리우드의 그로먼즈 차이니즈 시어터에서 본 대로 천장에 구름을 그려놓는 등 하늘처럼 꾸미고 작은 전구를 달아 불빛이 구름 사이에서 반짝거리게 했다. 엘비스는 수천 개의 별이 빛나는 자기 하늘을 가졌다며 흥분했다. 대지 주변에는 음표 모양의 문이 있는 화강암 벽을 세웠다. 그 밖에 수영장과 정원도 개조했다.

엘비스가 장식에 재능을 나타내고 있을 때 글래디스는 투펠로 변두리의 감각을 되살렸다. 버넌은 우리를 지어 돼지 한 쌍을 길렀고 겨울이면 베이컨, 햄, 소시지를 만들기 위해 잡았다. 훈제는 오래된 물방앗간을 이용했다. 글래디스는 닭장도 만들었다.

그 집에 이사한 후로 프레슬리 가족의 인생에 극적인 변화가 생겨났다. 멤피스의 거물들은 그레이스랜드를 '로큰롤이 지은 성'이라고 불렀고 덜 우호적인 사람들은 힐빌리의 궁전이라고 불렀다. 어쨌든 엘비스에게는 성공의 정점에 이르렀다는 증표였다.

버넌에게는 다시는 일하지 않고도 여생을 최고로 안락하게 보낼 수 있다는 의미였다.

또한 엘비스의 동지들에게는 손가락을 딱! 치기만 하면 푸짐한 음식이 나타나고 아름다운 여자들이 떼지어 몰려다니는 꿈의 궁전이었다.

실제로 침실 하나를 빌려 이사 들어온 클리프 글리브스는 할리우드에서 엘비스와 돌아온 날 밤에 개조한 집을 처음 보았다. 두 남자가 코린트식 기둥 사이를 걷고 있을 때 현관문이 열렸고, 글래디스가 환하게 웃으며 서 있었다.

"집에 온 걸 환영한다, 아들아!"

하지만 글래디스는 이 집이 엘비스가 고용한 하인들만 오가는 공동묘지처럼 느껴졌다.

"여기선 나한테 아무것도 못 하게 해."

릴리언에게 그렇게 털어놓았다. 얼마 후에 글래디스는 투펠로를 찾아가서 애니 프레슬리와 현관에 앉아 이렇게 한탄한다.

"다시 옆집에 살 수만 있다면 가진 걸 다 줄 텐데. 닭도 기르고 요리도 할 수 있는 데서 살고 싶어."

애니 프레슬리는 "글래디스가 그런 삶에 익숙하지 않았다."고 말했다.

엘비스가 집을 비우는 날이 잦았기 때문에 그녀의 삶은 점점 더 외로워졌다. 글래디스는 절대 말하지 않았지만 집, 차, 기사, 하인들 모두 아들의 죄책감 해소용이라고 믿었다. 그레이스랜드의 리노베이션을 끝냈을 때도 가구와 도자기 등 장식품이 가득 찬 방을 가리키며 물었다.

"도대체 이걸 다 어디에 쓸 거니?"

엘비스 역시 어머니의 절망을 모를 리 없었다. 그 모든 것이 어머니에게 미안한 마음을 보상하려고 쏟아부은 노획물이라는 죄의식을 깨닫고 있었다.

"그레이스랜드로 이사한 다음부터 글래디스는 진짜로 절망하기 시작했어요."

릴리언이 회상했다.

"그 작은 집에서 서로 부둥켜안고 살던 시절로 돌아가고 싶어했죠."

엘비스를 연구한 심리학자 피터 휘트머 박사는 이를 좀더 논리적으로 설명한다.

"그레이스랜드는 가혹한 문화충격이었다. 글래디스에게 그레이스랜드의 삶은 그녀 자신의 존재감을 무너뜨리고, 삶에 의미와 즐거움을 부여하던 사소한 것들을 하나씩 지워갔다."

특히 주방의 지휘권을 낯선 사람들에게 넘겨준 것이 결정타였다.

"당시에는 식탁을 직접 차리는 것이 가장 강한 애정표현이었어요. 엘비스가 갓 태어났을 때부터 그래왔고요."

애니 프레슬리가 회상했다.

"가장 가난하던 시절에도 그들을 한데 묶어준 것이었죠. 글래디스는 무슨 일이 있어도 식탁을 차렸어요. 부업을 하고 투펠로 고기시장에서 물물교환을 하는 한이 있더라도요."

엘비스는 그레이스랜드가 어머니의 구미에 맞도록 하기 위한 상징적인 조처들을 취했다. 어머니를 위해 뒤채를 지어서 친할머니인 미니 매이를 제대로 모시기도 했다. 클레티스의 표현에 의하면 '크고 사악한 도시' 인 이곳에서 엘비스의 재력은 이모인 클레티스와 릴리언도 견실한 중산층의 삶을 살 수 있도록 했다. 그리고 어머니가 그레이스랜드의 뒤뜰을 마음껏 활용하도록 해주었다. 투펠로에서 텃밭을 소중하게 가꾸던 것처럼. 어머니가 동물도 기르고 싶어하자 의무감에 닭과 오리, 공작 등을 사러 갔는데 그게 아주 가관이었다. 멤피스의 판매상에 주문하는 대신 54년형 캐딜락 리무진에 라마 파이크와 버넌을 싣고 멤피스 교외의 저먼타운까지 가서 농부와 홍정을 했던 것이다. 어쨌든 그들은 그레이스랜드의 여주인이 지

그레이스랜드 앞에서 늠름한 포즈를 취한 엘비스.

정한 대로 오리 여덟 마리, 닭 스무 마리, 공작 한 쌍, 다 자란 칠면조 한 마리를 샀다.

농부는 차 뒷좌석에 동물들을 실으며 말했다.

"배달시키는 게 나을 텐데."

사실이었다. 깃털 달린 동물들은 차에 오르자마자 싸우기 시작했다. 가슴을 부풀리고 날개를 푸드덕거리면서 부리를 휘두르자 차안이 깃털로 가득했다. 그 와중에 공작까지 비명을 질러댔다.

"빌어먹을, 앞이 안 보여."

엘비스는 깃털이 눈보라처럼 소용돌이치는 앞자리에서 웃으며 말했다.

"라마, 뒷자리에 타서 칠면조를 잡아. 오리와 닭을 떼어놓고, 제발 가만히 좀 있게 해."

라마는 140킬로그램에 이르는 육중한 몸을 움직여 뒷자리에 올라탔다. 버넌은 신문으로 부채질을 하여 재채기를 하는 라마 쪽으로 깃털을 날려 보내려고 했다.

"이거, 새들이 나한테 똥을 싸네. 차 좀 빨리 몰아봐요."

라마가 애원했다.

"똥 때문에 깃털이 나한테만 붙어요."

엘비스는 거울로 쳐다보다 배꼽이 빠져라 웃어댔다. 아버지는 엘비스가 차선을 바꿀라 치면 "얘야, 그러지 마라. 네가 차를 움직일 때마다 쟤들이 똥을 더 싸잖니." 하고 투덜거렸다.

마침내 그레이스랜드에 도착해서 차를 세우자 글래디스가 느릿느릿 걸어나왔다. 그녀는 엘비스 일행이 새로 산 '컬렉션' 을 마당에 풀어놓자 몇 주 만에 처음으로 활짝 웃었다.

캐딜락은 청소하고 소독했지만 다시 타지는 않았다. 버넌에게는 차를 바꿀 때가 되었다고 말했다. 곧이어 뒤뜰의 동물가족에 돼지 두 마리, 당나귀 네 마리가 합류할 예정이라 그날 오후 우리를 설치했다. 엘비스는 뒷정리를 하고 나가서 친구들이랑 롤러 스케이트장과 영화관을 돌아다니다 이틀이 지난 후 새벽녘에야 이 '명성의 땅'에 돌아왔다.

"엘비스가 일할수록 유명세는 더해졌고, 글래디스는 점점 더 걱정이 늘었죠."

파이크가 회상했다.

"글래디스의 인생은 자꾸 틀어지기 시작했어요. 다가오는 팬들이나 사람들의 공격을 감당할 수 없는 단순한 여자였거든요."

한번은 집 앞으로 팬들이 엄청나게 몰려들자 바깥을 쳐다보며 말했다.

"라마, 너도 알 거야. 난 저 사람들이 엘비스를 해칠까봐 두려워. 내가 두려운 건 엘비스가 혼자라는 거야."

로더데일 코트에서 그랬던 것처럼 주먹을 휘두르는 버넌과 단둘이 남는 것도 두려웠다. 이제는 그를 막을 수도 없었다. 릴리언은 '다른 사람들이 옆에 있어도 부끄러워하지 않고' 벨트로 때렸다고 전했다.

아들의 공연이 계속되자 글래디스는 버림받았다는 두려움을 견디기 위해 점점 더 알코올과 약물에 의존했다. 알코올로 인한 몸의 부기를 벤저드린이 막아줄 거라고 믿었던 것이다. 이젠 아예 보드카를 타서 맥주를 더 독하게 만들기 시작했다. 다른 여자들을 만나고 다니는 게 미안하니까 버넌이 사다준 것이었다.

엘비스는 갑자기 그레이스랜드에 나타났다 사라지곤 했지만, 어머니의 생명을 위협하는 그 중독의 징후들을 못 본 척했다. 엘비스가 집에 돌아왔을 때 비틀거리며 웃음을 터뜨린 채 맞이한다든지, 취중에 노래를 부르고 눈시울을 적시며 20년 넘게 모아온 가족앨범을 뒤지는 우울한 모습 등 모든 것을 마음속으로부터 부정했다.

"엘비스는 단지 바라볼 수가 없었던 거예요."

릴리언은 조카를 두둔한다.

"더 유명해지고 더 부자가 될 필요도 없잖니?"

어느 날 저녁 글래디스가 선언했다.

"여기서 우리랑 보낼 시간도 많잖아. 넌 그게 싫은 거지?"

엘비스는 모호하게 대답했다.

"엄마가 일을 몰라서 그래요."

마침내 그는 신문 인터뷰를 통해 글래디스와 버넌에게서 자유를 선언했다. 밴쿠버의 한 기자가 물었다.

"글쎄요, 엘비스, 계속 순회공연을 다니는 게 괜찮나요? 중요한 건 부모님이 어떻게 생각하느냐는 거죠. 항상 여행을 다녀야 하는 것을 부모님이 언짢아하지 않느냐는 거예요. 아들을 보고 싶어하지 않나요?"

"글쎄요, 이건 제 인생이죠. 부모님도 별 말씀 안 하시고요."

"달리 말해 부모님이 인정해야 한다는 건가요?"

"네."

엘비스는 비공식적으로 할리우드에 두번째 집을 구했고, 1957년에는 연속으로 영화를 두 편이나 찍었다. 연초에는 〈러빙 유(Loving You)〉를 찍기 시작했는데, 파라마운트와 할 월리스는 '엘비스 프레슬리의 불 같은 성격을 강조한 최초의 대형 현대 뮤지컬'이라고 홍보했다. 할 캔터 감독은 멤피스와 슈레브포트로 프레슬리를 쫓아다니는 데 몇 주를 투자해야 했다. 엘비스는 거기에서 루이지애나 헤이라이드 고별 콘서트 계약을 마쳤다.

결국 영화는 성격이 온화하지만 섹시한 가수 덱 리버스라는 캐릭터를 내세워 시골장터에서의 힐빌리 밴드 시절부터 스타로 나서기까지를 추적한다. 프레슬리 자신의 삶과 비슷하고 엘비스의 십 대 팬들에게 상징적인

1956년, 단란한 한때를 보내는 엘비스의 가족. 엘비스의 어머니는 스타덤의 어마어마한 영향력과 대가를 이해하지 못했다.

곡이 된 〈테디 베어(Teddy Bear)〉부터 〈민 워먼 블루스(Mean Woman Blues)〉에 이르는 다양한 노래들을 수록한 이 영화는 리버스가 끈질긴 팬들과 대면해야 하고 때로는 주먹다짐을 할 만큼 자극받기도 하며 언론사들이 사실을 조작하기도 한다는 것을 들춰낸다. 덱 리버스는 그 모든 일을 겪고도 스타의 자리를 지키면서 시골청년으로 남는다.

적어도 겉으로는 엘비스에게 그대로 적용될 수 없는 이야기였다.

1957년 1월 말 세트장에 나타났을 때, 그는 할리우드 최고의 성형외과 의사 덕분에 더 멋져 보였다. 그와 디제이가 된 고등학교 친구 조지 클라인은 당시 '코 전문의'로 유명한 모리 파크스 박사의 고객이 되었다. 클라인은 아무 상관 안 했지만, 엘비스는 비밀로 하자고 주장했다.

"엘비스는 다른 사람하고 함께 수술받고 싶어했죠."

오랜 세월 프레슬리와 비밀을 나눈 친구인 조 에스포지토(Joe Esposito)가 말했다. 그는 엘비스가 성형을 했다고 하지만 코만 살짝 손본 거라고 했다. 하지만 여드름 자국은 물론 갑자기 잡티가 깨끗이 없어졌다. 엘비스는 계속 파크스 박사의 단골이 되었다.

다른 변화도 있었다. 엘비스는 이를 씌워 하얗게 만들었다. 무엇보다도 눈에 띈 것은 몇 년 동안 그리즈, 기름, 아주 가끔은 구두약까지 써서 머리색을 어둡게 하다가 결국 검은색으로 염색했다는 점이었다. 아주 특별한 경우를 제외하고는 내내 그 색을 유지했다. 사실 엘비스 프레슬리의 검은 머리는 그의 중요한 이미지가 되었기 때문에 많은 사람들이 원래는 모래빛에 가까운 금발이라는 사실을 알아차리지 못했다.

이런 변신에도 불구하고 프로듀서들은 그의 연기력을 무시했다. 〈러빙 유〉는 전적으로 그가 가수라는 점에 의존한 캐스팅으로, 즐길 만한 부분은 많지만 별로 노력이 필요 없는 역할의 시작에 불과했다. 수십 년이 지나 할 월리스는 비평가들 앞에 섰지만 이에 관해 실수를 인정하지 않았다.

"엘비스는 훌륭한 연예인에 성격도 좋았어요. 그와 계약할 때 우리가 높이 쳐준 것도 바로 그런 점이었어요. 사실 엘비스에게 극적인 역할을 맡긴다는 생각은 전혀 없었어요. 엘비스를 제2의 제임스 딘으로 여기고 계약한 게 아니니까요. 우리는 엘비스를 차트에서 1위를 차지하는 인기 연예

왼쪽 / 영화 〈러빙 유〉(1956)에서, 상대역 리즈베스 스카트와 함께.
오른쪽 / 엘비스 최고의 영화로 꼽히는 〈킹 크레올〉(1958)에서 돌로레스 하트와 엘비스.

인으로 봤던 겁니다."

대령 역시 좋은 영화에는 관심이 없었다. 묻는 건 딱 하나였다.

"얼마나 줄 거요?"

그러나 미국영화협회는 우려의 목소리를 냈다. 영화산업의 자기 검열 단체인 이들은 프레슬리의 섹시함을 통제하고자 했다. 〈러빙 유〉에서는 '욕정에 넘치는' 키스나 '입을 벌린' 키스를 할 수 없었다.

미국영화협회의 우려는 너무 지나쳤다. 이 영화는 젊은 영웅이 로큰롤을 심판하는 언론에 맞서 동네사람들 앞에서 자기 음악을 열렬히 변호하는 것을 위시해서, 포니테일 머리를 하고서 1950년대 식 '진정한 사랑'인 정숙한 관계를 유지하는 것까지 너무 건전하다 못해 지루했다. 같이 출연한 돌로레스 하트가 말한 대로 마침내 둘이 키스했지만, 350명의 기술진 앞에서 한 포옹이었다. 그녀는 너무나 당황해서 메이크업을 했는데도 얼굴이 빨개진 게 바로 티가 났다.

"얼굴 빨개지는 걸 막아주는 화장품을 개발해야겠다고 메이크업 담당자들이 농담을 했죠."

돌로레스와 엘비스 모두 신경질적인 웃음을 터뜨렸다.

열아홉 살의 돌로레스와 프레슬리는 유머감각과 신앙심이 깊다는 공통점으로 좋은 친구가 되었다. 엘비스가 좋아하는 가수 마리오 란자의 조카인 하트는 꿀빛이 도는 금발에 십 대 시절의 그레이스 켈리를 연상시키는 귀족적인 미인이었다. 그녀는 겨우 열한 살 때 스스로 개종한 독실한 가톨릭교도였으며 1963년에 조용히 할리우드를 떠나 코네티컷의 '베들레헴 수녀원'에 들어갔다. 연기자 시절에도 결혼 전까지 순결을 지키기로 맹세하는 '착한 여자' 이미지가 강했다. 그런 낭만적인 역할은 프레슬리 영화의 공식에서 빼놓을 수 없는 축을 이루었다.

〈제일하우스 록(Jailhouse Rock)〉에서도 주디 타일러(Judy Tyler)가 연기하는 음악 프로모터가 그런 착한 여자였다. 그러나 이 영화에서 엘비스는 사기꾼으로 등장한다.

〈러빙 유〉가 호화로운 테크니컬러(Technicolor)와 비스타 비전(Vista Vision)으로 스타덤을 보여준 반면, 〈제일하우스 록〉은 그런 유명세의 이면을 흑백의 거친 시네마스코프로 보여주었다. 사기꾼 출신에다 노래로 스타덤에 오르기까지 해꼬지도 마다하지 않은 악한의 얘기에 초점을 맞췄기 때문에 MGM은 원래 제목을 〈자일하우스 키드(The Jailhouse Kid)〉라고 붙였었다. 그러자 대령이 개입하여 제작자들과의 미팅에서 시가에 불을 붙이며 이렇게 내뱉었다.

"잘 들어요. 사람들은 제목을 어떻게 붙이더라도 우리 '아이'를 보러 올 겁니다. 하지만 그 제목은 영 마음에 안 들어요."

그는 담배연기를 크게 한 모금 뿜어내며 음절을 길게 늘여서 얘기를 마무리지었다.

"예감이 안 좋단 말이야, 이거."

그때 한 제작자가 중얼중얼 '제일하우스 록'이라는 말을 내뱉자 파커는 열을 내며 말했다.

"완벽해! 그걸로 해요!"

며칠 후에 다시 가진 회의에서 안무가 알렉스 로메로 역시 영화에 쓰일 가능성이 있는 수많은 곡들 중에서 〈제일하우스 록〉을 골랐다. 엘비스가 처음 안무동작을 선보이는 영화였다.

로메로와 프레슬리는 탭댄스의 여왕 엘레노어 파웰이 한때 사용한 리허설 홀에서 처음 만났다.

"나한테 할리우드에서나 통하는 모습을 강요하는 건 싫어요."

프레슬리가 경고하듯 말하자 로메로는 흥미를 느꼈다.

"엘비스는 MGM의 뮤지컬에서처럼 제가 멋진 댄싱스텝을 가르쳐줄 줄 알았나 봐요. 하지만 아니었죠. 전 엘비스다운 걸 하려고 했어요. 엘비스가 잘 모르는 스텝을 골랐는데 그에게 어울리는 것이었고 그는 따라할 수 있었어요."

영화 〈제일하우스 록〉(1957)의 한 장면.

로메로가 보기에 엘비스는 겁에 질린 듯했다.

"전 엘비스의 눈빛을 보고 한눈에 알았죠. MGM에 겁을 먹은 것 같았어요. MGM은 영화 스튜디오의 궁전이었으니까요. 자기가 거기에 어울리지 않는다고 느꼈던 거예요."

실제로 MGM은 그레타 가르보, 조안 크로포드, 래나 터너, 주디 갤런드, 클라크 게이블, 진 할로의 고향이었고, 스튜디오 중에서도 롤스로이스 같은 곳이었다.

하지만 MGM 역시 엘비스 프레슬리를 두려워했다. 당시 스튜디오에서 일하던 작가 고어 비달은 그런 결정을 내린 것 자체가 놀라웠다고 말했다. 음향실 밖에 수백 명의 여성팬들이 몰려들기도 했으니까.

"얼마 후 엘비스는 괴상한 모자를 쓰고 변장을 하는 해프닝을 벌여야 했다고요."

로메로의 회상이다.

'엘비스 열풍'은 촬영 중에 이에 씌운 캡을 삼켜서 근처 세다스 오브 리바닌 병원으로 급히 실려갔을 때 절정을 이루었다. 엘비스는 곧 예쁜 간호사들에게 둘러싸였다. 나중에 신문에도 실린 엑스레이는 그 캡이 기도에 들어가 폐에 있는 것을 보여주었다. 엘비스는 더럭 겁이 났지만 의사들은 긴 핀셋과 기관지경으로 쉽게 꺼냈다. 그리고 이 '스타' 환자는 회복을 위해 밤새 병원에 머물렀다.

당연히 엘비스의 '친구들'이 문병을 왔다. 엘비스가 심심하다고 했던 것이다. 일행이 많아지고 우스꽝스럽게 눈에 띄어서 프레슬리가 가는 곳에는 어디에서나 그들이 보였고, 프레슬리는 친구들을 두둔하는 편이었다.

"제가 외로워지면 이 녀석들이 집처럼 따뜻하게 대해주죠."

엘비스의 설명이다.

엘비스는 이틀 후 세트로 돌아갔고, 그의 음악인생에서 결정적인 계기가 된 뮤지컬 작품을 연기했다.

〈제일하우스 록〉의 댄스장면에는 16명의 남자댄서가 필요했다. 로메로는 엘비스가 여성적인 전문댄서들과 작업할까봐 걱정하는 것을 알고 터프해 보이는 전문댄서들을 선발했다.

그들 중 프랭크 매그린은 프레슬리가 최선을 다해 친절하게 나왔지만 자기는 왠지 조금 거칠게 대했다고 털어놓는다.

"여기서 제가 뭘 하는지 모르겠어요. 전 춤을 못 추거든요."

엘비스가 먼저 농담을 걸었다.

하지만 매그린은 터프하게 쏘아붙였다.

"노랜 할 줄 알아요?"

엘비스는 웃으며 화제를 돌렸다.

"아, 팻 분 팬 맞죠?"

나흘 동안 리허설을 했지만 엘비스는 여전히 그 어려운 댄스장면을 위한 스텝을 배우느라 곤혹스러워하고 있었다.

"엘비스가 배운 동작을 음악에 맞추면 간질발작을 일으키는 것 같았어요. 리듬은 훌륭했지만 춤은 출 줄 몰랐죠."

매그린의 회고다.

완벽한 장면은 로메로의 스텝과 프레슬리 자신의 즉흥적인 동작이 섞이는 경우였다. 연습이 끝날 때면 엘비스가 멋쩍게 웃으며 다가와 말했다.

"알렉스는 참 괜찮은 친구야."

안무가는 자랑스럽게 칭찬으로 받아들였다.

카메라 앞에서는 댄스스텝을 잘 기억하지 못했지만 할리우드에서 친구들을 만나 밤을 보낼 때는 난데없이 기억해내기도 했다. 한번은 영화를 보는데 관객들이 엘비스가 온 걸 알고 그를 보려고 어두운 통로를 왔다갔다 하는 바람에 도리스 데이의 영화를 보다 모두 나와야 했다. 엘비스가 친구들과 캐딜락에 올라타고 니커바커 호텔의 스위트로 돌아가면서 라디오를 돌리는데 우연히 〈제일하우스 록〉이 나왔다.

"이봐, 이거 들려?"

그는 라디오에서 자기 노래가 나오는 것이 좋았다.

차를 세운 다음 볼륨을 최대한 높였다. 엘비스는 차에서 내려 친구들이 보는 가운데 황량한 할리우드의 한적한 거리에서 보슬비를 맞으며 〈제일하우스 록〉을 춤추었다. 헤드라이트가 춤추는 그림자를 비추고 있었다.

"엘비스는 너무나 들떠서 마치 진흙탕에서 노는 아이 같았어요."

친구이자 작곡가인 샤리 쉴리가 회상했다.

쉴리는 니커바커로 프레슬리를 찾아간 적도 있고 텔레비전 쇼 〈로켓 투 스타덤(Rocket to Stardom)〉이 '새로운 엘비스 프레슬리'를 찾아 발사하던 밤에도 함께 있었다. 엘비스는 소파에 앉아 웃다가 박수를 치기도 했다. 한 젊은이가 자기 버전으로 〈하운드 독〉을 시작하자 엘비스는 스크린에 대고 소리쳤다.

"야, 조심해라. 그런 페이스로 나가면 다음 음정을 절대 못 낼 거라고."

실제로 그 청년은 다음 음표를 놓쳤다.

"거봐, 내가 뭐랬어!"

프레슬리의 겸손함은 설리에게 깊은 인상을 남겼다.

"누가 지금의 네가 있게 했는지 절대 잊으면 안 돼. 그리고 얼마나 많은 사람들이 그 자리를 차지하고 싶어하는지도."

엘비스는 니커바커에 오래 머물지 않았다. 너무나 많은 사람들이 8층 높이의 화재 탈출구를 타고 그를 찾아 오르락내리락했던 것이다. 결국 더 외진 곳에 있는 베벌리 윌셔 호텔로 옮겨야 했다. 엘비스와 그의 멤피스 일당은 측면을 전부 차지했다. 침실 네 개, 거실, 식당, 휴게실이었다. 스위트 850호는 그 동네에서 전설적인 독신자 룸이 되었고, 삽시간에 은막의 새로운 왕이 된 젊은이에게는 왕실 같은 본부였다.

당시 1940년대의 터프가이 역으로 유명했던 로버트 미첨은 엘비스에게 경의를 표하면서 〈선더 로드(Thunder Road)〉에 같이 출연하자고 설득하려 했다. 〈선더 로드〉는 연방정부와 마피아에게 대항하는 밀주업자들을 그린 영화였다.

엘비스는 미첨의 계획을 신중하게 들었지만 거절했다.

"글쎄요, 전 못 해요. 대령이 허락하기 전까지는요."

미첨은 그의 귀를 믿을 수 없었다.

"대령? 좆까라 그래."

엘비스는 살짝 웃어 보였다.

나탈리 우드는 여러 번 나타났는데, 한번은 자살하겠다고 협박했다.

"우리는 나탈리를 미친 냇(Mad Nat)이라고 부르기 시작했어요. 진짜 미친 사람보다 더 미쳤죠."

1957년 그 무리에 있던 라마 파이크의 회상이다. 그는 우드가 창틀을 타고 올라와 엘비스 때문에 자살하겠다고 중얼거릴 때 같이 있었다.

"어쩌죠, 보스?"

파이크는 겁에 질려서 물었다.

"내버려둬. 뛰어내리지 않을 거야."

30분이 후 우드는 순하게 다시 창틀을 타고 내려갔다.

"내가 아무 짓도 안 할 거라고 했잖아."

엘비스는 헐떡거리며 말했다.

그 동네에서 멋쟁이란 멋쟁이는 모두 스위트 850호를 순례했다. 당시 떠오르는 배우였던 빈스 에드워즈도 단골이었다. 글렌 포드도 나타났다. 엘비스가 좋아하던 새미 데이비드 주니어는 거실에서 즉흥연주를 하기도 했다. 닉 애덤스 일당들도 찾아왔다. 애덤스는 맛이 간 짓을 하곤 해서 프레슬리의 측근들은 그 젊은 배우가 마약을 하는 게 아닌지 의심하기도 했다.

〈러브 미 텐더〉를 찍고 나서 헤어진 준 후아니코는 솔직히 애덤스가 엘비스를 마약에 끌어들이지 않았나 의심했다. 애덤스가 찾아왔을 때 프레슬리의 집에 있던 후아니코가 말했다.

"약에 취한 상태라는 건 의심의 여지가 없었어요. 취한 상태 말이에요."

후아니코는 프레슬리 역시 그렇게 '취한 상태' 인 것은 본 적이 없었다. 그의 몸상태가 나빠지기 시작한 것도 초기 할리우드 친구들 때문일 거라고 주장한다.

프레슬리는 예쁜 여자들만 보면 에너지가 넘쳤다. 머리카락이 불타는 듯한 스트리퍼 템페스트 스톰은 자신의 회고록에서 1957년 라스베이거스에서 프레슬리하고 기념비적인 한 주를 보냈다고 했다. 그녀는 당시 '민스키즈 폴리스' 라는 소프트 스트립쇼의 주인공이었다. 프레슬리는 그녀를 만지고 싶은 나머지 그녀가 묵는 호텔 벽을 2.4미터나 올라갔다. 그가

엘비스와 준 후아니코의 다정한 모습(1956년).

미닫이 유리문을 열고 들어갔을 때 그녀는 짧은 시스루 나이트가운을 입고 작은 애완용 푸들을 쓰다듬고 있었다. 그녀는 바지가 찢어진 것을 보고 놀랐지만 그는 이미 옷 따위는 안중에도 없었다. 말도 필요 없이 그녀의 손을 잡고 홀을 따라가면서 말했다.

"내가 지금 고추밭의 숫염소처럼 흥분했거든. 널 데리고 침대로 달려가야겠어."

스톰은 '참을성 없는 연인' 과 함께 '마라톤' 같은 긴 사랑을 나누는 동안 그 작은 강아지가 그들의 열정에 찬 신음소리에 반응해 짖어대면 엘비스가 농담으로 강아지를 목 졸라버리겠다는 말을 하곤 했다고 전한다.

에드 설리번이 '세계에서 가장 포토제닉한 여자' 로 꼽은 여배우 베네티아 스티븐슨은 할리우드에서 엘비스를 사귀어 나중에 멤피스의 엘비스네 집을 찾아가기도 했다. 〈아이 워즈 어 틴에이지 웨어울프(I Was a Teen-age Werewolf)〉에 털북숭이 마이클 랜던의 상대역으로 출연한 예비 스타 이본 라임도 프레슬리의 집을 방문한 게 잘못 알려져서 그녀와 프레슬리가 약혼했다는 보도로 헤드라인을 장식한 적이 있었다.

그는 적어도 여배우에게 결혼이라는 카드는 내밀지 않았다. 〈제일하우스 록〉에 같이 출연한 여배우 앤 네일런드는 한 팬진에서 이렇게 말한다.

"엘비스는 여자를 좋아하면 아주 재미난 사람이 돼요. 또 여자를 떠받드는 데다가 너무나 달콤하고 순진하게 꼬시기 때문에 다른 남자에게 한눈을 팔지 못하죠."

네일런드가 좋은 사례였다. 그녀는 원래 〈제일하우스 록〉에서 멋진 '날

나리' 영화배우 역이었다. 그러나 엘비스는 그녀와 데이트를 하면서 다른 역을 맡으라고 강요했다. 순수한 캐릭터지만 비중이 상대적으로 작은 역이었다.

"그걸 알고 화가 났죠. 엘비스한테 그건 내 일이라고 설명하려 했어요. 난 온갖 종류의 역을 맡고 싶고, 내가 맡은 역은 실제의 나하고는 아무 상관이 없다는 것을요. 하지만 엘비스는 자기가 결혼할 만큼 좋아하는 여자는 그런 일은 해선 안 된다고 생각했어요."

1950년대 말의 팬진은 엘비스의 데이트 상대들을 불러 질문하곤 했다.

"세계에서 결혼상대로 가장 적당한 총각은 왜 결혼하지 않을까?"

아무도 대답하지 못했다. 그러나 사실은 1950년대가 끝나면서 사회적인 변화가 진행되고 있었다. '좋은' 여자와 '나쁜' 여자의 경계가 점차 모호해졌다. 1960년대에는 그 선이 붕괴될 터였다. 엘비스는 노골적으로 성적인 쾌락을 추구하려는 여자가 늘어나는 것을 의아하게 생각했다. 또한 사회생활과 결혼을 동시에 원하는 여자들이 많아지자 화가 솟구쳤다.

엘비스 프레슬리는 그 이유를 깨닫지 못했고, 앞으로도 결코 깨닫지 못할 터였다.

정상의 삶을 살았던 그에게는 계속 비평가가 따라다녔다. 〈피스 인 더 밸리(Peace in the Valley)〉 〈아이 빌리브(I Believe)〉 등의 종교음악을 발표한 것으로 모욕을 당했다. 첫 크리스마스 시즌 앨범을 내고도 두들겨 맞았다. 『타임』지는 "〈아이 소 마미 키싱 산타클로스(I Saw Mommy Kissing Santa Claus)〉 이래 크리스마스에 대한 가장 큰 위협"이라고 비난했다. 엘비스는 언제나 자신이 대중화시킨 음악을 스스로 변호해야만 하는 것처럼 보였다. 업계에서 절박하게 새로운 음악열풍을 내놓으려 할 때면 더욱 그랬다. 특히 칼립소와 하와이 음악이 그랬다.

연말이 되자 할리우드의 유명인들이 이 동네에 나타난 새로운 꼬마를 겨냥했다. 빙 크로스비는 『데일리 버라이어티(Daily Variety)』에서 엘비스는 '더 지독한 훈련과 더 다양한 소재' 가 필요하다고 하면서 덧붙였다.

"지난해에 엘비스가 얼마나 발전했는지 잘 모르겠어요."

이 스탠더드 팝 가수는 프레슬리의 '꾸부정한' 자세까지 공격했다.

프랭크 시내트라는 로큰롤 팬들을 '멍청한 깡패들' 이라고 불렀고, 프레슬리의 음악을 '우울한 기름냄새를 풍기는 최음제' 라고 불렀다. 『웨스턴 월드(Western World)』의 기사를 보면 시내트라가 어떻게 공격했는지 알 수 있다.

"나의 깊은 슬픔은 음악과 영화계가 가장 잔인하고 추악하고 퇴행적이고 사악한 표현양식을 꿋꿋하게 주목한다는 것이다. 물론이다. 로큰롤 일당말고 또 누가 있겠나."

프레슬리는 좌절하고 상처받고 화가 났지만 공식적으로는 예의 바르게 대처했다. 시내트라에 대해서도 심하게 실수했다면서도 "그 사람도 자기 의견을 가질 권리가 있죠."라는 반응을 보였다.

〈러빙 유〉에는 다양한 리뷰가 쏟아졌다. 『아메리카(America)』는 영화팬과 엘비스의 팬 모두를 겨냥하여 말했다.

"어떤 지각 있는 기준으로도 참을 수 없이 나쁜 영화다. 하지만 프레슬리의 추종자들은 그 지각 있는 기준도 관심조차 없다."

반면 『데일리 버라이어티』는 "로큰롤의 열풍이 절정을 넘지 않았나." 하는 의문 속에서도 프레슬리가 "배우로서 발전을 보였다."고 높은 점수를 주었다.

〈제일하우스 록〉은 또 다른 문제였다. 10대 영화 〈폭력교실(Blackboard Jungle)〉을 상영하는 중에 일어난 작은 폭동 때문에 상영조차 못한 극장도 있었다. 『타임』은 엘비스가 "용의주도하게도 악당으로 캐스팅되었다."고 말하며 그의 연기를 비난했다. 또한 프레슬리의 영화 속 캐릭터가 "네 맘을 사로잡을 거야."라는 대사를 지겹게 반복한다고 지적하며 재치 있게 덧붙였다.

"그에게 정말 사로잡힌다면 떨어져나오기 어려울 것이다."

영국 언론도 난동을 부렸다. 웃통을 벗은 프레슬리가 교도관에게 채찍질을 당하는 감옥 장면, 그리고 엘비스의 캐릭터가 여자를 비난받아 마땅한 존재로 취급하는 것 등을 가지고 영화를 비난했다.

'엘비스 너, 지겹다!' 도널드 제크가 쓴 『데일리 미러(Daily Mirror)』 리뷰의 헤드라인이었다. 그는 이 영화를 '범죄, 싸구려 감성, 악취미, 폭력을 진하게 뒤섞은 영화'라고 평했다.

"엘비스 프레슬리는 셀룰로이드 필름의 세계에서 나가 원래 하던 장단으로 돌아가야 한다."

그러나 엘비스는 이들 모두에게 복수했다. 〈제일하우스 록〉은 그해 가장 성공한 영화로, 개봉 몇 주 만에 400만 달러의 예산을 회수했다. 1957년이 저물어가자 엘비스 프레슬리는 미국 내 박스 오피스 4위에 랭크된 스타가 되었다(당시 1위는 록 허드슨이었다). 그를 비난하던 프랭크 시내트라는 다섯번째 자리에 만족해야 했다.

엘비스는 영국에서도 팬들이 직접 나서서 팬클럽을 만들 정도로 센세이션을 일으켰다. 『데일리 미러』의 도널드 제은 성난 십 대들의 협박편지에 시달리다 못해 신문에 그가 나무에 목을 매단 만화를 실어 답신을 보내기도 했다.

그 와중에도 그는 순회공연 길에 올랐다. 두 해 연속 투펠로에 금의환향하여 귀향 콘서트를 열었는데, 이번에는 금실로 장식한 옷을 입었다. 퍼시픽 노스웨스트 공연장에서의 공연에 이어 로스앤젤레스 무대에 섰다. 스타가 섞인 관중들 앞에서 두 번 콘서트를 했는데, 프레슬리의 빛나는 공연과 관중의 히스테리로 인해 이 쇼는 전설로 남아 있다.

워싱턴 주 스포케인의 메모리얼 스타디움에서도 인기를 과시했다. 금실이 박힌 정장을 입고 핑크빛 조명세례를 받으며 〈하운드 독〉을 너무나 열광적으로 시작하자 1만 2500명의 팬들이 지르는 비명소리에 노래가 묻혀버렸다. 쇼가 끝나자 티켓구매자 중 상당수가 경기장으로 뛰어나가 기념품으로 흙을 퍼갔다.

타코마 공연에서는 곡예사, 사인조 밴드, 마림바 주자의 오프닝에 이어 그가 금색 정장에 가슴까지 풀어헤친 검은색 셔츠를 입고 등장했다. 기자들은 당황했다. 30분 전에 무대 뒤에서 인터뷰할 때는 수줍은 듯 말을 더듬으며 스포티한 옷에 뭐라 설명하기 힘든 밀짚모자를 쓰고 있던 그였다. 엘비스의 얘기를 들어보자.

"전 노래만 하면 미쳐요. 처음 노래할 때 가스펠 찬송가로 훈련해서 그럴 거예요. 쇼가 끝나면 거적처럼 너덜너덜해지고 완전히 지쳐버리죠."

포틀랜드의 멀토마 스타디움 공연에서는 암시적으로 몸을 비비꼬면서 노래의 절반은 무대를 기어다니며 불렀다. 이처럼 과도한 섹슈얼리티를 선보이며 〈하운드 독〉으로 쇼의 클라이맥스를 장식했다. 주최측은 쇼가 끝난 뒤 관중들을 내보내느라 필사적이었다. 결국 아나운서가 목청껏 외쳤다.

"여러분, 엘비스 프레슬리는 경기장을 떠났습니다!"

할리우드의 팬 퍼시픽 오디토리엄 무대에 올랐을 때는 아무도 그를 막을 수 없었다. 스트림라인 모데른 양식 건물의 심장부에서 그 홀을 리히터 규모의 강도로 뒤흔들었다.

"두 블록 떨어진 곳에서도 비명이 들렸어요."

『로스앤젤레스 타임스』의 취재기자 월리 조지가 말했다. 엘비스는 9000명의 관중들 앞에서 50분 동안 빅 히트곡 〈제일하우스 록〉을 비롯한 18곡을 연주했는데, 뛰어다니고 미끄러지고 튀어오르고 부딪히는 등 중력에 도전하는 듯 보였다. 곳곳에 세워놓은 RCA의 90센티미터짜리 개 상징물을 잡아서 다리 사이에 끼고 구르기까지 했다.

리뷰하던 사람들은 분노했다. 다른 것은 제쳐두고라도 엘비스 프레슬리가 개와 섹스하려는 듯 보였던 것이다. 언론은 다음날 당장 그를 겨냥했다. 『로스앤젤레스 미러-뉴스(Los Angeles Mirror-News)』의 딕 윌리엄스가 분노의 선두에 섰다. 그 쇼는 '순수의 타락' 이며 '포르노를 통한 교훈' 이고 '나치가 히틀러를 위해 열었던, 무절제한 비명을 유발하는 연속파티' 와 비교할 만하다는 거였다.

한편 다른 기자들은 '부도덕한' '비명을 유도하는' '무절제한' 등의 형용사를 글에 올렸다. 배우 앨런 래드를 포함한 일부 부모들은 콘서트 중간에 아이들을 끌어내기도 했다.

대령은 조간신문을 뒤지다 자신의 '고객' 에게 몇 마디 충고를 던졌다.

"오늘밤은 좀 자제해. 개하고는 좀 하지 말고."

엘비스는 화를 내며 거침없이 욕을 내뱉었다.

"씨팔놈들!"

그는 화가 머리끝까지 차올랐다.

"난 저질이 아냐! 저질인 적이 없다고!"

그러곤 테이블을 박차고 튀어나가며 말했다.

"이런 빈대 같은 것들, 다 지겨워요! 내 쇼는 내 맘대로 할 거라고요. 봐요, 내가 약속하죠. 오늘밤은 진짜 끝내주는 공연이 될 거라고요!"

동네사람들이 모두 모인 것 같았다. 공연 후 우상을 만나게 될 리키 넬슨, 닉 애덤스, 빈스 에드워즈, 리타 모레노, 토미 샌즈, 러스 탬블린 등이 있었다.

"우리 모두 완전히 넋을 잃었어요. 그날 밤 같은 공연은 난생 처음이었어요."

발레리 앨런의 회상이다.

사실은 L.A. 경찰청의 경범죄 부서에서 촬영을 나왔기 때문에 상당히 자제한 공연이었다. 그러나 명백히 도발적이었다. 이번에는 개하고 섹스하는 대신 노래하다가 사타구니를 쑥 내밀고 경찰의 무비 카메라를 향해 경멸하듯 고함을 질렀다.

"너희들도 어젯밤에 여기 왔어야 되는데!"

그는 거만하게 웃으며 엄지와 검지로 머리 위에 후광을 그리고는 역시 경멸하듯 말했다.

"오늘밤 난 천사다!"

때로는 등뒤로 수갑을 찬 동작을 해 보이기도 했다.

엘비스의 유명인 친구들조차 그의 도발적이고 거리낌 없는 행동에 충격을 받았다. 프레슬리 스스로 악동이라는 평판을 극단까지 치닫고 가자 울음을 터뜨리는 옛 애인이 카메라에 잡히기도 했다.

L.A.를 시작으로 오클랜드, 샌프란시스코, 헤이워드를 거쳐 마침내 하와이까지 가서 세 번의 쇼를 개최했다. 나중에 그는 하와이를 특별한 휴식처로 여기게 되지만 첫 여행에서는 완전히 녹초가 되었다.

그는 주변의 변화도 걱정스러웠다. 스카티와 빌은 할리우드 일정 때문에 일도 힘들고, 돈벌이도 어렵자 곧 프레슬리의 밴드를 그만두었다. 다혈질 성격 때문에 할리우드에서 애를 먹이던 듀이 필립스와도 관계가 끊어졌다. 새로운 스타 엘비스는 그가 부끄러웠던 것이다. 필립스가 율 브리너에게 끔찍한 말을 해서 실제로 엘비스가 사과한 적도 있었다. 필립스가 한 말은 "너, 거기도 정말 작지, 안 그래?"였다.

엘비스는 혼란에 빠진 지친 몸을 이끌고 멤피스의 집으로 돌아왔다. 그러자 사적인 면과 예민한 감수성이 다시 살아났다. 자신의 공연이 음란하다는 애기가 부끄럽기도 했다. 결국 목사와 고민을 상담하기도 했다.

"제가 돈을 너무 많이 버는 건가요? 너무 빨리 변하나요? 하지 말아야 할 일을 하는 건가요?"

하지만 시원한 해답을 구하지 못하자 다른 사람을 찾았다. 마침 멀리 콜로라도에서 온 여성팬이 그레이스랜드의 멋진 철문 밖을 서성이다가 관리인이 문을 열어준 덕에 엘비스를 만날 수 있었다. 스무 살의 세이디 곤잘레스가 다시 나타났을 때 엘비스는 방안을 왔다갔다하며 손톱을 깨물고 머리를 쓸어올리면서 답답한 심정을 세 시간 가까이 토로했다.

"엘비스는 너무너무 외롭다고 했어요. 원하는 건 뭐든지 얻을 수 있지만 전처럼 하느님과 가깝게 있지 못해서 힘들다고 했어요."

곤잘레스의 말이다.

"때로는 모든 게 꿈만 같다고 했어요."

그러는 사이 엘비스에게 모닝콜이 왔다. 입대하라는 전갈이었다.

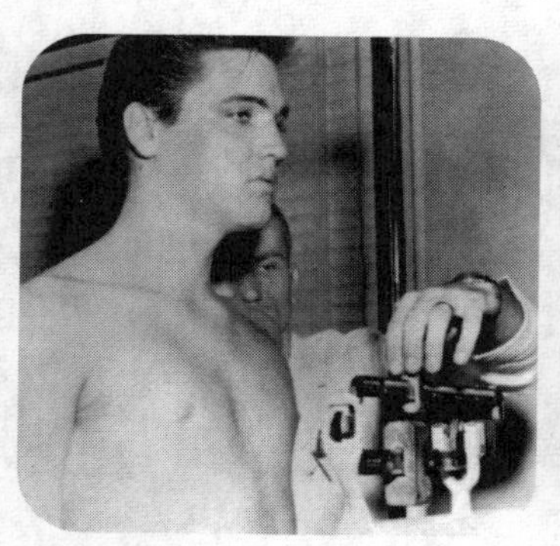

신체검사 받던 당시(왼쪽)와 병장 엘비스.

10

—Soldier Boy
입영 전야

1957년 크리스마스 시즌의 어느 맑게 개인 밤, 멤피스에서 수백만 십 대 소년들의 은밀한 소원이 실현되었다. 엘비스 프레슬리가 징집영장을 받았던 것이다. 안도의 한숨을 쉰 건 부모들만이 아니었다. 엘비스가 공산주의자들과 대치 중인 국경 근처의 황무지로 파견될 것이라는 달콤한 소문까지 돌았다.

멤피스징병위원회가 로큰롤의 제왕을 징집하기로 결정했다고 발표한 순간 산더미 같은 편지들이 도착했다. 성난 부모들은 무엇보다도 '미국을 위협하는 문제를 해결한' 세 명의 위원에게 축하 메시지를 보냈다. 보도 자료와 달리 엘비스가 특별한 대접을 받은 사실을 알았다면 그들의 만족감은 확 줄어들었을지도 모른다.

12월 18일 멤피스를 강타한 살을 에는 돌풍이 불던 날 밤 징집위원장 밀튼 바워스는 그레이스랜드를 찾아와 그 악명 높은 수신인에게 징집영장을 전달했다. 엘비스는 특별히 준비한 예비 징병검사를 마치고 '1급(1-A)'으로 분류된 상태라 갑작스런 일이 아니었다.

엘비스는 저택의 이중창을 열어제치고 현관으로 걸어나갔다. 그는 붉은색 캐시미어 스웨터에 검은색 바지를 입고 가장 깐깐한 하사관이라도 인정할 만큼 반짝거리도록 광을 낸 로퍼를 신었다.

"예, 바워스 씨죠? 그레이스랜드에 오신 걸 환영합니다."

가수는 친근하고도 억세게 악수를 청했다.

바워스는 잠시 조용히 서 있었다. 주택의 쏟아질 듯한 크리스마스 불빛과 프레슬리의 놀라운 용모에 놀란 것이었다.

"그렇게 잘생긴 남자는 처음 봤어요."

바워스는 훗날 경탄하며 말했다.

"이리로 들어오시죠."

엘비스가 다시 청했다.

"차는 문 바로 앞에 세워두시는 게 어때요?"

하지만 징집위원회의 통보관은 에그노그(eggnog, 우유에 달걀과 브랜디, 럼주를 섞은 칵테일 음료. 미국 남부에서는 크리스마스 음료로 마신다—옮긴이)도 거절한 채 간단히 업무를 마치고 어둠 속으로 사라졌다. 프레슬리는 이내 그를 지우고 그레이스랜드의 풍요로운 크리스마스에 빠져들었다.

엘비스는 아직 군기가 안 들어간 병력이었다. 지난 5일간 그레이스랜드에서는 파커와 미 국방성 사이의 물밑협상이 진행되었다. 전신이 오가고 제복을 입은 육군과 해군 장성들의 근엄한 행렬이 줄을 이었으며 파커와의 통화가 계속되었다.

가장 먼저 D. U. 스탠리 해군상사가 찾아왔다. 그는 엘비스를 위해 수집한 '유명인 병역 패키지'에 대한 개요를 제시했다. 라스베이거스에 근무하며 화려한 VIP 구역을 제공받는 것이었다.

"프레슬리 선생님!"

스탠리는 엘비스를 그렇게 불렀다.

"우리는 선생님에게 '엘비스 프레슬리 중대'를 멤피스 출신 청년으로 조직해드릴 것입니다."

깜짝 보너스도 있었다. 누구든 함께 입대할 수 있었던 것이다. 그는 해군징집 문서와 함께 가죽파일을 받았다.

"선생님!"

이번엔 엘비스가 불렀다.

"생각할 시간을 좀 주십시오."

육군도 안달이 난 듯 특권을 부여한 패키지를 약속했다. 전 세계 기지의 일급 투어가 포함되었다.

그는 다시 예의 바르게 대답했다.

"선생님, 생각할 시간을 좀 주십시오."

마침내 국방성에서 제안한 것은 현역 미군과 참전용사들이 '겁쟁이 스타부대'라고 비꼰 복무방식이었다. 특별 복무로서 장교들과 같은 특급 생활을 하며 중대의 연예인으로 자국에서 복무하는 것이었다.

대령은 이런 제안들을 검토한 다음 자신의 고객과 독대했다. 파커가 방안을 왔다갔다하는 동안 엘비스는 팔짱을 낀 채 거대한 침대에 앉아 있었다. 둘은 엘비스의 경력에 어떤 것이 유리할 것인가를 놓고 긴 얘기를 나누었다.

톰 파커 대령의 모습. 엘비스만큼이나 평범하지 않은 인물이다.

"다른 녀석들처럼 전투병으로 가는 거야. 보통 지원병처럼 근무해서 영웅으로 귀향하는 거지."

파커의 의견이었다.

"이런 계약을 받아들이면 수백만 미국인들이 분노할 거라고."

프레슬리도 동의했다. 그는 계단을 내려와 거실에서 부모님에게 선언했다.

"징집영장이 도착하는 대로 전투부대에 지원할 거예요."

글래디스는 훌쩍거리기 시작했지만, 버넌은 흔쾌히 인정했다.

"나도 파커의 말이 옳다고 봐. 다른 미국 애들처럼 가는 게 가장 좋은 방법이야."

글래디스는 겁에 질린 채 방안에 틀어박혀서 하루종일 엘비스와 말도 안 하다가 다음날 아들에게 말했다.

"네가 살아서 돌아오지 못할 것 같다."

"그게 제 아들의 선택이었죠."

훗날 버넌은 그때를 회상했다.

"파커가 모든 작전을 짜긴 했지만 전투부대에 간 건 엘비스였어요. 그는 터프하게 맞서고 싶어했죠. 기왕 가야 하는 거라면 진짜 병사로 가자는 것이었죠."

하지만 국방성은 엘비스 프레슬리라는 이름의 야전병은 원하지 않았다. 유명인은 어느 부대에 들어가건 추가로 보안이 필요했던 것이다. 그래서 절충안을 제시했다. 육군에 입대하여 '혹독하게 훈련' 시킨 다음 엘비스를 이 부대에서 저 부대로 전출시켜가며 계속 외부에 노출시키겠다는 복안이었다. 프레슬리는 5만 명의 신병을 모집하기 위한 육군의 얼굴이 되는 것이었다.

엘비스는 또다시 과대 포장된 배우가 되리라는 점을 간파하고 정중하게 거절했다. 그가 요구한 것은 '그냥 다른 애들하고 똑같은' 전투훈련이었다. 국방성은 이런 대치상황에 질질 끌려가다가 언론에 소문나는 것이 두려워 결국 굴복했다.

하지만 국방성은 비밀리에 엘비스 프레슬리 위원회를 소집하여 로큰롤 스타를 전선의 병사로 바꾸는 데 필요한 '엄청난 비용' 과 '복잡한 절차' 를 모니터링하도록 했다. 결국 보안과 홍보에만 50만 달러가 소요될 것이라는 추산이 나왔다. 프레슬리의 복무비용이 얼마인지 분석한 자료는 없지만 특수하게 조직된 팀이 버스에 탈 때부터 중대에 안착할 때까지 엘비스의 뒤를 조용히 따라다녔다. 몰래 제작된 '프레슬리 문서' 와 '엘비스 아론 프레슬리 이등병 조서' 라는 특별 소책자는 육군파일에서 사라졌다.

엘비스는 '공식 문서' 를 받은 다음날 파커 대령에게 크리스마스 선물로 1800달러짜리 BMW 이세타를 주는 장면을 취재하고 싶어하는 기자의 요구에 흔쾌히 응했다. 이세타는 세계에서 가장 작은 자동차로, 뒷문을 달 공간이 없을 정도였다. 엔진이 뒤에 달려서 자동차를 타려면 앞문을 열어야만 했다.

기자는 특별한 부탁을 했다.

"프레슬리 씨, 제가 군복 한 벌하고 모자를 가지고 가면 입고 사진을 찍어주실래요?"

엘비스는 잠시 생각해보고 동의했다.

"물론이죠. 안 될 게 뭐 있어요? 어쨌든 익숙해져야 하잖아요."

그들은 테네시 주 매디슨에 있는 파커의 집에 차를 몰고 갔고 프레슬리는 관목숲에 차를 세웠다. 파커는 대문을 열고 나와서 '프레슬리 이등병'을 보더니 배꼽을 잡고 웃었다. 바지와 웃옷이 고통스러울 정도로 타이트하게 껴을 뿐 아니라 모자는 너무 헐렁해서 귀까지 내려왔다.

"그 제복을 입고 앉을 수나 있겠어?"

"간신히요. 오다가 주유소에 들렀는데 여자애들이 좋아하더라고요."

그리고는 살짝 웃으며 덧붙였다.

"밖으로 나와봐요. 크리스마스 선물을 가지고 왔어요."

파커는 이세타와 신문기자를 보는 순간 화난 눈으로 노려보았다. 그러나 홍보용이라는 것을 깨닫고는 조심스럽게 몸을 구부려서 그 꼬마 자동차에 들어갔다. 엘비스가 옆에서 억지로 밀어넣자 이탈리아 디자인 자동차가 가득 찼다.

"야, 정말 끝내주는 크리스마스죠?"

대령은 트레이드마크인 시가를 빨아 작은 차안에 연기를 뿜어내며 사진기자에게 말했다.

"편하네요."

프레슬리는 짓궂게 웃었다.

"그렇죠? 그냥 제 마음을 보여주는 작은 방법일 뿐이에요."

그날 밤 파커는 징집영장에 관해서 뭔가 잘못되고 있다는 생각이 들었다. 새벽 1시였지만 엘비스에게 전화를 걸었다.

"입대날짜가 언제지? 언제 신고하는 거지?"

엘비스는 아래층에 뛰어내려가 영장을 가져왔다.

"1월 20일에 들어가요."

"젠장! 〈킹 크레올(King Creole)〉은 어떻게 하지? 크랭크인 날짜도 받았고 세트도 지었는데. 6주만 연기할 수 없나? 파라마운트에서 이 영화에 잔뜩 기대하고 있어. 하지만 걱정 마. 내가 처리할 테니까."

파커는 워싱턴, 뉴욕, 할리우드 사람들에게 전화를 걸어 '엘비스에게 특별 조치가 필요하다.' 는 말을 퍼뜨렸다. 엘비스한테도 설명했다.

"시간이 더 필요하다고 부탁하는 인상을 주는 건 바람직하지 않아. 그러면 피해가 아주 클 테니까. 대신 거대 기업 파라마운트와 정부 사이에 낀 평범한 청년이라는 인상을 줘야 해."

파커는 파라마운트 스튜디오 대표 Y. 프랭크 프리맨하고 전화통화를 하면서 줄곧 스튜디오에서 직접 연기를 요청해야 한다고 주장했다.

"당신네측에서 요구하면 아무 문제 없을 거요."

사흘 뒤 프리맨은 멤피스징집위원회에 '재정적인 어려움 때문에' 60일간 엘비스의 징집유예를 요청하는 보증서를 보냈다. 프리맨이 주장한 내용에는 스튜디오에서 이미 30만 달러에서 35만 달러의 사전 제작비용을 지출했다고 지적한 대목도 있었다.

바워스는 전화를 걸어서 연장해줄 의향이 있다고 말하며 덧붙였다.

"그러면 엘비스 혼자 징집되는데."

"빌어먹을!"

파커는 화를 냈다.

"그러면 꼭 원하는 대로 된 것처럼 보일 거 아냐. 어떤 식으로 요청할지 말을 잘 가려야겠어."

엘비스는 크리스마스 이브에 위층 책상 앞에 앉아 편지를 썼다.

"저 자신이 아니라 스튜디오를 위해 연기하는 것이라고 이해해주시기

바랍니다. 파라마운트는 제가 일을 시작하는 데 도움을 주었고, 이제 저는 그 요청에 따르는 것이 옳다고 생각합니다. 지금까지 준비한 작업이 재정적 손실을 크게 입지 않았으면 좋겠습니다. 위원회의 모든 분께 즐거운 크리스마스를 빕니다."

징집 연기를 요청한 사실이 공개되자마자 전국이 들썩거렸다.

"크리스마스 다음날인데도 협박편지와 전화로 폭격을 받았죠."

바워스가 회상했다.

"팬들의 전화도 수백 통은 받았지만 엘비스를 반대하는 쪽에서 즉시 훈련소에 보내라고 종용하는 편지도 엄청나게 받았어요."

"베토벤을 군대에 보내진 않았죠, 안 그래요?"

분개하여 이런 내용의 편지를 쓴 엘비스 팬도 있었다. 바워스는 실제로 답장을 보냈다.

"그렇습니다. 보낼 수 없었습니다. 베토벤은 미국인이 아니었지만, 설령 미국인이었다고 해도 청각장애 때문에 자격이 없었을 겁니다."

해외파병참전용사회와 미국훈장회의 전국 사무실에서도 비난이 쏟아졌다. '엘비스 프레슬리를 당장 입대시키라.' 는 거였다.

"가장 짜증나는 게 뭐였는지 아세요?"

바워스가 덧붙였다.

"엘비스 프레슬리가 슈퍼스타가 아니었다면 자동으로 연장 가능한 사안이었다는 거죠."

위원회는 우여곡절 끝에 만장일치로 6주간의 연장을 허락했고, 엘비스는 할리우드로 달려가 〈킹 크레올〉을 찍기 시작했다. 열두 명을 함께 데리고 갔다.

특별 복무측의 장성은 다시 결원이 생긴 것을 보고 엘비스에게 제복을 입히는 대신 문선대로 보낼 수 있는지 여부를 타진했다. 파커는 워싱턴

D.C.로 날아가 그 장성을 만났다. 그리고 자신이 '명예 대령' 일 뿐이지만 같은 테네시 출신이라는 점을 내세우며 요점을 확인했다.

"당신이 바쁜 사람이고 매 순간이 중요하다는 건 압니다. 하지만 제게 중요한 것도 알아주셨으면 합니다. 제가 데리고 있는 엘비스 프레슬리는 당신 군대의 일원입니다. 그냥 일반병이고, 그가 원하는 것도 그게 전부입니다. 특별 복무로 특별 취급을 받는 건 더더욱 원치 않습니다. 노래와 연예활동으로 시간을 보내는 것도 원치 않습니다. 가수가 아니라 군인이 되고 싶어하는 거죠."

그 후로 '특별 복무' 가 엘비스를 성가시게 하는 일은 없었다.

1958년 초 〈킹 크레올〉에서 다시 한 번 엘비스의 '착한 여자' 상대역으로 캐스팅된 돌로레스 하트는 뭔가 달라졌다는 것을 감지했다. 〈러빙 유〉를 촬영하는 동안 보여준 가벼운 태도가 사라졌다. 여전히 배우들이나 스태프들에게 친절했고 언제라도 농담을 건넬 태세였지만 분명히 넋이 나간 듯 보였다. 끼니때가 되면 동료들하고 카페테리아에 앉아서 먹는 대신 탈의실이나 호텔 스위트룸에서 먹거나 대사를 연구하며 먹었다.

다가오는 입영 때문이었을 것이다. 군대에 있는 동안 연기실력이 곤두박질치지 않을까 걱정스러웠던 것이다.

"내가 지금까지 찍은 영화 중에서 최고가 될 것 같아."

그는 만나는 사람들에게 주문을 외우듯 말했다.

할 월리스가 제작했으며, 해롤드 로빈스의 소설《어 스톤 포 대니 피셔(A Stone for Danny Fisher)》를 바탕으로 만든 〈킹 크레올〉은 프레슬리의 재주에 걸맞도록 솜씨 좋게 재단되었다. '뉴욕에서 가장 험한 슬럼가의 삶을 다룬 잔인하지만 타협할 줄 모르는 소설' 이라고 홍보된 이 책은 젊은 권투선수의 역정을 그린 내용이었다. 시나리오는 대니 피셔의 캐릭터를 버스안내원으로 일하다 뉴올리언스의 전설적인 버번 스트리트에서 나이트클럽 가수가 되는 것으로 바꿨다. 대니는 가난과 헛된 망상을 꿈꾸는 삶에서 스스로를 추스르는 와중에 잔인한 협잡꾼 맥시 필즈와 그의 섹시한 정부, 그리고 잡화상에서 일하는 착한 여자를 만난다.

엘비스는 〈제일하우스 록〉에서 악역을 효과적으로 연기할 수 있다는 것을 입증했다. 〈킹 크레올〉에서는 강인한 성격파 연기의 새로운 영역을 탐험할 수 있었다.

아버지(존경받던 딘 재거 분)와 끊임없이 다투는 대니는 누이(잰 셰퍼드 분)에 의지하는 수밖에 없다. 아버지는 고등학교를 중퇴한 아들이 버번 스트리트를 벗어나 '괜찮은 직업'을 찾았으면 한다. 한편 대니는 거친 나이트클럽의 세계에서 당시에 아직 무명이던 월터 매소가 맡은 터프한 맥시 필즈와 충돌한다. 대니는 섹시한 캐롤린 존스가 분장한 맥시의 여자친구에게 성적으로 끌리지만, 돌로레스 하트에게 달콤함과 성적인 대담함을 동시에 보여준다. 그는 하트를 오해하여 "무슨 일이 생길지 잘 안다."고 하며 싸구려 여관으로 데리고 간다. 그리고 킹 크레올 나이트클럽의 무대에서 〈하드 헤디드 워먼(Hard Headed Woman)〉 〈트러블(Trouble)〉 그리고 타이틀 곡 〈킹 크레올〉 등 가장 뛰어난 곡들을 들려준다.

마이클 커티즈 감독은 여러 장르에 걸친 다작으로 유명한 베테랑 영화전문가로 〈카사블랑카〉 〈밀드레드 피어스(Mildred Pierce)〉 〈양키 두들 댄디(Yankee Doodle Dandy)〉 같은 고전을 찍었다.

배우와 스태프들은 파라마운트의 방음 스튜디오에서 촬영한 다음 뉴올리언스에 가서 영화의 분위기에 상당히 기여한 이국적인 프렌치 쿼터와 범죄의 그늘이 짙게 드리워진 버번 스트리트 장면을 찍었다. 흑백촬영이 이야기와 세팅의 사실주의에 크게 한몫했다.

로케이션 촬영은 역시 말썽이 많았다. 엘비스의 끈질긴 팬들 때문에 뉴올리언스의 호텔방에 드나드는 일조차 특별한 작전이 필요했다.

"팬들이 엘비스에게 몰려들지 않도록 엘비스를 낡은 세단의 뒷좌석 바닥에 뉘어야 했죠."

존스의 설명이다. 스태프들은 기발한 방법을 쓰기도 했다. 옥상과 옥상 사이에 줄사다리를 설치해놓고 엘비스를 옆 빌딩으로 들여보내는 것이다. 그러면 엘비스가 옥상에서 줄사다리를 타고 호텔로 건너와 화재비상구로 내려간 다음 객실 창문으로 들어가는 방법이었다.

배우들은 엘비스의 이런 악조건을 이용해 스릴 만점의 장난을 치기도 했다. 어느 날 저녁을 먹고 난 뒤 존스, 하트 그리고 프레슬리와 다시 어울리기 시작한 닉 애덤스는 경비가 삼엄한 엘비스의 객실까지 '총을 쏘며' 올라가보자고 제안했다.

"호텔 로비에 있는 장난감 가게에서 파는 장난감 총을 모조리 샀어요."

하트가 회상했다. 캐롤린 존스는 나중에 텔레비전 드라마 〈애덤스 패밀리〉의 모르티시아로 스타덤에 올랐다.

존스는 플라스틱 45구경으로 무장했고 애덤스는 플라스틱 기관총을, 하트는 6연발 쌍권총을 허리에 찼다. 이 삼인조는 엘리베이터로 몰려가 '무기'를 들이대며 당황한 엘리베이터 승무원에게 명령했다.

"우릴 빨리 구 층으로 데려다줘!"

그러고 나서 프레슬리의 경호원을 '제압하고' 그의 펜트하우스 스위트에 침입한다. 결국 엘비스의 경호원 삼인조가 웃으면서 달려가 스타를 구출하고 테러리스트 지망생들을 무장해제했다. 하트의 얘기를 들어보면 '갱들의 전쟁'은 '프레슬리 장군과 그의 강력한 삼인조 부대'의 승리로 끝이 났다.

하트로서는 즐겁게도 프레슬리가 다음날 밤 그 대가를 치렀다. 하루종일 촬영을 마치고 엘리베이터에 올라타서 9층에 데려다달라고 요청하자 승무원이 의심부터 했던 것이다. 누구도 9층에 올려보내서는 안 된다는 명령 때문이었다.

"그럼요, 거긴 엘비스의 층이니까. 그런데 바로 제가 엘비스거든요."

엘리베이터 승무원은 절대로 속지 않으려는 듯 몇 층 올라가서 승객을 내보냈고, 엘비스는 하는 수 없이 계단을 걸어올라가야 했다.

캐롤린 존스는 훗날 함께 출연했던 엘비스를 이렇게 평한다.

"얼마나 달콤한 남자인지, 얼마나 예민한 영혼의 소유자인지 몰라요."

그녀는 이렇게 농담조로 말하길 좋아했다.

"영화에서는 키스하더니 입대해버리더군요."

매소는 엘비스가 수줍음을 탄다고 생각했다.

"아마 전 엘비스와 얘기한 것보다 대령하고 잡담하며 보낸 시간이 더 많았다고 해야 맞을 거예요. 엘비스는 너무 숫기가 없었어요."

할리우드에서 열린 그 영화의 비공식 종파티에 참석한 엘비스는 무척 우울해 보였다. 며칠 지나면 말단 이등병이 될 처지였으니까. 그는 설탕으로 녹색 군복을 입은 GI 형상을 만들어 장식한 케이크를 선물 받고 여러 조각으로 자르다가 칼로 그 작은 인형의 목을 내리쳐버렸다.

그리곤 탈의실로 사라져버렸다가 경호원과 수행원들에게 빨리 떠날 채비를 하라고 고함을 질렀다. 그는 곧장 기차를 타고 멤피스의 고향집으로 향했다. 생전 처음으로 수행원들에게 싫은 소리를 하며 '아첨꾼'이라고 막말을 하기도 했다.

"너희들 말이 거짓말인지 진실인지 전혀 알 수가 없어!"

입을 벌린 채 지켜보던 저널리스트는 훗날 한마디했다.

"사실 프레슬리는 자신의 즐거움을 위해 그들을 곁에 두었어요. 말이 수행원이지 속된 농담을 멋대로 하거나 상스런 게임을 받아줄 파트너말고는 하는 일도 없었죠."

엘비스의 삶과 음악에 더욱더 해로웠던 것은 이 측근들이 결국 예스맨이 되는 법을 터득했다는 점이었다. 그들에게 엘비스의 패션은 언제나 완벽했고 헤어 스타일도 예술이었다. 셔츠는 '절대적으로 훌륭하고' 바지도 '딱 알맞게 낀다' 는 식으로 계속 엘비스를 안심시켰다.

"이들은 결국 누구도 통과할 수 없는 엘비스 자신의 '베를린 장벽' 이 되었죠."

할리우드의 칼럼니스트이자 친구였던 메이 맨의 말이다.

"아무도 그들을 뚫을 수 없었어요. 어머니조차도요."

엘비스는 '제대 이후의 프로젝트' 를 따지던 파라마운트와 MGM의 거물들을 모두 무시한 채 측근들을 이끌고 기차에 올라탔다.

엘비스는 기차에 올라탄 후 우리에 갇힌 호랑이처럼 더블 침실을 왔다 갔다하다가 분노와 무기력증을 잊으려고 다이어트 약을 몇 알 삼켰다. 결국 엘비스는 기차가 왜 이렇게 느리냐고 투덜거리다가 댈러스에 미리 전화를 걸어 리무진 편대를 예약했다.

그러나 거대한 역사에 모인 군중들을 마주한 순간 이성을 잃어버렸다.

"신경쓰지 마."

라마 파이크가 한마디했다.

"다음 커브에 기차가 느려질 테니까 점프해서 내리면 돼."

그는 적절한 타이밍에 굴러떨어졌고 긴장한 친구들도 뒤따라 달려나갔다. 멀리서 지르는 소리와 둔탁한 발소리가 들리자 파이크는 들켰다는 걸 알았다.

"빨리 빨리! 이러다 모두 걸리겠어."

바로 그 순간 파이크가 낡은 벽돌담장에 부딪혔다. 그는 어리둥절한 채 엘비스를 올려다보았다. 부딪혔을 뿐 아무렇지도 않았던 것이다.

엘비스는 웃음을 터뜨렸다.

"라마, 널 영화에 캐스팅해도 되겠어."

그들은 늦지 않게 리무진에 도착하여 멤피스를 향해 발진했다. 몇 시간 후 프레슬리는 깊은 잠에 빠진 채 흐느끼기 시작했다.

"다 끝났어. 이젠 모두 끝났다고."

친구가 그를 흔들어 깨웠다.

"빌어먹을, 엘비스, 무슨 꿈을 꾼 거야? 겁에 질린 잠꼬대를 하다니."

"아무것도 아냐."

프레슬리는 혼자말처럼 중얼거렸다.

"아무것도."

훗날 엘비스는 알 포르타스에게 다시 가난해지는 끔찍한 환영을 봤다고 털어놓았다.

"돈이 전부 다 사라지는 꿈이었어. 대령도 사라졌어. 담장 밖의 여자애들도 사라졌어. 사라졌어. 모든 게."

리무진이 그레이스랜드를 향한 거대한 모퉁이를 돌 때야 그는 다시 풍요로움으로 가득 찬 사치에 잠기며 웃을 수 있었다. 그레이스랜드는 그에게 이런 식으로 닻 같은 역할을 했다.

그는 집에 온 후 남은 시간을 최대한 즐겼다. 글래디스와 5분 동안 앉아 있다가 입을 맞추고는 휙 나가버리는 아침도 있었다.

군대 때문에 쌓인 스트레스를 발산하기 위해 7일 밤 연속으로 레인보 롤러 스케이트장을 예약했다. 그리고 두려움을 모르는 강한 스케이터들을 모아서 함께 고안한 끝이 없는 전쟁게임을 즐겼다. 그는 도착하자마자 참가자들에게 무릎 보호대, 팔 보호구, 두툼한 패딩이 들어간 스케이트복을 선물했다. 그리곤 참가자들을 두 줄로 나눠 각자 마주보라고 했다. 각 팀은 거대한 링크 건너편에서 조용히 서로를 응시했다. 마침내 엘비스가 호루라기를 불었고, 게임이 시작되었다.

"명심해."

엘비스가 낮은 소리로 외쳤다.

"뭐든 허용되는 거라고."

"우린 스케이트를 타고 한가운데로 돌진하여 격투를 벌였죠."

윌 '바달' 맥다니엘이 회상했다.

"서로 부딪히자 충돌음이 바닥과 벽에 메아리쳤어요."

그처럼 '부딪히는' 와중에 바달은 충격을 받아 기절하고 말았다. 깨어 보니 얼음주머니를 머리에 얹은 채 의자에 앉아 있었다. 엘비스의 얼굴이 어질어질한 안개를 뚫고 나타났다.

"제가 할 수 있는 건 마주 보는 것뿐이었어요."

가수가 구구절절 사과를 늘어놓으려 하자 바달이 말을 잘랐다.

"형, 이건 형의 파티야. 다시 플로어로 돌아가자고."

열일곱 살 소년 바달은 세번째 대결에서 엘비스를 다운시켰고, 엘비스는 이를 갈며 플로어에 나가떨어졌다.

"전 테이블로 달려가서 숨었어요."

바달이 생생하게 전했다.

"이젠 정말 죽었다 싶었죠."

프레슬리의 보디가드 대장이 테이블 밑에 숨은 그를 찾아냈다.

"엘비스가 멤피스에서 '막강하다'는 걸 잊지 말아야 해요. 전에도 전설적인 싸움이 있었으니 제가 무슨 생각을 했는지 상상이 될 거예요."

그러나 엘비스는 바달을 끌어내어 잠자코 아래위로 훑어보기만 했다.

"레드, 난 이 녀석이 맘에 드는데. 집 전화번호를 알려줘. 언제나 환영이야."

패거리가 바달을 받아들인 것이었다.

'멤피스 플래시 팀'과 대결해본 사람들은 그들의 지칠 줄 모르는 체력에 놀랐지만, 그 스태미나 뒤에 숨은 어두운 비밀은 전혀 알지 못했다. 엘비스는 게임을 시작하기 전에 '행복한 약'이라고 이름 지은 트리플 테킬라 맛이 나는 캔디 비슷한 것을 돌렸다. 그 알약은 퍼코단으로, 가장 심각한 통증을 해결해주는 모르핀의 일종이었다.

프레슬리 팀의 멤버들은 플로어에 나가기 전에 각자 한 알씩 먹었지만 프레슬리 자신은 한 번에 네 알을 삼킨 적도 있었다. 하지만 그 힘을 게임에 다 쏟지 않고 전쟁놀이를 위해 남겨두었다.

엘비스는 입대를 앞두고 보여준 자신의 금욕이 자랑스러웠다. 그러나 분노와 슬픔을 드러내기도 했다. 어느 일요일엔 글래디스가 오후 1시인데도 아직 침대에 있는 아들을 발견했다.

"아가야, 무슨 일이니?"

프레슬리는 즉시 어린애 말투로 돌아가 어머니와 두 시간 동안 그들 자신만 이해할 수 있는 언어로 중얼거리고 속삭였다. 그는 글래디스가 뭐라고 말하건 받아들였고, 해가 지자 다시 일어나 방탕한 파티를 위한 만반의 태세를 갖추었다.

이 시기에 엘비스가 가장 진지한 데이트 상대이자 활기찬 여자친구와 함께한 것은 큰 도움이 되었다. 테네시 잭슨 출신의 애니타 우드(Anita Wood)는 십 대를 위한 멤피스의 텔레비전 쇼 〈탑 10 댄스 파티(Top 10 Dance Party)〉 진행자였다. 그녀가 WHBQ 방송국에서 일하던 1957년 6월, 조지 클라인의 방문을 받은 적이 있었다. 아름다운 만큼 야심이 컸던 우드는 농담조로 클라인에게 말했다.

"언젠가는 당신이 날 엘비스한테 소개시켜줘야 할 것 같아요. 결국 엘비스도 멤피스 사람이고 나도 이제 멤피스 사람이잖아요."

며칠 밤이 지나 전화벨이 울리자 우드는 즉시 상대방의 목소리를 알아들었다.

"오늘밤 데이트 어때요?"

쇼에서 처음 봤을 때부터 은색에 가까운 금발에 반한 엘비스가 물었다. 미인대회 우승자였던 160센티미터의 우드는 전형적인 미국 미인들처럼 눈부시게 웃었고, 몸매도 관능적이었다. 하지만 가수 데뷔를 준비하던 그녀는 엘비스가 전화했던 그날 밤 이미 데이트 약속이 있었다.

"나중에 다시 걸어주시면 좋겠어요."

엘비스는 겨우 이틀 뒤에 다시 전화했다. 그는 『모던 스크린(Modern Screen)』에 '첫 데이트 장면'이 재구성되어 실린 적도 있는 우드를 매끈한 검은색 캐딜락에 태웠다. 메인 스트리트의 스트랜드 시어터에서는 〈러빙 유〉의 세계 최초 상영을 준비하고 있었다. 그는 그레이스랜드에서 몇 블록밖에 안 떨어진 레스토랑 슈노즈로 그녀를 데리고 갔다. 가장 멋진 룸과 메뉴를 예약해두었던 것이다.

우드가 가수 건너편에 앉자 웨이터가 뚜껑을 씌운 접시를 들고 나타났다. 소스가 줄줄 흐르는 햄버거와 프렌치프라이가 우드 앞에 놓였다. 처음에는 놀랐지만 나중에는 우스웠다. 엘비스는 전채요리로 버거를 먹나 싶었지만, 그가 먹으면서 설명한 대로 쇠고기 대신 바삭바삭한 베이컨을 여러 장 겹친 것이었다.

얼마 후 우드는 엘비스가 부모님을 비롯해 친구와 친척들을 위해 극장 전체를 빌렸던 〈러빙 유〉 심야상영의 특별 손님으로 초대받았다. 글래디스 프레슬리는 우드를 마음에 들어하더니 며칠 뒤 그레이스랜드의 디너에도 초대했다.

우드는 엘비스의 집에 초대받아서 흥분했지만 엘비스가 집을 보여주다가 자신의 거대한 침실로 안내하며 '세련되게 에스코트해준' 것은 별로 달가워하지 않았다.

"이런 시간에 날 이렇게 안내하다니."

우드가 정숙한 남부 숙녀의 자긍심을 가지고 말했다.

"아냐, 그건 오해라고. 엄마가 아래층에서 특별 요리를 준비하셔서 말이야. 맛있게 먹고 쇼에 가자고!"

엘비스는 더듬거리며 변명했다.

디너는 소시지와 사우어크라우트, 졸인 감자, 검은 눈콩, 얇게 썬 토마토였고, 디저트는 너무나 유명한 글래디스의 특대 아이스 코코넛 케이크였다. 글래디스는 식사가 끝나기 전에 다시 한 번 적당한 신붓감을 눈여겨보았다.

우드는 엘비스하고 애무와 섹스에 대해 얘기는 했지만 진짜 자지는 않았다고 강조했다.

"전 결혼을 위해 남겨둬야 할 것이 있다고 배웠어요. 지금은 다들 당연하게 여기지만 당시에는 생각조차 할 수 없었죠. 남자와 침대에 눕는 걸 죄악으로 생각하는 여자들이 많았어요."

우드와 프레슬리도 그런 식이었다.

"그래도 엘비스는 내가 사랑한다는 걸 알았죠."

그녀는 수많은 여자들이 엘비스가 원하는 걸 준 다음에는 그의 삶에서 사라졌다는 것 또한 알고 있었다.

어느 날 저녁 애니타가 다른 일이 있다며 데이트를 미루자 엘비스는 다른 여자를 불러들였다. 두 사람이 장난을 치며 침대에서 뒹굴고 있는데 운명의 장난처럼 애니타가 갑자기 정문에 나타나고 말았다. 엘비스와 그 여자는 라마 파이크의 도움으로 삐걱거리는 사다리를 타고 기어내려와 차고의 리무진에 숨었다. 그는 '적당한 시간' 이 지난 다음에야 천천히 안으로 걸어가서 별 생각 없이 말했다.

"아, 언제 왔어? 차를 손보고 있었는데."

엘비스가 정교하게 세공된 다이아몬드와 사파이어가 박힌 '우정을 기념하는' 반지와 1956년형 포드를 선물하자, 우드는 '그들의 계획'에 관한 질문공세에 적잖이 시달렸다. 글래디스는 엘비스와 애니타가 '비공식적으로 약혼했다'고 믿을 만큼 그 선물을 진지하게 생각했다. 그녀는 절실하게 원하던 아들의 결혼을 그려보았다.

그녀의 꿈은 막연한 소망 이상으로 날개를 달았지만 현실은 달랐다. 엘비스가 글래디스의 음주를 문제삼았던 것이다. 그녀는 빈 술병을 종이봉투에 싸서 소파 뒤에 처박거나, 부엌 창고의 베이킹파우더, 설탕봉지, 밀가루 부대 뒤에 쌓아두었다. 엘비스는 한참을 뒤지다 증거를 찾은 형사처럼 그 병을 흔들며 소리치곤 했다.

"이러다 죽어, 엄마. 정말이야. 그때 내가 멀리 있어도 되겠어?"

글래디스도 맞받아 소리쳤다.

"누가 누굴 걱정해! 기진맥진하기 전까진 집에 코빼기도 비치지 않으면서. 위험한 건 바로 너야. 너야말로 과로로 죽을 거야. 아니면 팬들이 널 죽이거나."

"엄마, 내 걱정은 뭐 하러 해. 난 괜찮다고."

글래디스는 소리를 지르며 대답했다.

"네 걱정 말라고 하지 마. 너 때문에 잠도 못 자고 며칠 동안 무서워서 벌벌 떠는데 어디다 대고 감히 걱정하지 말라는 거냐!"

엘비스는 의자에서 벌떡 일어나더니 토마토를 잔뜩 쌓아놓은 접시를 집어서 벽에 던졌다. 글래디스도 묵직한 콩 그릇을 벽에 던졌다.

엘비스가 입대하기 나흘 전에 파커 대령이 도착했다. 그와 그의 '고객'은 아래층 사무실에 앉아 엘비스를 소금에 절여놓는다 해도 '엘비스의 제국'이 계속 굴러가도록 마스터플랜을 짰다. 일단 내슈빌에서 두 번의 녹음 세션을 가졌다. 〈어 풀 서치 애즈 아이(A Fool Such as I)〉〈아이 니드 유어 러브 투나이트(I Need Your Love Tonight)〉 등의 곡들이 1960년 엘비스 프레슬리가 제대할 때까지 턴테이블을 지켜줄 터였다. 뿐만 아니라 대령은 이미 지난 1년간 매진사례를 이룬 액세서리 등의 캐릭터 사업을 계속해나가면서 거기에 군대 분위기를 추가할 계획이었다.

그 무렵 엘비스의 수입은 상식을 훨씬 뛰어넘었다. 1956년 한 해만 해도 프레슬리의 매니지먼트 회사는 RCA가 판매한 100만 장의 앨범을 포함해 5000만 달러 이상을 벌었다. 판매와 지속력 면에서 음반사상 모든 아티스트를 앞질렀던 그의 경이적인 음반 판매고는 1957년 내내 지속되었다. 예를 들어 〈핫브레이크 호텔〉이 들어 있는 첫 앨범『엘비스(Elvis)』는 차트에 11위로 진입한 다음 1위로 뛰어올랐고, 놀랍게도 49주 연속 1위를 유지했다. 하루에 7만 5000장이 팔린 날도 있었다. RCA의 오랜 역사상 가장 많이 팔린 앨범이었다. B 사이드에 〈돈 비 크루얼〉이 있었던 싱글 〈하운드 독〉은 18일 만에 100만 장이 팔렸다. 1957년 늦가을이 되자 엘비스 프레슬리는 음반사 매출의 3분의 2를 차지했다.

그는 또 파라마운트와 20세기 폭스 같은 영화제작사에 600만 달러를 벌어주었다. 〈러브 미 텐더〉 한 편만으로 모두 450만 달러를 긁어모았다. 미숙한 배우의 개인 수입 역시 할리우드 전체가 주의 깊게 지켜보고 있었다. 〈러브 미 텐더〉와 〈러빙 유〉가 각각 10만 달러를 안겨주었다. 〈제일하우스 록〉으로 그의 주가는 25만 달러의 개런티에 수익의 50퍼센트를 배분받는 정도까지 올랐다. 〈킹 크레올〉의 수입도 같은 방식이었다.

스타 뮤지션은 여전히 잘 팔리는 상품이었다. 첫 15개월 동안 4000만 달러를 끌어들였다. 그해에 팬들은 장식 팔지 400만 개, 청바지 12만 벌, 티셔츠 24만 장, 'EP 슈즈' 7200켤레를 구매했다.

파커가 이러한 사실과 수치를 설명한 다음 복무하는 동안 가수의 명성을 유지할 정도의 음반이 창고에 쌓여 있다고 말하자 엘비스는 마음을 가라앉혔다. 그리고 아무 일도 없었던 것처럼 어머니에게 키스하고는 롤러

스케이트장에 갔다가 밤 2시 30분이 넘어서야 돌아왔다. 아버지는 새벽 4시에 아들을 깨워서 옷 입을 시간이라고 말했다.

미 육군은 이등병 프레슬리를 기다리고 있었다.

이등병 프레슬리

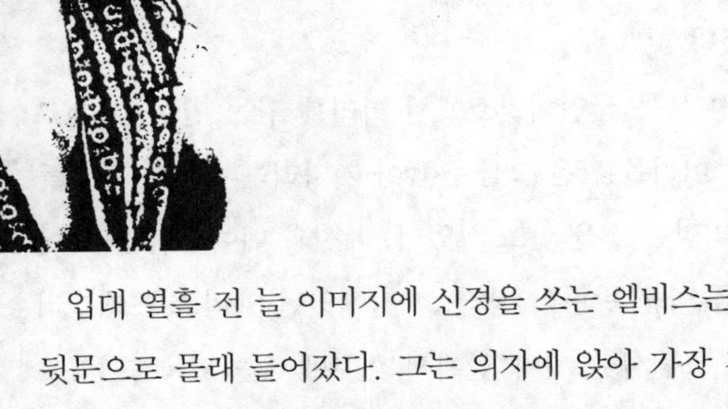

입대 열흘 전 늘 이미지에 신경을 쓰는 엘비스는 멤피스 시내 이발소의 뒷문으로 몰래 들어갔다. 그는 의자에 앉아 가장 전설적인 트레이드마크였던 헝클어진 머리를 거울에 비춰보았다. 안무동작이나 악명 높은 엉덩이만큼 중요한 스타일이었다.

이발사 조지 에이커가 가위를 들고 옆에 서 있었다. 엘비스는 고통스럽게 입을 열었다.

"저, 조지 아저씨, 윗머리 몇 센티미터하고요, 옆이랑 뒤는 3센티미터만 잘라줄래요?"

그는 잠시 말을 멈췄다가 덧붙였다.

"구레나룻도 조금만 밀어주시고요."

그는 검게 염색한 머리타래가 바닥에 떨어지는 동안 똑바로 앞을 쳐다보고 있었다.

그로부터 6일 후 새로운 사회를 향한 카운트다운이 가까워오자 로큰롤의 제왕은 또다시 뒷문으로 들어가 의자에 앉았다.

"구레나룻을 완전히 밀어주세요."

그는 한숨을 쉬며 말을 이었다.

"윗머리는 3센티미터 더 잘라주시고요, 옆과 뒤는 바짝 쳐주세요."

에이커의 말대로 프레슬리는 '모두 잘라낼 마음' 은 아니었다. 그는 군대에서 자를 머리를 조금만 남겨달라고 했다.

그래도 아직은 삼손 이래로 가장 큰 관심을 불러모을 스타일보다는 훨씬 나았다. 이제 아칸소 '채피 기지' 에 있는 군인이발소에서 '3월 25일 오후' 를 맞을 준비가 되었다.

프레슬리와 파커 대령 모두 군인이발소에서 머리를 깎는 일이, 사이즈가 안 맞는 군복을 입고 머리를 깎은 그를 손꼽아 기다리는 수백만 부모들에게 강력한 상징이 되리라는 점을 알고 있었다. 패션과 메이크업 등 스타일에서 전세대의 관행을 바꾼 반항의 상징 그 자체였던 엘비스 프레슬리가, 뉴스영화 카메라와 스틸사진 기자 앞에서 일부에서는 모욕적이라고 부르기도 한 '이발' 을 하려는 참이었던 것이다. 파커는 입대 며칠 전 엘비스를 독대하는 자리에서 이 어려운 물결을 행운의 샘으로 바꾸는 방법을 알려주었다. 파커의 설명대로 엘비스가 미군 역사상 가장 열정적이고 규율을 잘 지키는 징집 대상자의 자세를 보여준다면 이 불리한 흐름을 꺾을 수 있다는 것이었다.

"온 세계가 지켜볼 거잖아요."

파커는 엘비스와 그의 부모에게 말했다.

"그들이 지켜보는 동안 우리가 잘만 한다면 입대하기 전보다 더 큰 스타가 될 겁니다."

이번만은 파커가 힘들여 홍보할 필요가 없었다. 이 일은 그 자체로 생명력이 있었다. 입대 날짜가 다가오자 미국 언론뿐 아니라 유럽의 거의 모든 나라에서 그를 취재하겠다는 요청이 육군 홍보실에 쇄도했다. 루프트한자 여객기를 가득 채운 대표단을 파견한 독일이 이 리스트의 첫줄에 섰다. 한편 국방성은 파커에게 다시 한 번 엘비스를 특별 복무부대에 입대시키라고 권유했다. 물론 파커는 고개를 가로 저었다.

"너무 죄송합니다만 엘비스는 전투병으로 마음을 굳혔습니다. 전 손을 쓸 수가 없어요."

사실 엘비스는 할 말이 별로 없었다. 항상 대령이 시키는 대로만 했던 것이다. 그가 친구들과 나눈 불신에 찬 대화에서도 잘 드러나듯이.

입대 전날의 엘비스. 부모님께 작별의 키스를 하고 있다.

"일주일에 두세 번만 노래하고 내내 빈둥거리면 얼마나 좋겠냐. 그럴 수만 있다면 밤새 보초를 설 텐데."

운명의 아침이 다가오자 엘비스는 면도기, 칫솔, 빗을 챙기고 전형적인 밝은 옷을 입었다. 체크무늬 스포츠 재킷과 스타일리시하게 재단한 개버딘 바지를 입고 수백 달러짜리 구두를 신었다. 눈물 많은 글래디스와 무표정한 버넌, 한 시간 전부터 일어나서 캐스팅 미팅에 가는 것처럼 세심하게 옷을 차려입은 멋진 애니타 우드는 엘비스와 함께 멤피스 시내에서 40킬로미터 떨어진 케네디 참전용사 병원으로 향했다.

그날 아침은 안개가 끼고 보슬비가 내려서 꽤 쌀쌀했지만 엘비스 일행은 40분이나 일찍 도착했다. 지칠 줄 모르는 파커 대령에게는 이길 수 없었지만.

"그래요, 파커 씨는 엘비스 일행보다 30분 전에 오셨습니다."

녹색 군복과 빳빳한 셔츠, 광낸 구두로 무장한 육군 하사관이 말했다. 그는 파커에게 받은 거대한 〈킹 크레올〉 풍선 두 개를 쥐고 있었다.

엘비스는 플래시 세례를 받을 준비를 갖추었다. 창피한 줄 모르고 울어대는 글래디스를 껴안고 아버지와 악수하고 애니타 우드에게 키스했다. 그리곤 안으로 걸어들어가 그의 도착을 기다리는 의사, 간호사, 신병담당자를 만났다.

30분 후, 엘비스는 다른 입대자들과 함께 옷을 벗고 팬티차림으로 일렬로 섰다. 타일 바닥에 그려진 노란 화살표를 따라가 검진센터에서 각종 테스트를 거쳤다. 사진기자들은 속옷만 입은 그를 포착하여 그토록 엉덩이를 들썩거리고 돌렸는데도 아랫배에 남아 있는 두둑한 지방 덩어리와 상대적으로 볼품이 없는 몸매를 공개했다. 그는 카메라를 의식한 듯 앞을 똑바로 쳐다보고 도전적인 표정을 지었다.

의사들이 이 가수의 몸을 쿡 찌르거나 쳐보며 신체결함이 있는지 검사하는 동안 카메라맨들은 무리를 지어 시끄럽게 들썩거렸다. 20세기 폭스의 뉴스릴 카메라는 엘비스에게 집중한 의사의 얼굴에서 반사되는 밝은 빛을 좇았다. 그 빛의 초점이 엘비스의 눈 한가운데를 향하고 있었다. 몇 분 후 그는 뉴스릴 카메라가 있던 곳을 보고 크게 윙크를 보냈다. 다행히도 항문검사는 '세상의 눈과 귀'에서 면제받았다.

오후가 되자 대령은 스타에게 테네시 주지사 프랭크 클레멘트가 보낸 긴 전보를 주었다. 그리곤 아직 웃통을 벗은 엘비스를 카메라 앞으로 끌고 가며 지시했다.

"이걸 읽어줘. 나쁠 거 없다고."

그러나 이번만은 엘비스가 협조하지 않았다. 프레슬리는 갑자기 돌아서서 눈빛을 번뜩이며 경고했다.

"이봐요, 들어가는 건 나예요. 내 일이지 당신 일이 아니잖아요. 그따위 전보는 읽지 않겠어요."

파커는 놀란 나머지 중국 황제 앞에서 공손하게 물러나는 신하처럼 천천히 한 걸음씩 물러났다.

마침내 긴 하루가 가고 있었다. 오합지졸 같은 신병들이 국가와 미군 앞에 충성을 맹세했다. 하지만 대령은 첫 단어를 말하기도 전에 부산하게 움직이며 신병들을 삼각형으로 정렬하고는 엘비스를 앞줄에 세웠다. 그는 『라이프』지의 카메라맨을 벤치에 올려주면서 선서를 하는 프레슬리의 늠름한 눈이 장교를 올려다보는 구도를 찍으라고 제안했다. 이 사진은 일주일 안에 전 세계의 신문을 장식했다.

담당 육군 대위는 빨리 눈치를 채고 13명의 입대자와 채피 기지로 향하는 버스에 올라탄 엘비스를 '임시 지휘관'으로 임명했다.

엘비스는 계속 울기만 하는 어머니에게 응석을 받아주듯 살짝 입을 맞춘 다음 애니타 우드에게 열정적으로 키스했다. 그리곤 잽싸게 돌아서서 그의 1958년형 캐딜락을 응시하며 말했다.

"안녕, 이 기다란 검둥이 계집아."

버스에 탄 동료들이 웃었다.

버스가 멀리 떨어진 채피 기지를 향하자 어둠이 내리기 시작했다. 엘비스는 자리를 잡고 잠시 눈을 붙이기 전에 버스 뒤창으로 가서 보도차량이 쫓아오는지 확인하고 나서야 마침내 안도의 한숨을 내쉬었다. 고속도로는 어둡고 황량했다.

그들을 호위하던 상사가 아칸소 웨스트 멤피스의 커피 컵(Coffee Cup)에서 휴식을 명했다. 여러 대의 차량이 주차장에 들어올 때 엘비스는 미트볼 두 개가 들어 있는 스파게티, 샐러드, 크래커, 콜라 두 병으로 첫번째 군대식사를 하는 참이었다. 그런데 버스가 주차하는 순간 팬들이 쏟아져나왔다. 엘비스는 신병들 사이에서 버스까지 뚫고 가려다가 그만 토마토 소스를 뒤집어쓰고 말았다. 그뿐이 아니었다. 버스에 올라타고 나서야 만년필과 연필을 잃어버렸다는 사실을 깨달았다. 셔츠는 등까지 찢겨져나간 상태였다.

버스가 다시 고속도로를 달리자 엘비스는 당황해서 동료 병사들에게 사과했다.

"믿지 않겠지만 정말 미안하다."

버스는 밤 11시 30분이 되어서야 채피 기지에 도착했다. 실제로 별명이 된 '이등병 프레슬리'와 동료 병사들은 완전히 녹초가 되어 침대에 들어갔다.

불규칙적인 수면과 함께 악몽이 되살아났다. 이번에는 관중들이 그를 거부하는 장면이었다. 엘비스는 목소리를 잃었고, 그레이스랜드는 끔찍한 폐허가 되었다. 엘비스는 5시에 깨어나 채피 기지의 막사라는 현실로 돌아왔다. 어둠 속에서 침대를 정리하고 면도와 샤워를 끝낸 뒤 막사 옆에 섰다.

몇 년 후 엘비스는 수천 명의 병사들 사이에 숨어 있던 그 짧은 익명의 시기를 즐겼다고 전했다. 그러나 미디어는 그에게 최후의 조소를 보낼 작정이었다. 프레슬리는 13명의 일행과 함께 식당으로 행진하여 푸짐한 아침식사를 열심히 먹었다. 식당 밖에서 소란이 일어났을 때도 그는 먹는 중이었다. 소리를 지르고 거칠게 밀치는, 엘비스에게는 너무나 익숙한 협박조의 목소리가 들렸다. 톰 파커 대령이었다. 이번에는 고르고 고른 10명의 사진기자와 함께 돌아왔다. 그중 둘은 자신의 사진기사였다.

"내가 출입 권한이 없다고 생각한다면 워싱턴의 햅 아널드 장군에게 전화해. 그 사람이 말해줄 거야."

파커는 식당에 불쑥 들어오면서 떠벌렸다.

스틸 카메라와 뉴스영화 카메라가 촬영에 들어가자 파커는 담당 대위에게 "그냥 엘비스를 찾아왔다."고 말했다. 기지 사령관의 관대한 배려 덕에 기자들의 퍼레이드는 하루종일 계속되었고, 엘비스는 지칠 대로 지쳐서 파커가 웨스턴 스타일의 끈 넥타이를 매라고 하자 마침내 소리를 지르고 말았다.

"그만둬요. 전 지금 군대에 있다고요. 당신 때문에 더 나빠지고 싶지 않아요."

마지막 분노가 아직 그를 기다리고 있었다. 머리를 완전히 잘라야 했던 것이다. 기념비적인 사건에 앞서 요리사들은 졸병들을 향해 사냥개처럼 거칠게 짖었다. 하지만 엘비스는 웃어 보였다. 한편 파커는 실내를 꽉 메우는 것도 모자라 창문 밖까지 둘러싼 기자와 사진기자 대표단에게 돌진했다. 대령은 머리칼이 잘릴 때마다 극적인 효과를 넣는 쪽으로 시나리오를 지휘했다.

"뉴스영화 카메라는 아주 천천히 잡아주시고요."

파커는 이발사 제임스 B. 피터슨에게도 지시했다.

"클로즈업과 원거리 샷을 하나씩 잡을 테니까 포즈를 취해줘요."

이어서 스틸사진 기자들을 위한 공간을 내달라고 영화 카메라 기사들에게 부탁했다. 그 중에는 흑백만큼이나 선명하게 나오는 새로운 컬러필름으로 작업하는 『라이프』지의 사진기자도 둘이나 있었다. 대령이 각 그룹을 한데 모으면서 피터슨에게 또다시 프레슬리의 머리 한 가닥을 자르라고 사인을 보냈다.

엘비스는 트레이드마크를 잃어버렸지만 자신만의 전설을 훌륭하게 하나 더 만들었다.

"기분이 어떠세요, 엘비스?"

한 기자가 외쳤다.

"뭐 별로 달라진 걸 모르겠는데요."

프레슬리는 손으로 까까머리를 쓸었다.

"윗머리 중 가장 긴 부분이 1.2센티미터 정도였다."라고 『유나이티드 프레스』는 보도했다. 이 신병은 어리둥절한 나머지 이발사에게 줘야 할 65센트를 내지 않고 빠져나가버려, 결국 돈을 내라고 그를 다시 불러들여야 했다.

미군의 자료는 다음과 같다.

이등병 엘비스 프레슬리, 군번 US53310761, 입대 당시 몸무게 84킬로그램, 군대 규율대로 머리를 자르고 잰 키는 180센티미터. 그는 34킬로그램에 이르는 주름 잡은 군복들과 305센티미터 사이즈의 부츠를 배당받았다. 백만장자 연예인이 이제 한 달에 78달러를 버는 처지가 되었다.

전국의 재담가들은 제날을 맞은 듯 떠들었다. 당시에 유행하던 농담을 다시 들어보자.

"이건 미국에서만 가능한 일이라고."

이등병 프레슬리는 지친 몸을 이끌고 막사로 돌아가서 첫날의 위안을 찾았다. 언론과 사진기자는 지휘관이 부대 밖으로 쫓아버렸다. 이제 후드 기지의 훈련장은 출입 금지였다. 엘비스에게는 다행스러운 일이었다. 그곳에서 기초 훈련과 고급 탱크 교육을 받을 예정이었다. 그날 일찍 실시한 적성검사 결과 그는 '헬 온 휠스 배탤리언(지옥의 바퀴 대대)' 라는 별명으로도 알려진 육군 제5기갑부대로 배치되었다. 그는 오래전부터 군대에서 복무한다면 더 험한 부대에 지원하겠다고 결심했던 터라 기뻐했다. 이번 배치는 그의 기도에 대한 응답이었다.

사실은 마지막 순간에 명령이 취소될 뻔했다. 워싱턴의 정치가들 때문이었다. 햅 아널드가 파커에게 전화를 걸어 국방성 내의 세력들이 아직도 엘비스를 특별 복무 부대에 넣고 싶어하는데 펜 하나로 가능하다고 알려주었던 것이다. 파커는 미리 이등병 프레슬리에 대한 사진과 보도자료를 내보내는 공세를 취하며, 그가 탱크부대에 들어가서 '아주 만족하고 있다.' 고 강조했다. 그러나 제5군 장성에게 내려온 공문과 편지는 결국 하와이언 프린트 셔츠, 작업복 바지, 낡은 밀짚모자를 제복으로 입은 가짜 대령이 그와 같은 사실을 조작했음을 알려주었다.

프레슬리와 전우들을 가득 태운 버스는 텍사스의 후드 기지로 향했다. 바야흐로 후드의 엄격한 기초 훈련인 '지옥의 계절' 이 시작될 참이었다. 프레슬리와 그의 분대는 8주 동안 매일 8킬로미터 구보 등 전투병의 조건을 통과하느라 분투했다. 이등병 프레슬리는 대부분의 조건을 통과했고 막사의 분대장, 긴 행군의 순찰대장이 되었다. 세상에서 가장 인기 있는 사람이라는 부담을 어깨에 지고 살다가 갑자기 병사들만 있는 담장 안에 던져진 것이었다. 처음에는 가볍게 괴롭히는 훼방꾼도 있었다.

"이봐, 엘비스, 엉덩이 돌리는 법 좀 보여줘!"

"이봐 엘비스, 구레나룻이 없으니 길을 못 찾겠지?"

"그래, 엘비스, 네 여자들은 모두 어찌된 거야?"

하지만 그의 '순수하고 직선적인 터프함' 이 곧 의심 많은 사람들을 잠재웠다.

"군인이 되는 과정을 통과하는 것말고는 딴 짓을 하지 않았어요."

훈련소 조교였던 윌리엄 노우드(William Norwood) 하사가 회상했다.

"196명이 제 감독 밑에 있었지만 프레슬리보다 뛰어난 병사는 없었어요. 그는 묵묵히 자기 일을 했고 특별히 부여된 '상병 임무' 를 수행하는데 특히 뛰어났죠. 나중엔 '하사 임무' 로 소대 최고 표창까지 받았어요."

사실 엘비스는 인기 때문에 불필요한 부담을 진 상태였다. 록 저널리스트 제리 홉킨스가 설명한 대로였다.

"엘비스는 병사들이 가장 소중하게 간직하는 양도할 수 없는 권리를 제거당한 상태였다. 불평하는 권리가 그것이다. 무조건 시키는 대로 받아들였고 입을 다물었다."

노우드는 엘비스가 도착하기 몇 주 전부터 이 로큰롤 스타를 어떻게 다뤄야 할지 난감했다. 그는 사실 엘비스의 노래도 모르는 사람이었다.

"젠장, 전 엘비스가 어떻게 생겼는지도 몰랐어요."

게다가 기지에서 사흘이 지나도록 이등병 프레슬리를 만나지 못했다.

"첫인상이요? 그 녀석이 싫었죠. 그냥 속단해버리고 말았어요. 처음 대화를 해보니 좀 거만한 것 같았거든요. 스타니까. 하지만 몇 시간 지나지 않아 엘비스야말로 제가 만나본 사람들 중에서 가장 수줍음이 많다는 걸 깨달았죠. 이기적이지도 않았어요. 한 달에 50만 달러를 벌던 사람이라고 생각하면요."

노우드는 곧 이등병 프레슬리가 하루에 한 번, 혹은 며칠에 한 번씩 걱정에 시달리는 것 같아 보인다는 것을 알아차렸다. 그는 한동안 불평 한마디 없다가 어느 날 오후 늦게 고위급 지휘관에게 달려갔다.

“충성! 큰 문제가 생겨서 말입니다. 제가 지금 바로 전화하지 않으면 백만 달러짜리 계약을 놓칠 수도 있습니다. 주변에 공중전화가 없어서 말입니다.”

그리곤 우울하게 덧붙였다.

“절 도와주시겠습니까?”

대위는 노우드에게 갔다.

“하사, 기지에 관사가 있지 않나?”

“충성! 예, 그렇습니다”

“글쎄, 자네만 괜찮다면 거기서 전화를 걸게 해주지.”

하사는 고개를 끄덕였다.

“가자.”

프레슬리의 첫 통화는 할리우드 프로젝트에 관한 것이었고, 두번째 통화는 글래디스였다. 엘비스의 조용한 흐느낌과 웅얼거리는 소리가 들렸다. 하지만 글래디스에게 “엄마, 어때? 괜찮아? 정말?”이라고 묻는 프레슬리의 목소리는 다시 강인하고 심각하게 들렸다.

수십 년 후 노우드 부인은 청소를 하느라 바빴지만 간간이 대화를 들었고 엘비스의 목소리에 ‘깊은 근심’이 묻어 있었다고 지적했다.

“안 좋은 소식을 예상한 것 같았어요. 엄마한테 무슨 일이 있느냐고 조심스레 물었어요.”

그가 마침내 전화를 끊자 그녀는 커피나 다른 마실 것이 필요하냐고 물었다.

“아닙니다, 부인”

“우유는 어때요?”

그의 얼굴이 밝아졌다.

“네, 부인, 우유라면 마시고 싶습니다.”

다음날 아침 6시 노우드의 집 문을 두드리는 소리가 들렸다. 이미 제복을 입은 하사가 나가보니 엘비스였다.

"충성! 노우드 하사님, 전화를 한 번 더 써도 되겠습니까? 정말 중요한 일입니다."

노우드는 고개를 끄덕였다.

엘비스는 이번에도 집에 전화를 걸어 같은 질문을 반복했다.

"엄마, 괜찮아? 아빠가 괴롭히지 않아?"

그러고 나서 뭐라고 더 중얼거렸다.

라마 파이크는 엘비스가 집에 자주 전화한 것을 이렇게 설명한다.

"글래디스는 엘비스 걱정뿐이었고 엘비스도 글래디스가 걱정이었죠. 자기가 잘 있다고 안심시키려는 것이 아니라 버넌이 다시 때리지 않는다는 걸 확인해야 했으니까."

파이크는 후드 기지 근처 모텔에 방을 잡아놓고 있던 터였다. 하루는 엘비스가 찾아와 침대에 걸터앉더니 속마음을 털어놓았다.

"내가 엄마가 보고 싶어서 항상 전화한다고 생각하니? 글쎄, 그게 1순위지. 하지만 아빠가 엄마를 다시 때리면 죽여버릴 거야. 그게 2순위야."

엘비스는 같은 걱정을 마티 래커에게도 털어놓았다.

빌리 스미스도 지적했다.

"제 생각엔 버넌이 그러지 않았다고 해도 글래디스가 술을 끊거나 건강했을 것 같진 않아요. 워낙 몸이 아프기도 했고 알코올에 젖어 살아서요. 평소의 글래디스라면 충분히 화도 내고 버넌을 때려눕힐 정도로 강했죠."

놀랍게도 이 개인적인 문제 중 어느 것도 엘비스의 훈련장이나 강의실 성적에 영향을 주지 않았다.

"엘비스는 스스로를 극단까지 밀고 갔어요."

노우드 하사의 회상이다.

"그는 밤늦게, 때로는 새벽까지 전투교범을 암기하고 학습하곤 했어요. 한번은 왜 그렇게 완벽하려고 기를 쓰는지 물어봤죠."

엘비스의 답은 이랬다.

"충성! 다른 녀석들은 질문 한두 개를 놓칠 수 있습니다. 구보할 때 발이 틀릴 수도 있습니다. 조직을 망칠 수도 있습니다. 하지만 전 그럴 여유가 없습니다. 세계가 지켜보니까요."

그 세계가 그에게 다가오고 있었다. 물론 프레슬리 일당이 반짝거리는 자동차 부대를 몰고 와서 그를 데리고 갔다는 것은 아니다. 그렇지만 후드 기지 밖에는 늘 팬들이 빽빽하게 모여 있었다. 후드가 시민들이 드나들 수 있는 개방된 기지라는 사실이 알려졌으니 프레슬리는 자기 방어전략을 개발해야 했다. 막사 사이로 난 무질서한 통로를 지하갱도처럼 이용해서 노우드와 함께 계속 탈출루트를 그려야 했다.

"팬들이 나타나면 엘비스는 지프에서 뛰어내려 행진하는 부대 속에 끼어들었다가 가까운 막사로 사라진 다음 여자들이 못 쫓아올 때까지 빈 막사 사이를 달려가곤 했죠. 우리는 그때서야 정해진 위치를 정찰했어요."

노우드의 말이다.

8주의 훈련이 끝나자 엘비스는 '헬 온 휠스' 탱크 대대로 전출되었고 은둔생활도 끝났다. 멤피스에서 추종자, 아첨꾼, 가족, 여자친구들로 구성된 '엘비스 머신'이 몰려들었고 파티준비는 완벽했다.

바로 그때 비극이 찾아왔다. 엘비스가 돈을 주고도 살 수 없는 사람을 잃어버린 것이었다.

〈에드 설리번 쇼〉의 데뷔 무대. 1956년 9월 9일.

-Broken Dreams 꿈은 사라지고

엘비스는 텍사스 킬린 변두리의 깨끗한 새 집으로 뛰어들어가서 글래디스를 안았다. 군복은 구겨지고 작업 중에 묻은 먼지와 땀으로 얼룩졌다. 군화 밑창에는 탱크가 지나간 자국으로 생긴 진흙 덩어리가 찍혀 있었다. 텍사스를 휘감은 바람이 햇빛에 바랜 머리카락을 새집처럼 엉겨놓았다.

"엄마, 나 탱크사수야. 목표물을 정확히 날린 덕에 부대 전체에서 3등 했어. 나한테 조교를 하라고 제안할 정도야."

글래디스 프레슬리는 창백하게 웃으며 아들의 어깨를 두드렸다. 그녀는 버넌, 미니 매이와 함께 후드 기지 근처의 작은 마을인 킬린의 셋방에 이사 온 지 일주일 만에 아들이 고급 전투훈련에 적응해가는 것을 보자 당황스럽고 두려웠다.

그녀는 엘비스가 흥분을 가라앉히는 동안 고통스럽게 소파에 기댔다. 엘비스는 사흘 동안 자기 계급에서 1등을 해버렸고, 탱크사수 중 3등이 되었으며, 캘빈 소총과 권총 사격에서 완벽한 점수를 얻었다. 그가 마스터 저격병과 1급 사수로 지정되자 빌 노우드 하사가 소리쳤다.

"프레슬리, 넌 타고난 군인이야! 노래가 잘 안 되면 말뚝 박는 게 어때!"

엘비스는 이등병에게는 드문 영예였던 '조교'로 승진했기 때문에 자신감으로 가득 찼다. 그러나 글래디스는 불안했다. 단지 그가 달라 보였기 때문도 아니었고 7킬로그램 가까이 빠져 야윈 모습에 근육만 남은 단단한 체격 때문도 아니었다. 그의 행동이 달라진 탓이었다. 프레슬리 이등병은 해야 할 일을 한 것이다. 탯줄을 절단했고, 엘비스는 비로소 성인이 된 것이다.

노우드 하사는 젊은 병사가 뿌리 깊은 의존심과 맞서도록 도와주었다. 어느 날 저녁 기초 훈련이 끝나기 바로 직전, 엘비스는 노우드의 집 소파에 앉아 멀리 떨어진 어머니를 그리워하다 감정을 억제하지 못해 처절하게 울었다.

하사는 프레슬리 옆에 앉아서 부모에게 너무 의존하는 것 같다고 충고했다.

"프레슬리, 여기 내 소파에서는 엄마가 보고 싶다고 실컷 울어라. 집에 가고 싶다고 떼를 쓸 수도 있다. 마음대로 해. 내가 여기 앉아서 들어줄 거니까. 하지만 내 집 현관에서 나가면 넌 엘비스 프레슬리다. 좋은 배우기도 하고 좋은 병사기도 해. 그러니까 제발 제대로 처신하고 군인답게 행동하길 바란다. 그것 외에 다른 건 전부 여기에 두고 가라."

그때부터 노우드는 대인관계에 관한 한 프레슬리가 애써 욕망을 자제한다는 것을 알아차렸다. 엘비스는 동료 병사들과 어울리기 시작했고, 일요일 오후에는 함께 풋볼도 했다. 애니타 우드도 달라진 점을 알아차렸다.

"엘비스는 후드 기지에서 자신을 발견했어요. 내가 간절히 바라던 모습이었죠."

엘비스의 변화를 글래디스가 모를 리 없었다. 그녀는 엘비스가 퇴근 후에 여는 바비큐 파티와 풀장 파티에 참석하려고 했지만 감정적으로나 육체적으로나 무너지기 시작했다. 훗날 릴리언이 말했다.

"미시시피 언덕 출신의 여자에게는 거기까지가 한계였죠."

엘비스가 킬린의 교외에 세를 얻자 글래디스의 건강은 설명할 길이 없이 급속도로 악화되었다. 지난 몇 달간 앰피타민과 알코올 섭취량은 점점 더 늘어만 갔다. 불행 속에서 절망감을 지우기 위해 보드카를 스트레이트로 마셔 온 것은 물론이었다.

릴리언은 그녀가 그레이스랜드에서도 빈 홀, 침실, 거실을 떠돌다 외로움에 지쳐 침대로 가는 것을 발견하곤 했다. 일주일에 한두 번은 그레이스랜드 이전 시절에 입던 누더기처럼 낡은 실내복을 걸치고 거리를 돌아다녔다. 때로는 구멍가게 앞에 앉아 맥주를 놓고 자기가 사는 대궐에 관한 불만을 털어놓을 수 있었던 시골 출신의 가게주인과 얘기를 나누었다. 그녀는 텍사스에서 입대한 아들이 나중에는 탱크부대가 정박할 체코슬로바키아 국경 근처의 독일땅으로 전출되는 것에 대한 우려도 늘어놓았다.

"내가 직접 독일에 가서 볼 수도 없잖아. 내가 거기서 뭘 하겠느냐고? 거기까지 가는 건 상상도 못 하겠어."

글래디스는 릴리언에게 푸념을 늘어놓다가 머리를 흔들면서 다시 말을 이었다.

"생각만 해도 고통스러울 뿐이야."

킬린에 와서도 전보다 훨씬 더 고립되었다. 남편이 여자들을 쫓아다니지 않나 의심했고, 아들이 엄격한 탱크병 임무를 끝내고 퇴근하면 유흥에 빠져든다는 것도 알았다. 그에 대응하듯 알코올 중독도 악화되었다. 엘비스는 지쳐서 퇴근할 때마다 어머니가 취한 모습을 자주 발견했다. 어느 날 오후 마침내 그가 울부짖었다.

"엄마, 이게 도대체 무슨 짓이야?"

글래디스는 고개를 돌려 눈물을 숨겼다.

마침내 그녀의 건강상태가 위기에 이르렀다. 끝내 쓰러진 글래디스는 사흘 동안 의식을 찾지 못했다. 알코올, 앰피타민, 부실한 식사로 인한 지방간 수치가 너무 높아지는 바람에 장기 전체가 손상되어 돌이킬 수 없는 정도였다. 몇 해 전부터 병색이 보였지만 치료받지 않고 방치했던 것이다.

"가난한 남부 사람들은 죽도록 아프기 전에는 의사한테 가지 않는 것이 전통이라는 걸 알아야 해요."

샘 필립스가 설명했다. 그는 글래디스의 건강이 아들의 인기가 가한 '정신적 공격'으로 더욱 악화되지 않았을까 의심했다.

"훌륭하고 따뜻한 여자였지만, 굳이 찾자면 한 가지 흠이 있었죠. 바로 엘비스가 인생의 전부였다는 거예요."

글래디스의 생명을 구하려고 했던 멤피스의 찰스 클락 박사는 말한다.

"제게 찾아왔을 때는 이미 시기를 놓친 뒤였죠."

어느 날 오후 술에 취한 글래디스와 다혈질의 버넌은 부부싸움을 시작했다. 싸움은 그녀가 무쇠냄비로 그의 머리를 내려치고서야 끝났다. 버넌은 기절해버렸다. 아이러니하게도 그녀의 승리는 그녀가 얼마나 아픈지를 보여주었다. 감정의 폭발로 인해 기진맥진했던 것이다. 라마 파이크는 글래디스가 부부 싸움을 끝내고 침대에 쓰러진 것을 발견했고, 글래디스의 피부가 노란빛을 띠기 시작한 것을 알아챘다. 그는 레드 웨스트를 불러서

"봐, 피부가 노란 거 맞지?" 하고 재차 확인했다.

"우린 엘비스를 똑바로 앉혔죠."

파이크가 설명했다.

"그리고 어머니한테 정말정말 안 좋은 일이 일어났다고 말했어요. 뭔가 조치를 취해야 한다고요."

하지만 엘비스는 파이크의 충고를 무시했다.

"엄마는 몇 년 전부터 가끔 그러셨어."

레드 웨스트는 포기하지 않았다.

"의사한테 모시고 가지 않으면 얼마 못 가서 돌아가실지도 몰라. 몇 주 안에."

프레슬리는 여전히 믿지 않았다.

"안 돼. 엄만 여기 있어야 해. 난 그게 좋아."

하지만 글래디스의 건강은 아들이 무시할 수 없을 정도로 악화되었다. 1958년 8월 초 그녀는 완전히 쓰러졌다. 다른 사람의 도움 없이는 일어설 수도 없었다. 안색은 간염이나 간경변의 징후인 밝은 잿빛이 도는 노란빛이었고 복수가 너무나 차오른 오른쪽 복부의 통증을 견딜 수 없어했다. 엘비스는 어머니를 텍사스 템플의 의사에게 모시고 갔다. 초진을 하고 난 의사는 이등병에게 어머니를 지금 즉시 멤피스로 모시고 가서 입원시킨 다음 주치의인 클락 박사에게 보이라고 했다.

글래디스는 버넌과 함께 8월 8일 금요일 기차로 출발했고, 토요일 오전 멤피스 감리교 병원에 입원했다. 클락 박사와 그가 호출한 전문의들은 글래디스가 치명적인 간염에 걸렸다고 진단했다. 좀더 정밀한 검사는 일요일 오전에 하기로 했다.

엘비스는 버려지다시피 한 킬린의 집에서 분노의 주말을 보냈다. 주말 휴가를 받아 어머니를 멤피스까지 모셔다드리는 대신 탱크병사가 되는 데

맹목적으로 도전하느라 어머니를 죽음으로 치닫게 내버려둔 죄책감에 사로잡혔다.

의사들은 글래디스의 복부에서 5리터가 넘는 복수를 뽑아냈다. 신장과 간이 더 이상 제 기능을 할 수 없자 복수가 생긴 것이고, 이는 알코올의 공격으로 간경변이 생겼다는 분명한 신호였다. 감리교 병원 홀에서는 알코올, 다이어트 약, 선천적으로 약한 심장, 그런 것들이 치명적으로 만나서 쓰러진 것이라고들 수군거렸다.

8월 11일 월요일이 되자 글래디스는 의식이 오락가락한 가운데 정신이 들면 계속 엘비스를 찾았다.

"왜 여기 없는 거예요?"

클락 박사도 군대에서 엘비스에게 외출허가를 내주지 않는 이유를 의아하게 생각했다.

그날 오전 11시 차트 기록을 보면 그녀의 상태는 '심각하게 악화되는' 것으로 기입되어 있다. 엘비스는 이 말을 듣고 미칠 듯 흥분했다. 노우드 하사의 허락을 받고 훈련지역을 떠나 일직 장교가 있는 구역을 향해 타는 듯한 열기를 뚫고 달려갔다. 그는 조용하고 예의 바르게 상황을 설명하고 며칠간의 비상휴가를 신청했다.

"어머니는 어떠신가?"

일직 장교가 물었다.

"심각합니다, 충성."

"하지만 아직 안 돌아가셨지?"

장교는 차갑게 물었다.

"예, 충성."

프레슬리는 눈물을 글썽이며 대답했다.

"하지만 제가 도착하기 전에 돌아가실지도 모른다고 합니다."

젊은 장교는 마음의 동요가 전혀 없었고 휴가 요청은 거절당했다.

엘비스는 성난 얼굴로 날카롭게 경례했다. 그 다음 라마가 기다리는 곳으로 질주했다.

"나 탈영한다. 엄마한테 갈 거야."

그는 노우드에게 달려가 헐떡거리며 말했다.

"허락을 안 해줍니다, 충성. 그래서 도망갈 겁니다. 엄마한테 갑니다."

노우드는 엘비스의 어깨를 안았다.

"이봐, 네가 무단 이탈하면 현대역사상 가장 유명한 탈영이 될 거다. 음악을 생각해! 너의 자유를 생각하라고. 이제 네가 할 일은……."

그는 엘비스를 집으로 보내고 글래디스의 의사에게 전화를 걸어서 지시했다.

"당신이 기지 사령관에게 연락하세요."

클락 박사는 일단 엘비스에게 전화를 걸어 흥분을 가라앉히라고 했다.

"거기 그대로 있게. 내가 사령관이나 필요하다면 국방성에라도 전화할 테니까."

30분도 지나지 않아 전화통에 불이 나고 젊은 당직 장교의 의견은 묵살되었다(그는 나중에 훈련소로 발령났다). 엘비스는 비상휴가증을 받고 15분 만에 와코로 차를 몰아 멤피스행 비행기를 탔다. 멤피스에 도착하자 12일 저녁이었다.

저녁 7시 45분 엘비스 프레슬리는 땀으로 얼룩진 군복을 입은 채 감리교 병원에 들어서서 글래디스의 병실까지 인턴의 안내를 받았다. 그는 복도를 걷는 동안 자신을 경계하는 듯한 사람들의 표정이 싫었고, 들리는 말이라곤 '어머니의 간이 심각하다.'는 것뿐이라는 데 화가 났다.

버넌은 힘없이 앉아 있다가 엘비스가 모퉁이를 돌아 나타나는 것을 보고 표정이 밝아졌다. 그는 한달음에 달려왔다.

"아들아, 네가 와서 정말 다행이다. 좀 있다 엄마를 보렴. 엄마가 원하는 건 너뿐이야."

엘비스는 모자를 벗어들고 문을 살짝 열었다. 환자의 몸에는 각종 튜브가 연결되어 있는 데다 조명도 희미했다.

글래디스는 침대에서 일어나 힘없이 웃었다.

"오, 내 아들!"

이등병 프레슬리는 그녀를 얼싸안으면서 아픈 오른쪽 복부를 누르지 않도록 조심했다.

"엄마, 언제까지라도 여기 있을게. 다시는 떠나지 않을 거야. 그래, 독일에도 같이 가는 거야, 알지?"

글래디스는 엘비스가 있다는 것만으로도 힘이 나는 것 같았다.

엘비스는 어머니 곁에서 손을 잡아주었다. 10시가 되어 간호사한테 쫓겨날 때까지 함께 있는 동안 어머니와 아들은 그들만의 언어로 대화했다. 아들은 어머니의 팔을 쓰다듬고 손가락에 입을 맞추며 되뇌었다.

"엄마 손이 좋아. 이 조그만 손이."

글래디스는 약하게 대답했다.

"사랑한다, 아가야. 그래도 가서 좀 쉬어야지. 그래, 아들아, 오늘 새벽부터 계속 무리했잖니."

엘비스는 고개를 저었다.

"같이 있을래."

"아니다."

글래디스와 버넌은 고집을 꺾지 않았다. 엘비스는 집에 가서 좀 쉬어야 했다. 훗날 엘비스는 모든 힘이 소진될 때까지 어머니랑 있고 싶었다고 인정했다.

"뭔가가 어머니 곁에 있으라고 경고했죠. 몇 초라도 떨어지지 말라고.

하지만 어머니께서는 아들한테 당신이 죽어가는 걸 보는 고통을 안겨주고 싶지 않았던 것 같아요."

엘비스의 친구 앨런 포르타스의 말이다.

엘비스는 문 쪽으로 가며 마지막으로 다시 한 번 돌아보았다. 그와 버넌은 눈을 감았다. 글래디스 프레슬리는 삶의 의지가 없는 듯 보였다. 가난한 투펠로 시절에도 가족을 지키려고 맹렬히 애쓰고 아들이 꿈을 이루도록 열심히 돕던 여자가 목숨을 놓으려 하고 있었다.

며칠 전 그녀는 릴리언에게 비밀을 털어놓았다.

"난 내 아들이 관에 들어가는 걸 절대 못 보겠어. 걔가 독일에서 돌아오지 못할까봐 겁나. 정말 두려워. 그 애가 죽는 건 내가 상상할 수 있는 최악이야."

그녀는 엘비스가 병원에 도착하기 직전에 친한 친구 도티 에이어스에게 '공식적으로' 안녕을 고하기도 했다.

"말도 안 돼!"

에이어스가 용기를 북돋워주었다.

"네 아들이 오고 있어."

엘비스는 병원을 나서기 전에 세 명의 전문의와 상담했는데, 그중 한 명은 그를 안심시켰다.

"어머님께서 지금처럼 회복되면 내일은 병실로 돌아갈 겁니다."

엘비스는 그 말에 힘을 얻어 택시를 잡았고, 집에 도착하니 빌리 스미스가 기다리고 있었다. 그는 엘비스가 잘 자는지 지켜보기 위해 기다린 것이었다.

엘비스는 일단 집에 가자 멍해져서 군복을 벗고 옷장에서 되는 대로 옷들을 꺼내 입었다. 카키색 바지, 주름진 턱시도 셔츠, 흰 실크 양말이었다. 그리곤 침대에 누워 베개에 머리를 묻었다. 빌리 스미스는 시계를 보았다.

자정이 12분 지난 시각이었다.

"그 애가 악몽을 꾸면 깨워서 진정시켜주렴."

글래디스는 빌리 스미스에게 미리 부탁했다.

"그앨 혼자 두고 싶지 않아. 혼자 있으면 정말 겁을 내니까. 그 애가 그 크고 어두운 집에서 혼자 깨는 것도 싫어."

스미스는 엘비스가 잠들었다는 확신이 들자마자 의자에 몸을 파묻은 채 병원에서 전화가 오기를 기다렸다. 아름다운 그레이스랜드의 밤이었다. 무성하게 자란 잔디와 울부짖는 공작, 글래디스가 심은, 밤에 꽃을 피우는 재스민의 향기, 그리고 8월의 치자나무가 있었다. 작은 연못에서 나는 귀뚜라미와 개구리 울음소리가 적막감을 더해주었다.

엘비스는 갑자기 일어나 몸을 돌리곤 어머니에게 다정한 말을 속삭이듯 잠꼬대를 했다. 침대에 똑바로 앉아 있다가 한숨을 쉬고 다시 쓰러지기도 했다.

불길한 전화벨이 한밤의 정적을 깨뜨렸다.

엘비스는 비몽사몽의 상황에서 빌리 쪽에서 들려오는 모호한 대화내용을 들었다.

"알았어요, 버넌 아저씨."

빌리는 고개를 끄덕거리며 말했다.

"걱정 마세요. 거기로 데려갈게요."

그는 전화를 끊고 눈물을 삼키며 걸어와 침대 곁에 무릎을 꿇고 사촌의 어깨를 흔들었다.

"엘비스, 일어나. 제발 일어나."

엘비스는 눈을 뜨고 빌리를 주의 깊게 쳐다보았다. 빌리는 재킷을 집었다.

"무슨 일이야? 말해봐."

"병원에 가야겠어."

스미스는 눈을 내리뜨고 덧붙였다.

"엘비스, 엄마가 돌아가셨어."

"아냐, 아냐, 아냐!"

엘비스는 울부짖으며 외쳤다.

"아냐, 아냐! 그랬다면 아빠가 나한테 직접 전화했을 거야."

"그래, 아버지였어."

스미스는 부드럽게 달랬다.

"지금 당장 너하고 병원으로 오라고 하셨어."

엘비스는 잠들 때 입은 턱시도 셔츠와 카키색 바지 차림 그대로 저택의 정문을 열어제치고 달려나갔다. 빌리는 사촌의 삶과 음악을 영원히 바꿔 놓을 현장으로 차를 몰았다.

글래디스의 죽음으로 비탄에 빠진 엘비스와 버넌.
엘비스는 어머니의 죽음이 준 정신적 충격을 극복하지 못했다.

엘비스는 병실로 이어지는 복도를 돌아서 어머니를 대면하고 나서야 진실을 알았다. 실낱같은 희망이 무너졌다. 엘비스와 아버지는 절망적으로 포옹하며 함께 쓰러졌다.

"그래, 저 세상으로 갔단다, 얘야."

버넌이 울먹였다.

"우리 작은 글래디스가 사라졌어."

"아냐, 아니라고!"

엘비스는 오열했다.

"안 돼, 안 돼."

그의 외침은 괴상한 울부짖음이 되었고, 너무나 소리 높이 흐느끼는 바람에 간호사들까지 울기 시작했다. 그 울음소리는 찌르는 듯한 원초적인 슬픔의 가락이 되어 기다란 병원 복도에 퍼지며 메아리가 되었다. 잠시 일손을 멈추고 눈을 내리뜨며 기도하는 간호사도 있었다. 키닝(keening)이라는 힐빌리식 애도법이었다.

엘비스는 자기 가족의 풍습을 낯설어하는 사람들이 복도와 대기실에서 웃음을 참아내는 것도 상관하지 않았다. 그들 부자는 진심 어린 작별에만 몰두했다. 훗날 빌리 스미스는 그 울음소리가 마음을 뚫고 들어와 충격을 주었다고 회상했다.

엘비스 부자는 병원을 떠나면서 어깨동무를 했다.

"나한테 엄마는 항상 최고의 여자였어요."

엘비스는 이제 큰 의미가 없어진 화려한 집으로 향하기 전에 AP통신에 전했다.

그와 아버지는 그레이스랜드에 돌아가자 정문에 앉아 맘놓고 울었다.

"엄마한테는 돈으로 할 수 있는 가장 멋진 장례식을 해드릴 거야."

엘비스는 울면서 말했다.

"엄마한테 약속했어."

엘비스가 어머니를 잃은 뒤로 며칠간 보여준 행동에 대해 많은 해석이 존재한다. 대부분은 엘비스를 악동으로 묘사했다. 사실 엘비스는 성격이 고약한 게 아니라 화가 난 것이었다. 인기를 쫓느라 어머니를 방치한 자신에게 화가 났고, 어머니가 술을 마시고 약을 먹어야 했던 현실이 화가 났고, 가족이 겪었던 가난이 화가 났고, 어머니를 때린 아버지한테 화가 났고, '엄마에게 모든 것을 해드릴 수도 있을 때, 어머니를 데려가버린 운명이 야속해 화가 났던 것이다.

엘비스가 새벽 4시에 전화했을 때 노우드 하사는 그가 죄의식으로 가득 차 있다는 것을 깨달았다.

"엘비스는 두서없는 혼자말을 몇 시간이고 쏟아냈어요."

하사는 어머니의 죽음을 마주한 엘비스의 분노를 떠올리며 말했다.

"전 결국 즉시 상사에게 연락해서 휴가를 연장하라고 충고하며 달래서 전화를 끊게 했죠."

엘비스의 휴가는 2주간 연장되었다.

"특별히 관대한 장례휴가라는 건 압니다."

제5군사령부 대변인이 발표했다.

"그러나 보통 죽음이 아닙니다. 국가적인 비극이므로 시간이 더 필요하고, 따라서 이등병 프레슬리에게 더 많은 임무가 생긴 것입니다."

어머니가 돌아가신 첫날 밤 엘비스는 그 이상한 옷차림으로 병원 복도를 몇 시간이나 왔다갔다하며 중얼거렸다.

"내 작은 새트닌(엘비스가 부르는 어머니의 애칭)이 사라졌어. 엄마는 죽었고 다시 돌아오지 않아. 내 작은 새트닌은 세상에서 내가 가진 전부였어."

그레이스랜드의 호출을 받은 클락 박사는 엘비스가 잠들 수 있도록 진정제를 주사하고 작은 알약을 남겨두었다. 약이 효과를 보여 프레슬리는 거대한 침대에서 뒤척거렸다. 엘비스가 뭔가 심각한 일을 벌일까봐 경호원을 세워두었다.

"엘비스와 글래디스는 감정적으로 너무나 얽혀 있었죠. 엘비스는 무게 중심, 삶의 중심을 잃은 것 같았어요."

사촌 빌리 스미스는 몇 년이 지난 후 그렇게 말했다.

글래디스, 엘비스 모두와 특별한 관계였던 앨런 포르타스는 다른 관점을 제시한다.

"엘비스는 울고 또 울었죠. '난 엄마를 위해 평생을 살았어.' 라면서. 하지만 정반대도 사실이었어요. 글래디스도 '아들을 위해' 평생을 살았다는 거죠. 애정 때문에 이토록 서로에게 깊은 상처를 주는 경우도 흔치 않을 거예요."

엘비스는 침대에서 괴로움에 떨며 밤새 울부짖었다.

"모두 사라졌어. 난 모든 걸 잃었어."

다음날 아침 9시 엘비스는 깨끗하게 차려입고 큰 계단에 나타났다. 머리를 감고 빗질을 했으며, 손톱도 자르고 정리했다. 그러나 정면을 향해 계단을 내려오려는데 무릎이 접히면서 몇 계단 미끄러지고 말았다. 경호원 둘이 달려올라가 양쪽 팔을 부축했다. 그는 계단을 내려와서 글래디스에게만 했던 친근한 방식으로 팔을 둘러 아버지를 안았다. 그리곤 아이처럼 옹알거리며 돌아다녔다.

"귀여운 아가, 나의 잿빛 머리 아빠, 새트닌 아빠, 아빠는 지금까지 최선을 다했어."

영구차가 대로를 빠져나가 그레이스랜드의 3차선 도로에 들어섰을 때에야 엘비스가 그날 아침에 그렇게 차려입은 이유를 깨달았다. 심리학자 피터 휘트머 박사의 지적이다.

"엘비스는 그 영구차를 보는 순간 재빨리 어린 시절로 퇴행해서 글래디스가 건강하게 살아돌아온 것처럼 반응했던 거죠. 마치 아무 일도 없었던 것처럼요."

엘비스는 다시금 힘이 나는지 벌떡 일어서며 말했다.

"아빠, 봐! 엄마가 집에 와. 엄마가 여기 있어. 돌아왔어."

그리곤 글래디스를 맞기 위해 저택의 문을 활짝 열었다.

글래디스가 평생 입어본 적 없는 파란색 시폰 드레스를 입고 도착하자 엘비스는 어머니의 낡은 잠옷을 들고 현관에서 왔다갔다했다. 잠옷에 대고 말을 건네기도 하고 아기에게 하듯이 흔들기도 했다. 그러다가 잠옷을 조심스럽게 계단 난간에 올려놓고 계단을 달려올라갔다.

"아빠! 아빠, 빨리 와요! 엄마가 집에 왔어."

버넌 역시 사별의 고통을 잊기 위해 강력한 진정제를 맞은 터라 아무 대답도 없이 풀죽어 있었다. 엘비스는 참석자들이 청동관을 들고 오는 동안 조용히 기다렸다. 관은 음악실에 놓였다. 사람들이 비켜서자 그가 다가가서 시체 위로 몸을 던졌다.

"엄마를 봐!"

그는 목놓아 울부짖었다.

"이렇게 예쁘게 차려입었는데…… 너무나 예쁘게."

그리곤 장례보조원들을 향해 어머니의 발을 보여달라고 부탁했다. 그들이 주저하자 훌쩍거리며 애원했다.

"제발, 제발 그렇게 해줘요!"

그들은 마지못해 덮개를 올려 글래디스의 새틴 슬리퍼를 벗기고 물러갔다. 이제 어머니와 아들만 남았다. 엘비스는 어머니의 작은 발을 쓰다듬고 입을 맞추고 발가락을 흔들었다. 그러는 내내 옹알옹알 중얼거리거나 애원했다.

"일어나, 엄마. 일어나, 아가야. 엘비스한테 말해봐."

때로는 시선을 들어 다른 사람들의 동의를 구하듯 말했다.

"그냥 자는 거야."

애니타 우드가 뉴욕에서 비행기를 타고 날아왔을 때 엘비스는 별채 의자에 앉아 있었다. 그는 어머니가 돌아오기를 기다리는 것처럼 침묵을 지켰다.

그녀는 몸을 굽혀 그의 어깨를 만지며 속삭였다.

"나 왔어, 엘비스. 여기 있다고."

그는 자다가 갑자기 깬 것처럼 돌아보았다.

"그래, 꼬마야!"

그녀의 별명을 부르며 반겼다.

"네가 와서 정말 다행이야. 이리 와, 꼬마야. 와서 엄마 좀 봐."

그리곤 흐느끼며 덧붙였다.

"널 그렇게 좋아했는데."

애니타가 놀라서 쳐다보자 엘비스는 앞서 행한 의식을 반복하며 어머니의 발을 잡고 놀란 표정을 지었다.

"여기 봐, 꼬마야. 이 작은 발을 봐."

그날 밤 강력한 주사의 도움으로 엘비스가 잠들었을 때 영안실 사람들이 돌아와 다음날 멤피스 장례식장으로 운구할 관을 가져갔다. 우드나 레드 웨스트 같은 친한 친구들만 이 유별난 가족의 장례를 이해했다. 어머니와 아들 사이의, 근친상간의 경계를 넘나드는 듯한 이상하고 혼란스러운 감정적 유대는 엘비스가 어머니의 죽음으로 모든 것을 잃었다고 믿게 만들었다.

장례식날 아침 엘비스는 심플한 갈색 정장과 타이를 착용하고 그레이스랜드의 계단을 내려오다가 다시 발을 헛디딜 뻔했다. 친구들이 곁에서 도와줘야 했다. 그 상태는 리무진을 타고 내릴 때나 장례식장, 묘지에서도 마찬가지였다.

딕시 로크는 옛 애인이 그렇게 멍하고 무감각하게 있는 것을 보고 충격을 받았다.

"엘비스가 제 눈을 바라보는 순간에 그가 완전히 넋을 놓았다는 걸 깨달았죠."

멤피스 장례식장에 온 조문객들의 이름을 적은 방명록이 30권도 넘었다. 의식은 간단했다. '하나님의 성회' 교회의 제임스 해밀 목사는 글래디스를 '아주 겸손하고 소박한 숙녀'라고 칭찬했다. 그리고 엘비스가 좋아하는 가스펠 그룹 블랙우드 브러더스의 공연이 이어졌다. 원래는 네 곡을 부를 예정이었는데 엘비스가 12곡을 청했다. 한 곡 한 곡이 글래디스가 좋아하던 찬송가였다. 그 중에는 〈프레셔스 메모리즈(Precious Memories)〉도 있었다.

장례식 말미에 버넌의 인사말이 있었다.

"이제 우리 모두에게는 추억이 있습니다."

그러자 엘비스가 쓰러져 오열했다.

"오, 아빠, 안 돼, 안 돼……."

나무들이 서 있는 언덕묘지인 포레스트 힐 공동묘지에서 어머니의 관이 땅 속으로 내려가는 순간 엘비스는 졸도하다시피 했다.

블랙우즈 멤버인 J. D. 섬너는 애도하는 마음으로 회상했다.

"엘비스는 어머니의 관을 덮은 유리에 엎어졌어요. 그처럼 울부짖고 소리치는 아들은 본 적이 없어요. 어머니를 사랑하는 마음이 그렇게 강하고 유별난 경우도 처음이고요."

엘비스는 온몸을 관 위에 내던진 채 한없이 나약해져서 목놓아 울부짖었다.

"안녕, 내 사랑. 안녕, 내 사랑! 전 엄마를 위해 평생을 살았어요. 집은 영원히 지킬게요, 내 사랑. 엄마가 사랑했던 모든 것을. 아무것도 치우지 않을 거야."

마침내 라마 파이크가 몸을 숙여 모든 것이 끝났다고 속삭였다. 엘비스는 눈물로 범벅이 된 창백한 모습으로 몸을 떨면서 대기 중인 차로 인도되었다.

엘비스는 어머니를 땅에 묻고 더 깊이 흔들리는 것 같았다. 어머니의 죽음으로 치명적인 혼란에 빠졌고 몸도 아팠다. 장례식 다음날은 체온이 39도까지 올라갔고, 클락 박사가 이불을 여러 겹 덮어주었지만 오한을 달랠 수가 없었다. 버넌과 클락은 병원에 데려갈까 주저하다가 차라리 경호원을 배치하기로 했다. 평생 계속될 고질병이 이제 시작된 것이었다.

장례식을 준비한 파커 대령, 엘비스, 아버지는 시체를 부검하지 않기로 했다. 각종 뉴스와 공식문서에서는 30년이 넘도록 글래디스의 사인이 '심장마비' 라고 밝혀왔지만 직계 가족들은 '간경변' 임을 알고 있었다.

"우리 모두 알았죠. 말하지 않은 것뿐이에요."

엘비스의 사촌 팻시 프레슬리(Patsy Presley)의 말이다.

엘비스는 어머니의 죽음으로 무거운 죄의식에 짓눌렸다. 휘트머 박사의 얘기를 들어보자.

"엘비스와 글래디스의 독특한 유대관계를 감안할 때 엘비스는 죽음을 받아들이는 마지막 단계에 이르지 못했습니다. 그 커다란 상실감이 엘비스 자신을 추스르는 과정에서 아주 중요한 부분을 앗아가고 말았지요. 글래디스와 함께 엘비스의 본질적인 부분이 사라진 것입니다."

13 고독한 이등병
-The Solitary Private

엘비스는 킬린으로 돌아와 무감각한 군대의 일상에 복귀하면서 마음의 안정을 찾아갔다. 탱크를 닦고 탄약재고를 조사하는 등의 반복적이고 무감각한 임무가 이상하게도 위안을 주었고 가슴속의 고통을 억누르는 데 도움이 되었다.

글래디스가 죽은 뒤로 몇 주가 지났지만 엘비스는 여전히 불안정해 보

열세 살 때. 평소에도 특별한 옷을 입고 롤플레잉하는 것을 즐겼다.

였다. 며칠 괜찮았다가 다시 극심한 고통에 빠지곤 했다. 그 와중에 두 번이나 기절했지만, 동시에 달콤쌉싸름한 자유를 경험하기도 했다.

"어머니가 돌아가시자 엘비스는 성적으로 완전히 해방되었어요."

라마 파이크가 설명했다.

프레슬리는 킬린의 전셋집을 다시 개방하고 파티에 빠져들었으며, 예쁜 여성팬들로 북적이는 모임을 가졌다. 이런 파티는 이등병 프레슬리가 군복을 입고 점호시간을 맞춰 달려가는 새벽까지 이어졌다.

"여자들을 위한 회전문이 있었죠."

엘비스의 초기 투어 시절에 친하게 지냈던 디제이 에디 페이덜이 일러주었다.

"전 항상 여자들을 실어오기 위해 버스정류장으로 차를 내보냈죠. 모두 끝내줬어요. 하나같이 '프레슬리 한 조각'을 맛보겠다고 나선 여자들이었어요."

의심의 여지 없이 어머니의 죽음은 어머니 자신이 씌워준 죄의식과 심리적인 금욕주의의 굴레에서 엘비스를 해방시켰다. 글래디스는 아들이 욕망을 불태웠던 '아름답고 귀여운 여자' 보다는 정숙한 신붓감을 원했었다. 친한 친구 에디 페이덜은 엘비스의 성적 취향이 어머니가 돌아가시고 몇 주 후에 폭발하는 것을 지켜보았다.

"소박한 데이트를 좋아하던 녀석이 성적인 정복욕에 불타는 사냥꾼으로 변했죠."

페이덜의 말이다.

"우린 교대로 사랑스러운 여자들을 킬린의 셋방으로 불렀어요. 엘비스는 하룻밤에 세 여자랑 자기도 했죠. 금발, 빨강 머리, 짙은 갈색 머리 모두를 같은 날 저녁에 원한 적도 있었어요. 우린 목화밭에 없는 황량한 텍사스에서조차 기를 쓰고 데이트 상대를 찾았죠. 엘비스가 그 각양각색의 여자들이랑 잤는지 안 잤는지는 잘 몰라요."

페이덜은 그가 '다양한 파트너'와 잤던 것을 떠올리며 덧붙였다.

"엘비스가 원한 건 숨막히게 아름다운 여자를 양팔에 안고 동시에 애무하는 것인 듯 보였어요."

에디는 상황이 점점 더 괴상해지고 과격해지는 것을 목격했다.

"엘비스가 상심한 마음을 성적인 욕망으로 떨쳐내려는 모습은 보기에도 너무 딱했죠. 그런 것은 잠시 동안만 위안이 될 뿐이거든요."

국군 장성은 엘비스의 슬픔에 대해 처음에는 관대했지만, 얼마 지나지 않아 부모들의 항의서한을 수십 통씩 받아야 했다. 그러나 불행 중 다행으로 엘비스는 고도의 훈련을 위해 독일로 가라는 명령을 받았다.

1958년 9월 19일 엘비스 프레슬리는 뉴욕행 중대 열차를 탔다. 그를 비롯하여 1170개의 중대를 이송하기 위해 제너럴 랜덜 미군함이 뉴욕 항에 대기하고 있었다. 엘비스는 어깨에 더플백을 메고 햇빛에 살짝 탈색된 머리에 모자를 삐딱하게 쓰고 애니타 우드에게 손을 흔들었다. 아버지와 할머니 미니 매이에게도 "안녕!"이라고 외친 다음, 어디든 함께 다니던 라마 파이크와 레드 웨스트에게 엄지손가락을 올려 보였다. 그리고는 구식 플러시천 소파가 들어찬 침실칸으로 바람처럼 사라졌다.

엘비스는 기차에서 찰리 하지(Charlie Hodge)의 맞은편에 앉았다. 앨러배마 디카투어 출신의 하지는 레드 폴리의 텔레비전 시리즈 〈오자크 주빌리(Ozark Jubilee)〉에서 포기 리버 보이스와 공연한 적이 있는 뮤지션이었다. 하지와 엘비스는 멤피스에서 이 프로그램을 녹화하던 1956년에 대기실에서 잠깐 만난 적이 있었다. 후드 기지에서 기초 훈련을 받을 때 다시 만났지만 열차의 같은 칸에 타기 전까지는 제대로 얘기할 기회가 없었다.

"운이 좋군."

엘비스가 웃으며 말했다.

"같은 남부 출신에다 뮤지션하고 있으니까."

"내가 기타 치고 노래 부르는 걸 들으면 운이 좋단 얘긴 안 할걸?"

하지가 대답했다.

하지만 프레슬리는 유대감을 느꼈다. 하지가 곯아떨어지자 일부러 담요를 찾아 덮어주기도 했다. 마침내 새 친구를 만난 것이었다. 9월 22일 아침, 열차가 브루클린 군용 터미널에 도착할 때까지 둘은 친구들 얘기를 나누고 음악에 대한 애정을 공유했다.

엘비스가 열차에서 내리자 언론의 인터뷰 요청이 빗발쳤다. 역시 대령의 작품이었다. 군악대가 한 시간 넘게 프레슬리의 히트곡 레퍼터리를 연주하고 해군 장교들이 구경하는 동안 엘비스는 기자와 뉴스영화 촬영기사들을 위해 포즈를 취하고 나서 40분 동안 기자회견을 했다. 노래는 없고 순전히 엘비스의 말소리로만 되어 있는 〈엘비스 세일즈(Elvis Sales)〉라는 앨범이 연말에 발매될 예정이었고 이 기자회견 장면도 거기 실리게 된다.

같은 배를 탄 병사들 중에도 엘비스 팬들이 너무 많았기 때문에 프레슬리는 비위탁 장교들의 갑판에 자리를 잡았다. 엘비스는 방 배정 담당 장교에게 보고할 때도 유명세를 십분 활용했다.

"충성! 찰리 하지가 제 룸메이트로 배정받을 수 있겠습니까? 충성, 저 혼자만 있기에는 2인실이 너무 큽니다."

"고려해보겠네."

부관은 프레슬리가 경례하자 한마디 덧붙였다.

"어머니 일은 유감이네, 이등병."

엘비스는 떨리는 목소리로 대답했다.

"고맙습니다, 충성! 군은 늘 저를 잘 대해주었습니다!"

군대 입장에서도 엘비스는 성공적이었음이 입증되었다. 처음 엘비스를 차출할 때만 해도 건조하게 단언하는 장교가 있었다.

"연구결과 그는 기본적으로 젊은 여자들에게 어필하는 가수라는 게 드러났습니다."

그런 그가 국가에 봉사하겠다고 결정한 뒤로 군은 그의 영향력이 훨씬 더 광범위하다는 것을 발견했다. 입대자들이 25퍼센트나 증가했던 것이다. 인기 연예인 중에서 이런 비율을 능가한 사람은 1942년에 복무한 클라크 게이블뿐이었다.

랜덜호에 탄 엘비스는 열을 지어 모이거나 강의시간마다 구두에 반짝반짝 광을 내고 참가하는 마초 군인이었지만 하지와 배를 돌아다닐 때는 천하태평인 듯 보일 때도 많았다. 하지는 기타를 치고 프레슬리는 포크송이나 발라드를 불렀다. RCA 스타와는 완전히 딴판이었다.

하지만 밤에는 힘들어했다. 찰리는 엘비스가 침대 아래칸에서 뒤척이며 신음하거나 "새트닌!" 하고 울부짖는 소리를 들었다. 베개에 머리를 파묻고 소리 죽여 울먹이기도 했다.

"엘비스는 어머니 때문에 고통스러워했지만 늘 숨을 죽이곤 했어요. 제가 겨우 들을 수 있을 정도였죠."

하지의 회상이다.

"며칠 밤은 듣고만 있었는데, 나중엔 그냥 놔둘 수가 없더라고요. 엘비스의 침대로 내려가서 잠들 때까지 농담도 하고 이야기를 나눴죠. 사실 전 농담을 많이 알거든요. 좋은 것부터 나쁜 것까지 다요."

하지의 위로는 효과가 있었다. 엘비스는 베개삼아 손을 머리에 받치고 누워 이야기를 듣다가 곧 고통을 잊고 잠들었다.

"엘비스를 바다에서 웃게 만드는 것이 제 목표였죠. 같은 남부 출신 녀석들이니까 그런 거죠, 뭐."

어느 날 밤 그 중대의 수송선이 북해의 안개 속에서 출렁거릴 때 엘비스가 하지에게 고백했다.

"알다시피, 찰리, 네가 날 미치지 않도록 잡아주고 있어."

마음 좋은 찰리 하지는 프레슬리가 비밀을 털어놓는 친구가 되었다.

제너럴 랜덜호가 서독 브레머하벤에 정박한 10월 1일, 1500명의 팬들이 그를 기다리고 있었다. 프레슬리 열풍이 대륙을 관통한 것이다. 독일의 십 대 잡지 『브라보(Bravo)』를 비롯한 유럽 출판물들은 새로운 제왕의 소식으로 가득 찼다. 건방진 미국정신의 상징이 된 음악을 하는 그 젊은이를 보려고 안달하는 십 대 팬들은 이미 음반을 사서 그의 음악을 접한 친구들이었다. 〈러빙 유〉의 독일 제목이었던 〈뜨거운 목구멍에서 나오는 황금(Gold aus heisser Kehle)〉의 영화 포스터를 자랑스럽게 내보이는 젊은이도 있었다.

인파가 몰려들 것을 예상한 해군은 병력을 태울 기차를 전략적으로 부대 안에 정차시켰다. 병사들은 이등병 프레슬리를 중간에 둔 채 선창에서 열차까지 이어진 가교를 잠깐 걸어야 했다. 엘비스는 어깨에 더플백을 둘러멘 모습으로 사인을 해주기 위해 멈춰서다가 균형을 잃을 뻔했다. 그는 미안하다고 하면서 머리를 젓고는 임시 환영열차로 변해버린 열차에 바로 오르도록 되어 있었다. 열차 한 칸에 '독일에 온 것을 환영해요, 엘비스 프레슬리' 라고 쓰여 있었다.

세계에서 가장 유명한 병사를 실은 열차는 남쪽으로 프랑크푸르트에서 32킬로미터 떨어져 있고 공산주의 동독의 국경 근처에 있는 프리트베르크까지 갔다. 중대는 해가 지기 직전에 목적지에 도착했다. 그러나 주위의 어둠도 그들 앞에 펼쳐진 우울한 전망을 감추진 못했다. 찰리 하지는 열차에서 내리며 춥고 안개 낀 '이 세상의 지옥' 에 걸어들어가는 거라고 생각했다. 사방이 '숲이라고 하기도 불쌍한' 체코 언덕기슭의 관목덤불과 앙상한 나무들로 둘러싸여 있었다. 테네시의 풍요롭고 아름다운 산림에 익숙했던 엘비스도 물러서며 말했다.

"젠장! 공터도 이거보다 낫겠다!"

그는 계속해서 덧붙였다.

"개도 비웃겠어!"

이등병 프레슬리는 소련과 서독 주위의 속국들이 칼을 휘두르던 독특한 시기에 도착했다. 난폭한 소비에트의 지도자 니키타 흐루시초프는 당시 2차 대전 이래로(그리고 북대서양조약기구가 지키던) 서독에 배정된 넓은 지역을 굴복시키기 위해 7개월의 데드라인을 정했다.

프레슬리의 매력은 철의 장막 너머에까지 이르렀다. 동독의 도시 할레에 있던 유명한 공산주의 일간지『프라이하이트(Freiheit)』는 나토가 엘비스를 선전용 무기로 수입하여 공산국가의 십 대들을 현혹시키려 한다고 선언했다.

훗날 엘비스의 부대가 체코슬로바키아 국경 근처의 대규모 훈련지역인 그라펜뵈어에서 모의 전쟁훈련을 하기 위해 이동한다고 발표했을 때 '엘비스 미끼전략'이 다시 한 번 불거졌다. 가장 저명한 공산주의 저널인『노이제스 도이칠란트(Neuses Deutschland)』는 프레슬리야말로 국가의 젊은이들을 사회주의의 본보기인 레닌, 마르크스에게서 멀어지도록 유혹하는 '서구식 하멜린의 피리 부는 사람(Pied Piper, 독일 동화에 나오는 마법사. 하멜린 마을에 쥐떼가 나타나자 피리소리로 꾀어내어 웨스터 강에 빠져죽게 했는데 사례금을 못 받자 이 마을의 아이들을 피리로 유인하여 동굴에 감추었다—옮긴이)'이라고 비난했다.

프레슬리는 가볍고 재치 있게 "그 빨갱이들은 정말 따분해."라고 말했지만, 얼마나 많은 사람들이 그를 흉내내고자 했는지 이해하지 못했다. 할레에서는 엘비스 프레슬리 '사이비 종교' 회원 300명을 구속하느라 경찰관이 100명이나 다쳤다.『프라이하이트』의 칼럼은 갱두목이 서구에서 '프레슬리의 타락한 음반'을 큰 배낭 분량으로 밀수했다고 보도했다. 비밀경찰 보스는 '올해의 악당' 엘비스의 구역질 나는 사진을 본부의 벽에서 발견했다고 보고했다.

엘비스는 자신이 동독에 얼마나 큰 혼란을 일으키는지도 모른 채 기자회견에서 "군의 명령이라면 어떤 일이라도 완수할 준비가 되어 있다."고 전략적으로 진술한 후 막사 침대에 쓰러졌다. 하지만 그가 원한 대로 포탑 사수에 배정되지 못하리라는 사실을 알고 곧 실망했다. 후드 기지에서 탱크 2급 사수였는데 총의 폭발음 때문에 왼쪽 고막이 약간 손상되었던 것이다. 후드 기지의 의사는 탱크훈련을 즉시 그만두라고 했지만 그는 빌 노우드 하사와 상의하여 솜으로 귀를 막고 훈련을 마쳤다.

"그러지 않으면 하사관님, 제가 겁을 집어먹고 전방을 피하는 줄 알 거예요."

하지만 독일에서는 운전병 겸 냉소적이고 융통성 없는 아이라 존스 하사의 보조 정찰병으로 배치되었다. 숨은 표지판과 위장한 탱크를 냄새 맡는 것으로 유명한 존스 하사는 전쟁게임에서 꽤 많은 표창을 받았다.

그는 프레슬리가 로큰롤 스타로서 동료 신병들과 도착하던 날 그를 처음 보았다. 존스는 신참들에게 당장 장비를 정돈하고 준비하라고 경고하기 위해 막사로 들어갔다. 군인은 '항상' 경계태세를 갖추어야 한다고 생각하기 때문이었다. 존스는 막사 앞에서 프레슬리의 독특한 목소리가 지배적인 가운데 입을 모아 노래하는 소리를 들었다. 존스가 들어오자 프레슬리는 부대원들과 함께 펄쩍 튀어올랐다. 존스가 목청을 높여 명령했다.

"경계태세에 임해라, 이 녀석들아. 그 다음에 다시 노래하든지 하라구."

몇몇 신병들이 별명삼아 불렀던 '이등병 E'는 히틀러의 SS 중대가 묵던 레이 막사에 배정되었고, 3707 막사의 13번 내무반을 받았다. 그리고 철제 프레임 침대 옆에 늠름하게 서서 사진을 찍었다.

막사에서 잠시 쉴 때면 화려한 할리우드의 다양한 에피소드를 들려주어 동료병사들의 사기를 진작시키기도 했다. 프레슬리를 정찰병으로 훈련시킨 존스는 "훈련소에서도 좋은 평판을 얻은 엘비스니까 영화배우 가십을 늘어놓고도 처벌없이 그냥 넘어갈 수 있었죠."라고 지적했다.

그는 민간주택으로 옮기기 전까지 겨우 5일 동안만 보통 병사들처럼 막사에서 생활했다. 군대지원법에 의거해 부양가족이 독일에 가서 가정을 꾸리면 군인이 함께 살 수 있었다. 할머니 미니 매이, 버넌, 다혈질 레드 웨스트는 의무처럼 독일로 건너왔다. 라마 파이크도 합류했다. 그는 엘비스에게 얼마나 헌신적이었는지 함께 입대하려고 했을 정도였다. 하지만 몸무게가 136킬로그램이나 되는 터라 군대에서 원치 않았다.

톰 파커 대령이 안 보이는 것이 의아했다.

"미안해. 같이 갈 수가 없겠다. 볼일이 너무 많아."

대령은 엘비스가 복무하는 동안 홍보 캠페인을 관장했지만 개인적으로는 함께할 수 없었다. 엘비스는 몰랐지만 당시 대령에게는 비밀이 있었다. 대령의 본명인 토머스 앤드루 파커는 네덜란드 출신의 안드레아스 코르넬리우스 반 쿠익으로, 불법체류자였던 것이다. 신분을 입증할 만한 서류가 없었기 때문에 일단 출국하면 미국으로 다시 돌아오기가 쉽지 않았을 것이다. 엘비스는 평생 대령의 불법체류를 의심했지만 자세한 사실은 끝내 알 수가 없었다.

엘비스는 멤피스 사람들이 그대로 건너오자 호텔 스위트를 잡겠다고 우겼다. 이제는 중독이 되어버린 원 나이트 스탠드를 위한 사생활을 보장받기 위해서였다. 그들은 아름다운 공원과 가까울 뿐 아니라 끝내주는 독일 아가씨들이 모이는 힐버츠 파크 호텔에 정착했다. 그러나 며칠 지나지 않아서 이들 일당은 쫓겨나고 말았다. 이번에는 바트 홈부르크의 시골에 있는 호텔 그뤼네발트의 침실 세 칸짜리 스위트로 이사갔다. 레드 웨스트의 말을 들어보면, 메이드들이 '프레슬리의 스위트 침대를 정리하는 것 이상' 을 하는지도 몰랐지만 호텔 사무실에서는 별로 주의를 기울이지 않았다. 프레슬리 일당은 실내에서 불장난을 하고, 복도에서 즉흥 레슬링 시합을 하고, 한밤중에 피아노를 치고, 체리라는 강아지도 입양했다. 더없이 매력적인 엘비스는 호텔 주방에 말해서 기지에 있는 동안 강아지를 봐달라고 했다. 놀라운 일도 아니지만 프레슬리 일당은 다섯 달 뒤에 호텔 그뤼네발트에서 쫓겨났다.

그들에게 필요한 것은 집이었기에 레드와 라마는 근처의 유서 깊은 온천마을인 바트 노이하임에서 거리를 배회하다 괴테슈트라세 14번지에서 침실이 네 칸이나 되는 3층 집을 발견했다. 집주인 피퍼 부인은 보통 월세보다 4배 이상 비싼 월 800달러를 받고 집을 빌려주기로 했지만, 본인이 이사 나가는 것은 거절했다. 결국 그녀는 다락방 침실을 쓰기로 하고 범상치 않은 엘비스 일당의 새로운 멤버가 되었다.

이 보헤미안 가족은 바트 노이하임에서 꽤 유명해졌다. 레드 웨스트는 호프집에서 싸움에 말려들었고, 버넌은 바가 문을 닫을 때까지 마시다 비틀거리며 돌아오곤 했다. 뚱뚱한 라마는 마을 사람들이 '뚱보' 라고 부를 정도로 친근한 존재가 되었다. 미니 매이는 엘비스가 안 볼 때마다 몰래 술을 사가지고 들어와 부엌에서 요리하려는 피퍼 부인과 다투곤 했다. 피퍼 부인은 유명한 세입자를 위해 죽 같은 반죽으로 만든 독일식 콘브레드와 곤죽이 되도록 끓인 완두콩을 만들었다.

엘비스에 관해 말하자면, 열정적인 독일 미인들하고 침대에 처박혔는데, 그 중에는 열서너 살짜리 소녀도 있었다. 웨스트와 파이크 모두 놀랄 수밖에 없는 일이었다.

"엘비스는 정말 십 대 소녀들에게 빠져들었죠. 그래서 우린 완전히 겁에 질렸어요."

파이크가 인정했다.

"군중들 때문에 경찰이 항상 주위에 있었지만 전혀 눈치채지 못한 것 같더라고요."

이등병 프레슬리의 성과는 여자들을 침실로 끌어들이는 데만 한정되지 않았다. 군인 기질이 너무나 뛰어나서 『스타스 앤 스트라입스(성조지, 군홍보 잡지—옮긴이)』까지 그의 팬이 되었다. 신참치고는 강의시간에도 훌륭했다. 헬 온 휠스에서 성공하기 위해서는 지도 읽기와 지역에 대한 세심한 이해, 혹은 엘비스의 말에 따르면 '미시시피 소년한테 맨발로 걷는 것만큼이나 자연스럽게 가고 싶은 곳과 거기 가는 법을 알아내는' 기술이 필요했다. 엘비스의 가장 친한 동료가 된 아이라 존스 하사에 따르면 엘비스의 시험점수는 그야말로 경이적이었다.

신체훈련에서도 훌륭했다. 어느 날 아침 에드 하트 소령이 소대를 모아놓고, 엉덩이는 내리고 어깨를 나비처럼 벌린 채 1센티미터의 오차도 없이 실시하는 완벽한 팔굽혀펴기를 30회나 시켰다.

"30회를 하고도 더 할 수 있는 사람은 계속할 수 있다."

소령은 모든 녀석들이 한계를 느끼고 일어나는 것을 보며 웃었다. 하지만 프레슬리는 60회나 하고도 왼쪽 눈으로 하트를 지켜보며 계속했다.

엘비스는 횟수를 세기 시작했다.

"61, 62……."

"좋아, 좋아, 프레슬리."

하트가 감탄했다.

"여기 올림픽 선수 났군."

한 소대원이 물었다.

"누구한테 잘 보이려고 그러나, 미스터 로큰롤?"

"아무도. 아무한테도 잘 보일 필요 없어. 그냥 내가 할 수 있나 보고 싶은 거야."

"그런 게 전형적인 엘비스의 모습이죠."

프레슬리가 독일에 있는 동안 소령에서 중령으로 진급한 그의 옛 직속 장교 윌리엄 J. 테일러 주니어의 말이다.

"엘비스는 임무와 과제를 수행할 때마다 적진을 기습하듯 공격적이었어요. 노래하는 것만큼이나 군인으로서도 훌륭했죠. 제가 지금까지 데리고 있던 사병 중에서 가장 거칠고 터프하고 열렬한 군인이었어요. 제 수하의 사병이 수천 명이었는데도요. 타고난 전사였죠."

그리곤 한마디 덧붙였다.

"엘비스는 포로가 아니었어요."

이 모범적인 이등병은 군대식으로 정확하게 임무를 수행하는 임시가족의 도움을 얻었다. 라마의 도움으로 두 배나 광을 낸 구두를 신었고, 미니 매이의 도움으로 손으로 재단한 빳빳한 제복을 입었으며, 레드 웨스트의 도움으로 빛나는 장식을 갖췄다. 사람 좋은 라마 파이크는 그들의 '거물'이 최신 목표를 달성하도록 돕던 하루하루의 일과를 자랑스러워했다.

"레드와 제가 일어나 보면 미니 매이 할머니가 이미 아침식탁을 차려놓으셨죠. 우린 즉시 제복을 펴서 벨트 버클을 광내고 재빨리 주름을 잡곤 했어요."

음반과 영화의 로열티로 엘비스의 은행계좌에 쏟아져 들어오는 수십만 달러를 적절히 이용하면 그 일은 더 쉬워졌다.

"엘비스는 군복 셔츠와 바지 100벌, 카키색 제복 20벌, 모자 등 일체를 사오라고 했어요. 우린 엘비스가 매달 군인 베스트 드레서로 뽑혔다는 말을 듣고 웃어야 했죠."

라마는 웃으며 덧붙였다.

"심지어는 점심 먹으러 집에 들러서도 옷을 싹 갈아입었어요."

프레슬리는 파병기간 내내 존스 하사의 정탐병이었는데, 처음에 배치

받았을 때는 강등된 것으로 받아들였다. 하지만 하사는 전혀 아니라고 설명했다.

정찰병은 적에게 들키지 않고 탱크의 위치를 알아내는 정말 '어려운 임무' 라고.

"정찰병으로 일하는 건 위험하고도 필수적인 직업이다."

"에이, 그래도 탱크는 못 다루지 않습니까?"

프레슬리는 납득할 수 없다는 듯 되물었다.

하지만 그는 곧 적응했고, 정찰병의 임무를 스스로 터득했다. 지형전문가가 되었고, 지도에 정열을 보였고, 시간개념이 100분의 1초까지 정확해졌으며, 은폐의 달인이 되었다. 또한 다른 임무를 수행하는 틈틈이 존스 하사의 지프도 관리했다. 한번은 자정쯤에 프레슬리의 탱크 부대원 몇몇이 바에서 돌아오다 지프 뒷바퀴의 흙받이 밑에서 엘비스가 등을 깔고 있는 것을 발견한 적이 있었다. 그는 천천히 사포질을 하며 노쇠한 관에 생긴 녹을 작은 점까지 제거하고 있었다. 술 취한 병사들은 배꼽을 잡고 웃었다. 그러자 엘비스가 지프 밑에서 으르렁거렸다.

"너희들도 이런 거 검열받아 봐. 그 따위 웃음이 나오나."

차 밑에 숨을 수는 있었지만 끊임없이 밀려드는 팬들의 물결을 피해 숨을 도리는 없었다. 십 대들은 '기지 내 최고의 지프 정찰병' 을 지키기 위해 군에서 개발한 모든 예방조치에도 불구하고 꿋꿋하게 기지에 침입하여 사인북을 흔들었다. 한번은 엘비스가 테일러 중령을 지프에 태우다가 20여 명의 끈질긴 여성들에게 둘러싸이고 말았다.

"전 엘비스가 팬들에게 반응하는 걸 보고 깜짝 놀랐어요. 프레슬리가 팬들의 존재를 아주 기뻐한다는 사실을 발견하긴 했지만요."

테일러 중령의 말이다.

중령이 놀라서 쳐다보자 엘비스는 유명인이 스트립쇼를 시작하는 것처럼 조심스럽게 모자를 벗었다. 그리곤 사인북에 사인하면서 섹시한 눈과 입술을 이용해 여자들의 애간장을 녹였다. 테일러가 본 것은 엘비스가 세심하게 창조한 페르소나였다.

마침내 테일러는 그 '쇼'를 제지했다.

"이등병 프레슬리, 이걸 합리적으로 결론낼 수 있을까?"

"예, 충성."

엘비스는 즉시 자신의 관능과 매력에 제동을 걸었다. "그런데 여기서 내가 뭐하는 거야?"라고 덧붙이며 여자들에게 윙크를 보냈다.

기지 밖에서는 뮌헨에서 손으로 특별히 재단한 카키색 제복을 입고 여자들을 찾아 돌아다녔다. 젊고 아름다운 독일 아가씨들은 잠자리 평판이 자자한 이 로커에게 주저 없이 손을 내밀었다.

그래도 가장 꾸준한 동반자는 미군 하사의 딸 엘리자베스 스테파니액(Elisabetk Stefaniak)이었다. 그녀는 프레슬리가 그녀의 집에서 멀지 않은 극장에 자주 간다는 것을 알고 옷을 차려입은 다음 만일의 사태를 위해 여자친구를 데리고 스낵바에서 스타와 마주칠 때까지 매일 밤 그 극장에 갔다.

엘리자베스의 부모는, 특히 어머니는 '솜씨 좋은 재단사가 이등병의 카키복을 제5군단에서 가장 섹시한 제복으로 바꿔놨다'는 사실을 알아차리고 그 말썽 많은 가수와 사귀는 것을 반대했다. 그러나 경건한 추수감사절 만찬을 함께한 후 엘비스와 엘리자베스는 극장에 가는 것을 허락받았다. 그들은 곧 엘비스의 친구가 '어쩌면 너무 뜨겁게 불타서 너무 빨리 사그라진 정열적인 로맨스'라 불렀던 로맨스에 빠져들었다. 엘비스는 엘리자베스의 부모에게 그녀를 비서로 고용하고 싶다고 설득했다. 별 위험은 없을 터였다. 그녀의 어머니에게 진심 어린 설명을 했다.

"하루종일 주변에 있는 사람들이 25명이나 돼요."

열여덟 살의 엘리자베스는 괴테슈트라세 14번지에 있는 프레슬리 하우스라는 광적인 세계의 새로운 입주자가 되었다. 때로는 저녁식사가 아침에 준비되는 거꾸로 된 세상이었다. 문밖에는 밤낮 없이 팬들이 진을 쳤다. '저녁 7시 30분부터 8시 30분까지' 사인시간을 게재해놓을 정도였다. 보통은 집이 어둡고 조용해진 새벽 2시 이후에 섹스를 즐겼다.

엘리자베스는 엘비스와의 로맨스에 대해 내밀한 얘기를 털어놓은 적은 없지만, 군대에서 엘비스를 만난 조 에스포지토의 얘기를 들어보면 그녀는 비서 이상이었다. 그녀는 엘비스를 위해 '언제든 섹스가 가능하도록 항상 뒤에 숨어서 대기했다.' 고 한다.

"엘비스는 침실에서 여자와 저녁을 보내다 그 여자가 떠나면 엘리자베스를 불러 같이 자곤 했지요."

에스포지토가 회상했다.

그렇다고 꼭 섹스만 한 것은 아니었다. 엘비스는 어린 시절부터 생생한 악몽에 시달리곤 했으므로 몽유병이 나올까봐 밤이면 어머니나 친구들이 지켜보곤 했다. 글래디스는 아들이 콘서트 투어를 떠나면 레드나 진 스미스를 시켜 밤에 엘비스를 지켜봐달라고 했었다. 엘비스가 친구와 방을 같이 쓰는 것도 흔한 일이었다. 그러나 인기가 높아지면서 여자친구와 침대를 같이 쓰기 시작했고, 죽을 때까지 내내 습관이 되었다.

엘리자베스는 함께 집에 머무는 동안 엘비스의 충격적으로 추악한 면을 보았다. 아버지하고의 문제가 불거진 것이다. 한번은 버넌의 차를 타고 가는데, 버넌이 아우토반에서 갑자기 끼어든 차를 추월하려다 급정거하는 바람에 차가 미끄러져 분리대를 들이받고 세 번이나 굴렀다. 버넌은 전복된 차에서 나와 몸을 추스른 다음 뒷좌석에 머리를 넣고 물었다.

"엘리자베스! 얘야, 괜찮니?"

그는 지나가는 사람의 도움을 받아 겁에 질린 소녀를 꺼내 병원으로 달렸다. 기적적으로 중상은 아니었지만 엘리자베스는 일주일 동안 침대에 있으라는 진단을 받았다.

그녀가 집에 돌아오자 버넌과 미니 매이는 공주처럼 받들어주었다. 레드 웨스트와 라마 파이크 역시 무엇이든 다 들어주겠다는 태도였다.

그러나 엘비스는 언짢은 표정을 짓다가 단둘이 되자마자 협박하듯 다그쳤다.

"너 대체 아빠랑 뭐 하다가 사고난 거야, 응?"

엘리자베스는 초조해했다. 아버지와 관계가 있는지 의심하다니. 게다가 몸상태는 묻지도 않았다. 그가 흥분하여 다그치자 그녀는 눈물로 맞서며 확신시켰다.

"네 아버지하고 아무 일도 없어!"

엘비스는 그때서야 진정하고 그녀를 다독거렸다.

"자기야, 네가 괜찮아서 정말 다행이야."

그동안 엘비스는 계속해서 새로운 사냥감을 찾아다니며 밤새 놀았다. 마피아와 관련이 있다는 농담을 즐겨 하던 시카고 출신의 터프가이 에스포지토, 라마 파이크, 느긋한 찰리 하지, 덩치 큰 레드 웨스트와 함께 터프한 바람둥이 일당이 되었다. 결국 이 그룹은 '멤피스 마피아'라는 유명한 별명을 얻었다.

프레슬리의 동료병사들은 그가 하루종일 근무와 행군을 마치고 새벽 3시, 혹은 더 늦게까지 '바트 노이하임의 플레이보이'로 변신하는 데 적이 놀랐다. 테네시의 젊은 신병 렉스 맨스필드는 어느 날 오후 엘비스가 프리트베르크 입구 근처의 약국 뒷문으로 달려가는 걸 보고 그 비결을 발견했다. 프레슬리는 수백 알짜리 앰피타민 병을 들고 있었던 것이다.

"누가 줬냐?"

렉스가 물었다.

"의료기술자."

엘비스는 웃으며 간단하게 말했다.

"딱 맞는 곳을 알아내야지."

"그는 전투 테스트를 받는 동안 잠을 못 잔 상태에서 파리와 프랑크푸르트의 사창가까지 진군하느라 성적인 스태미나를 높이기 위해 그걸 이용했어요."

맨스필드가 들려주었다.

"머지 않아 다른 녀석들도 그걸 먹기 시작했어요."

"그걸 먹어야 돼, 렉스."

엘비스가 충고했다.

"부작용이 전혀 없고 의사가 처방하는 데다 전 세계에서 복용한다고. 의사들은 애들이 조금만 뚱뚱해도 그걸 준다니까."

프레슬리는 처방전이 있는 약은 해롭지 않다고 철석같이 믿은 나머지 친구들에게 정기적으로 앰피타민을 권하기도 했다. 하지만 엘리자베스 스테파니액 같은 친구들은 쓰지 않았다. 화를 내며 화장실에 쏟아버리기도 했다. 엘비스가 아무리 손을 빨리 써도 어 하는 사이 당하는 때가 있는 것이다.

엘비스가 부대에 정착하자마자 파커 대령이 열심히 작업한 결과 국방성은 군 홍보담당 장교들을 닦달해서 엘비스가 야전병으로 성공한 모습을 발표하는 요란한 기자회견을 열라고 했다.

"내가 직접 보낼 수 있는 특급 기자들이 있소."

파커가 힌트를 주었다.

"『라이프』지도 대단한 관심을 보이고 있소만."

PX에서 행사하는 날 허리케인 규모의 바람이 몹시 불었다. 탐욕스러운 미디어는 뷔페와 커피 외에 보도자료와 그들이 정말 원한 사진을 제공받았다. 엘비스가 갖가지 임무를 충실히 수행하는 모습을 담은 엄선된 사진이었다. 이 중에는 일부러 포즈를 취한 것도 있을 터였다. 마지막 순간에 면도를 하느라 웃통을 벗은 이등병 프레슬리의 샷은 돌리지 않는 것으로 결정되었다.

회견 10분 전인데도 '일등병' 프레슬리는 없었다. 그 행사에서 휘황찬란하게 진급을 발표할 예정이었다. 이 순간에 주인공은 어디에 있단 말인가. 회사 임원은 엘비스가 PX에 있다고 했다. "팬들 때문에 차가 오도가도 못한다."고 주장하는 상사도 있었다.

독일인들이 부르던 대로 '데어' 엘비스는 보이지 않았다. 공보실의 젊은 중령은 아이라 존스 하사를 몰아붙였다.

"어디 있나? 이걸 준비하느라 본부에서 쉬지 않고 일했는데, 이제 와서 엘비스가 안 오면 어쩌란 말인가?"

존스는 탈의실에 홀로 앉아 근무지 이탈자를 기다렸다. 10분, 그리고 20분을 기다렸다. 10시 14분이 되어서야 문이 활짝 열리며 프레슬리가 어디에도 내보낼 수 없는 상태로 굴러들어왔다. 셔츠자락은 바지에서 빠져나왔고 입술과 얼굴에는 온통 립스틱 자국이었다.

"그 제복을 입고 잤군."

존스가 짐작했다.

프레슬리는 부정하지 않은 채 그냥 바닥만 쳐다보았다.

"죄송합니다, 충성."

"도대체 무슨 일인가?"

프레슬리는 반성하는 모습을 보이려고 했지만 끝내 웃음을 참을 수가 없었다.

"엘리자베스 때문입니다, 충성!"

존스는 웃음을 참아야 했다.

프레슬리는 중대원들의 도움으로 샤워를 하고 옷을 갈아입은 다음 11시가 되기 전에 식당으로 당당하게 걸어들어갔다. 존스는 놀라는 한편 자랑스러웠다.

"저렇게 나타나서 눈부시게 서 있지 않았으면 어쩔 뻔했을까?"

일등병으로 진급한 프레슬리. 그는 계급장이 자랑스러웠다. 그동안은 기지까지 택시를 타고 다녔는데, 하얀 가죽시트로 꾸민 흰색 BMW 스포츠카를 선물로 받았다. 이제 기지에 들어올 때마다 요란한 소리를 내며 BMW를 주차한 다음 보통 군인처럼 지프에 탈 터였다.

기지의 신병들은 그의 등장을 기대하고 있었다. 그는 군대라고 해서 무조건 잿빛에다 실용적인 것만은 아니라는 상징이었던 것이다.

1956년 플로리다 주 탬파 공연 중.

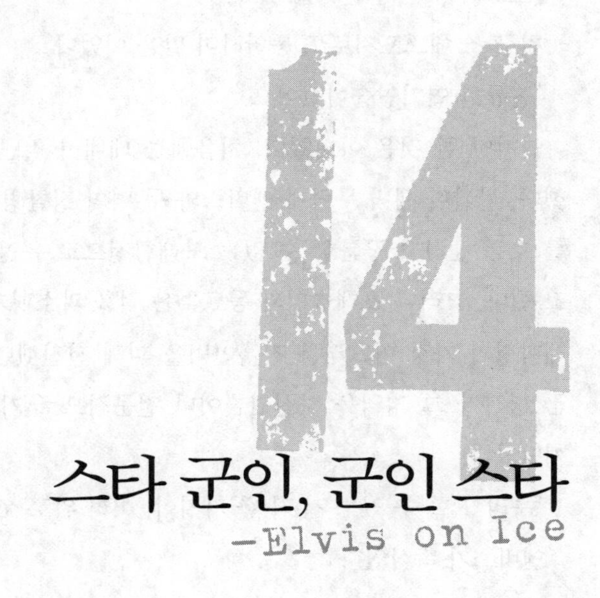

스타 군인, 군인 스타
—Elvis on Ice

프리트베르크에 겨울이 오자마자 헬 온 휠스 장성들은 모의전을 계획했다. 엘비스는 웃으면서 그것을 '오퍼레이션 스노맨'이라고 불렀다. '하루 24시간 내내 엉덩이가 얼어붙는다.'는 의미였다. 사실 그 훈련은 치명적으로 심각한 겨울전투의 시뮬레이션이었다. 실제 전투를 본떠 미군 병사끼리 경쟁하는 '사냥과 포획'이라는 임무도 부여되었다.

엘비스는 이 임무에서 보람을 느꼈고, 추운 날씨 속에서 승리감도 맛보았다. 훗날 친구들 앞에서 거품을 물고 무용담을 늘어놓기도 했다. 엘비스는 넋이 빠져서 듣는 청중에게 몇 주 동안 'GI 조(GI Joe)' 역할을 하는 것이 좋았고, 그의 초기 영화에서 배역에 몰두했던 방식처럼 무한한 열정으로 접근할 수 있었다.

"오스카 수준의 연기를 했죠."

친구 조 에스포지토도 동의하며 말을 이었다.

"훌륭한 연기연습이었어요."

연기만 한 것은 아니었다. 처음에는 테네시 청년의 능력을 보여주기도 했다. 쌀쌀한 새벽 무렵에 엘비스와 두 명의 정찰병은 가상의 적 탱크부대를 보통 숲하고 구분할 수 없는 모래함정으로 유인하여 함정에 빠뜨리려고 했다. 그러나 프레슬리와 동료들은 적을 과소평가했다. 적은 최악의 모래함정과 가장 미끄러운 진흙언덕을 피해 전진했던 것이다. 엘비스는 적군 병사가 그 지역을 자신만큼이나 전문적으로 기억하고 있다는 사실을 깨달았다.

"우리가 할 수 있는 건 딱 한 가지야. 머리 위로 쏘는 거지."

엘비스가 속삭였다

가상의 적보다 3분의 1 규모였던 그의 소대는 존스 하사의 허가 아래, 전진하는 탱크부대를 향해 머신건 공포탄을 발사했다.

"자기들이 우리보다 강하고 전술적 위치도 좋다는 것도 모르고 싸워보지도 않고 굴복했죠."

존스가 회상했다.

존스의 탱크팀은 『스타스 앤 스트라입스』에서 '전투준비를 갖춘 탁월함'이라는 평가를 받았다. 물론 대부분의 기사는 로큰롤 탱크 부대원으로 가득 찼다. 프레슬리는 화가 나서 한 군대 기자에게 항의했다.

"이건 팀입니다. 전 이 모든 임무 중에서 아주 작은 부분만 수행했습니다. 한낱 이등병에 지나지 않습니다. 내가 인기 있다고 해서 팀 내에서 더 중요해지는 것도 아니잖아요."

존스 하사도 엘비스에게 동의하여 특별 대우가 "프레슬리를 엄청나게 상처 주고 있다."는 새로운 소문을 인정했다.

하지만 베를린, 뮌헨, 파리, 로마의 타블로이드는 이것으로 충분하지 않은 듯 파커 대령이 값비싼 공연에 '금접시 이등병'을 깜짝 소개하기 위해 조기 제대를 계획했다고 주장하는 기사를 찍어냈다. 타블로이드들은 공연 수입에 관해 수백만 달러를 예측하기도 했다.

미국에서는 대조적으로 일요신문, 팬진 등이 프레슬리를 의심하지 않고 지지하는 기사들로 가득 찼다. 물론 뒤에는 부지런한 대령이 있었다. 그는 〈킹 크레올〉을 편집하는 동안 첫번째 샷과 함께 엘비스의 '작별편지'를 출판하면서 홍보에 시동을 걸었다. 이어서 『포토플레이』 독자들은 엘비스의 '마지막 말'을 기억에 새겼다.

"제가 없을 때도 제발 절 잊지 마세요!"

대령의 홍보공세가 없었다면, 엘비스가 돌아오는 즉시 촬영에 들어갈 영화와 텔레비전 프로젝트에 대한 발표부터 『스타스 앤 스트라입스』가 제공한 사진이 곁들여진 군대의 '하루' 영상까지 모두 불가능했을 것이다. 그리고 캐릭터 사업이 있었다. 엘비스 프레슬리의 이름, 계급, 군번이 박힌 번호표(금제 혹은 은제), 카키색 엘비스 티셔츠, 달력 등이었다. 대령으로서는 기쁘게도 스리 틴스(Three Teens)가 몸을 떨며 부르는 〈디어 53310761(Dear 53310761)〉부터 애니타 우드의 평범한 약속 〈아일 웨이트 포에버(I'll Wait Forever)〉(당연히 선 레코드에서 나왔다)에 이르는 새 음반도 여러 장 나왔다.

"엘비스의 이름을 뉴스에 계속 올릴 수만 있다면 무슨 일이라도!"

파커의 모토였다.

존스 하사에 따르면 특히 '팬진에서 그려낸 모습과 별로 닮지 않았기 때문에' 엘비스에게서 '군에서 가장 유명한 이등병'의 모습을 찾는 것은 쉽지 않았다고 한다.

"엘비스는 우리들하고 같아졌어요. 진정한 남자였죠."

그는 자신의 유명세를 이용하는 것에 대해 놀라울 정도로 거부감을 나타냈다. 유럽의 군부대에서 공연을 요청했을 때도 당당하게 주장했다.

"아무데서나 노래 부르려고 야전병이 되는 데 이 모든 시간을 투자한 게 아닙니다."

부대에서 자선쇼를 열었을 때는 자신의 히트곡을 부르는 대신 행사조직을 도우며 친구 찰리 하지와 듀엣으로 피아노를 연주했다. 그러나 윌리엄 테일러 중위가 진급하고 전출가게 되자 '고별무대'에 뛰어올라 한 시간 넘게 공연하며 자신의 로큰롤 히트곡뿐 아니라 테일러가 좋아하는 노래도 몇 곡 불렀다.

"엘비스가 할 수 있는 가장 큰 선물이었죠. 팡파르 없이 공연한 것도 전형적인 프레슬리였어요."

테일러 대령이 회상했다.

또 한번 스타 노릇을 한 적이 있었다. 막사의 쉼터 구실을 하는 '탱크부대 주간 회의실' 텔레비전이 고장나자, 엘비스가 그곳뿐 아니라 다른 탱크부대에도 새 것을 설치해주었다. 한 장교가 기지 사령관을 찾아가서 '이해관계가 얽힌 모순'이라고 불평했지만 사령관은 웃을 뿐이었다.

"첫째, 엘비스 프레슬리다. 둘째, 이미 끝난 일이야."

엘비스는 다른 식으로도 유명세를 이용했다. 공산주의와 맞서는 국경 근처에서 소대가 이동 중에 식사를 할 때였다. 프레슬리는 모피모자를 멋스럽게 한쪽으로 기울이고 소리쳤다.

"충성, 음식에 불만이 있습니다."

잭 코크런 중위는 장단을 맞춰주기로 했다.

"글쎄, 도대체 음식이 뭐가 잘못됐다는 건가? 세계 최고의 병사를 위한 세계 최고의 음식인데."

"저, 안에 땅콩버터가 충분하지 않습니다."

프레슬리가 씩 웃으며 손가락 하나를 들어올리자 묽은 땅콩버터가 뚝뚝 떨어졌다.

"그래, 엘비스, 내가 바로 음식담당이네."

코크런이 웃으며 받아주었다. 프레슬리도 사람 좋게 웃어 보였다.

다음날 아침 0.5톤짜리 물품트럭이 본부에 도착하고, 수송담당 하사가 내려왔다.

"코크런 중위님, 모의전치고는 처음 배달해보는 이상한 것들입니다."

"뭘 갖고 왔는데?"

코크런이 물었다.

"완전 특대 사이즈의 빌어먹을 땅콩버터 항아리인데요."

엘비스는 박장대소를 했다.

존스는 프레슬리가 인기 스타임에도 가식이 전혀 없어 보였다고 회상했다. 그는 스타 엘비스와 고통스러울 정도로 수줍음을 타서 장교에게 네, 아니오 말고는 대답을 못하던 어느 병사 사이의 에피소드를 떠올렸다. 남부 출신의 흑인 청년이 식당 구석에 앉아서 눈을 내리깐 채 식사를 하고 있었다. 엔진전문가인 그는 일할 때건 막사에서건 아무도 말을 시킬 수 없는 사내였다. 엘비스는 그를 족쇄에서 꺼내주기로 결심했다. 어느 날 오후 존스가 차고에 들렀는데, 대형 수송트럭 뒤에서 엘비스의 목소리가 들렸다. 엘비스는 누군가와 얘기를 나누고 있었다.

"호기심에 모퉁이를 돌았더니 엘비스가 앉아서 그 흑인 병사와 농담을 섞어가며 얘기를 하는 거예요."

그는 엘비스가 그 흑인 기술자와 독일에 머무는 내내 친하게 지냈다고 기억했다.

"엘비스는 아주 놀라운 젊은이였죠."

물론 엘비스도 흄스 하이의 십 대 시절에는 너무나 인정받고 싶어하는, 고통스러울 정도로 수줍음 많은 아웃사이더였다.

엘비스가 동료병사를 기꺼이 돕고 싶어했다는 것은 다른 사례에서도 드러났다. 어느 날 밤 테일러는 그 지역의 경계를 벗어나 사창가의 클럽에서 취하거나 말썽을 일으키는 병사가 없는지 순찰하고 있었다. 그런데 엘비스와 다른 GI가 낯익은 BMW 스포츠카에 올라타는 것이 아닌가.

"프레슬리, 잠깐!"

테일러가 명령했다. 엘비스는 운전석에서 나와 경례를 한 후 당황한 듯 함께 차에 타 있는 중대 동료를 두둔하기 시작했다. 때마침 그 동료는 문을 열고 몸을 숙여 토했다.

"신경 쓰지 마십시오, 중위님. 전염병에 걸렸나 봅니다."

엘비스가 설명했다.

"프레슬리, 여기서 뭐 하는 건가? 여기는 경계 밖이야."

그 병사는 헌병에게 잡힐까봐 걱정되어 엘비스에게 전화를 했었고 엘비스는 그를 부대로 데려오려고 차를 몰고 나갔던 것이다. 테일러는 15조에 의거해 부대 지휘관으로서 즉결 처분을 내릴 수 있었지만 친구를 걱정하는 엘비스의 마음씀씀이에 깊은 인상을 받았다.

"위험한 일이었거든요. 전 엘비스의 행동을 존중했어요."

버넌 프레슬리가 이미 오래전에 아버지로서의 권위를 포기했기 때문에 엘비스는 존스 하사와, 그보다 덜 하긴 했지만 테일러 중위에게서 아버지의 존재를 찾았다. 존스는 군대의 엄격함과 가족에 대한 책임감을 강조했고 엘비스가 스타의 고달픔에 관해 낱낱이 털어놓는 것을 묵묵히 들어주었다.

"아시다시피 하사님, 제가 스타가 된 뒤로 모든 사람들이 엄마, 아빠와 저 자신을 그냥 내버려두지 않았어요. 간이라도 빼달라는 듯이 말이죠. 게다가 우리를 하층민 취급하고 조롱했어요. 엄마가 원하던 좋은 동네로 이사갔을 때 이웃들은 별거 아닌 일로 우리를 쫓아냈어요. 엄마한테는 의미가 많은 일이었는데, 그들은 단지 엄마가 옷을 빨랫줄에 널어 말리는 게 싫었던 거죠. 그들이 떼지어 몰려와서 우리집 문을 두들기며 엄마한테 건조기를 사라고 했어요. 진정서를 넣어 우리 '힐빌리들'과 팬들을 그 동네에서 영원히 쫓아내려고 하는 이웃도 있었죠."

프레슬리는 고개를 저었다.

"하사님, 그래서 엄마는 마음이 상했죠."

그는 그레이스랜드에 대해서도 얘기했다.

"우리만 있을 수 있고, 팬들이 와도 미친 사람 취급받지 않는 곳으로 이사 가야 했죠. 아무에게도 피해를 주지 않을 시골이 필요했어요. 바로 그때 제가 그레이스랜드를 산 거였죠. 하지만 아시다시피 하사님, 그 큰 집과 그 안에 딸린 그 모든 것들로도 엄마는 전혀 행복하지 않았던 것 같아요. 돌이켜보면 엄마는 아주 소박한 것을 원했음을 저도 알아요. 다른 무엇보다도 저와 많은 시간을 보내고 싶어하셨단 것도요. 다시 할 수만 있다면 공연일정을 더 느슨하게 잡을 텐데 말입니다. 세상의 돈을 다 끌어모아도 엄마를 다시 살 순 없으니까요."

오랫동안 머릿속에 갇혔던 말이 독일의 드넓은 변두리에서는 쉽게 나왔다. 존스가 감회에 젖어 말을 잇는다.

"이 젊은이한테는 한 여자가 자기 목숨보다 더 의미 있구나, 하는 점을 깨달았죠. 그 여자의 죽음이 엘비스를 괴롭히고 죄의식을 남겼다는 것도요."

어느 날 오후 엘비스는 자신을 성가시게 하는 것들에 대해 말하면서 물었다.

"중위님, 왜 사람들은 다른 사람들을 깔보는 걸까요?"

"전 엘비스가 생활형편 때문에 정말 힘든 때가 있었다는 걸 깨달았어요. 그 '가난한 시절' 이 끈질기게 그를 따라다닌 겁니다."

테일러는 그날 엘비스가 슬픈 표정을 지었다고 회상했다.

2년의 복무 기간 중에서 가장 놀라운 일은 우울함 때문이 아니라 순수한 사고로 일어났다. 어느 날 정찰 중이던 엘비스가 지도를 잘못 보고 그만 공산주의 구역 내로 몇 킬로미터나 들어가고 말았던 것이다. 갑자기 그 지역이 어디인지 알아차린 것은 존스 하사였다.

"젠장, 프레슬리, 빨갱이 지역이잖아. 가능한 빨리 여길 벗어나자고."

프레슬리는 얼어붙은 도로에서 지프를 돌려 서독 경계로 요란하게 되돌아갔다. 존스는 머리를 저었다.

"체코슬로바키아에서 공산주의자들에게 잡히는 바람에 국제분쟁이라도 일어났다고 생각해보세요."

어둠이 내리고 으스스한 겨울바람이 휘몰아치자 엘비스는 서독으로 돌아온 것이 거의 확실하다고 말했다. 그러나 그것보다 더 확실한 것은, 너무 깜깜해서 기지까지 돌아갈 수가 없다는 점이었다.

그들은 지프를 나무와 바위 사이에 주차한 다음 엔진을 켜놓았다. 알프스의 세찬 바람이 기온을 영하 28도 밑으로 떨어뜨리기 때문이었다. 한 시간도 안 되어 눈이 차문 높이까지 쌓이자 엘비스는 계속 엔진을 밟아 낡은 파이프를 녹여야 했다.

엘비스와 하사는 판초를 꺼내 추위를 피하다가 곧 잠이 들었다. 군기가 바짝 든 프레슬리가 판초를 텐트처럼 튼튼하게 설치했기 때문에 최대한의 온기는 유지할 수 있었다. 그러나 임시 텐트 내부는 시동을 걸어놓은 엔진 때문에 일산화탄소가 극도로 높아졌다.

"몇 초 만에 잠들었어."

며칠 뒤 엘비스는 찰리 하지에게 말했다.

"시간이 얼마나 지났는지 모르겠지만 다음 순간 생각난 것은 돌풍이 불어닥쳐서 얼굴에서 판초를 날려보냈다는 거야. 누가 얼굴에 얼음물을 부은 것처럼 살벌한 공기가 몰아쳤지. 하지만 바람이 꽤 달콤했어."

엘비스는 손을 들려고 했지만 마음대로 움직여지지 않았다. 눈을 감은 다음 수백 편의 스파이 영화에서 본 대로 머리 위에 손을 올리려고 온 신경을 집중했다.

"납으로 가득 찬 것 같았죠."

나중에 그가 말했다. 마침내 엘비스는 앞좌석을 왔다갔다한 후 눈 속을 굴렀다.

"그렇게 구르고 나서 폐에 공기를 억지로 삼켰다 토했다를 반복했어. 마침내 팔다리에 감각이 살아났지. 더 중요한 점은 기어다닐 수 있었다는 거야."

프레슬리는 지프에 몸을 다시 집어넣은 뒤 시동을 끄고 존스 하사를 밀어 눈밭에 얼굴부터 완전히 엎드리게 했다. 프레슬리는 계속 토하다가 겨우 진정하고 존스에게 기어갔다.

"하사님은 죽은 것처럼 날 쳐다봤어."

프레슬리는 하지에게 설명을 계속했다.

"뻣뻣해진 것 같았다고."

엘비스는 존스의 몸에 눈을 뭉개고 흩뿌리듯 던져서 의식을 찾아주려고 했다. 마침내 엘비스가 최대한 세게 걷어차자 존스는 숨이 막힌 채 눈 속으로 굴러가서 비틀거리기 시작했다. 그러자 곧이어 프레슬리가 기절했다. 산소부족으로 몸이 2차 반응을 보인 것이었다. 이번에는 존스가 얇은 얼음으로 뒤덮인 바위와 작은 덤불을 쥐며 눈밭을 뚫고 기어가서 프레슬리를 찼고, 프레슬리는 기침을 한 후 의식을 되찾았다.

자동차로 한참을 달려 기지까지 돌아오는 동안 둘은 어떻게 될지 모르니 이 일은 얘기하지 않기로 약속했다. 존스가 말한 대로 이등병 프레슬리의 인기 때문에 언론에서는 이 일을 가지고 장난칠 것이 뻔했다.

미디어는 어느 병사라도 자랑스러워할 만한 그의 또 하나의 성취를 가지고 부산을 떨었다. 춥고 습습하고 바람 많은 독일의 1959년 봄, 엘비스는 체코인들에게 전력을 과시하기 위해 실시한 '윈터 쉴드'라는 모의전투에서 거의 단독으로 적의 청음초소를 포착했던 것이다.

엘비스와 테일러 중위는 초소에 도달하기 위해 썩은 진흙과 솔방울 가시를 뚫고 포복해야 했다. 폭우가 쏟아져서 우비와 위장용 분장이 젖어버렸다. 테일러 중위는 청음초소가 가까워지는 것을 감지하곤 이등병 프레슬리를 단련시키기 위해 앞장서라는 신호를 보냈다. 엘비스는 진흙에서 소리를 내지 않으려고 손끝과 발끝으로만 간신히 움직여 중위를 이끌고 작은 봉우리까지 갔다.

그때 갑자기 하늘이 폭발한 듯 잇달아 번개가 치자, 프레슬리와 테일러는 10초마다 빛으로 목욕을 하는 것 같았다. 그 와중에 프레슬리는 뭔가를 들었다. 근처에서 들리는 삐걱거리는 소리였다. 그가 속삭였다.

"중위님, 탱크 해치가 닫히는 소리입니다."

이어서 다시 번개가 치며 작전명령 초소 바로 앞에 있는 선두 탱크 두 대의 그림자를 비췄다.

"이 자식들을 바로 협박해서 모두 잡아버리죠."

테일러는 프레슬리에게 기회를 주고 싶었다.

"그럴 자격이 있었죠. 너무나 잘했거든요. 이등병 프레슬리는 진흙에서 빠져나와 가상 적의 아지트로 내려가는 덮개를 열어제치고 총을 겨눈 채 놀란 대위에게 으르렁거렸죠. '네놈은 내 거다.'"

그리고 실탄 없는 총구를 배에 찔러 경비병의 무기를 빼앗았다.

"프레슬리가 중위와 상사까지 한 명씩, 지휘팀을 모두 잡았기 때문에 대위는 물을 먹은 셈이죠."

프레슬리는 특유의 감수성을 드러냈다.

"제가 해야 할 일이 있습니다, 테일러 중위님."

엘비스는 걸어가서 패배한 대위의 눈을 쳐다보았다.

"죄송합니다, 충성!"

대위는 마음 좋게 웃었다.

"자네들이 잘했거나 우리가 경비를 더 강화해야겠지."

테일러는 끝도 없는 모의전 보고서를 작성하다가 엘비스가 작은 숲에서 나무에 기댄 채 발만 쳐다보고 있는 것을 보았다. 프레슬리한테 방금 잡힌 중위가 종이 한 장으로 그를 계속 찌르며 소리 높여 명령을 내리고 있었다.

테일러는 언덕으로 달려가서 고함을 질렀다.

"이등병을 내버려둬. 자기 할 일을 한 것뿐이야!"

중사는 테일러에게 바짝 다가왔다.

"가서 네 일이나 봐, 젠장."

그 말이 끝나는 동시에 테일러가 명치에 강한 주먹을 날리자 그 뻔뻔한 중위는 진흙탕에 곤두박질치고 말았다.

"저 녀석이 사인해달라고 협박하던가, 응?"

테일러가 묻자 엘비스는 고개를 끄덕였다.

"그냥 사인해주지 그랬어?"

프레슬리는 도발적으로 대답했다.

"글쎄요, 중사님, 그건 제 선택사항입니다."

"그 말을 듣고 그 위대한 녀석을 더더욱 존경했죠."

테일러의 회상이다.

서독 프리드베르크에서의 병영 시절.

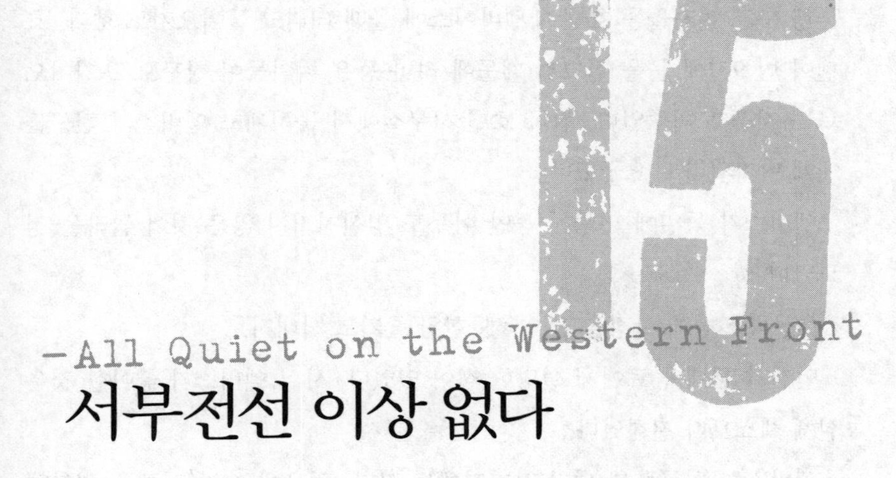

15
서부전선 이상 없다
—All Quiet on the Western Front

이등병 프레슬리는 좋은 병사였지만 돈과 지위를 이용할 줄도 알았다.

1959년 6월 중순이 되자 독일 시골에 싫증난 나머지 운전기사를 고용하여 몇몇 친구들과 벤츠 세단을 타고 뮌헨으로 향했다. 400킬로미터 이상 떨어진 거리였다.

언론은 거기서 엘비스가 아름다운 갈색 머리의 예비 스타 베라 체코바(Vera Tschechowa)와 데이트를 했다고 보도했다. 그녀는 아돌프 히틀러가 좋아한 연기자라고 알려진 독일의 위대한 배우 올가 체코바의 딸이었다.

라마 파이크는 엘비스가 뮌헨의 여자 곡예사에게 흥미를 느꼈다고 회상했다. 어느 날에는 그녀의 드레싱 룸에서 다섯 시간을 넘게 보내고는 옷을 짜야 할 정도로 젖은 채 나타나기도 했다.

엘비스는 뮌헨 물랭 루즈의 여자들에게도 반해서 함께 밤을 보내기도 했다. 어느 날 아침 그가 식탁에 나타났을 때 베라 체코바는 아직도 그의 머리카락과 눈썹에 반짝이가 묻은 것을 알아차렸다. 엘비스와 친구들은 물랭 루즈 여자들을 호텔 에델바이스에 몰래 데리고 들어오기도 했다. 호텔이 밤 9시에 문을 잠그기 때문에 라마 등은 여자들이 창문으로 기어오르는 것을 도와주었다. 결국 호텔 사무실에서 눈치채고 엘비스와 친구들에게 나가달라고 요구했다.

엘비스가 독일에 머무는 동안 아무도 임신시키지 않은 것이 놀라울 정도였다.

"난 섹스 중에 사정을 잘 안 해. 한참 즐기고 꺼내지."

언젠가 군대 동료에게 설명한 적이 있었다. 사실 엘비스가 좋아한 것은 실제 섹스보다 전희였다.

엘비스는 친구들을 데리고 파리에도 갔다. 처음에 그가 여행을 제안했을 때는 다들 무표정한 반응을 보였다.

"야 야, 애들아."

그가 웃으며 설득했다.

"내가 책임질게. 부대와도 해결해놓고. 모두 미리 처리할 거야. 그냥 나한테 맡겨. 파리 거리를 쓸어버리자고!"

엘비스 프레슬리는 전쟁이 없는 시기였으므로 특혜를 받고 밤열차에 올라 빛의 도시 파리로 향했다. 프레슬리는 호텔 '프랭스 드 갈'의 가장 큰 스위트룸으로 친구들을 안내했다. 24시간 대기 요리사 다섯 명과 무릎 길이의 바지를 입은 종업원들이 있고, 크리스털과 은, 루이 14세 시대의 가구가 구석구석 가득 찬 곳이었다. 그들은 첫날 밤부터 차를 몰고 나가서 파리 교외의 낮은 언덕에 앉아 도시에 해가 뜨기를 기다렸다. 엘비스는 그 후로 몇 년 동안 파리에서 맞이한 첫 일출을 떠올렸다. 지평선이 오렌지빛과 장밋빛으로 물드는.

"정말 멋지게 도시의 하루가 시작되는군."

그가 중얼거렸다.

어느 날 밤에는 택시를 타고 나가서 빛나는 샹젤리제를 지나 보석처럼 극적인 조명이 내리비추는 개선문을 보았다. 엘비스, 찰리 하지, 렉스 맨스필드가 함께했다. 그 다음에는 엘비스의 제안으로 스스로 빛을 뿜는 에펠탑을 향해 출발했다. 그들은 내내 〈아일 비 홈 어게인(I'll Be Home Again)〉 〈어메이징 그레이스(Amazing Grace)〉 같은 영가와 향수 어린 곡들을 불렀다. 택시기사가 행선지를 물었다.

"한 번 더요. 개선문까지 갔다가 돌아와주세요."

엘비스가 부탁한 대로 그들은 돌고 또 돌았다.

"그날 밤에 리도는 안 간 것 같아요."

하지의 말이다.

그들은 여러 밤을 리도, 카페 파리, 포어클락 클럽, 크레이지 호스, 폴리-베르제르, 물랭 루즈, 카루셀에서 보냈다. 클럽을 전전하면서 점점 더 방탕하게 즐기다 문 닫기 직전에 리도로 돌아왔다. 리도의 볼거리는 '블루벨스'라는 영국 앙상블을 포함한 화려한 게이 파레의 멋진 코러스 라인이었다.

엘비스는 짙은 녹색 제복을 입은 터라 특히 화려해 보였다. 그들은 블루벨스와 코러스 걸들을 모아서 스위트로 간 다음 환락의 밤을 보냈다. 에스포지토가 회상했다.

"이런 식이었어요. 엘비스가 먼저 여자를 고르면 나머지는 아무나 차지했죠. 모든 젊은 남자들의 꿈을 이룬 거죠."

거의 그대로였다. 엘비스는 다른 녀석들만큼 운이 따르지 않는 라마 파이크를 보며 말했다.

"재한테 창녀를 붙여줘야겠는데!"

호텔 포터에게 전화하자 30분 만에 창녀가 도착했다. 그녀는 엘비스를 보자마자 기뻐서 소리쳤다.

"엘~비~스!"

그녀가 다짜고짜 껴안고 키스를 퍼붓자 엘비스는 웃음을 참지 못하면서 라마를 가리켰다.

"아냐, 자기는 재 거야! 넌 재 거라고."

그리곤 그 여자의 고개를 돌려서 라마와 마주보게 했다. 그녀는 "싫어!"라고 소리를 빽 지르며 엘비스의 품으로 다시 뛰어들었다. 창녀는 결국 아무 서비스도 안 하고 돈만 받은 다음 문으로 인도되었다.

"물론 엘비스는 라마가 괴로워서 죽어버릴까봐 그 여자랑 아무 짓도 안 했어요."

에스포지토가 말했다.

새벽을 넘어설 때까지 이어지는 그 방탕한 축제는 초콜릿과 샴페인으로 끝났고, 엘비스는 블루벨스 멤버 중 두 명하고 새틴 시트 속을 굴렀다. 그날 오후 전화벨이 울리기 시작했지만 그냥 내버려두었다. 마침내 라마 파이크가 전화를 받자 리도의 매니저가 화를 내며 따졌다.

"빌어먹을! 쇼 좀 시작하게 블루벨스를 보낼래? 너희들이 쇼를 막고 있잖아!"

파이크는 택시를 여러 대 불러서 블루벨스를 리도로 돌려보냈다. 그동안 엘비스는 쇼 매니저와 오랜 대화를 나누고 좋은 선물을 보내는 처세술로 여자들의 걱정을 덜어주었다.

"순전히 마술이었죠."

맨스필드가 회상했다.

"엘비스는 윌리엄 모리스, 파라마운트, MGM 프랑스 사무소의 연줄까지 이용해서 우리가 특급 대우를 받도록 보장했어요."

엘비스는 파리를 아주 맘에 들어해서 자꾸만 다시 찾았고, 매번 소진될 때까지 성적으로 즐겼다.

"어디를 가든 곳곳에 여자들이 있었어요."

파이크가 말했다. 프랭스 드 갈의 웨이터 말대로 여자들은 프레슬리의 스위트를 들락날락했다. 회전문이라도 달린 듯이.

그는 더 극단적인 것도 마음껏 해보았다. 엘비스와 친구들은 리도 여자들을 통해 르 방튀라는 작은 클럽을 소개받았다. 매력적인 여자들로 가득 찬 은밀하고 연기가 자욱한 곳이었다. 사실 그들 대부분은 남자였다.

오랫동안 여자밖에 모르던 그들이라 놀라서 충격을 받았다. 한번은 웬 여자가 엘비스와 라마 옆에 앉았다. 엘비스는 천천히 콜라를 홀짝거리다 라마를 쳐다보았다.

"어떻게 생각하냐?"

라마는 솔직했다.

"난 전혀 모르겠어."

어떤 날 밤은 그가 근처 테이블에서 과장되게 빠는 소리를 내는 여자를 세심히 관찰하다가 라마에게 물었다.

"어떻게 생각하냐? 남자냐, 여자냐?"

"몰라. 되게 신경쓰이네."

프랑스의 수도는 그래도 쾌락주의 그 이상을 제공했다. 엘비스에게 인기에 대한 자각을 되찾아주었던 것이다.

라마의 얘기를 들어보면 엘비스는 군대에 잘 적응하면서 임무를 다 해야 한다고 생각한 프리트베르크에서는 '아직도 인기가 있는지 걱정하다가 공황상태가 되곤' 했다. 하지만 파리 여행으로 안정을 찾았다. 거기에서는 더 이상 익명의 GI가 아니었다.

파리에서는 '엘비스 프레슬리' 였다. 한번은 샹젤리제로 쫓겨가면서 기쁜 표정으로 고개를 돌려서 쫓아오는 프랑스 여자들을 쳐다보기도 했다.

이제 엘비스는 미국에서 인기가 지속될지 확신이 없었다. 마지막 영화인 〈킹 크레올〉은 극장에 걸리자마자 내려왔다. 반면 리뷰는 가장 좋았다. 『로스앤젤레스 타임스』가 지적한 대로 '이런, 맙소사. 엘비스 프레슬리가 배우로 변신' 한 것이었다. 물론 타이밍은 아이러니했다. 엘비스가 집에 돌아가면 어떻게 될지 걱정하는 것도 놀랄 일이 아니었다. 과연 퇴물이 될 것인가?

하지만 파리에서는 자신이 여전히 스타라고 안심했다. 윈도 쇼핑을 하거나 그가 '곱추네 집' 이라 불렀던 노트르담 성당을 올려다보면서 거리를 걸으면 군중들이 몰려들어 경찰이 출동할 정도였다. 운전자들이 그를 쳐다보느라 서행하면서 "봉주르, 엘비스!"라고 외치는 통에 차들이 엉키기도 했다. 때로는 코러스 걸들이 사진을 찍느라 깃털과 스팽글이 달린 거미줄처럼 얇은 의상을 걸친 채 그의 무릎에 앉겠다고 다투기도 했다.

엘비스는 싱어 조지 버너드와 버트 버너드가 리도의 무대로 끌어올리자 몹시 초조해했다. 15개월 동안 무대에서 떠나 살았던 터라 다시 스포트라이트를 받는 기분이 이상했던 것이다. 그는 피아노 앞에 앉아 경쾌한 〈윌로 웝 포 미(Willow Weep for Me)〉를 연주했다.

그동안 엘비스는 제대하면 어떻게 해야 할지 고민이었다. 실제로 걱정할 이유가 많아졌던 것이다. 그가 알던 음악계는 예술적으로나 경제적으로나 혼란의 소용돌이 속에 있었고, 많은 가수들이 곤경에 처했다.

척 베리는 미성년자와 섹스를 하려고 주 경계 너머로 데려가다가 2년형을 선고받았다. 제리 리 루이스는 열세 살짜리 사촌과 결혼하여 스캔들을 뿌리다가 틀어박혔다. 리틀 리처드는 성직자가 되기 위해 음악을 포기했다(그는 1957년 스푸트니크 위성이 발사되자 이승을 떠나야 할 때라는 천국의 메시지라고 생각하여 그런 결정을 내렸다). 싱어 리치 발렌스와 빅 바퍼의 목숨을 앗아간 1959년 2월의 비행기 사고는 끔찍했다. 버디 홀리도 그 비행기 안에 있었다. 그리고 교통사고로 불구가 된 칼 퍼킨스는 자신이 개척한 로커빌리 사운드가 자신의 인생과 함께 쇠퇴하는 것을 지켜보았다.

그러는 사이 새로운 싱어들이 전형적인 미국인의 얼굴에 스타일리시한 의상을 갖추고 무대에 진입했다. 우연은 아니지만 그 가수들과 사운드는 상당히 부드러워졌고 위협적이지도 않았다. 미국의 어머니들이 믿고 딸을 맡길 수 있는 이웃집 소년들이었다. 상당수는 스타 시스템에 따라 만들어졌으며, 무명이었다가 음악 프로모터들의 감각으로 갑자기 빈 곳을 채운 경우였다. 이 노래하는 스타들은 나중에 십 대 아이돌이라고 알려졌다.

"이 녀석들은 노래도 못 하잖아!"

엘비스 프레슬리는 미국 팬진을 뒤적거리다 머리를 저으며 말했다.

"빌어먹을, 노래도 못 한다고!"

정확히 말해서 새로운 십 대 영웅들 중 일부는 노래를 정말 잘했다. 그 중에 리키 넬슨이 있었다. 그러나 엘비스를 포함한 로큰롤 개척자들이 선호했던 광적이고 악마처럼 사악한 창법 대신 박자를 확실히 지켰다. 프랭키 아발론부터 바비 라이델, 바비 비부터 폴 앵카, 토미 샌즈부터 팻 분(맞다, 엘비스의 옛 라이벌이 아직도 안전하게 돌아다니고 있었다)까지, 소녀들이 비명을 지를 만한 '안전한' 가수를 내놓자는 아이디어였다. 엘비스가 가슴까지 열어제친 셔츠를 입고 무대에 올라 엉덩이를 흔듦으로써 부모, 교육자, 성직자 들을 폭발적으로 경악시켰던 반면, 새로운 히트곡 메이커들은 조금도 해로워 보이지 않았다. 게다가 그들 대부분이 건전해 보이는 브이넥 스웨터를 선호했다.

'패뷸러스 원('엄청 멋진 친구'라는 뜻. 나중에 비틀스가 '패뷸러스 포'라는 별칭을 얻음—옮긴이)'이라는 가명으로 알려진 파비안 포르테는 새로운 트렌드를 정형화했다. 아직 십 대인 파비안은 현관 앞에 앉아 어둡고 수려한 용모에 잘생긴 소년을 찾던 필라델피아의 레코드 레이블 대표 밥 마르쿠치에게 발탁되었다.

"파비안을 보는 순간 엘비스 프레슬리와 리키 넬슨을 섞은 것 같지만 그들보다 잘생겼다고 생각했어요."

마르쿠치의 회상이다. 그는 파비안에게 물었다.

"말해봐, 꼬마야. 노래할 줄 아니?"

사실 파비안은 고등학교 합창반에도 못 들어갔다. 마르쿠치는 낙담하지 않고 그를 발성 트레이너 세 명에게 보냈고, 결국 한 명이 그를 받아들였다. 파비안은 나중에 〈턴 미 루스(Turn Me Loose)〉〈타이거(Tiger)〉 등을 녹음했는데, 『타임스』는 그를 '노래 못 하는 호랑이'라고 불렀다. 상관없었다. 십 대들은 이미 용의주도한 마르쿠치가 조작한 대규모 홍보 캠페인의 노예가 되어 콘서트마다 객석이 가득 찼다. "파비안이 소녀들에게 프레슬리의 초기 시절 이후로 본 적이 없는 매력을 발산한 것은 부정할 수 없다."라고 『로스앤젤레스 타임스』는 단언했고, 프레슬리의 팬이라고 공개적으로 밝힌 이 열여섯 살짜리가 엘비스를 황제의 자리에서 물러나게 했다고 주장했다.

스물네 살의 프레슬리가 더 젊어 보이고 더 잘생겨 보이기 위해 적극적인 시도를 한 것은 당연한 일이다. 특히 한때 심각했던 여드름 때문에 확장된 모공에 본인도 신경을 쓰던 터라 결국 미용전문가들의 고객이 되었다. 그들 중 한 명은 용의주도하게 바트 노이하임의 집까지 찾아가 요구르트, 꿀, 갈아만든 오렌지꽃, 카네이션 등 각종 성분으로 만든 환약으로 특별한 피부시술을 했다.

친구들은 그가 얼굴에 팩을 덮은 채 집 주위를 걸어다니는 것을 보고 의아해했다.

"하느님, 맙소사!"

라마가 보고 소리를 질렀다.

"그만 좀 해!"

엘비스가 화를 내자 라마가 맞받아쳤다.

"마흔 살쯤 먹고서나 그 바보(피부관리사)를 데리고 와!"

완벽한 시술을 받은 적은 없었다. 그 전문가가 엘비스를 성적으로 유혹함으로써 일이 끝나버렸다. 엘비스가 얼마나 화를 내는지 라마와 레드가 말려야 했다.

"전 엘비스의 허리를 잡아 벽에 고정시켰어요. 그놈을 죽이지 못하게 말려야 했죠."

라마가 얘기했다. 하지만 엘비스는 내내 고함을 쳤다.

"호모였어! 호모!"

그러나 아이러니하게도 엘비스의 이런 우려는 거의 근거없는 것이었다. 입대 첫 해인 1958년에는 음반과 영화 계약으로 200만 달러를 벌어들였다. 1959년에는 〈킹 크레올〉 EP 두 장으로 EP 음반차트에 머물렀다. 〈어 풀 서치 애즈 아이(A Fool Such as I)〉〔B 사이드는 〈아이 니드 유어 러브 투나이트(I Need Your Love Tonight)〉〕가 1959년 3월에 발표되자 음반차트 2위에 올라 19번째 연속으로 100만 장 이상 팔린 싱글로 기록되었다. 그렇긴 해도 우물이 마르기 시작했다. 프레슬리가 1958년에 녹음한 곡들이 모두 발표되었던 것이다.

부분적으로는 본국에서 일어난 일 때문이기도 했지만, 프레슬리는 적극적으로 새로운 '스타일'을 찾았다.

1950년대 중반 십 대들에게 너무나 큰 영향을 주었던 쿨 '캣' 이미지를 버리고 변신하고 싶었다. 파리에서 새로운 패션도 봐두었다. 누벨바그 영화의 멋진 멤버였던 알랭 들롱, 장 폴 벨몽도, 장-루이 트랭티냥 같은 젊은 인기스타가 선호하는 패션이었다. 타이트한 대륙풍 바지, 어깨를 강조하는 스웨터, 헤어 스프레이로 조절한 중간 길이의 머리가 그의 스타일 감각에 영향을 주었다. 프레슬리는 대륙풍의 옷을 한아름 안고 집으로 돌아갔다.

RCA의 로드 로렌이 엘비스가 새로운 스타일을 보여줄 거라고 발표했을 때, 수천 명의 시위대가 대령의 사무실을 습격했다.

"그러나 너무 늦었죠."

프레슬리의 측근 마티 래커(Marty Lacker)가 말했다.

"엘비스 자신은 이미 변했어요. 그는 갑자기 스탠더드 팝 가수가 되고 싶어했어요."

실제로 엘비스는 항상 스탠더드 팝을 좋아했다. 마침내 선 레코드의 샘 필립스를 위해 노래할 기회를 얻었던 1954년 6월로 돌아가보면, 그는 〈댓츠 아모〉 같은 스탠더드 팝을 불러서 필립스의 훈계를 들었다.

"빌어먹을, 이미 딘 마틴이 있다고!"

그는 독일에 있는 동안 음반을 2000장 넘게 구입했다. 복무하는 2년 동안 발표된 히트곡으로, 주로 남성 스탠더드 팝 컬렉션이었다. 그는 새로운 노래 스타일을 연습하느라 1년 이상을 보냈다. 한 번에 몇 시간씩 연습하곤 했는데, 대개는 마틴, 빅 데이먼, 재키 윌슨, 샘 쿡, 빙 크로스비의 판을 돌린 후였다.

언뜻 보기에 믿기 어렵겠지만 그가 좋아한 가수는 마리오 란자였다. 엘비스는 MGM의 〈싱잉 프린스〔The Singing Prince, '황태자의 첫사랑' (The Student Prince)를 저자가 착각한 듯—옮긴이〕〉 사운드트랙 앨범을 얼마나 틀었는지 판이 닳아버릴 정도였다. 〈골든 데이즈(Golden Days)〉 〈아일 워크 위드 갓(I'll Walk with God)〉 〈세러네이드(Serenade)〉 같은 곡을 들으며 란자의 창법에 너무나 큰 영향을 받은 나머지 그 스타일을 프레슬리 자신의 곡에서 흉내내기도 했다. 발라드 〈캔트 헬프 폴링 인 러브(Can't Help Falling in Love)〉, 오페라 분위기의 〈잇츠 나우 오어 네버(It's Now or Never)〉 등이었다. 제대 후 첫 히트곡인 〈잇츠 나우 오어 네버〉는 마리오 란자가 부른 나폴리 민요 〈오 솔레 미오('O Sole Mio)〉를 미국식으로 번안한 것이었다.

바트 노이하임의 괴테슈트라세 14번지 집 앞에서는 날마다 팬들이 몰려들어 프레슬리가 새로운 음악 스타일을 향해 내딛는 첫 걸음을 들었다.

"엘비스는 매일 밤 거실에서 노래했어요."

라마 파이크가 회상했다.

"찰리 하지는 스탬스 음악학교에 다니면서 프레슬리와 매일 밤 작업했고, 음역을 어떻게 넓히고, 음역 중에서도 가장 높은 음을 어떻게 유지하는지에 집중했죠."

빌리 스미스도 지적했다.

"엘비스는 두 옥타브 반 정도의 음역이어서, 고음의 G와 A를 완전하게 발성할 수 있는 높은 바리톤이었어요. 타고난 능력이었죠. 물론 찰리와 독일에서 연습하는 동안 목소리가 더 강해졌어요. 이제 주로 복근을 사용해 부르니까 로커빌리 시절보다 성량이 두 배나 커졌죠."

"같은 음악이야."

엘비스는 대수롭지 않다는 듯 주장했다.

"조금 미끈하게 뽑은 것뿐이지."

하지만 〈잇츠 나우 오어 네버〉 이후의 곡들에 '같다'는 말을 붙일 수는 없었다.

1960년대 초에는 별 거 아닌 곡들을 수십 곡 발표했다. 그 중에 감상적인 〈주디(Judy)〉와 〈솔저 보이(Soldier Boy)〉가 있었는데, 십 대 아이돌을 겨냥한 초조한 반응이었다. 이상하게 운이 안 따르는 경우도 있었다. 부드럽게 녹음한 〈서스피션(Suspicion)〉은 차트에 오르지 못했지만, 나중에 엘비스의 팬이자 사운드가 비슷한 테리 스태포드가 리메이크하며 엄청난 히트곡으로 바꿔놓기도 했다.

엘비스는 그렇게 로큰롤에서 멀어지면서, 귀향하고 나서는 영화 커리어의 방향을 두고도 고심하기 시작했다.

할리우드는 그의 제대를 앞두고 불편한 심기를 드러냈다. 임원들은 새로운 취향의 십 대 아이돌을 로큰롤에 대한 관심이 줄었다는 확고한 증거로 보았다. 프레슬리에게도 마찬가지였다. 파라마운트 픽처스는 〈러빙 유〉와 〈킹 크레올〉을 재상영하여 군대 시절을 홍보하는 데 쏟아부은 돈을 회수하려 했지만 겨우 일주일 만에 막을 내렸다.

"이건 이 극장이 문을 연 이래 가장 큰 재난이오."

뉴욕의 극장업자가 할 월리스에게 말했다.

20세기 폭스의 회의록을 보면, 프레슬리의 은막 캐스팅을 논의하는 자리에서 한 임원이 자청하고 나서서 이렇게 말한다.

"내가 보기엔 프레슬리가 군대에 말뚝 박는 게 나을 수도 있어요."

다른 스튜디오 직원은 프레슬리가 군인으로 변신하더니 야만적인 로큰롤의 위대한 대변인으로 돌아가고 싶어하지 않는다고 진술했다.

제대하기 겨우 몇 달 전까지도 엘비스는 낙관적이었다. 『내슈빌 배너(Nashville Banner)』의 밥 배틀 기자에게 노래가 없는 아주 극적인 영화를 하고 싶다고 말하기도 했다.

"엄청 어려운 일이라는 건 알아요. 그래도 도전해볼 만하겠죠. 전 도전으로 성장해요. 저의 가치를 계속 입증하고 싶거든요. 제가 생각할 수 있는 가장 좋은 본보기는 프랭크 시내트라예요."

그때 대령은 엘비스의 복귀를 준비하고 있었다. 팬진, 특히 『포토플레이』와의 관계를 이용했다. 『포토플레이』는 엘비스에게 컴백 환영 메시지를 보내면 "엘비스와 스튜디오에서 하루를 보낼 수 있다."고 독자들을 유혹했다. 이 잡지는 엘비스의 편지도 전달했다. 그는 주소를 바트 노이하임이라고 적은 이 편지에서 강조했다.

"진정한 여자라면 빨강 머리든 금발이든 갈색 머리든 상관하지 않아요. 실제가 아닌 모습으로 가장하는 세련된 여자들은 싫어요. 절 남자로 봐주는 여자가 좋아요."

대령은 이 가수가 자수성가했다는 사실을 모르는 사람들이 없도록 그 잡지에 엘비스의 '인생 이야기'도 꼭 실으라고 했다. 화려한 일러스트와 함께 '가족사진'을 곁들여서. 이 홍보의 물결은 프레슬리 '신화'의 진정한 시작을 알리는 신호탄이었다. 파커가 다시 쓴 대로 엘비스는 투펠로의 어린 시절에 굶기를 밥먹듯이 했고, 거대하고 붉은 미시시피의 태양을 바라보며 "아, 하느님, 제발…… 전 여기 이렇게 영원히 머물고 싶지 않아요."라고 외쳤다. 이 시기의 이야기 중에는 부정확한 사실도 있었다, 엘비스의 쌍둥이 형인 아론이 몇 개월 살다 죽었으며, 그때 엘비스가 아론의 중간 이름을 받았다는 폭로가 그 예다.

엘비스의 제대일, 즉 E데이가 다가오자 전국의 주요 신문마다 독자들에게 각오하라고 경고했다. "엘비스의 재침공에 이 나라는 준비되어 있는가?"라고 『로스앤젤레스 미러 뉴스』는 물었다. 그리고 프레슬리가 "원시인으로 퇴화했다."는 독일 심리학자의 얘기를 인용했다. 또한 프레슬리를 "자유분방하게 튀어오르는 진정한 동물적 정신, 완전한 짐승"이라고 표현한 프랑스 칼럼니스트의 말도 인용했다.

독자들이 몰랐던 점은 이제 옛날의 엘비스가 아니라는 사실이었다. 프로듀서 할 월리스는 엘비스의 군인신분을 이용하기로 했다. 월리스가 발표한 '성숙해진 새로운 엘비스'는 '이국적인 장소에서 촬영한 일련의 영화'로 선보일 예정이었다. 처음에는 소문이었다가 사실이 된 것은 〈GI 블루스(G.I. Blues)〉였으며, 프레슬리는 노래하는 병사를 연기할 터였다.

엘비스의 제대 몇 달 전 파라마운트 픽처스는 카메라 스태프를 프랑크푸르트에 보내 제3탱크사단이 제공한 탱크 장면과 로케이션 영상을 찍었다. 윌리스도 시나리오 작가 에드먼드 빌로인, 헨리 가슨하고 날아가 스타와 얘기를 나누었다. 그는 무비 카메라 앞에는 서지 않았지만(로케이션 장면에서는 대역이 출연했다) 의무적인 할리우드 홍보영화를 위해서는 포즈를 취했다. 엘비스는 시종일관 예의 바른 태도를 보였지만 영화가 바보 같은 로맨스와 노래를 섞는 것에 점차 회의를 느끼기도 했다. 이것이 바로 배우 엘비스의 미래가 되리라는 것은 아직 알지 못했다.

16 프리실라, 첫눈에 반한 소녀 —Priscilla

엘비스 프레슬리는 방에서 가장 좋은 의자에 앉아 머리를 뒤로 젖힌 채 다리를 꼬고 있었다. 베이지색 개버딘 바지와 선홍색 스웨터를 걸치고 반짝거리는 로퍼를 신었다. 오디오에서는 브렌다 리의 노래가 흘러나오고, 친구들은 젊은 여자들과 둥그렇게 모여 있었다. 엘비스는 지겹고 따분했다.

결혼식 후 팜 스프링스로 신혼여행을 떠나는 엘비스 부부.

"별거 없군."

그는 머리를 가로 저었다. 수많은 여자들이 그의 침대를 거쳐갔지만 어머니를 잃은 외로움을 덜어줄 사람은 찾지 못했다.

"섹스, 그건 쉬운 거지."

엘비스는 조 에스포지토에게 말했다.

"내 말을 들어줄 여자가 필요해. 나머진 모두 헛소리일 뿐이야."

그 순간 문이 열렸고 온화하고 잘생긴 파일럿 커리 그랜트와 아내 캐롤, 머뭇거리며 떨고 있는 젊은 여자가 들어왔다. 그녀는 남색과 흰색이 섞인 단정한 세일러복을 입었고 흰 구두와 흰 양말을 신었으며 짙은 갈색 머리는 땋아서 길게 늘어뜨리고 있었다.

"평범하고 따분한 거실은 사람들로 가득 차 있었지만 전 엘비스를 금방 찾아냈죠. 영화보다 잘생겼고 더 젊고 더 약해 보였어요."

프리실라 볼리외는 몇 년이 지나서 회상했다.

그도 그녀를 알아보고 자리에서 일어나 머리부터 발끝까지 살펴보며 물었다.

"저, 누구시더라……."

가벼운 대화가 이어졌고 엘비스는 그녀에게 나이를 물었다. 고등학교 2학년인가? 아니면 3학년? 프리실라는 '중학교 3학년' 이라고 간신히 들릴 정도의 작은 소리로 대답했다. 엘비스는 좀더 잘 듣기 위해 앞으로 몸을 숙이며 되물었다.

"네?"

그는 중학교 3학년이라는 것을 확인하자 웃음을 터뜨리며 외쳤다.

"뭐야, 아기잖아."

"고맙군요."

프리실라는 불쑥 말하고는 자기도 모르게 얼굴을 붉혔다. 웃음을 머금은 채.

다음 순간 세계에서 가장 유명한 GI가 일어나서 열네 살짜리 소녀의 손을 잡았다.

"이봐, 여기 그대로 있어. 널 위해 노래해줄 테니까."

피아노 의자에 미끄러지듯 앉자 이 병사가 가수로 변할 때마다 그랬듯 방에는 침묵이 흘렀다. 프레슬리는 특히 누군가에게 잘 보이려고 안달할 때만 깜짝 공연을 했다. 이번 공연에서는 〈댓츠 올라이트(마마)〉 〈핫브레이크 호텔〉 같은 히트곡은 피했다. 대신 계속 프리실라를 쳐다보며 느리고 관능적인 버전으로 토니 베넷의 스탠더드 〈랙스 투 리치즈(Rags to Riches)〉를 연주한 다음 〈아 유 론섬 투나이트?(Are You Lonesome Tonight?)〉로 넘어갔다. 〈엔드 오브 더 레인보(End of the Rainbow)〉로 쇼를 마치자 친구들이 다같이 합창했다.

세레나데가 이어지는 동안 프리실라는 그의 시선을 피했다.

"엘비스 프레슬리가 제게 잘 보이려 하다니 믿을 수가 없었죠."

프레슬리는 그녀가 겁먹은 것을 알아차리고는 조금 있다가 팔을 잡고 부엌으로 데려가서 미니 매이에게 인사시켰다. 프리실라는 그녀가 집안 살림을 하고 있음을 금방 깨달았다.

"세상에, 정말 귀엽구나."

미니 매이가 웃으며 반겨주었다.

"손자한테 줄 샌드위치를 만드는데, 너도 뭐 좀 먹을래?"

소녀는 고개를 저었다.

"너무 긴장돼서 못 먹겠어요."

사실 프리실라는 로큰롤 스타와 식탁을 사이에 두고 앉았다는 사실에 너무나 당황했다.

"오랜만에 만나는 미국 소녀군."

엘비스는 머스터드 범벅인 베이컨 샌드위치를 씹으며 말했다.

"요즘 여자애들은 누구 음악을 들어? 리키 넬슨이랑 파비안이 내 자리를 차지했다고 들었는데. 더 젊고 더 멋지지, 안 그래?"

"농담하세요?"

프리실라가 항변했다.

"모두들 당신 음악을 들어요."

엘비스는 믿지 않았다.

"내가 듣기로는 리키와 파비안, 그 애들 패션, 대규모 영화계약 일색이던데. 잡지마다 그 애들을 표지에 싣잖아."

프리실라는 엘비스가 가수로서의 위치에 대해 확신이 없다는 것을 알아차렸다. 6개월 후면 그가 제대한다는 것은 비밀도 아니었다. 그녀는 그를 안심시키고 싶었다.

"정말로 우리 모두 당신이 돌아오기만 기다리는걸요. 그 애들은 대역일 뿐이에요."

엘비스는 그녀의 눈을 주의 깊게 바라보았다. 너무나 황홀했다. 커리 그란트는 부엌문을 열고 프레슬리가 너무나 깊이 감동하여 집중하는 것을 보다가 혼란스러운 감정으로 시계만 두드리고 있었다. 예쁜 프리실라를 집으로 바래다줄 시간이었다.

"볼리외 대위님과 약속을 해놔서……."

그랜트가 말했다.

"우린 가야 돼."

엘비스는 실망했다.

"커리, 한 시간만 더 있으면 안 되겠어? 저애 부모님한테 전화하면 안 되나?"

커리는 고개를 저었다.

"E, 앤 열네 살이야. 대위님하고 약속했고. 어쩔 수 없네."

엘비스는 프리실라의 손을 잡고 문까지 바래다주며 약속했다.

"며칠 뒤에 다시 올 수 있도록 약속을 잡을게. 그때 보자."

프리실라는 떠나면서 그런 일은 없을 거라고 생각했다. 다시는 프레슬리를 만날 수 없을 거라고 확신한 나머지 다음날 학교에 갔지만 반친구들에게 프레슬리를 만난 얘기는 하고 싶지도 않았다. 훗날 그녀가 말했다.

"얘기해봤자 누가 믿겠어요?"

그러나 며칠 뒤에 커리가 전화했고, 프리실라는 다시 한 번 프레슬리의 괴테슈트라세 14번지에서 벌어지는 끝없는 하우스 파티에 참석했다. 무례한 독일 여자들과 젊은 병사들 사이에서 그녀는 다시 돋보였다.

프리실라는 아버지가 부대를 옮길 때마다 주기적으로 새로운 친구를 사귀며 성장한 '군인 자녀'였기 때문에 엘비스를 둘러싼 거짓된 유쾌함을 간파했다. 그에게서 자신의 유년 시절을 너무나 고독하게 했던 같은 종류의 외로움을 알아차렸다.

수십 년 동안 엘비스 연구자와 추종자들은 엘비스 프레슬리가 여학생 프리실라 볼리외를 보자마자 느꼈던 매력을 분석했다. 어떻게 세계에서 가장 인기 있는 남자가 평범한 십 대에게 빠졌는가? 하지만 엘비스와 프리실라는 '고통스러울 정도의 수줍음'이라는 유대관계로 연결된 것만이 아니었다. 엘비스는 누군가 얘기할 사람이 절실하게 필요했다. 프리실라야말로 어머니를 잃은 그를 동정해주고 얘기도 열심히 들어줄 존재라고 느꼈다. 게다가 아직 어리고 미숙했으므로 함께 있어도 할리우드의 섹스 심벌 노릇을 할 필요가 없었다.

1997년 2월『퍼레이드(Parade)』지와의 인터뷰에서 프리실라는 프레슬리와 만나는 즉시 유대감이 생긴 이유에 대해 둘 다 누군가를 잃었기 때문이라는 점을 내세웠다. 해군 파일럿 아버지는 그녀가 태어난 지 겨우 6개월 만에 사고로 죽었다. 물론 엘비스도 글래디스 때문에 괴로워하고 있었다. 게다가 각자 서로의 빈 곳을 채우는 데 도움이 되었다.

"제가 추측하기로는 엘비스에게서 부성을 느낀 것 같아요. 엘비스는 제 안에서 모성을 느꼈고요."

엘비스는 그녀에게 반복해서 말하곤 했다.

"엄마가 살아 있으면 좋겠다."

그녀는 사랑스러운 소녀였고, 데브라 패짓하고 놀라울 정도로 닮았다. 데브라는 프레슬리의 첫 영화 〈러브 미 텐더〉를 찍는 동안 그의 관심을 거절한 세련된 여배우였다.

그녀는 프레슬리의 전셋집을 두번째로 찾아왔다가 집주인에게 코너로 몰렸다.

"위층 내 방으로 갈래?"

그녀의 눈이 휘둥그레지자 그가 머리를 쓰다듬으려고 다가왔다.

"두려워할 것 없어, 허니. 널 해칠 일은 절대 안 한다고 맹세할게. 내 여동생처럼 대할게."

아이러니하게도 프리실라는 여동생보다는 롤리타처럼 보였다. 그녀는 프레슬리가 하늘색을 좋아한다는 것을 알고 이번에는 타이트한 하늘색 스커트와 편한 스웨터를 입고 머리에 파란색 리본을 달았다. 엘비스의 말도 곧이곧대로 받아들였다. 결국 이 십 대는 주저하면서도 세계에서 가장 유명한 독신남의 안식처로 가는 계단을 올랐다.

그녀는 일단 들어가자 뻣뻣하게 앉아 주위를 관찰했다. 그 방은 놀랍게도 스파르타식이었다. 군모 여러 개, 가죽재킷, 브러시, 빗이 보였다. 그녀는 반쯤 벗은 브리지트 바르도의 핀업 포스터를 보고 얼굴을 찡그렸다. 그 다음엔 깨끗하게 빨아놓은 티셔츠 더미에 집중했다. 그 위에 편지들이 널려 있었다. 잽싸게 봉투를 훑어보고 미국의 소녀팬들이 보낸 것임을 알았다. 그 중에는 한 명이 보낸 편지뭉치도 있었다. 향수까지 뿌린.

"편지를 읽고 싶었지만 들킬까봐 겁났죠."

프리실라는 회고록에서 솔직하게 인정했다. 그러나 열심히 쓴 사람의 이름은 간신히 알아볼 수 있었다. 애니타였다.

프리실라는 20분 가까이 앉아 있었다. 그때쯤 엘비스가 들어와서 셔츠를 벗기 시작했다.

프리실라는 자리에서 튀어오르며 나가려고 했다.

"이봐요, 난 그런 여자가 아니……."

엘비스는 재빨리 그녀의 말을 가로막았다.

"아냐, 허니, 아니라고. 그냥 파자마를 걸치려는 거야. 편안히 있어."

그는 셔츠의 단추를 푼 채 침대에 털썩 쓰러진 다음 그녀에게 같이 눕자는 몸짓을 했다. 처음에는 함께 앉아 있다가 나중에는 껴안았다. 프리실라는 엘비스가 이렇게 대하는 것이 기쁘기도 하고 당황스럽기도 했으며 또 겁나기도 했다. 그는 잠시 어머니가 돌아가신 뒤에 느낀 혼란에 관해 흉금을 털어놓았다. 그리고 바로 그 대목에서 자신의 삶에서 그녀가 중요해질 것 같다는 느낌을 말했다.

"물론 내가 많은 여자를 만났고, 여기로 불러들였다는 건 알았을 거야. 하지만 난 너처럼 진심으로 친밀감을 느낀 적은 없었어. 알다시피 난 엄마가 살아 계셔서 널 만나면 얼마나 좋을까 생각할 뿐야. 내가 널 좋아하는 만큼 엄마도 널 좋아했을 텐데."

프레슬리는 진심 어린 열정으로 여러 시간 얘기했지만, 프리실라는 커리가 가볍게 노크하는 순간 그들의 만남이 1초 만에 끝난 것 같았다. 집에 갈 시간이었다. 프리실라가 울기 시작하자 엘비스가 손을 잡고 위로했다.

"걱정 마. 우린 앞으로 시간이 많아."

"전 아주 어린 나이였고, 쉽게 깊은 인상을 받았죠."

프리실라는 수십 년이 지나서 말한다.

"다른 사람은 중요하지 않았어요. 엘비스는 절 너무나 사랑했고, 제게 비밀을 털어놨고, 아무에게도 얘기하지 않은 것들을 고백했으니까."

머릿속에는 온통 그의 생각뿐이었다. 프리실라는 자신이 사랑에 빠졌다는 것을 깨달았다.

"그렇게 예정된 일 같았어요. 엘비스는 제게 희망을 주었죠."

나중에야 좌절해버릴 관계가 되겠지만, 엘비스는 처음부터 그레이스랜드에 함께 가겠다고 약속했다. 그 다짐이 현실로 이뤄지기까지는 3년이 걸릴 터였다.

엘비스는 집으로 떠나기까지 그녀를 계속 만났고, 그동안 아직 멤피스에 있는 명목상의 약혼녀 애니타 우드와의 관계는 아무것도 아닌 양 말하기도 했다. 아직 프레슬리의 비서이자 가끔은 침실 파트너로 집에 머물던 엘리자베스 스테파니액 얘기는 꺼내지도 않았다.

"그것이 엘비스 프레슬리에 대해 정말로 실망한 단 한 가지였죠."

소수 정예였지만 점차 늘어나는 엘비스 일당의 멤버였던 렉스 맨스필드는 그렇게 회상한다. 게다가 조 에스포지토의 얘기를 들어보면 엘비스는 밤마다 마치 하렘처럼 집을 돌아다니는 여자들 중에서 아무나 골라 함께 잤다. 취향에 맞는 여자가 없으면 자연스럽게 엘리자베스와 잤다.

멤피스의 애니타는 엘비스를 이런저런 독일 여자들과 연결짓는 팬진의 기사에 당연히 짜증을 냈다. 하지만 그녀는 현실주의자였다. 디제이와 가수로서 자기 자리를 계속 유지했고, 독일에서 엘비스의 데이트 상대 중에는 미국 스타와의 로맨스를 터뜨림으로써 목적을 이루고자 하는 예비 스타들이 많다는 것도 아주 잘 알았다. 그래도 매력적이고 예쁜 타이피스트 마르그리트 부에르긴과의 스캔들 기사를 읽었을 때는 엘비스에게 불을 뿜는 비난을 퍼부은 편지를 보냈다. 엘비스가 공개적으로 여배우 베라 체코바와 데이트한다는 기사를 봤을 때도 편지더미가 대서양을 건너 날아왔다. 엘비스는 답장을 보내 결혼약속을 다시 다짐했다. 애니타는 제대 후 크리스마스에 성대하고 화려하게 치를 결혼식을 기대하고 있었다.

엘비스는 애니타에게 답장을 쓰고 또 썼다. 마지막 버전은 다 쓴 후에 미니 매이가 검사를 했는데 도저히 믿을 수 없는 내용이었다. 엘비스가 애니타를 달래려고 선언했던 것이다.

"난 그 어떤 여자하고도 데이트한 적이 없어."

그리곤 그녀를 위들 비디라는 애칭으로 부르며 약속했다.

"나랑 결혼하면 미스 위들 우드 프레슬리(Miss Wittle Wood Presley)가 될 거라고 믿어도 좋아. 날 완전히 믿을 수 있지? 그러니까 제발 깔끔하고 단정하게 처신하며 기다려."

그는 마지막으로 서명하면서 부탁했다.

"이 편지는 아무에게도 보여주지 마. 영원한 너의 엘비스가."

물론 애니타만의 것은 아니었다. 하지만 조 에스포지토, 라마 파이크 등 엘비스의 측근들은 엘비스가 자신은 서독에서 거침없이 즐기면서도 애니타가 멤피스에서 그에게 충실한지 걱정했다고 회상했다. 남부 출신에 유명인이고 보니 당시로선 흔한 사고방식이었다. 여자는 일부일처제를 지켜야 하지만 남자는 아니었던 것이다. 그는 애니타가 멤피스의 젊은 변호사를 만난다는 소문을 듣고 한참 동안 투덜거렸다.

그는 화를 삭이고 프리실라와의 기사도적인 연애로 돌아갔다. 그런데 그 이상한 결합이 문제에 부딪혔다. 프리실라의 어머니는 딸과 가수의 만남을 가볍게 받아들이는 척했지만, "어머니는 일생일대의 기회로 보았을 것"이라는 게 프리실라의 회상이다. 반면 의붓아버지 조셉 폴 볼리외 대위는 별로 좋게 생각하지 않았다.

"이건 적절하지 않아!"

미군과 서독의 공군부대 사이의 강력한 연줄이었던 대위는 폭발하고 말았다. 커리가 프리실라에게 전화를 걸어 또다시 저녁약속을 잡으려고 하자 냉정하게 거절했다.

"안 되네. 이제 끝이야. 프레슬리 씨가 나하고 직접 얘기하러 오기 전까지 내 딸은 자유롭게 외출할 수 없네."

그러나 이렇게 직접 찾아오라고 한 건 오히려 엘비스를 부추긴 셈이 되었다. 프레슬리는 도전을 받아들였다. 그는 아버지를 멋지게 차려입힌 다음 함께 가서 보호자 역할을 해달라고 했다. 엘비스는 빈틈없이 주름을 잡은 제복에 반짝거리는 장식, 거울처럼 광을 낸 구두까지 완벽하게 갖추고 제 시간에 도착했다. 정장에 타이를 매고 발목까지 오는 단화를 신은 버넌의 모습은 이주해 온 힐빌리라기보다는 사업가처럼 보였다.

이등병 프레슬리는 활기차게 앞으로 걸어나가서 대위와 악수했다.

"반갑습니다, 충성. 전 엘비스 프레슬리고 이분은 아버지 버넌입니다."

볼리외는 이 젊은이의 굳건하고 낙관적인 악수에 인상을 받았다. 그러나 시간을 낭비하지는 않았다. 엘비스의 눈을 보고 나서 물었다.

"내 딸한테서 원하는 게 뭔가? 자네는 어딜 가나 예쁜 여자들이 달려들지 않나?"

엘비스는 프리실라의 아버지를 마주보며 목소리를 가다듬었다.

"대위님, 전 배를 타고 독일로 오기 직전에 어머니를 잃은 터라 몹시 외로웠습니다. 그런데 아시다시피 따님은 나이에 비해 아주 성숙하고 처음으로 제 외로움을 이해해주었습니다. 여러 모로 절 도와준 여자는 따님뿐입니다."

그는 시선을 프리실라에게 재빨리 돌리며 덧붙였다.

"제가 완벽한 신사가 될 거라고 확신하셔도 좋습니다. 따님에게 해가 되는 일은 절대 하지 않겠습니다. 그냥 앉아서 얘기만 하겠습니다."

버넌이 적극적으로 나섰다.

"제가 항상 함께 있습니다, 대위님. 우린 모두 가족같이 지냅니다. 그리고 돌아올 때는 제가 집까지 태워다주겠습니다. 따님은 그 정도로 제 아들에게 소중합니다."

아주 훤칠한 이 공군대위는 마침내 몇 가지 규칙과 함께 승낙했다. 집에 돌아올 때는 엘비스가 직접 프리실라를 태워다줘야 한다는 것도 잊지 않았다.

"약속하겠습니다, 충성."

엘비스는 다시 악수하며 약속했다.

"따님을 잘 돌보겠습니다, 대위님."

이제 엘비스는 프리실라의 머릿속을 완전히 지배하기 시작했다. 그녀는 믿을 수가 없었다. 엘비스가 자기를 좋아하는 것이었다. 그는 점차 그녀의 온화함에, 그리고 호기심에 이끌렸다. 그가 당시 독일에 소개된 가라테를 배우는 동안 그녀는 앉아서 기다렸다가 무술에 대해 얘기하는 것을 듣곤 했다. 자동차나 풋볼 얘기만 해도 싫은 내색을 하지 않았다. 3차 세계대전의 가능성, 공산주의의 위험성, 신비주의와 종교의 차이점을 논할 때는 함께 토론하기도 했다.

피터 휘트머 박사는 심리학 연구서《엘비스의 내면(The Inner Elvis)》에서 다른 관계들보다 오래 지속된 이들의 관계를 글래디스의 죽음과 연관짓는다. 그는 독일의 프레슬리 하우스 파티에 참석한 사람들과 직접 얘기를 나눴다.

"엘비스는 프리실라를 끔찍이 사랑했지만 성적인 사랑이 아니었다. 사랑을 주는 것과 돌봐주는 것을 혼동하면서 글래디스의 복제물을 만들어냈던 것이다. 글래디스의 영혼은 항상 존재했다. 엘비스에게 프리실라는 어머니의 화신이었다."

에스포지토도 동의했다.

"엘비스는 프리실라를 보면서 어머니를 떠올렸죠. 저도 함께 있었는데, 프리실라가 방에 들어올 때면 의미심장한 표정을 지었죠. 검은 머리카락에 푹 꺼진 눈동자로."

하지만 프리실라는 곧 오이디푸스적인 남자친구가 플레이보이라는 것을 눈치챘다. 그는 그녀가 침실에 들어오기 전에도 다른 여자와 자고, 돌아간 후에도 다른 여자와 자곤 했다.

세번째 데이트에서는 그 집의 계단을 고등학생 커플처럼 머리를 맞댄 채 손을 잡고 올라갔다. 그리곤 프레슬리의 침대에서 구르며 얘기하다가 그녀의 통금시간 너머까지 애무했다. 그러나 엘비스는 전희 이상은 하지 않으려고 했다. "지금은 아냐."라고 귓가에 속삭이며 그녀가 느낀 흥분을 고조시켰다.

"넌 아주 특별해, 프리실라. 결혼한 다음을 생각해서 너를 그대로 두고 싶어."

나중에 프리실라의 친구가 된 조 에스포지토는 두 사람이 엘비스의 침실에서 많은 시간을 보냈다고 회상했다.

"너무나 강렬한 나머지 프리실라를 제 시간에 집에 데려다주려면 우리가 문을 두드려야 했죠."

엘비스의 친구들은 그가 프리실라에게 보인 관심이 오드본의 집에서 십대 팬들과 가졌던 파자마 파티 스타일의 만남을 연상시킨다고 보았다.

프리실라는 회고록《엘비스와 나(Elvis and me)》에서 독일에 있는 동안 삽입을 해달라고 애원했지만 엘비스가 단호하게 거절했다고 주장했다. 공저자인 샌드라 하먼은 "그들은 실제 섹스 빼고는 다했다."고 말했다. 하먼은 프레슬리가 삽입보다 선호하던 섹스형태인 온갖 자위게임도 했다고 지적했다.

"그들은 온갖 종류의 성적인 게임에 몰두했다."

프레슬리는 어느 날 아침식탁에서 프리실라가 너무 예뻐서 오늘은 손을 대지 않겠다고 자신하더니 이렇게 덧붙였다.

"하지만 내 얼굴 위에 앉힐꺼야."

프레슬리를 갈구하던 전 세계의 젊은 여성들과 경쟁해야 한다고 느낀 이 여학생에게 사랑의 완성을 거부하는 것은 고의적이고 잔인해 보였다. 그가 실제로는 자신를 애니타 우드, 어머니와 같은 수준으로 사랑하고 있다는 사실도 알아차리지 못했다.

프리실라는 잡지에서 금발에 매혹적인 몸매를 드러낸 아름다운 애니타의 사진을 본 터라 엘비스가 그녀와 심각한 관계가 아니라는 사실을 믿을 수 없었다. 《엘비스와 나》의 텔레비전 미니시리즈 한 장면은 프리실라와 엘비스가 침대에서 뒹구는 모습을 보여준다. 그가 키스하려고 몸을 굽히자 그녀는 '고향에 있는 미인'이 그들의 밤일에 대해 어떻게 생각할지 묻는다. 엘비스는 우드와의 관계는 지나갔지만 그녀에게 잘해야 한다는 생각이 든다고 대답한다.

프리실라는 걱정거리가 또 있었다. 바로 시간이 적이었다. 엘비스의 제대날짜는 1960년 3월로 예정되어 있었다. 가능한 한 매 순간을 그와 함께 보내고 싶었다. 유명한 남자친구와 밤늦게까지 있느라 학교성적이 떨어져도 상관하지 않았다. 그러면서 엘비스가 집에 돌아가야 한다는 강박에 사로잡히게 된다.

"엄마가 없는 그레이스랜드에서 내가 어떻게 살지?"

어느 날 밤 함께 꼭 껴안고 있는데 엘비스가 물었다. 가수와 영화배우로 복귀하는 문제도 고민이었다. 군대에서 보여준 성과는 이미 눈에 띄게 두드러지기 시작했다. 1월 20일에는 내무반에서 처음으로 하사가 되었고, 세 명의 정찰팀을 지휘하게 되었다(아이라 존스 하사가 맡았던 지위였다).

프레슬리가 하사로 승진했다는 뉴스가 나가자 부대에서는 언짢아했다. 신문칼럼에서는 이 가수가 유명세 덕에 승진했다는 점을 시사했다.

"헛소리!"

윌리엄 테일러 대령은 프레슬리를 만난 지 수십 년 후에 가진 인터뷰에서 강조했다.

"파병 기간 동안 그렇게 눈부신 성과를 낸 사람에게는 당연한 대가였어요. 그런 책임감이 있을 때 지휘권을 주는 거죠."

보통 정찰병이 승진하는 것은 하사관에 이르는 지름길이었다. 그러나 엘비스의 재입대는 없을 것이었다. 국방성에서 가장 유명한 이 병사는 3월 1일에 복무를 마치는 것으로 처리될 터였다. 제대는 원래의 '엘비스 프레슬리' 가 되어야 하는 압박감으로 되돌아간다는 뜻이었다.

"어떤 면에서 군대 시절은 숨쉴 수 있는 기회였어요."

라마 파이크가 말했다.

"그를 압박하는 요구사항에서 자유로울 수 있었고, 가족의 요구사항에서도 자유로웠죠. 그런데 이제 집에 돌아가서 다시 시작해야 했던 거죠."

프리실라는 엘비스 제대 직전의 달 내내 신경질을 부렸다. 엘비스가 집으로 날아가기 전에 관계를 맺어야 한다고 점점 더 강하게 요구했던 것이다. 하지만 그는 여전히 거절했다.

"넌 아주 좋은 여자야. 지금 이러기엔 우리 사랑이 너무 강하고."

그러면서도 그녀를 안심시켰다.

"때가 되면 다 할 거야."

대단한 여자인 애니타 우드는 '돌아올 엘비스의 여자' 라는 홍보를 대대적으로 하기 시작했다. 『무비랜드 앤 텔레비전 타임(Movieland and Television Time)』지와의 인터뷰에서는 그에게 받은 화려한 반지를 자랑하고 그가 '나의 넘버원 걸' 이라고 부르던 때를 떠올리는 등 그의 여자친구가 되고 싶어하는 여자들에게 메시지를 보내는 것 같았다.

엘비스는 엘비스대로 메시지를 보냈지만 프리실라를 향한 메시지였다. 프리랜서 저널리스트 피터 합커크는 여러 달 동안 프레슬리의 일거수일투족을 쫓아다니며 '엘비스에게 얘기를 얻어낸 사람' 이라는 평판을 얻으려 했는데, 마침내 그것은 놀라울 만큼 현실이 되었다. 2월 27일 전화벨이 울리더니 엘비스의 목소리가 들렸다.

"괴테슈트라세 14번지에서 뵐까요?"

멜로드라마 같은 은밀한 인터뷰였다. 엘비스는 합커크가 들어오자마자 창문의 차양을 닫았다.

"당신에게 얘기하면 내일 당장 문제가 생길 거예요."

그가 속삭였다.

"하지만 가슴에서 털어낼 게 있어요. 합커크 씨, 독일을 떠나는 게 정말 슬픈 이유는 단 한 가지예요. 그 이름은 프리실라고요. 거의 아무도 모르는데, 그녀는…… 아주 성숙해요. 그리고 지적이죠. 제가 독일과 미국에서 만난 여자 중에서 가장 아름다울 거예요. 여기 있는 동안 수많은 여자를 만났지만 프리실라가 가장 멋져요."

"얼마나 심각한 거죠?"

합커크가 재촉했다.

"심각하다니까요. 이미 충분히 말한 것 같은데요."

이 인터뷰는 세계 전역에 퍼져 파커 대령을 분노에 빠뜨렸다. 그가 조율하던 부활의 성공 여부는 프레슬리가 멋진 독신 로큰롤 왕자로 집에 돌아오느냐, 아니냐에 달려 있었다.

엘비스가 합커크와의 인터뷰에서 프리실라의 나이를 속이지 않았더라면 팬들과 대령은 더욱더 흥분했을 것이다. 엘비스는 합커크를 똑바로 쳐다보면서 이렇게 말한 것이다.

"이팔청춘이죠."

진짜 나이를 불었더라면 사실 커다란 걸림돌이 될 수도 있었다. 제리 리 루이스는 이미 미성년자와 결혼하여 그 대가를 톡톡히 치르고 있었다.

당시 엘비스의 마음을 지배한 것은 혼란이라고 말해야 옳을 것이다. 프리실라는 독일에 남아서 그를 기다릴 것이고 애니타 우드는 집에서 두 팔을 벌리고 반길 것이 뻔하다. 게다가 여전히 엘리자베스 스테파니액을 가까이 두고 있었다. 그녀는 비서로서 멤피스까지 함께했다. 엘리자베스 스테파니액은 프레슬리의 군대 친구인 렉스 맨스필드와 멤피스에서 결혼했다. 그 후 맨스필드는 프레슬리를 회상하는 책을 여러 권 집필했다.

귀향 길에는 새로운 멤버가 추가되었다. 찰리 하지와 조 에스포지토가 라마 파이크, 레드 웨스트와 함께 멤피스 마피아가 되기로 한 것이다.

엘비스만 깜짝 귀환을 하는 건 아니었다. 버넌 프레슬리도 은빛이 도는 금발 미녀와 동행했다. 테네시 출신의 디 스탠리는 버넌을 만났을 때 이혼 수속을 밟고 있었다. 엘비스는 아버지와 디의 관계가 별로 달갑지 않았다. 디는 서른다섯 살로 자기보다 겨우 열 살 많았던 것이다. 게다가 그의 친구들이 조소하며 지적했듯이 그녀도 젊은 프레슬리에게 놀라운 관심을 보이는 것 같았다.

어느 날 세 아들의 어머니인 디가 엘비스에게 다가왔다.

"아들아, 네가 내 결혼을 축복해줬으면 좋겠어."

엘비스는 이를 꽉 물고 화를 가라앉힌 다음 자기는 늘 항상 남동생들을 원했었다고 입에 발린 말을 했다. 물론 친구들은 그가 몹시 언짢아하는 것을 알았다. 버넌과 디는 어머니의 체취가 묻어 있는 화려한 침실을 썼다.

"맘에 안 들어."

엘비스는 조 에스포지토에게 털어놓았다.

"엘비스의 아버지라는 걸 노리고 결혼한 것 같아. 절대 엄마라고 부르지 않겠어."

엘비스는 독일을 떠나기로 예정된 전날 기지에서 대규모의 기자회견을 가졌다. 홍보담당자가 19명이나 동원되어 행사 진행을 도왔다. 런던, 파리, 로마, 독일, 미국에서 온 기자가 수백 명이나 모여 있었다.

엘비스는 군중들 속에서 미군 텔레비전에서 일하던 옛 친구 머라이언 키스커를 훔쳐보고 있었다. 그녀는 선 레코드의 샘 필립스 밑에서 일했고, 엘비스가 자비 녹음을 하러 들렀을 때 이름과 전화번호를 보관해주었다.

"머라이언, 독일에는 웬일이에요?"

엘비스는 그때서야 이름표를 보고 여군 공군 대위라는 것을 알아챘다.

"제가 어떻게 해야 되죠? 입을 맞춰야 되나요? 아니면 경례?"

"먼저 얘기한 걸로."

키스커는 마음 좋게 웃으며 따뜻하게 포옹했다.

담당 지휘관은 화가 났다. 이것도 홍보용 아니냐고 하면서 키스커의 행동을 상부에 보고하겠다고 협박했다. 엘비스는 깜짝 놀라서 그녀를 변호했다.

"대위님, 오해십니다. 이 숙녀분이 없었다면 오늘 같은 일도 불가능했을 것입니다."

머라이언 키스커는 그 말을 평생 기억하게 된다.

기자회견이 진행되자 엘비스는 그녀를 등뒤에 두고 기댄 채 손을 만지며 아직 그녀가 그 자리에 있는지 확인하곤 했다.

기자들마다 바쁘게 적고 마이크를 들고 법석을 떨었고, 엘비스는 두 시간이나 인터뷰에 응했다.

결혼계획은?

"벌레한테 물리기 전까지는 기다려야 합니다. 아직 안 물렸어요."

구레나룻은 어떻게 할 것인지?

"글쎄요, 어쩌면 조금요. 하지만 전처럼 기르진 않을 겁니다."

마지막 날 계획은? 누구와 함께? 엘비스는 기지를 발휘하여 근처에 앉은 홍보담당자를 가리켰다.

"이 사람 같은데요."

모두들 웃었다.

마침내 다 끝나자 엘비스는 재치 있게 한마디했다.

"마치 재판을 받은 것 같군요."

다음날인 1960년 3월 1일 새벽이 밝기 전에 엘비스는 프랑크푸르트의 라인-마인 공항에 가서 제대하는 병사들과 함께 버스에 올라탔다. 드디어 미국으로 돌아가는 것이었다. 프리실라는 리무진을 타고 쫓아가서 구름처럼 모여든 군중들을 헤치고 나아가 그의 마지막 모습을 볼 수 있었다. 엘비스 역시 약속을 지킬 수 있었다. 계단 꼭대기에서 그녀에게 손을 흔들어 준 것이었다. 5분 후 그가 탄 비행기는 유유히 사라져갔다.

스물다섯 살의 제대 군인은 미국의 굶주린 대중들을 향해 출발했다.

유럽에는 그와의 약속을 가슴에 담고 꿈에 부푼 열네 살짜리 소녀가 남겨졌다.

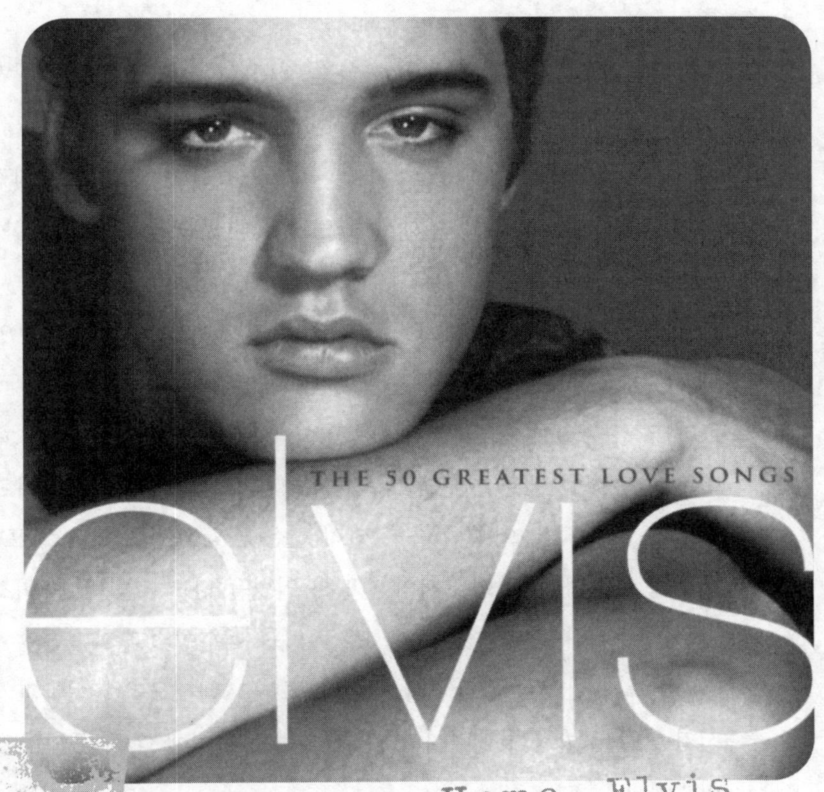

7 —Welcome Home, Elvis
웰컴 홈 엘비스

비행기가 뉴저지 맥과이어 필드 공군기지의 눈밭에 착륙하고 있었다. 엘비스는 독일에서 돌아오는 동안 내내 잠만 잤다. 그러나 77명의 GI들과 함께 DC-7기에서 내리자마자 활기를 되찾은 기분이었다. 엘비스 프레슬리가 미국에 발을 내딛는 순간 수많은 팬들이 성조기를 흔들며 환영했다. 『라이프』지는 "맥아더 장군 이후 가장 크게 보도된 군인의 귀향"이라고 전했다. 이 기사는 엘비스의 친구들도 만족스러워했다. 그가 독일에 있는 동안 맥아더 같은 말투로 "난 돌아갈 것이다!"라고 노래하듯 말하곤 했던 것이다.

그는 전쟁영웅처럼 딕스 기지 근처에서 또 한 번 축하 기자회견을 해야 했다. 입꼬리를 올리고 환하게 웃으며 군대생활이 자신을 변화시켰음을 인정한 다음 덧붙였다.

"군대 때문에 사람됐다고 하면 입대하기 전에는 바보였다는 인상을 주겠죠. 꼭 그렇지는 않아요."

엘비스는 200여 명의 기자들이 쏟아내는 익숙한 질문세례에 대답했고, 그에게 반했던 낸시 시내트라로부터 레이스가 달린 드레스 셔츠를 선물 받았다. 프랭크의 이 열아홉 살짜리 딸은 공식적으로 엘비스 프레슬리의 귀향을 환영하게 된 아버지의 전령사 역할을 하고 있었다. 엘비스는 프랭크 시내트라의 텔레비전 쇼 게스트로 나올 예정이었다.

엘비스가 환영식에 참석하는 동안 프랑스 베레모를 쓴 톰 파커 대령은 시가를 물고 방청석에 앉아 있었다. 그는 돈벌이에 대한 구상으로 두 눈이 번뜩였다.

포트 딕스 기지에서 낸시 시내트라와 함께.

엘비스와 대령은 리무진을 타고 딕스 기지를 출발하여 맨해튼의 워윅 호텔에 도착했고, 거기서 기다리던 사진 기자들에게 제대서류를 흔들며 포즈를 취해야 했다. 그런데 플래시가 쏟아져도 별로 기뻐 보이지 않았다. 그가 정말로 원한 건 그레이스랜드로 돌아가는 것이었다.

대령은 막무가내였다.

"왜 그러니, 얘야? 사람들이 널 보고 싶어하잖아! 미국의 납세자들이 자기들을 지켜주는 병사를 보고 싶다잖아!"

다음날 아침 엘비스는 군대에서 마지막 식사를 했다. 스크램블 에그, 바삭바삭한 베이컨 한 접시, 크림을 듬뿍 넣은 커피였다. 이어서 제대병들을 위한 고별강연이 있었다. 이 모든 것이 끝나자 엘비스는 다시 자유인이 되었다. 군대에서 해방된 것이다.

그는 환하게 웃는 대령을 옆에 두고 특별 예약한 전용 열차에 올라 48시간에 걸친 여정을 시작했다. 멤피스까지 가는 이 순회유세에서 엘비스는 각 역마다 모인 군중들에게 손을 흔들었다. 대령은 팬들을 헤치고 '아들'이 사인한 사진을 돌리면서 '무슨 일이 있어도 엘비스의 팬으로 남겠다.'는 약속이 기록으로 남게 했다.

열차가 테네시 그랜드 정션에 정차하자 낯익은 얼굴들이 보였다. 『멤피스 프레스 시미타』의 빌 버크 기자와 사진기자이자 같은 반 친구였던 윌리엄 립트롯이 독점취재를 위해 올라탔던 것이다.

"이봐, 흄스를 졸업하고 꽤 많은 시간이 흘렀지, 안 그래?"

엘비스가 립트롯에게 말했다. 열차가 움직이기 시작할 때 그들 셋은 제일 마지막 칸에 함께 타고 있었다. 엘비스는 젊은이들에게 손을 흔들며 씩 웃었다.

"어쩌면 오늘 나 때문에 애들이 학교에 안 간다고 나를 영창에 처넣을지도 몰라."

그는 별 문제 없는 푸른 군복에 제복이 아닌 흰 레이스 셔츠를 입었는데, 원래보다 작대기가 하나 더 있다는 사실이 드러났다. 하사 프레슬리는 빌 버크가 그 작대기를 발견한 걸 알아차리고 얼굴을 붉혔다. 버크도 군복무를 한 터라 임관하지 않은 중사를 뜻하는 밝은 노란색 작대기를 알아보았다. 엘비스는 소매를 쳐다보며 네번째 작대기를 설명했다.

"사고였죠. 재단사의 실수였어요. 독일에서 출발하기 전날 서둘러서 만들었거든요."

마침내 열차가 멤피스 유니언 역에 들어오자 군중들이 어찌나 모여들었던지 경찰의 경호가 필요했다. 그러나 대령은 객차 안에서 또다시 짧은 기자회견을 열었다.

"모자를 벗을 수 없어요. 머리를 안 빗었거든요."

엘비스는 기자들에게 사과하며 질문에 성의껏 답변했다. 아버지와 함께 앞차로 도착하는 것이 목격된 수수께끼의 금발 여성 디 스탠리에 대한 질문을 받았을 때만 거짓말로 둘러댔다.

"그 여자는 잘 몰라요."

기차 밖에는 팬들과 함께 친구들이 있었다. 엘비스는 그가 없는 동안 엘비스 프레슬리 탱커즈 팬클럽을 조직했던 게리 페퍼를 특별히 따로 만났다. 휠체어에 갇힌 뇌성마비의 희생양 게리가 간신히 몸짓을 하자 엘비스는 몸을 숙이고 속삭였다. 다시 몸을 일으키면서 눈물을 삼키는 것 같았다. 가수는 게리의 어깨를 꼭 껴안으며 말했다.

"다음에 또 봐, 친구."

엘비스는 페퍼의 내적인 힘과 회복력에 경탄하여 나중에 게리에게 12월 31일과 생일파티, 영화 세트장, 라스베이거스 쇼에 꼭 초대하겠다고 했다. 또한 페퍼의 아버지를 그레이스랜드 경호원으로 채용했다. 게리의 아버지가 죽은 후에는 게리를 '팬클럽 코디네이터'로 고용하여 월급을 주었다. 더 나중에는 게리와 그의 어머니에게 집도 사주었다.

엘비스는 대기 중인 경찰차에 올라 또 다른 기자회견이 기다리는 그레이스랜드로 향했다. 프리실라에 대한 질문도 있었다.

다음날 아침 엘비스는 검은 바지에 가슴까지 열어제친 검은 니트셔츠를 입고 집 뒤의 작은 사무실 책상에 앉아 플래시 세례 속에서 카메라를 응시하느라 최선을 다했다. 자꾸만 감기는 눈을 뜨려고 안간힘을 썼다. 그레이스랜드에 도착하자마자 시작된 파티가 밤새 이어졌는데, 행운을 빌어준 사람들 중에는 애니타 우드도 있었다.

엘비스는 기자회견에서 애니타를 언급하지 않았는데, 그렇게 빼먹은 것에 대해 대령이 솜씨 좋게 손을 썼다. 무대에도 신경을 써서 벽에다 종교적인 문구가 달린 장식을 조심스럽게 배치했다.

"마음을 어지럽히지 마라. 신을 믿는 자는 나를 믿는 자이기도 하다."

방 한구석에는 엘비스의 입대 전 마지막 크리스마스였던 1957년부터 그 자리에 있었을 작은 크리스마스 트리가 불을 밝히고 있었다. 다른 구석에는 테디 베어 봉제인형들이 쌓여 있었다.

한때 악의 화신으로 비춰졌던 엘비스 프레슬리는 자랑스럽게 군대 얘기를 토로하는 전형적인 미국의 젊은이로 변신해 있었다.

그는 홍보 테크닉의 달인답게 드와이트 아이젠하워 대통령에 대한 경례로 순서를 시작한 다음 목소리를 가다듬고 노래하듯 말했다.

"자, 여러분, 전 아주 중요한 일을 논하기 위해 여러분을 모셨습니다."

웃음이 가라앉자 심각한 표정으로 군대의 식단에 대해 말하며 독일에서 머무는 동안 외식은 한 번도 안 했다고 주장했다. 뮌헨과 파리의 클럽을 전전하던 밤에 대해서도 언급하지 않았다. 로큰롤을 하기에는 너무 나이 들지 않았느냐는 질문에도 재치 있게 응했다.

"에이, 전 그렇게 나이가 많지 않아요. 약하지도 않고요. 아직 돌아다닐 수도 있어요."

애정생활을 묻는 불가피한 질문들이 나오자 낸시 시내트라와의 로맨스로 화제를 돌리며 딕스 기지에서 처음 만났다고 강조하면서 "낸시는 토미 샌즈와 약혼한 걸로 알고 있거든요. 토미가 이 얘기를 별로 달가워하지 않을 걸요." 하고 씩 웃었다.

독일에서 많은 여자들을 상심시킨 것에 대한 보도를 언급하자 특별한 사람은 없다고 주장하다가 여러 대의 뉴스릴 카메라를 의식하며 태도를 바꿨다.

"글쎄요, 여자가 있기는 있었는데……."

그러나 자세한 얘기는 거짓말로 둘러대며 독일에 머물던 마지막 두 달 동안 만났다고 주장했다.

"대단한 로맨스는 아니었어요."

프리실라 볼리외라는 이름은 언급하지 않았는데, 그녀의 사진은 당시 보도자료를 통해 전국을 돌아다니고 있었다. '남겨진 소녀'라는 제목과 함께 프리실라가 로켓 장식의 목걸이를 목에 걸고 굳게 결심한 표정으로 엘비스에게 편지를 쓰기 위해 생각에 잠긴 사진이었다. 책상 위에 놓인 엘비스의 사진이 눈에 띄었다. 즉석으로 찍은 스냅샷이 아니라 일부러 포즈를 취한 사진이었다.

하지만 멤피스에서는 모든 시선이 엘비스를 향했다. 미국 전우회 멤피스 포스트 넘버원 클럽하우스의 평생 게스트 카드를 발급받기도 했다. 테네시의 상원의원 에스테스 케포버는 국회연설에서 엘비스의 이름을 언급했다. 『커머셜 어필(The Commercial Appeal)』도 칼럼을 실었다.

"당신이 없어서 이곳이 따분했습니다. 〈하운드 독〉의 미덕에는 동의할 수 없을지도 모르지만, 그 곡을 부른 사람에게는 완전히 반했습니다."

한때 멤피스 사람들한테 힐빌리의 추태라고 배척당하던 엘비스가 고향에서 왕이 되고 있었다.

한동안 그레이스랜드의 파티는 쉴 새 없이 이어졌다. 가족과 친구들이 엘비스를 축하하기 위해 분위기를 띄웠다. 로이 오비슨이 문 앞에 차를 세우고 프레슬리가 녹음하면 딱 어울릴 곡이 있다며 아티스트와 얘기하고 싶다고 하자, 메신저가 달려나와 엘비스의 메모를 전달했다.

"집 안 곳곳이 사람들로 가득 찼어요. 모두 자리잡고 잠들었죠. 다음에 다시 연락하세요."

무시당했다고 생각한 오비슨은 나중에 그 곡을 직접 녹음했다. 〈온리 더 론리(Only the Lonely)〉는 로이 오비슨을 상징하는 곡이 되었고, 그의 특별한 음악세계를 출범시켰다.

3월 20일 엘비스는 2년 만에 처음으로 내슈빌에 가서 첫 녹음을 하고, 몇 주 지나서 두번째 녹음을 했다. 파커 대령과 RCA 녹음 대표 쳇 앳킨스는 엘비스가 부른 곡을 공식적으로 발표하지 않았다. 그러나 청취자들은 곧 알았다. 엘비스는 제대 후 첫 영화인 〈GI 블루스〉를 위해 부드럽게 바꾼 로큰롤 곡과 함께 지난여름에 발표한 〈잇츠 나우 오어 네버〉로 음역을 넓힌 보컬기술을 드러냈다.

그는 녹음을 하는 사이에 프랭크 시내트라의 텔레비전 쇼에 출연했다. 한때 엘비스와 그의 팬, 로큰롤을 비난하던 그 사람은 이제 타이멕스가 후원하는 텔레비전 스페셜 〈웰컴 홈 엘비스(Welcome Home, Elvis)〉로 음악우상의 귀향을 환영했다. 복수는 달콤할 뿐 아니라 돈까지 됐다. 당시는 유례가 없는 대우인, 쇼 한 번에 12만 5000달러를 받은 것이다.

녹화는 휘황찬란한 마이애미 퐁텐블로 호텔에서 3월 26일에 있었다. 프로그램의 게스트는 시내트라의 딸 낸시를 비롯하여 새미 데이비스 주니어, 피터 로포드, 조이 비숍 외에 프랭크가 이끌던 할리우드의 멋진 일당인 랫 팩의 멤버들도 전부 포함되었다. 그러나 그랜드 볼룸을 가득 채운 관중들은 그들을 보러 온 것이 아니었다. 톰 파커 대령은 400명의 엘비스 프레슬리 팬클럽 회원들을 700명의 관중 속에 넣어주었다.

엘비스는 무대 뒤를 왔다갔다하며 거대한 타이를 다시 매고, 턱시도 속에 두르는 허리띠를 확인했다. 이번에도 턱시도를 입었지만 〈스티브 앨런 쇼〉에서 작은 사냥개와 팀을 이루던 때하고 전혀 달랐다. 시내트라는 멋지고 우아한 것으로 유명했다. 엘비스 역시 비슷하게 연출될 터였다. 번질번질하던 긴 머리는 다시 검은색으로 염색했지만 윤기 나게 화려한 퐁파두르로 단정하게 손질했다.

"아, 긴장되는데요."

엘비스는 시내트라와 무대에 오르기 몇 분 전에 말했다.

"2년 내내 이날을 기다려왔어요."

그의 팬들도 기다려왔다. 그들은 우상이 긴장하며 무대로 걸어나오는 순간 비명을 질렀다. 엘비스는 팬들의 반응에 당황한 듯 보였다.

"어쩌면 자신이 스물다섯이고, 소리를 지르는 사람들보다 열 살이나 많다는 사실이 갑자기 떠올랐는지도 몰라요."

그 광경을 보고 있던 사람이 말했다.

사실 비오듯 땀을 흘리고 비정상적으로 흔들어대며 무대 위를 거만하게 활보하는 내내 경멸에 찬 표정과 놀리는 듯한 매너로 팬들을 광란에 빠뜨리던 그가 아니었다. 불과 3년 전에는 엘비스 프레슬리의 그 공격적이고도 노골적으로 음란했던 〈팬 퍼시픽쇼(Pan Pacific Show)〉로 로스앤젤레스가 분노로 들끓었다. 그런데 지금은 퐁텐블로의 금빛 찬란함 속에서 프랭크 시내트라와 시내트라의 히트곡 〈위치크래프트(Witchcraft)〉를 듀엣으로 부르고 있었다. 스탠더드 넘버 〈페임 앤 포천(Fame and Fortune)〉과 함께 최신 히트곡 〈스턱 온 유(Stuck on You)〉도 불렀다. 한편 프랭크는 화답으로 엘비스의 〈러브 미 텐더〉를 열창했다.

많은 사람들이 엘비스의 시내트라 쇼 출연을 보고 군대에서 반항아를 길들인 결과라고 해석했다. 몇 주 뒤에 텔레비전에서 방영되자 시청자들은 평균 6분 동안만 엘비스를 보았다. 대부분의 비평가들에게는 그 정도로 충분했다. 그들은 엘비스의 노래(가장 왜곡된)와 선곡(가장 개탄할 만한)을 공격하는 데 만족하지 않았다. 『뉴욕 저널-아메리칸(New York Journal-American)』의 잭 오브라이언은 그의 헤어 스타일을 베수비오 화산에 비유했다. 칼럼니스트 도로시 킬갤런은 이 쇼를 '파커 대령의 실수'라고 불렀고, 그중 가장 가관인 것은 '매력적이고 재주 있는 인형' 낸시 시내트라라고 공격했다.

할리우드의 기자들은 그가 너무나 달라졌다는 사실을 쉽게 받아들이지 못했다.

마이애미 녹화 직후 엘비스와 아홉 명의 친구들은 전용객차로 로스앤젤레스까지 여행했다. 친구들은 처음부터 엘비스와 고락을 같이해왔고 이제는 보디가드를 비롯, 여러 직책도 맡아 월급까지 받고 있었다. 할리우드에서 엘비스는 다시 군복을 입었다. 1960년 4월 파라마운트 픽처스 현장에 나타나 〈GI 블루스〉를 시작했을 때 『로스앤젤레스 미러 뉴스』는 그의 '날씬하고 우아해진' 몸매를 지적했다. 입대 전보다 7킬로그램 가까이 가벼워졌던 것이다. '더 세련되어' 보이기도 했다.

할리우드의 칼럼니스트인 제임스 베이컨은 이러한 변화를 퍼뜨리는 데 큰 공을 세웠다. 1956년으로 거슬러올라가 샌디에이고 항구에서 〈밀튼 벌 쇼〉를 녹화할 당시 엘비스가 머뭇거리며 이 저널리스트에게 다가간 적이 있었다.

"할리우드에서 오셨죠?"

젊은 출연자는 바짝 긴장한 채 프로듀서 할 월리스에 대해 물어왔다. 그와 계약서에 막 사인을 한 뒤였다. 그러나 4년 후 〈GI 블루스〉 세트장에서 마주친 엘비스는 사뭇 달랐다. 3차 대전의 가능성("그런 일은 없을 거예요. 전 성경에서 이 세상의 끝이 불과 유황과 함께 올 거라고 했다는 건 알지만, 먼저 버튼을 누르는 사람은 아무도 없을 거라고 생각해요")부터 소비에트 지도자 니키타 흐루시초프("그 사람은 깡패예요")까지 모든 것에 대해 사고가 뚜렷하고 자기 확신에 찬 스타가 되어 있었다. 엘비스는 하바템파 주얼 시가를 물고 연기를 뿜으며 여러 번 친구들을 돌아보았다. 이제는 할리우드 '패거리' 가 된 그들이 근처에 앉아 맞는 얘기라는 듯 고개를 끄덕였다.

엘비스가 텔레비전이 그의 공연을 얼마나 제약하는지 열변을 토하는 중에 의상 디자이너 사이 디보어가 바지더미를 힘겹게 들고 나타났다. 한때 요란한 스포츠 코트와 핀 달린 바지를 선호하던 이 연주자는 디보어의 옷을 검토했다. 그리곤 한때 즐겨 입던 요란한 페이즐리 디자인 한 벌을 가리키며 고개를 저었다.

"독일에서 입던 위장복 같아요. 치워버려요."

그는 디보어가 나가기 전에 베이컨을 보고 자신은 '더 이상 검은 가죽재킷 세트의 리더' 가 아니라고 말하며 만족감을 보였다. 디보어가 말했다.

"엘비스는 이제 할리 데이비슨보다 매디슨 애비뉴에 가까워졌죠."

『라이프』지도 새로운 엘비스를 지적하며 선언했다.

"이 사람은 이제 모두가 엘비스 프레슬리라고 생각했던 그 사람이 아니다."

또한 〈GI 블루스〉의 한 장면을 위해 엘비스가 아기들과 노는 모습을 담은 사진들을 실으면서 "꼬나보는 표정으로 엉덩이를 돌리던 길들여지지 않은 야수의 상징이었던 그가 군대에서 돌아오자 느긋하고 가식 없는 아버지처럼 변하여 이제 성인영화에나 어울릴 법하다."고 평했다.

그래도 모든 것이 변한 건 아니었다. 언론이 영화세트를 훑어보는 동안 톰 파커 대령은 내내 따라다녔다. 카키 바지와 뒤에 ELVIS라고 새긴 밝은 핑크색 새틴 셔츠를 입고 발에는 샌들을 걸친 차림으로 어디든 빠지지 않았다. 파라마운트의 할 월리스와 계약할 때 전례가 없던 특혜로 스튜디오 안에 사무실을 마련한 그는 자랑을 늘어놓았다.

"지금 들어오는 섭외일정을 모두 맞추려면 5년은 걸릴 겁니다."

기자들은 놀라고 당황했다. 대령은 컨트리 음악계에서는 따로 소개할 필요조차 없이 잘 알려진 사람이었지만 당시까지 엘비스와 수행원들을 단지 침입자로 봤던 할리우드에서는 아직 낯선 존재였다. 기자들은 난데없이 엘비스의 히트곡 제목을 새긴 모자를 쓴 채 시가를 씹는 뚱뚱한 '남부인'이 쏟아내는 말을 받아적어야만 했다.

"그냥 대령이라고 불러요."

그는 눈을 반짝이며 말하곤 했다. 직책을 붙이는 남부 전통에 익숙하지 않은 기자들은 도대체 무슨 대령이냐고 궁금해했다. 저널리스트 버넌 스캇이 지적한 대로 그 계급은 사실 모호했다.

파커는 립스틱 튜브, 남녀용 플라스틱 지갑, 스니커즈 한 켤레 등 엘비스 제품으로 뒤죽박죽인 책상에 앉아서 콘솔에서 나오는 엘비스의 노래를 들으며 만족한 듯 주장했다.

"이것들 말고도 훨씬 더 많은 걸 만들겁니다. 이거야말로 허풍장사죠."

사무실 문에 '허풍 부서(Snow Division)'라는 간판까지 달 정도로 대령이 좋아하는 표현이었다. 미국 '허풍선이'들의 '제왕'임을 자랑스럽게 주장하기도 했다. 그 점에 대해 논쟁하는 사람은 아무도 없었다. 요컨대 행인들이 아주 잘 볼 수 있도록 사무실 벽에 거대한 딘 마틴 사진을 걸어놓은 사람이었다.

"사람들이 지나가다가 얼핏 보고 딘의 사무실로 착각할 만하죠. 일단 들어오기만 하면 그 사람들한테 엘비스를 파는 거죠."

프로모션 홍보 중에는 이런 것도 있었다. 대령은 『포토플레이』의 '엘비스와 스튜디오에서 하루를' 콘테스트 당첨자인 주디 파울러와 약속을 잡아서 세트장까지 데려왔다. 그녀는 수줍어하다 눈물까지 글썽이며 엘비스를 만났다. 엘비스가 그녀의 어머니에게 농담을 건넸다.

"무슨 일이죠? 따님이 웃을 줄을 모르나 봐요."

고등학교 2학년 때 우상을 만난 파울러는 그 기념비적인 만남을 갖고도 엘비스에게 키스해달라고 말할 용기가 없었다. 그러나 사랑스러운 도자기 강아지를 특별 선물로 받아서 자신의 다른 도자기 강아지 컬렉션과 함께 놓아두게 되었다.

"엘비스 겁니다."

파커 대령은 눈 하나 깜박 안 하고 그렇게 말했다.

더 교묘하게도 이 기간에 대령은 팬진과 '주류' 언론 모두에게 존중받는 소수의 쇼 비즈니스 기자들을 유인했다. 여러 해 동안 이 저널리스트들은 엘비스에 대한 취재권이 있었고, 결과적으로 그들 중 상당수는 주로 우호적인 기사를 썼다. 일부 기사는 파커나 스타 자신이 직접 골랐다는 이야기가 프레슬리 주변에서 흘러나오기도 했다.

이제 대령 역시 엘비스만큼이나 전설이어서 '쇼 비즈니스에서 가장 이채로운 인물'이라고 평가받을 정도였다. 결국 『뉴욕 저널-아메리칸』이 설명한 대로 그가 엘비스 프레슬리의 음악인생을 쌓아올린 것이며, 그를 '요란한 힐빌리 장사꾼'에서 '스탠더드 팝을 부르는 백만장자'로 바꾸어 놓았다는 것이다.

그러나 엘비스의 사생활에 관한 한 이전만큼 마음대로 통제할 수 없었다. 엘비스의 바람기는 곧 할리우드 규모로 확장되었다. 〈GI 블루스〉를 찍으면서 할리우드 명사들과 열렬한 연애행각을 벌이기 시작했는데, 상황에 어울리게도 그 불장난의 시작은 이국적인 빨강 머리 줄리엣 프라우즈였다.

공격적이리 만큼 독립적이면서도 육체적으로 놀라운 매력을 발산하는 프라우즈는 인도 봄베이에서 태어나 남아프리카공화국에서 자랐다. 열여섯 살에 독립했고, 유럽에서 발레를 공부할 때도 아직 십 대였다. 그녀는 로마의 쇼무대에서 춤을 추다가 진저 로저스, 핀업 퀸 베티 그레이블과 작업했던 전설적인 할리우드의 안무가 헤르메스 팬에게 발굴되었다.

팬은 프라우즈의 미끈한 다리를 알아보고 즉시 172센티미터의 프라우즈를 〈캉캉(Can-Can)〉의 조연으로 캐스팅했다. 〈캉캉〉은 1890년대의 파리를 무대로 한 뮤지컬 영화였다. 그녀는 영화가 개봉되기 전부터 알려지기 시작했다. 니키타 흐루시초프가 촬영세트를 방문했을 때 환영공연으로 프라우즈를 포함한 캉캉 댄서들이 춤을 추었다. 다음날 흐루시초프는 이 영화가 비도덕적인 영화라고 비난했다. 하지만 기사와 함께 실린, 발을 멋지게 차올리는 프라우즈의 사진은 전 세계에 퍼져나갔다. 프랭크 시내트라가 셜리 맥클레인과 주연을 맡았지만 정작 관객들은 프라우즈에게 경탄을 보냈다. 특히 〈트리 오브 라이프(Tree of Life)〉가 흐르는 가운데 섹시한 살색 뱀가죽 의상을 입은 그녀가 유혹적인 붉은 사과를 들고 미끄러져 들어오는 장면은 감탄과 환호를 자아냈다.

그녀는 〈GI 블루스〉에 캐스팅될 무렵 프랭크 시내트라와 아주 공개적인 애정행각을 벌였는데, 나이차이 때문에 좋은 시선을 받지 못하는 관계였다. 그는 마흔다섯 살인데 그녀는 겨우 스물세 살이었던 것이다. 바로 그때 군대에서의 도피행각으로 대담해진 스물다섯 살의 엘비스가 등장한 것이다.

영화에서 엘비스는 섹시한 나이트클럽 가수(프라우즈)의 수비를 무너뜨릴 수 있다는 데 내기를 걸고 그녀의 방에서 밤을 보내는, 노래하는 서독의 GI였다. 엘비스는 대본이 바보 같다고 친구들에게 불평했다. 수록곡은 더 엉망이었다. "여자애를 열차로 데리고 가면서 갑자기 노래를 부르다니 바보가 된 기분"이라고 불만을 토로했다. 그렇게 영화에는 흥미를 잃었지만 같이 출연한 배우만큼은 그를 흥분시켰다.

흥미가 없을 수 없었다. 줄리엣 프라우즈는 계산적이고 세련된 여자였다. 남녀관계에 대해서도 신선할 정도로 솔직하고 자기 몸에 대한 자부심도 커서 노골적으로 과시했다.

"전 누구도 따라올 수 없는 가장 예쁜 배꼽이 있죠. 춤출 때도 필요해요. 파파야같이 생긴 배꼽으론 그런 짧은 옷을 입고 아무데도 못 간다니까."

몸매를 노출하는 것도 좋아했다. 〈GI 블루스〉의 한 장면에서는 옆선이 엉덩이까지 파인 살색 스커트를 입고 나오기도 했다.

엘비스가 눈에 띄게 고쳐가고 있긴 해도 남부식으로 질질 끄는 말투였던 반면 줄리엣은 딱딱 끊는 영국식 악센트였다. 그는 기름진 버거와 바삭바삭한 베이컨을 몇 킬로그램씩 즐긴 반면 그녀는 미식의 대유행이 시작되기 훨씬 전인데도 까다로운 미식가에다 꾸준한 운동광이기도 했다. 또한 엘비스가 친구 앨런 포르타스에게 말한 대로 '주교가 스테인드 글라스 창문을 뚫고 뛰쳐나올 만한' 몸매였다. 그녀는 간혹 쌀쌀맞게 대하기도 했는데, 엘비스는 바로 거기에 끌렸다. 레드 웨스트의 얘기를 들어보면 프레슬리는 그 여배우의 냉정한 겉모습을 뚫고 들어가기 위해 프로답게 시골청년의 매력을 쏟아붓기 시작했다. 물론 효과가 있었다. 그녀는 곧 애정을 담아 그를 '병아리' 라고 불렀다.

물론 정기적으로 통화하는 프리실라에게는 함께 출연한 배우와의 관계를 부정했다.

"아, 실라, 줄리엣 프라우즈의 그 긴 다리랑 넓은 어깨를 좀 봐. 내가 큰 여자를 얼마나 싫어하는지 알잖아."

그는 한숨을 쉬며 덧붙인다.

"허니, 그런 생각은 머릿속에서 지워버려."

그러나 아무리 연기를 잘해도 프리실라는 곧이듣지 않았다.

키스장면을 찍을 때는 더욱더 열기를 뿜어냈다. 너무나 오래 지속되자 노먼 토록 감독이 소리를 질러댔다.

"컷! 컷이라고 했잖아!"

엘비스는 그만두기는커녕 놀고 있는 팔을 휘저어 토록에게 물러가라는 메시지를 보냈다.

언론에서 엘비스와 줄리엣을 '정열의 커플' 이라고 부르기 시작한 것도 놀랄 일이 아니었다. 『톱 시크릿(Top Secret)』『언톨드 스토리즈(Untold Stories)』 같은 스캔들 잡지는 시내트라와 그의 '랫 팩(rat pack)', 프레슬리와 그의 멤피스 갱을 대결시키는 기사를 실어 제날을 맞았다. 『언센서드(Uncensored)』가 숨가쁘게 보도한 대로 "멤피스 출신의 '기타' 를 두들기는 꼬마가 시내트라의 등잔 밑에서 그의 여자와 즐기고 있었다."

엘비스의 스타파워에 이끌린 방문객들이 하루종일 〈GI 블루스〉 세트장을 찾았다. 스칸디나비아의 왕족이 방문했을 때는 엘비스가 세레나데를 하듯 무릎을 꿇자 덴마크의 마르그레테, 노르웨이의 아스트리드, 스웨덴의 마르가레타 공주가 까르르 웃었다. 네팔의 왕과 왕비, 태국의 왕과 왕비에게도 매력적인 모습을 보여주었다.

너무나 많은 사람들이 오가자 모두들 다음 차례는 그의 연적인 시내트라일 거라고 농담을 주고받았다. 안무가 찰스 오커런은 장난삼아 "프랭크가 온다!"고 소리치기도 했다. 엘비스는 프라우즈와 숨어 지내던 분장차에서 혹시 몰라 조심스럽게 문밖을 살펴보곤 했다.

그러던 어느 날 정말로 시내트라가 찾아왔다.

"프랭크가 온다!"

오커런은 초조하게 외쳤다. 엘비스의 멤피스 친구들은 시내트라가 멋지게 재단한 스리피스 정장에 스타일리시한 파나마 모자를 쓰고 거만하게 걸어오자 놀라서 경보를 울렸다. 레드 웨스트는 달려가서 엘비스의 탈의실 문을 두드렸다. 하지만 엘비스의 대답은 간단했다.

"뭐야, 레드, 꺼져버려."

시내트라가 나타나자 웨스트는 옆으로 비켰다.

시내트라는 가볍게 노크했다. 문이 활짝 열리고 엘비스가 화를 내며 고개를 불쑥 내밀었다. 잠시 침묵이 흘렀다. 결국 프레슬리는 말을 더듬으며 방문객을 안으로 들였다.

"프, 프, 프, 프랭크, 들어와요."

엘비스는 시내트라가 들어가는 동안 문고리를 잡은 채 근처에서 서성이는 친구들을 쏘아보았다. 문이 닫히자 모두들 웃음을 터뜨렸다.

트레일러 안에서 웃음소리가 들리자 모두들 안심했다. 프라우즈는 프랭크가 나타났을 때 엘비스와 별일 없이 카드게임을 하던 중이었다고 설명했다.

"하느님, 감사합니다!"

그녀는 웃으며 회상했다.

엘비스와 줄리엣은 대담하게 애정행각을 이어가다 산타모니카의 퍼시픽 오션 파크에서 손 잡고 있는 광경을 사진 찍히고 말았다. 마침 환한 조명까지 있었다. 엘비스는 목재 롤러코스터를 타면서 핫도그를 먹고 있었다(그녀는 가능한 한 언제나 프레슬리에게 요구르트를 먹였다). 단둘이 떠난 라스베이거스 여행 중에 엘비스가 샌즈에서 슬롯머신을 하는 장면도 목격되었다. 선셋 스트립의 나이트클럽 클로이스터스에서 함께 있는 것을 목격한 사람도 있었는데, 엘비스는 유별나게도 그곳 사진사에게 불쑥 사진을 찍어달라고 했다.

"안 돼요, 선생님! 전 무대 위에 있는 토니 베넷에게 집중해야 해요."

사진사는 코방귀를 뀌었다.

대령은 걱정이 된 나머지 어느 날 엘비스를 음향실 구석으로 데리고 가서 이를 악물고 경고했다.

"빌어먹을, 넌 군대영웅이야! 깨끗하게 살아야 된다고."

엘비스는 잠자코 있었고 대령은 하는 수 없이 물러갔다. 그는 곧 기자들에게 말했다.

"일정만 끝나면 뭐 자기 맘 아니겠어요. 제가 사교생활까지 간섭할 수는 없죠. 아기 보는 일은 이미 오래전에 포기했으니까."

대령은 엘비스의 개인적인 취향까지 통제할 수는 없었지만 대신 이 스타와 관련된 사업에 대해서는 철통같은 통제력을 유지했다. 엘비스는 몰랐지만, 독일에 있는 동안 파커와 윌리엄 모리스의 임원들은 전투계획을 세웠다. 매년 봄, 여름, 크리스마스에 영화 세 편을 개봉하고 그에 맞춰 사운드트랙을 발표하는 것이었다. 50년대를 뒤흔든 이 사람은 이제 시계추처럼 뛰어다녀야 할 판이었다.

하지만 파커와 그 동료들도 예상하지 못한 게 있었다. 프레슬리 사업의 고객들이 변했다는 사실이었다. 할 윌리스, 윌리엄 모리스, RCA, 대령, 파라마운트에 똑같은 편지를 여러 장 보내는 수고를 마다하지 않은 어느 팬의 분노어린 글만 봐도 알 수 있다. 그는 〈GI블루스〉의 변화를 비판하면서 이렇게 썼다.

"엘비스 프레슬리를 '싫어하는' 사람들에게는 참 좋은 영화입니다. 실제의 그와 아주 다른 것이었거든요. 그에게 족쇄를 채웠나요? 그가 최근에 소아마비에 걸렸나요? 활기를 완전히 잃은 것에 뭔가 설명이 있어야 하는 것 아닙니까?"

이 팬은 계속해서 이렇게 추궁한다.

"도대체 그의 음반을 사는 99.9퍼센트가 누구라고 생각해요? 우리 어머니는 아니거든요."

사실 프레슬리의 영화와 음악이 계속 변화함에 따라 그를 받아들인 쪽은 십 대가 아니라 아줌마들이었다.

〈GI 블루스〉(1960)에서 줄리엣 프라우즈와 함께.

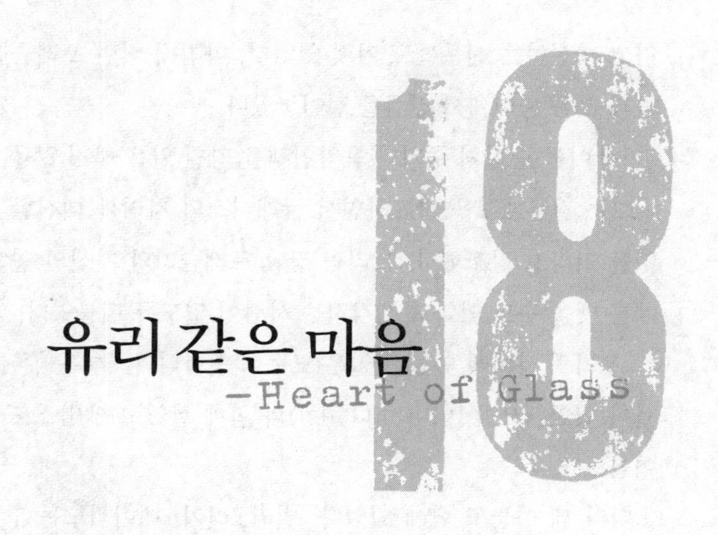

18 유리 같은 마음 —Heart of Glass

엘비스 프레슬리는 1960년 7월 아버지의 결혼식에 참석하지 않았다. 예삿일이 아니었다. 자기가 있으면 아버지가 불편할 거라면서 전화로 앨러배마 헌츠빌에 있는 버넌과 디를 축하하는 데 그쳤다.

"오늘은 두 분의 날이에요!"

물론 건성으로 하는 말이었다.

결혼식 전에는 그레이스랜드에서 자주 포착된 '베일에 싸인 금발'의 정체를 놓고 많은 논란이 있었다. 심지어 디 스탠리가 엘비스의 새 여자친구라고 확신하는 신문들도 여럿 있었다. 마침내 버넌 프레슬리 자신이 기자들과 앉은 자리에서 진심을 털어놓았다.

"제 아들을 상처 주거나 음악인생을 망칠 일은 하지 않을 겁니다."

그는 결혼계획을 발표하면서 글래디스의 자리를 대신할 사람은 아무도 없을 거라고 강조했다. 그리곤 장남 프레슬리와 자신의 연인이 성적인 관계를 맺을 수도 있다고 생각하는 사람이 없도록 덧붙였다.

"우리들 사이에 있었던 일은 모두 떳떳합니다. 늘 우리를 지켜보는 사람들이 있었어요. 어머니(미니 매이)와 함께 살았고 엘비스도 항상 친구들과 어울렸죠."

디의 세 아들도 함께 있었다. 빌리, 리키, 데이비드는 당시 여덟, 일곱, 다섯 살이었고, 엘비스는 진심으로 디를 좋아한 적은 없었지만 아이들은 환영했다. 아이들은 그레이스랜드에서 잠을 깬 첫날 아침 큰형이 아래층을 썰매, 자전거, 장난감 병정, 강아지, 고양이로 가득 채워놓은 것을 발견했다.

"우리 모두 엘비스에 대해서 가장 먼저 떠올리는 일이었죠."

리키 스탠리는 몇 년이 지나서 말했다.

그레이스랜드의 그늘에서 자란 스탠리 형제들은 여러 기억을 가지고 있다. 말년의 의붓형과 관련하여 책이나 기획에 따라서 진술들이 엇갈린다. 또한 그들의 엄마 디 스탠리 프레슬리의 회상은 너무나 근거 없는 센세이셔널리즘으로 엘비스 팬들의 지탄을 받기도 했다.

버넌과 디는 그레이스랜드에서 살 생각이었다.

"엘비스가 순회공연을 떠나거나 영화를 찍는 동안 이곳을 돌보마."

그러나 아들은 다른 계획이 있었다. 그레이스랜드 대지 뒤에 신혼부부를 위해 집을 산 다음 담장에 문을 설치하여 오고가기 편하게 해놓은 것이었다.

"그러면 그 여자가 엄마의 침실에서 자지 못할 거 아니겠어요."

엘비스의 설명이다. 엘비스 프레슬리가 점차 서부에 머무는 시간이 많아졌기 때문에 그레이스랜드는 특별한 은신처가 되기 시작했다. 그는 〈GI 블루스〉의 촬영이 끝나고 겨우 두 달 동안 집에 있었다. 그리곤 다시 할리우드로 돌아가서 영화 두 편을 계속 촬영했다. 둘 다 엘비스가 '외골수 드라마' 라고 부른 것이었다. 그의 은막인생에서 그런 영화는 마지막이었다.

원래 말론 브랜도를 위해 쓴 〈플레이밍 스타(Flaming Star)〉는 새로운 감각의 우울한 웨스턴이었다. 엘비스는 키오와(Kiowa) 인디언 어머니와 백인 아버지라는 두 사회 사이에 갇힌 젊은이를 연기했다. 돈 시겔 감독은 이미 저예산 영화 〈감옥의 반란 2(Riot in Cell Block II)〉 〈베이비 페이스 넬슨(Baby Face Nelson)〉 〈신체 강탈자들의 침입(Invasion of the Body Snatchers)〉 등으로 두각을 나타낸 재주 많은 신인이었다. 그는 이 영화들을 통해 세계와 대립하는 아웃사이더의 얘기를 풀어내는 재능을 다졌다.

할리우드 관계자들은 프레슬리와 시겔이 한 팀을 꾸린 것에 적잖이 놀랐다. 한 칼럼니스트는 엘비스가 로큰롤에서 러시아의 혁신적 연기론자인 스타니슬라프스키로 넘어간다고 평했다.

그는 대령이 준비해놓은 스튜디오를 넘나드는 끝없는 VIP 코스, 어느 곳에 가든지 거쳐야 하는 인터뷰와 함께 〈GI 블루스〉를 재탕하고 싶지는 않았다.

"제가 동물원의 동물로 변하여 매순간 사람들의 구경거리가 되어버린 것 같았어요."

엘비스는 그 영화의 공동 출연자에게 토로했다. 홍보대행사에서 〈플레이밍 스타〉의 세트장을 개방하고 싶어하자 그는 잠시 이성을 잃었다.

"이게 뭡니까? 또 왕족들하고 계약했어요?"

이 영화에서는 몇몇 저널리스트만이 로스앤젤레스에서 북쪽으로 56킬로미터 떨어진 사우전드 오크스에 있던 20세기 폭스사 소유의 교외 농장 세트장을 따라다녔다.

처음에는 사소한 문제가 생겼다. 폭스에서는 엘비스의 혼혈 캐릭터가 갈색 눈동자여야 한다고 생각하여 500달러를 들여서 특수 콘택트 렌즈를 제작하고 추가로 2500달러를 스크린 테스트에 사용했다. 그러나 엘비스가 렌즈를 불편해했으므로 제작자와 감독하고 상의한 끝에 푸른 눈의 인디언으로 결정했다. 결국 그 인물의 아버지는 백인이었다. 프레슬리는 안심하고 감독에게 말했다.

"대사 연구만으로도 일이 많아요."

사실은 전혀 그렇지 않았다. 엘비스는 초기 영화에서처럼 재빨리 배역을 연구했고, 쉽게 (노래가사와) 대사를 암기할 수 있었다. 또 고집스럽게 연기의 개념이나 대사코치가 내세운 개념들을 거부했고, 그래서 항상 남부 악센트를 유지했던 것이다.

"전 가능한 한 최선을 다할 뿐이에요."

사실 그는 연기는 타고나는 거라고 보았다.

언론은 거리를 두고 있었지만 멤피스 마피아는 항상 같이 있었다. 엘비스는 〈플레이밍 스타〉를 촬영하는 짬짬이 프라우즈에게 무술을 자랑하여 친구들의 박수를 받았다. 시겔 감독은 이렇게 회상한다.

"엘비스는 맨발로 나무를 격파하며 돌아다니곤 했어요. 그런데 어느 날 엘비스를 놀려주고 싶어 소품담당에게 가벼운 나무를 가져오라고 했죠. 나도 프레슬리와 똑같이 격파에 성공했죠."

그런데 엘비스가 그 모습을 보고 씩 웃으며 이렇게 말하더란다.

"감독님, 지난 번 감독하고 어쩌면 그렇게 똑같은 행동을 하시죠?"

하지만 폭스 임원들이 〈러브 미 텐더〉에서 했던 그대로 반복할 계획이라는 소문이 돌자 엘비스는 더 이상 웃을 수가 없었다. 전에 정통 웨스턴에 써먹으려고 지어놓았던 노래를 이 영화에 추가하려고 했던 것이다. 이 때쯤 엘비스가 개인적으로 좋아하던 〈잇츠 나우 오어 네버〉가 빌보드 핫 100의 넘버원이 되어 20주 동안 정상에 머물며 엘비스 프레슬리의 가장 많이 팔린 싱글이 되었다. 히트곡이 나오면 〈플레이밍 스타〉의 박스 오피스 수입도 올라간다는 계산 하에 폭스는 프레슬리가 말 타고서 부를 한 곡을 비롯해 모두 네 곡을 불러달라고 요구했다.

〔텔레비전 시리즈 〈웨건 트레인(Wagon Train)〉을 촬영하던〕 농장 로케이션에서 촬영이 진행되는 동안 그 소식을 접하게 된 엘비스는 두 눈에 불을 뿜었다. 저항은 하지 않았지만 그 이후의 촬영분에서 일부러 대사 몇 줄을 틀려버렸다. 돈 시겔이 재빨리 끼어들어 사이드 라인에 서서 스타에게 성을 냈다.

"뭐 하는 거야! 너 때문에 영화를 망치진 말아야지."

프레슬리는 잠시 감독을 응시한 다음 시선을 돌렸다. 출연진과 스태프들이 지켜보는 가운데 여러 차례 심호흡을 하며 진정하고는 어머니 역을 맡은 멕시코 여배우 돌로레스 델 리오를 상대하는 극중인물로 돌아갔다. 그리고 그 테이크에서 그 장면을 끝냈다.

"넌 냉정을 유지해야 돼."

시겔이 냉정하게 충고했다.

"이 바닥에서 스스로 상처받고 싶지는 않을 거 아냐."

그날 밤 감독과 스타는 그 문제에 대해 얘기했다.

"시겔 씨, 말 타면서 그 빌어먹을 노래는 못 하겠어요. 이 영화에서 그런 짓은 못 해요."

엘비스는 당당하게 선언했다.

감독이 그를 안심시켰다.

"넌 잠자코 있어. 내가 그 노래를 영화에서 뺄 테니까."

시겔은 약속을 지켰다. 〈플레이밍 스타〉에는 두 곡만 포함되었으며, 한 곡은 오프닝 크레딧에, 다른 한 곡은 영화 초반에 가족의 오두막집에서 연주되었다. 이 영화에는 많은 비평가들이 엘비스 최고의 연기라고 평가한 부분도 있었다.

"맞아요! 그는 잠재력이 있었어요."

시겔은 수십 년이 지나서 회상했다.

"다양한 면모를 지녔고 가능성이 많다는 것을 알았죠."

엘비스는 어머니의 죽음을 애도해야 하는 장면 때문에 너무 마음이 상해서 시겔에게 제작일정을 미뤄달라고 애원했다. 글래디스의 죽음이 다시 그를 사로잡은 것이었다. 시겔이 기억을 떠올렸다.

"엘비스는 마침 롤스로이스를 새로 장만했었거든요. '시겔 씨, 그 장면을 마지막에 연기하게 해주면 촬영이 끝날 때까지 롤스로이스를 몰아도 좋아요.'"

시겔은 촬영기간 내내 그 먼지투성이 촬영장에서 반짝이는 검은색 롤스로이스 세단을 타고 등장했다.

엘비스는 〈플레이밍 스타〉와 후속작 〈와일드 인 더 컨트리(Wild in the Country)〉에서 진심이 어린 감정 연기를 했다. 그리고 이 두 편을 촬영하는 동안 어두운 다중성을 지닌 인물임이 드러나기 시작했다. 그가 버럭 성질을 내는 일도 잦아졌다. 엘비스 프레슬리가 얼마나 엄청난 분노를 품어왔는지 가장 친한 사람들은 명백히 보았다.

그때까지 프레슬리는 술을 마시지 않는다는 확고한 이미지를 지니고 있었다.

"우리집에는 절대로 술을 보관하지 않아요. 그래서 전 감히 술을 마시지 않는다고 말할 수 있는 거죠."

소파 뒤에 맥주캔을 숨기곤 하던 어머니와 독일에 머무는 내내 바에서 살다시피 한 아버지를 둔 이 사람은 당당하게 말했다. 사실 엘비스 프레슬리는 술꾼이 아니었다. 어쩌다 마실 뿐이었다. 물론 다른 것도 마찬가지였지만 마시면 끝을 보는 성미였다.

숙취로 고생할 때면 자기 방어 차원에서 그런 몸상태를 알코올 알레르기 탓으로 돌렸다.

"엘비스는 와인 한 잔 정도로 자제하면 절대 숙취가 없다는 걸 이해하지 못했어요."

1967년 초부터 엘비스 프레슬리의 주치의가 되었고, 이 가수와 연관된 인물 중 가장 많은 논란을 일으켰던 조지 니코풀로스(George Nichopoulos) 박사가 말했다.

앨런 포르타스의 얘기를 들어보면 엘비스가 술을 퍼마시기 시작하면 보드카와 오렌지를 섞은 스크루드라이버를 쉬지 않고 마실 정도였다. 한번은 로스앤젤레스에서 팜스프링스까지 조 에스포지토와 드라이브를 하는 동안 엘비스가 블랙베리 브랜디를 너무 많이 마셔서 호텔방까지 부축하기도 했다. 그날 밤 그가 에스포지토를 깨우며 말했다.

"나 정말 아프니까 의사 좀 불러."

그리곤 에스포지토가 수화기를 붙잡기도 전에 다 토하기 시작했다.

술을 마실 때면 무시무시한 성질이 폭발하기도 했지만, 알코올뿐만 아니라 약도 문제였다. 아침이면 정신을 차리기 위해 앰피타민을 먹었고, 필요할 때는 신경안정제인 라이브리엄과 밸리엄을 먹었다. 밤에는 수면제인 세코널에 의존했다. 당시에는 이런 것들이 그리 위험하다거나 중독성이 있다고 생각하지 않던 때였다. 특히 세코널은 엘리자베스 테일러부터 마릴린 먼로에 이르는 스타들에게 나쁜 결과를 가져온 약이다.

엘비스의 경우 부작용은 고약한 성질로 나타났다. 1962년의 어느 인터뷰에서는 '성질이 너무 고약해져서' '자기 자신도 무슨 일을 하는지 모를 정도'의 통제 불가능한 행동을 하고 만다는 사실을 이례적으로 인정했을 정도다. 그는 정신을 차리고 나면 힘없이 고백하곤 했다.

"나 자신이 싫어."

1960년 레드의 사촌 소니 웨스트(Sonny West)에게 주먹을 날린 것이 바로 그런 경우였다. 엘비스와 소니 모두 취했고, 둘 다 젊은 여자의 관심을 끌려고 했다. 그 와중에 홧김에 내뱉은 말이 성질을 건드렸고, 엘비스는 소니를 공격할 것처럼 병을 집어들었다.

"넌 나를 절대 병으로 때리지 못할 거야."

소니가 으르렁거렸다.

"이런 멍청한 일은 이제 지겨워."

그러더니 소니는 결정적인 한마디를 던졌다.

"나 그만둔다!"

"넌 그만두는 게 아니라 잘린 거야!"

엘비스는 재치 있게 받아쳤다. 이어서 한번 뚜껑이 열리면 말릴 수 없는 성격 그대로 소니의 턱에 주먹을 날렸다. 소니는 아파서라기보다는 분해서 울음을 터뜨리며 갈라진 목소리로 한탄했다.

"네가 나한테 이럴 줄은 몰랐어."

"우린 엘비스가 직원을 때리는 광경을 처음 본 거였어요."

앨런 포르타스는 몸을 떨며 회상한다. 이 기억은 아주 정확한 것은 아니다. 그 2년 전 마사지사가 회춘 치료를 해준다고 하면서 성적인 접근을 했을 때 성질이 폭발하여 불쌍한 라마 파이크를 때린 적이 있었다. 엘비스는 라마를 분노 풀이용 인간 샌드백으로 이용한 것이었다.

그의 성질이 대중들에게 공개된 계기가 된 사고가 또 있었다.

당시 베벌리 윌셔 호텔은 언론에서 '엘스 엔젤스〔El's Angels, 터프한 모터사이클 클럽 '헬스 엔젤스(Hell's Angels)'를 빗대어 한 표현—옮긴이〕'라 부르던 엘비스 일당에게 타향의 보금자리였다. 독일에서처럼 엘비스와 일당은 호텔 측과 투숙객들을 화나게 만들었다. 사람들은 시끄러운 소음, 말타는 소리 같은 난잡한 소리, 계속 들락날락하는 여자들을 보며 의아해했다. 그러다 결정적인 사건이 벌어졌는데, 손쓸 수 없는 장난이었다.

누군가 스위트룸의 주방에서 넘어져 깨진 병조각에 베이고 말았다. 그런데 엘비스가 도와주려고 몸을 숙였을 때 조 에스포지토, 레드 웨스트, 소니 웨스트가 그에게 달려들어 바닥에 깔아뭉개 버렸다. 엘비스가 버둥대며 몸을 일으켰을 때는 얼마나 화가 났는지 모두들 문을 향해 달려갔다. 엘비스는 에스포지토를 잡아서 바닥에 내친 다음 그가 비명을 지를 때까지 발로 걷어찼다. 엘비스는 거기서 멈추지 않고 기타를 집어서 에스포지토의 팔을 내리쳤다.

조는 울부짖었다. 조가 우는 것을 듣고 레드와 소니가 돌아왔지만 얼굴이 빨개진 엘비스를 보고는 다시 도망갔다. 엘비스는 기타를 들고 그들을 쫓아서 화재 탈출구를 통해 다른 층으로 달려갔다. 그러다 두 웨스트가 훨씬 멀리 도망쳤다는 걸 깨닫고는 분노에 차서 울부짖었다.

"꺼져! 새끼들아!"

그들이 사라진 쪽을 향해 기타를 휘둘렀다. 바로 그 순간 호텔 투숙객인 노부인이 문밖으로 빠끔히 고개를 내밀었다.

"그 기타가 몇 센티미터 차이로 그 여자를 내리칠 뻔했죠."

포르타스는 1992년의 회고록에서 말했다.

엘비스는 즉시 사과했지만 노부인은 받아주지 않았다. 호텔측에서는 정말 바라던 일이었다. 바로 다음날 엘비스 프레슬리와 그의 무질서한 캠프 참가자들은 방을 비워달라는 통고를 받았다.

"다시 돌아올 생각은 아예 마시구요."

호텔 매니저가 쏘아붙였다.

엘비스가 그동안 일어난 일을 고분고분 얘기하자 파커 대령은 폭발하고 말았다.

"가수 인생을 여기서 끝장내고 싶어? 팬들이 널 미친 녀석으로 생각하길 바라느냐고?"

파커가 친구들과 짐을 싸서 사람들에게 폐를 끼치지 않을 곳으로 옮기라고 명령하자 엘비스는 후회하면서 기꺼이 동의했다.

엘비스와 일당은 페루지아 웨이의 벨 에어에 귀족의 유산인 오리엔털 스타일의 집을 빌렸다. 이란 귀족이 살았고 국제적인 부호 알리 칸 왕자와 빼어난 미모의 여배우 아내 리타 헤이워드도 살았다. 방음이 된 원 모양의 침실이 여러 개 있어서 프레슬리 일당에게는 아주 안성맞춤이었다.

그는 최소한의 인테리어를 원했다.

"카펫을 갈자. 흰 보풀이 있는 것으로."

그리곤 여흥실을 가리키며 덧붙였다.

"주크박스도 들여놔."

쌍방향 거울도 설치했는데, 엘비스가 점차 끌렸던 관음증에 필요했다.

페루지아의 집을 개조하는 동안 엘비스는 그의 영화 중에서 가장 묘한 영화에 속하는 〈와일드 인 더 컨트리〉를 촬영하러 갔다. 〈프린스 오브 플레이어스(Prince of Players)〉로 존경받던 필립 던이 감독하고 클리포드 오데츠〔〈골든 보이(Golden Boy)〉로 유명한 극작가 출신〕가 각본을 쓴 작품이었다. 인기소설을 엘비스에게 맞춰 바꾼 것으로, 그는 가족문제와 말썽에 자주 휘말리는 자신의 성향을 극복해야 하고, 세 여자에 대한 감정을 정리해야 하는 젊은 작가 지망생 역을 맡았다. 그를 담당하고 있는 심리학자(호프 랭), 인내심 많은 여자친구(밀리 퍼킨스), 누가 남편인지 불확실하고 아이도 있는 시내의 창녀, 그렇게 세 여자였다. 마지막 인물은 튜스데이 웰드가 맡았는데, 그녀는 스크린 밖에서나 안에서나 엘비스를 유혹하느라 제날을 맞았다.

분방한 히피정신이 아직 생소하던 시대에 튜스데이 웰드는 엘비스에게 계시 이상이었다. 그녀는 금발의 생머리에 관능적으로 입술을 내밀며 카멜레온 같은 초록빛 눈동자로 유혹했다. 〈섹스 키튼스 고 투 컬리지(Sex Kittens Go to College)〉 〈비커즈 데어 영(Because They're Young)〉 같은 영화에서 섹시한 십 대 역을 맡아 유명해진 그녀는 〈리턴 투 페이턴 플레이스(Return to Payton Place)〉로 성인 역에 도전했다. 〈와일드 인 더 컨트리〉에 함께 출연했을 때 겨우 열여덟 살이었던 이 아역 모델 출신은 아홉 살 때 처음 신경쇠약을 경험했다고 말했다. 그녀는 담배를 피우고 술을 마시고 충격적인 언어를 구사했으며, 프로이트를 논하고 나이트가운만 입은 채 시내를 드라이브했다.

언론에서는 당황했다. 한번은 인터뷰를 하는 동안 물잔을 들어 근처 꽃병에 부은 다음 빈잔에 기자의 알코올 음료를 채워넣었다. 질문을 받아도 동문서답이었다.

"아뇨, 전 손톱 안 깨물어요. 다른 사람을 불러서 저 대신 깨물게 하죠."

재치 있는 대답이긴 했다. 침대에선 무엇을 입고 자느냐는 질문에도 영리하게 대답했다.

"향수를 시트삼아 덮고 자죠."

대령이나 영화와 음반 제작자들에게 "네, 선생님."이라고 끄덕이며 지내온 엘비스 프레슬리에게 튜스데이 웰드는 완전한 자유 그 이상이었다. 그녀는 1989년의 인터뷰에서도 거침없이 말했다.

"물론 엘비스는 금세 다가왔어요. 아주 인상적이었단 말이죠. 그가 방에 들어오는 순간 모든 게 멋었어요. 전 완전히 절대적으로 엘비스에게 반했죠. 미칠 정도였어요."

조 에스포지토와 앨런 포르타스는 엘비스와 웰드 사이의 로맨스는 짧았지만 불같았다고 입을 모은다. 북부 캘리포니아의 나파 밸리에서 영화 로케이션 촬영을 하는 동안 그들은 무성한 포도밭 사이로 난 굽은 길을 따라 빠른 속도로 드라이브를 즐겼다. 튜스데이는 앞에서 오는 차에 탄 사람들을 맞출 수 있는지 알아보기 위해 창문으로 물건을 던졌다는 말이 전해지기도 한다.

그녀는 때때로 페루지아 웨이의 집까지 찾아가 엘비스 방에서 잤고, 그럴 때면 앨런 포르타스가 그녀의 하얀 독일 셰퍼드인 울프를 돌봐야 했다. 프레슬리와 웰드는 퍼시픽 오션 파크에 롤러코스터를 타러 갔고 반누이스에 있는 클럽 크로스 보의 컴컴한 개인용 발코니에 슬쩍 들어갔다. 엘비스가 랜스 르 골이라는 로큰롤 가수의 음악을 즐겨 듣던 곳이었다. 엘비스가 손가락을 두들기며 훌륭한 비트에 대해 언급하는 가운데 웰드는 계속 술을 마셨다. 팬진에서는 〈GI 블루스〉를 찍는 동안 줄리엣 프라우즈와 요란한 로맨스를 즐겼을 때처럼 이 둘의 만남에 대해서도 숨가쁘게 기사를 실었다.

하지만 프레슬리와 웰드 사이의 로맨스에는 더 조용한 면도 있었다. 배우의 어머니 조 웰드에 따르면 그녀의 딸은 엘비스의 로맨틱한 주문에 걸려들었던 것이다. 그는 그녀에게 시를 써주기도 했다. 또 튜스데이가 외출 준비를 하는 동안 남부식 예절로 조 웰드에게 인상을 남기기도 했다. 웰드 부인의 얘기를 들어보자.

"그의 외로움과 연약함을 보았죠. 튜스데이가 연예계 초기에 만난 젊은 스타들에게서는 볼 수 없는 면이었어요."

튜스데이도 그 점을 알았다.

"엘비스한테서는 결핍된 걸 많이 볼 수 있어요."

둘 중 누구도 서로에게 충실할 필요가 없었다. 프레슬리는 웰드와 즐기는 동안 〈플레이밍 스타〉 때 처음 만난 〈와일드 인 더 컨트리〉의 의상담당 낸시 샤프하고도 만났다. 호프 랭도 포기할 수 없었다.

그보다 나이가 좀 많은 랭은 아주 세련된 여자였다. 그녀는 어느 날 저녁 엘비스의 집에 갔다가 무엇을 마시고 싶으냐는 질문을 받고는 보통 콜라나 레모네이드만 제공된다는 것을 모르고 자연스럽게 보드카를 부탁했다. 엘비스는 모든 여성 방문자에게 하듯이 '집안의 규칙'을 얘기하는 대신 초조하게 친구를 돌아보며 머뭇거렸다.

"우, 우, 우리 보드카 있냐?"

그는 친구들이 방에 술을 숨겨놓는다는 것을 잘 알고 있었다. 호프 랭은 술을 마셨고 친구들은 보스에게서 바에 뭘 좀 채워넣으라는 지시를 받았다.

웰드 자신도 그의 전화를 기다리느라 안달하지 않았다. 배우 게리 록우드와의 만남도 계속 이어갔던 것이다. UCLA 풋볼선수 출신에 잘생긴 스턴트맨인 록우드는 〈와일드 인 더 컨트리〉에서 말썽 많은 부잣집 아들 역을 맡은 신인배우였다. 어느 날 웰드는 그에게 집으로 와달라고 미친 듯이 얘기했다. 언덕에 있는 그녀의 집으로 차를 몰고 간 록우드는 이미 손님이 있다는 것을 발견했다. 엘비스가 20여 명의 일당을 데리고 앉아 있었다. 곧 긴장감이 감돌았다. 록우드는 방을 왔다갔다했고 친구들에게 둘러싸인 엘비스는 의자에 파묻혀서 주먹으로 박자를 맞췄다.

마침내 록우드는 웰드를 돌아보며 따져 물었다.

"누구랑 있고 싶은 거야? 엘비스야, 나야?"

방은 조용해졌다. 웰드는 극적으로 입술을 모으고 두 남자를 번갈아가며 쳐다보았다. 그리곤 "너!"라고 말하며 매니큐어를 칠한 손톱으로 록우드를 가리켰다.

록우드는 자세를 가다듬고 생각을 정리했다. '이런, 저 녀석들하고 일일이 붙어야겠구나.' 그러나 엘비스는 천천히 일어나서 손가락으로 문을 가리켰다.

"가자, 애들아."

곧이어 병사들은 우루루 밖으로 따라나왔다. 록우드는 생각에 잠기더니 말했다.

"엘비스가 비겁하게 싸움을 피하려 했다고 생각할 수도 있죠. 배짱도 없다구요. 하지만 나는 그가 아주 쿨했다고 생각해요. 그 상황을 처리한 방식이 신사다워서 존경심이 들더라구요."

〈와일드 인 더 컨트리〉를 제작하는 동안 RCA는 음반 7500만 장을 팔았다며 엘비스에게 백금시계를 선물했다. 쇼 비즈니스에서는 처음 경험하는 실적이었다. 바로 제작자들에게 필요한 자극이었다. 〈와일드 인 더 컨트리〉에 네 곡이 추가되었다. 〈플레이밍 스타〉에서처럼 노래들이 별로 강조되지는 않았지만 프레슬리는 씁쓸했다. 그가 뭘 원하든간에 결국 사람들 맘대로 되어가는 걸 어쩔 수 없었다. 결국 다른 사람들에게 굴복하는 것으로 보였다.

19 일탈의 나날 -Man Overboard!

엘비스 프레슬리는 14층 펜트하우스 스위트룸의 창 앞에 서서 해변을 내려다보고 있었다. 와이키키의 빛나는 백사장에 이어 저 너머에서 다이아몬드처럼 반짝이는 바다를 응시했다. 햇빛을 피해 손으로 눈을 가리고 몇몇 친구들과 그에게 손을 흔드는 컨트리 아티스트 미니 펄을 찾을 때까지 해변을 훑어보았다. 그 역시 손을 흔들었지만 해변에 내려가 그녀와 함께 어울리지는 않았다. 그녀는 그가 인기에 갇힌 외로운 사람처럼 보였다고 회상했다.

1961년 초 엘비스는 할 월리스와 5년 재계약에 사인했고, 할은 〈GI 블루스〉의 스타 엘비스가 〈블루 하와이(Blue Hawaii)〉라 불릴 영화를 위해 하와이 군도로 향한다고 발표했다.

엘비스가 연방의 50번째 주로 새로 지정된 하와이에 도착한 뒤로 관광객들은 훌라춤 댄서와 루오 축제만큼이나 그를 보려고 안달이었다. 1961년 3월 25일 여객기가 이 가수를 싣고 호놀룰루 국제공항에 착륙했을 때 3000명이나 되는 사람들이 환영의 의미로 목을 빼고 비명을 질렀다. 많은 사람들이 기금마련 행사의 티켓을 손에 쥐고 있었다. 3년 만에 갖는 프레슬리의 콘서트였다.

그랜드 올 오프리의 꾸준한 참가자였던 펄과 그 프로그램의 게스트 아티스트가 로스앤젤레스를 출발해 비행하는 동안 프레슬리와 얘기를 나누고 있었다. 그녀 부부는 엘비스와 함께 안전하게 대기 중인 리무진에 어렵게 올라탔고, 리무진은 팬들로 가득 찬 거리 사이로 길을 내서 하와이언 빌리지 호텔로 향했다. 거기엔 이미 500명의 팬들이 기다리고 있었다.

"당황했죠."

펄은 당시를 회상했다.

"남편은 호텔로 들어가다 죽을까봐 겁을 먹었죠. 나는 나대로 사람들 때문에 몸이 공중에 떠 있는 느낌이었고요."

가냘픈 펄은 균형을 잡느라 애쓰면서 엘비스가 펜트하우스 스위트로 올라갈 엘리베이터까지 수십 명의 경찰관에게 호위받는 것을 보았다. 그동안 펄이 계속 생각한 것은 다치지 않으려면 스물여섯 살짜리 공연자에게서 최대한 거리를 유지해야 한다는 사실이었다. 그를 만난 사람들이 대개 그렇듯 그녀도 거부할 수 없이 잘생긴 외모에 깜짝 놀랐다.

"아름다웠죠. 당시에는 절대적으로 아름다웠어요."

펄은 경탄하며 말했다.

"피부도 너무 고왔고, 눈도 너무 예뻤죠. 머리도요. 게다가 아주 건강해 보였어요. 단정하고 우아했죠."

프레슬리는 지칠 줄 모르는 톰 파커 대령이 요리한 쇼무대에 올라 5500명의 군중들 앞에서 최선을 다했다. 파커는 백악관의 요청이라도 무료공연이라서 거절하는 등 나중에는 자선공연을 거부했다. 그런데 이 솜씨 좋은 프로모터는 이번 공연이 미 군함 애리조나호를 기리기 위한 행사라는 것을 알고 특수한 애국심에 발목을 잡힌 것이었다. 애리조나호는 1941년 12월 7일 일본군의 진주만 공습에서 전몰한 1102명의 미국인을 태운 배였다.

자선공연에서 군의 기념식을 위해 돈을 모으는 데 유명한 군인 출신보다 더 나은 사람이 있을까?

"젠장, 내 아이만 해도 제일 먼저 100달러짜리 티켓을 사려 할 거요."

파커는 거만하게 장담했다. 엘비스가 첫번째 티켓을 샀을 뿐만 아니라 모금함에 들어온 동전 한 닢까지(밝혀진 대로 5만 2000달러) 애리조나 기금에 쓰일 거라는 점도 강조했다.

엘비스 프레슬리가 바짝 긴장한 모습으로 어깨에 진주가 박힌 기타를 걸치고 블로크 경기장 무대로 걸어올라가자, 관중들은 우레 같은 갈채를 보내며 발을 구르고 비명을 지르고 휘파람을 불어댔다. 엘비스는 관객들의 반응에 대담해져서 똑같은 반응으로 답하기 시작했다. 금실이 섞인 재킷에 흑청색 바지, 흰 셔츠를 입고 푸른 금속성 타이를 맨 모습으로 19곡을 너무나 열창하여 뮤지션들까지도 놀라게 만들었다. 사실 엘비스가 한 곡 중간에 무릎을 꿇자 조더네어스의 고든 스토커는 이 가수가 미끄러져 넘어졌다고 생각했다. 스토커는 놀랐지만 엘비스는 이어서 전매특허 동작을 보여주었다. 마이크를 손에 꽉 쥔 채 6미터 가까이 미끄러진 것이었다.

관중들은 함성과 환호로 답했다. 엘비스가 구레나룻은 쳐냈을지 몰라도 액션까지 잊지는 않았다. 〈핫브레이크 호텔〉〈올 슈크 업〉〈아이 갓 어 워먼〉〈피버〉와 비꼬는 듯한 〈서치 어 나이트(Such a Night)〉까지 연주하자 앙코르에 앙코르가 이어졌다. 〈서렌더(Surrender)〉〈트릿 미 나이스(Treat Me Nice)〉에 이어 마지막으로 클라이맥스에서는 엉덩이를 돌리며 〈하운드 독〉을 열창했다.

엘비스가 무대에서 서둘러 빠져나가는 순간 팬들이 출구로 몰려들었다. 그가 그 건물을 탈출하기 전에 우상을 잡기 위해서였다. 놀라서 그 광경을 지켜본 미니 펄은, 엘비스 탈출작전은 초를 다투는 타이밍으로 이루어진다고 회상했다. 엘비스는 건물에서 달려나가자마자 이미 움직이기 시작한 대기 차량으로 뛰어들었다. 펄의 얘기를 들어보자.

"갱스터 영화의 탈출장면을 보는 것 같았죠."

역동적인 무대였긴 했지만 그 콘서트는 영화 〈블루 하와이〉의 촬영을 알리는 서곡에 불과했다. 남부출신 청년 프레슬리가 푸근함을 느꼈던 하와이 군도에서 촬영할 세 영화 중 첫번째였다. 엘비스는 조 에스포지토에게 이렇게 말한 바 있다.

"하와이에 처음 도착하자 무거운 짐이 내 양 어깨로부터 벗겨지는 것 같았지."

그는 마침내 친척들이 돈을 달라고 찾아오는 그레이스랜드에서 벗어날 수 있었다. 다른 도시에서 만난 여자들에게 했던 약속들도 편하게 무시할 수 있었다.

배우로서는 성공의 물결을 탔다. 〈플레이밍 스타〉가 개봉되자 많은 주목을 받았고 새로운 방향으로 연기변신을 할 수도 있다는 희망을 얻었다. 엘비스는 '인디언의 혈통을 이은 젊은이의 자랑스런 본보기를 제시했다.'는 이유로 로스앤젤레스 인디언부족협회(Los Angeles Indian Tribal Council)에서 입회를 허가하기도 했다.

〈GI 블루스〉는 영화와 사운드트랙 앨범 모두 블록버스터 사업이었다. 그해가 끝나기 6주 전에 발표된 그 영화는 1960년 박스 오피스 수입에 14위로 랭크되었다.

게다가 악명 높은 로스앤젤레스 콘서트 때문에 그를 비난했던 비평가들 중 몇몇은 180도 변하기도 했다. 헤다 호퍼도 그 중의 하나였다. 한때는 새로 등장한 엘비스에 맞서 부모들이 더 노력해야 한다고 호소하던 그가 이제는 아주 정해놓고 칭찬을 퍼부었다.

"전 그에게 강한 애정을 느낍니다. 그는 할리우드에서 가장 매너가 좋은 스타예요. 군대 시절에 대령이 저한테 '꼭 그 같은 병사가 만 명만 있다면 좋을 텐데.' 라고 말하기 전까지는 팬이 아니었죠."

그녀가 〈GI 블루스〉 세트장을 방문하는 동안 엘비스가 매력을 한껏 발산하는데다가, 엘비스가 좋아하는 쇼인 〈페리 메이슨(Perry Mason)〉 텔레비전 시리즈에 출연한 그녀의 아들 윌리엄 호퍼의 연기를 칭찬한 것도 헛된 일은 아니었다. 그즈음 그녀가 〈퍼슨 투 퍼슨(Person to Person)〉이라는 텔레비전 프로그램에 출연한 것도 빼놓지 않았다. 엘비스는 한술 더 떠서 그녀의 집 계단에 대해서도 말했다.

"그레이스랜드에 돌아가면 아빠한테 꼭 그것처럼 만들어달라고 해야겠어요."

겁에 질려 있던 루엘라 파슨스도 비슷한 방식으로 유인했다. 그녀는 이 젊은 애국자가 무척 건강에 신경을 쓴다고 적었는데, 엘비스가 먹을 거리가 제공되는 인터뷰 동안 음식에 전혀 손을 대지 않았던 것이다.

"먹고 나면 너무 졸려서 촬영을 못하거든요."

말은 그렇게 했지만 분장실에 숨어서 베이컨 샌드위치 여섯 개는 먹어치웠을 것이다.

파슨스와 인터뷰할 때는 농담을 할 정도였다. 수수한 스포츠 코트, 어두운 색 바지, 단색 셔츠에 검은 구두 차림의 엘비스가 파슨스와 처음 인터뷰하던 1956년에는 딴판이었다. 머리가 길고 기름이 뚝뚝 떨어지던 때였다고 한다.

"그때는 반지를 네 개나 끼고 당신 자신의 모습이 프린트된 테니스화를 신었었죠."

둘이 웃자 옆방에서 커피를 마시려고 서성이던 대령이 헛기침을 하더니 버럭 역정을 냈다.

"뭔 소리야. 사람들이 엄청 사서 꽤 돈이 된 신발이었어."

프레슬리와 파슨스는 다시 한 번 웃음을 터뜨렸다.

여전히 〈킹 크레올〉의 대니 피셔 역이 자랑스럽다고 하면서, 〈블루 하와이〉에 대해 엘비스는 솔직하게 말했다.

"제 팬들은 나이들어가고 있죠. 옛날 가락은 이미 지나갔어요."

앞으로 몇 년간 〈블루 하와이〉는 벤치마크가 될 터였다. 프레슬리의 경력을 분석해보면 전망 있는 영화스타가 어째서 잘못 풀렸는지가 단적으로 드러난다. 그러나 촬영 당시에는 〈블루 하와이〉를 창피하게 여기지 않았다. 이 영화는 이 영화는 성공에 이르는 공식이나 마찬가지였다.

파인애플 재배로 부자가 된 사람의 상속인으로 캐스팅된 엘비스는 가족사업에 반항하고 대신 여자친구와 여행사 벤처에 참여한다. 이 영화는 엘비스가 〈하와이언 웨딩 송(Hawaiian Wdding Song)〉을 부르는 가운데 컬러풀한 하와이 예복을 입고 결혼하는 것으로 끝난다. 그 사이에 하와이 요리와 노래가 셀 수 없을 만큼 나오는데, 그 중에는 〈로-커-훌라 베이비(Rock-a-Hula Baby)〉〈캔트 헬프 폴링 인 러브(Can't Help Falling in Love)〉〈비치 보이 블루스(Beach Boy Blues)〉 등이 있다. 이 블루스는 엘비스가 섬의 한 여관에서 싸우다가 감옥에 갇힌 후 노래한다.

1957년의 〈제일하우스 록〉에서, 그리고 대니 피셔의 버번 스트리트에서

먼 길을 걸어온 그였다. 할리우드 역시 스튜디오 시스템의 시대에서 먼 길을 걸어왔다. 스튜디오 시스템은 1960년대 초에 붕괴했던 것이다. 원래 모든 작업을 날카롭게 관리하던 스튜디오 임원진은 이제 더 이상 쇼를 계속할 수 없었다. 제작자, 대행사, 때로 연기자들까지도 직접 결정하기 시작했다. MGM, 파라마운트 같은 대형 업체들은 주로 계약관계에 있는 제작자를 위해 배급사 역할을 하기 시작했다.

그 시대에 가장 격찬받은 영화는 외국에서 만들었거나[〈달콤한 인생(La Dolce Vita)〉〈톰 존스(Tom Jones)〉] 작가주의 감독의 영화(엘리아 카잔, 스탠리 큐브릭 같은 예술가들) 혹은 뮤지컬과 대서사극(〈웨스트사이드 스토리〉〈사운드 오브 뮤직〉〈아라비아의 로렌스〉) 등이었다. 한때는 〈웨스트사이드 스토리〉의 제작자들이 엘비스를 이 영화 속에 등장하는 청년 일당의 리더로 정하고 멤버로는 십 대의 우상인 파비안, 프랭키 아발론, 폴 앵커 등을 구상하기도 했다.

연기자들에게는 부침의 시기였다. 마릴린 먼로의 마지막 (미완성) 영화는 10만 달러 단위의 저예산 코미디 〈섬싱즈 갓 투 기브(Something's Got to Give)〉였다. 딘 마틴과 래나 터너는 〈후즈 갓 디 액션?(Who's Got the Action?)〉이라는 코미디로 실패했다. 아카데미 후보였던 셜리 맥클레인은 〈왓 어 웨이 투 고!(What a Way to Go!)〉 같은 우스꽝스러운 코미디의 주연을 맡았다. 그녀는 함께 출연한 딘 마틴하고 5층으로 쌓아올린 샴페인 잔 속에서 포옹하는 사진을 홍보하기도 했다.

리처드 챔벌레인, 이벳 미미외처럼 앞길이 창창한 젊은 스타들은 능력에 맞는 배역을 찾지 못했다. 로버트 레드포드는 배역을 찾았지만, 멍청한 〈시추에이션 호프리스-벗 낫 시리어스(Situation Hopeless-But Not Serious)〉를 하고 나서도 살아남은 후에나 찾은 것이었다. 코니 프랜시스는 1960년부터 5년 동안 MGM에서 십 대를 겨냥한 뮤지컬 코미디에 출연했다. 그것도 네 편이나 출연했고 성공적이었지만, 정작 자신의 영화 중에서 볼 만한 건 하나도 없다고 했다. 폰다(Fonda) 가문이 아니었다면 제인 폰다는 두번째 영화에 나오지도 못했을 것이다. 첫 영화는 무미건조한 코미디 〈톨 스토리(Tall Story)〉로, 키가 너무 큰 야구선수와 사랑에 빠지는 키가 너무 큰 베이비시터 역이었다.

이 기간에 엘비스도 영화촬영에 대한 시각을 바꿨다. 원하는 영화를 찍을 수 없을 바에야 영화의 세트장에서 즐기기라도 해야 한다는 것이었다. 프레슬리의 영화들은 스타와 그 친구들이 촬영기간 동안 펼치는 심한 장난들로 악명이 날 터였다.

"〈막스 브러더스(Marx Brothers)〉의 세트장에 있는 것 같았어요."

프레슬리의 영화 두 편에 같이 출연했으며, 스타와 그의 친구들이 폭죽을 터뜨리고 물총 장난을 하고 물풍선을 날리는 것을 지켜본 윌 허친스의 말이다.

"카메라맨은 카메라 렌즈에서 면도크림을 씻어내야 하는 걸 그리 재밌어하지 않았죠."

노먼 토록 감독도 한마디했다.

세트장에서 그토록 바보 같은 짓을 일삼았는데도 함께 출연한 배우와 스태프들은 프레슬리의 엄청나게 친절한 행동도 기억하고 있었다. 여배우 메리 앤더스가 어머니와 딸을 〈티클 미(Tickle Me)〉 세트에 데리고 오자 엘비스는 천천히 걸어와서 감독의 의자에 메리의 어머니와 나란히 앉았다.

"엘비스는 45분 정도 어머니와 얘기했어요."

메리가 회상했다.

"그냥 별 얘기 아니었죠. 깊은 인상을 주려고 한 것도 아니고요."

프레슬리는 조금 있다가 메리의 여덟 살짜리 딸을 데리고 다니며 세트를 구경시켜주었다.

엘비스는 〈프랭키 앤 자니(Frankie and Johnny)〉 촬영 중에 프레드 드 코르도바 감독의 어머니가 돌아가신 것을 알고는 무릎을 맞대고 앉아서 이렇게 말했다.

"전 감독님 심정을 알아요. 저도 어머니를 잃었거든요."

훗날 드 코르도바가 언급했다.

"우린 자기 성찰에 대해 얘기했어요. 전 항상 엘비스를 제 인생의 그 시기에 절 생각해준 상냥한 사람으로 기억합니다."

엘비스는 누구의 조카가 팬이라거나 친척이 아프다는 것을 알면 전화번호를 알아낸 다음 분장차에서 깜짝 통화를 했다. 또한 동료배우들, 스태프들하고도 쉴 새 없이 얘기를 나누었다. 마이클 앤새러는 〈해럼 스캐럼(Harum Scarum)〉 세트에서 프레슬리가 다가와 1950년대 텔레비전 시리즈 〈브로큰 애로(Broken Arrow)〉의 코치즈(Cochise) 인디언 역을 했던 자신을 존경한다고 털어놓자 깜짝 놀랐다. 〈더블 트러블(Double Trouble)〉에서 엘비스의 상대역이었던 애넷 데이(Annette Day)는 당시 십 대였고 차가 없었는데, 그것을 안 엘비스로부터 흰색의 최신 머스탱을 선물받기도 했다.

그는 다른 사람들의 감정을 끔찍이 존중하는 편이었는데, 그 호의가 보답받지 못하면 몹시 언짢아했다.

"엘비스는 쉽게 상처받는 스타일이었죠. 아주 예민한 사람이었어요. 바바라 스탠윅의 경우는 글쎄요, 제 생각엔 좀 드센 여자 같아요."

수 엔 랭던은 〈라우스트어바웃(Roustabout, 부두노동자)〉을 촬영하는 동안 엘비스와 그 전설적인 상대역 사이에 있었던 불편한 다툼을 회고한다. 한번은 스탠윅이 대화 중에 그리스 여신을 언급하자 엘비스의 표정이 구겨졌다. 그 여신의 이름을 잘 몰랐던 것이다.

"아테네가 누군지도 몰라?"

스탠윅이 놀라서 물었다. 엘비스는 얼굴이 빨개져서 찬바람을 날리며 가버렸다. 그리고 다음날 분장실에서 그리스 신화에 대한 책을 쌓아놓고 뒤적거렸다.

파커 대령은 대부분의 프레슬리 영화에 빠지지 않고 까메오로 등장했다. 〈블루 하와이〉의 축제 장면에서는 분위기를 돋우기도 했다. 거대한 하와이언 프린트 셔츠와 헐렁한 카키 바지 차림으로 수상한 사기꾼 역을 즐겨 맡았다. 자칭 아마추어를 넘는 최면술사인 그는 엘비스 친구들에게 최면을 걸어 동물이라고 인식하도록 만들기도 했다. 그들은 대령의 최면에 걸려 멍멍거리거나 컹컹거리고 짖거나 꿀꿀거리거나 음매 하고 울거나 네 발로 싸우곤 했다.

연예계의 핵심 인물들 사이에서 대령이 엘비스에게 건 최면은 도를 넘어서는 것이었다는 얘기가 돌았다. 1968년 프레슬리 텔레비전 특집의 프로듀서인 스티브 바인더도 파커가 엘비스의 놀라운 콘서트 퍼포먼스를 자극하기 위해 최면을 이용한다고 믿었다.

"엘비스는 아주 초조해했고, 너무나 겁을 냈고, 너무나 확신이 없었죠. 그런데 대령하고 얘기하고 나면 완전히 다른 사람이 돼서 카리스마가 생기는 거예요."

대령과 엘비스는 중요한 무대에 오를 때마다 가수로서 평생 지속된 무대공포증과 맞서야 했다. 그러나 프레슬리의 측근 멤버들은 파커가 최면을 걸었다는 주장을 무시했다. 대령이 엄청난 설득력을 가졌을 뿐이라는 것이다. 긍정적 사고가 힘을 샘솟게 한다는 이론을 널리 알린 데일 카네기의 학생이었던 대령은 언제나 막무가내였다. 1962년 프레슬리 캠프에 합류한 리처드 데이비스는 영화사의 최고 임원들이 파커가 다가오는 것을 알아차리고 슬쩍 길을 건너는 광경을 심심찮게 봤다고 했다.

"임원들은 그가 뭔가를 원한다는 걸 알았죠. 그걸 얻기 위해 다가온다는 것도요."

그는 가장 세부적인 사항까지 좌지우지하려 했다. 한번은 엘비스가 연기 중에 손목시계를 찬 걸 알아차리고는 돌아가는 카메라 앞에 끼어들어 할 윌리스에게 외쳤다.

"엘비스의 계약내용을 기억하시오?"

윌리스가 당황하여 엘비스에게 무슨 얘기냐는 몸짓을 해 보이자 대령이 덧붙였다.

"저게 나왔잖소!"

윌리스의 혼란스러운 표정을 향해 설명했다.

"손목시계요!"

계약상으로 제작자들은 프레슬리의 영화의상을 제공해야 했으므로 엘비스가 자기 시계를 찬 데 대해 추가로 2만 5000달러를 받아야 한다고 요구했던 것이다. 할 윌리스는 엘비스에게 시계를 풀어버리라고 했고, 그 장면을 다시 찍었다.

항상 자기 이익만 챙기기에 바빴던 파커는 여러 섬의 디제이들을 설득해서 솜털 같은 눈사람 옷을 입고 코코 팜스 리조트 호텔 주위를 걷게 했는데, 그곳은 배우와 스태프들의 숙소였다. 대신 그들은 '허풍의 황제'가 홍보하고자 했던 사교클럽인 눈사람 동맹(Snowmen's League, 눈사람은 '허풍선이'의 속어—옮긴이)의 회원자격을 받았다(파커는 즐겨 말했다. "입회비는 공짜지만 그만두면 만 달러를 청구할 거요. 아직 눈사람을 한 명도 잃은 적이 없지").

대령 자신이 파인애플에 가짜 마이크를 달고 그가 파인애플 네트워크라 불렀던 가짜 방송국을 위해 투숙객들과 인터뷰를 하며 로비를 어슬렁거린 적도 있었다.

프레슬리의 영화는 젊고 아름다운 여자들이 캐스팅되는 것으로도 유명했다. 스타와 친구들은 스크린 밖에서도 그녀들을 쫓아다녔다. 코코 팜스의 개인 전용 해변 주변이 항상 파티로 술렁이자 마침내 할 월리스는 여배우들에게 외출금지령을 내렸다.

그래도 엘비스를 막을 수는 없었다. 주연인 조안 블랙맨은 그와 연애하던 시절을 회상했다.

"우린 호텔에서 방을 나란히 잡아놓고 몇 주일 동안 거의 같이 살다시피 했어요."

이 초록빛 눈동자의 갈색 머리 배우는 할 월리스와의 계약으로 처음 할리우드에 왔던 1957년에도 잠시 엘비스와 데이트를 즐긴 적이 있었다. 〈블루 하와이〉에서 팀을 이룰 당시 그녀는 스물세 살이었고 솔직한 만큼이나 독립적이었다. 또한 언제나 일 우선이었다.

"엘비스와 저녁식사를 하느냐, 다음날 약속을 위해 자야 하느냐를 놓고 동전을 던져야 한다면 항상 일이 먼저였죠."

또 다른 결별이유는 점점 늘어나는 엘비스의 일탈이었다.

"어려웠어요. 한꺼번에 여덟 명을 상대로 솔직한 얘기를 하는 것은 어려웠죠."

엘비스도 입방아에 오르내렸다. 세트장에서 로맨스에 빠지는 동안은 상대에게 집중하는 연인이었지만, 일단 촬영이 마무리되면 옷, 세면도구와 함께 감정도 챙겨버렸다. 프레슬리가 플로리다의 걸프 코스트에서 〈팔로 댓 드림(Follow That Dream)〉을 촬영하는 동안 연인이 된 앤 헬름은 촬영이 끝나고 남부 캘리포니아로 돌아가더니 그가 변심하더라고 말했다.

"그 후로도 한동안 그를 만났지만 뭔가 달랐죠. 한번은 로스앤젤레스에서 기사를 시켜서 절 집까지 데리고 갔었는데, 봤더니 그의 집엔 파티가 한창이었고 사방에 젊은 여자들이 넘쳐났죠. 거의 카페트에 깔려 있더라구요. 더 이상 내 집 문을 노크하지도 않았고 꽃을 가져오지도 않았죠."

프레슬리가 코미디언 재능을 보인 몇 안 되는 영화 〈팔로 댓 드림〉은 고

속도로를 따라 정착하려는 남부의 시골 사람들이 겪는 모험을 추적한 영화다. 헬름은 영화 속의 이야기가 실제 삶에서도 일어나고 있었음을 인정한다.

"영화에서 사랑에 빠지는 연기를 하다 정말로 그에게 빠져버린 거죠."

십 대 모델 출신의 이 섬세한 갈색 머리 배우는 포트 패러다이스 호텔에서 프레슬리를 처음 만났다. 세인트 피터스버그 북동쪽으로 145킬로미터 떨어진 크리스털 리버 석호에 위치한 방갈로 리조트였다.

"주위엔 아무것도 없었어요. 꽃가게도 없었구요. 그가 직접 꽃을 딴 게 아닌가 싶었죠."

그의 육체적인 매력도 무시할 수 없었다. 머리는 다시 짙은 금발이 되어 짙은 올리브색으로 탈색되었다. 그러나 헬름은 그의 매력이 육체적인 것 이상이었다고 강조했다.

"그는 아주아주 상냥했죠. 너무 외로워 보인다고 느끼기 때문에 많은 여자들이 그에게 접근했다고 생각해요. 나는 영화를 촬영하는 동안 엘비스에 관한 시를 썼죠. 그런 식의 로맨스였어요."

물론 아주 육체적이기도 했다.

"그는 섹스를 정말 좋아했죠. 전 며칠 밤을 제 방갈로로 돌아가지 않았어요. 다음날 아침이면 좀 부끄러웠는데, 세트장 사람들이 다 알아차렸다는 걸 저도 알았기 때문이죠. 하긴, 저도 좋긴 좋았어요. 아주 특별했죠."

밤이면 그의 캐딜락을 타고 나가서 그늘진 야자수와 스크럽 오크 나무를 보며 40번 주도로를 따라 돌곤 했다. 프레슬리는 집요하게 라디오 다이얼을 돌렸다.

"그는 〈하운드 독〉이 나오면 너무나 이상해졌어요. 옆에서 보아서 잘 알아요."

그들은 위키 와치 스프링스의 '인어 쇼'에 가서 사진을 찍었다. 그리곤 한참 후에 400미터 길이의 철책을 따라 걸으며 해안의 경기장 밖에 모인 팬들을 만나 얘기했다.

그녀는 그의 식성에 깜짝 놀라기도 했다.

"기름이 뚝뚝 떨어지는 베이컨 사백오십 그램을 통째로 튀긴 것만 먹곤 했죠. 정말 끔찍했어요."

그들은 이른 아침까지 카드놀이를 하기도 했다. 그럴 때면 프레슬리는 자신이 사준 노란 아기 인형 나이트가운을 입으라고 부탁했다.

"전 별로 좋지 않았지만 그는 아주 좋아했죠."

헬름은 주름장식까지 달린 그 가운이 생각나는 듯 웃으며 말했다.

사랑을 나누고 나면 그가 약을 주곤 했다. '발륨'으로 여겨지는 그 약을 함께 먹고는 잠들었다. 다음날은 세트에서 덱서드린을 주어 졸지 않고 활기 넘치게 해주었다.

"당시는 모두들 덱서드린을 썼어요."

헬름은 십 대 시절 모델일을 하면서 19인치의 허리라인을 유지하기 위해 처음으로 의사에게 그 약을 받았었다. 그 영화의 셔츠 벗은 장면을 보면 알겠지만, 엘비스는 이미 체중하고 싸우고 있었던 터라 그 약을 처방받았다.

"취하려고 먹은 게 아니라 에너지를 유지하려고 먹었죠."

헬름은 그를 변호하며 덧붙였다.

"전 그 약에 별 흥미가 없었어요."

헬름은 몰랐지만 프레슬리는 당시 점점 늘어가는 약품목록에 중독되고 있었다. 덱서밀, 플래시딜, 퍼코단, 세코널과 온갖 종류의 안정제에 의존했던 것이다.

그녀는 프레슬리가 영화를 촬영하는 동안 다른 여자와 사귈지도 모른다는 생각을 꿈에도 하지 않았었다. 로스앤젤레스로 돌아가서야 영화 속 스토리에서 엘비스를 놓고 싸우던 여배우 조애나 무어가 현실에서도 그에 대해 일을 꾸미고 있었다는 사실을 깨달았다. 어느 날 밤 헬름은 벨 에어의 집에서 프레슬리의 침대에 들어갔는데, 밖이 소란스러워지면서 경호원들이 그를 부르는 소리가 들렸다. 조애나 무어가 안으로 침입하려다 잡힌 것이었다.

"경호원이 보고하자 그는 정말 화를 냈죠. 그녀가 플로리다에서도 그를 만났다는 걸 알겠더군요."

조 에스포지토는 무어가 프레슬리와 며칠 밤 섹스를 한 뒤로 그에게 얽매이기 시작했다고 전했다. 프레슬리를 만나러 왔던 바로 그날 그녀는 수면제를 과다 복용했다. 에스포지토와 찰리 하지는 UCLA 응급실로 달려갔고, 의사들이 관장을 실시했다. 다음날 얘기를 전해들은 프레슬리는 솔직하게 말했다.

"좀 문제가 있는 여자 같더라고. 그래서 더 안 만난 거였어."

헬름은 엘비스에게 그날 밤 무슨 일이 있었는지 묻지 않았지만 그들의 로맨스가 서서히 사라지고 있음을 깨달았다.

"로스앤젤레스에 돌아가서는 아무 데도 나가지 않았죠. 우린 그냥 그의 집에서 다른 사람들과 함께 앉아만 있었어요. 그는 피아노를 치며 노래를 불렀는데, 이상하게 들리겠지만 너무나 지겨워졌어요. 전 우리가 영화를 보러 가거나 클럽에 가지 못하는 이유가 뭔지 궁금했어요. 그 많은 여자들을 둘러보며 뭔가 잘못되었다는 느낌을 받았죠. 저는 더 이상 그들과 어울릴 수 없다는 느낌 말이에요."

어느 날 밤 그들은 피아노 앞에 앉아서 빈둥거리고 있었다. 그때 헬름이 이내 후회할 일을 하고 말았다.

"그가 피아노를 치면서 제게 뭐라고 했죠. 뭔지 기억도 안 나요. 전 화가 나서 피아노 뚜껑을 닫아버렸고, 그 바람에 그가 손가락을 다쳤죠. 그는 처음으로 제게 화를 냈어요."

그녀는 사과했지만 그가 화를 풀지 않았다는 것을 알았다. 다음날 장난감 가게에서 거대한 고무 엄지손가락을 사가지고 사과의 메모와 함께 보내주었다.

"하지만 다시는 연락이 오지 않았어요."

1960년대와 1970년대에 영화와 드라마에서 맹활약을 펼친 헬름은 그와의 만남을 후회한 적이 한번도 없다고 털어놓았다.

"나에게 엘비스는 항상 신사로 남아 있어요. 솔직히 말한다면 엘비스 때문에 많이 울기도 했어요. 화도 많이 났죠. 하지만 가슴이 벅차올라요. 전 항상 그가 철책을 따라 걸으며 팬들과 얘기하던 그날 옆에 함께 있었다는 걸 기억할 거예요. 팬들이 엘비스에게 사탕과 크림을 갖다주던 장면도 생각나요."

게일 갠리(Gail Ganley)와 사귈 무렵에는 엘비스가 사람들을 피했다. 갠리에게도 나쁠 건 없었다.

"비밀결사에 빠졌다고나 할까, 엘비스가 프라이버시를 원한 시기에 제가 적합했던 거죠."

이 놀랄 만큼 아름다운 갈색 머리 아가씨는 1963년 10월 MGM 스튜디오에서 프레슬리를 만났다. 그들은 엘비스가 쌍둥이 역할을 하던 〈스모키 마운틴스(Smoky Mountains)〉 세트에서 찍은 뮤지컬 코미디 〈키싱 커즌스(Kissin' Cousins)〉를 촬영하고 있었다. 갠리는 춤추는 산골 아가씨 키티호크스였다. 그날 댄스곡을 리허설하는 와중에 누군가 어깨에 손을 올려놓는 느낌이 들었다. 고개를 돌리자 금빛 가발을 쓴 남자가 보였다. 그가 먼저 말을 걸었다.

"처음 뵙겠습니다. 전 엘비스예요. 당신은요?"

그녀는 순간적으로 당황했다. 은막의 스타가 말을 걸어서가 아니라 금빛 가발을 쓴 그가 헤어진 남자친구와 놀랄 만큼 닮았기 때문이었다. 그녀가 사실대로 말하자 이번에는 그가 당황했다.

그녀는 그 후로 세트 촬영을 할 때마다 그가 자주 쳐다보는 것을 알아차렸다. 그리고 흥미로운 일들이 일어나기 시작했다. 갠리는 쉬는 시간에 스웨터를 뜨곤 했는데, 의자로 돌아와서 스웨터 올이 풀린 것을 발견했다. 또 한번은 신발이 사라졌다. 며칠 후 엘비스가 천천히 다가와서 털어놓았다.

"더 이상 참을 수가 없어요. 제가 신발을 숨겼다고 말해야겠어요."

수수께끼처럼 계속 올이 풀린 스웨터도 자기 짓이라고 하며 덧붙였다.

"저를 위해 짜는 거 아니었어요?"

갠리는 웃어 보였다.

"이런 속도로 짜다간 이 스웨터를 다 짤 수나 있을지 모르겠네요."

그날 늦게 엘비스의 친구가 다가와서 말했다.

"엘비스가 오늘밤 집에 오실 수 있는지 알고 싶어하는데요?"

갠리는 뭔가 미심쩍었다.

"그래서 그날 밤 피로연 약속이 있다고 했어요."

엘비스의 친구는 적이 놀랐다. 보스의 말을 거절한 것이었다.

갠리는 괜히 거절해서 눈밖에 날까봐 다음날 세트장에 '시즈 캔디스' 캐러멜을 가져갔다.

"이걸 엘비스한테 주세요."

수행원으로부터 선물을 전해받은 엘비스는 분장차에 와달라고 부탁했다.

그녀가 분장차에 들어오자 그가 짓궂게 물었다.

"어젯밤에 내 생각 했어요?"

그러면서 그날 저녁 집에 와달라고 직접 초대했다.

"먼저 서로를 알 수는 없나요? 우선 커피 같은 걸 마시러 갈 수는 없는 거예요?"

프레슬리는 웃은 다음 사람들이 모여들어서 함께 외출하기는 힘들다고 설명했다.

"데이트할 때 프라이버시가 전혀 없어요. 하지만 집에선 서로를 알 수 있겠죠."

갠리는 방문하겠다고 동의했지만 가기 전에 부모님 댁에 들러야 한다고 했다.

"갖다 드릴 게 있다고 했죠. 사실은 그냥 부모님에게 내 행선지를 말하고 싶었어요."

그녀는 수십 년이 지나서 이렇게 회상한다.

기사가 몰던 롤스로이스가 볼드윈 힐스의 평범한 집 앞에 서자, 갠리는 현관문으로 달려가 부모님에게 막 차에서 내리던 엘비스와 저녁을 보낼 거라고 알렸다. 그리곤 엘비스에게 그냥 차에 있으라는 몸짓을 했다.

"전 그 사람한테 말했죠. '괜찮아요, 엘비스! 엄마는 머리에 롤러를 꽂고 있어요. 그런 모습으로 만나고 싶지 않으시대요.'"

엘비스는 벨 에어의 집으로 가는 도중에 그녀의 손을 잡고 그녀의 몸매와 춤실력이 얼마나 마음에 드는지 고백했다.

"차도에 멈추는 순간 문 앞에 모인 그 많은 여자들을 봤죠. 파티를 하는 줄 알았어요."

갠리는 엘비스의 집 밖에 밤낮으로 팬들이 모인다는 사실을 몰랐던 것이다.

그들은 텔레비전을 보면서 첫번째 저녁을 보냈다.

"긴장되죠?"

엘비스는 자신을 경계하는 갠리를 보며 말했다. 그녀는 사실이라고 털어놓았다.

"그래서 당신이 좋아요."

그의 진심이었다.

그날 밤 그가 집까지 데려다주면서 물었다.

"키스해도 될까요?"

그녀가 고개를 끄덕이자 그는 상냥하게 그녀의 볼에 키스하고 이어서 이마에 키스했다. 그녀가 가지 않자 이번에는 입술에 키스했다.

"그가 절 더듬지 않아서 아주 안심했죠."

갠리는 지난 세월을 회상하며 덧붙였다.

"그때까지 남자친구는 단 한 명뿐이었어요. 정말 순진했죠."

다음날, 세트장에서 그녀가 뜨던 스웨터의 올은 더 이상 풀리지 않았다.

그런데 며칠 지나 놀라운 방문객들이 찾아왔다. 할리우드의 칼럼니스트 해리슨 캐롤도 있었다. 프레슬리가 자기를 찾아온 줄 알고 나서자 캐롤이 정색을 하고 말했다.

"아뇨. 전 하워드 휴스의 예비 스타를 찾고 있어요."

"누구요?"

엘비스가 다시 물었다.

나중에 드러나지만 게일 갠리는 휴스의 예비 스타로 수수께끼 같은 억만장자 하워드 휴스와 최종 계약을 마친 미녀였다. 게다가 그녀는 휴스가 계약한 영화에 출연시키지 않았다는 혐의로 소송을 제기하여 『라이프』지의 헤드라인을 장식했다. 그 소송은 법정 밖에서 합의를 이끌어냈지만, 베일에 싸인 휴스의 제국을 고발하는 데 큰 역할을 했다.

엘비스 프레슬리는 이 말을 혹하면서 들었다. 그러나 이번에는 그가 미심쩍어할 차례였다. 갠리가 유명 인사인 자신과의 관계를 인기에 이용하려는 거라고 확신했기 때문이었다. 그러나 놀랍게도 갠리는 해리슨 캐롤에게 계속 이 사실을 숨겨달라고 말했고, 언론에 휴스나 프레슬리에 대해 말하지 않을 거라고 했다.

그녀가 자기와의 데이트를 홍보에 이용할 의도가 없다는 사실을 깨닫자 프레슬리는 다시 놀라울 정도로 엘리자베스 테일러를 닮은 160센티미터에 50킬로그램의 미녀를 쫓아다녔다. 그리고 서로 끌리기 시작했다.

집에서 네번째로 만났을 때 그는 어머니의 죽음을 털어놓았다. 그녀는 최근 남자친구와 헤어져서 상심했다고 솔직히 말했고, 어렸을 때부터 해온 배우 일이 휴스 사건 때문에 미궁에 빠진 것에 대해서도 설명했다.

"갑자기 우리 둘 다 울기 시작해서 눈물이 흘러넘쳤죠. 그냥 거기 앉아서 말이에요."

"자리를 옮겨야겠어요."

엘비스는 눈을 비비며 옆방을 가리켰다.

갠리는 일어나서 조심스럽게 그가 가리켰다고 생각한 통로로 갔다.

"전 부엌에 있었어요. 우리가 거기서 뭘 할지 궁금해졌죠."

그녀는 자리에 앉아서 기다렸다. 그리고 또 기다렸다.

"마침내 전 제가 무슨 요리를 해야 되나 궁금해지기 시작했어요."

한 시간이 지났다. 그 후 다시 한 시간 반이 지났다. 마침내 프레슬리가 어깨를 으쓱하며 복도에 나타났다.

"그래, 여기 있었군요? 여기서 뭐 해요?"

"전 당신이 여기로 가라는 줄 알았어요."

그는 웃으며 다른 문을 가리켰다.

"저기가 내 방이에요."

두 사람이 헤어졌다 만났다를 반복하며 영화 세 편을 촬영한 15개월간의 로맨스가 시작되었다. 그러나 그의 침실에 처음 갔을 때는 사랑을 나누지 않았다.

"그는 그냥 침대에 누워서 서로 만지고 껴안는 걸 즐기자고 했어요. 그래서 옷을 벗을 필요가 없었죠. 그의 따스하고 열정적인 키스는 밤새 절 사로잡았어요. 그런데 그는 옷을 벗기려 하지 않았죠. 애무를 자제했고 워낙 사랑스러웠기 때문에 정말 멋졌죠. 키스할 때는 아주 상냥했어요. 전 그 다음날 세트장에서 둥둥 떠다니는 기분이었죠."

마침내 사랑을 완성하게 되었을 때도 프레슬리는 상냥했을 뿐 아니라 게일에게 의미 있는 경험을 선물하려고 결심하기도 했다.

"괜찮아? 이렇게 해도 돼?"

그는 자상하게 배려했다.

"괜찮아? 이대로?"

프레슬리는 자신의 삶에 다른 여자는 없다고 고백하기도 했다.

"하지만 지금 당장은 미래를 계획할 수가 없어."

그러면서도 일을 계속하겠다는 그녀의 욕망과 결심에 맞섰다.

"어떻게 결혼해서 애를 낳고 싶다는 생각을 안 할 수가 있어?"

"그는 정말 여자가 직업을 갖는다는 것을 이해하지 못했죠."

그녀는 엘비스가 도움을 줘 계약한 녹음일 때문에 그레이스랜드에 가지 못했고, 엘비스는 더욱더 혼란스러워했다. 갠리는 녹음을 마치고 나서야 엘비스의 제안을 받아들이려고 했던 것이다. 그런데 그가 갑자기 그녀를 기다리지 않는 눈치였다.

"전 의심했죠."

할리우드에서 멤피스의 여자친구에 대한 소문을 들었던 것이다.

"하지만 제가 사실 여부를 묻자 그는 헤어질 거라고 했어요."

프레슬리가 이집트풍 댄스 동작을 하는 장면에서 갠리가 하렘 댄서로 출연하면서 그들은 〈라우스트어바웃〉을 촬영하는 동안 계속 만났다. 사실은 세트장에서 늘 붙어 있었기 때문에 파커 대령이 뒤뚱거리며 다가가 게

일에게 미팅이 있다고 하거나, 엘비스에게 전화가 왔다고 하곤 했다.

영화를 촬영하는 동안 프레슬리는 게일에게 헤어 스타일과 메이크업을 어떻게 해야 하는지 조언해주려고 했다.

"전 데자부 같은 느낌이 들었어요. 하워드 휴스와 계약을 맺었을 때 휴스는 제 삶을 지배하려고 했죠. 갑자기 엘비스도 그러기 시작했어요."

어느 날 엘비스는 그녀에게 옛 친구가 세트장을 방문할 거라고 했다.

"그러더니 우리 사이에 무슨 일이 일어나더라도 냉정해야 한다고 했죠."

알고 보니 그 오랜 친구는 바로 프리실라 볼리외였다.

갠리는 1964년 말까지 프레슬리와의 관계를 유지하기는 했지만, 그들의 관계에 미래가 없다는 것을 깨달았다. 그 후 옛 남자친구가 다시 돌아왔고, 결혼할 준비도 되었다. 엘비스는 그런 약속을 할 만한 준비가 되지 않았다.

프레슬리의 할리우드 애정편력에서 뭔가 이상한 점이 명백히 드러나고 있었다. 어떤 식으로든 타협할 수 없는 부분이었다. 엘비스의 〈블루 하와이〉 상대역 조안 블랙맨은 어떤 여자라도 결혼하면 그에게 맞춰 살 수밖에 없을 거라고 장담했다. 물론 프레슬리의 유머감각과 순진함을 높이 평가해야 할 거라는 말도 덧붙였지만. 결국 블랙맨은 엄청난 희생을 감수해야 할 것이라고 예리하게 결론을 맺었다.

곧 그 시험에 들어야 할 소녀가 있었다.

엘비스와 애니타 우드.

20 재회 —Foreplay

엘비스 프레슬리가 할리우드의 주연급 여배우들과 연애를 즐기는 동안 애니타 우드와 프리실라 볼리외는 여전히 사랑의 지옥에 방치되어 있었다.

우드는 멤피스로 터전을 옮겨 정기적으로 그레이스랜드를 들락날락했기 때문에 프리실라보다는 나았다. 엘비스의 멤피스 근황을 전하는 뉴스 기사에서도 애니타 우드의 이름이 자주 눈에 띄었다.

반면 프리실라는 5000킬로미터나 떨어진 머나먼 서독땅에서 고통의 나날을 보내고 있었다. 구구절절이 믿음으로 가득한 핑크빛 편지와 대서양을 오가는 전화선만이 엘비스와 연결될 수 있는 전부였다. 그녀는 편지마다 향수를 뿌렸고, 전화통화를 할 때는 아이들 같은 얘기를 주고받았다.

"사랑해, 너만 사랑한다고."

이미 스물일곱 살이나 먹었지만 엘비스는 자꾸 똑같은 말만 되풀이하고 있었다.

프리실라는 뜸하게 울리는 전화벨 소리와 역시 뜸하게 보내오는 편지만을 기다리며 살았다. 방에 처박힌 채 엘비스 아론 프레슬리 부인이 되거나, 음울한 군부대 지역에서 벗어나 빛나는 할리우드와 화려한 그레이스랜드에 입성하는 몽상에 잠길 뿐이었다.

프레슬리의 영웅적인 귀환을 둘러싸고 미디어마다 호들갑을 떤 뒤로 눈물자국이 마를 날 없었던 스무하루 동안 그녀는 아무런 소식도 듣지 못했다. 그러다 마침내 전화를 받았다. 그러나 엘비스는 "널 보고 싶었어."라고 말하는 대신 〈GI 블루스〉 촬영에 대해 씁쓸한 불평만 했다.

"날 잊은 줄 알았어요."

프리실라가 흐느꼈다.

"신문에 실린 대로 낸시 시내트라랑 사랑에 빠진 줄만 알았어요."

"그건 사실이 아냐, 귀염둥이. 내가 사랑하는 사람은 너야."

"그럼 애니타 우드는요?"

프리실라가 용기를 내어 덧붙여 물었다.

"애니타는 정말 실망이야. 더 이상 그녀랑 있고 싶지 않아."

훗날 프리실라는 소리쳐 묻고 싶었다고 술회했다.

"나는 당신 삶의 어느 부분에 어울리는 거죠?"

실제로는 눈물을 글썽이며 중얼거릴 뿐이었다.

"사랑해요. 안녕."

1962년 3월 애니타는 아직도 가끔 그레이스랜드에 들러 작은 스위트룸에서 지내곤 했다. 엘비스는 조 에스포지토에게 비스바덴 학교가 봄방학을 하면 프리실라를 벨 에어로 데려오고 싶다면서 애니타를 따돌릴 핑계를 만들어달라고 부탁했다.

조와 아내 조니는 애니타와 낚시여행을 계획했다. 프레슬리가 작고 예쁜 우드에게 발각될 염려 없이 이제 열여섯 살이 된 프리실라와 즐기게 해줄 생각이었다.

볼리외 대위는 내키지 않았지만 여행을 허락했다.

"난 그를 믿지 않는다. 그가 너한테 원하는 게 뭔지도 모르겠어."

그는 솔직하게 말하면서도 헛된 희망을 가지고 덧붙였다.

"어쩌면 이 여행이 풋사랑의 마지막일지도 모르지."

그의 조건은 프리실라가 타고 갈 비행기를 퍼스트클래스로 예약하고 그녀를 개학날짜에 맞춰 돌려보내는 것이었다. 추가로 그녀의 일정 사본과, 그의 예쁜 딸을 버넌과 디 프레슬리가 있는 곳에서 만나겠다는 약속을 원했다.

프리실라는 엘비스와 남부 캘리포니아에서 첫날이 지나기도 전에 황홀경에 빠졌고, 대위가 예상했던 대로 여학생다운 환상은 산산이 부서져버렸다.

그녀는 조 에스포지토를 다시 만나서 반가웠다. 그는 공항까지 마중 나와서 프레슬리가 빌린 벨 에어의 집까지 태우고 갔다. 그 거대한 은신처로 호위를 받으며 들어간 프리실라는 당구대 위에 몸을 숙이고 있는 미래의 연인을 마주했다.

"실라!"

그는 소리를 질러 환영했다.

"네가 여기까지 오다니 믿을 수 없어."

그는 방을 가로질러 달려가 그녀를 안아올렸다.

"프리실라, 널 만나서 정말 반가워. 날마다 보고 싶었어."

"난 그에게 안겨서 눈물을 흘렸죠."

그녀는 감회에 젖어 얘기했다.

프레슬리는 사랑스러운 소녀를 안고 가서 방 한쪽에 모여 있는 젊은 여자들에게 소개했다. 그녀들은 프리실라에게 밤마다 엘비스가 이런 파티를 연다고 귀띔해주었다. 곧 프리실라는 바트 노이하임하곤 엄청나게 다른 세상에 들어왔다는 것을 이해했다. 엘비스의 제복시절은 이미 지나간 것이었다. 대신 비싼 대륙 스타일 바지와 흰 셔츠를 걸치고 이탈리아 가죽부츠에 요트모자를 썼다.

프리실라는 다른 면에서도 그가 변했다는 것을 알 수 있었다.

"마지막 봤을 때는 예민하고 불안정한 사람이었어요. 이제는 자만이 아닌가 싶을 정도로 자신감이 있었죠."

이 커플은 자정이 지나서야 몰래 빠져나갔다. 엘비스는 프리실라를 따라가며 말했다.

"이제 우리만의 시간이야."

그는 침실 방향을 알려준 다음 아무도 의심하지 않도록 몇 분 뒤에 따라가겠다고 했다. 그러나 정작 프리실라는 몇 년 뒤 밝힌 대로 '모두들 그녀가 어디로 가는지 뻔히 알게 부산을 떨어가며' 그 은신처를 빠져나왔다.

엘비스는 어두워진 침실에서 십 대 소녀의 옷을 벗기며 속삭였다.

"실라, 내가 널 얼마나 보고 싶어했는지 모를 거야."

이어서 그들은 침대로 미끄러져 들어가 2년 전에 만난 이래로 가장 열정적인 만남을 가졌다. 1985년의 자서전에서 프리실라는 다시 만났을 때 섹스를 하리라 기대했다고 적었다. "그에게 완전히 복종할 준비가 되어 있었다."고도 적었다.

그러나 엘비스는 물러서며 부드럽게 속삭였다.

"기다려, 허니. 적당한 때와 적당한 장소가 있을 거야."

프리실라는 분노했다. 대위에게 약속한 대로 친구집에서 재우려고 하자 더욱더 화가 났다. 그러자 엘비스가 차분하게 설명했다.

"너를 여기까지 보내주신 양아버지 마음이 달라지는 건 원치 않잖아."

다음날 오후 프레슬리는 손님들 앞에서 발표했다.

"앨런 포르타스가 몇 분 뒤에 널 태우러 올 거야."

그는 그녀가 이유를 몰라 궁금해하기 전에 숨가쁘게 덧붙였다.

"우린 라스베이거스에 갈 거야."

그들은 엘비스의 전용버스로 사막도로를 가로질러 야간여행을 했다. 프리실라는 절대로 목적지에 도착하지 못할 듯 보였다. 실제로 그들은 다음날 아침 7시가 되기 전까지 사하라의 룸에 체크인을 하지 못했다. 프리실라는 눈앞에 펼쳐진 광경을 믿을 수가 없었다. 이른 시간인데도 주사위판이 가득 차고, 슬롯머신이 돌아가며, 칵테일 라운지까지 영업 중이었다. 엘비스는 24시간 불빛을 밝히는 도시를 보고 두 눈이 휘둥그레진 소녀를 보며 재미있어했다.

엘비스는 라스베이거스에서 프리실라를 위해 변신을 시도했다. 첫번째는 쇼핑으로, 그녀를 멋진 부티크에 데리고 가서 쉬폰, 브로케이드, 실크로 만든 이브닝 가운을 입히고, 거기에 어울리는 케이프, 반짝이는 이브닝백, 아름답게 물들인 실크구두를 사주었다. 그 다음엔 호텔 헤어숍의 스타일리스트와 약속을 잡아 주눅든 소녀의 머리를 맡겼다. 엘비스는 두 시간 후 자신이 지시한 대로 변신한 그녀를 보고 늑대 울음소리를 냈다. 머리는 위로 높이 올려서 왼쪽 어깨에 긴 웨이브를 늘어뜨리는 스타일이었다. 얼굴에는 불투명한 팬케이크를 발랐고, 눈에는 클레오파트라처럼 아이섀도를 두껍게 그렸다. 입술은 피처럼 빨갰다. 그녀는 엘비스와 지내는 동안 날마다 지금 배운 대로 치장했다.

그날 밤 엘비스는 프리실라를 사하라의 심야쇼에 데리고 가서 일등석에 자리를 잡았다. 그리곤 레드 스켈턴의 공연을 보며 너무 재밌다며 웃었다. 프리실라는 웃긴 했지만 엘비스의 잘생긴 얼굴만 살펴보고 있었다.

라스베이거스에서 보낸 2주 동안 그녀는 엘비스가 밤이면 다른 사람이 된다는 사실을 발견했다. 더 로맨틱하고, 더 감정을 잘 표현하며, 더 애정이 넘쳤다. 그녀 역시 가수의 삶에 적응하여 새벽까지 라운지들을 전전하고 나면 방으로 달려가 차양을 내리고 침대에 쓰러졌다. 라스베이거스에서의 첫날 밤 이후 엘비스는 수면제 두 알을 먹고 그녀를 껴안았다.

"전 축복을 받은 듯 행복하게 누워 있었죠."

반면 엘비스는 잠시 정열적인 말을 중얼거리다 곯아떨어졌다.

프리실라는 프레슬리의 야간 스케줄에 맞추기 위해 그의 약물 복용 의식에 동참했다. 엘비스의 약장은 앰피타민, 수면제, 진정제 등으로 가득 차 있었다.

"안 그러면 저는 그에게 쓰러져서 잠들어버리고 말았죠."

엘비스의 불같은 성격을 목격한 적도 있었다. 어느 날 그는 그녀를 위해 자랑스럽게 새 음반을 틀었고, 그녀는 순수하게 초기 히트곡처럼 빠른 곡을 좀더 녹음하는 것이 어떠냐고 제안했다.

"빌어먹을! 네 의견을 물어본 적은 없어!"

그는 눈을 부라리며 으르렁거렸다.

"네가 아니어도 아마추어의 의견은 충분히 듣는다고!"

그가 그녀와 함께 있으면서 다른 여자들에게 눈길을 주는 걸 보고 핀잔을 줘도 엘비스는 불쾌해했다.

"이건 보고 저건 보지 말라고 명령하는 거야? 그런 안 돼. 아무도. 알겠니?"

그녀는 얼굴이 빨개져서 고개를 끄덕였다.

그렇게 고약하기도 했지만 무척 상냥해서 그녀가 거짓일 거라고는 생각조차 할 수 없는 진심 어린 약속을 남발했다. 어느 날 밤에는 침대에 나란히 누웠을 때 키스하며 말했다.

"우리가 마침내 함께 있다니 믿을 수가 없어. 여기 이렇게 같이 있다니 말이야."

그러나 그 마지막 키스 한 번을 끝으로 약기운에 곯아떨어졌다. 그는 봄 방학이 끝나고 마침내 헤어질 때가 되자 크리스마스 때 다시 부르겠다며 말했다.

"그레이스랜드의 크리스마스! 보면 알겠지만 아름다울 거야."

리무진이 공항에 멈췄을 때 프리실라는 크리스마스는 고사하고 아무 때라도 미국에 돌아올 일이 있을지 걱정이었다. 부모님이 가족의 휴가라고 여기는 크리스마스 연휴에 그녀를 보내줄지도 자신할 수 없었다. 더 시간이 지나면 딸의 변신으로 깜짝 놀랄 터였다. 독일을 떠날 때는 고등학생 프리실라 볼리외였지만 집에 도착할 때는 머리를 잔뜩 부풀리고 화장까지 한 모습이 코러스 걸을 흉내낸 것 같았다.

볼리외 대위는 분노했고 볼리외 부인은 지갑에서 거울을 꺼내 딸의 얼굴에 갖다댔다.

"어떻게 이 꼴을 하고 비행기에서 내렸니?"

프리실라가 거울을 보니 마스카라가 말라서 뺨에 붙어 있었다. 프레슬리를 떠날 때 우느라 눈물과 섞인 것이었다.

"녹아서 떡이 됐군."

대위가 중얼거렸다.

이제 크리스마스 휴가를 그레이스랜드에서 보낸다는 꿈은 더더욱 불가능해 보였다.

한편 멤피스의 애니타 우드는 기다림에 지쳐가고 있었다. 게다가 엘비스는 기자에게 엉뚱한 얘기까지 했다.

"결혼해서 아이도 낳고 싶어요. 하지만 아직 따져보는 중이에요."

그는 해외에 나가기 며칠 전부터 그녀에게 결혼 얘기를 한 터였다. 하지만 그 약속은 점차 빈말이 되었고 그녀는 점점 의심스러웠다. 어느 늦여름 오후 그녀는 우연히 프리실라의 웨스트 코스트 방문 기념품을 보았다. 그 십 대 소녀의 5-7사이즈 컬러사진이었다. 애니타는 서랍에서 사진을 꺼내 조심스럽게 여덟 조각을 낸 다음 조각난 사진을 제자리에 두었다. 퍼즐처럼 조각난 사진으로 엘비스에게 메시지를 보낸 것이었다. 프레슬리와 끝나는 것도 멀지 않았다는 사실을 깨달으면서.

프레슬리는 애니타가 한 짓을 보고는 조 에스포지토에게 털어놓았다.

"프리실라와 사랑에 빠진 걸 애니타한테 어떻게 설명해야 할지 모르겠어."

또 다른 비밀도 고백했다.

"조, 진짜 힘들군. 지금까지 아무도 마음 아프게 한 적이 없었는데."

관계가 계속 악화될 즈음 애니타는 프리실라의 편지 한 통이 부주의하게도 그레이스랜드의 서랍장 위에 놓여 있는 것을 발견했다. 그레이스랜드에서 크리스마스를 보내기 위해 볼리외 대위를 설득하는 방법을 자세히 설명한 내용이었다. 애니타는 할리우드에 전화를 걸었고, MGM 탈의실의 엘비스와 연결되었다. 그녀는 길게 말하지 않았다.

"편지 봤어. 난 영원히 떠날 거야."

긴 침묵이 흐른 후에 엘비스가 건조하게 말했다.

"네가 떠나도록 놔둬야 할지 잘 모르겠어."

"그게 무슨 소리야? 네가 뭔데? 네가 선택할 일이 아냐."

애니타는 전화를 끊기 전에 결정적으로 말했다.

프레슬리는 호출을 받고 다시 세트로 돌아갔지만 불안정하게 떨고 있었다.

"애니타가 날 찼어요."

마침 세트장 인터뷰를 하던 『포토플레이』의 낸시 앤더슨 기자에게 말했다. 항상 솔직한 테네시 출신의 앤더슨은 존경받는 저널리스트일 뿐 아니라 프레슬리가 비밀을 털어놓는 사람이었으며 그의 가족하고도 친했다. 그녀는 애니타가 그늘 속에 가려진 채 고향의 여자친구로 지내야 하는 상황에 지치지 않았을까 싶었다. 엘비스도 그 의견에 동의했다.

"5년이 지났으니 기다리는 데 지쳤을 거예요."

우드는 『멤피스 프레스 시미타』의 빌 버크와 인터뷰하면서 일에 집중할 생각이라고 밝혔다. 내슈빌에서 〈러브즈 낫 워스 잇(Love's Not Worth It)〉을 녹음할 예정이었다.

"후회하지는 않아요. 엘비스는 아직 정착할 준비가 안 됐어요. 앞으로도 과연 그럴 수 있을지 의심스러워요."

얼마 후 엘비스도 인정했다.

"나이를 먹을수록 까다로워지는 것 같아요."

그러면서 유머감각이 있고 이해심도 많으며 충실한 여자를 찾는다고 덧붙였다. 어리고 다루기 쉬운 여자도 좋다는 말은 하지 않았다. 그와 데이트한 여자들은 하나같이 팬진을 통해 엘비스가 전적으로 책임을 지고 좌지우지하려는 스타일이라고 밝혔다.

프리실라가 크리스마스 휴가를 보내러 왔을 때는 분명 책임을 졌다. 그녀가 다시 온 것은 부모님께 여행을 허락해달라고 한 달 넘게 졸라댄 십대의 승리였다. 대위 부부는 또다시 규칙들을 열거했고, 엘비스는 반드시 지키겠다고 약속했다.

그녀는 뉴욕행 퍼스트클래스에서 버넌과 디를 만난 다음 다같이 멤피스행 비행기에 올랐다.

엘비스의 고향에서 머무는 동안 프리실라는 나일 강 부근의 고대 이집트 도시에서 이름을 딴 멤피스가 그의 마음을 사로잡은 이유가 뭔지 직접 보았다. 빌 스트리트의 클럽에서 쏟아져나오는 거친 소리부터 미시시피 강의 조용한 강둑, 불을 환하게 밝힌 유서 깊은 시내까지, 멤피스는 프리실라가 어린 시절을 보낸 리놀륨과 스투코로 만든 군대 사택에서 1세기는 떨어져 있었다. 엘비스의 말이 무슨 뜻이었는지 이해할 수 있었다.

"거긴 진짜야. 언제까지나 영원할 것처럼 보여."

프리실라가 버넌과 디의 집 현관 안에 작은 여행가방을 놓자마자 뒤에서 누가 잡는 것이 느껴졌다.

"새트닌!"

엘비스는 소리를 질렀다. 어머니를 위해 간직했던 그 특별한 이름을 처음으로 그녀에게 붙인 것이었다. 엘비스는 그녀의 짐을 잽싸게 들어서 그의 가장 사치스러운 차인 롤스로이스 세단에 넣었다. 그리곤 버넌의 집 앞 차도를 나서며 명령했다.

"눈을 감아. 떠도 될 때 뜨라고 말해줄게."

롤스로이스가 주택가를 돌아 사우스 벨뷔 불르바드에 들어섰다. 차가 그레이스랜드의 음표문양이 있는 문에 도착하자 부드럽게 말했다.

"눈 떠, 프리실라."

그는 의식과도 같이 양쪽에 나무가 늘어선 굽이진 도로를 달렸다.

훗날 그녀는 그레이스랜드의 첫인상에 관해 색상의 조화가 안 맞는 호화판이라고 했다. 수백만 개의 작은 불빛이 나무 사이에서 깜빡거리고 등신대의 예수 탄생 장면이 금빛으로 물들어 있었다. 현관의 천장과 기둥은 〈바람과 함께 사라지다〉 같은 웅장함을 연상시켰다. 곳곳에 붉은 벨벳 포인세티아도 보였다. 그녀는 '꿈 같은 동화나라' 라고 불렀다.

미니 매이가 나와서 소녀를 안았다.

"명심하렴, 프리실라. 뭐든 마음에 안 드는 게 있으면 나한테 올라와. 그럼 우리가 알아서 할 테니까."

프리실라는 눈물을 흘리며 고개를 끄덕였다.

엘비스는 거친 멤피스 마피아를 일시적으로 출입 금지시키는 등 이례적으로 예민하게 행동했다. 그는 이 어린 숙녀를 군대 시절 이후 점점 더 난잡해지고 마피아의 멤버가 늘어나는 사생활에 편하게 적응시키고 싶었다. 집구경은 거대한 크리스털 샹들리에와 금빛 욕실, 남녀 드레스룸을 지나 사치스러운 특대 침대가 놓인 호화로운 침실에서 정점에 이르렀다. 눈보라가 창문을 때리고 나무 사이로 바람이 부는 가운데 두 연인은 침대에서 껴안았고, 엘비스는 십 대 소녀에게 빨간 알약 두 알을 건네주었다.

"이거 먹어. 편안해질 거야."

프리실라는 어쩔 수 없이 광천수와 함께 삼켰지만 이내 후회했다. 욕실에 들어가는 순간 몸이 무거워지는 느낌이 들면서 눈꺼풀이 처졌다. 욕조에 가라앉을 것 같아 간신히 정신을 차리고 침대로 걸어가서 이미 잠든 엘비스 옆에 누웠지만 현기증이 심해져서 끝없는 터널을 빙빙 돌아 떨어지는 기분이었다. 그 후 절대적인 암흑이 찾아왔다.

끝없는 시간이 지난 뒤 마침내 어둠 속에서 사람들의 목소리가 들렸다. 낮게 그르렁거리는 버넌의 목소리, 날카롭게 울리는 미니 매이의 목소리, 그 뒤섞인 소리 중 어딘가에서 엘비스의 목소리도 들렸다. 모두들 그녀가 깨어나길 애원하고 있었다. 하지만 아직은 무의식에서 헤어나올 수 없었다.

시간이 지나고 또 지나 마침내 눈을 뜨자 공중에서 떠다니는 미니 매이의 걱정스러운 얼굴이 보였다.

"프리실라, 할머니다. 귀염둥이야, 이제 괜찮아. 일어나렴."

프리실라는 정신을 추스르면서 침대가 아닌 엘비스의 사무실 긴 의자에 누워 있는 자신을 발견하고 혼란스러워졌다. 그가 그녀를 소생시키려고 끌고 온 것이었다. 미니 매이가 몸을 돌려 반항적인 손자와 마주했다.

"아가, 이 아이에게 뭘 준 거냐? 그렇게 먹고 싶으면 너나 다 먹어라. 원하는 만큼 실컷 비틀거리며 돌아다녀. 하지만 이 아이에게는 그 빌어먹을 약을 한 알도 주지 마."

이 십 대가 받은 것은 500밀리그램짜리 플라시딜 두 알로, 최면에 걸릴 만큼 강력한 수면제였다. 버넌은 그녀를 병원에 데리고 가라고 성화였지만 엘비스는 생각이 달랐다.

"아뇨, 아빠, 곧 정신이 들 거예요."

프리실라가 울기 시작했다.

"제가 얼마나 정신을 잃었죠? 오늘이 며칠이에요?"

엘비스는 부끄러워하며 대답했다.

"이틀 동안 무의식이었어. 12월 23일이야."

"그러면 여행 중에 이틀이나 까먹은 거네요."

그녀는 다시 흐느꼈다.

엘비스는 무릎을 꿇고 의자 옆에 앉았다.

"아냐, 허니. 그건 내가 보상해줄게. 최고의 크리스마스가 될 거야. 내가 보상해준다니까."

크리스마스 아침 7.6센티미터의 눈이 그레이스랜드의 아름드리 나무 아래로 선물 같은 배경을 만들었다. 어젯밤 엘비스는 붉은 벨벳에 하얀 여우털이 달린 모자를 쓰고 산타 노릇을 했다. 데이비드, 리키, 빌리가 꾸러미를 여는 모습에 즐거워하며 선물을 돌리는 등 아이처럼 행동했다. 프리실라에게는 깜짝 스페셜이 있었다. 살아 있는 선물이었다. 그가 꿀빛 강아지를 그녀의 손에 올려놓자 "아, 엘비스!" 하고 감탄하며 활짝 웃었다. 그녀가 허니라고 이름 붙인 이 강아지는 선물 포장지 더미를 뛰어다니며 리본과 나비 모양의 장식을 잡아당겼다. 프리실라도 선물을 건넸다. 그녀는 엘비스가 뮤직박스 담배 케이스를 여는 동안 초조해했다. 미리 맞춰놓은 터라 엘비스가 뚜껑을 여는 순간 〈러브 미 텐더〉가 나왔던 것이다. 그는 씩 웃었다.

"이거 좋은데!"

하지만 프리실라는 그런 기쁨 속에서도 그의 눈에서 슬픔을 보았고, 아직도 크리스마스에 어머니를 그리워한다는 걸 알았다.

다음 며칠 동안 엘비스는 그녀를 멤피스의 밤세계에 안내하는 데 돈을 아끼지 않았다. 레인보 롤러 스케이트장을 빌렸고, 프리실라는 엘비스의 속도광 친구들 사이로 길을 내느라 플로어에서 휘청거렸다. 커플은 말코와 멤피언의 텅 빈 극장에 단둘이 앉아 손을 잡고 영화를 보았다. 엘비스는 극장을 통째로 빌려서 영화를 보곤 했다. 그의 오랜 친구들은 옆줄에 따로 앉거나 발코니에 앉았다.

새해 첫날 멤피스의 맨해튼 나이트클럽은 엘비스와 200여 명쯤 되는 그의 손님들이 차지했다. 그 중에는 팬클럽 회장들도 있었다. 나머지 사람들은 10시에 모이기 시작했지만 엘비스와 프리실라는 자정이 되기 몇 분 전에 헐레벌떡 들어왔다. 1963년을 향한 카운트다운이 시작되었을 때 그들은 간신히 스크루 드라이버를 더블로 시킨 참이었다. 시계가 자정을 알리자 사람들은 축하의 환호성을 울리며 〈올드 랭 사인〉을 불렀고, 엘비스는 프리실라에게 속삭였다. 그녀는 온갖 소음을 뚫고 그의 말을 들으려고 귀를 기울였다. 그녀가 계속 있기를 원한다는 말 같았다.

"허니, 자기가 돌아가지 않았으면 좋겠어."

그 말을 듣는 순간 현기증을 느꼈다.

그녀는 새로 찾은 환희를 축하하기 위해 스크루 드라이버를 더블로 주문하고 또 주문했다. 네 잔째 마시자 비로소 현기증이 났다. 그녀는 실례한다고 말한 다음 간신히 여자 화장실에 가서 변기 뚜껑에 앉은 채 한참을 숨어 있었다. 마침내 엘비스에게 돌아가자 그가 힐끗 쳐다보며 조지 클라인을 불렀다.

"친구야, 이 소녀를 집까지 태워다줄래?"

프리실라는 그레이스랜드의 계단을 오르느라 정신을 집중해야 했다. 일단 침실에 들어가자 힘겹게 옷을 벗고는 브래지어와 팬티만 입고 침대에 쓰러졌다. 얼마나 지났을까, 엘비스가 온몸에 가벼운 키스를 보내며 편하게 해주려고 란제리를 벗겼고, 그 바람에 프리실라는 잠에서 깨어났다. 그녀는 몸을 돌려 그를 팔로 감싸안았다. 그녀는 지금이 바로 그 순간이라고 생각했다.

마침내 엘비스가 자신의 몸에 들어오려는 거라고 믿었던 바로 그 순간 그가 그녀를 잡고 중얼거렸다.

"아냐, 프리실라. 이렇게는 아냐. 다음에 왔을 때는 영원히 머물렀으면 좋겠어. 내가 그렇게 할 거야. 두고봐."

프리실라는 완전히 이해했다. 그녀는 그를 거의 잡은 것이었다. 아니면 적어도 그렇게 생각했던 것이다.

21 다락방의 소녀 —Toys in the Attic

엘비스 프레슬리는 그레이스랜드의 침대에 다리를 꼬고 앉아 인생에서 가장 중요한 연기를 보여주게 될 시나리오를 읽고 있었다. 솔직함과 신뢰감을 완벽하게 표현해야 하는 시나리오였다. 대서양 횡단 전화선을 통해 설득해도 일이 더 쉬워지지는 않았다. 볼리외 대위 부부에게 프리실라와 멤피스에서 함께 사는 걸 허락받기 위해 사랑을 맹세하면서 진지하게 덧

고등학생인 프리실라 볼리외는 독일에 주둔 중인 공군 장교의 딸이었다. "그가 남겨놓고 온 소녀"라는 문구가 적혀 있는 사진 앞에서 포즈를 취했다. 1960년.

붙였다.

"제 생각을 존중해도 후회하지 않으실 겁니다."

프리실라의 얘기를 들어보면, 엘비스는 그녀 없이는 살 수 없다면서 언젠가는 결혼하겠다는 암시를 보냈다. 또한 프리실라가 버넌 부부의 집으로 이사 오면 멤피스의 명문 여고인 이머큘리트 컨셉션 커시드럴 아카데미(동정녀 마리아의 교회 학교)에 입학시키겠다고 진지하게 약속했다.

볼리외 대위는 화를 내며 반대했다.

"그렇게 어처구니없는 소리는 생전 처음 들어보네. 그런 계획에 동의하는 부모가 어디 있겠나?"

"하지만 선생님, 전 아주 심각합니다. 로스앤젤레스행 퍼스트클래스 티켓 두 장을 보낼테니, 오셔서 남자 대 남자로 얘기하는 게 어떻겠습니까?"

볼리외 대위는 엘비스의 의도가 의심스러웠지만 공정해지기로 했다.

"그럼 내가 가서 자네와 의논하겠네."

볼리외 부인은 더 부정적이었다. 분노에 떨며 어림없다는 말만 되풀이했다.

"하지만 우린 서로 사랑해요, 엄마."

프리실라가 울면서 애원했다.

"그레이스랜드에서 살다가 결국 거기서 결혼하고 싶어요."

결국이라는 말이 볼리외 부인의 신경을 건드렸다.

"뭐라고? 할리우드 최고 미녀스타들이 엘비스 쫓아다니는 것도 몰라?"

대위도 엘비스의 로맨스가 가십칼럼에 실리자 분노를 감추지 않았다.

"모든 게 너무나 천박해 보여."

볼리외 부인은 본심을 토해냈다.

"내가 널 보냈는데 네가 상심해서 돌아오면 나 자신을 용서할 수 없을 거야. 수백 명의 여자들을 마다하고 왜 하필 너를 선택했는지 원……."

프리실라조차도 그 사실이 혼란스러웠다. 여러 해가 지나 후에야 차분히 추측해보았다.

"제가 안정적으로 자란 게 끌렸나 봐요. 게다가 언제든 저한테 의존할 수 있다는 걸 알았나 보죠."

자서전에서 엘비스가 그녀를 이상형의 여성으로 키우고 싶어했다는 사실도 솔직히 인정했다.

"나에겐 그가 원하는 기본적인 속성이 있었지만 그가 날 이상적인 신붓감으로 키우고 싶어한다는 걸 깨달았다. 나는 그에게 매달릴 수만 있다면 어떤 일이라도 하고 싶었다."

프리실라가 멤피스로 떠나겠다고 애원하자 부모님이 괴로워했다는 얘기는 사실일 것이다. 어머니가 그녀에게 한 말을 들어보자.

"부모 된 입장에서 이런 일을 당한다는 게 어떤 건지 넌 모를 거다. 우리가 안 된다고 했으면 네 삶을 망치지 않았을 텐데. 우린 그냥 한때 이러다 말겠지 싶었어."

볼리외 부인이 설명한 대로였다.

"우린 그를 믿었단다."

할리우드의 만남은 성공적이었다. 엘비스는 할리우드와 베벌리힐스 거리 곳곳을 다니며 명소를 보여주는 등 대위의 마음을 사로잡았다.

"엘비스는 너무나 매력적이었고 말도 아주 잘했죠."

조 에스포지토가 말했다.

마침내 대위는 그레이스랜드를 방문했고, 거기서 버넌 프레슬리의 든든하고 믿음직한 자상함에 인상을 받았다.

버넌이 대위에게 약속했다.

"제가 약속할게요, 볼리외 대위님. 프리실라를 학교에 보내겠습니다. 아내하고 제가 나서서 댁의 따님을 그레이스랜드에서 좀 멀리 떨어뜨려놓겠다고 약속하겠습니다."

하지만 엘비스의 비서 베키 얀시가 지적한 대로 두번째 약속은 완전히 사실무근이었다.

"그녀는 체면상 가끔 디와 버넌의 집에서 머물기도 했지만, 처음부터 엘비스랑 한방에서 잤어요."

프리실라와 엘비스는 버넌의 집 앞에서 볼리외 대위가 딸에게 작별인사를 할 때까지 훌륭한 연기를 보여주었다. 하지만 프리실라는 대위와 헤어진 지 두 시간 만에 나이트가운과 화장품을 챙겨서 뒷문을 통해 그레이스랜드에 들어갔고, 당장 그날 밤부터 엘비스의 침대에서 잤다. 그녀는 이제 '화이트헤이븐 힐'의 여주인이자 그곳에 묶인 죄수가 될 터였다.

그레이스랜드의 직원들은 비밀이 거의 없었다. 때때로 엘비스가 늦게까지 안 자면 프리실라는 침실을 슬쩍 빠져나와 짧은 핑크색 나이트드레스 위에 가벼운 옷을 걸치곤 자연스럽게 계단을 어슬렁거렸다.

"프리실라가 버넌의 집에서 자지 않는다는 건 누구나 알았어요."

베키 얀시의 지적이다.

사실 이머큘리트 컨셉션에서는 좀 다르게 받아들였다. 그 학교의 수녀들은 얼굴을 찌푸렸지만, 곧 그녀를 받아들였다. 시에서 프레슬리의 존재를 점점 더 의식한다는 신호이기도 했다. 프리실라의 입학에 관한 편지가 도착했을 때 에이드리앤 교장수녀는 복도를 달려 로욜라 교감수녀에게 내려왔다.

"믿지 않겠지만 엘비스의 보호를 받는 아이가 우리 학교에 들어오고 싶어해요. 열여섯 살 정도고 그의 아버지 집에서 산대요. 윤리적으로 우리가 그 아이를 받을 수 있다고 생각해요?"

로욜라 수녀는 잠시 생각에 잠겼다.

"그 아버지와 산다면 괜찮을 것 같은데요."

그 학교 학생이었던 쉐리 리긴스는 메이크업과 헤어뿐 아니라 엘비스의 여자친구라는 사실 때문에 프리실라가 돋보였다고 기억했다. 유일하게 그녀만 머리 염색이 허용되었던 것이다.

"뉴스거리였죠. 엘비스의 집에서 사는 여자애가 우리 학교에 다닌다니 말이에요."

아직 순수했던 시대였으므로 리긴스의 회상에 공감이 갔다.

"전 너무 순진해서 성적인 관계 같은 건 떠오르지도 않았어요."

반 친구 도로시 윔스는 프리실라가 예의 바른 학생인 건 사실이었지만 거리가 느껴졌다고 했다.

"그녀에겐 학교와 동떨어진 완전히 다른 삶이 있었죠. 우리와는 다른 세상에 살았어요."

다른 학생들과 달리 학교활동에도 참여하지 않았고 방과후에 콜라나 몰트 음료수를 마시러 몰려가는 일도 거의 없었다.

"리무진 아니면 엘비스의 차를 타고 다녔죠."

조나 다노비 펜릭도 한마디 덧붙였다.

"그녀는 조용히 지냈고, 우린 우리끼리만 어울렸죠."

놀랍게도 엘비스 프레슬리의 집에 머물던 십 대 손님에 관해 주류 미디어는 첫 3년 동안 입방아를 찧지 않았다. 언론을 비롯해 모두들 엘비스를 다른 눈으로 보고 싶어했다. 조 에스포지토가 지적한 대로였다.

"엘비스는 멤피스라는 도시를 소유했어요. 고향 사람들에게 아주 잘했죠. 자선사업에 엄청난 액수를 기부했을 뿐더러 팬들에게도 잘 대해주었고요. 덕분에 원하는 대로 할 수 있었던 거예요."

그는 프리실라가 옷장에 옷을 걸자마자 명령했다.

"그 옷들은 전부 내다버려."

그들의 쇼핑행진은 며칠씩 계속되었다. 프리실라가 탈의실에서 수줍게 모습을 드러낼 때마다 엘비스는 내키지 않아했다. 자기가 좋아하는 밝은 색을 입히고 싶어했다.

"갈색이나 녹색은 사절이야. 군대시절하고 똑같잖아."

옷에 맞춰 헤어 스타일과 메이크업을 정했는데, 머리색은 자기처럼 검푸른색으로 염색하고 눈 주위를 검은 아이라이너로 짙게 칠하라고 요구했다. 그가 원하는 만큼 라이너가 짙지 않으면 화장을 고치라고 위층으로 올려보낼 정도였다. 하지만 흰 블라우스, 플레어 스커트, 작은 웨이스트코트로 이루어진 그녀의 교복은 아주 좋아해서 사랑스럽게 외치곤 했다.

"내 조그만 여학생 좀 봐."

프리실라는 프레슬리가 조종하는 살아 있는 바비인형이 되어갔다. 본인도 기꺼이 인정한 것처럼.

"엘비스는 절 창조했죠. 자신이 원하는 대로 만들었어요. 저는 남자들이 여자들에게 하는 짓이 바로 그거라고 생각해요. 내 옷을 골라주고 나에게 이래라저래라 하는 게 당연하다고 생각했죠. 내가 원한 건 그가 즐거워하는 거였어요."

실제로 그녀는 그의 지시에 화낸 적이 거의 없었다.

"난 그가 하라는 대로 했어요."

되돌아보면 창피한 행동들도 있었다.

"난 우리가 캐리커처였다고 봐요. 신성을 모독할 의도는 없지만 우리가 오토바이를 타고 돌아다니면 전 마리아였고 남자들은 12사도였죠."

1963년부터 1967년까지 프리실라 볼리외는 그레이스랜드를 유령처럼 떠돌며, 엘비스의 취향에 맞춰 살고 그의 요구대로 움직였다. 그가 전용 할리우드 버스를 타고 떠들썩하게 나타나면 그 큰 집이 파티로 되살아나서 밤새 흥청거리곤 했다. 그러나 한 번에 8주에서 9주까지 영화를 찍으러 떠나면, 프리실라는 뜰을 어슬렁거리다 집 뒤의 작은 사무실에서 청구서와 팬레터를 정리하는 베키 얀시와 엘비스의 사촌 팻시 프레슬리에게 들르기도 했다.

비서들은 엘비스에 관한 뉴스와 팬진 기사 스크랩북도 정리했다. 프리실라는 그 기사들을 넘겨보곤 했는데, 특히 엘비스의 로맨스를 낱낱이 밝혀주는 기사들에 관심을 쏟았다. 기사를 읽다가 화가 머리끝까지 치밀어 오를 때면 웨스트코스트의 엘비스에게 전화를 하곤 했다.

"프리실라, 전부 조작된 기사라는 거 몰라? 내 여자는 언제나 너뿐이라고, 알잖아?"

그녀는 필사적으로 그가 약속한 모든 것을 믿고 싶어했다.

큰 집으로 되돌아가면 벽과 벽 사이로 침묵이 메아리쳤다. 프리실라는 격식에 맞춰 도금된 의자들이 세팅된 검은 대리석 식당에서 혼자 저녁을 먹기도 했다. 엘비스가 없으면 참치샐러드와 샌드위치로만 사는 듯하다가 그가 돌아오면 미트로프나 햄버거를 함께 먹었다. 프리실라가 베키 얀시에게 말한 대로 엘비스는 생선을 싫어했다. 그래서 그가 있을 때는 생선을 먹지 않았다.

"그는 다른 사람 입에서 생선냄새가 나는 것조차 싫어했어요."

프리실라는 엘비스와의 관계에 대해 비밀을 유지해야 했기 때문에 주위에 친구도 별로 없었다. 그레이스랜드의 단골손님은 에이본의 방문판매원 아줌마 정도였다.

매일 혼자 있다시피 하는 십 대 소녀에게 밤은 그야말로 최악이었다. 바람이 언덕을 치고 지나가며 지붕을 울렸다. 그럴 때면 엘비스의 방을 몰래 빠져나와 아래층으로 기어내려가서 할머니 옆으로 숨어들곤 했다.

미니 매이는 겁먹은 소녀를 끌어당기며 속삭였다.

"쉬! 얘야, 할머니가 여기 있잖니. 걱정 말아라."

프리실라의 자서전 집필 배후에 있는 작가 샌드라 하먼은 이 소녀가 외로움과 소외, 엘비스가 던지는 경멸까지도 기꺼이 참았다고 지적한다.

"그녀는 사랑에 빠졌죠. 미친 듯이요. 사실 그녀는 아직 아이였고 그는 엘비스였어요. 그가 그녀를 선택했다는 걸 더욱 애틋하게 생각했죠. 게다가 엘비스는 어머니를 잃은 뒤로 상처받고 연약해졌어요. 사실 전 그녀가 엘비스에게 어머니 노릇을 해주려 했다고 생각해요. 그녀는 그에게 필요한 것을 주려고 했고, 그가 필요로 하는 사람이 되려고 했죠."

그레이스랜드에 온 첫해에는 모두들 그녀를 새로운 마술 장난감처럼 다뤘다. 하인들은 그녀가 원하는 건 뭐든 주라는 지시를 받았다. 결국 그녀는 자기 차를 몰고 다니기 시작했다. 촬영을 마친 후 엘비스의 버스가 그레이스랜드에 도착하면 엘비스는 그레이스랜드의 계단을 서둘러 올라 현관문을 밀어젖히고 〈바람과 함께 사라지다〉에 나온 저돌적인 모습의 레트 버틀러 스타일로 소리쳤다.

"내 작은 실라는 어딨지?"

그녀는 곧 계단을 뛰어내려왔고, 커플은 팔짱을 낀 채 거대한 계단을 올라가서 침실에 들어가곤 했다.

그들은 문을 닫고 네댓새 동안 나오지 않을 때도 있었다. 프리실라가 즐겨 회상하듯 마법 같고 로맨틱한 그들만의 세계였다. 엘비스가 실크 파자마를 입으면 그녀는 그가 좋아하는 짧은 나이트가운 하나만 걸쳤다. 수많은 파스텔 색조의 가운이 있었다. 방에는 버넌이나 대령의 전화가 아니면 어떤 전화도 연결되지 않았다. 식사는 두 번 튀긴 프라이드 치킨, 바싹 튀긴 바나나와 땅콩버터 샌드위치 등 엘비스가 좋아하는 음식으로 차려서 침실 밖에 놓아두었다.

프리실라의 회고록에 따르면, 그레이스랜드에서 다시 만났을 때의 열정은 상식을 벗어날 정도였다고 한다.

"전 황홀함에 취했죠."

그러나 엘비스는 전에도 여러 번 그랬던 것처럼 결정적인 순간에 발뺌을 했다.

"잠깐만. 그게 언제가 될지는 내가 결정할게."

"애니타는 어쩌고?"

십 대 소녀가 따져물었다.

"그녀랑 지낸 4년 동안 사랑을 나누지 않았단 뜻이에요?"

엘비스는 다시 정신을 차렸고 인내심도 되찾았다.

"아냐, 실라. 애니타하고 난 어떤 지점 이상은 가지 않았어. 그녀한테도 어려웠어. 이게 옳은 일이야. 우리 결혼식을 아름다운 것, 특별한 것으로 만들어줄 테니까 걱정하지 마."

프리실라가 그의 원칙을 받아들이자 그들은 풍부한 상상력을 동원하여 에로틱한 여행을 떠났다. 그에게는 그녀가 처녀로 있는 것이 중요했다. 그녀가 말한 대로였다.

"엘비스는 저에게 자기를 즐겁게 하는 특별한 방법들을 가르쳐주기 시작했어요."

그들은 시간 가는 줄도 모른 채 상상력 풍부한 시나리오로 구성된 섹스 게임과 성적인 환상에 빠져들었다. 엘비스는 전통적인 섹스를 금지한 대신 자기 연인을 노출시켜놓고 폴라로이드 사진과 비디오에 담는 등 나머지 일들에는 적극적이었다. 프리실라는 처음부터 끝까지 흥분에 가득 찬 방탕한 시간이었다고 회상했다.

그들은 재치 있고 창조적이기도 했다. 프리실라는 이머큘리트 컨셉션의 교복을 입고 게임에 임하기도 했다. 엘비스는 엄격한 교사였고, 프리실라는 버릇없고 게으르고 무례한 학생이었다. 가끔은 그가 학생이 되고 그녀가 교사가 되어 유혹하기도 했다.

그가 좋아하는 페티쉬는 평범한 흰색 면팬티를 입은 그녀를 폴라로이드로 찍는 것이었다. 그녀가 침실의 카펫 위에서 구르고 뛰어다니는 동안 모든 각도에서 사진을 찍었다. 너무나 많이 찍어서 프리실라는 거의 매일 필름을 몇 박스씩 사와야 했다. 밤늦게까지 여는 가게가 딱 하나뿐이었기 때문에 짙은 선글라스를 쓴 어린 미인은 야근하는 직원들에게 친숙해졌다.

물론 엘비스는 남부 캘리포니아를 여행하는 동안 다른 여자들도 즐겨 찍었다.

"그는 전형적인 관음증이었어요."

샌드라 하먼의 설명이다.

"흰 팬티 밖으로 음모가 살짝 나온 여자들을 보는 걸 좋아했죠. 프리실라의 스틸사진만 수백 장 찍었고 그녀가 다른 여자친구들과 뛰어다니는 것도 영화로 찍었죠. 제가 아는 한 그녀도 좋아했어요. 그에게 음담패설도 했죠. 그가 아주 좋아했거든요."

이상하게도 이런 비밀 롤 플레잉은 그레이스랜드 주위에서는 공공연한 비밀이었다. 가정부들이 침대 밑을 청소하다가 노출이 심한 폴라로이드 사진을 발견하기도 했다. 베키 얀시의 이름으로 신청했지만 프리실라가 원해서 정기 구독한 잡지도 있었다. 실험정신이 넘치는 란제리 등 하렘 의상을 보여주는 프레데릭스의 할리우드 카탈로그였다.

조 에스포지토는 엘비스가 프리실라 같은 '여자아이'에게 매혹된 이유를 설명했다.

"엘비스는 원래 섹스를 잘 몰랐어요. 친구들하고 어울리며 섹스와 여자에 대해 얘기하는 일도 없었어요. 결국 모든 걸 스스로 터득한 거죠. 여자에게 섹스를 가르치는 남자가 될 수 있는 어린 여자를 좋아한 거예요. 완전히 통제할 수 있으니까요. 프리실라에게도 그런 식이었죠. 다른 방식은 있을 수 없었죠. 하지만 우리한테 항상 말하긴 했어요. 그녀한테도 말했을 거예요. '바로 이 여자애가 내가 결혼할 애야.' 라고요."

심리학자 피터 휘트머는 프리실라를 이렇게 분석한다.

"엘비스는 글래디스에게 쏟아부은 것만큼 자신을 전적으로 쏟아부을 수 있는 관계를 찾지 못했다. 그런데 프리실라를 보는 순간 옛날 가족 안에서 했던 역할을 다시 찾은 것이었다. 프리실라의 보호자가 됨으로써 만족스럽게 채울 수 있었던 것이다. 그에겐 최고의 역할이었다."

휘트머는 이 연인이 성적인 놀이에서 맡은 역할을 실제 생활에서도 그대로 맡았을 거라고 보았다. 그는 프리실라가 글래디스의 자리를 대신하여 엘비스를 무조건적으로 사랑하고 완전히 받아들이는 한편 그의 보살핌을 원했다고 지적했다. 엘비스로서는 그녀의 순진함에서 자신의 잃어버린 순수의 대체물을 발견했다.

그 모든 성적인 게임과 롤 플레잉의 와중에도 프리실라는 종종 그레이스랜드의 삶이 황량하다고 생각했다. 외로운 오후를 보내기 위해 그레이스랜드를 샅샅이 뒤졌다. 나른하고 따사로운 어느 오후, 프리실라는 핑크색 여름드레스 차림으로 작은 푸들 허니를 데리고 살랑대는 산들바람을 맞으며 나무 아래로 들어갔다. 그녀는 거대한 나무 밑둥에 기댄 채 허니가 마음대로 달리게 놔두었다. 꿈처럼 목가적인 분위기였다. 그녀는 잠시 후 강아지를 데리고 언덕 위까지 달렸다.

저녁이 되자 그녀가 대중 앞에 나타났다는 보도가 톰 파커 대령의 귀에까지 들렸고, 파커는 버넌에게 엄격한 말투로 전화했다.

"이건 아주 위험한 상황이에요."

파커는 분명히 했다.

"엘비스가 거기에 그 여자애를 둔다는 것 자체만으로도 상당히 안 좋아요. 우린 말이에요, 사람들이 그 애가 그레이스랜드에 산다고 생각하는 것조차 원치 않아요. 전 프리실라가 볼리외 가족에게 말한 대로 당신 부부의 집에 머무른다면 더 좋겠소만, 엘비스가 받아들이지 않으리라는 것도 알고 있소."

그는 전화를 끊기 전에 강조했다.

"스타의 생명이 끝나는 건 물론이고 엘비스가 감옥 갈 수도 있잖아요."

프리실라는 물론 미성년이었다.

돌이켜보면 당시 주요 가십 칼럼니스트들이 엘비스의 십 대 소녀 이야기를 우연한 기회를 통해서라도 접하지 않은 것은 믿을 수 없을 정도로 놀라운 일이었다. 요즘 같았으면 타블로이드 신문이나 텔레비전 쇼마다 물을 만난 듯 들썩거렸을 것이다. 파파라치들은 몰래 카메라를 설치해놓고 프리실라와 허니가 노는 장면을 포착해 입자가 거친 확대 사진들을 내놓았을 것이다. 아니면 가정부들에게 떡값을 먹여서 인터뷰를 하거나. 아무튼 미성년자와 엘비스의 관계는 전국적으로 떠들썩한 스캔들이 되었을 것이다.

프리실라는 이제 버넌의 뒤뜰로 이어지는 뒷문을 이용하라는 지시를 받았다. 그녀는 버넌과 디가 가고 싶은 곳까지 태워다주지 않으면 엘비스의 링컨 마크 V를 써도 되느냐고 물어보기도 했다.

성가신 일이었지만 용돈을 달라고 해야 할 때도 있었다. 한번은 버넌이 35달러를 줬는데 두 주일 후 그녀가 더 달라고 하자 충격을 받기도 했다. 베키 얀시는 함께 점심을 먹던 때를 회상했다.

"그 불쌍한 아이가 커피 마실 돈밖에 없었어요. 참 안됐죠."

베키도 거의 파산지경이었는데, 프리실라와 여러 지인들과 함께 점심을 먹은 적이 있었다. 음식이 나오는 동안 둘은 계산서를 누가 집을까 내심 걱정이었다. 다행히도 일행 중 한 사람이 계산서를 집었다.

"세계에서 가장 유명한 연예인의 여자친구와 비서인 우리였는데 웨이트리스에게 줄 팁도 없었다니, 참."

그레이스랜드의 울타리 안에 있는 동안 프리실라는 외롭고 호기심 많은 보통 여고생처럼 몰래 이것저것 엿보기도 했다. 그녀가 즐겨 가던 곳은 다락방이었다. 거기에는 투펠로 시절까지 거슬러올라가는 프레슬리 가의 이력이 담긴 물건들이 먼지에 뒤덮여 있었다. 30년대의 부활절 모자, 엘비스가 아끼던 만화책, 구석에 쌓아놓은 장난감들이었다. 물에 젖어 변질된 사진들을 담아놓은 상자도 찾았는데, 엘비스의 아이 적 사진도 들어 있었다. 그의 팬들은 그런 사진을 전혀 보지 못했다. 프레슬리 가족의 가난함을 좀더 효과적으로 강조하기 위한 사진 몇 장만 언론에 뿌려졌을 뿐이었다. 물론 대령의 아이디어였다.

한때 엘비스가 썼던 로더데일 코트 주택 시절의 오크 스탠드 옷장에서는 프레슬리가 독일에 파병된 첫날부터 미국으로 날아오기 직전까지 받은 편지로 가득 찬 구두함을 발견했다. 2년 전 바트 노이하임의 엘비스 방에 쌓여 있던 편지를 보았을 때는 회신주소를 잽싸게 외워두었지만, 이제는 여유 있는 마음으로 애니타 우드가 보낸 편지들을 모두 읽을 수 있었다.

편지에는 비밀 약혼과 더불어 엘비스에게 사랑을 고백하는 내용이 담겨 있었다. 그런데 왠지 익숙하게 느껴지는 문장이 있었다. 얼마 후 프리실라는 엘비스가 자기에게 보낸 편지에 이 감상적인 문장을 베껴썼다는 사실을 깨달았다. 이 소녀는 처음으로 엘비스가 상당히 기만적일 수도 있다는 것을 알아차렸다.

라일락과 장미 꽃잎 냄새가 가득한 캐비닛을 뒤지다 글래디스의 낡은 옷들도 발견했다. 프리실라는 손으로 만지다가 그 옷이 너무 부드러워서 깜짝 놀랐다. 파스텔 색조의 꽃무늬 프린트가 있는 옷이 마음에 들었다. 그녀는 저항할 수 없는 충동에 이끌려 글래디스의 드레스를 소중하게 입어보면서 젊은 글래디스와 자기가 얼마나 닮았을까 궁금해했다. 또한 자신의 운명을 손에 쥔 남자를 얼마나 잘 알고 있는지 궁금해졌다. 그에 대해서 더 많은 것을 알아내기로 결심했다.

—Viva Ann-Margret

28 비바 앤 마그렛
–Viva Ann-Margret

프리실라는 엘비스가 할리우드에 돌아가 당시까지 엘비스 영화 중에서 가장 화려한 영화인 MGM의 〈비바 라스베이거스(Viva Las Vegas)〉를 촬영하는 동안 순진하게도 낭만적인 목가에 흠뻑 빠져 있었다. 엘비스의 상대역은 몇 년 후 할리우드 최고의 인기를 누릴 예비 스타, 다재다능한 빨강 머리 앤 마그렛(Ann-Margret)이었다.

MGM 작품 〈비바 라스베이거스〉에서 조지 시드니 감독의 지시를 받는 엘비스와 앤 마그렛.

"일주일만 더 있어요."

프리실라의 애원에도 프레슬리는 단호했다.

"그럴 수 없어. 이번 작품을 준비해야 된다고. 그 여자는 무슨 역할이든 할 수 있다고 했단 말이야."

프리실라는 엘비스가 앤 마그렛과 사랑에 빠져 자신과의 관계가 끝나지 않을까 하는 두려움에 주눅이 들었다. 앤 마그렛은 재능이 있을 뿐만 아니라 독특하게 아름답고 섹시했다. 미디어에서는 그녀를 '여자 엘비스 프레슬리' 라고 불러왔다.

엘비스가 애니타 우드에게 편지를 쓰면서 동시에 자기와 독일에서 만났다는 사실을 깨달은 뒤로 프리실라는 엘비스의 충실성에 회의적이었다. 그녀는 엘비스가 모든 상대역들과 연애를 했다고 생각했다. 앤 마그렛이라고 예외일 수 있겠는가?

프리실라 딴에는 할리우드까지 함께 간다면 단지 자기가 거기 있는 것만으로 엘비스가 그 빌메트 출신의 바람둥이(팬진은 일리노이에서 자란 스웨덴 출신의 앤을 그렇게 불렀다)와 사랑을 나누기 힘들 거라고 생각했다. 그녀는 다섯 살부터 댄스교습을 받았고, 열여섯의 나이에 〈테드 맥스 아마추어 아워(Ted Mack's Amateur Hour)〉에서 연기했다. 노스웨스턴 대학에서는 학교 밴드의 싱어로 활동하며 여학생회 회원이 되었고 캄보밴드와 공연 하기도 했다. 1961년 말이 되자 〈주머니 가득한 기적(Pocketful of Miracles)〉에서 베티 데이비스, 호프 랭, 글렌 포드, 피터 포크의 상대역으로 인상적인 데뷔를 했다. 또 그해 아카데미 시상식의 텔레비전 방송에서 〈배첼러 인 패러다이스(Bachelor in Paradise)〉를 불러 장내를 떠들썩하게 했다.

〈비바 라스베이거스〉에 캐스팅되었을 때는 로큰롤 우상 '콘래드 버디' 라는 캐릭터가 징집되자 미국의 도시에서 벌어진 일을 그린 재치 있는 뮤지컬 패러디였던 최신 영화 〈바이 바이 버디(Bye Bye Birdie)〉의 강한 역풍을 받아 상승세를 타고 있었다. 당연히 프레슬리의 군대시절에서 영감을 받은 것이었다. 우연도 아니지만 버디 역으로 그가 거론되기도 했다.

프리실라는 물론 〈버디〉를 봤다. 팬진과 가십칼럼에서 오토바이 타기와 여러 사람과 데이트하는 것을 좋아하는 스물두 살의 구김살 없는 영혼으로 묘사된 앤 마그렛에 대한 기사도 읽었다. 그러나 프리실라는 앤 마그렛이 스타덤을 향해 스스로 길을 개척했다는 것도 깨달았다. 그녀는 당시 할리우드 힐스에 자기 집까지 마련했다. 그에 비해 고등학교를 막 졸업하고 모델수업을 받는 프리실라는 오직 엘비스 프레슬리 부인이 되려는 데만 집중해왔다. 그러니 이 십 대 소녀가 질투하는 것도 당연했다.

그녀는 엘비스가 떠나기 전날 저녁식탁에서 자신 없는 말투로 할리우드까지 동행하겠다고 제안했다.

"실라, 그건 불가능해. 너도 알잖아. 영화를 찍는 내내 언론이 따라다닐 거야. 상당 부분을 라스베이거스에서 찍을 거라고."

다음날 아침 일찍 그녀는 하는 수 없이 그를 버스까지 배웅하며 키스를 나눴다.

"우리가 함께하는 시간이 더 많았으면 좋겠어."

그녀는 눈물을 흘리며 말했다.

"나도 그래. 내가 영화에 전념할 수 있도록 몇 주만 참아줘. 어쩌면 네가 잠시 다녀가도 될지 모르고."

프리실라가 뭐라고 하려는데 문이 닫혔다.

"됐어! 출발하자고!"

그가 친숙한 목소리로 외치는 소리가 들렸다.

훗날 그녀는 당시를 회상했다.

"제 두려움을 그에게 털어놓지 못한 저 자신을 저주했죠. 하지만 말했어도 소용없었을 거예요. 어느 날 저녁 엘비스는 실수로 깜빡 상대 배역들하고 가졌던 로맨스를 털어놓기도 했으니까."

그녀가 몰랐던 점은 엘비스가 여러 해 전에 이미 앤 마그렛에게 접근했다는 사실이었다. 사람을 시켜 그 예비 스타를 벨 에어의 집에 데려갈 생각이었다. 하지만 앤 마그렛은 머리칼을 쓸어올리며 톡 쏘아 거절했다.

"직접 데이트 신청하러 오지 않는 남자하곤 데이트 안 해요."

엘비스가 앤 마그렛과 염문을 뿌릴 거라고 짐작한 것은 실라만이 아니었다. 할리우드의 가십 칼럼니스트들도 연필을 갈며, 엘리자베스 테일러와 리처드 버튼이 2년 전 〈클레오파트라〉의 세트장을 난장판으로 만든 이래 이들을 가장 섹시한 팀으로 간주하고는 이 커플의 일거수일투족을 추적하려 하고 있었다.

겉으로만 보면 길게 늘어뜨린 빨강 머리에 무지갯빛 초록색 눈동자, 고고 의상, 열정적인 댄스 스타일의 앤 마그렛은 오랜만에 그 동네를 강타한 가장 화려한 존재였다. 하지만 화려함에 가려진 앤 마그렛 올슨은 아주 수줍음 많고 예민했다. 일리노이의 전기공 딸이었던 그녀는 '부유한 동네의 가난한 소녀'로 자랐고, 부유층 애들이 끼리끼리 노는 고등학교의 아웃사이더였다. 게다가 할리우드 섹스심벌로서의 이미지도 이미지뿐이었다. 오토바이를 타고 오르막길을 요란하게 달리는 게 취미였지만 외향적이지는 않았다. 그러다 보니 시끌벅적한 사교환경에서 자신을 고립시키는 경향이 있었다. 그런 면에서 자신감 넘치는 허세 뒤에 시골소년의 불안감을 숨긴 엘비스 프레슬리와 통하는 점이 있었다.

두 스타는 촬영진 중 캐스린 그레이슨과 하워드 킬이 〈쇼 보트(Show Boat)〉 리허설을 하던 동굴 같은 MGM 뮤지컬 음향실에서 처음 만났다. 영화의 시동을 건 MGM은 그 첫 미팅을 포착하도록 사진사들과 약속을 잡았다. 엘비스는 타이트한 정장, 이탈리아 실크셔츠에 이탈리아 부츠 등 눈부시게 차려입고 나타났다. 앤 마그렛 역시 모든 면에서 그와 어울리도록 드레시하고 값비싼 니트정장을 고르고 일류 헤어 디자이너인 시드니 길라로프에게 머리를 맡겼다.

〈쇼 보트〉〈애니 겟 유어 건(Annie Get Your Gun)〉〈키스 미 케이트(Kiss Me Kate)〉 등을 연출한 조지 시드니(George Sydney) 감독은 주연 여배우를 안내하며 이렇게 말하는 영예를 누렸다.

"엘비스 프레슬리, 놀라운 숙녀 앤 마그렛을 소개하겠네."

그들은 미리 짠 것처럼 동시에 입을 열었다.

"말씀 많이 들었어요."

셔터가 터지고 매력적인 두 배우는 수줍은 듯 선 채로 가벼운 대화를 나눴다. 그리곤 본능적으로 음향실의 후미진 구석에 가서 조용히 얘기하기 시작했다.

"엘비스는 〈바이 바이 버디〉를 즐겁게 봤다고 하면서 달콤하게 웃어 보였어요. 전 그에게 고맙다고 한 다음 그가 연기하는 것을 본 적이 없으니 그 칭찬은 나중에 돌려주겠다고 했죠. 뭐랄까, 전 할말이 별로 없어서 그냥 웃음만 지었어요."

앤 마그렛은 당시를 회상했다.

당초 엄청난 기대를 했던 MGM의 홍보담당자들은 그 둘의 수줍음에 크게 실망했을 것이다.

"제왕을 만났는데도 왜 그리 조용했는지 잘 모르겠어요. 어쨌든 미국의 여자들을 사로잡은 '엘비스'였는데."

앤 마그렛의 회상이다.

"곧 제 마음까지 사로잡을 줄은 상상도 못 했죠."

1963년 7월 15일, 225명이 넘는 배우와 스태프로 이루어진 팀은 라스베이거스로 향했고, 엘비스와 멤피스 마피아 측근은 사하라 호텔 꼭대기 층의 프레지덴셜 스위트를 잡았다. 엘비스와 앤 마그렛은 도착하자마자 영화의 춤곡들을 스케치하기 시작했다. 특히 한 곡은 정말 어려웠다. 프레슬리가 밖에 서 있다가 앤 마그렛에게 세레나데를 부르는 플라밍고 호텔의 분장실에서 시작된 화면은, 풀장 쪽으로 이동하여 마침내 둘이 높은 다이빙대를 함께 오르면서 클라이맥스에 이르면, 앤 마그렛이 엘비스를 장난하듯 밀치는 것으로 설정되어 있었다.

연기자들이 재생된 곡에 맞춰 큰 소리로 립싱크를 하면, 위대한 뮤지컬(《싱잉 인 더 레인》〈지지〉 등)을 녹음했던, 예술의 경지라 할 만한 시설을 갖춘 로스앤젤레스의 MGM 스튜디오에서 편집을 하곤 했다. 노래가 호텔 플로어를 타고 울려퍼지는 동안 안무가 데이비드 윈터스가 기본 동작을 시범 보이면 두 스타가 따라했다. 엘비스와 앤 마그렛은 첫 코러스부터 에스테어와 로저스만큼이나 오랫동안 호흡을 맞춰온 것처럼 움직였다. 서로 장난스러운 열정이 어린 표정으로 50년대의 불을 점화했던 프레슬리의 발작적인 골반동작도 따라했다.

앤 마그렛은 이렇게 회고한다.

"우린 서로를 보고 거울에 비친 듯한 자기 이미지를 봤어요. 엘비스가 골반을 쑥 내밀면 제 골반도 앞으로 치고 나왔죠. 그의 어깨가 처지면 저도 몸을 숙였어요. 그가 몸을 돌리면 저도 이미 발끝으로 서 있었죠."

앤 마그렛은 음악이 나오는 동안 사막의 바람에 머리카락을 거칠게 날리며 소리질렀다.

"오싹한데요!"

프레슬리는 씨익 웃으며 초기의 모습으로 돌아가 더욱 섹시한 동작을 보여주었다.

촬영기간 내내 따분해하던 엘비스 무리의 멤버들이 그룹을 지어 구경하고 있었다. 스태프들도 마찬가지였다. 곡이 끝나자 사이드 라인에서 박수가 터져나왔다. 영화세트에서는 드문 일이었다.

"거기서 어떤 일이 일어났건 엘비스는 마음에 들어했고, 저도 좋았어요. 마치 오래 헤어졌던 가족이나 영혼의 동반자를 찾은 듯한 느낌이었죠."

여배우의 회상이다.

둘은 네바다 대학 체육관에서 수십 명의 댄서들과 함께 〈컴온 에브리바디(C'mon Everybody)〉를 연기할 때도 똑같은 동지의식을 만끽했다. 마침내 엘비스 프레슬리는 뮤지컬 파트너를 만난 것이었다. 그들이 팀을 이룬 첫 곡 이후 며칠이 지나 엘비스는 상대역을 보며 말했다.

"러스티(앤 마그렛의 영화 속 이름), 내 친구들이랑 쇼를 보러 갈까?"

그렇게 해서 앤 마그렛은 저녁부터 자정 전까지 그녀를 뚫어져라 쳐다보던 엘비스의 이상한 일당에 둘러싸였다. 할리우드에서 가장 아름다운 예비 스타들과 어울려본 닳고닳은 남자들이지만 이 활기 넘치는 여배우에게는 경탄해 마지않았던 것이다.

촬영이 계속되면서 엘비스와 일당은 앤 마그렛을 쇼, 저녁식사, 카지노까지 에스코트하고 다녔다.

"그들은 종합 지원 시스템 같았어요. 외부인들의 접근을 막는 완충장치처럼 행동했죠."

그녀가 회상했다.

"저는 데이트에 부모님을 초대했어요. 그래서 엘비스 일당이 문제가 되지 않았죠. 그 친구들 모두 저한테 아주 친절했어요."

"아, 정말 훌륭한 숙녀였어요."

리처드 데이비스가 그녀를 기억하며 말한다.

"우리는 그녀를 러스티 에이모라고 불렀어요. 영화 속 이름이 러스티였고, 앤 마그렛 올슨의 이니셜이 A. M. O.였거든요."

그러던 어느 날 저녁 앤 마그렛이 프레슬리의 스위트에 나타났는데, 이상하게도 다른 멤버들이 안 보였다. 예상 외로 단둘이 데이트를 하게 된 것이었다.

"다들 어디 갔어요?"

그녀는 엘비스가 문을 열자 물었다.

"모두들 좀 바빠서."

엘비스가 씨익 웃으며 대답했다.

조 에스포지토에 따르면 프레슬리가 상대배우를 더 자세히 알 때가 되었다고 결심하자 에스포지토가 그의 조수로서 마피아에게 메시지를 전달했던 것이다.

"모두 나가라!"

엘비스 프레슬리는 그 후 이어진 로맨스에 대해 결코 공개적으로 말한 적이 없었다. 앤 마그렛 역시 조심스럽게 말을 아꼈다.

"우리 둘 다 그날 밤의 한적함 속에서 위안을 찾았죠."

앤은 그 정도만 털어놓았다.

"세상이 모두 잠든 사이에 우리 둘이서만 영화의 압박감과 요구사항에서 벗어나 새벽 서너 시까지 얘기를 나눴어요. 광범위하면서도 진심이 어린 대화였죠."

두 사람의 관계는 진행형이었다.

"저도 마찬가지였지만 엘비스 역시 다른 사람들의 간섭이 없는 이 사막지대에서 큰 행복을 느꼈어요. 영화계 사람들이 우리 둘을 봤다면 얼굴이 창백해졌을걸요."

그녀는 엘비스에 대한 팬들의 반응에도 끊임없이 놀랐다. 그녀의 지적을 들어보자.

"팬들은 엘비스가 가죽옷을 입고 돌아다니면 사랑의 신으로 여겼고, 몸이든 어디든 가리지 않고 온갖 곳에 사인을 해달라고 했어요."

멤피스 마피아는 엘비스와 앤 마그렛이 한 주 내내 스위트에 칩거하자 깜짝 놀랐다. 마티 래커의 말이다.

"레드 웨스트와 라마는 완전히 미칠 지경이었죠. 엘비스는 룸 서비스가 와도 대답을 안 했어요. 트레이를 문밖에 두고 가야 했죠. 엘비스는 아무도 없는 것을 확인한 다음에야 트레이를 들여가곤 했어요. 레드와 라마는 그 커플에게 장난치려고 신문에 불을 붙여서 문 밑으로 밀어넣기도 했어요. 물론 소용없었죠. 버터 나이프를 거울처럼 반짝거릴 때까지 윤을 내서 문 아래에 밀어넣고 그들을 보려고도 했지만 역시 소용없었어요. 모든 걸 시도했지만 엘비스와 앤은 나오려 하지 않았죠."

"정말 오랜만에 자기와 통하는 여자를 만났던 겁니다."

조지 클라인이 덧붙였다.

"아주 열렬했어요. 아무도 부인할 수 없었죠. 사실 우린 옆방에서 소리는 다 들었어요."

앤 마그렛은 자서전에서 엘비스와 특별하고 소중하며 내밀한 순간들을 보냈다고 인정했다.

"피할 수 없었어요. 그와의 관계는 제 인생에서 무시할 수 없을 정도로 큰 부분을 차지했거든요. 그는 제 마음속 깊은 곳의 뭔가를 건드렸어요."

라스베이거스에서 그와 보낸 밤들에 대해서도 말했다.

"우리가 나눈 사랑을 결코 잊지 못할 겁니다."

프리실라는 처음부터 의심했음에도 불구하고 미디어의 열광이 폭발적인 상태가 되자 두려움에 떨지 않을 수 없었다. 첫번째 기사가 보도되었을 때는 마침 북부 캘리포니아 새크라멘토 근처의 트래비스 공군기지에서 부모님을 만나고 있었다. AP의 밥 토머스 기자가 기사에서 물었다.

"엘비스와 앤 마그렛! 로맨스인가, 홍보용인가?"

헤드라인 아래 편안해 보이는 커플의 사진이 있었다. 엘비스가 앤 마그렛의 무릎을 베고 있었다.

"백문이 불여일견. 세트장에서 그들이 보여주는 행동은 둘 사이에 뭔가 일어나고 있다는 사실을 암시한다. 그들은 손을 잡고 샷 사이마다 분장실로 사라진다. 몰래 점심도 함께 먹는다."

프리실라는 창피하고 화가 났다. 부모님이 기사를 읽어서 창피했고, 엘비스를 따라가겠다고 더 우기지 못한 것 때문에 화가 난 것이었다. 이어서 가십 칼럼니스트들은 할리우드에서 두 배우가 서로에게 끌리고 있다는 소문을 전했다. 격정적인 연애를 암시하는 기사도 있었다.

프리실라는 세트장의 엘비스에게 전화를 걸었다.

"이 기사들 중에 맞는 거 있어요?"

"젠장, 없어."

"그런데 왜 내가 가면 안 된다는 거예요. 이번 주에 나랑 같이 있으면 안 돼요?"

"안 돼. 지금은 아냐."

엘비스는 언성을 높였다.

"촬영이 거의 다 끝났거든. 1, 2주 후면 돌아갈 거라고."

그래도 그녀가 고집을 꺾지 않자 한발 양보하는 듯했다.

"그래, 그 여자가 오토바이를 타고 주말마다 오는 건 사실이야. 하지만 친구들이랑 어울린다고. 그게 다야."

엘비스는 그녀가 줄리엣 프라우즈와의 관계를 의심했던 때와 같은 방법으로 달랬다.

"곧 집에 갈게, 허니. 준비해놓고 기다려."

그녀는 또 속았다.

"전 그가 돌아올 날을 기다리며 열심히 계획을 세우기 시작했죠."

그러나 프리실라는 너무나 질투가 나서 엘비스의 상대역처럼 보이려고 머리를 금빛으로 염색했다.

앤 마그렛은 마그렛대로 엘비스에게 다른 여자가 있다고는 상상도 못했다. 그녀가 아는 사실은 엘비스가 자기를 특별히 생각한다는 것뿐이었다. 그의 멤버들조차 그가 벨 에어를 떠나 앤을 만나러 갔을 때에야 이 관계가 심각하다는 사실을 깨달았다. 다음은 에스포지토의 얘기다.

"결국 그는 오랫동안 지켜온 규칙을 어긴 거죠. 여자들이 자기 발로 찾아와야 한다는 규칙. 그는 할리우드 힐스 위에 있던 앤 마그렛의 집에서 비밀리에 시간을 보냈어요. 오토바이를 타고 사라져서는 몇 시간이나 안 나타나곤 했죠. 중독성이 있는 로맨스였어요."

드라이브도 잦았다. 엘비스의 친구 리처드 데이비스와 사촌 빌리 스미스를 뒷자리에 태우고 엘비스 자신이 운전할 때면 앤은 옆에서 그를 껴안고 있었다.

"엘비스는 드라이브를 좋아했어요. 우린 그녀의 집에서 그녀를 태운 다음 벨 에어를 지나 몇 시간이고 달리거나 산 속을 돌아다녔죠."

데이비스가 회상했다. 그녀는 저녁에 엘비스의 집을 찾아올 때마다 혼자였다. 평소에 같이 다니던 여자친구들도 없었다.

"엘비스는 우리더러 나타나지 말라고 했죠. 앤 마그렛하고만 있겠다는 거죠."

엘비스의 집을 자주 드나들던 조니 라이먼이 회상하며 덧붙였다.

"일 대 일 관계라는 건 특별하다는 얘기죠."

엘비스는 얼마 동안 매일 밤 단둘이 만나다가 하루는 자기의 슬픔을 털어놓기 시작했다.

"그가 비밀을 털어놨을 때 전 어떤 미지의 영역을 넘어섰다는 걸 알았어요. 모두들 사라지고 우리만 남은 사적인 순간이 되기 전까진 그런 약한 면을 드러내지 않았죠."

앤 마그렛은 엘비스를 바라보는 자기만의 관점이 있었다.

"사람들은 그가 모든 걸 가졌다고 생각하지만 전혀 아니었어요. 그는 사랑이 너무 많았고, 그 대가로 사랑을 받고 싶어했죠. 하지만 그가 살던 세상, 또 그의 주위에 있는 모든 사람들이 그에게 상처를 주고, 그에게 뭔가를 바란다는 걸 알았죠. 그가 순수한 애정을 느끼는 건 불가능해졌어요. 누군가 그 사랑을 보여주더라도 믿어야 할지 어떨지 알 수 없었던 거죠. 엘비스에게는 어머니의 죽음이 남긴 빈자리가 있었어요. 어머니가 너무 그립다고 하더군요. 어머니를 그리워하는 방식도 아주 가슴 아팠어요."

엘비스는 앤 마그렛하고의 관계처럼 진심 어리고 정열적인 성숙한 관계를 맺어본 적이 없었을지도 모르지만, 결국은 그것도 끝나고 말았다. 정착하기를 꺼리는 엘비스의 태도도 큰 이유였다. 다른 이유들도 있었지만 그건 오해였던 듯 보인다. 어느 날 엘비스는 앤 마그렛이 엘비스와 약혼했다고 주장한 기사를 읽었다. 그는 배신감을 느꼈고, 다른 연인들에게 그랬던 것처럼 더 이상 그녀를 원하지 않았다.

1963년 11월 앤 마그렛은 〈바이 바이 버디〉 첫 상영 때문에 런던으로 날아갔다가, 엘비스 프레슬리와의 관계를 묻는 수십 명의 기자들에게 둘러싸였다. 그녀는 신중해지기로 결심하고 이렇게 말했다.

"우린 만나고 있어요. 그것뿐이에요!"

며칠 후 앤 마그렛은 미국의 텔레비전 뉴스에 등장했다. 엘비스는 영화 〈키싱 커즌스〉에 댄서로 출연한 아름다운 갈색 머리의 게일 갠리와 함께 텔레비전 앞에 있다가 우연히 그 장면을 보았다.

"엘비스는 텔레비전을 끄라고 명령했죠. 화가 났더군요."

게일이 앤 마그렛과의 관계를 따지자 엘비스가 대답했다.

"뭔가 있었는데 더 진전되지는 않았어."

그는 계속해서 앤 마그렛이 너무 도전적이라고 불평했다. 그리곤 프리실라하고도 끝났다고 말했다.

"전 아주 순진했어요."

갠리는 프레슬리를 믿지 않을 이유가 없었다. 그는 이 영화를 녹음한 MGM 음향실에서부터 그녀를 홀린 듯 쫓아다녔고, 성적이며 정신적인 그들의 관계는 15개월 동안 지속되었다.

그러나 엘비스의 삶에서는 아직 프리실라가 많은 부분을 차지하고 있었다. 사실 그녀는 프레슬리와 앤 마그렛이 약혼했다는 기사가 났을 때 마침 벨 에어의 집에 있었다. 엘비스는 그 기사를 읽고 소리를 질렀다.

"그녀가 이런 짓을 하다니 믿을 수 없군. 우리가 약혼했다고 말할 빌어먹을 용기가 있었다니 믿을 수 없어."

"누구?"

프리실라는 빤히 알면서도 물었다.

"앤 마그렛이 누구예요? 웬만한 일간지들은 거의 다 다뤘더군요. 소문이 빌어먹을 전염병처럼 퍼졌다고요."

그는 프리실라를 돌아보았다.

"허니, 자기는 집에 가야겠어. 기자들이 집 주변을 어슬렁거리면서 날 쫓아다닌다고. 대령이 조용해질 때까지 너를 멤피스에 보내라고 했거든."

결국 그의 비밀스러운 잠자리 파트너는 그런 식으로 존재해야 했다.

프리실라는 마침내 분노를 폭발했다.

"도대체 무슨 일이에요? 난 이런 비밀에 지쳤어요. 전화통화, 메모, 신문기사."

그녀는 결국 꽃병을 집어서 벽에다 던져버렸다.

유리파편이 방을 어지럽히자 엘비스가 그녀를 잡았다.

"이렇게 손쓸 수 없게 될 줄 몰랐어."

그는 그녀의 눈을 똑바로 쳐다보면서 덧붙였다.

"난 이런 일이 그냥 일어날 수도 있다고 이해하는 여자를 원해. 그런 여자가 될 수 있어, 없어?"

프리실라는 화가 나서 노려봤지만 마침내 포기를 선언했다.

"내일 떠날게요."

다음날 그녀는 멤피스로 돌아갔고, 다시 한 번 집에서 기다리는 소녀가 되었다.

2주 후 엘비스의 버스가 도착하자 그들은 오랫동안 헤어졌던 연인처럼 서로를 반겼다. 엘비스는 의무감에 마피아들과 저녁을 먹은 다음 침실에 들어와서 프리실라의 얼굴을 잡고 눈을 맞추며 말했다.

"다 끝났어, 실라. 내가 맹세할게. 다 끝났다고."

그는 처음부터 손쓸 수 없었던 관계에 빠졌다고 해명했다. 말하자면 다 거짓말이었다는 것이다. 사실은 앤 마그렛과 깊은 관계였다.

프리실라가 당시를 회상했다.

"엘비스의 말을 한 귀로 듣고 한 귀로 흘리면서 이 앞길을 어떻게 헤쳐 나갈까, 이 사람한테 더 많은 유혹이 있을 텐데 하고 생각하며 그의 얼굴을 쳐다보던 일이 떠오르네요."

엘비스는 웃으면서 코미디언 플립 윌슨을 흉내내어 재치 있게 말했다.

"악마가 나한테 그런 일을 시켰나 봐."

그 후 프리실라는 엘비스의 욕실에 들어가서 그의 화장가방을 뒤졌다. 그리고 구겨진 메모지를 발견했다.

"난 그냥 이해할 수 없어요, 스쿠비."

프리실라는 얼굴이 빨개졌다. 앤 마그렛은 좋아하는 사람들에게 스쿠비라는 애칭을 붙인다는 얘기를 들은 터였다. 프리실라는 메모지를 찢어서 없애버렸다. 하지만 앤 마그렛을 없애는 일은 그리 쉽지 않을 듯했다.

이 여배우는 1964년 2월 26일 가십 칼럼니스트 실라 그레이엄을 통해 또 다른 메시지를 보냈다. 자신은 상황에 떠밀려 희생자가 되었다고 설명하며 선언했던 것이다.

"런던의 뉴스보도는 사실이 아니었어요. 우리가 약혼했다고 말한 적은 없지만, 계속 사귀는 것은 고려하고 있었죠."

그리고 사랑과 결혼에 대해 논하면서 맹렬 독립여성의 이미지와는 정반대로 말했다.

"전 사랑을 믿어요. 사랑이 찾아왔다는 확신이 들면 그가 모든 걸 지배할 거예요. 제가 일하는 걸 원치 않으면 안 할 거예요. 행복한 결혼을 위해선 남자가 보스가 되어야죠."

엘비스 프레슬리는 물론 항상 보스가 되어야 했다.

아이러니하게도 앤 마그렛이 엘비스에게 절박한 메시지를 보내는 순간, 의욕에 넘치는 한 저널리스트가 온갖 소식통을 동원하여 스캔들을 폭로했다. 주류 언론에서 1964년 2월호『포토플레이』를 주목했다면 당시 할리우드 최대의 스캔들이 됐을 것이다.

웨스트코스트 지역의 편집인 낸시 앤더슨은 여러 가명으로 기사를 썼는데, 여러 명의 기고가들이 기사를 쓰는 것처럼 보이려고 했던 그 잡지에서는 흔한 일이었다.

'폭로! 엘비스의 결혼!' 이라는 헤드라인을 뽑은 그 기사에서 앤더슨은 엘비스, 앤 마그렛, 그리고 할리우드에서는 거의 들어보지도 못한 프리실라, 프리실라의 어머니 앤 볼리외까지 비밀 인터뷰를 했다. 페이지 중앙에는 민들레를 뜯는 프리실라의 (예전에 독일에서 찍은) 사진이 있었다. 이 팬진은 그 사진 밑에 긴박한 설명을 달았다. '그리고 이 소녀가 그의 아내.' 이어지는 기사는 독일에서 날아와 그레이스랜드의 벽 뒤에 숨어사는 소녀에 관한 자세한 사실을 폭로했다.

"아무리 가벼운 사이라고 해도 이미 심각한 로맨스임은 누구나 아는 사실이다. 로스앤젤레스에서 그레이스랜드로 전화를 걸었을 때 프리실라 자신이 엘비스의 호화 저택에서 산다고 인정했다. 그전에는 이 로맨스가 얼마나 심각한지 아무도 이해하지 못했다."

앤더슨은 프리실라를 네 번 인터뷰했는데, 첫번째 인터뷰에서 물었다.

"결혼했나요?"

프리실라는 웃음소리를 섞어서 대답했다.

"대답을 들으려면 마음을 단단히 먹어야 할걸요."

"결혼했군요."

앤더슨이 집요하게 따지자 프리실라가 애매하게 대답했다.

"엘비스한테 물어보세요. 궁금해하는 것들을 해결해줄 거예요."

앤더슨은 엘비스에게 물어봐야 소용없다는 것을 알고 프리실라의 어머니 앤 볼리외를 찾았다. 믿을 수 없지만, 볼리외 부인은 딸이 엘비스와 결혼했는지 모른다고 대답했다. 만약 결혼했다면 엘비스가 자기한테 말했을 거라고 하면서.

"그가 프리실라와 결혼했다면 우리한테 비밀로 하지 않았을 거예요."

한숨을 쉬는 태도가 경황이 없어 보였다.

"당신한테 십 대 딸아이가 있다고 해보세요. 그 아이의 소식을 듣는 게 얼마나 어려운지 알 거예요. 제 딸이 결혼할 수 있는 나이라는 것만 알아요. 누구하고 언제 결혼할지는 모르죠."

프리실라의 어머니는 묻지도 않았는데 엘비스의 장모가 되는 건 황홀한 일이라면서 말을 이었다.

"우린 엘비스를 아주 좋아해요. 아시다시피 독일에서 그를 만났을 때 호감을 가졌죠. 그는 괜찮은 젊은이라고 생각해요."

부인은 한 마디를 덧붙인 뒤로 말을 아꼈다.

"뭐 다른 곳과 특별히 다를 것 없이 멤피스를 좋아해요. 어디나 집처럼 느끼는 성격이라서요."

앤더슨은 앤 마그렛과의 인터뷰에서 더 솔직한 대답을 들었다. 그녀는 엘비스가 선물한 핑크색 원형 침대를 촬영하는 것도 허락했다. 엘비스가 앤을 위해 특별 주문한 침대로, 사진기자의 얘기를 들어보면 네 명이 충분히 잘 만한 크기였다.

기자들은 시내에서 MGM 스튜디오까지 돌아다니며 사진을 찍었다. 그들은 MGM 스튜디오의 〈키싱 커즌스〉 세트장 출입을 허락받았고, 거기서 프레슬리에게 물었다.

"꾸준히 사귀는 사람이 있다고 들었는데요."

"어, 아뇨, 아직 아닌데요."

"앤 마그렛하고 꾸준히 만난다고 들었는데요."

"만나기는 해요. 하지만 꾸준히 만나는 사이는 아니에요. 물론 그녀는 아주아주 매력적이죠. 그녀를 좋아하고요."

앤더슨의 말에 따르면 엘비스의 눈이 '반짝거렸다'고 한다. 앤더슨은 분위기를 몰아 기습적인 질문을 던졌다.

"꾸준히 사귀는 게 아니라면 왜 핑크색 원형 침대를 선물했죠?"

프레슬리는 거짓말하다가 들킨 표정을 짓고는 소리를 질러댔다.

"뭐라고요? 침대라고 하셨어요?"

그는 잠시 말을 더듬었다.

"제, 제, 제, 제가 앤 마그렛한테 침대를요? 그런 말은 들어본 적도 없는데요. 제가 왜 침대를 선물하겠어요?"

이번에는 손으로 턱을 짚은 채 고개를 숙이고 서성거리며 되뇌었다.

"침대라, 분명 흔치 않은 선물이야, 안 그래요? 어쨌든 그런 정보를 어디서 얻었죠?"

"앤 마그렛이요."

프레슬리는 고개를 저었다.

앤더슨은 기사에서 지적했다.

"그를 그냥 놓아주었다. 그가 할말을 잃었던 것이다."

앤더슨은 지금 고향인 테네시에서 사는데, 주류 출판매체에서 폭로하지 않았던 그 기사를 폭로한 이유를 묻자 웃으며 대답했다.

"정규 언론은 그런 팬진에 별 관심을 두지 않았어요. 하지만 팬진은 무슨 일이 벌어지는지 알았죠."

그리곤 당시를 돌이키며 십 대의 프리실라가 그레이스랜드에서 살며 느낀 감정에 대해 생생하게 증언했다.

"제 딸이었다면 당장 끌어냈을 거예요. 조 볼리외가 총을 들고 달려가지 않은 게 놀라울 따름입니다."

앤 마그렛과의 관계가 끝나고 여러 달이 지난 어느 날 저녁, 우연히 차 한 대를 꽉 채운 멤피스 마피아가 선셋 불르바드에 멈춰서다가 그녀와 마주쳤다. 그녀는 온몸에 타이트하게 달라붙는 멋진 가죽옷 차림으로 오토바이를 타고 있었다. 그들을 슬쩍 보더니 웃고는 머리카락을 천천히 흔들며 헬멧을 벗었다.

"별일 없어요?"

멤버 중 하나가 소리질렀다.

"보스랑 무슨 일이 있었던 것 같은데요."

"그랬죠."

그녀는 머리를 흔들고 슬픈 표정을 보이며 대답했다.

"무슨 일이었죠?"

앤 마그렛은 헬멧을 다시 쓰고 오토바이의 시동을 걸었다.

"그에게 물어봐요."

그리곤 힘껏 페달을 밟았다.

23 동물농장 -Animal House

대중들은 그 시절의 가장 가능성 있는 섹스심벌이 할리우드 스타일 때문에 거세당했다고 생각했다. 한때 젊은이들의 윤리의식을 파괴했다는 죄목으로 설교대에서 단죄를 받았던 그가 점차 무미건조한 영화 속 캐릭터처럼 비춰졌던 것이다. 불운을 딛고 마침내 성공하는 캐릭터, 엘비스는 딱 그거였다. 자동차 경주나 보트 경주, 혹은 그와 비슷한 생기 없는 도전을

영화 〈비바 라스베이거스〉(1964)에서 앤 마그렛과 함께.

하는 와중에 매혹적인 여자보다는 건전한 여자를 선택했다. 사실 너무나 안전해져서 젊은 여자들의 보호자 역할을 맡을 정도였다. 친구들은 그가 십 대들의 접근을 거부하는 장면을 보며 터지는 웃음을 참느라 애썼다. 엘비스가 믿음직스러운 대사를 날릴 때는 아예 괴성을 질렀다.

"난 어린애와 자지 않아."

엘비스 프레슬리는 존중을 받다 못해 프랭크 시내트라, 윌리엄 홀든, 피터 로포드 같은 베스트 드레서를 따라 최신 유행을 따르는 멋쟁이라는 평가까지 받았다. 디자이너 사이 디보어는 엘비스가 존 F. 케네디 대통령만큼이나 패션감각이 뛰어나다고 말하며 덧붙였다.

"월스트리트의 은행가처럼 보이기도 해요."

디보어는 한숨을 쉬며 다만 중요한 차이점이 있다고 지적했다. 프레슬리는 속옷을 입지 않겠다고 거부했던 것이다. 바로 그 이미지가 그가 생활 속에서 보여준 용의주도한 허위의 본질이었다. 이미지는 길들여질 수도 있었지만 사생활은 전혀 아니었다. 스커트만 쫓아다니는 것으로 유명한 악동들이 시내를 돌아다니던 시절에 엘비스와 그의 친구들은 그 중에서도 가장 심한 악동이었다.

엘비스에게 남자친구가 전혀 없는 것은 아니었기 때문에, 그와 친구들은 동성애에 대해 비밀스런 암시를 건넨 적도 있다. 1957년에 스캔들 잡지인 『온 더 QT(On the QT)』는 엘비스의 남성 숭배와 친구들의 공개적인 로맨스에 관한 기사를 실으며 헤드라인을 뽑았다. '프레슬리의 화장한 친구들!' 기사에는 "전도유망한 두 명의 독신자"라는 설명과 함께 프레슬리와 리버레이스의 사진이 함께 실렸다. 사실은 정반대였다. 앨버트 골드먼은 1981년에 출간된 《엘비스》에서 엘비스와 그의 친구들을 "할리우드 역사상 가장 열렬한 독신자 파티 그룹"이라고 불렀다. 엘비스의 영화에 가족단위의 관객들이 몰려들었던 반면 그와 그의 친구들은 논스톱 파티에 빠져 살았다.

"그 그룹의 멤버들을 알아야 해요. 정말 수많은 여자들과 어울렸죠."

게리 록우드는 엘비스 무리와 어울리던 시절을 회상하며 말했다. 록우드는 〈와일드 인 더 컨트리〉를 찍으면서 프레슬리를 만났는데, 〈잇 해픈드 앳 더 월즈 페어(It Happened at the World's Fair)〉에 함께 출연하면서 엘비스라는 스타가 여자들에게 가진 영향력을 직접 확인했다.

엘비스와 친구들은 시애틀의 뉴 워싱턴 호텔 펜트하우스 스위트에 틀어박혀 주말마다 파티를 열었다. 이들은 저녁 무렵 엘리베이터를 타고 로비의 호텔 사무실로 내려가 밖에 모인 수백 명의 여성팬들을 들여보내라고 지시하는 것으로 활동을 개시했다.

"그 녀석들은 왔다갔다하며 예쁜 여자들을 골랐죠. 여자들은 마치 신의 손이 닿기를 기다리는 것 같았어요."

록우드의 말대로 진짜 노련한 여자들도 있었다. 로비에 들어가면서 팬티를 들어 보이거나 머리 위에서 돌리기도 했다.

"스위트에 올라간 여자들이 전부 다 섹스를 했단 말은 아니에요. 하지만 몇몇은 어느 시점에서 과도한 섹스를 해야 했을지도 모르죠."

여자들의 축제는 캘리포니아 벨 에어에 있는 엘비스의 집에서도 계속되었다. 엘비스는 매일 밤 발목까지 빠지는 흰 카펫 위에서 중앙 조절식 조명시스템으로 조절하는 빨간 불빛을 은은하게 받으며 숭배자들에게 둘러싸였다.

집 안 한가운데에 마련된 파티홀은 천장에서 내려오는 옥수수 모양의 철제 돔과 둥그런 개방형 화로가 있는 은신처였다. 프레슬리가 아끼는 마호가니 당구대와 주크박스, 곡선 형태의 붉은색 소파가 있었고, 집주인은 여자들에게 둘러싸인 채 대형 텔레비전을 보며 잡담을 나누었다. 텔레비전을 항상 켜놓았기 때문에 엘비스는 〈페리 메이슨(Perry Mason)〉이나 〈컴

뱃(Combat)〉처럼 좋아하는 프로그램을 언제든 볼 수 있었다. 모험심이 강한 방문객들은 아밀 질산 각성제로 가득 찬 단지가 어디 있는지 알았지만, 손님들은 보통 콜라와 감자칩을 대접받았다.

스캐터도 그 파티의 멤버라면 멤버였다, 어떤 날 밤은 약물의 효과가 있건 없건 간에 그야말로 초현실적이었다. 자그마한 스캐터는 버번과 스카치를 마시고 여자들을 쫓아다니도록 훈련받은, 멤피스의 어린이 텔레비전 프로그램에서 주연을 맡았던 침팬지였다. 엘비스의 친구들은 이 녀석을 성적으로 흥분시킨 다음, 브랜디 말로가 바닥을 구르며 91센티미터짜리 원숭이와 섹스하는 시늉을 하면 박수를 보냈다. 파티는 통제 불가능한 상황으로 치달을 때도 있었다.

"여자들이 백 명이 안 된 적은 거의 없었어요. 일주일에 7일 밤은 파티를 열었죠. 하룻밤에 다섯 여자랑 자는 일도 드물지 않았어요."

1962년 프레슬리 일당에 낀 리처드 데이비스는 한 마디 더 덧붙였다.

"우린 아주 젊었고, 할리우드의 악영향을 받았죠. 우리가 촌놈들이었음을 명심하셔야 돼요. 반면에 여자들은 모두 영화배우처럼 근사했죠."

여자들은 그 집 앞에 모인 군중들 중에서 선발되기도 했지만 주로 프레슬리의 측근들이 섭외했다. 멤피스에서는 디제이 조지 클라인이, 로스앤젤레스에서는 조 에스포지토가 그 일을 맡았다.

키티 존스가 프레슬리의 삶에 다시 들어왔다. 그는 〈루이지애나 헤이라이드〉에서 데뷔할 때 엘비스와 처음 만났다. 그녀는 열네 살, 그는 열아홉 살로 그들의 우정은 후드 기지의 군대시절 내내 지속되었다가 연락이 끊긴 상태였다.

1961년 가을 어느 날, 그녀는 새뮤얼 골드윈 스튜디오 주차장을 가로질러 걷고 있었다. 그런데 친숙한 목소리가 그녀를 불렀다.

"야, 키티 존스 아냐?"

프레슬리와 한 줄로 걸어오는 12명의 친구들이 있었지만, 프레슬리가 거기 있으리라고는 생각하지 못했다. 그때 엘비스는 〈키드 갤러헤드〉에서 노래하는 복싱선수 역할을 하고 있었다.

가수가 되려고 분투하던 존스는 제작사에서 캐스팅 일을 보고 있었다. 존스가 사무실에 있던 날, 조 에스포지토가 전화를 하더니 좀전에 사무실로 들어간 빨강머리에게 엘비스와 데이트를 할 수 있는지 알아봐주겠느냐고 물었다.

"그게 시작이었죠."

존스는 1966년까지 프레슬리에게 데이트 상대를 주선해주었다.

"잊지 마세요. 엘비스 프레슬리가 그냥 수화기를 집어들고 여자들한테 '전 엘비슨데요, 데이트하실래요?' 라고 묻는 건 어려웠어요. 그들 중 절반은 '네, 좋아요!' 하고는 전화를 끊어버리니까요."

존스 자신도 엘비스 집의 단골이 되었다. 처음에는 페루지아 웨이였고, 그 다음에는 잠시 빌렸던 벨라지오 웨이의 지중해 스타일 저택이었다. 그리고 다시 페루지아였다. 엘비스는 종종 기사를 보내 여자를 섭외하기도 했다. 아니면 존스가 1955년형 쉐비에 태워서 프레슬리의 캐딜락 함대와 나란히 주차시키곤 했다.

"그는 쉐비에서 기름이 새 나와 차도가 온통 기름투성이라고 늘 투덜댔어요."

존스는 웃으며 말했다. 때로는 엘비스의 데이트 상대가 집에 돌아갈 준비를 할 때까지 거실 소파에서 졸기도 했다.

엘비스의 부름을 받았다고 모두 그와 잔 것은 아니었다. 사실 일은 TV 세트 주변에서 벌어졌다. 엘비스가 텔레비전을 보는 동안 여자들은 서로 옆에 앉으려고 경쟁을 벌이는 밤이 많았다. 그는 〈헤브 건, 윌 트래블(Have Gun, Will Travel)〉이 방영되는 사이에 벌떡 일어나서, 팰러딘이라는 살인청

부업자 역으로 캐스팅된 흉터투성이 얼굴의 변태 리처드 분을 흉내내곤 했다.

“모두들 웃으며 그를 부추기곤 했죠.”

조니 라이먼의 회상이다. 그녀 역시 엘비스 집을 자주 찾았다.

“같이 어울리는 장소였죠. 그렇다고 항상 사람들이 많았던 건 아니에요. 우리만 몇 명 모일 때도 있었죠.”

프레슬리는 때로 바비 다린같이 좋아하는 연예인과 앤디 윌리엄스같이 싫어하는 연예인에 대해 자세하게 설명하곤 했다. 로버트 굴렛의 팬도 아니었다. 라이먼은 어느 날 밤 엘비스와 나란히 버라이어티 쇼를 보다가 그 사실을 알았다. 이상한 느낌이 들어 프레슬리를 돌아봤더니 그가 22구경을 머리에 겨누고 있었다.

“전 펄쩍 뛰었죠. 팬티를 적실 뻔했어요. 화도 났고요. 그때서야 엘비스가 말하더군요. ‘아, 자기, 그만해. 그냥 장난친 거야. 장난일 뿐이라고.’ 그러면서 텔레비전 화면에 총을 겨누고 굴렛의 영상을 향해 쐈어요. 텔레비전 세트가 폭발했죠. 그 남자가 미치게 지겨웠던 건 분명했죠. 물론 우리가 그를 부추겼어요. 그래서 그렇게 이상한 짓을 했을 거예요.”

어쩌면 지적인 발육부진을 겪은 엘비스는 지적으로 갈증을 느꼈다. 그래서 새로운 주제와 마주칠 때마다 이해하려고 노력했다.

“정말 그는 배우는 걸 좋아했어요.”

라이먼은 자신 있게 말했다.

“그가 잘 모르는 것에 대해 누가 얘기하기 시작하면 바로 그 사람 앞으로 갔죠.”

가수이기도 한 조니가 성대에서 결절을 제거하는 수술을 받고 나서 엘비스를 찾아온 적이 있었다.

“무슨 일이야? 조니가 나한테 화났어?”

엘비스는 조니가 일부러 침묵을 지킨다고 생각하여 누군가에게 물었다. 그러다 사정 얘기를 듣고 나서는 그녀 옆에 앉아서 그 수술과정에 대해 열심히 질문했다.

"전 말할 수 없어서 두꺼운 종이패드에 글을 써서 대답했어요."

훗날 조니가 설명했다.

물론 많은 여자들이 로맨스를 찾아 그의 집을 찾았다. 엘비스가 먼저 여자를 고르면 마피아가 작업에 들어간다는 불문율이 있었다. 그러나 프레슬리는 더 난잡한 파티에는 팬들이 합류하지 않도록 주의했다.

"팬으로 만난 여자들한테는 아주 조심했어요."

데이비스가 회상했다. 하지만 재미삼아 소유욕을 보이기도 했다. 한번은 친구들이 팬들을 꼬시는 얘기를 나누는 걸 듣다가 쏘아붙였다.

"빌어먹을, 그들은 내 팬이야. 그들하고 잘 사람은 바로 나라구!"

그는 일단 여자를 침실에 들여놓으면 옷장으로 가서 큰 사이즈의 파스텔색 파자마를 꺼내는 것으로 작업을 시작했다.

"이게 잘 어울릴 거야."

여자가 옷을 입으면 그도 얌전한 의상을 입었다.

아름다운 여성이라고 해서 무조건 엘비스 프레슬리의 파트너가 될 수 있는 건 아니었다. 가령 예쁜 발처럼 분명한 조건이 있었다.

"엘비스는 못생긴 발은 참지 못했어요."

존스의 설명이다. 존스는 자기가 검열한 젊은 여인들에게 엘비스가 발을 볼 수 있도록 샌들을 신으라고 부탁하기도 했다. 어린 시절 엘비스는 어머니의 '조그만 발'을 사랑스럽게 쓰다듬곤 했다. 어머니가 돌아가셨을 때도 시신의 발을 어루만져서 가족들과 친구들을 당황시킨 적이 있었다. 그런 것처럼 데이트 상대의 발에도 꽤 신경 썼다.

"전 나일론 스타킹을 벗곤 했어요. 아직 팬티스타킹이 나오기 전이었거든요. 그는 제 발을 문지르고 쓰다듬곤 했죠. 발가락에 키스하거나 빨기도 했어요."

캐런 콘래드가 회상했다. 가냘픈 금발의 콘래드는 영화마다 단역으로 출연했는데, 존스가 그녀를 섭외했다.

"당신은 딱 그의 타입이야."

불행히도 그녀는 엘비스의 이상한 면과 또 한번 마주쳤다. 콘래드는 아직 이십 대 초반이었지만 십 대 시절에 결혼하여 아이가 둘이나 있었다.

"뭘 하더라도 그에게 아이들 얘기를 하면 안 돼. 같이 자지도 말고."

존스가 경고했다. 엘비스는 아이를 낳은 여자와의 로맨틱한 관계를 있을 수 없는 일이라고 생각했다.

"그가 말한 적이 있어요. 자기 엄마랑 섹스하는 기분일 거라고요."

존스는 머리를 저으며 말했다.

놀랍게도 콘래드는 그와 3개월이 넘게 만나는 동안 그럭저럭 아이가 있다는 사실을 비밀에 부칠 수 있었다. 그들의 저녁은 그 은신처에 모인 친구들, 수십 명의 여자들 속에서 시작되었다. 콘래드가 지켜본 바에 따르면, 엘비스는 보통 텔레비전을 보다가 광고가 나오면 마치 항상 방송 중이어야 하는 것처럼 펄쩍 뛰어올라 웃긴 대사를 읊곤 했다. 그러다가 그녀를 잡고 부드럽게 말했다.

"이봐, 여기서 나가자고."

그녀를 은신처 바로 밖에 있는 침실로 끌고 가는 거였다.

그의 거대한 침대와 은은한 불빛은 진한 섹스를 하는 데 안성맞춤이었다. 그러나 콘래드의 얘기는 다르다.

"그 이상은 진전되지 않았어요. 옷을 입고 있었거든요."

프레슬리는 그녀와 섹스를 하려고 재촉했지만 그녀는 받아들이지 않았다. 아이를 낳았다는 사실이 발각될까봐 너무 걱정되었던 것이다.

엘비스는 마침내 익명의 편지를 받고 진실을 알아내자 화가 나 펄쩍 뛰었다. 존스에 따르면 그녀 때문에 핵폭발을 했다고 한다. 캐런 콘래드는 전화통화나 메모도 없이 쫓겨났다. 그녀는 『모던 스크린』과의 인터뷰에서 프레슬리와의 데이트를 폭로함으로써 보복했지만, '엘비스는 한밤중에 저를 떠났어요.' 라는 헤드라인의 그 기사는 교묘하게도 아이를 낳은 여자에 대한 그의 성적인 두려움에 대해서는 언급하지 않았다.

캐런 콘래드는 또한 프레슬리의 이상한 취향에 대해서도 언급하지 않았다. 어느 날 밤 침대에 올라가다 우연히 그녀의 검은 스커트 속의 검은 레이스 슬립이 살짝 보였는데, 그의 병적인 혐오가 스스럼 없이 노출되었다.

"그는 완전히 미쳐서 설교를 시작했어요."

콘래드가 말을 이었다.

"다시는 절대로 검은 속옷을 입지 말라고 했어요. 나쁜 여자만 검은 슬립을 입는 이유를 끝도 없이 늘어놓았죠. 자기는 좋은 여자와 나쁜 여자를 나누는 기준을 분명히 가지고 있었지만 너무나 복잡하고 혼란스러운 성격이었죠. 내가 보기엔 엘비스 스스로도 자기가 누군지 이해하지 못하는 것 같았어요."

엘비스 프레슬리와의 즉흥적인 데이트에서 모범적인 남부 신사의 면모를 본 것은 준 엘리스(June Ellis)였다. 웨일스에서 막 이민 온 엘리스는 키티 존스가 데이트를 주선하겠다는 전화를 걸었을 때 친구집에서 머물고 있었다. 존스는 마음에 둔 여자가 이미 외출했다는 소리를 듣고 엘리스에게 관심이 있는지 물었다.

"전 그녀가 농담하는 줄 알았어요."

존스가 차를 몰고 왔을 때 엘리스는 고대기를 스카프로 감추고 말했다.

"전 그녀가 보트에서 막 내린 어부 같다고 말했죠."

존스는 농담을 하며 엘리스를 설득해서 벨 에어로 데려가는 동안 몸단장을 하라고 했다.

엘리스는 그 집의 철책과 바글거리는 팬들을 보는 순간 이게 다 장난인가 싶었다. 하지만 그들은 곧 정문 안으로 들어갔다. 그 은신처에 엘비스가 있었다. 위아래 모두 검은 옷을 입은 모습이 놀랍도록 멋져 보였다.

"엘비스는 마침 〈펀 인 아카풀코(Fun in Acapulco)〉를 찍고 온 참이라 아직 메이크업을 지우지 않은 상태였어요."

엘리스는 그날 저녁 콜라를 마시며 얘기를 나눴다.

"전 그가 얼마나 친절했는지 절대 잊을 수 없을 거예요."

엘비스가 데이트 상대에게 분명히 했던 점은 기자들에게 말하면 안 된다는 것이며, 그럴 경우 곧바로 관계가 끝난다는 것이었다. 대표적인 경우가 독일 언론에 GI 프레슬리와의 로맨스에 대해 전부 말해버린 아담한 독일인 타이피스트 마르그리트 부에르긴이었다. 여배우 셰리 잭슨은 텔레비전 시리즈〈대니 토머스(Danny Thomas)〉에서 딸역을 맡았는데, 한 팬진에 그와의 데이트를 털어놓다가 프레슬리의 분노를 샀다.

남자들도 마찬가지였다. 엘비스를 프리실라 볼리외에게 소개해준 파일럿 커리 그랜트는 1964년 1월 "엘비스 프레슬리에 관한 충격적인 이야기를 들려드리겠습니다."라는 도발적인 문장으로 시작되는 『포토플레이』 기사를 썼다. 그는 이 가수가 성적으로 조숙한 그 십 대를 어떻게 멤피스의 집에 숨겼는지 자세하게 설명했다.

"커리는 그걸로 끝이었죠. 그때까진 그도 가끔 나타나는 손님이었죠."

프레슬리의 친구 랜스 르 골이 말했다.

"그랜트는 돈이 필요해서 그랬다고 말했지만, 엘비스에게 찾아가서 몇 백 달러가 필요하다고 말하는 게 더 쉬웠을 거예요. 엘비스는 우정은 신성한 신뢰라는 믿음이 있었죠. 내 집에 있고 싶으면 나에 대해 떠들고 다니지 말라는 얘기죠."

비밀에 부쳐야 하는 것 중에는 섹스 파트너가 필요없는 변태행위도 있었다. 프리실라를 찍은 폴라로이드 사진 외에도 8밀리 영화 컬렉션이 있었다. 그가 좋아한 것은 여자 둘이 레슬링하는 장면이었다. 프리실라처럼 여자들이 브래지어와 흰 팬티를 입은 영화를 좋아했다. 침실 옷장 안에 양방향 거울이 있어서 무슨 일이 일어나는지 옆방에서 몰래 훔쳐보는 것도 가능했다. 여자들은 몰랐지만 마피아 멤버와의 관계를 훔쳐보기도 했다.

'멤피아 마피아' 라는 별명은 검은색 모직정장과 선글라스 차림으로 보스를 경호하던 시기에 굳어졌다. 그들에 관한 질문이 쏟아지자 프레슬리는 방어적으로, 그가 월급을 주는 사람들은 모두 고유의 업무가 있다고 강조하기도 했다.

"한 명은 장부관리(조 에스포지토), 다른 한 명은 차를 관리하는(진 스미스) 식이죠."

그들은 그를 도와 짐을 싸고 여행 일정을 예약하고 동행하기도 했다.

엘비스는 친구들 이야기에 매우 민감하게 반응했다. 데이트 상대가 배울 게 없는 사람들을 주변에 두는 실수를 해서는 안 된다고 하자 즉시 일어나서 한 마디도 안 하고 나가버린 적도 있었다. 나중에 엘비스는 이렇게 말했다.

"그녀는 절대 이해하지 못했지만, 전 그녀한테 여러 가지 방식으로 일러주었죠. '너한테 배울 게 없다.' 고. 나한테 작은 행복을 주는 사람들에게 둘러싸여 있는 편이 낫죠. 한 번밖에 못 사니까요. 앙코르가 있어서 다시 돌아올 수도 없잖아요."

그는 친구들이 지식인이 아니라는 점을 자랑스럽게 여기는 면도 있었다. 그들이 재밌다는 것은 의심의 여지가 없었다. 다채로운 사람들을 모으는 엘비스 프레슬리 평생의 취미에 대한 생생한 증거이기도 했다.

여러 해 동안 다양한 이유로 친구들이 오고갔다. 60년대 초의 마피아는 운동선수 레드 웨스트(풋볼 선수이자 골든 글러브 권투선수), 그의 사촌 소니 웨스트, 엘비스의 사촌 빌리 스미스와 진 스미스, 뚱뚱한 라마 파이크, 마티 래커(훔스고교의 풋볼 선수로 1960년에 프레슬리와 친구가 되었다), 사람 좋은 앨런 포르타스, 잘생긴 리처드 데이비스, 군대 친구 찰리 하지와 조 에스포지토도 있었다.

공식적인 마피아는 아니었지만 멤피스의 디제이 조지 클라인, 뮤지션 랜스 르 골(엘비스의 영화대역이자 안무보조), 아칸소 주립대 풋볼 선수 출신의 제리 실링(Jerry Schilling), 로커빌리 싱어 클리프 글리브스도 자주 뭉쳤다. 제대로 된 원맨쇼를 보여준 글리브스는 시끄럽고 뻔뻔스럽고 말을 빨리 하여 웃겼다. 엘비스는 뭔가 기분전환이 필요하면 그를 불러냈다.

이 남자들은 온갖 방법으로 즐길 줄 알았다. 벨 에어의 식사시간은 음식 전쟁터로 변하기도 했다.

"게임을 하곤 했죠. 주로 엘비스가 시작했어요."

게리 록우드의 회상이다.

"한 녀석이 으깬 감자를 집어서 옆에 있는 녀석의 얼굴에 뭉개요. 그러면 걔는 다른 사람한테 물을 뿌리는 등 즉각적인 반응을 보여야 해요. 그렇게 식탁을 돌아가며 이어지곤 했어요. 어떤 면에서는 종족의 의식이었어요. 남성적이고 집단적이었죠."

그가 덧붙인 말을 들어보면 '낮에는 으깬 감자, 밤에는 조개로 이어지는 삶' 이었다.

프레슬리는 여러 해 동안 개인적인 풋볼팀이 있었다. 록우드는저속하고 과격한 터치 풋볼 게임에서 쿼터백이었다. 엘비스는 열렬한 풋볼 팬으로, 좋아하는 프로팀 클리블랜드 브라운스의 통계는 아예 외워버렸다. 풋볼팀의 기원은 독일로 거슬러 올라가는데, 엘비스가 레드 웨스트와 함께 다른 GI를 모아 팀을 만들었던 것이다. 일요일마다 벨 에어의 드 네브 파크는 유명 연예인들의 시합장이 되었다. 팻 분의 팀이 엘비스의 팀에 진 적도 있었다. 그러자 릭 넬슨이 이끄는 팀이 나타났다. 릭과 친구들은 마침 서던 캘리포니아 대학(USC)과 UCLA 선수들로, 티셔츠와 청바지를 입고 있었다. 엘비스 팀의 유니폼에는 등번호와 E.P. ENTP., 즉 엘비스 프레슬리 엔터프라이즈(Elvis Presley Enterprises)라는 이름이 프린트되어 있었다. 캡틴 넬슨과 프레슬리는 모두 그 거친 게임의 리시버였으며, 넬슨의 말에 따르면 모두들 허공을 뚫고 날아다녔다. 승자는 넬슨의 팀이었다.

당연한 일이지만, 그렇게 건강한 남자 연예인들이 뭉치면 배꼽이 드러나는 짧은 블라우스에 타이트한 카프리 팬츠를 입고 스프레이를 뿌려 머리를 부풀린 여자들이 치어리더 팀을 이뤘다. 프레슬리는 그녀들을 파티에 초대하기도 했다.

엘비스의 지칠 줄 모르는 활동을 둘러싸고 대중들만 속은 건 아니었다. 집에 있는 여자도 마찬가지였다. 그가 드물게 프리실라를 벨 에어로 부르는 경우에는 오후의 성경 읽기를 위해 심야모임을 취소했다. 건너뛰는 부분도 있었지만 성경공부를 할 때는 진지했다. 때로는 키티 존스가 프레슬리의 부탁을 받아 내내 옆에 앉아 있었다.

"그는 절 모임에 참석시키고 싶어했어요. 우리 아버지가 목사였기 때문이죠."

엘비스는 베이지색이나 흰색 옷을 입고 감정을 실어 감동에 젖은 여자들 앞에서 낭독하곤 했다. 그리고 몇 시간에 걸쳐 설교한 다음 이어지는 질의응답 시간을 가졌다.

프리실라는 깊이 파인 블라우스와 미니스커트를 입고 온 여자들이 신경 쓰이지 않을 수 없었다. 한번은 블라우스 단추를 허리까지 푼 여자가 프레슬리에게 기대어 우물가에서 그리스도에게 물을 준 여자가 처녀였다고 생각하느냐고 물었다.

"글쎄, 그런 건 당신 판단에 맡길게"

그러면서 말을 이었다.

"예수가 그녀에게 끌렸다고 보지만 그건 내 생각일 뿐이야. 사실이라고 말하진 않겠어."

결국 프리실라는 분노했다.

모든 것을 가진 그 남자는 방탕한 생활 속으로 침몰하고 있었다. 알약이 점점 많아졌다. 처방전이 필요한 약뭉텅이와 함께 사나흘씩 방에 틀어박히기도 했다. 그 모든 이유 때문에 그는 팝음악의 혁명이 일어났을 때 그 사실을 전혀 모르는 상태가 되고 말았다.

그는 미리 경고를 받았다. 첫 경고는 라마 파이크가 엘비스를 떠나 가수 브렌다 리의 매니저를 할 때였다. 라마는 업무차 영국에 갔다가 우연히 새로운 그룹이 연주하는 것을 보았다. 그는 미국에 돌아오자마자 프레슬리에게 자기가 본 걸 얘기했다.

"하느님 맙소사, 네가 시작한 뒤로 그런 건 처음 봤어."

그는 가능한 한 흉내를 내보려고 했지만, 엘비스가 비틀스라는 영국인 사인조 밴드에 대해 심각하게 받아들이도록 설득할 수는 없었다.

24 어디에도 없는 남자
-Nowhere Man

서른이 된 엘비스 프레슬리는 할리우드에서 가장 많은 돈을 받는 스타였다. 『데일리 버라이어티』는 그가 1965년에 영화 세 편과 그에 따른 사운드트랙 앨범으로 500만 달러 가까이 벌 거라고 추산했다. 프레슬리는 영화 한 편당 당시로서는 놀라운 액수인 75만에서 100만 달러에 추가로 수익의 50퍼센트를 요구했다. 프레슬리가 출연한 영화는 돈을 잃은 적이 없었기에 아무도 불평하지 않았다. 18편의 영화가 1억 5000만 달러를 거둬들였다. 음반은 지난 10년간 1억 장 이상을 팔렸다.

"월트디즈니를 제외하면 이 업계에서 확실한 건 엘비스뿐입니다."

프레슬리의 18번째 영화 〈티클 미(Tickle Me)〉의 제작자 벤 슈왈브의 말이다.

휴양농장의 뷰티스파에서 일하는 로데오 선수의 이야기를 다룬 우스꽝스러운 스토리 라인에도 불구하고, 이 영화는 제작사를 재정적인 파산에서 구해주었다. 앨리드 아티스트에서 세번째로 많은 매출을 올린 영화로, 찰턴 헤스턴이 주연한 〈북경의 55일(55 Days at Peking)〉 〈엘시드(El Cid)〉 다음이었다.

MGM에서는 프레슬리가 너무나 중요한 존재여서 전설적인 주연배우 클라크 게이블의 은신처였던 분장실 A를 내줄 정도였다. 옆방인 두번째 분장실 B까지 내줘서 마피아 친구들이 근처를 어슬렁거릴 수 있었다. 당시 분장실을 두 개나 쓰는 스타는 없었다. 물론 프레슬리 같은 스타도 없었다. 거물들이 그를 보기 위해 줄을 지어서 세트장에 출몰하곤 했다.

그 모든 성공에도 불구하고 골치 아픈 일이 숨어 있었다. MGM 임원이 엘비스의 영화는 실패할 수 없다고 호탕하게 주장했음에도 불구하고("이건 프레슬리의 영화잖아요. 제목이 필요 없어요. 번호만 붙여도 돼요. 그래도 팔릴 거요") 엘비스 자신은 잘 속는 사람이 아니었다. 그는 대본이 점점 엉성해지고 수록곡도 나아지지 않는다는 사실을 깨달았다.

"전 몇 방 날리면서 노래를 불러주는 녀석 역을 하는 데 지쳤어요."

엘비스는 점점 구별하기도 어려워지는 영화들에 대해 말했다. 아카풀코부터 가공의 중동국가, 자동차 경주장에 이르는 배경을 제외하면 플롯은 항상 같았다. 좋은 사람이 주먹다짐에 말려들어 아름다운 여자와 연애를 하다가 마지막에 큰 상을 타고 사랑에 빠지기 전에 노래를 연속으로 부르는 줄거리였다. 질이 떨어지자 배우와 스태프들도 건성이었다. 축제 애정물 〈라우스트어바웃〉과 강물을 떠다니는 배를 배경으로 한 뮤지컬 〈프랭키 앤 자니〉의 상대역인 수 에인 랭던은 이렇게 지적한다.

"엘비스의 영화에 출연하는 건 대단한 일이 아니었어요. 사실 여배우로서는 한 발 내려서서 '돈을 갖고 튀는' 종류의 일이었죠."

게다가 엘비스의 과체중이 스크린에서도 나타나기 시작했다. 『타임』지가 그의 서른 살 생일날 그를 '전성기 로큰롤의 할아버지'라 부르며 그 근거로 "타이트한 청바지가 통 넓은 바지로 바뀌었다."고 지적하자 그는 창백해졌다. 『로스앤젤레스 타임스』는 프레슬리의 전환점과도 같은 생일을 지켜보고 그의 업적을 찬양하면서 의도적으로 그를 뚱뚱하게 일러스트했다. 진실은 고통스러웠다. 프레슬리는 항상 외모에 신경 썼다. 운동선수처럼 보이던 우르술라 앤드레스와 〈펀 인 아카풀코〉에 출연했을 때도 친구들에게 털어놓았다.

"그녀의 어깨가 내 어깨보다 넓어. 그녀 옆에선 내 멍청한 셔츠를 벗고 싶지 않다고."

체중이 늘어날수록 불편한 일도 많아졌다.

"할의 영화에서는 셔츠를 벗고 찍는 걸 거부하기도 했어요."

그 제작자의 아내 마사 하이어 월리스가 회상했다. 그는 워터스키를 타는 장면에서도 옷을 제대로 입고 출연했다.

하와이 군도에 갔을 때도 자신의 몸이 너무 부끄러워서 해변에 나가는 대신 펜트하우스 스위트의 지붕 위에 혼자 누워서 선탠을 했다.

그는 언론에서 계속 체중문제를 상기시키자 더 우울해했고, 그럴수록 더더욱 많이 먹었다.

"여기다 베이컨 좀 부숴 넣을까, 친구들아?"

그리곤 거대한 매시드 포테토 용기를 내밀었다. 그는 그레이비 소스와 콘 브레드, 달콤한 양파, 계란 완숙 프라이 등을 곁들인 매시드 포테토 위에 쌓인 사우어크라우트도 좋아했다.

"네가 풍선이 되면 여자들이 널 찌르고 싶어하지 않을 거야. 티켓도 사지 않을 테고."

대령은 자신의 늘어진 배는 무시한 채 설교를 해댔다. 프레슬리는 녹음하는 동안 자기 수행원들이 수화기에 대고 변명하는 소리도 듣곤 했다. 파커가 전화를 걸어 엘비스가 어젯밤에 무엇을 먹었는지 캐물었던 것이다. 대령이나 월리스의 친구가 영화 세트장에 들러서 인사를 나누며 다정하게 포옹할 때도 엘비스는 그들이 자신의 복부를 점검해보려는 것임을 분명히 알았다.

"그 자식들이 지방검사를 하는군. 대령한테 가서 말할 거야."

MGM의 다른 스타들이 그랬던 것처럼 그도 방어책으로 다이어트 약에 손을 뻗었다. 한때 "천국보다 스타가 더 많다."고 자랑하던 그 스튜디오는 앰피타민의 천국이라는 내력도 있었다. 다른 사람들 중에서도 (살아남은) 미키 루니와 (그렇지 못한) 주디 갤런드의 삶은 그 스튜디오가 배우들을 경주마처럼 다뤘다는 증거가 되었다.

하지만 엘비스의 나이가 몸무게로만 나타난 건 아니었다. 더 젊은 세대인 1960년대 세대들은 기존의 모든 것들을 뒤흔들 문화적 전복을 꿈꾸고 있었다. 엘비스를 알기에는 너무 어린 애들도 로큰롤 스타의 새로운 물결을 열렬히 받아들이고 있었다.

비틀스가 1964년 2월 7일 미국땅을 밟았을 때는 이미 〈아이 원 투 홀드 유어 핸드(I Want to Hold Your Hand)〉로 200만 장을 판 상태였다. 그해 8월이 되자 존, 폴, 조지, 링고는 1000만 달러가 넘는 수입을 올렸다. 그 액수는 계속 늘어나서 1965년 초에는 미국에서만 1900만 장으로 추정되는 싱글과 비슷한 수치의 앨범이 팔렸다.

이 팹 포(Fab Four, 근사한 사인조라는 뜻의 비틀스의 애칭)만이 음악판을 뒤흔든 것은 아니었다. 롤링스톤스, 애니멀스, 킹크스, 좀비스 등 어디를 돌아봐도 더 젊은 뮤지션들이 넘쳤다. 프레슬리는 이른바 '브리티시 인베이전', 즉 영국 뮤지션들의 공습을 받고 있었던 것이다.

"저 녀석 좀 봐. 잰 호모 같지 않냐?"

그는 믹 재거가 텔레비전 화면을 말 타듯 누비는 모습을 보며 화를 내곤 했다.

톰 파커 대령은 그 위협에 정면으로 맞섰다. 비틀스가 미국 텔레비전에 데뷔했을 때 파커는 프레슬리의 이름을 집어넣은 축하엽서를 작성했다. 설리번이 엘비스의 자상한 경고를 읽었을 때 그 사인조는 자랑스럽게 씨익 웃었다. 파커는 사적인 부분을 보도자료로 흘리면서 프레슬리의 지위도 격상시켰다. 이 가수가 관대하게도 자선금을 기부했다는 내용이었다. 프레슬리는 인기를 얻기 시작할 무렵부터 친척들이건 자선단체건 가난한 사람들에게 기부해야 한다는 의무감을 느꼈다.

하지만 그 벼락부자들에게는 자선하고 싶은 기분이 들지 않았다. 어느 일요일에 풋볼게임을 하는데, 여자들이 차를 타고 지나가면서 비틀스 팬들의 캠페인 송이 되어버린 "사랑해요, 비틀스. 오, 그래요, 사랑해요……."라고 노래불렀다. 영화 〈바이 바이 버디〉에서 십 대의 우상을 위해 부른 노래를 흉내낸 것이었다. 프레슬리는 못 들은 척했다. 하지만 벨에어의 집으로 들어간 후에는 수행원들이 비틀스의 최신 뉴스를 전하려고 할 때마다 소리를 지르곤 했다.

"그 녀석들 얘기라면 더 이상 듣고 싶지 않아!"

엘비스 프레슬리 자신이 그런 음악적 현상이었기 때문이 아니었다. 그러나 허리까지 풀어헤친 셔츠 등 스트립쇼 스타일의 초기 엘비스와 달리 그 영국 그룹은 단추를 채우고 절제된 몸동작을 유지했다. 더벅머리를 제외하더라도 용모가 단정했다. 엘비스가 도발적이라면 그들은 대중을 희롱했다. 해가 되는 것으로 판단한 습관은 항상 숨겼던 엘비스와 달리 그들은 대놓고 장난쳤고, 자기 자신을 부끄럼 없이 드러냈으며 공개적으로 담배를 피우고, 술을 마시고, 젊은 여자들을 쫓아다녔다. 게다가 자신들의 우상을 만나고 싶다고 제안했다.

"젠장, 난 그런 망할 녀석들을 만나고 싶지 않아요."

엘비스는 그 리버풀 출신들이 그와 만나고 싶어한다는 말을 전하는 대령에게 한마디로 대답했다.

하지만 대령은 굴하지 않고 그 영국인들에게 모자를 갖춘 완벽한 카우보이 복장을 프레슬리의 선물이라고 보냈다. 프레슬리가 너무 바빠서 만날 수 없다고 설명하며, 그들의 매니저인 브라이언 엡스타인에게 말했다.

"다음에 꼭 만납시다."

대령과 엡스타인 사이에서 그 문제에 대한 논의는 계속되었고, 마침내 엘비스가 굴복했다.

"하지만 그 녀석들이 여기로 오는 조건이에요. 내가 그들을 만나러 가진 않을 거예요."

모던팝 음악의 중심 세력 간의 미팅이 1965년 8월 27일 밤에 이루어졌다. 비틀스가 페루지아 웨이의 집에 들어와서 처음 들은 것은 그들 자신의 목소리였다. 프레슬리가 그들의 음반을 틀어놓았던 것이다. 그 은신처에 몰려온 스물두 살부터 스물다섯 살까지의 그 네 명은 서른 살의 프레슬리에게 환영을 받았다. 대령이 자랑스럽게 소개하자 엘비스는 타이트한 회색 바지, 빨간 셔츠, 검은 윈드 브레이커 차림으로 냉정하게 거리감을 두었다. 비틀스는 말 그대로 할말을 잃고 당황했다.

엘비스의 오른쪽에 존 레넌과 폴 매카트니, 왼쪽에 조지 해리슨과 링고 스타가 자리를 잡았지만 침묵이 계속될 뿐이었다.

마침내 엘비스가 목소리를 가다듬고 말문을 열었다.

"당신들이 여기에 앉아서 밤새 나만 쳐다볼 거라면 난 그만 자러 가겠습니다."

비틀스가 입을 열기 시작하자 그가 덧붙였다.

"그냥 앉아서 애기하든가, 아니면 가벼운 잼이나 하든지."

그들의 대답은 하나같이 "맙소사! 좋아요!"였다.

"엘비스와 그 녀석들이 연주를 시작하자 우린 너무 놀라서 그 세션을 테이프에 담을 생각조차 못 했죠."

그 자리에 있었던 마피아의 멤버 리처드 데이비스는 아직도 안타까워했다. 1956년 12월 선 레코드에 엘비스, 칼 퍼킨스, 자니 캐시, 제리 리 루이스가 모였던 것처럼 이 즉흥 세션도 후대에 남겨지지 못했다. 프레슬리가 기타를 나눠주자 비틀스는 그의 노래와 그들의 노래, 척 베리의 노래를 몇 곡씩 연주했다. 어떤 시점에 엘비스가 비틀스의 〈아이 필 파인(I Feel Fine)〉의 베이스를 연주하자 폴이 재치 있게 말했다.

"정말 잘 어울리겠는데요."

음악얘기도 했다. 엘비스는 그들의 작곡에 대해 알고 싶어했고, 그들은 군중에 대한 두려움을 해결하는 방법에 대해 물었다.

"군중을 받아들일 수 없다면 이 일을 잘못 선택한 거죠."

프레슬리가 단언했다.

이어서 존 레넌이 몸을 숙이며 물었다.

"옛날 스타일의 음반으로 돌아가는 게 어때요?"

프레슬리는 몇 초간 침묵하다가 바쁜 영화일정에 대해 애기했다. 〈패러다이스, 하와이언 스타일(Paradise, Hawaiian Style)〉을 촬영하는 중이라고 하면서 중요한 일인 듯 강조했다.

"사실은 녹음실로 돌아가서 좀 재미있는 걸 해볼 계획이에요."

"카지노 개장이오!"

파커 대령이 선언했다. 프레슬리의 커피 테이블을 펼치자 게임 테이블이 되었다.

"내가 선을 하겠소."

대령은 누런 이빨을 드러내며 웃었다. 브라이언 엡스타인은 우쭐해진 기분이었다. 항상 대령을 만나고 싶었다고 하더니 결국 같이 룰렛을 하게 된 것이다.

대령은 경험 많은 도박꾼답게 결국 엡스타인에게 수천 달러를 따냈다.

비틀스는 새벽 2시에 떠났다. 대령은 모두에게 그의 주소가 장식된, 불이 켜지는 작은 포장마차를 기념품으로 주었다. 폴이 포장마차를 들고 대기 중인 차에 올라타다가 엘비스에게 몸을 돌렸다.

"멀홀랜드 드라이브에 이런 집을 얻었어요. 내일 당신들을 전부 초대하고 싶은데요."

엘비스는 아무 말도 하지 않았다. 매카트니는 마피아를 향해 예의 바르게 덧붙였다.

"엘비스가 못 오더라도 당신들이 온다면 환영이에요."

엘비스는 자존심이 너무 강해서 그들과 어울리지 않았지만 몇몇 친구들은 멀홀랜드에 갔다. 거기서 존 레넌이 말했다.

"어제는 제 인생 최고의 밤이었어요."

엘비스는 1960년대의 다른 상황에 대해서는 별로 편협하지 않았다. 사이키델릭과 영적인 자각의 시대였던 물병자리 시대의 동이 트자, 엘비스는 자기와 잘 어울리는 시대라는 사실을 발견했다. 자각의 여행에 동참할 준비도 되어 있었다.

그는 '하나님의 성회' 교회의 야외모임에 참석했던 투펠로의 어린 시절부터 말년까지 성경과 그 가르침에 많은 영향을 받았다. 1970년대까지 그와 연락을 주고받은 죽마고우 베키 마틴은 그가 여러 번 이렇게 말했다고 전한다.

"베키, 내가 목사가 됐다면 어땠을지 한번 생각해봐. 주님의 말씀을 널리 알리며 살았다면 얼마나 잘했을지 한번 생각해보라고."

멤피스의 십 대 시절에는 가스펠 싱어를 꿈꿨다. 조금 나이가 들어 1950년대 중반에는 인기 가스펠 그룹 블랙우드 브러더스의 영향을 받은 송펠로스(Songfellows)에 들어오라는 제안을 받았다. 하지만 이미 가수로서 성공가도에 오르기 시작했다고 느꼈으므로 어쩔 수 없이 그 제안을 거절했다.

그는 종교음악을 늘 숭배했고 감정적 동요 없이 담담하게 소화할 줄 아는 가수였다. 한번은 샘 필립스의 집에서 연 파티에 이어 부활절예배에 참석했다가 자연스럽게 기타를 잡고 떠오르는 해를 보며 〈소중한 주여, 내 손을 잡으소서(Take My Hand, Precious Lord)〉를 불렀다. 파티에 참석한 사람들은 수영장 주변의 잔디밭 벤치에 앉아 조용히 아침을 깨우는 그의 목소리를 들으며 감동했다. 〈에드 설리번 쇼〉에서 허리 아래는 방송이 금지되었던 가수이지만 〈피스 인 더 밸리〉를 영적으로 부를 줄 알았다.

어떤 로큰롤 스타도 감히 시도하지 못했을 때 그는 찬송가를 녹음했다. 비틀스가 차트를 지배했을 때조차 프레슬리의 존재감은 〈크라잉 인 더 채플(Crying in the Chapel)〉로 다가왔다. 1970년대에는 호텔 사무실측의 항의에도 불구하고 감히 라스베이거스 인터내셔널 호텔 쇼룸에서 찬송가를 부르기도 했다.

진정한 신앙인이었던 프레슬리는 훗날 래리 겔러가 발견한 대로 구도자이기도 했다.

벨 에어의 집을 방문한 스물네 살의 겔러는 제이 세브링 베벌리힐스 살롱의 헤어 스타일리스트였다. 다른 뮤지션이 겔러를 추천했는데, 그는 십 대 시절 우상의 머리를 자르는 기회를 얻자 좋아서 펄쩍 뛰었다. 처음 만남은 겔러가 프레슬리의 애들 머리 같은 머리카락을 다듬으면서 시작되었다. 머리가 바닥에 떨어지자 프레슬리가 말했다.

"걱정 말아요. 가정부가 치울 테니까."

겔러는 아니라고 대답하며 치우려고 했다.

"모두 우리 책임인 걸요. 그걸 피하면 안 되죠."

프레슬리는 놀란 표정을 지었다.

"그건 제 믿음이기도 해요."

겔러는 계속해서 설명했다.

"위대한 요가 스승이 수단과 목적은 같은 거라고 했어요. 그게 삶을 중요하게 여기며 살아가는 방식이죠. 청소를 하는 것도 삶의 방식이고."

겔러는 계속 얘기를 하며 삶의 목적을 찾는 것에 대해 언급했다. 엘비스 프레슬리와 훗날 그의 정신적인 스승으로 알려질 그 남자 사이의 독특한 유대관계가 바로 그날 형성되었다. 엘비스는 겔러를 통해 작고한 '자아발견회(Self-Realization Fellowship)'의 창설자 요기 파라마한사 요가난다(Yogi Paramahansa Yogananda)의 추종자가 되었다.

엘비스는 더 높은 영역들, 신비주의, 정신주의에 대해 말하기 시작했고 손금, 심령학, 사교 등에 관한 책에 빠져들었다. 항상 예수의 삶에 흥미를 보이던 그가 이제는 부처, 마호메트 등의 삶과 가르침을 따르기 시작했다. 래리 겔러의 말을 들어보면 엘비스는 자신이 신의 전령으로 지구에 온 것은 아닌지 궁금해하기도 했다.

앨런 포르타스도 회고록에서 말했다.

"그가 농담을 하는 건지 우리는 전혀 알 수가 없었다."

프레슬리는 자기가 '신의 전령'이라며 씨익 웃고는 "우린 엘비스에게서 다른 친구를 보고 있는지도 몰라……"라고 노래 불렀다.

데브라 월리는 1966년 영화 〈스핀아웃(Spinout)〉에서 프레슬리와 같이 출연했을 때 친구 이상의 존재를 발견했다.

"전 사람들한테 아주 솔직히 엘비스가 제 삶을 바꿨다고 말해요. 그는 제 인생의 전환점이었죠."

이 가냘픈 빨강 머리는 MGM 스튜디오에서 프레슬리와 또 하나의 카레이싱 영화를 작업할 때 이미 〈기젯 고즈 하와이언(Gidget Goes Hawaiian)〉에서는 주연을, 〈비치 블랭킷 빙고(Beach Blanket Bingo)〉에서도 배역을 맡았던 배우였다. 이 둘은 첫 눈에 통했고, 영혼 깊이 플라토닉한 관계를 유지했다. 프레슬리는 월리를 열렬한 제자로 삼아 그녀의 영적인 스승이 되기로 한 것이었다.

"엘비스는 제게 동아시아의 스승, 고대 이집트, 여사제 입문에 관한 책들을 줬어요."

두 사람은 촬영하는 동안 떨어지지 않았고, 그 후에도 한동안 프레슬리가 아침마다 그녀를 롤스에 태우고 산타모니카의 자아발견회 센터에 가서 요가난다의 가르침을 소개했다.

"그는 절 아주 개방적인 사람으로 봤어요. 실제로 그랬고요. 저는 가톨릭 신자로 자랐고 가톨릭 교리에 의문점도 많았어요. 그는 제게 자신이 아는 모든 걸 빨리빨리 가르쳐주고 싶다고 했죠. 지구에 오래 머물 수 없기 때문이라는 거였죠. 하지만 다른 별에서도 항상 저와 함께 있을 거라고 했어요."

그들의 형이상학적인 여정에는 월리가 확인한 대로라면 일종의 묘한 연결고리가 있었다. 때때로 프레슬리는 구름을 올려다보며 지금 자기가 저걸 움직이고 있다고 주장하기도 했다.

"그때는 정말로 그러는 것 같았어요."

월리가 웃으며 말한다.

프레슬리는 삶과 죽음의 신비를 이해하기 위해 한밤중에 멤피스의 납골당을 방문하는 등 이상한 모험을 하기에 이르렀다. 유명세를 이용해서 입장할 수 있었는데, 스테인리스 테이블에 놓인 시체들을 주의 깊게 관찰하며 그 방들을 어슬렁거리곤 했다. 어린아이의 시체 앞에서는 목놓아 울기도 했다.

그 영적인 시기에 프레슬리는 1960년대적인 환각여행도 시작했다. 티모시 리어리가 쓴 LSD 안내서로 무장한 채 애시드를 먹었던 것이다.

"취하려고 한 게 아니라 한층 높은 수준의 자기 인식과 계몽을 얻기 위해서였어요."

조 에스포지토가 강조했다.

첫번째 환각여행은 그레이스랜드 위층 사무실에서 이루어졌다. 그 자리에는 엘비스, 겔러, 라마 파이크, 제리 실링, 프리실라가 있었다. 실라와 엘비스는 한 알을 나눠 먹었다.

"처음에는 아무 일도 일어나지 않았어요."

하지만 그녀의 감각은 이내 날카로워졌다.

"전 갖가지 색상의 엘비스 셔츠를 뚫어지게 바라봤죠. 그게 점점 더 커지기 시작했어요."

이 그룹은 결국 물고기로 가득 찬 바다로 변신하는 어항의 열대어를 보고 탄성을 질렀다. 용기를 내서 밖으로 나가 뜰을 돌아다니다 생생한 색채를 관찰했으며 우거진 녹음의 형태와 규모에 탄성을 질렀다. 라마 파이크는 64년형 검은색 캐딜락 리무진의 후드 속으로 뛰어들려고 했다.

"전 수영장에 있는 줄 알았어요."

프리실라는 돌아다니다 옷장에 몸을 웅크리고 들어갔다. 엘비스가 발견했을 때 그녀는 소리를 지르고 있었다.

"넌 날 사랑하지 않아! 넌 날 전혀 사랑하지 않아!"

벨 에어와 팜 스프링스에서는 애시드 트립이 더 잦았다. 엘비스는 가끔 마리화나를 피우고 코카인도 흡입했다. 하지만 그에게 불법마약은 그냥 장난일 뿐이었다. 이 기간 내내 그는 처방전이 있는 약을 꾸준히 복용하고 있었다.

이 가수의 약물복용은 어머니의 다이어트 약에 손대기 시작한 순회공연 초기부터 시작되었지만, 1960년대가 되면서 스스로 처방전 약의 위력과 효과, 위험성까지도 터득했다.

"그것들은 괜찮아. 의사가 처방한 거니까."

하지만 엘비스는 친구들과 자기 자신에게 거짓말을 하고 있었다.

그는 덱서드린, 벤저드린 등 아편성분을 즐겼고, 세코널, 데머롤, 딜로디드 등 강력한 수면제도 즐겼다. 이르게는 하와이에서 〈걸스! 걸스! 걸스!(Girls! Girls! Girls!)〉를 찍던 1962년부터 다른 배우들이나 스태프 멤버들과 함께 작은 서류가방을 나눠썼다. 한 상대역에 따르면 그것은 올드 옐러스, 스피드 등 뭔지 모를 것들로 가득 찬 약물가방이었다.

엘비스는 고급 와인 애호가처럼 평소에 선호하는 약물 칵테일이 있었다. 그야말로 완전히 취할 수 있는 방법이었다. 진통제 퍼코단이 그 목록의 첫 줄에 있었다. 기분 좋은 안개 상태를 유발시키는 이 약은 피가 흐르고 온통 멍이 들었던 멤피스의 롤러스케이트장 게임과 녹초가 되면서 벌인 미식축구 경기 때 벨 에어에서 복용하던 것이었다.

1970년대에 마약수사 당국의 한 보고서는 엘비스에게 그 위험한 진통제와 수면제를 공급하는 소스가 십여 군데 있었다고 밝혔다. 소스를 통해서 약을 구하지 못할 때는 약국, 응급실 같은 곳에 가서 끼를 부렸다. 결국 그는 엘비스 프레슬리였기 때문이다.

친구들하고 멤피스를 어슬렁거리던 어느 날 밤 그는 검은 가죽 케이스에 수많은 약병이 있었는데도 갑자기 퍼코단이 먹고 싶어졌다. 약국들이 문을 닫았기 때문에 한 시간 넘게 차를 몰고 나가 아직 불이 켜진 교외의 약국을 발견했다. 프레슬리와 친구들은 혼자 있는 약사를 발견했다.

그들이 노크를 하며 소리를 지르자 약사가 나와서 엘비스 프레슬리를 살펴보았다. 그는 멤피스에서 가장 인기 있는 청년에게 문을 열어주었고 이 연예인이 곧 투어를 떠나는데 필요한 물건이 있다는 얘기를 들었다. 프레슬리와 마피아는 안으로 들어갔고, 엘비스는 통로를 어슬렁거리다 연고, 거즈 반창고, 아스피린 등을 집었다. 약사가 계산을 시작하자 엘비스는 목 뒤를 만졌다.

"아, 하느님, 또 두통이 찾아오네요."

약사가 무표정하게 고개를 끄덕이자 프레슬리는 말을 이었다.

"선생님, 주치의가 캘리포니아 여행 중인데요, 내일까지 참을 수 있게 진통제 좀 몇 알 주실 수 있을까요?"

약사는 얼굴을 찡그린 다음 코데인과 함께 타이레놀 네 알을 꺼내 흰 봉투에 집어넣었다. 프레슬리는 그것을 만지작거리다가 말했다.

"선생님, 제게 도움이 되는 건 퍼코단뿐인데요."

"음, 글쎄, 잘 모르겠네요. 그건 불법인데."

약사가 난감해했다.

"선생님!"

엘비스는 급기야 소리를 질렀다.

"그게 아니구요, 내일 새벽에 제가 처방전을 갖고 올게요."

약사는 그때서야 동의하며 네 알을 셌다.

"열두 알로 해주실 수 있을까요? 아침에 새 영화를 시작하거든요."

그러자 여덟 알이 더 나왔다. 프레슬리와 친구들은 진심으로 "감사합니다, 선생님!"이라고 인사한 다음 어둠 속으로 사라졌다.

"그는 꾀병에도 능숙했어요."

라마 파이크가 말했다.

"웬만하면 원하는 걸 얻었어요."

때로는 극단적인 방법에 의존하기도 했다. 마티 래커는 프레슬리가 약을 얻기 위해 자기 몸에 상처를 내던 모습을 회상했다. 발을 찔러서 엄지발가락에 동전만한 구멍을 내기도 했다. 그리곤 치료를 받으러 가서 웃자란 발톱에 대해 불평했다. 한번은 엘비스가 양말을 벗자 래커가 흥건한 피에 너무나 충격을 받아 "하느님 맙소사!"라고 소리를 지른 적도 있었다.

엘비스는 덤덤하게 말할 뿐이었다.

"이제 좋은 걸 얻을 수 있을 거야."

친구들은 그가 인터뷰에서 의사가 되고 싶었기 때문에 의학서적을 수집했다고 주장하자 기절할 지경이었다. 『새터데이 이브닝 포스트(Saturday Evening Post)』는 간신히 고등학교를 졸업한 트럭운전사 출신의 가수가 한 말에 대해 전혀 의문을 제기하지 않았다.

프레슬리의 배우 기질과 노련함으로 인해 영화 동료들 중 상당수는 그가 약물에 얼마나 심각하게 의존했는지 알지 못했다.

"그에게서 약물은커녕 그 비슷한 것도 본 적이 없어요."

랜스 르 골의 말이다.

여배우 메리 앤 모블리는 1959년도 미스 아메리카였는데, 1964년 〈걸 해피(Girl Happy)〉에서 프레슬리와 함께 작업했고, 이듬해 〈해럼 스캐럼(Harum Scarum)〉에서는 미스 미시시피 출신인 탓에 엘비스처럼 남부 억양을 썼다.

"그래서 우리가 가까웠던 것 같아요."

프레슬리와 여러 해 동안 연락을 유지했던 모블리가 말했다. 그녀는 당시 약물은 몰랐지만 이중생활은 눈치를 챈 터였다. 그가 자신의 파티에 대해 농담을 하며, 언젠가는 그녀를 초대해서 파티를 열고 싶다고 했던 것이다. 돌이켜보면 엘비스는 쇼 비즈니스의 요구사항을 처리하는 데 필요한 세련됨이 부족했다고 말했다.

"아무도 그에 대해 정말로 신경 쓰지 않았다는 점을 이해해야 해요. 계속 일을 시키는 것말고는요. 그 역시 자기 얘기가 심각하게 받아들여지지 않는다는 것을 알았다는 점도 이해해야 되죠. 그건 너무 안된 일이었어요. 그는 분명 마법 같은 걸 지녔거든요."

프레슬리가 〈패러다이스, 하와이언 스타일〉을 찍을 당시 파라마운트의 코미디를 찍던 배우 토니 커티스는 할리우드가 그의 재능을 과소평가함으로써 프레슬리에게 상처를 줬다고 주장했다.

"엘비스는 너무 쉽게 보였어요. 재주가 너무나 많아서 재주가 없는 것처럼 보였죠."

두 남자의 만남은 어느 날 커티스가 엘비스의 분장차를 지나다 이루어졌다.

"제가 걸어가는데 문이 열리더니 누군가 손을 뻗어서 절 끌어당겼죠."

프레슬리였다. 그는 노래하듯 말했다.

"타세요!"

커티스는 선택의 여지가 없었다. 그는 일단 트레일러 안에 들어갔다.

"커티스 씨, 전 아주 오랫동안 당신을 존경해왔습니다."

엘비스는 토니의 패션을 따라서 자기 스타일을 만든 과정을 회상했다.

"우린 얘기했고, 그는 절 커티스 씨라고 불렀죠. 그래서 제가 말했죠. '커티스 씨라고 부르지 말아요. 그냥 토니라고 불러요.'"

"좋아요, 토니."

"그래, 난 뭐라고 부를까요?"

엘비스는 씨익 웃으며 받아쳤다.

"프레슬리 씨라고 부르면 돼요."

"재밌죠? 재치 있는 응수잖아요!"

그러면서 커티스는 이렇게 덧붙인다.

"그는 재능이 있었고 동시에 따분함을 느끼기도 했어요. 결국은 인기가 자신을 집어삼키는 꼴을 스스로 방관했던 거예요. 인기가 그에게 모든 걸 가져다줬지만요. 슬프게도요."

10년이 지나면서 엘비스의 문란한 사생활은 세트장에서도 드러나기 시작했다. 1966년 9월 그가 〈이지 컴, 이지 고(Easy Come, Easy Go)〉의 세트장에 나타났을 때 제작자들은 그의 몸무게가 늘어난 걸 보고 너무나 놀랐다. 할 윌리스, 파커 대령, 파라마운트 픽처스 임원들이 모여 열띤 토론을 하고 여러 개의 메모를 나눴다.

2년 전 엘비스 주연의 〈라우스트어바웃〉을 감독했던 존 리치는 그가 뚱뚱해진 걸 보고 적이 실망했다. 그는 프레슬리가 고고클럽에서 가수로 겸업하는 해군 잠수병 역을 할 거라고 지적하며 말했다.

"옷은 계속 타이트해지는데 우리의 주인공은 점점 더 뚱뚱해지네요."

파라마운트 임원 폴 네이선은 펄쩍 뛰며 강조했다.

"해군이 뚱뚱해서 되나."

할 윌리스는 엘비스에게 체중 얘기 좀 하라고 대령을 다그쳤다. 윌리스는 프레슬리의 머리를 부풀려서 퐁파두르 스타일로 손질하는 것도 우스워 보이기 시작한다고 생각했다.

"가발처럼 보이잖아요."

〈이지 컴, 이지 고〉를 만드는 동안 프레슬리는 보기 드물게 세트장에서 성질을 부리기도 했다. 존 리치가 프레슬리와 마피아들의 장난에 지쳐서 엘비스에게 가벼운 핀잔을 던지고 친구들을 세트장 밖으로 몰아내자 프레슬리가 폭발하고 말았던 것이다.

"내 말 좀 들어봐요. 우린 이 영화가 재밌다고 생각하니까 하는 거지 그 이상은 없어요. 그런데 이제 재미없어졌으니 그만둬야겠네요."

마피아 멤버들은 세트장에서 쫓겨났다고 불만을 표시했다.

그들이 알지 못한 사실은 할 윌리스가 이 스타에 대해 더 장기적인 관점을 취하고 있었다는 점이다. 엘비스의 마지막 영화 〈프랭키 앤 자니〉의 박스 오피스 수입은 별로 고무적이지 않았다. 제작간부의 얘기가 의미심장하다.

"전국적으로 죽어가고 있어요."

〈이지 컴, 이지 고〉는 월리스와 만든 마지막 영화였고, 계약의 갱신은 이루어지지 않았다. 이 로큰롤 반항아는 아직 몰랐지만 그의 영화인생은 곧 끝날 터였다.

25

날 가두지 마
—Don't Fence Me In

60년대 중반이 막 지나자 엘비스는 벨 에어의 요란한 삶에서 돌아와 집에 있는 여인에 대한 애틋함을 만끽했다. 그의 할리는 다시 이른 새벽의 멤피스를 질주했다. 엘비스와 프리실라는 보석상을 돌아다니며 쇼핑을 즐겼고 군중들과 따로 떨어져 그들만의 특별한 마라톤 심야영화를 관람했다. 일부 마피아 친구들은 보스가 여자친구에 대해 마침내 정신을 차렸다

팬들에게 둘러싸인 엘비스. 1956년 6월 롱비치 시민회관에서.

고 추측했다. 어떤 친구들은 천박하게도 강단 있는 할리우드의 예비 스타들에게 지쳐서 결국 여러 친구들끼리 붙인 별명인 '저장해둔 물건' 프리실라에게 결혼까지도 포함된 기회를 준 것이라고 믿었다.

사실 경제적, 예술적, 감정적으로나 연애면에서도 엘비스가 그레이스랜드와 프리실라에게 돌아온 데는 여러 가지 이유가 있었다. 일단 더 이상 영화일이 즐겁지 않았다. 무미건조한 영화 사운드트랙말고는 그를 녹음실로 유인할 수 있는 것이 없었다. 멤피스는 탈출구를 제공한 것이었다.

대령의 '어디 한 군데에 궁둥이좀 붙이고 살아라.'는 재촉과 프레슬리를 가장 많은 돈을 받는 연예인으로 만들어준 그와의 계약이 결합하여 귀향이 이루어진 것이기도 했다. 이제 끊임없이 바뀌는 그의 배역 중에서 '지주' 역할에 탐닉할 때가 온 것이다.

롤 플레잉은 그의 존재이유였다. 그것이 삶의 여정을 지배했으며 심지어 엘비스 자신이 되기로 결심했을 때에도 마찬가지였다. 풋볼 헬멧, 어깨 패드, 풋볼셔츠 등 완전히 장비를 갖추는 것은 월요일 밤과 주말마다 풋볼 게임을 볼 때 보통 있는 일이었다.

어렸을 때는 완벽한 카우보이 복장을 갖추고 미시시피 앨러배마 페어의 사진사 앞에서 자랑스럽게 포즈를 취했다. 흄스 하이에서는 ROTC 군복을 즐겨 입었다. 독일에서는 모범적이고 빈틈없이 차려입는 군인이었다.

비서 베키 얀시는 그가 할리우드에서 요란한 의상까지 가져왔다고 회상했다.

"영화에서 입었던 의상을 되는 대로 걸치고 그레이스랜드를 돌아다니곤 했죠."

〈해럼 스캐럼〉을 제작하는 동안은 중동에 흥미를 느껴서 흘러내리는 바지와 셔츠를 입고 터번을 쓴 채 집 주위를 돌아다녔다.

1960년대 초의 어느 늦은 밤 닐 그레고리 기자가 마침 침례교 기념병원에 있었는데 프레슬리가 작은 부상을 입은 사촌을 데리고 들어왔다.

"전 그걸 잊지 못할 거예요. 엘비스가 타이트한 검은 바지에 밝은 빨강 셔츠를 가슴까지 풀어헤치고 요트모자를 썼거든요. 여긴 멤피스라는 걸 염두에 둬야 해요. 셔츠를 열어제치거나 요트모자를 쓰고 돌아다니는 사람은 없어요."

1970년대에 접어들면서 그는 배지, 총, 경찰복을 수집하여 고속도로에서 경찰놀이를 하는 데 이용했다. 때로는 당연히 놀란 과속 운전자들을 길옆에 세우기도 했다.

한번은 가라테 도장에 전통 가라테 도복인 '기(gi)'를 입고 나타났다. 머리를 안 감았기 때문에 쓸 수밖에 없다며 머리에는 두건까지 두른 상태였다.

"항상 과했죠."

고모 델타 매이가 회상했다.

짧았던 '신사농장주인' 시기가 프리실라를 놀라게 한 것은 그다지 좋은 일이 아니었다.

하루는 그가 평소와 다르게 새벽부터 프리실라를 깨운 다음 그레이스랜드의 뒷계단으로 데리고 갔다.

"거기서 기다리며 흰 스타킹 한 짝을 신은 아름다운 검은 경주마를 봤어요. 전 달려가서 그를 붙들었죠. 그가 제게 머리를 대고 문지르는 바람에 전 '당신, 설마…….' 하고 말했죠."

며칠 지나 아름다운 황갈색 경주마가 엘비스 앞에 나타났다.

"자, 타자."

그는 경주마에 올라 이름을 라이징 선이라 지었다.

"나가자. 들판에는 우리 둘밖에 없을 거야."

그런 목가적인 취미도 조금 놀다가 싫증을 내는 엘비스의 성미 때문에 십여 마리의 말을 마피아 부부들에게 사주면서 끝났다. 다음에는 화이트 헤이븐에서 가장 구색이 다양한 웨스턴 가게에 그들을 끌고 가서 화려한 최신 의상을 입혔다. 프레슬리는 미친 듯이 옷을 집어들었다. 주말용으로 진짜 작업복을 여러 벌 사기도 했다.

그레이스랜드의 측근들은 엘비스와 프리실라를 선두로 로데오 복장을 한 채 넓은 마당을 뛰어다니곤 해서 날마다 문 앞에 모인 팬들을 즐겁게 했다. 항상 연기하는 듯 보이던 프레슬리는 자신을 인정해주는 관중들이 보는 가운데 친구들과 경주를 벌이는 것도 좋아했다.

놀라운 일도 아니지만 프리실라가 말했다.

"계속 우리끼리만 있고 싶어했어요. 함께 다니던 그룹은 우리가 믿는 사람들이었죠. 외부의 친구는 안 만들었어요. 우리는 커다란 방울 속에서 산 거죠."

그 방울 속에서 그녀는 그의 집중적인 관심을 받기 힘들었다.

"엘비스는 아주 복잡하고 변덕이 심했죠. 전 그의 변덕에 잘 맞췄고요. 안 그러면 제가 버틸 수도 없었을 거라고 생각해요."

그런 변덕이 어느 주말 드라이브 후에 터져나왔다. 그녀와 엘비스는 앨런 포르타스를 태우고 주 경계선을 가로질러 미시시피 혼 레이크를 지나 달렸는데, 벨벳과 같은 초록빛 언덕에 다리가 가로 놓인 호수가 있는 20만 평의 땅과 그 한가운데에 있는 대지와 남북전쟁 이전식 농가를 발견했다. 이상하게도 6미터 높이의 콘크리트 십자가도 있어서 오후의 열은 햇살을 받고 있었고. 그늘에서는 가축들이 풀을 뜯고 있었다.

"엘비스, 이거 봐. 예뻐."

프리실라가 감탄하자 프레슬리는 차를 세우고 그 땅을 둘러보았다. 그녀는 완전히 매혹된 상태였다.

"엘비스, 저 아름다운 집을 봐. 내가 꿈에 그리던 집이야."

엘비스는 눈 위에 손을 올려서 시야를 좁히고 자세히 살펴보았다. 그러다 시선이 그 십자가에 머무르자 "좋은 징조."라고 중얼거렸다. 그는 몸을 돌리며 결심한 듯 말했다.

"이걸 사야겠어, 프리실라. 우릴 위해서. 우리에겐 평화가 없어. 이건 우리 소유가 될 거야 . 돈이 얼마가 들건 상관없어."

그녀는 그레이스랜드로 돌아오는 동안 그에게 몸을 가까이 밀착시켰는데, 눈보라가 심해지고 있었다.

"몇 초만 지났어도 보지 못할 뻔했어."

아침에 나쁜 소식이 찾아왔다. 그 100년 된 농장이 매물로 나와 있었다. 귀한 산타 제르투루디스종 소 150마리까지 얹어준다는 조건이었다. 그러나 희망가는 50만 달러나 했다.

"안 돼."

버넌은 사무실에서 펄쩍 뛰었다.

"안 돼. 절대 안 된다고. 있는 돈 씨를 말리겠다는 거냐."

"아빠, 일단 가서 한 번만 봐요. 그 다음에 아니라고 해요."

엘비스가 애원했다.

설득이 필요했지만 엘비스는 습관대로 원하는 것을 얻었다. 72시간 내에 서류에 사인했고 프리실라와 엘비스는 며칠 동안 짐을 옮겼다. 그 농장은 그레이스랜드를 따서 서클 G(Circle G)라고 이름지었다.

첫날 아침 엘비스는 양가죽 라이닝이 달린 농장용 코트를 입고 롱부츠를 신은 다음 농장 경계를 따라 거닐기 시작했다. 족히 점심때까지 걸었다. 그리곤 활활 타는 난롯가에 어엿한 주부같은 프리실라와 함께 앉았다.

"제 의도는 주변 사람들 없이 우리만 있는 거였죠."

프리실라는 요리를 하고 빨래를 하고 새벽에 말 타러 가는 등 엘비스를 혼자서 돌보는 꿈을 꾼 것이었다. 달콤하고 순진한 아내다운 환상이었지만 프레슬리의 복잡하고 비정상적인 상태로 볼 때 비현실적이었다.

엘비스는 해가 지기 시작하자 시계를 보았다. 9시간 동안 시골에 숨어 지내다 보니 점점 따분해지기 시작했다. 그는 프리실라가 지켜보는 가운데 수화기를 들고 단골 포드, 쉐비 대리점에 전화를 걸어 고급형 포드 란체로 여섯 대와 고급형 쉐비 엘 카미노 여덟 대를 주문한 다음 24시간 내 배송을 요구했다.

"내일 당장 필요해요. 어디서 구해 오든 상관없어요."

세일즈맨은 밤늦게까지 수화기를 내려놓지 못했다. 멀리서부터 직접 트럭을 몰고 오는 딜러도 있었다.

결국 프레슬리는 25대가 넘는 트럭을 샀다.

"원하건 말건 모두에게 한 대씩 돌아갔죠."

앨런 포르타스의 회상이다.

프레슬리는 목수와 전기공들도 고용했다.

"이건 농장이라고. 픽업트럭이 있어야 해."

프레슬리 엔터프라이즈의 수표에 함께 사인하느라 이 딜러 저 딜러 찾아다니며 동분서주했던 버논은 걱정이 태산같았다.

새벽 2시에 당시 직원대표였던 마티 래커 등은 엘비스가 진흙과 눈을 치우기 위해 트랙터에 타고 있는 것을 지켜보며 걱정스럽게 시선을 나누었다. 그 후 버넌이 농장의 작은 사무실을 나와 기다란 계산기 영수증을 들고는 손전등으로 비췄다.

"뭐야, 이거! 내 아들이 트럭에 9만 8000달러를 썼잖아. 이거 보라고!"

프레슬리는 계속해서 로드 그레이더, 트랙터, 울타리 만드는 장비를 샀다. 버넌은 무기력하게 덧붙였다.

"그앨 말릴 수가 없어."

프리실라의 로맨틱한 꿈은 끝나버렸다.

엘비스와 친구들은 농장을 돌아다니며 헐거운 울타리 기둥을 모두 확인했다. 라마는 잔뜩 메모를 해가면서 말 위에서 조심스럽게 균형을 잡고 있었다. 보스가 마침내 집에 가라고 풀어줬을 때는 어두워지고 나서도 한참 후였다. 엘비스는 친구들이 가버리는 것을 달가워하지 않았다.

"이걸로는 충분하지 않아, 라마. 이제 막 재밌어지는데 모두 떠나보낼 순 없지. 농장에서 저녁을 먹고 내일 계획을 세우자. 기초 공사를 하고 모두들 여기다 집을 지어서 우리만의 공동체를 만드는 게 어때?"

라마 파이크는 눈알을 굴렸다.

버넌은 그 계획을 듣고는 집 짓는 비용을 포함해 마피아 단지를 만드는데 500만 달러는 들 거라고 경고했다.

"불가능해!"

엘비스는 기꺼이 타협했다.

"좋아요, 아빠. 대신 모두에게 트레일러만 돌리죠. 구할 수 있는 거 중에서 가장 좋은 것으로요. 그리고 프리실라랑 전 본채에서 살 거예요."

버넌은 끙끙거렸다.

"하지만 엘비스야, 콘크리트 기초, 배관 등 설비도 시공해야 할 거다."

"그건 알아요, 아빠. 바로 그래서 제가 아빠한테 내일 그쪽을 계약하라고 부탁드리는 거예요."

실제로 불도저, 잭해머 등을 계약했다. 이제 곧 트레일러촌이 생길 판이었다.

개를 좋아하고 침팬지 스캐터도 돌보던 앨런 포르타스가 가축이나 농장에 대해 아무것도 몰랐지만 서클 G의 직원대표가 되었다. 엘비스는 그에게 시중에서 가장 고급스런 침실 두 칸짜리 트레일러를 골라주었다. 벨벳 카펫, 덴마크식 모던소파, 오리털 퀼트시트가 있는 침대에 포마이카 주방이 딸려 있었다.

"24시간 내에 트레일러가 필요해요."

엘비스는 딜러에게 말했다.

"오늘 15만 달러가 넘는 수표를 받을 거예요."

세일즈맨은 말을 더듬었다.

"하지만 프레슬리 씨, 그건 불가능해요."

그는 전국에서 이동주택이 달려오도록 계약해야 했다.

"글쎄요, 절충을 하죠."

엘비스가 한발 양보했다.

"48시간 특급으로요."

이틀 후 프리실라는 세미트레일러와 이동주택이 집 앞에 주차하는 괴성을 듣고 깜짝 놀랐다. 약속한 시간에 12대 이상의 트레일러가 도착한 것이었다.

그녀는 시간이 좀 지나서 엘비스가 앨 포르타스의 트레일러를 자랑하자 마음이 조금 누그러졌다. 빛나는 포마이카, 스타일리시한 카펫 등 모랫빛 인테리어였다.

"이야, 너무 좋다!"

프리실라는 덴마크식 소파를 시험해보고 침대 위에서 팔짝 뛰어보았다.

"엘비스와 내가 여기 있으면 더 친밀해질 텐데."

엘비스 자신도 진줏빛 캐비닛, 합성수지로 표면처리를 한 포마이카 주방에 매혹되어 손으로 두드리며 인정하듯 말했다.

"맞아. 정말 잘 빠졌는데."

엘비스와 프리실라는 거의 동시에 결정했다.

"여기로 이사오자."

두 사람은 그날 당장 농장옷을 모아서 그 트레일러로 들어갔다.

"전 그렇게 만족스러울 수가 없었죠."

몇 년 뒤 프리실라는 즐겁게 회상했다.

"너무나 자랑스러워서 포마이카와 카펫을 청소하고 농장 스타일의 식사를 준비했어요. 우리만 함께 있고, 쇼 비즈니스가 끼어들지 못했기 때문이죠."

조 에스포지토는 프레슬리가 트레일러를 선호한 것에서 그의 가장 매력적인 특성을 엿볼 수 있다고 봤다. 그는 비용이 얼마가 들던 좋아하는 건 무조건 좋아했다.

"백만 달러짜리건 한 푼짜리건 상관없었어요. 마음에만 들면 한 푼짜리도 골랐어요. 사람들이 엘비스더러 취미가 괴상하다고 하면 그는 한마디로 잘라 말했죠. '그래서, 어쩌라고?'"

새로운 삶에 대한 엘비스의 열망은 끝이 없었다. 엘비스는 새벽부터 카우보이들을 몰고 나갔다.

"전 그걸 잊을 수가 없어요."

라마 파이크가 추억을 떠올린다.

"새벽 여섯 시라 미시시피가 아직 얼어붙었는데도 엘비스가 문을 쾅쾅 두드리는 거에요. 전 티셔츠랑 속옷만 입고 문을 열었다가 TV시리즈〈댈러스〉에서 바비 이윙이 입은 카우보이 의상을 그대로 차려입고 서 있는 그와 마주쳤죠. 우린 그냥 눈밭을 말 타고 다녔죠. 너무나 추웠고 엄청 따분했죠. 그런데 엘비스가 커다란 녹색 쓰레기 봉투를 말안장 뿔에 매달고 돌아다녔죠."

멤피스 마피아는 쓰레기 봉투를 보고 기가 막혔다. 한 시간 남짓 흐르자 엘비스는 라이징 선을 세우고 쓰레기 봉투로 손을 넣더니 거대한 핫도그 빵을 꺼냈다. 그리고 오전 내내 그 음식봉투에서 꺼낸 빵을 먹었다.

그의 광적인 에너지는 사방으로 뻗쳤다. 한번은 엘비스가 땅을 다지는 불도저에 올라타더니 아무 흔적없이 하얀 눈 언덕을 뚫고 그물같이 길을 내기 시작했다.

"다들 나와!"

그는 다른 사람들에게 소리질렀다.

"시간은 부족하고 할 일은 많다구."

친구들은 제대로 옷도 못 입고 허둥대는데 모피를 두르고 깃털모자를 쓴 프레슬리가 성난 듯 눈을 치우며 언 땅으로 향하는 것이 아닌가. 금세 들판은 도시촌놈들이 땅을 갈아엎느라 내는 불도저 굉음으로 가득 찼다.

적어도 그런 활력은 그가 먹던 약의 힘 때문에 가능한 것이기도 했는데, 그 무렵 새로운 인물이 그의 삶에 가세했다. 어느 날 오후 프레슬리가 말을 너무 많이 타서 의사를 불러야 했다. 그런데 주치의가 시내에 없었으므로 조지 클라인은 자기의 주치의인 조지 니코풀로스 박사를 예약했다. 그는 멤피스에서 가장 인정받는 의사였다.

차를 몰고 서클 G까지 48킬로미터를 달려온 니코풀로스는 트레일러 계단에서 기다리는 연예인을 발견했다. 엘비스 프레슬리는 안장과 부딪혀 엉덩이에 염증이 생긴 것이었다.

"짜증나는데요, 니코풀로스 박사님. 말을 너무 많이 탔거든요."

"그의 트레일러에 들어가 몇 분간 얘기했죠."

니코풀로스 박사의 말이다.

"그런 다음 그의 상처를 봤어요. 사실 그는 아직 새 영화를 시작하고 싶지 않은데 곧 캘리포니아로 떠나야 했어요. 그래서 저더러 대령에게 아직 영화를 시작할 수 없다고 전해달라는 거였죠. 그는 절 이용해서 자유롭게 풀려나고 싶었던 겁니다."

그는 상처에 바를 연고를 주었다. 프레슬리는 시내로 돌아가는 길에 그레이스랜드에 들러서 미니 매이를 진찰해달라고 부탁했다. 그녀는 감기 때문에 호흡이 좀 곤란한 상태였다.

니코풀로스는 그레이스랜드에 가서 미니 매이의 진찰을 끝낸 다음 프레슬리의 전화를 받았다.

“여기로 다시 와주실 수 있을까요? 제가 진찰받을 일이 또 있어요.”

태평한 성미의 니코플로스는 다시 미시시피를 향해 출발했다.

“전 20분 정도 얘기한 다음 멤피스로 돌아갔죠.”

멤피스에 돌아왔지만 다시 한 번 엘비스의 전화를 받았다.

“닉 박사님.”

그는 덤덤하게 오늘날까지 지속될 별명을 불렀다.

“다시 와주셨으면 해요.”

조지 니코풀로스 박사는 그날 들어 세번째로 서클 G에 들렀다. 외로운 엘비스 프레슬리는 그냥 얘기를 하고 싶어했던 것이다.

이야기를 나누던 중 박사는 엘비스 프레슬리가 외로움 이상의 문제로 고통받는다는 사실을 깨닫게 된다.

그 농장을 방문한 사람들은 프레슬리가 얼마나 멋져 보였는지 언급하곤 했다. 구릿빛으로 그을린 피부에다 염색한 머리를 길게 놔둬 서서히 은빛이 섞여들고 있었다. 거기다 웨스턴 스타일로 차려입었으니 그야말로 남자다운 모습이었다.

하지만 그는 약에 의존할수록 약을 구하려는 노력이 때로는 절박하다 못해 코믹했다. 마티 래커를 시켜서 이틀에 걸쳐 세 번이나 라스베이거스의 맥스 샤피로 박사가 쓴 처방전을 받아 지역 약국에서 약을 얻었다. 그런데 세번째는 주머니와 서류가방 전체가 약으로 가득 찬 탓에 공항의 검색이 걱정되었다. 래커는 그 불법 약물을 전달하고 통보하듯 말했다.

“집에 갈래. 다시는 나한테 전화하지 마.”

몇 시간이 지나 엘비스는 래커의 집 현관문을 두드리고 있었다.

“아냐! 문 안 열 거야.”

래커는 강하게 거절했지만 프레슬리가 문을 부수겠다고 협박하자 결국 굴복하고 말았다. 그는 속옷 차림에 침실 슬리퍼 한 켤레만 신은 채 문을 열었다.

엘비스는 열쇠 꾸러미를 흔들며 말했다.

"이리 나와봐. 너한테 보여줄 게 있어."

래커는 서리 내린 아침에 거의 벌거벗은 채 나왔다가 포드 란체로를 선물받았다. 원래는 프리실라에게 사준 차였다. 그는 너무나 약에 취한 나머지 이미 준 선물을 다른 사람에게 나눠줄 때도 있었다.

이어서 일요일에 약이 떨어진 사실을 발견했다. 그와 친구들은 그 지역의 월그린스에 차를 몰고 갔는데, 하필 쉬는 날이었다. 프레슬리는 전화번호부에서 약국 주소를 뒤지자고 제안했다.

"이 사람은 의사 같은데. 집에 약이란 약은 죄다 갖고 있을 거야."

그들은 공중전화 부스에 들어가서 주소를 찾아낸 다음 곧장 출발했다.

약사는 문을 열다가 카우보이 모자, 양가죽 코트, 부츠를 착용한 엘비스 프레슬리를 발견하고 뒤로 물러섰다.

"잠깐 얘기할 수 있을까요?"

엘비스는 당황해하는 친구들과 거침없이 걸어들어가 식탁에 앉았다. 그리곤 통증과 고통에 대해 털어놓은 다음 이를 해결해줄 약들을 자세히 열거했다. 투이널, 데스뷰털, 플래시들, 에스카트롤 등이었다.

약사가 의약품 캐비닛을 확인하려고 일어나자 엘비스는 뻔뻔스럽게도 직접 고르기 위해 그를 쫓아갔다. 엘비스가 병마다 만지작거리는 걸 보고 약사가 화를 내자 차분하게 말했다.

"아무 말 안 하시면 우리도 안 할게요."

프레슬리는 친구들과 나가면서 그날 받은 약에 대해 처방전을 얻어오겠다고 약속했다.

며칠 후 프레슬리는 약에 너무 취해서 트랙터에서 떨어질 뻔했다. 만일 라이징 선을 타는데 약기운이 발동했더라면 고삐를 늦춘 채 말에게 길을 맡겨버릴 뻔했던 것이다. 친구들은 엘비스가 가수면 상태로 좌석에 기대어 있는 것을 발견하곤 했다. 빌리 스미스의 말을 들어보면 〈캣 벌루〉에서 리 마빈이 취한 상태로 말에 계속 매달려 있는 총잡이 연기를 한 것보다 엘비스가 더 훌륭했다고 한다.

약물이 엘비스 프레슬리의 삶을 점점 더 지배해갔지만 아버지의 관심사는 그레이스랜드와 엘비스의 헤퍼지는 씀씀이를 해결하는 데 필요한 돈이었다. 버넌은 아들의 약물중독이 얼마나 해로운지 제대로 이해하지 못했다. 엘비스가 죽고 나서야 아들이 얼마나 도움을 원했는지 깨달았다.

단기적인 해결책은 엘비스, 특히 프리실라에게는 어려웠지만 간단한 일이기도 했다. 버넌의 요청으로 파커 대령이 엘비스를 할리우드로 보내서 또다시 영화와 녹음 일정에 묶어두는 벌을 내린 것이었다.

그러나 프리실라는 군말 없이 카우보이 의상을 싸지 않았다. 짐을 조용히 싸지 않았다. 뭔가 굳은 결정을 내린 것이었다.

5년간의 떠들썩한 동거 끝에 결혼한 엘비스와 프리실라. 1967년 5월 1일, 라스베이거스에서.

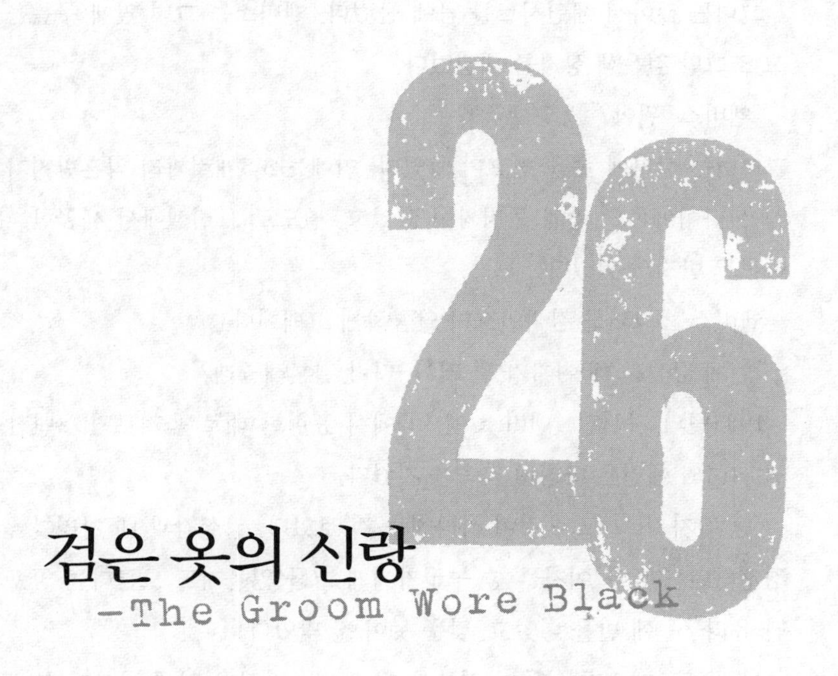

검은 옷의 신랑
-The Groom Wore Black

1967년 5월 1일 엘비스 아론 프레슬리와 프리실라 볼리외의 결혼은 공식적인 버전에 따르면 사랑스러운 동화처럼 보였다. 무릎을 꿇고 청혼했고, 소형 제트기 리어젯이 밤하늘의 별 사이를 날아다녔으며, 호화로운 여섯 단짜리 케이크도 마련했다. 아름다운 신부는 눈물을 흘리는 하객들 앞에서 미남 신랑 옆에 수줍게 달라붙어 있었다.

공식적인 청혼은 1966년 크리스마스 이브에 그레이스랜드 맨션에서 수백만 개의 불빛이 반짝이고 소나무 향기가 가득 퍼지는 가운데 이루어졌다. 엘비스가 침실문으로 미끄러져 들어왔을 때 프리실라는 실크잠옷을 입고 머리 위에 벨벳리본을 묶은 모습으로 잠자리를 마련했다.

"실라, 파이어 아이스(Fire Eyes, 실라가 엘비스에게 붙인 별명)가 널 위해 아주 특별한 걸 준비했어. 나를 바라봐."

그녀는 앉아서 새틴시트를 몸에 둘렀다. 엘비스는 그녀 앞에 무릎을 꿇고 조그만 검은색 상자를 내밀었다.

"엘비스, 뭐야?"

그녀는 상자에 손을 뻗으며 물었다. 안에는 3.5캐럿짜리 약혼반지가 더 작은 다이아몬드 링에 둘러싸여 있었고, 별도로 브뤼셀에서 세공한 다이아몬드 반지도 있었다.

엘비스는 그녀를 감싸안으며 달콤하게 고백했다.

"이제 당신은 내 여자가 될 거야. 나랑 결혼해줄래?"

1985년의 자서전 《엘비스 앤 미》에서 표현한 대로 옮겨보면, 8년간 사귄 그녀의 애인은 마침내 약속을 지켰다.

"난 갑자기 그 모든 것이 사라지는 걸 보았다. 상실감과 내 자리를 놓고 경쟁하던 수많은 여자들 중 누군가에게 그를 잃을지도 모른다는 공포가. 난 유리구두에 발을 넣었고, 맞춘 듯이 잘 맞았다."

이제는 프레슬리 신화의 일부가 된 프리실라의 설명에 따르면 봄에 있을 결혼식까지 여러 주가 쏜살같이 지나갔다. 5월 1일 새벽이 되기 전 라스베이거스에서는 열광적인 모임이 시작되었다. 눈부신 커플은 조지 클라인, 조 에스포지토와 그의 아내 조니와 함께 프랭크 시내트라의 비행기 리어젯 크리스티나를 타고 맥캐런 공항의 활주로에 착륙했다. 여러 대의 리무진이 그 일행을 클라크 카운티 사무소까지 에스코트하기 위해 대기하고 있었다. 엘비스는 몸에 지닌 현금이 없어서 에스포지토에게 등록요금 15달러를 빌려야 했다.

그 다음 DC-3기가 도착하여 볼리외 가족, 디 프레슬리와 버넌 프레슬리를 내려주었다. 호들갑떠는 톰 파커는 이틀 전부터 라스베이거스에 머물며 결혼식과 함께 10만 달러짜리 아침식사를 준비했다. 알라딘 호텔이 식장으로 정해졌다.

9시 41분, 25개의 예배용 촛불 앞에서 네바다 대법원 판사 데이비드 지노프는 8분간의 예식을 끝냈고, 그 와중에 프리실라는 남편을 '사랑하고, 존경하고, 소중히 간직하고, 남편에게 위로가 될 것'을 맹세했고 '신부에게 키스해도 좋습니다.'는 선언이 잇따랐다.

기자회견과 아침 리셉션이 빠르게 이어진 다음, 엘비스와 프리실라를 태운 리어젯이 미리 임대한 팜 스프링스 맨션에 해질 무렵 도착했고, 두 사람은 달콤한 신혼저녁을 보냈다.

여기까지가 공식적인 버전의 해피엔딩이었다.

그럼 실제 이야기는 어떨까? 1974년 인터뷰에서 프리실라는 결혼얘기가 나온 이유를 고백했다.

"전 당시 사회적으로 허용되지 않는 관계를 맺고 있었어요. 한 남자와 사는 십 대 소녀였죠."

엘비스가 자기 일에 결혼이 미칠 영향을 걱정한 사실을 설명하며 솔직히 덧붙였다.

"전 그 점이 우리 관계에 어떤 영향을 줄지 궁금했어요."

프레슬리는 11월 어느 날 마티 래커에게 고민을 털어놓았다. 엄청난 압박감에 짓눌린 듯 보였다.

"선택의 여지가 없어. 이번 봄에 프리실라와 결혼해야 돼. 반지를 주문해야겠어."

래커는 친구가 농담하는 거라고 생각했지만 엘비스는 심각해 보였다.

"네가 원하는 거야?"

엘비스는 고개를 저었다.

"아니, 지금은 아냐. 젠장, 아니지."

그는 프리실라도 아직 준비가 안 되었다고 덧붙였다.

래커는 친구의 어깨에 팔을 둘렀다.

"야 E(친구들이 부르는 엘비스의 약칭—옮긴이), 원하지 않는 거면 할 필요 없어. 가서 아니라고 말해."

"그럴 수 없어. 프리실라의 아버지가 대령에게 연락해서 실라가 이제 스물한 살이니까 결혼해서 약속을 지키라고 요구했어."

"빌어먹을! 넌 엘비스 프레슬리야. 아니라고 해!"

래커는 분노했다.

"내 말 못 알아듣니? 마티, 난 선택의 여지가 없다니까. 볼리외 부부가 대령한테 제리 리 루이스가 십 대 사촌과 결혼하고 겪은 수모를 나도 똑같이 겪게 만들겠다고 했대. 내 이미지는 완전히 무너지겠지. 다 박살날 거야. 모든 게 끝장일 거라구."

"이게 다 프리실라 짓이야? 그럼 가서 얘기해봐."

"싫어. 프리실라와 난 합의한 게 있다구. 프리실라가 먼저 나한테 얘기했어야 했는데."

몇 년 후 래커는 의아해했다.

"엘비스가 그때 안 된다고 했다면 어떤 일이 일어났을까요?"

소송이 있었을까? 엘비스와 프리실라가 이미 5년 동안 그랬던 것처럼 그냥 같이 살았을까? 아니면 애니타 우드가 그랬던 것처럼 그녀가 조용히 떠났을까?

래커가 알지 못했던 사실은 두 대령, 즉 볼리외와 파커가 나서서 결혼얘기를 꺼냈다는 점이다. 그들은 1월에 멤피스의 한 교회에서 엘비스와 프리실라를 결혼시킨 다음 남부식으로 성대한 연회를 베풀 작정이었다. 프레슬리는 무리해서 구입한 미시시피의 대농장 때문에 경황이 없다고 핑계를 댔다. 하지만 일단 농장을 사고 나자 결혼을 미룰 만한 핑계가 없었다.

세계 최고의 신랑감에게 경기종료 휘슬이 울린 것이다.

빌리 스미스가 얘기했다.

"엘비스는 5년 동안 프리실라와 지냈어요. 기회만 있으면 그녀를 버리고 싶어했죠. 하지만 그녀는 부모에게 하소연한 다음 엘비스에게도 불만을 늘어놓았죠. 그에게 약속을 지키지 않으면 세상 사람들에게 자기 얘기를 하겠다고도 했어요."

그레이스랜드와 벨 에어의 여러 모임에서 이미 소문이 돌았다. 프리실라의 아버지가 미성년자와 함께 성적인 목적을 위해 주 경계를 넘을 수 없다는 '만 법안(Mann Act)'을 들먹이며 혐의를 주장하겠다고 협박했다는 말도 있었다. 의붓딸이 엘비스의 변덕 앞에 풍전등화 신세가 된 지난 5년간 아버지로서 참을 만큼 참았다. 엘비스가 결혼을 포기하는 조건으로 프리실라에게 수백만 달러를 주려 했다는 말도 있었다. 그리고 당시 배우 로저 스미스와 약혼한 앤 마그렛에게 다시 접근했다는 말도 돌았다. 앤 마그렛과 로저 스미스는 엘비스와 프리실라가 결혼한 지 겨우 일주일 뒤에 라스베이거스에서 결혼했다. 대령이 결혼을 이용해 엘비스를 더 통제하려고 했다는 말도 빠지지 않았다.

라마 파이크가 지적한 대로였다.

"그 모든 계약이 두 대령 사이에서 오갔죠. 제가 추측하기엔 엘비스가 싫다고 할 수도 있었지만, 그랬다면 제리 리 루이스 신세가 되리란 걸 알았을 거예요."

1967년이 밝아오자 프레슬리 측근들은 엘비스가 25번째 영화작업을 시작할 수 있도록 벨 에어에 있는 농장 스타일의 집을 임대하여 짐을 풀었다. 〈클램베이크(Clambake)〉는 더 가벼운 오락물이었다. 《왕자와 거지》의 내용을 살짝 바꾼 것인데, 석유재벌의 아들이 노동자와 신분을 바꾼다는 스토리였다. 이 영화를 촬영하는 동안 프리실라는 마침내 멤피스의 신비한 여자친구라는 위치를 벗어났다.

그녀는 공공연하게 세트장을 방문했다. 파커 대령과 볼리의 부인도 마찬가지였다. 그런데 일부 컬럼니스트들에게 프리실라는 난데없이 뚝 떨어진 존재로 비춰졌다. 『허스트 신디케이트(Hearst Syndicate)』의 도로시 트렐로어는 프리실라가 대중 앞에 떠오른 당시를 회상하며 말한다.

"그녀가 나타났을 때 우린 이름과 얼굴을 매치시키지 못했죠."

루엘라 파슨스의 보조 출신인 트렐로어는 이런 경고조의 칼럼을 썼다.

"이 남자는 십 년 동안 할리우드에서 잘나가던 총각이었어. 너무 늦게 나타났다고."

엘비스의 오랜 여자친구가 마침내 뉴스거리가 되자 대령은 결혼하라고 프레슬리를 못살게 굴었다.

"그러나 엘비스는 계속 버텼어요."

마티 래커의 회상이다. 마침내 대령은 두 가지를 들어 결혼을 강요할 수 있었다.

첫째는 돈이었다. 프레슬리의 MGM 영화수익은 새로운 영화가 개봉될 때마다 떨어지고 있었다. 게다가 스튜디오의 지난 40년간의 마케팅 분석에 따르면 하락세를 막는 방법은 충격적인 뉴스를 만들어낼 만한 사건뿐이라는 것이다.

"넌 서른두 살에 아직 미혼이라서 관중들의 절반을 잃어버린 거야."

대령은 결혼만 하면 완전히 달라질 수 있다고 강조했다. RCA가 음반계약에서 윤리조항에 관해 얘기했다는 사실을 암시하며 미묘한 협박도 덧붙였다.

또한 파커는 이어서 찾아온 불운을 이롭게 이용했다. 3월 초에 〈클램베이크〉 촬영에 들어갈 예정이었는데, 엘비스가 벨 에어의 집에서 쓰러진 것이었다. 앨런 포르타스의 얘기를 들어보면 약을 잔뜩 먹고 어지러워서 텔레비전 코드에 걸리는 바람에 욕실에서 넘어진 것이었다. 게다가 머리부터 떨어지는 통에 세라믹 욕조에 머리를 부딪히고 말았다. 기절한 상태로 얼마나 누워 있었는지는 아무도 몰랐다.

"빌어먹을 코드!"

프리실라는 엘비스가 욕하는 소리를 듣고 깜짝 놀라 침대에서 내려왔다가 바닥에 넘어진 그를 발견했다.

"여기서 꺼내줘."

프레슬리는 신음하듯 부탁했다.

"똑바로 누워야겠어."

잠시 후 에스포지토와 친구들이 그를 둘러쌌다.

"맙소사, 엘비스, 무슨 일이야?"

에스포지토가 물었다.

"노새한테 머리를 걷어차인 것 같아."

혹이 부풀어올랐다. 찰리 하지가 만져보았다.

"골프공 크긴데!"

엘비스는 마초같이 우쭐대며 친구들에게 상처를 만져보라고 한 다음 찡그리며 털어놓았다.

"정말 다친 것 같은데."

의사와 대령이 즉시 달려왔다. 의사는 산소호흡기를 가지고 달려오고, 파커는 얼굴에 수심이 가득한 MGM의 임원들을 데리고 왔다.

이제 스튜디오는 그들의 스타에게 문제가 있다는 것을 확실히 알았다. 식습관의 문제는 〈클램베이크〉의 의상을 맞출 때 이미 명백해졌다. 몸무게가 77킬로그램에서 91킬로그램까지 풍선처럼 불어난 것이었다. 잘생긴 얼굴은 허리라인만큼이나 눈에 띄게 부풀었다.

대령은 프레슬리 멤버들에게 화를 냈다.

"빌어먹을! 너희들은 애를 왜 저렇게 내버려둔 거냐?"

그는 일을 못 할 정도라고 판단되면 스튜디오에서 엘비스와의 계약을 취소하리란 걸 몰랐느냐고 다그쳤다.

엘비스 프레슬리는 영화에 입문하고 처음으로 쉬라는 명령을 받았다. 대령은 멤피스 마피아를 쳐다보며 말했다.

"잰 조용히 쉬어야 해. 저앨 방해하지 않았으면 좋겠다. 그 빌어먹을 책도 좀 치워!"

그는 종교와 정신주의에 관한 책더미를 가리키며 말하고는 래리 겔러에게 덧붙였다.

"쟤한테 책을 더 갖다줄 생각은 아예 하지도 마."

일주일쯤 지났을 때 파커 대령은 벨 에어의 집에서 '정상회담'을 소집했다. 먼저 마티 래커, 조 에스포지토와 얘기했다. 마티는 더 이상 엘비스의 직원대표가 아니었다. 그 영예는 이제 조 에스포지토의 몫이었다. 래커는 이제 '특별 프로젝트' 담당이었다. 그 첫번째는 엘비스와 프리실라의 결혼 프로젝트였다.

다음에는 거실에서 전체회의가 열렸다. 엘비스가 친구들을 바라보며 말했다.

"친구들아, 대령께서 할말이 있으시댄다. 지금부터 대령 말씀이 내 말이다."

프레슬리는 대령이 말하는 동안 눈을 내리깔았다.

"일 돌아가는 게 달라졌어."

그는 멤피스 마피아의 새로운 규칙을 자세히 설명했다. 우선 임금삭감이 있었다. 엘비스의 정성 어린 선물도 더 이상 없었다. 게다가 친구들은 개인적인 문제로 엘비스를 찾아갈 수도 없었다.

"엘비스가 무슨 자선하는 예수님인 줄 알아?"

대령이 쏘아붙였다.

"문제가 있으면 조 에스포지토한테 말해. 그러면 조가 나한테 연락할 거야."

프레슬리는 계속 바닥만 쳐다보는 가운데 파커가 명령했다.

"재 좀 가만 내버려둬! 상태가 좋지 않아. 이제 스튜디오에 돌아가서 영화를 시작할 거야. 많은 사람들이 그가 의무를 다할 거라고 믿고 있어."

훗날 마티 래커는 파커의 목소리가 금전출납기를 두드릴 때 나는 차가운 소리처럼 들렸다고 말했다. 파커는 분명히 많은 리스크가 있었다. 그는 아들만큼 사랑한다던 엘비스와 새로운 계약을 체결했다. 새 계약서에 따르면 파커는 유례없이 엘비스가 벌어들이는 모든 수입의 50퍼센트를 차지하게 되어 있었다. 프레슬리가 지불한 비용도 제외한 것이었다.

대령은 떠나기 전에 지팡이에 기대 몸을 돌리며 말했다.

"여기 있는 너희들 모두 운 좋은 것들이지. 지금 상황이 마음에 안 들면 떠나도 좋아. 문은 열려 있으니까. 이 이상 어떻게 더 공정할 수가 있나. 안 그래, 엘비스?"

이 딱한 장면 속에서 프레슬리는 겨우 고개만 끄덕일 뿐 시선을 들지 못했다.

그의 절망감은 기분전환을 위해 멤피스까지 버스를 몰고 돌아가는 동안 더욱 명백해졌다. 프레슬리는 차를 몰고 아칸소 포레스트 시티를 지나다가 우연히 조지 클라인의 멤피스 WHBQ 라디오 쇼를 들었다. 클라인은 톰 존스의 〈그린 그린 그래스 오브 홈(Green Green Grass of Home)〉을 틀고 있었다.

"아름답군…… 아름다워……."

프레슬리는 감탄했다. 버스를 근처 공중전화 부스 근처에 세우더니 마틴 래커를 시켜 클라인에게 그 곡을 다시 틀어달라고 신청하게 했다. 그런 의식은 밤새 계속되었다. 공중전화 부스에 서서 클라인에게 멤피스로 돌아가는 덩치 큰 E를 위해 그 곡을 다시 틀어달라고 했고, 엘비스는 울면서 운전했다.

그레이스랜드에 돌아가서 그는 이상한 행동을 계속했다. 어머니가 옛 침실에 서 있는 것을 봤다고 주장하기도 했다.

"문으로 걸어들어가다 여기 서 계신 걸 봤어. 정말 봤다니까."

엘비스는 당황해하는 친구들에게 맹세코 봤다고 했다.

마침내 〈클램베이크〉의 세트장에 나타난 프레슬리는 보통 때보다 훨씬 얌전했다. 헤어 스타일리스트인 래리 겔러의 눈에는 그가 어둡고 우울해 보였다. 1년 전에 〈스핀아웃〉에서 프레슬리와 일한 적이 있는 상대역 윌 허친스는 "그는 분명 우울해 보였어요."라고 말했다. 하루는 프레슬리가 그를 분장차로 초대해서 새 앨범을 들려주었다. 허친스는 물론 그러겠다고 했다.

"그래서 나는 '야, 이렇게 대접을 받네!' 하고 생각했죠."

하지만 프레슬리가 틀어준 것은 프랑스의 가수이자 배우 샤를르 브와예(Charles Boyer)가 연애시를 낭독하는 앨범이었다. 허친스는 어이가 없어서 입을 다물지 못했다.

"물론 제가 기대한 것은 아니었죠."

마침내 세트장은 전형적인 프레슬리 분위기로 바뀌었다. 테이크 사이사이마다 스타와 멤버들의 바보스러운 장난이 이어졌던 것이다.

"전 이유를 알 것 같아요."

허친스가 설명했다.

"엘비스가 촬영 직후로 결혼날짜를 잡아놓은 상태라서 그 영화는 총각

파티의 연장이었던 거죠."

빅 이벤트가 하루하루 다가와도 설레이는 약혼자라는 인상은 보이지 않았다. 그러나 결혼에 관해서는 친구들의 증언이 엇갈린다.

조 에스포지토는 프레슬리가 마지못해 결혼하는 신랑은 아니었다는 견해를 열렬히 지지한다.

"그는 마침내 프리실라와 결혼한다는 사실에 흥분했어요."

한편 앨런 포르타스는 대령이 엘비스가 결혼하면 사생활이 안정되리라 믿었다는 가설을 내세웠다. 과도한 식탐과 약물복용, 멤피스 마피아에 대한 의존까지 끝낼 수 있다고 봤던 것이다. 포르타스는 더 나아가 오랜 독신생활과 남자친구들 때문에 할리우드에서 엘비스가 게이라는 소문이 돌았을 수도 있다는 극단적인 주장까지 했다. 결혼하면 소문이 잠잠해질 거라고 생각했던 것이다.

반면 래리 겔러는 엘비스가 결혼하면 일부 팬들과 몇몇 멤버가 떠날 거라는 두려움에도 불구하고 프리실라와의 약속을 지키기로 결심했다고 믿었다. 그는 자신들을 사도에 비유하며 영적인 스승에게 말했다.

"예수는 결혼하지 않고 열두 사도를 거느린 채 전국을 떠돌았잖아요."

마티 래커는 곧 있을 결혼 때문에 엘비스가 1966년 11월 들어 수면제를 더 늘렸다고 말했다.

"그는 너무 고통스러워서 잠을 못 이뤘어요."

하지만 오랜 비서인 베키 얀시는 다른 사람들이 뭐라고 하든 엘비스 프레슬리는 본인이 원하지 않는 일은 절대 안 한다고 주장한다.

"물론 결혼도 마찬가지죠."

사랑 때문에 결혼했을까? 아니면 명예 때문에? 버넌 프레슬리는 아들이 죽은 뒤에 가진 인터뷰에서 엘비스는 결혼을 하고 나서야 정말 결혼을 하고 싶은 건 아니었다는 사실을 깨달았다고 말했다.

그런데 엘비스와 프리실라 모두에게 가까웠던 한 저널리스트는 우리에게 특별한 사실을 알려준다.

"프리실라가 그저 서서히 물러가주었다면 그의 삶은 더 행복했을지도 모르죠."

프리실라의 자서전을 도운 샌드라 하먼의 말은 이렇게 이어진다.

"열여섯에 집을 나온 소녀가 그와 산다고 알려졌기 때문에 도덕적인 문제가 있었죠. 결혼말고는 방법이 없었어요. 엘비스는 그녀를 쫓아낼 수도 있었죠. 하지만 그의 이미지는 끔찍해졌을 거예요."

1967년 4월 29일 대령은 엘비스와 프리실라 그리고 양가 가족 몇 명, 마음에 드는 마피아 멤버 몇 명에게 팜 스프링스의 셋집에 모이라고 전했다. 모두들 5월 1일 일찍 라스베이거스를 향해 떠날 예정이었다.

초침 소리와 함께 저녁 시간이 흘러가는 동안 엘비스는 완연히 뒤걸음질 치는 기세였다.

"엘비스는 침대에 파묻혀서 내려오지 않으려고 했어요."

마티 래커가 그렇게 밝혔다. 결국 에스포지토와 그의 아내가 그를 달래서 대기 중인 리무진에 태웠다.

엘비스의 오랜 가정부이자 요리사였던 앨버타는 엘비스가 애칭으로 VO5라고 불렀는데, 엘비스 프레슬리 팬클럽 모임에서 이 날에 대해 제대로 된 설명을 한 적이 있다. 차가 정문에서 기다리는데 프레슬리가 눈물을 줄줄 흘리며 침대에 앉아 있었다는 것이다.

"엘비스 씨, 왜 그래요?"

"결혼하고 싶지 않아요."

"그럼 뭐하러 해요? 결혼하고 싶지 않으면 하지 말아요."

그는 그녀를 주의 깊게 쳐다보았다.

"당신은 이해하지 못해요. 전 선택의 여지가 없어요."

리어젯이 팜 스프링스에서 라스베이거스까지 날아가는 동안 앨러딘의 스위트룸은 만반의 준비를 갖추고 있었다. 수십 명의 숙련된 손길이 향기로운 꽃다발을 미끄러지듯 배치했다. 한쪽에서는 통돼지를 굽고 있었다. 설탕을 발라 굶인 연어도 있었다. 여섯 단짜리 웨딩 케이크에는 장미와 진주 모양의 캔디, 1600개의 장미모양 솜사탕이 뿌려졌다. 기자들이 호텔 로비에 속속 도착하기 시작했다. 톰 파커 대령이 기자회견이 있을 거라고 알렸던 것이다.

그때까지도 결혼식에 대한 공식 발표가 없었다. MGM 홍보담당 스탠리 브로셋은 대령의 전화를 받고 곧 시작될 이벤트를 찍도록 스튜디오 사진사 둘을 불렀다.

"우리한테 가방이나 싸라고 하더라구요. 비행기를 탈 때까지 어디에 가는지도 몰랐죠."

일단 비행기에 오르자 사진사 중 한 명은 '야, 엘비스 프레슬리가 드디어 장가가는구나.' 싶었다고 했다.

"한동안 안 믿겨졌어요."

브로셋은 프레슬리가 결혼은 멤피스의 교회에서 하겠다고 주장하는 것을 오래전부터 들어온 터였다.

"신앙심이 강했기 때문에 라스베이거스에서 결혼하리라곤 상상도 못 했죠."

그는 사진사들과 호텔에 들어가서 세계 각국의 기자들을 보는 순간 생각이 달라졌다.

"대령이 그들과 연락했다는 걸 몰랐어요. 모두 제정신이 아니었어요. 전 뭔가 중요한 일이 일어나고 있다는 느낌이 들기 시작했어요."

할리우드의 로나 바렛 기자는 미디어의 열광을 촉발하는 방아쇠가 돼주었다. 전날 프레슬리가 결혼할 예정이라는 칼럼을 자신의 배급망에 보냈던 것이다. 그러나 결혼식이 팜 스프링스에서 열릴 예정이라고 틀리게 전했다.

"내가 네바다에 도착했을 때 대령이 저한테 처음 시킨 일이 뭔지 아세요? 로나 바렛한테 전화해서 제가 라스베이거스의 엘비스 결혼식장에 있다고 전하라는 거였어요."

브로셋의 회상이다.

브로셋은 결혼식장에서 대령과 함께 사진사의 자리도 잡아주었다.

"자넨 여기 서 있어."

대령은 둘 중 한 명에게 말했다. 그리곤 다른 한 명에게 고갯짓을 하며 덧붙였다.

"자넨 여기 있고."

그들이 자리를 잡자 대령이 또 지시했다.

"예식 내내 움직이면 안 돼. 그러니까 붙박이라 이거야!"

브로셋은 그 룸을 떠나기 전에 카메라맨들에게 속삭였다.

"제발 하라는 대로 해요. 자리에서 움직이지 말아요."

겨우 14명의 하객만 세계에서 가장 유명한 연예인의 결혼식에 초대받았다. 조 에스포지토와 마티 래커는 신랑측 들러리를 맡았다. 신부측 들러리는 프리실라의 열세 살짜리 여동생이었다. 하객 중에는 조지 클라인과 사촌 팻시 프레슬리, 빌리 스미스도 있었다.

브로셋은 대기실 문틈으로 예식을 지켜보았다.

"전 신랑 신부의 등과 목사의 얼굴하고 사진사를 보았어요. 글쎄, 전 그 사진사가 서 있는 곳에서는 신부가 아니라 신부의 베일만 찍힌다는 걸 바로 알아차렸죠. 각도가 잘못되었던 거예요. 전 '어, 움직이지 마.' 라고 생각했죠. 그런데 바로 그때 사진사가 자리를 잘 잡으려고 몇 걸음 나아갔어요. 제가 있는 자리에선 대령을 볼 수 없었지만 그의 지팡이가 예식 중인

데도 사진사의 정수리로 내려가는 건 봤어요. 대령을 아신다면 대령다운 행동이라고 생각할 거예요."

짧은 예식이 끝나자 파커는 곧장 아래층으로 내려가서 기자단에게 발표했다.

"신사 숙녀 여러분, 카메라와 노트를 두고 와주신다면 엘비스와 프리실라의 리셉션 게스트로 초대하겠습니다."

피로연은 결혼식만큼이나 이상했다. 홍보 목적으로 선별된 것처럼 보이는 하객들을 위해 현악 앙상블의 연주가 울려퍼졌다. 아무도 이유를 몰랐지만 하객 중에는 코미디언 레드 폭스와 MGM 임원들, 윌리엄 모리스, RCA 임원들도 있었으며, 몇 명 되지 않는 가족들도 있었다. 하지만 엘비스의 가장 가까운 친구들 중 일부는 초대를 받지 못했거나 참석하지 않기로 했다.

라마 파이크는 테네시 매디슨의 집에서 엘비스가 결혼했다는 신문기사를 읽었다. 레드 웨스트는 라스베이거스 호텔 룸에서 결코 오지 않을 청첩장을 기다렸다. 그는 엘비스의 비서 출신인 아내 팻과 자기가 예식에 초대받지 못했다는 사실을 깨닫고 피로연에 불참하겠다고 선언했다. 나아가 1955년부터 프레슬리와 함께 한 일을 그만두어버렸다.

대령은 큰 방 두 개짜리 스위트룸에 추가로 하객을 받을 공간이 없다고 핑계를 댔다. 그런 거부의 몸짓 때문에 멤피스 마피아는 오늘날까지 적대적인 여러 파벌로 분열되었다. 한참 나중인 1976년까지도 프레슬리는 그런 절차와 자기가 아무 상관이 없었다고 설명하려 했다.

"완전히 날림이었다구."

프리실라는 피로연에서 베일을 들어올린 순간 룸이 낯선 사람들로 가득 찬 것을 보고는 울음을 터뜨렸다.

"이 사람들은 누구야?"

그녀는 어떻게 일이 그렇게 손쓸 수 없는 지경이 되었는지 의아해했다. 그리고 자신이 어떻게 그토록 무력해져서 그 결혼식의 특권이 웨딩가운을 고르는 것뿐이었는지도 의아해했다.

"이렇게 말할 힘이 있었으면 얼마나 좋았을까요. '잠깐, 팬들이건 기자들이건 상관없이 이건 우리 결혼식이에요. 초대하고 싶은 사람 초대하고, 하고 싶은 곳에서 결혼하게 좀 놔둬요!' 라고."

그날 그녀와 엘비스가 딱 맞춘 커플이었다는 점에는 의심의 여지가 없다. 크게 주름 진 기성복 드레스를 입은 프리실라는 너무나 뚱뚱해 보였다. 컬럼니스트 로나 바렛은 프리실라가 임신한 몸을 면사포로 가린 것 같았다는 악의적인 말까지 했다. 가장 매혹적인 것은 클레오파트라 스타일의 눈화장과 부풀린 헤어 스타일이었는데, 머리를 칠흑같이 염색해서 엘비스의 머리색에 맞췄다.

엘비스는 잘못 맞춰져서 작아 보이는 검은색 페이즐리 모양이 있는 턱시도를 입고, 요란한 퐁파두르 머리를 했다. 또 카우보이 부츠를 신고 짙은 화장을 했다.

기자들은 엘비스에게 왜 이제서야 결혼하느냐고 물었다.

"이제야 때가 된 거라고 생각했어요."

덤덤한 대답이었다. 대령은 애써 재치 있는 대답을 떠벌였다.

"장가 안 가고 총각 딱지 뗄 수 있나? 없고 말고!"

기자들이 카메라 촬영을 위해 좀 웃으라고 재촉하는데 한 기자가 언뜻 이렇게 말했다.

"최근에는 별로 웃지 않는군."

엘비스는 이 말을 듣고 재치 있게 대답했다.

"겁나는데 어떻게 행복한 척해요?"

그는 독일에서 수수께끼 같은 신부를 만난 인연을 짤막하게 얘기했다.

볼리의 부인도 한마디 거들었다.

"당시에는 아주 친한 친구였죠."

그리곤 회피하듯 덧붙였다.

"하지만 우리는 이 아이들이 결혼할 거라고는 꿈에도 생각하지 않았어요."

시간이 지나 신부가 5년 동안 그레이스랜드에서 살아왔다는 얘기가 나오자 미디어는 경악했다. 로나 바렛은 프리실라가 엘비스의 추악한 비밀이었다고 전했다. 그래도 톰 파커에게는 성공이었다. 슈퍼스타와 동거하는 로리타라는 끔찍한 재난의 불씨를 막으면서 프레슬리의 이미지에 새 생명을 불어넣었던 것이다.

프리실라와 엘비스는 팜 스프링스의 집에서 신혼부부로 첫날밤을 보냈고, 엘비스는 그녀를 안고 숨가쁘게 〈하와이언 웨딩송〉을 부르면서 집으로 들어섰다. 훗날 신부는 그들이 얼마나 긴장했는지 회상했다. 침실로 단둘이 들어왔을 때에는 마치 그런 내밀한 상황에 처음 처한 기분이었다.

"그들은 믿을 수 없을 정도로 행복했죠."

엘비스가 프리실라를 위해 뒤뜰에서 장미를 따는 장면을 무비 카메라에 담았던 조 에스포지토가 말했다.

하지만 결혼식에 참석한 사람이라면 누구나 이것이 꿈에 그리던 일이 아니라는 것을 알 수 있었다. 사실 엘비스는 공식적으로 신부를 침실로 데리고 간 다음 다시 녹음실로 돌아갔다. 〈클램베이크〉 야외장면에서 그의 대사가 들리지 않는 부분이 있었기 때문에 더빙을 해야 했다. 바하마로 계획된 신혼여행은 잠시 연기되었다.

엘비스와 프리실라는 바하마 군도로 출발하기 전에 며칠 동안 서클 G에 있었다. 거기서도 부부가 단둘이 있었던 것은 아니었다.

엘비스는 라마를 결혼식에 초대하지 않았지만, 충직한 친구에게 전화를 걸어 애원했다.

"친구야, 네가 농장에서 우리랑 지내면 고맙겠다. 날씨도 궂고 바람도 드센데 이럴 때 네가 함께 있으면 프리실라도 기분이 나아질 거야."

신혼부부는 서클 G 농장의 호화로운 트레일러에서 두번째로 신혼침대를 같이 썼다. 프리실라와 엘비스는 뒤에 있는 침실을 썼고, 라마는 앞에 있는 침실을 사용했다.

27 르네상스 맨
—Renaissance Man

이제는 공식적인 안주인이 된 프리실라 볼리외 프레슬리는 그레이스랜드의 개조공사를 단행했다. 부엌에는 싱크대와 찬장을 새로 들여놓았으며 카펫도 모던한 것으로 바꿨다. 그녀의 위층 드레스룸과 욕실도 다양한 핑크색 차양으로 다시 꾸몄다. 가격이 적당한 가구도 몇 가지 샀는데, 안락의자도 있었고 시어즈에서 거실과 식당용으로 구입한 커튼도 있었다.

태어난 지 4일이 지난 딸 리사 마리 프레슬리와 함께한 엘비스 부부(1968년 2월). 결혼하고 정확히 9개월 후.

그녀는 어수선해 보이는 것을 좋아하지 않아서 방마다 돌아다니며 잡동사니를 거둬들였는데, 대부분은 팬들이 보낸 것이었다. 팬들이 직접 떠서 보내준 식탁과 의자의 덮개도 치워버렸다.

그녀와 엘비스는 라스베이거스 예식에 초대받지 못한 여러 친구들과 친척들을 위해 성대하게 준비한 파티에서 예복을 다시 입음으로써 상처받은 감정을 달래려고 했다. 생기 있고 아름다워 보이는 프리실라는 샴페인을 건배하며 결혼의 기쁨을 누렸다. 엘비스는 보통 새신랑처럼 방마다 돌아다니며 어쩔 줄 몰라하는 듯했다. 베키 얀시는 그가 파티가 끝나지 않기를 바라는 것처럼 보였다고 생각했다.

엘비스의 고모 델타 매이가 할머니 미니 매이와 그레이스랜드에 살고 있었다. 두 여자는 한방을 썼고, 〈애즈 더 월드 턴스(As the World Turns)〉 같은 텔레비전 드라마도 함께 보았다. 엘비스는 이따금 방안으로 불쑥 머리를 들이밀고 가상의 미국도시 오크데일(Oakdale)의 근황에 대해 묻곤 했다. 미니 매이는 손사래를 쳐서 그를 내보냈다.

엘비스는 결혼 후 몇 달 지나지 않아 계속해서 영화 〈스피드웨이〉를 촬영했다. 그가 건조하게 지적한 대로 이미 25번쯤은 했을, 노래하는 백만장자 플레이보이 카레이서 역이었다. 상대역 낸시 시내트라가 훨씬 더 흥미 있었다. 그녀는 갑자기 십 대 우상 토미 샌즈와 결혼한 다음 스스로 1960년대 후반 스타일로 요란한 금발에 고고부츠를 신은 모습으로 변신했다. 스타파워의 절정에 있던 때였고, 그 힘은 프레슬리보다 해외 음반차트에서 더 강력했다. 반면 엘비스는 1962년의 〈굿 럭 참(Good Luck Charm)〉 이래로 넘버원 히트곡이 하나도 없었다. 낸시는 얼마 전에 〈디즈 부츠 아 메이드 포 워킹(These Boots Are Made for Walkin')〉 〈섬싱 스투피드(Somethin' Stupid)〉로 차트 1위를 했는데, 후자는 유명한 아버지 프랭크와 듀엣으로 부른 곡이었다.

그녀는 밝은 갈색 머리의 미인으로, 오후에 일정이 별로 없으면 세트장에서 프레슬리를 유혹했다. 때로는 그녀의 분장차에서 함께 점심시간을 보내면서 어린 시절부터 프레슬리가 품어왔던 흰 팬티와 소녀들끼리 하는 파티에 대한 환상을 마음껏 채웠다. 한번은 그가 그녀의 의상 뒤에 숨어 있다가 꽉 끼는 청바지와 브래지어만 걸치고 있는 그녀에게 달려들었다.

"그는 절 그냥 안았어요. 그러다가 내 얼굴을 들어올려 키스를 했고, 전 녹아내리기 시작했죠."

그는 그녀가 더 녹기 전에 몸을 뒤로 뺐다.

"미안, 미안……."

그리곤 머리를 저으며 사라졌다. 그녀의 트레일러에서 몇 번 불장난을 했지만 완전한 불륜은 아니었다. 촬영 마지막 날 낸시 시내트라는 엘비스에게 그녀 자신의 표현에 따르면 따뜻하고 진심 어린 사랑의 키스를 보냈다고 한다. 그것이 그들의 마지막이었다.

프리실라가 임신했다는 뉴스도 엘비스를 부인에게 충실한 사람으로 만들지 못했다. 계획된 임신이 아니었다. 오히려 프리실라는 피임약을 먹으려고 했는데, 엘비스가 알더니 못 먹게 하는 바람에 뾰루퉁해 있었다.

"아직 완벽한 게 아냐. 부작용도 많아."

『피지션즈 데스크 레퍼런스(Physician's Desk Reference)』 한 부를 침대맡에 둔 남편이 말했다. 결국 프리실라는 베키 얀시가 자세히 설명한 대로 주기법을 이용했다. 산부인과 의사가 임신이라고 확진하자 베키는 안타까운 듯 말했다.

"얘야, 너무 고지식하게 따르지는 말았어야지."

프리실라는 아이 때문에 어렵게 결혼한 남자와의 열정적인 관계가 끝날지도 모른다는 우려로 가득 찬 나머지 잠시 낙태를 고려했다. 엘비스는 아내의 기분에 너무나 민감했다.

"무슨 일 있어? 어떻게 하고 싶은데, 귀염둥이?"

프리실라는 울기 시작했다.

"잘 모르겠어. 어떻게 하지?"

"무슨 말이야? 내가 받쳐주면 되잖아."

"이건 '우리' 아기야."

프리실라는 단호하게 대답했다.

"나도 나 자신을 참을 수 없지만, 자기도 못 그럴 거야."

프리실라는 아직도 의심하고 있었다.

"전 예상치 못한 임신이 우리 결혼에 어떤 영향을 줄지 여전히 확신할 수 없었어요. 아직은 우리 둘만의 시간이어야 했거든요. 전 그이한테 아름다워 보이고 싶었어요. 하지만 엘비스의 신부가 된 첫 모습이 불룩한 배에 부은 얼굴, 부푼 다리였으니 완전히 망쳐버렸죠."

엘비스가 수줍어하는 신부를 〈스피드웨이〉의 세트장에 에스코트한 날, 상대역 빌 빅스비는 남편에게 주도권을 맡기는 그녀의 방식에 충격을 받았다.

"그녀는 남편이 말하기 전까진 말도 안 했죠."

물론 찰랑거리는 머리카락과 너무 짙은 눈화장 때문에 시내트라가 더 신선하게 보였던 것이 생생히 기억에 남기도 했다(나중에 M-TV는 시내트라에게 '아이라이너의 수호성인' 이라는 찬사를 보낸다).

시내트라가 임신 사실을 묻자 프리실라는 다이어트에 너무나 신경 써서 하루에 한 끼만 먹고, 간식으로 사과와 계란 완숙을 먹는다고 인정했다. 낸시 시내트라는 냉소적으로 지적했다.

"그녀는 그 남자를 잡으려고 온힘을 다했죠."

1968년 2월 1일 오전 8시, 프리실라는 흥건히 땀에 젖어 침대에서 일어났다. 엘비스와 친구들이 아래층으로 달려가 전화를 걸고 차를 준비하는 동안 그녀는 욕실에 들어가 머리를 중력에 도전하는 벌집처럼 다듬었다. 그 다음 조용히 검은색 눈화장을 하다가 이중 박쥐날개 모양으로 눈썹을 잘못 그리기도 했다.

침례교 기념병원에 도착한 그들 부부는 결혼식에서처럼 정말 구경거리였다.

"그는 흰 정장에 파란 터틀넥 스웨터를 입고 파란 스웨이드 모자를 썼죠. 그녀는 핑크색 미니스커트에 부풀린 검은 머리였고요."

주치의 모리스 엘리엇이 회상했다. 그녀는 출산하는 동안 가짜 속눈썹을 떼지 않겠다고 해서 더 큰 소동을 일으켰다.

"속눈썹을 그대로 착용하니까 눈이 감기지 않아서, 직원들이 수술실 조명에 망막이 다치지 않도록 목욕타월을 올려놔야 했어요."

역시 엘리엇의 회상이다.

리사 마리 프레슬리(Lisa Marie Presley)는 오후 5시 1분에 태어났다. 체중은 3.14킬로그램이었고 짙은 검은색 머리는 부모의 염색과 잘 어울렸다. 프리실라는 5층 1인실에서 탄성을 질렀다.

"완벽해!"

엘비스 역시 경련을 일으키듯 감탄했다.

"아, 세상에! 정말 대단해!"

이 우쭐해진 아버지는 전통에 따라 시가를 건넸고, 엘리엇은 그것을 기념품으로 주머니에 넣었다.

멤피스 침례교 기념병원의 신생아실에서 리사 마리가 태어났다는 뉴스는 너무나 큰 충격을 낳았다. 그녀의 부모는 그녀가 노출되지 않도록 보호해달라는 부탁까지 했다. 꽃, 카드, 꾸러미 등이 병원을 가득 채웠다. 전화교환원 대표 밀드레드 맥레인은 시간당 평균 100통의 전화가 걸려왔다고 전했다. 대부분은 축하전화였지만, 테네시 헨더슨의 한 남자는 엘비스에게 생명보험에 들라는 전화를 했다.

그러나 이 시점에서 보험조항이 필요한 것은 바로 그의 생명력이었다. 한 시대를 제압한 뒤로 다음 시대에 접어들면서 혼란에 빠져들고 있었다.

새로운 시대였고, 반문화(counterculture)가 대세를 이루었다. 반전 뮤지컬 〈헤어(Hair)〉가 브로드웨이에서 상연되었고, 시내 중심가에서는 앤디 워홀의 언더그라운드 영화가 상영되었으며, 〈졸업(The Graduate)〉이 사회윤리를 조롱했다. 자유의 물결 같은 감수성과 자유롭게 흩날리는 장발의 시대였다. 짙게 염색해서 부풀린 프리실라의 머리처럼 엘비스 프레슬리는 점차 구시대적인 유물이 되고 있었다.

그도 자신이 더 이상 어필하지 않는다는 것을 알고 있었다. 1968년의 코미디 〈스테이 어웨이, 조(Stay Away, Joe)〉에 사기꾼 같은 현대의 나바호족으로 출연했을 때는 이제 '성장한 영화인'이 되고 싶다는 희망과 함께 항상 여자들과 악당들에게 쫓기는 대신 행동을 촉발하는 배역이면 좋겠다는 희망을 피력했다. 프레슬리는 조 라이트클라우드라는 배역이 항상 뭔가를 선전하는 사기꾼이라고 지적하며 그를 시대의 유명한 반영웅에 비유했다.

"그는 한편으론 모던 카우보이 허드(Hud)고 한편으론 바람둥이 알피(Alfie)였죠. 소년이 아니라 남자였고, 그냥 여자가 자기한테 굴러들어오기를 기다리는 것이 아니라 여자를 찾아나섰죠."

프레슬리는 플롯보다 거친 주먹다짐에 의존하는 또 한 편의 알팍한 스타매체로 자신을 속이고 있었다.

1968년의 〈리브 어 리틀, 러브 어 리틀(Live a Little, Love a Little)〉도 사이키델릭한 꿈속 장면과 대화가 뉴스거리가 되기는 했지만, 프레슬리가 내뱉은 대사라고는 '빌어먹을' 몇 번과 '젠장' 한 번뿐이었기 때문에 더 나을 것이 없었다. 아름다운 예비 스타 미셸 캐리와 침대에서 굴렀지만, 분

리대로 건전하게 구분해놓은 터였다. MGM의 대변인이 강조한 대로 프레슬리의 영화에서는 침대로 가는 일이 절대 없었다.

그는 음악계에서도 어울리지 못했으므로, 음악계는 로큰롤과 동의어였던 그의 이름을 무시한 채 지나가고 있었다. 사고의 전환이 있었던 시대였고, 뮤지션들은 반전시위, 병역기피, 마약문화 등 60년대의 급진적인 운동을 주도했다. 윈터랜드와 필모어 공연장의 인기공연을 부킹했던 록 사업가 빌 그레이엄의 말이다.

"옳건 그르건 맹목적인 희망의 시대였죠. '일생에 단 한 번'을 믿던 시대였어요."

비틀스는 이제 마하리시 마헤시 요기의 철학을 떠들고 있었다. 사이키델릭의 전범이 되기도 했다. 캘리포니아에서는 참신한 재능을 선보이는 뮤지션들이 등장했다. 재니스 조플린이 리드 싱어로 있던 빅 브러더 앤 더 홀딩 컴퍼니(Big Brother and the Holding Company), 제퍼슨 에어플레인(Jefferson Airplane), 크림(Cream), 컨트리 조 앤 더 피시(Country Joe and the Fish), 지미 헨드릭스 익스피리언스(the Jimi Hendrix Experience), 그리고 도어스(Doors)라는 머리를 열심히 흔드는 그룹 등등이 그들이다. 도어스의 리드싱어는 엘비스 프레슬리의 오랜 팬으로, 친구들에게 엘비스 곡이 방송에서 나오면 제발 일어나달라고 부탁하곤 했던 어두운 분위기의 잘생긴 짐 모리슨이었다.

그래도 엘비스의 영향을 부정할 수는 없었다. 1968년까지 2억 장 이상의 음반이 팔렸고 32장의 골드 레코드가 수여됐다. 하지만 그는 퇴물취급을 받고 있었다. 16장의 골드 디스크를 배출한 비틀스의 산실이었던 캐피털 레코드에서는 엘비스를 '1960년대의 빙 크로스비'라고 불렀다.

다행히 절실하게 컴백을 원하는 프레슬리에게 기회가 왔다. 1960년대에 푹 빠진 텔레비전 프로듀서가 그에게 기회를 준 것이었다.

〈68년 컴백 스페셜('68 Comeback Special)〉이라고 알려진 그 쇼는 톰 파커 대령과 웨스트코스트 지역 운영을 맡은 NBC의 부사장 톰 사노프의 미팅에서 결정되었다. 대령은 엘비스의 크리스마스 특집을 구상했다. 엘비스는 여러 해 동안 캐롤을 녹음한 가수였다. 1960년 프랭크 시내트라가 진행한 〈웰컴 홈 엘비스〉 이후 텔레비전에 처음으로 출연하는 것이었다.

그 아이디어에 흥미를 느낀 사노프는 NBC와 계약 중이던 업체 대표 밥 핑켈에게 연락했다. 핑켈은 테네시 어니 포드, 다이너 쇼어, 에디 피셔와 버라이어티 쇼를 했고, 당시 제리 루이스와 필리스 딜러에 관한 프로그램을 작업하는 중이었다. 핑켈은 다시 스티브 바인더를 고용해서 제작과 감독을 맡겼다.

TV 제작진의 '신세대'에 속했던 바인더는 콘서트 영화 〈TAMI 쇼(The T.A.M.I. Show, Teenage Awards Music International)〉(1964년)의 감독으로 반향을 일으켰는데, 이 록쇼에는 다이애나 로스 앤 더 수프림스, 비치 보이스, 잰 앤 딘, 게리 앤 더 피스메이커스가 출연했고, 피날레는 제임스 브라운과 롤링스톤스의 공연 대결을 배치해 절정에 달했다. 바인더는 1960년대 중반 당시 유행이던 프럭 댄스를 추는 여자 무용수들과 로네츠부터 수프림스에 이르는 록공연으로 알려진 NBC의 버라이어티 쇼 〈헐라벌루(Hullabaloo)〉도 작업했다. 그 후 중요한 텔레비전 특집이 있었는데, 1967년의 한 쇼에는 영국 팝의 여왕 페튤라 클락이 출연했다. 해리 벨라폰테가 클락의 팔을 만져서 논란을 일으키기도 했다.

"텔레비전의 황금시간대에서 흑인남자가 백인여자를 만진다는 건 상상하기 어려웠죠."

자기 주장이 강하고 검열국에 거침없이 저항했던 바인더의 회상이다.

바인더는 경악한 NBC 임원진, 광고주들과 머리를 맞댄 결과 자신이 톰 파커 대령을 다루는 문제에 도전해야 한다고 믿었다.

"돌이켜보면 그에게 겁먹기엔 제가 너무 어리고 순진했던 것 같아요."

바인더와 프레슬리의 첫 미팅은 1968년 봄 바인더의 선셋 불르바드 사무실에서 이루어졌다. 프레슬리는 파란 바지와 파란 셔츠를 입고 스카프까지 두르고 나타났다. 군살이 빠지고 피부를 그을린 데다가 워낙 잘생겨서 바인더는 눈을 뗄 수가 없었다.

"훌륭했죠. 남자건 여자건 상관없이 쳐다볼 수밖에 없었어요."

프레슬리는 놀라울 정도로 솔직해서, 텔레비전으로 다시 대중과 마주한다는 생각에 완전히 겁을 먹었다고 털어놓았다.

"10년 가까이 영화를 찍느라 대중들하고 떨어져 있었어요. 그들이 여전히 날 좋아할지도 잘 모르겠어요. 시간을 너무 오래 끌었나 봐요."

서른세 살의 프레슬리는 1965년의 〈크라잉 인 더 채플(Crying in the Chapel)〉 이후 탑 10 히트곡이나 100만 장 넘게 팔린 앨범이 없었다. 140만 달러를 들여 만든 최근작 〈클램베이크〉는 겨우 160만 달러를 거둬들였다. 그 최근작의 사운드트랙 앨범은 생기가 전혀 없는 데다 겨우 20분 길이밖에 되지 않았다. 3년 동안 영화에 삽입된 곡 중에서 탑 70에 드는 곡조차 없었다.

바인더는 문제의 요점이 위풍당당하게 텔레비전에 복귀하는 것뿐만 아니라 아티스트로서 살아남는 것이라는 사실을 깨달았다. 그는 의자 팔걸이를 초조하게 두드리던 엘비스와 마주 앉았을 때 느낀 '깊은 슬픔'을 기억했다. 그가 프레슬리의 창조적인 감수성에 호기심을 느끼고 물었다.

"기회가 된다면 〈매커서 파크(MacArthur Park)〉 같은 곡도 녹음하고 싶으세요?"

이 노래는 지미 웹이 작곡한 걸작으로 사랑과 좌절에 관한 7분짜리 대곡이었다. 당시 리처드 해리스가 노래해서 엄청난 히트를 기록했다.

"물론이죠!"

프레슬리의 대답이 바인더를 안심시켰다.

"전 새로운 모험을 떠나고, 새로운 문을 열고자 하는 정말 좌절한 영혼을 알아보았죠."

엘비스가 프리실라와 하와이로 잠시 휴가를 떠난 후 바인더와 그의 스태프들은 일을 시작했다.

"우리는 전통적인 크리스마스 쇼를 하고 싶지는 않았어요. 뭔가 다른 걸 원했죠. 우리의 아이디어가 그의 부활에 시동을 걸 수도 있고, 아예 끝장낼 수도 있다고 생각했던 기억이 나요."

당시 텔레비전은 성공 아니면 실패를 결정했다. 채널이 많지 않아서 한 번의 쇼가 엄청난 영향력을 발휘했다. 엘비스는 그 사실을 잘 알고 있었다. 〈에드 설리번 쇼〉로 이미 특별한 결과를 경험했던 것이다.

엘비스가 로스앤젤레스에 돌아오자 바인더와 대본작가 크리스 비어드, 앨런 블라이는 신선한 구상을 선보였다. 본질적으로 원맨쇼여서 초대손님이 아무도 없었고, 엘비스는 피나는 노력을 거쳐 인기를 얻은 아티스트로 나오며, 그 과정은 위기와 영광으로 완결된다. 엘비스의 개인사를 짧게 되돌아보는 형식의 쇼에 바인더는 전략적으로 '르네상스'라는 제목을 붙였다. 엘비스는 이 쇼의 완벽한 헤드라이너였다.

NBC는 경악했다. 톰 파커 대령도 마찬가지였다.

"그들은 완전히 다른 생각을 하고 있었죠. 엘비스가 크리스마스 노래를 부르고, 밀튼 벌과 레이 볼거 등이 게스트로 나올 줄 알았던 거죠. 난 이렇게 쏘아붙였죠. '어림없어.'"

바인더가 시원하게 털어놓는다.

프레슬리는 바인더에게 말했다.

"아무도 나를 위해 결정해주지 않아요."

엘비스는 바인더의 제안에 동의했다. 정말 드물게 아티스트로서 직접 내린 결정이었다. 자기 음악의 뿌리, 블루스, 샤우팅 창법, 골반을 돌리고 쑥 내미는 음탕한 몸동작으로 돌아갈 터였다. 그중 가장 조마조마한 것은 그가 콘서트 시퀀스에서 라이브로 관중 앞에 나타나는 것이었다.

노래 〈기타맨(Guitar Man)〉을 배경으로 아나운서가 소개하며 시작될 쇼는 프레슬리 최고의 영화와 텔레비전 출연 장면, 그 자신의 개인적인 관심사 등을 보여줄 참이었다. 물론 가라테 코너도 넣었다. 1964년도 영화 〈라우스트어바웃〉의 하이라이트로 이 영화의 유일한 볼거리였던 '리틀 이집트' 밸리 댄스 장면의 연기를 위해 금실 재킷을 입었다. 원래 입던 것이 아니라 빌 벌류가 디자인한 업데이트 버전이었다. 그의 강한 신앙심을 반영하기 위해 작가들은 활기 넘치는 〈주님 아니면 누구에게 가리(Where Could I Go but to the Lord?)〉 연주를 요구했다. 섹시함을 강조하기 위해 무대 한쪽은 요란한 홍등가풍으로 꾸몄다. 여성댄서들이 엉덩이를 돌리는 가운데 〈렛 유어셀프 고(Let Yourself Go)〉를 부를 세트였다(결국 네트워크 검열당국에서 너무 위험해 보인다는 이유로 삭제했다).

"바인더는 엘비스에게 도전의 기회를 주었죠."

찰리 하지는 그렇게 회상한다.

"군대에서 탱크운전을 배운 뒤로 그런 기회는 없었어요."

매니저인 대령이 몇 년 동안 숨겨왔던 엘비스의 면모를 바인더는 되살리려고 했다.

그 특집의 음악 프로듀서를 맡았던 본스 하우의 말이다.

"그 아이디어는 사람들이 엘비스 프레슬리를 제대로 보게 하자는 것이었죠. 대령이 보여주고 싶었던 모습을 그냥 보여주는 것과는 거리가 멀었어요."

바인더가 깨달은 대로 엘비스는 너무 오랫동안 숨어지냈다.

"그는 공개적으로 외출하면 집단 히스테리가 있을 거라는 걱정 때문에 세상과 계속 격리된 채 살아야 했죠."

6월에 녹화하여 12월 방송 예정인, 엘비스에게 25만 달러가 지불될 NBC 특집을 위해 긴 협상이 이어지는 동안, 바인더는 엘비스가 선셋 스트립이 내려다보이는 바인더의 사무실에 찾아왔을 때 대담하게 나왔다.

"스트립으로 내려갑시다. 거기 잠시 서서 무슨 일이 일어나는지 직접 보자고요."

"좋아요."

엘비스는 자신 있게 대답했다.

"하지만 당신은 놀라고 말 겁니다."

둘은 타워 레코드 바로 서쪽이며 유명한 위스키어고고 아래에 있는 분주한 선셋 불르바드로 나갔다. 그리고 로스앤젤레스의 젊고 세련된 사람들과 자유로운 정신을 지닌 사람들 사이에 섞인 자신들을 발견했다. 텁수룩한 샤기 머리를 하고 청바지에 샌들을 신은 남자들, 초미니스커트를 입고 무릎까지 오는 부츠를 신은 여자들이 있었다. 마리화나 파이프와 사이키델릭한 양초가 있는 미용실과 홀치기 염색을 한 의상, 네루 재킷으로 가득 찬 부티크가 있었다.

바인더와 프레슬리는 스트립 바 클래식 캣 앞에 섰다.

"우린 사방을 쳐다봤죠. 차도 쪽도 보고. 엘비스가 자신을 알아보게 하려고 애써야만 사람들이 알아볼 수 있을 것 같았어요."

바인더는 웃으면서 말했다.

"그는 손을 흔들며 웃고 있었죠. 하지만 아무 일도 없었어요. 아무도 그를 알아보지 못했죠. 그냥 따분한 상황이었어요."

엘비스의 자존심은 버뱅크의 NBC 스튜디오를 처음 방문했을 때 더 큰 상처를 받았다. 바인더는 스타의 텔레비전 공포를 덜어주고자 했다. 스튜디오는 폐쇄된 세트장과 달리 관중이 있고 방문객들이 오가는 곳이었다.

그 둘이 입구에 서서 기사가 오기를 기다리고 있는데, 한 여자가 스튜디오에서 빠져나와 엘비스에게 다가왔다.

"실례지만, 선생님."

그녀는 상징적인 검은 바지에 검은 조종사용 재킷을 입고 조종사용 선글라스를 쓴 남자에게 말했다.

"오늘 여기에 스타가 한 사람이라도 온대요?"

"잘 모르겠는데요. 아마 오지 않을까요?"

엘비스는 무표정하게 말했다. 그녀가 다시 스튜디오로 돌아가자 프레슬리와 바인더는 웃음을 터뜨렸다. 그래도 시사하는 바는 너무 뻔했다.

첫번째 리허설은 바인더의 사무실에서 있었다. 엘비스가 스태프와 작업하는 동안 대령과 마피아 멤버들은 리셉션 구역에 앉아 바보짓을 하고 있었다.

"파커는 거기 앉아서 그들에게 최면을 걸어 염소나 돼지 등으로 만들곤 했죠."

바인더가 말했다. 이 제작자 겸 감독은 지금까지도 대령이 엘비스에게 최면을 걸었다고 주장한다.

"그만큼 그를 통제했어요."

바인더는 그 가수가 파커와 얘기하는 동안 고개를 숙인 문제아처럼 서 있었다고 얘기했다. 대령이 돌아가는 일을 모두 알고 있었기 때문에, 바인더는 엘비스 친구들 중 일부가 파커에게 월급을 받고 스파이 노릇을 한다고 믿기도 했다.

대령은 프레슬리가 직접 고른 음악감독을 바인더가 교체했다는 사실을 알고는 지팡이를 흔들며 선언했다.

"이 특집은 끝났어. 엘비스는 이 쇼를 안 할 거야."

그러나 바인더가 빌리 스트레인지보다 빌리 골든버그를 원하는 이유를 설명하자 엘비스도 순순히 응했다.

"당신이 좋다면 저도 좋아요."

일단 제작이 NBC로 넘어가자 대령은 예의 그 악명 높은 평판에 어울리게 굴었다. 남북전쟁 당시 남군 군복을 쫙 빼입고 사진을 찍기 위해 포즈를 취한 다음 그 사진을 밥 핑켈에게 보냈다. 이와 경쟁하듯 핑켈은 17세기 영국 총독의 복장을 입고 포즈를 취한 다음 그 사진을 파커에게 보냈다. 그러나 대령을 앞지르기는 어려웠다. 그는 두 명의 윌리엄 모리스 조수에게 왕실 경호원 복장을 하고 그의 작은 스튜디오 사무실 밖의 경비구역에 서 있으라고 명령했다.

NBC에서 열린 기자회견에 참석한 대령은 밝은 파란 셔츠와 카키 바지를 입고 스위스 티롤 지방의 깃 달린 모자를 쓴 요란한 구경거리였다. 그는 한손에 시가를 들고 다른 한손에 지팡이를 든 채 이야기를 강조할 때마다 바닥을 두드렸는데, 엘비스가 히트곡을 부른다는 얘기가 들리자 지팡이를 휘두르며 선언했다.

"젠장, 그가 히트곡을 다 부른다면 몇 시간은 걸릴 거요."

프레슬리는 그냥 가볍게 웃었다.

엘비스는 스튜디오 리허설과 녹화가 진행되는 열흘 동안 옷더미를 들고 NBC 분장실로 이사했다. 개인적이면서도 아티스트로서의 이유가 있었다. 새로 이사한 트라우즈데일 이스테이츠(Trousedale Estates)의 침실 네 칸, 욕실 열 칸짜리 프랑스식 전원주택에 있는 아내와 딸에게 돌아가는 대신 잠시 독신생활을 즐기고 싶었던 것이다.

"새벽 한두 시가 지나면 조 에스포지토하고 NBC 분장실에 컨베이어가 설치된 것처럼 여자들을 불러들였죠."

앨런 포르타스는 프레슬리가 그런 만남으로 자신감을 높이고 초조함을 가라앉혔다고 회상했다.

프레슬리는 라마 파이크, 기타리스트 찰리 하지, 랜스 르 골을 포함한 친구들과 잼 세션을 하는 것으로도 긴장을 풀었다. 친구들은 무대 리허설이 끝나는 즉시 엘비스의 분장실에 모였다. '돈이 손가락 사이로 줄줄 샌다'는 감을 잡은 바인더는 대령에게 분장실을 찍게 해달라고 요청했다. 답은 "빌어먹을! 절대 안 돼!"였다. 그래서 바인더는 분장실 밖의 친밀한 무대로 잼 세션을 옮기기로 했다. 기타리스트 스카티 무어와 드러머 D. J. 폰태나에게 전화했고, 이것은 나중에 전설적인 재결합이 된다 (베이시스트 빌 블랙은 1965년 심장마비로 죽었다).

한편 파커는 피날레를 통제하려고 했다. 크리스마스 노래나 감상적인 〈아이 빌리브(I Believe)〉를 고집했던 것이다. 하지만 바인더가 원한 건 엘비스의 원곡이었다.

"우린 그의 노래를 듣고 그의 모습을 보고 그와 함께 살아왔어요."

바인더는 작곡가 빌리 골든버그와 얼 브라운에게 말했다.

"인간 엘비스를 요약할 만한 특별한 곡 하나를 만들어봐요."

바로 다음날 아침 얼 브라운은 바인더에게 전화를 걸어 보고했다.

"다된 것 같아요."

바인더는 NBC로 달려갔다. 골든버그가 피아노를 연주하자 브라운은 〈이프 아이 캔 드림(If I Can Dream)〉이라는 제목의 악보를 보고 노래를 불렀다. 바인더는 자랑스러웠다.

"그 곡은 엘비스가 찬송가와 자선 활동에서 드러냈던 평화, 친절, 형제애의 필요성에 대한 강하고 자유로운 발언을 담고 있었죠."

바인더는 작곡가들에게 말했다.

"우린 이걸로 엘비스를 설득해야 돼."

그는 대령도 설득해야 했다. 대령은 프레슬리가 오래된 캐럴 대신 신곡을 녹음하려 한다는 사실을 알고 버럭 소리질렀다.

"내 눈에 흙이 들어가지 않는 이상 이 곡은 그 쇼에 못 들어가."

한참 옥신각신하고 있는데 엘비스가 도착하자 바인더가 직접 설득에 나섰다.

"가사 좀 들어봐요. 딱 당신의 노래잖아요."

대령과 RCA, NBC 임원들이 건너편 방에서 논쟁을 벌이는 동안 엘비스는 앉아서 골든버그와 브라운의 〈이프 아이 캔 드림〉 연주를 들었다. 그들은 연주를 마치고 허락을 기다리며 그를 쳐다보았다. 그는 무표정하게 말했다.

"다시 연주해요."

그들은 다시 연주했고, 그는 또 듣고 싶다고 요청했다.

프레슬리는 이렇게 세 번을 들은 후에야 바인더를 보고 간단히 결론지었다.

"이걸로 할게요."

바인더로서는 당황스럽게도 엘비스가 그 곡을 선택하자 대령과 여러 임원들은 갑자기 저작권을 둘러싼 논쟁으로 넘어갔다.

"한 박자도 안 놓치는 분들이죠."

쇼에서 프레슬리는 흰 정장을 입고, 머리를 뒤로 넘겨 고정시킨 채 오케스트라 편곡이 된 그 곡을 불렀다. 스스로 목사가 되어야 한다고 생각했던 대로, 흡사 남부의 목사 같았다. 희망의 메시지를 담은 이 노래를 사운드트랙으로 녹음하던 당시 엘비스의 감정이입은 완벽했다.

"컨트롤 룸에 있는 사람들만 빼고 스튜디오를 완전히 비워달라고 하더라구요."

바인더가 회상했다.

"조명을 낮추고 우리한테 핸드 마이크를 달라고 했죠."

프레슬리는 바닥에 털썩 주저앉아서 마이크를 손에 쥐고 태아와 같은 자세를 취했다. 그리곤 괴로움에 몸을 비틀면서 바닥에 누워 〈이프 아이 캔 드림〉을 흐느끼듯 불렀다.

이어서 저녁이 되자 쇼의 콘서트 부분을 위해 8년 만에 처음으로 라이브 관중과 마주했다. 입장권 소지자들은 6월 29일 4시부터 6시까지 이어지는 쇼를 위해 NBC 밖에 줄을 서기 시작했다(8시에 두번째 녹화가 이어졌다). 프레슬리 팬클럽을 비롯해 거의 400명의 관중들이 작은 중앙 무대를 둘러싼 외곽 방청석을 가득 채웠다.

무대 뒤의 프레슬리는 공황상태였다.

"엘비스는 땀을 너무나 흘려서 메이크업을 다시 해야 했죠."

포르타스가 설명했다.

"그는 손을 떨면서 거울을 멍하니 응시하고 있었어요."

바인더는 쇼가 시작되기 몇 분 전에 스타가 분장실에서 만나고 싶어한다는 것을 알았다.

"문자 그대로 쏜살같이 분장실로 달려갔어요."

프레슬리는 메이크업 의자에 앉아 있었다. 그의 음악인생에서 가장 유명한 의상으로 영원히 기억될 타이트한 검은색 가죽의상을 입고 있었다. 벌류가 리바이스 청바지와 리바이스 재킷을 본떠 패턴을 그린 옷이었다. 엘비스의 눈은 무대를 향하고 있었다.

"스티브, 생각이 바뀌었어요. 그만두겠어요. 성공하지 못할 거예요. 너무 늦어버렸어요."

바인더는 현기증이 났다.

"무슨 소리예요? 관중들이 기다리고 있어요. 세트에 조명도 들어왔고. 오케스트라는 이미 연주를 시작했어요."

사색이 된 바인더는 입안이 바싹 말랐다.

"엘비스, 저기로 나가야 돼요."

"무슨 말을 해야 할지 모르겠어요. 뭘 해야 할지도 모르겠고."

"똑똑히 들어요, 엘비스. 저기로 나가서 당신 인생을 좀 추슬러봐요."

바인더는 제작에 수개월을 쏟았지만 덤덤하게 말했다.

"당신 자신을 위해 하지 않으려면 날 위해서라도 제발 해요."

항상 계약을 존중해온 엘비스는 마침내 고개를 끄덕였다. 바인더는 안도하며 엘비스가 자신의 미래에 다다르는 길고 어두운 복도로 향하는 것을 지켜보았다.

스튜디오 입구에 다다르자 그의 어두운 실루엣은 오렌지색과 작열하는 흰색 스포트라이트 속으로 사라지는 듯했다. 마침내 엘비스 프레슬리는 군중들을 맞이하기 위해 앞으로 걸어나갔다.

그날 저녁에 일어난 일은 이미 전설이 된 음악인생에 다시 한 번 특별한 이정표를 세워주었다. 그는 애조 띤 〈핫브레이크 호텔〉로 시작한 다음 〈블루 스웨이드 슈즈〉부터 〈캔트 헬프 폴링 인 러브〉 〈러브 미 텐더〉에 이르는 히트곡을 차례로 불렀다. 〈러브 미 텐더〉는 방청석의 군중들 속에 앉아 있던 프리실라를 똑바로 쳐다보며 불렀다(그는 짤막하게 가사를 바꿔서 장난쳤다. "당신은 내 인생을 '엉망'으로 만들었어."라고 부른 다음 씨익 웃었다). 공연이 진행되자 자신감도 돌아왔다. 바인더의 회상을 들어보자.

"자신이 무대로 돌아왔고 사람들이 자신을 좋아한다는 것을 깨달은 그의 모습을 보았죠."

그는 노래를 부르는 사이사이 관중들에게 농담을 건넸다("휴, 오랜만이야, 허니"). 공연 중에 한 팬에게 티슈를 빌렸는데, 그 팬은 그가 땀을 닦고 돌려준 젖은 티슈를 감사하는 마음으로 받았다. 음향문제가 생겨서 쇼가 지연되자 앙증맞은 리사에 대한 질문을 포함해 관중들의 몇 가지 질문에 대답하기도 했다.

"아, 리사는 괜찮아요. 작지만요."

작다는 걸 표현하려고 팔을 60센티미터쯤 벌리자 객석에서 집단적으로 한숨이 새어나왔다.

어느 시점에는 테이크 사이사이의 초조함을 달래기 위해 가성으로 〈크리스마스 캐럴〉의 등장인물인 타이니 팀 식의 〈팁토 스루 더 튤립스(Tiptoe Through the Tulips)〉를 불렀다.

"그랬더니 장내가 떠나갈 듯하는 거예요."

관중석에 앉아 있었던 버지니 쿤스가 회상했다.

콘서트 부분이 끝나자 미디어는 팬들만큼 흥분했다. 회의적으로 바라보던 기자들마저 프레슬리의 음악에 대해 다시 생각하는 자신을 발견했다. 한 『TV 가이드』 기자는 놀라서 말했다.

"이것이 바로 그만의 언어다. 이 사람은 '가수' 다."

더욱더 확신을 얻은 프레슬리는 며칠 뒤에 그 무대에서 스카티, D. J., 찰리 하지, 앨런 포르타스, 랜스 르 골과 함께 즉흥 세션을 벌였다.

그런데 잼 세션 공연의 입장권에 관한 혼선으로 바인더는 극도의 초조감에 빠졌다. 대령은 잼 세션이라는 아이디어가 마음에 들지 않았는데도 바인더에게 쇼의 티켓을 콘서트 때처럼 직접 선별한 관중들에게 돌리겠다고 우겼다. 그런데 녹화를 겨우 몇 시간 남겨두고 넋이 나간 NBC의 방청객 관련 책임자의 전화를 받았다.

"스티브, 문제가 심각해."

스튜디오 밖에는 겨우 25명이 있었다. NBC는 6시와 8시에 각각 200명씩 400명을 예상한 터였다(바인더는 고의적인 실수가 아닌지 여전히 의심한다. 파커가 프레슬리의 컴백으로 그에 대한 통제력이 줄지 않을까 두려워했던 탓이다).

바인더는 믿을 수 없었다.

"엘비스 프레슬리는 무대에 막 오를 참인데, 보러 온 사람이 아무도 없는 거예요. 사람들은 그걸 보기 위해 수천 달러라도 내려고 했을 텐데요."

그와 스태프들은 전화기로 달려갔다.

"우린 스튜디오의 아는 사람들에게 전부 전화해서 부탁했죠. '아내랑 딸을 여기로 데려올 수 있나?'"

로스앤젤레스의 다른 방송국에도 티켓을 구할 수 있다는 홍보를 해달라고 전화했다. 스튜디오의 사환들은 근처의 식당 밥스 빅 보이로 달려가 식사 중인 사람들에게 엘비스를 보러 오라고 외쳤다.

NBC는 마침내 200여 명을 모아 엘비스 프레슬리와 그 친구들의 잼을 보여주었다. 같은 관중이 두번째 녹화까지 보았다.

"두번째 쇼에서는 자리를 이동시켜서 마치 다른 관중이 있는 것처럼 보이게 했죠."

바인더가 회상했다. 사람들은 잼 세션을 엘비스 프레슬리 최상의 프로젝트로 기록될 쇼의 하이라이트라고 생각했다.

엘비스 자신도 NBC의 암실에서 90분 버전(나중에 첫 방송을 내보낼 때는 한 시간으로 편집했다)으로 쇼를 봤을 때 그 중요성을 감지할 수 있었다. 쇼가 끝나자 그는 친구들에게 암실을 떠나달라고 부탁했다. 그러고 나서 바인더와 보고 또 보았다. 마침내 엘비스는 아주 심각하게 말했다.

"이제 나 자신이 믿을 수 없는 노래는 부르지 않겠어. 나 자신이 믿지 못할 영화는 찍지 않을 거고."

바인더는 고개를 저었다.

"무슨 말인지 알아요, 엘비스. 하지만 그 의지를 지킬 만큼 당신이 강한지는 잘 모르겠네요."

아이러니하게도 특집 제작이 끝나자 파커 대령이 바인더에게 축하인사를 건넸다.

"엘비스 다음 영화의 감독은 당신이요!"

엘비스는 바인더에게 개인 전화번호를 건네며 말했다.

"계속 연락하자고요."

그러나 대령은 바인더와 엘비스의 재결합에 대한 얘기는 계속하지 않았다. 나중에 바인더가 프레슬리에게 연락하려고 했을 때도 전화를 담당하는 마피아 멤버들을 통과할 수 없었다.

엘비스 특집은 1968년 12월 3일에 방송되어 그 주의 최고 시청률을 기록한 프로그램이 되었다. 총제작자인 밥 핑켈은 가장 권위 있는 텔레비전 시상식인 피바디 어워드(Peabody Award)에서 상도 받았다. 1996년 『TV 가이드』에서 텔레비전 역사상 가장 기억할 만한 100대 순간을 조명했는데, 엘비스 특집이 톱 10 안에 랭크되었다.

엘비스는 제작이 끝났을 때부터 쇼가 방영되기까지 여러 달 동안 옛 생활로 돌아가 잊어도 좋을 만한 영화를 찍었다. 26번째 영화는 〈차로!(Charro!)〉였는데, 클린트 이스트우드를 슈퍼스타로 만든 스파게티 웨스턴을 상업적으로 이용하려는 시도였다. 프레슬리는 범죄자 출신으로 옛 갱들과 맞추기 위해 면도도 안 하고 꾀죄죄했다. 광고문구 그대로였다. "목에는 살인자의 표식, 엉덩이에는 복수의 표식." 사실 애리조나의 슈퍼스티션 산맥 주위를 오가며 촬영하는 동안 프레슬리는 별자리와 요가에 대한 책을 잔뜩 갖고 다니는 것이 자주 목격되었다.

〈더 트러블 위드 걸스(앤 하우 투 겟 인투 잇)〔The Trouble With Girls(and How to Get Into It)〕〉는 MGM 실내 스튜디오에서 촬영했고, 프레슬리와 친구들은 케케묵은 장난을 다시 시작했다. 세트장의 풍선에서 헬륨을 빨아들인 다음 애들처럼 얘기하는 식이었다.

"그는 화약 터뜨리는 걸 좋아했죠."

상대역 말린 메이슨이 회상했다.

"제가 다른 사람하고 한 장면을 찍는데 어딘가 먼 데서 '쾅! 펑!' 하는 소리가 들리는 거예요."

브로드웨이 뮤지컬 스타인 메이슨은 장난으로 프레슬리를 위협했다.

"제 주위에서 단 하나라도 터뜨리면 당신의 전 재산을 걸고 고소해버릴 거예요."

그는 촬영 마지막 날 그녀를 트레일러에 초대해서 복수했다. 그녀는 그와 친구들이 의미심장한 표정을 짓고 있음을 알아차렸다.

"하느님, 맙소사!"

메이슨이 입을 열자마자 의자 밑에서 화약이 터졌다.

"이러려고 10주를 기다려왔어!"

프레슬리는 웃으며 말했다.

촬영 내내 경쾌한 분위기가 이어졌다. 엘비스는 메이슨의 친구가 할로윈에 맞춰 그를 닮은 호박을 조각해놓은 걸 보고 좋아했다. 메이슨은 거기에 작은 호박쿠키를 가득 채운 다음 붉은 마차에 실어 세트장까지 가져왔다. 배우와 스태프들이 몰려들자 메이슨은 파커를 보며 소리쳤다.

"아, 대령님, 여기 와서 봐요!"

에립스는 메이슨에게 기대어 낮은 목소리로 충고했다.

"대령한테 '절대' 오라고 하지 말아요. 당신이 '그한테' 가야 돼요."

그해가 저물어가자 프레슬리의 인기는 텔레비전 특집과 11월에 발표하여 12위까지 오른 〈이프 아이 캔 드림〉을 포함해 세 곡의 히트 싱글로 다시 살아났다. 리사 마리의 첫번째 생일이 조금 지난 당시, 프레슬리가 라스베이거스로 돌아간다는 발표가 있었다. 그 도시는 1956년 로큰롤 가수 엘비스를 거부한 전력이 있었다.

이번에는 전혀 달랐다. 엘비스 프레슬리가 그 도시를 차지했다.

1969년 7월 라스베이거스에서.

28 태양 어딘가에 —A Place in the Sun

NBC 스튜디오에서 시작된 부활은 네온불빛 아른거리는 서부의 사막에서 완성되었다. 1969년 7월 31일 라스베이거스의 바깥 기온은 43도가 넘었다. 그와는 다른 종류의 열기가 VIP 고객들이 엘비스 프레슬리의 무대 복귀를 기다리는 인터내셔널 호텔 쇼룸을 가득 채웠다. 9년 만의 첫 공연이었다.

프레슬리는 가장 잘하는 일을 다시 하고 있었다. 〈이프 아이 캔 드림〉을 녹음하면서 다시 대담해진 그는 스튜디오에서 또 한 번 기념비적인 세션을 통해 새해를 시작했다. 마티 래커가 하도 조르는 바람에 프로듀서 칩스 모먼과 작업하기로 했는데, 그는 멤피스에서도 주로 흑인들이 사는 지역에 위치한 아메리칸 사운드 스튜디오(American Sound Studios)를 운영했다. 이 작은 스튜디오는 '멤피스 사운드'의 산실로 유명했다.

이 스튜디오의 사운드를 너무나 좋아한 더스티 스프링필드가 영국에서 날아와 녹음했는가 하면 닐 다이아몬드도 〈브러더 러브스 트래블링 셀베이션 쇼(Brother Love's Traveling Salvation Show)〉를 녹음했다. 흑인 사운드를 구사하는 멤피스 출신의 5인조 그룹 박스 탑스가 당시 넘버원 히트곡 〈더 레터(The Letter)〉를 녹음한 곳도 아메리칸이었다.

모먼은 당연히 엘비스와의 작업에 관심이 있어서 래커에게 잘 좀 말해달라고 부탁했던 것이다. 1969년 1월 래커는 엘비스와 RCA 프로듀서 펠튼 자비스의 대화를 우연히 듣다가 그 부탁을 했다. 그들은 프레슬리의 은신처에서 앞으로 있을 내슈빌 세션에 대해 토론하고 있었다. 래커는 한숨을 쉬며 고개를 저었다. 프레슬리가 물었다.

"뭐야? 대체 뭐가 잘못된 거지?"

"빌어먹을, 엘비스, 여기 멤피스에서 한 번만 녹음해보라구. 칩스랑 아메리칸에서 말이야."

래커는 늘 그렇듯 프레슬리가 자기 말을 씹을 줄 알았다. 하지만 밤 늦게 자비스가 말했다.

"엘비스가 멤피스에서 녹음하는 일로 당신과 얘기하고 싶어해요."

약속을 잡을 수 있는 날이 겨우 나흘뿐이었고, 실제로 엘비스가 스튜디오를 필요로 한 날에는 닐 다이아몬드의 녹음이 예정되어 있었다. 래커는 기회를 놓쳤다고 확신했다. 그러나 모먼은 문제를 해결했다. 그가 솔직하게 말했다.

"닐 다이아몬드는 꺼지라고 그래. 다이아몬드가 양보해야 할 거야."

이 프로듀서는 바로 덧붙였다.

"엘비스한테 일정 잡혔다고 해."

엘비스는 거의 2주를 선 시절 이후 처음으로 멤피스 스튜디오였던 아메리칸에서 녹음하는 데 보냈다. 나중에 그가 물었다.

"히트 칠 만한 것도 있죠. 안 그래요, 칩스?"

"아마 당신의 최고 히트곡도 몇 곡 나올걸요."

프레슬리는 아메리칸 사운드에서 (라마 파이크 덕분에 주목한) 〈켄터키 레인(Kentucky Rain)〉, 메시지가 담긴 〈인 더 게토(In the Ghetto)〉 〈돈 크라이 대디(Don't Cry Daddy)〉 등 후기의 음악에서 가장 중요한 작품을 녹음했다. 뒤의 두 곡은 맥 데이비스가 작곡했다. 전반적으로 프레슬리는 앨범 두 장은 족히 될 분량을 녹음했고, 둘 다 골드 레코드가 되었으며, 마지막 넘버원 히트곡이 될 〈서스피셔스 마인즈(Suspicious Minds)〉를 포함한 네 장의 싱글도 골드 레코드가 되었다.

아메리칸에서 가진 인터뷰에서 프레슬리는 『커머셜 어필(Commercial Appeal)』의 짐 킹슬리 기자에게 진심 어린 말을 했다.

"바로 여기 멤피스에서 모든 게 시작되었기 때문에 이 스튜디오에서 작업한 게 정말 기분 좋았어요."

이 가수는 스툴에 앉아 프라이드 치킨을 뜯으며 네스비츠 오렌지 소다를 마시고 있었다.

"제가 그때까지 본 그의 모습 중에서 가장 편안한 모습이었어요."

라마 파이크가 말했다.

엘비스는 한 달간의 라스베이거스 공연을 함께할 백 밴드를 뽑기 위해 로스앤젤레스에서 뮤지션들을 인터뷰하는 데 몇 주를 보냈다. 기타리스트 제임스 버튼, 베이스 플레이어 제리 셰프, 드러머 로니 툿, (나중에 글렌 D. 하딘으로 교체되는) 피아니스트 래리 머호버랙과 리듬 기타리스트 존 윌킨슨, 찰리 하지였다. 그 쇼가 이어지는 동안 하지는 보스의 물과 게토레이도 나르곤 했다.

보컬 그룹 '조더네어스'가 내슈빌에 묶여 있어서 엘비스는 남성 가스펠 그룹 '임페리얼스'와 아레사 프랭클린, 디온 워윅과 녹음했던 여성 소울 사인조 '스위트 인스퍼레이션스'를 골랐다. 라스베이거스에서는 인터내셔널 호텔의 전속 오케스트라가 공연에 합류했다.

프레슬리는 최고급으로 사치스럽게 단장한 새 호텔 카지노의 완벽한 헤드라이너임이 입증되었다. 하워드 휴스에 이어 그 도시에서 두번째로 유명한 갑부 커크 커코리언이 6000만 달러를 들여 지은 라스베이거스의 가장 큰 호텔로, 1519개의 룸과 스위트룸이 있었다. 메드 호수 옆의 13만 리터가 넘는 수영장은 그 주에서 인간이 만든 가장 큰 저수조였고, 호텔의 35층짜리 본관은 네바다에서 가장 높은 건물이었다. 2000석짜리 쇼룸도 동급 최대였다.

인터내셔널 호텔 입구 현판에 6미터짜리 네온으로 그의 이름 ELVIS가 표시되었다. 오프닝날 밤 팻츠 도미노, 페툴라 클락, 에드 에임스, 캐롤 채닝, 딕 클락, 폴 앵카, 조지 해밀턴, 헨리 맨시니, 셜리 베시, 웨인 뉴튼, 앤지 디킨슨과 그녀의 작곡가 남편 버트 바카라크, 하워드 휴스의 주요 임원 등 유명 인사들이 부활의 증인으로 나타났다. 옛 친구(팻 분)와 연인(앤 마그렛)도 나타났다. 그를 신화적인 존재로 봤던 저항시인 필 옥스까지 나타났다.

부조로 새긴 날개 달린 신이나 여신들과 함께 로마 그리스식 기둥, 조지 워싱턴과 마사 워싱턴의 준엄한 조각상이 무대 양끝을 지키고 서 있는 쇼룸 앵테르나시오날은 키치 같은 무대였지만 공연의 힘을 부정할 수는 없었다.

금실로 장식한 커튼이 올라가자 엘비스는 기타를 들고 천천히 걸어나왔다. 그는 발을 넓게 벌려 자세를 취하고 머리를 뒤로 넘긴 다음 눈을 감았다. 그러더니 공격적으로 〈블루 스웨이드 슈즈〉를 시작했다. 처음부터 그의 카리스마가 확실하게 발산되었다. 천사 석고상으로 장식한 멀리 떨어진 발코니에서 봐도 분명했다. 서른네 살의 엘비스 프레슬리는 아직 카리스마가 있었다. 오프닝 곡을 시작한 지 몇 초 지나지 않아 공연장은 박수와 발구르는 소리, "브라보!"라고 외치는 소리로 가득 찼다. 그 곡의 나머지 부분은 아무도 들을 수 없을 정도였다.

프레슬리는 계속해서 자신의 스탠다드와 신곡을 차례로 연주했는데, 그 중에는 당시 톱 10 히트곡이었던 〈인 더 게토〉도 있었다. 때때로 옛날 그 골반동작을 시작하다 잠시 멈춰야 했지만 호감이 갈 정도로 솔직히 멈췄고, 어느 시점에는 생각에 잠기는 듯했다. '숨을 고르는 동안 잠시만 그냥 날 보세요.' 라는 표정이었다. 정말 볼 만했다. 빌 벌류가 디자인한 네크라인이 트인 검은 튜닉셔츠에 검은 나팔바지, 검은 부츠로 코디한 그는 날씬했고, 놀랍게도 구레나룻이 있었다. 스포트라이트가 그의 두툼한 반지와 두꺼운 이니셜 금팔찌를 포착하곤 했는데, 반지는 반짝거리는 에메랄드, 사파이어, 다이아몬드였고 팔찌에서는 ELVIS라는 다이아몬드 글자가 반짝였다.

다음날 그는 감격에 겨워서 말했다.

"내 인생에서 가장 흥분된 밤이었다."

『로스앤젤레스 헤럴드-이그재미너(Los Angeles Herald-Examiner)』의 리뷰어는 다른 식으로 표현했다.

"외출 중이었던 엘비스 프레슬리가 돌아왔다."

팬들은 그를 의심해본 적이 없었다. 팬클럽과 편지를 교환하고, 그레이스랜드와 벨 에어 앞에 모인 팬들과 여러 시간 얘기를 나누는 등, 오랜 세월 우아하게 팬들의 애정을 관리해온 프레슬리에 대한 그들의 헌신은 그 순회공연에서 그의 부활에 중요한 역할을 했다.

팬들은 그의 라스베이거스 쇼를 위해 전국에서뿐 아니라 해외에서도 달려왔다. 새로 오픈한 인터내셔널의 임원들은 라스베이거스에서는 드문 일이었지만, 영국과 프랑스 등 멀리에서까지 300석이나 예약을 받았다. 파리의 한 비서는 5일 연속으로 10번의 쇼, 저녁식사, 심야쇼를 모두 합쳐 100프랑짜리 수표를 보내기도 했다.

1950년대부터 대령이 후원하고 엘비스도 오랫동안 지원했던 전국의 여러 엘비스 팬클럽 멤버들이 한데 뭉쳤다. 기록을 돌파한 쇼가 끝난 후에는 10만 1500명의 유료관객 중 10퍼센트 이상이 팬클럽 회원으로 추산되었다. 그들의 헌신은 미숙하면서도 때로 괴상하기까지 했다. 쇼룸 주위를 돌아다니던 일부 팬들은 말 그대로 엘비스 버튼을 온몸에 달고 있었다. 한편 어떤 팬들은 자동차를 타고 전국을 여행하며 엘비스의 투어를 쫓아다녔다. 엘비스가 투어를 계속하면서 그들의 헌신은 점점 더 강해졌다. 사실 문제가 많았던 말년에는 프레슬리가 자신을 무조건적으로 사랑했던 팬들에게 손을 내미는 것처럼 보였다.

라스베이거스 공연은 평일에도 인기가 끊이지 않아서 이른 아침부터 표를 사려는 줄이 이어졌다. 어느 토요일에는 오전 10시에 이미 500명이 몰려들었지만, 그중 대부분은 돌아가야 했다. 예약이 끝나자 호텔은 빈자리가 전혀 없다고 발표했고, 엘비스는 29일에 걸쳐 150만 달러의 수익을 올렸다.

그 도시에서 처음 있는 일이었다.

놀랍게도 인터내셔널이 엘비스에게 5년 계약을 제시하자 파커는 즉시 응했다. 계약에 따르면 향후 5년 동안 1년에 8주 동안의 공연을 두 번에 나누어 하게 되어 있었고 그 대가로 엘비스는 주당 12만 5000달러를 버는 조건이었다. 이 500만 달러짜리 계약은 처음에는 잘한 것 같았다. 그러나 프레슬리가 도시의 가장 인기 있는 티켓으로 군림하리라는 것이 명백해지자 파커는 재협상을 시도했다가 실패했다. 게다가 한 주당 5달러에 2만 주의 스톡옵션을 받았지만 재미를 보지 못했다. 처분한 인터내셔널 주식은 곧 주당 70달러까지 급등했다.

대령은 주식시장보다 카지노 플로어가 더 좋았다. 오랜 도박꾼답게 인터내셔널의 딜러, 플로어맨, 캐셔에게 친숙한 존재였다. 공수표처럼 사용되는(딜러와 도박꾼이 칩 색깔의 돈 가치를 수시로 정함) 룰렛 휠에서 테이블의 모든 숫자에 베팅하는 시스템을 이용했다. 파커는 주사위 굴리는 것도 좋아했다. 크랩스 게임 테이블에서는 수백 달러짜리 칩 무더기를 던져서 베팅했다.

그러나 대령은 홍보의 마법사였다. 카지노와 로비를 층마다 오가며 자기 스타의 오래되고 희귀한 컬러사진을 건네어 팬들을 선물가게로 안내한 다음 기념품 모자, 버튼, 테디 베어 등을 사주었다. 대령은 200개 이상의 라스베이거스 옥외광고판에 전단을 돌렸고, 날마다 100곳 이상의 라디오 광고를 했다. 카지노 전체 직원이 모자, 스카프, 버튼을 착용한 채 쇼를 홍보하는 것처럼 보였다. 엘비스에 대한 열광이 다시 불붙고 있었다.

새로 5년 계약을 한 후 처음 몇 번의 쇼에서 엘비스는 다시 한 번 자신을 재창조했다. 1970년 1월 빛나는 커튼 앞에 등장했을 때는 13센티미터 가까이 세운 칼라에 네크라인이 허리까지 떨어지는 흰 점프수트를 입은 모습이 숨죽일 만큼 멋져 보였다. 가는 허리에는 가라테 벨트와 진주로프를 두르고 손가락에는 거대한 다이아몬드 반지를 꼈다.

"노래가 안 되면 의상으로 메들리를 할 수는 있죠."

그는 즐거워하는 관중들에게 재치 있는 말을 던졌다.

"마를렌 디트리히가 엉덩이부터 발목까지 훤히 비치는 가운으로 흥분을 자아낸 이래로 그런 닳고닳은 도시를 외모로 흥분시킨 연주자는 없었다."

앨버트 골드먼은 『라이프』의 리뷰에서 이렇게 의견을 피력했다. 골드먼에게 엘비스는 '오페라 글라스를 통해 그를 희롱하듯 쳐다보는 여자들의 윗니를 완전히 감싸는 수컷 치즈케이크처럼 보였다.' 이 기자는 계속해서 프레슬리를 '오래된 닳고닳은 사치의 왕' 이라고 경멸적으로 묘사했다.

텔레비전 특집이 라스베이거스의 부활에 도약의 발판이 되었던 것처럼, 라스베이거스 쇼는 순회공연의 부활로 이어졌다. 1970년 2월 '휴스턴 가축 로데오 쇼(Houston and Rodeo Livestock Show) 쇼 앤 로데오' 가 열리던 휴스턴 애스트로돔에서 부킹을 시작했다. 이 쇼를 조직한 사람들은 엘비스를 그 로데오의 38년 역사상 최고의 스타라고 홍보했다. 분명히 다른 종류의 볼거리였다. 1년 전에 출연한 가수는 로이 로저스와 데일 에번스였고, 그들은 로데오에 어울리는 웨스턴 복장으로 히트곡이기도 한 '행복한 여정(happy trails)' 을 빌며 건전한 레퍼토리를 끝냈다.

프레슬리는 오프닝 전의 기자회견에서 자신은 텍사스, 즉 '론스타' 주의 이방인이 아니라고 강조했다.

"전 텍사스에서 시작한 거나 다름없어요."

그는 50년대 중반에 투어를 했던 텍사스의 셀 수 없이 많은 소도시들을 언급했다.

"이름을 한번 대보세요. 공연하지 않은 데가 없다니까요."

그러나 4만 4000명 이상 수용할 수 있는 이 야구장에서는 공연한 적이 없다고 기꺼이 인정했다.

첫번째 쇼는 오후 공연이었는데, 겨우 1만 7000명을 끌어모았고, 그 중 4000명은 대령과 프레슬리가 추가로 티켓을 돌린 장애아였다. 가수는 초조해져서 애스트로월드 호텔의 룸을 왔다갔다하며 가슴을 졸였다.

"이제 더 이상 안 되나 보다."

하지만 그날 저녁에 스위트룸의 창 밖을 내다보는 순간 생각이 바뀌었다. 공연을 보러 온 차량행렬이 수 킬로미터나 이어지고 있었던 것이다.

"빌어먹을! 아직은 성공인 것 같군."

일간지에 넣어 뿌린 전단 포스터에서 가축을 쫓아다니는 모습을 연출한 그는 유머감각을 유지해야 했다. 한 공연에서는 흥분한 나머지 무대에서 뛰어내려 경기장을 걸어다니며 노래하다가 아직 식지도 않은 똥 무더기를 밟고 말았다. 약간 절뚝거리며 무대에 다시 오르려는 노력은 계속했지만 아무리 애써도 특수 제작한 부츠에서 그것을 흔들어 떼어낼 수가 없었다. 그날 밤 친구들과 함께 있을 때 얼마나 웃었는지 눈물이 흐를 정도였다.

"내가 똥 밟는 것 봤냐? 박수 더 터지는 것도 봤지?"

등장도 극적이었다. 농장 트랙터가 작은 무대를 경기장 중앙으로 끌어당겼다. 밴드 멤버들은 움직이는 무대 위에 있었고, 그들을 따라가는 빨간 지프 컨버터블의 앞좌석에 서 있던 엘비스는 몸을 지탱하기 위해 앞유리를 잡아야 했다. 지프는 무대로 향하기 전에 경기장을 돌았고, 프레슬리는 그를 잡으려는 팬들과 악수하기 위해 손을 뻗었다. 점점 더 백성들을 맞이하는 왕이 된 기분이었다.

20만 7000명의 관중들이 프레슬리의 6회 공연을 보았고, 그것은 로데오 쇼의 기록을 갱신했다. 마지막 공연에서는 프리실라가 검은 카우보이 모자를 쓰고 대담한 행동을 하며 나타났다. 그녀는 경비들에게 농담을 건넸다.

"봐요, 저기 노래하는 남자, 그리 나쁘지 않은데요. 데이트해도 상관없겠어요."

엘비스가 그해 두번째로 라스베이거스 공연을 했을 때는 새로운 영광에 흠뻑 젖었다. 이번에는 이 도시가 '엘비스 서머 페스티벌'이라고 홍보했다. MGM은 〈엘비스-댓츠 더 웨이 잇 이즈(Elvis-That's the Way It is)〉라는 다큐멘터리를 찍기 위해 크레인에 장착된 두 대를 포함하여 파나비전 카메라 다섯 대를 동원, 리허설과 오프닝 밤공연을 촬영했다.

인터내셔널측은 매일 밤 200명을 돌려보내야 했다. 또한 헤드라이너가 세운 입장객 기록을 기리기 위해 엘비스에게 거대한 황금벨트를 선물했는데, 헤비급 챔피언 벨트와 비슷했다. 프레슬리는 그 후로 몇 년 동안 벨트를 자랑스럽게 착용했다.

라스베이거스 공연을 하는 동안 프레슬리는 1958년 이후 최초로 연장 투어를 한다고 발표했다. 파커는 '엘비스를 수백만 명의 팬들 앞에 다시 돌려놓을 것'이라고 선언했다.

이 투어는 스카티, 빌하고 농장을 누비던 옛 시절과 달랐다. 낡은 차 위에 베이스를 줄로 매달지도 않았고, 싸구려 선술집이나 무기고 건물에서 연주하지도 않았다. 엘비스는 특수 제작한 버스나 비행기로 여행했으며, 엄청난 수의 스태프가 함께 움직였다. 칼럼니스트 짐 클로부카가 미니애폴리스 지역의 공연날짜를 발표하며 지적한 대로다.

"엘비스 프레슬리는 전용 제트기를 타고 주치의, 안전요원 대표, 12명의 보디가드, 기타 튜닝하는 사람 그리고 내슈빌의 나머지 분들과 함께 채 겸손하게 도착했다."

1970년 9월의 첫 투어는 여섯 개 도시에서만 이루어졌고, 피닉스, 세인트루이스, 디트로이트, 마이애미, 탬파, 모빌의 팬들은 소문을 퍼뜨렸다. 엘비스가 불러일으킨 경험과 견줄 만한 콘서트는 없었다고. 곧 두번째 투어가 이어졌다.

그가 점프수트를 입은 채 눈이 멀 정도로 밝은 조명을 받으며 당당하게 등장한 순간 콘서트는 이 세상의 것이 아닌 듯한 분위기를 띠었다. 지난 10년간의 심각한 무대배역은 사라지고 없었다. 그는 천천히 걸어다니다가 말처럼 뛰어다니며 포효하듯 노래를 불렀다. 그러다가도 한쪽 무릎을 꿇고 가까운 곳에 앉아 있던 여자를 향해 감상적으로 노래했다. 섹슈얼해졌지만 장난스러울 뿐 천박하진 않았다. 한 콘서트에서는 벨트가 우연히 다리 사이에 대롱대롱 매달려 성적인 암시를 띠자 경멸스러운 표정을 지으며 아래를 가리킨 다음 다리 사이에 손을 뻗쳤다. 그리곤 "잡았다!"라고 소리를 지르며 그것을 위로 끌어당겼다. 프레슬리가 순진한 학생 같은 표정으로 벨트를 잡을 때까지 관중들은 숨이 멎는 듯했다.

그가 장난친 것은 그런 이미지만은 아니었다. "안녕, 여러분, 전 자니 캐시예요."라고 하면서 때로는 마이크에 입을 가까이 대고 말을 질질 끌면서 갑자기 캐시의 〈아이 워크 더 라인(I Walk the Line)〉을 그럴듯하게 흉내 냈다. 〈포크 샐러드 애니(Polk Salad Annie)〉를 부를 때는 경쟁자가 어떻게 부르는지 보여주기도 했다. "톰 존스!"라고 외치며 스트립쇼 동작을 강조하기도 했다. "잉글버트!"라고 외치면서 험퍼딩크처럼 마이크를 껴안고는 목소리를 부드럽게 한 후 〈플리즈 릴리즈 미(Please Release Me)〉로 곧장 넘어갔다. 글렌 캠벨을 따라할 때는 놀리듯 목소리를 높였다. 그러다가 무대 한가운데 서 있는 자가 누구인지 잊어버리지 않게 하려는 듯 마지막엔 이렇게 뜨겁게 외쳤다.

"나!"

그러면서 마지막 곡을 끝냈다. 한 팬이 '몸을 낮춘 악마적 자세'라고 묘사한 자세로, 마치 거기에 목숨을 건 듯 거들먹거리고 째려 보면서 땀을 흘렸다.

엘비스는 여전히 관중들을 장악했다. 피닉스에서는 한 시간 넘게 공연한 다음 〈서스피셔스 마인즈〉를 부르다 무대에 쓰러져 그대로 누워 있었다. 동작도 없고 소리도 없었다. 뮤지션들이 사운드에 효과를 주었다. 객석이 조용해졌다. 어느 순간 밴드멤버가 다시 시작하자 프레슬리도 그 곡의 나머지 부분을 천천히 부르면서 일어나 박수소리를 잠재웠다.

한번은 〈퍼니 하우 타임 슬립스 어웨이(Funny How Time Slips Away)〉를 부

르는 동안 불구인 딸을 안은 어머니가 무대 끝으로 걸어가서 경기장을 숙연하게 했다. 그 록스타는 조용해진 관중들이 지켜보는 가운데 몸을 구부려 아이에게 입을 맞췄다.

1970년 가을 로스앤젤레스 포럼에서 바닥에 끌릴 정도로 긴 주름장식이 달린 점프수트를 입고 공연했을 때는 "저에 대해 많은 얘기가 있었지만 대부분은 사실이 아니었어요."라고 시작하는 즉흥적인 멘트로 관중과 리뷰하는 사람들을 어리둥절하게 만들었다. 그는 계속해서 자신의 기록, 즉 56개의 골드 싱글과 14장의 골드 앨범을 자랑했다.

"누군가 의심하는 사람이 있다면 멤피스에 와서 논쟁해도 좋아요. 그걸 모두 벽에 걸어놨거든요. 전 그게 정말 자랑스러워요."

그는 비틀스와 톰 존스를 모두 합친 것보다 자신의 음반이 더 많이 팔렸다고 횡설수설했다.

관중들이 몰랐던 사실은 프레슬리가 그 직전에 친자 소송 서류를 받은 데 대한 반응을 보인 것이라는 점이었다. 그는 맹렬한 법정 투쟁(혈액검사와 거짓말 탐지기 테스트)으로 승소했지만 그 사건은 슬픈 사실을 강조할 뿐이었다. 그는 사랑하는 음악으로 돌아갔지만 사생활은 계속 궤도를 벗어나고 있었다.

29 광란의 질주
-Crazy from the Heart

로스앤젤레스 포럼 쇼에 질질 끌리는 심플한 흰색 후드 드레스를 입고 나타난 프리실라는 온몸이 귀족스럽게 빛나는 듯했다. 그녀는 친자 소송의 시련을 겪는 내내 남편 곁을 지켰다. 하지만 그의 방탕한 외도에 대해서도 알고 있었다.

그는 라스베이거스를 기점으로 섹스심벌로서 돈을 벌어들이기 시작했

영화 〈불타는 별(Flamming Star)〉(1960)에서 멋진 모습의 엘비스. 백인 세계와 인디언 세계 어디에서도 이해받지 못하는 혼혈아를 연기하고 있다.

다. 1950년대처럼 다시 한 번 여성팬들의 굶주린 눈을 자극하고 있었다. 인터내셔널의 30층 스위트룸은 원하는 사람은 언제나 환영하는 곳이 되었다.

데이트 상대를 줄 세우는 방식도 동원했다. 공연하다 눈에 들어오는 여자가 있으면 쉬는 시간에 친구들에게 귀띔해준 다음 친구들이 그 여자에게 접근해 약속을 잡거나 관심이 있는지 물어보는 식이었다. 아예 마피아 멤버들이 나서서 엘비스 취향의 미녀들을 골라낼 때도 있었다. 펜트하우스 스위트룸에 초대받은 여자들은 엘비스가 먼저 말을 걸기 전에 그에게 말을 걸지 말 것과, 거기서 벌어진 일에 대해 어떤 기자에게도 얘기하지 말라는 주의사항을 들었다.

조 에스포지토는 프레슬리가 그런 작업을 생략하는 바람에 부담을 더는 밤도 있었다고 털어놓았다.

"오늘밤은 파티를 하자. 창녀들한테 전화하라고."

그러나 엘비스는 차례차례 전화를 돌리던 친구들 틈에 좀처럼 끼지 않았다.

"그냥 구경할게."

그는 아주 가끔씩 창녀의 손을 잡고 침실로 안내했다. 에스포지토가 지적한 대로였다.

"그들은 그를 순수하게 대하지 않았죠. 엘비스는 섹스를 낭만이라고 생각했거든요."

슬프게도 결혼생활에서는 로맨스가 사라졌다. 딱히 결정적인 사건이 일어나서 결혼생활에 대한 프리실라의 필사적인 집착이 느슨해진 것은 아니었다. 오히려 혼인서약을 나누기 전부터 있었던 문제들이 조금도 사라지지 않았던 것이다.

프리실라는 애초에 관심을 다른 데에 두었다. 어린 딸을 돌보고 홈비 힐스(Holmby Hills)의 33만 5000달러짜리 2층집으로 이사하는 데 매달렸다.

"인테리어에 열정을 쏟았죠."

남편의 취향을 의식하여 치장했던 프리실라가 회상했다. 그녀는 로스앤젤레스의 부촌을 휩쓸던 댄스교습 광풍에도 빠져들었다.

"그가 로큰롤의 왕이었으니 전 여왕이 되어야 하는 것 아니에요?"

하지만 여전히 멤피스 마피아와 경쟁해야 했다. 결혼식 이후 그들의 서열은 잠시 하락했지만 엘비스는 항상 그 친구들을 다시 불러들일 궁리를 하고 있었다.

"그의 주변에는 항상 친구들과 그 아내들이 있었죠. 우린 프라이버시가 전혀 없었어요."

귀족적인 침실의 프라이버시는 한심하기 짝이 없었다. 십 대 시절의 프리실라와 함께 장난스러운 섹스장면을 담은 수만 장의 폴라로이드 사진을 비롯해서 섹스게임을 즐겨온 엘비스가 이제는 거의 손도 까딱하지 않았다. 그녀는 그의 무관심을 라스베이거스 쇼와 녹음 세션을 위해 먹은 가벼운 각성제와 안정제 탓으로 돌리며 무시했다. 하지만 그의 리무진에서 다른 여자의 화장품을 발견한 뒤로는 더 이상 두고볼 수가 없었다.

"분명히 나한테는 관심이 없으니 요새 당신이 잠자리를 어떻게 해결하는지 알고 싶어요."

어느 날 밤 프리실라는 용기를 내어 물었다. 엘비스는 약을 한줌 삼키고 침대에 몸을 던진 다음 정신주의 책에 손을 뻗는 것으로 대답했다. '육체와 영혼을 합치는 법'에 대해 큰 소리로 읽기 시작했던 것이다. 프리실라는 침대에 앉아서 선언했다.

"흥, 당신은 섹스 매뉴얼이 제격인 거 몰라요?"

그가 화난 듯 쳐다보았다.

"그만하자고!"

프리실라는 딸과 로스엔젤레스의 집에 머물면서 인터내셔널의 전용 특별 부스에 자리를 잡은 여자들을 비롯한 여러 여자들에 관한 소문을 듣고 아내로서 지옥을 떠도는 듯했다.

결혼하고 3년 가까이 엘비스가 재기의 날갯짓을 하는 동안 그녀는 뒷전에 물러나 있었다. 하루종일 침대에서 보내기도 했지만, 편한 아내로 지내는 데 점점 지쳐갔다.

"리사 마리가 태어난 다음부터 당신은 날 성적으로 원하지 않아."

그는 그녀가 따져물을 때마다 화제를 바꾸려고 했다.

"원하는 만큼 돈도 있고, 아름다운 집도 두 채 있고, 필요하면 다 도와주잖아. 나한테서 뭘 원하는 거야?"

"난 당신을 원해."

그녀는 울부짖었다. 그녀는 그와 사랑을 나누고 싶은 마음에 간절히 애원했다.

"날 구걸하게 만들지 마."

마침내 프레슬리는 자신의 성격상 애엄마와는 잘 수 없다고 설명했다.

"그건 그냥 안 돼."

"전혀?"

"전혀."

그는 이유 없이 화를 내기도 했다. 분명히 유아적이었다. 여러 가지 면에서 결코 제대로 성장하지 못했다. 스타덤 때문에 소년다운 관심사에 몰두할 수 있었던 것이다. 1950년대에는 롤러스케이트장을 통째로 빌렸다. 1960년대에는 친구들하고 영화 세트장에서 미친 듯이 소란을 피웠다. 1970년대에는 총과 배지를 갖고 놀았다.

총에 대한 집착은 부분적으로 생명에 대한 위협 때문이었는데, 1950년대에 (FBI를 포함해 사법당국에 적절히 보고되었던) 받았던 익명의 편지들이 계기가 되었다. 1960년대에는 여배우 샤론 테이트와 그녀의 친구들이 악명 높은 찰스 맨슨 일당의 손에 끔찍하게 살해당하는 사건으로 프레슬리를 포함한 할리우드 전체가 공포의 도가니에 빠졌다.

"그때부터 보안 시스템에 집착하기 시작했죠."

리처드 데이비스는 그렇게 기억한다. 그와 마피아가 무기류를 쌓아놓기 시작한 것도 그 무렵이다.

그 무기류는 엘비스의 대중 노출이 늘어나고 생명의 위협을 더 많이 받게 된 1970년대에 사용되었다. 신원이 확인되지 않은 남자가 소니 웨스트에게 전화를 걸어 인터내셔널 쇼룸에서 프레슬리의 암살기도가 있을 것이라고 경고하면서 5만 달러만 주면 암살자의 이름을 밝히겠다고 한 적도 있었다. FBI는 프레슬리의 편지 속에서 가수의 심장을 겨눈 총이 그려져 있는 쇼룸 메뉴가 발견되자 그 경고를 심각하게 받아들였다.

인력 강화에 나선 프레슬리가 레드 웨스트를 다시 부른 것도 이때였다. 프레슬리는 권총을 챙기기 시작했다. 밤에 타깃이 될 거라고 생각하여 구두에 데린저 총을 넣고 허리밴드에 45구경을 끼워넣은 채 공연했다. 또 친구들에게 만약 자신이 죽을 경우 바로 복수해달라고 부탁하면서 이렇게 내뱉었다.

"난 어떤 녀석이라도 '엘비스 프레슬리를 내가 죽였다.' 고 말하고 돌아다니는 건 원치 않아. 어떤 녀석이 날 쏘면 너희들이 그 빌어먹을 놈의 눈을 뽑아버렸으면 좋겠어."

'공연 중에 프레슬리를 암살하겠다.' 는 협박을 실행에 옮긴 자는 없었다. 그러나 약기운 때문에 엘비스의 편집증이 더 심해져서 총과 총싸움이 연관된 광란의 도주극으로 이어졌다. 백업 싱어 중 한 명의 아내가 모텔방에서 강도를 당한 사실이 밝혀지자 엘비스는 친구들에게 무기를 장전시킨 다음 그녀를 서둘러 구출하라고 했다. 엘비스 프레슬리 일당이 그녀의 방에 불쑥 쳐들어갔을 때 그녀는 얇은 나이트가운을 입고 머리에 고대기를 말고 있었다.

일부 마피아는 프레슬리가 과속 운전자들을 멈춰세울 수 있도록 자기 차에 경고등을 다는 것도 참 좋아했다고 회상했다. 그들은 변함없이 명예 경찰 배지를 번쩍이는 슈퍼스타의 훈계를 듣고 깜짝 놀라곤 했다.

대개 소년들이 그렇듯 프레슬리는 보호와 봉사를 하루일과로 삼고 사는 사람들을 존경했다. 투어를 하는 동안 친해진 경찰과 소방관들도 그를 좋아해서 아주 기쁜 마음으로 그의 컬렉션을 위해 총, 배지, 심지어는 제복을 선물했다. 그런 열정 때문에 프레슬리의 삶에서 가장 이상한 사건이 벌어졌다.

1970년 12월, 어느 날 밤 버넌과 프리실라가 한데 뭉쳐 그레이스랜드에 날아온 청구서 뭉치 때문에 엘비스와 맞서고 있었다. 프레슬리가 친구들에게 선물로 준 메르세데스 벤츠 10대 값이 8만 5000달러였다. 게다가 총을 구입하느라 추가로 2만 달러를 써버렸다.

"엘비스, 해도 해도 너무하는 거 아니냐."

버넌이 화를 내며 말했다.

하지만 어린애 같은 엘비스를 납득시킬 수는 없었다. 엘비스는 홧김에 나가버리고 말았다. 아주 오랜만에 보디가드도 없고, 아내나 아버지도 그의 행선지를 알 수 없는 외출이었다.

"우린 어쩔 줄 몰랐죠."

프리실라가 회상했다. 요컨대 엘비스는 자기 집 전화번호도 몰랐던 것이다.

프레슬리는 그래도 로스앤젤레스에서 영화편집 교육을 받던 친구 제리 실링의 전화번호를 가지고 있었다. 실링의 얘기를 들어보면 그 다음에 일어난 일은 '하워드 휴스 이야기'에 버금갔다고 한다.

새벽 3시, 실링이 한참 자는데 벨소리가 울렸다. 엘비스였다.

"뭐 해?"

엘비스는 앞뒤 설명도 없이 불쑥 말했다.

"L.A. 아메리칸 에어라인 카운터에서 아침에 만나자."

실링은 황당했지만 나가보았다. 승객이 한 명씩 내리더니 마침내 엘비스가 보였다. 약간은 머쓱한 표정에다 얼굴이 불그레해져서 약간 부은 듯 보였다.

"페니실린 부작용이야. 비행기에서 초콜릿을 먹었더니 부작용이 살아나는 모양인데."

그는 의사를 만나야 했지만 일단 비행기의 스튜어디스를 집에 태워다줘야 한다고 말했다.

엘비스가 워싱턴 D.C.까지 가야 한다고 우겼기 때문에 실링은 그와 공항까지 동행했다. 영문을 모르는 실링은 편집실 스케줄까지 겹친 터라 난감했다. 게다가 다시 공항에 갔을 때 엘비스에게 문제가 생겼다. 총 두 자루를 하나는 허리밴드에, 다른 하나는 부츠에 넣고 비행기에 타려 했던 것이다.

"죄송합니다, 선생님."

남자 승무원이 양해를 구했다.

"그건 저희가 보관하겠습니다."

엘비스는 화를 내며 탑승을 거부했다. 잠시 후 비행기 조종사가 끼어들더니 놀랍게도 엘비스에게 무기를 갖고 자리에 앉아달라고 했다. 바로 그때 실링은 이 여행을 왜 해야 하는지도 모른 채 친구와 동행하는 것이 최선이라는 결정을 내렸다.

일단 비행기에 오르자 프레슬리는 코믹한 장면을 연출했다. 케이프가 달린 보라색 벨벳정장을 입고 거대한 금색 챔피언 벨트를 찼던 것이다. 당시 프레슬리의 트레이드마크가 되어가던 큼지막한 선글라스도 빼놓지 않았다. 사치 이상의 핑계가 있었다. 빛이 정말로 그의 시력을 해친 것이었다. 엘비스는 초기 녹내장을 진단받은 상태였다.

엘비스는 비행기에서 크리스마스에 맞춰 베트남에서 집으로 돌아가는 젊은 사병과 대화를 나눴다. 프레슬리는 애국심 어린 자긍심이 발동하여 주머니를 털더니 그에게 500달러를 주고는 손짓하며 떠나보냈다.

엘비스에게는 더 심각한 문제가 있었다. 실링이 나중에 발견한 대로 엘비스 프레슬리는 대통령 리처드 닉슨을 만나는 임무를 수행하는 중이었다. 그는 국가적 차원의 마약전쟁에 참여하고자 했다. 정말로 원했던 것은 연방 마약수사국 배지였지만.

배지에 대한 집착은 애니메이션의 몇몇 유명 캐릭터와 텔레비전 광고를 위해 목소리 연기를 하는 폴 프리스를 우연히 만나면서 비롯되었다. 프리스는 루드비히 폰 드레이크와 필스베리 도보이 등 다양한 목소리를 연기했다. 또 경찰팬으로서 엘비스에게 연방배지를 자랑하기도 했다.

엘비스도 하나 얻기로 결심한 것이다. 스튜어디스에게 아메리칸 에어라인 편지지를 여섯 장 부탁한 다음 '국가에 도움이 될 수 있다면 어떤 봉사라도 하겠다.'는 열망을 강조하며 닉슨에게 보내는 편지를 직접 쓰기 시작했다.

"마약문화, 히피적 요소, 민주사회를 위한 대학생연맹(SDS), 블랙 팬더스 등은 나를 적으로 취급하지 않습니다. 그들 표현대로 '체제' 속의 인물로 보지도 않습니다."

프레슬리는 진정한 효과를 얻기 위해 광의의 연방요원으로 자신이 임명될 필요가 있으며, 연방 차원의 공인을 받아야 한다고 적었다. 추신으로 대통령에게 개인적으로 선물을 주고 싶다는 말도 덧붙였다.

12월 21일 오전 백악관 수행원 에길 '버드' 크로는 동료 수행원 드와이트 채핀의 전화를 받았다.

"자리에 있어? 믿지 않겠지만 왕이 여기 있어."

"무슨 왕? 오늘 대통령 스케줄에 왕은 없는데."

"엘비스 말이야, 록의 제왕."

채핀은 계속해서 프레슬리가 대통령에게 전하는 여섯 장짜리 편지를 노스이스트 게이트의 경비측에 건네주고 싶어한다고 설명했다. 마약전쟁에 참여하는 문제를 논하기 위해 미팅을 요청한다는 것이었다.

크로는 계속해서 백악관 직원 대표 H. R. 홀드먼에게 인기스타 프레슬리를 마약 캠페인에 이용할 경우 긍정적인 면을 강조하는 메모를 남겼다. 크로가 지적한 대로 당시 재니스 조플린, 지미 헨드릭스가 마약으로 죽어서 문제의 심각성이 부각된 상태였다. 그 후로 그 전쟁에 이름을 빌려준 유명인은 잭 웹, 빌리 그레이엄 경, 아트 링클레터 등의 보수주의자들이었다.

크로는 메모를 전달한 다음 실링과 D.C.에서 합류한 소니 웨스트를 동반한 프레슬리를 잠시 만났다.

그가 휘황찬란한 옷을 입은 프레슬리를 데리고 들어가서 처음 생각한 것은 '이거, 조금 위험할 수도 있겠는데.' 였다. 닉슨의 백악관에서는 격식을 갖춘 비즈니스 정장이 의무사항이었다. 크로는 '타이가 없는데.' 라고 계속 생각했다. 가죽재킷을 입은 제리 실링도 마찬가지였다. 소니 웨스트는 정장을 입었지만, 목이 파인 셔츠와 두툼한 금목걸이가 거슬렸다.

"백악관의 남자 직원 중에 적어도 업무시간에 금목걸이를 거는 경우는 없었죠."

프레슬리와 친구들이 백악관의 드레스 코드를 따르지는 않았다 하더라도 의지는 진지했다. 크로는 그들에게 닉슨과의 미팅을 잡아보겠다고 했다. 그 삼인조가 떠나는 순간 그는 또 다른 메모를 남겼는데, 이번에는 대통령에게 남기는 메모였다. 그는 점심 전에 미팅허가를 받았다.

프레슬리가 '존 버로스' 라는 이름을 기입한 D.C. 호텔에 전화가 왔다. 12시 30분 미팅을 잡았으니 노스이스트 게이트에 11시 45분까지 와달라는 내용이었다. 그 삼인조가 돌아왔을 때 경비는 크로에게 전화를 걸어 문제를 보고했다. 엘비스가 닉슨에게 줄 선물이라며 대통령 관저인 오벌 오피스에 총을 가지고 들어가려 한다는 것이었다. 크로는 정치적인 악몽이 될 수도 있는 일을 진정시키느라 달려가서 가수와 보디가드를 환영했다. 이어서 일반적인 정책 때문에 총(사실은 제2차 세계대전 당시의 콜트 45구경으로 나무 손잡이에 크롬 도금을 한 총이었다)은 대통령 사무실에 가지고 들어갈 수 없다고 설명했다. 프레슬리는 경호실에 총을 놔두었지만, 나중에 닉슨에게 전달될 수 있었다. 프레슬리는 안심했다.

닉슨과의 미팅은 미국정치 사상 유래가 없는 매우 초현실적인 만남이었다. 엘비스는 닉슨에게 어린 리사 마리 등 가족사진을 보여주었다. 주머니를 뒤져 전국의 사법당국에서 받은 여러 가지 기념배지도 꺼냈다.

"전 정말 우리 경찰이 해야 할 일을 지원하고 있습니다."

그는 자신을 '테네시의 가엾은 소년' 이라고만 설명하며 덧붙였다.

"조국에서 많은 것을 얻었습니다. 이제 제가 얻은 것을 갚을 만한 뭔가를 하고 싶습니다."

"그렇게 해주면 큰 도움이 될 겁니다."

닉슨은 프레슬리의 거대한 금빛 챔피언 벨트를 계속 쳐다보았다. 엘비스가 공산주의의 세뇌와 마약문화 사이의 관계에 대해 말을 꺼내자 닉슨은 어리둥절해하며 쳐다보았다. 크로도 당황했지만 엘비스 자신은 열렬하게 질문을 하며 주제를 바꿨다.

"대통령 각하, 마약수사국 배지를 얻을 수 있겠습니까? 제 컬렉션을 위해 하나 얻으려고 노력해왔습니다만."

닉슨은 긴가민가하여 물었다.

"어, 버드, 그에게 배지를 줄 수 있나?"

크로가 대통령이 승인하면 줄 수 있다고 하자 닉슨이 웃었다.

"제가 원하는 일이죠."

프레슬리는 마약수사국의 '특별 보조'로 임명되었다. 배지와 함께 미국 사법부로부터 사진이 있는 ID카드도 받았다.

엘비스는 너무나 자랑스러워서 보통 백악관 VIP답지 않은 행동을 하고 말았다. 닉슨에게 걸어가서 꽉 껴안았던 것이다. 그야말로 진심 어린 포옹이었다. 옆방에 있던 그의 친구들도 대통령을 접견하고 싶다고 요청하여 닉슨과 악수했다. 닉슨은 대통령 문장으로 장식된 넥타이 핀을 세 사람 모두에게 선물했다. 크로는 나중에 생각했다. '넥타이 핀이 대부분의 사람에게는 훌륭한 선물이 되겠지만 엘비스, 소니, 제리는 타이가 하나라도 있을지 확신이 안 서는군.'

그 삼인조는 볼펜과 커프링스 등도 선물 받았다.

프레슬리와 친구들은 다시 한 번 대통령과 악수한 후 기념품을 가득 들고 떠났다. 크로는 그 삼인조를 웨스트 윙 복도와 올드 이그제큐티브 오피스 빌딩, 백악관 식당까지 계속 에스코트했다. 그들은 식당을 가득 메운 직원들 사이에서 점심을 먹었다.

아이러니하게도 언론에서 그 미팅을 아는 데 13개월이 걸렸다. 1972년 1월 27일 『워싱턴포스트』의 칼럼니스트 잭 앤더슨은 프레슬리가 연방 마약수사국 배지를 얻은 경위를 자세하게 전했다. 프레슬리 측근들은 요란한 웃음을 터뜨렸다. 그들은 마약전문가를 꼽으라면 바로 엘비스 프레슬리라는 사실을 알고 있었다.

마약수사국 배지는 마약남용에 관한 엘비스의 결정적인 몰이해를 보여주기도 하지만, 다른 한편 진심 어린 애국심을 보여주는 것이기도 했다. 또 그에게는 개가이기도 했다. 그 시기의 이 가수에게 주어진 일련의 영예 중 하나였던 것이다.

프레슬리는 닉슨과 악수한 후 한 달도 지나지 않아 제이시즈(The Jaycees)로 더 잘 알려진 전국청년상공회의소(Junior Chamber of Commerce)에 서 선정하는 '1970년을 빛낸 열 명의 미국 청년'으로 뽑혀서 유명 인사들 사이에 모습을 드러냈다. 존 F. 케네디, 로버트 F. 케네디, 오손 웰스, 하워드 휴스, 헨리 키신저 등이 선정된 적이 있는 명예로운 상이었다.

멤피스 시민회관에서 시상식이 있던 밤 프레슬리는 생각에 잠긴 몽롱한 눈동자로 겸손하게 나머지 9명과 함께 어울렸다. 보스턴 최초의 흑인 지역의회 의원 토머스 앳킨스, 하버드 의대의 생물물리학자 마리오 카페키 박사, 국립 암 연구소(National Cancer Institute)의 조지 토다로 박사 등이었다. 프레슬리는 생애 첫 연설이었던 그 수상연설을 하는 동안 검은색 맞춤 턱시도와 노란 이지라이더 선글라스, 거대한 다이아몬드 반지를 갖춘 완전한 록스타였다. 그러나 다른 수상자보다 더 빛난다고 생각하지는 않았다. 오히려 수상연설에서 다른 사람들의 업적을 인정했다.

"이 사람들은 중요합니다. 여러분들이 생각하지 않는 동안 그들은 천국의 왕국을 짓고 있습니다."

그리곤 2만 명의 군중 앞에서 자신에 대해 말했다.

"전 항상 꿈을 꿔온 사람입니다."

소년 시절 극장에 가고 만화를 보고 스스로 영웅이기도 했다고 그 꿈들을 설명하면서 덧붙였다.

"제 꿈은 백 번도 더 실현되었습니다."

이 말에 어울리는 노랫말이 있었다.

"노래가 없다면 친구도 없습니다. 노래가 없다면 하루는 끝나지 않을 겁니다. 그래서 전 그냥 제 노래를 계속할 것입니다."

연단을 내려서는 표정이 곧 울 것처럼 보였다. 프레슬리는 그 후로 여러 해 동안 그 밤을 일생에서 가장 자랑스러웠던 밤으로 기억할 것이다.

그 무렵 RCA는 그의 음반판매가 역사상 빙 크로스비 이후 두번째로 많았다고 발표했다. 프레슬리의 믿을 수 없는 통계 중에는 80장 이상의 싱글, 40장 이상의 앨범, 3억 장에 가까운 음반판매도 있었다. 1971년에는 탑 10 히트곡이 없었지만, 다른 분야에서 인정을 받았다. 존경받는 록 저널리스트 제리 홉킨스가 그의 전기를 집필하겠다고 했다. 그는 프레슬리를 미국이 세계에 기여한 것들 중 가장 유명한 세 가지의 하나로 꼽았다. 세 가지는 코카콜라, 미키마우스 그리고 바로 엘비스였다.

그는 미국의 전통이 되었고, 투펠로의 생가는 관광명소가 되었다. 그 남부식 오두막은 복구공사를 거친 뒤에 공공사업진흥국(Works Progress Administration)의 매트리스, 뒷방의 파이세이프 가구로 완성되었다. 엘비스의 5학년 담임교사 올레타 그라임스 부인은 테이프 커팅 식의 특별 손님이었다. 멤피스에서 그레이스랜드 정문의 구역이 포함된 51번 고속도로의 19킬로미터는 엘비스 프레슬리 불르바드라고 이름이 바뀌었다.

그는 대중의 인기와 더욱 높아진 명예에 답하는 의미에서 가장 꾸준한 추종자들을 위해 보석에 디자인한 TCB 문장을 만들었다. 그것은 일종의 사업관리를 뜻했고, TCB와 함께 번개 모양을 곁들여 사업이 전광석화처럼 관리된다는 뜻을 담았다.

프레슬리는 정신주의적인 시기를 보내면서 한동안 TCB 이면의 철학에 대해 적었다. '자기를 더욱 존중하고, 동포를 더욱 존중하고, 동료 학생과 가르침을 존중하는…… 몸과 마음의 평화와 안정을 위해 몸을 단련하고 명상을 하는…… 새로운 전망과 개인적인 철학.' 장난기도 섞여 있어서 '변비로부터 자유'도 강조했다.

하지만 그 모든 찬사도 말썽 많은 사생활을 감출 수는 없었다.

"전 엘비스가 두 주인을 섬길 수 없다는 사실을 깨달았어요. 그는 가족이 있었지만 가장 사랑하는 건 노래와 무대에 서는 일이었어요. 바로 거기서 성취를 이룬 거잖아요."

1997년 프리실라는 마침내 남편을 분석했다.

"결국 팬들이 보내는 그 모든 숭배 때문에 집에 돌아와서 조용히 지내기가 너무 어려웠던 거죠."

그녀가 아직 여학생일 때 시작된 환상은 껍데기에 지나지 않았다. 그녀는 엘비스 프레슬리와 허울뿐인 결혼을 했지만, 그렇게 얻은 프레슬리라는 이름은 오늘날까지 계속 유지하고 있다.

그렇다면 프리실라의 로맨스는? 엘비스가 고용한 섬세하고 잘생긴 가라테 강사가 그 대상이었다. 그 강사는 엘비스와 프리실라가 참가했던 가라테 토너먼트에서 경연을 벌였고, 여러 해 지나 필 스펙터의 보디가드로 일할 때 프레슬리 쇼의 무대 뒤를 찾아왔다. 바로 그때 엘비스는 아내에게 가라테를 가르쳐야겠다고 생각했다.

하와이 원주민 피가 섞인 마이크 스톤(Mike Stone)은 부드러우면서도 강한 남자였다. 프리실라는 어떤 면에서 엘비스와 닮았다고 말하곤 했다.

"아주 남성적이었죠. 나를 여자로 대했고 자신이 남자라는 사실을 제가 잊지 않도록 했어요."

그도 엘비스처럼 매력적이었다. 6개월도 되기 전에 스톤은 프리실라의 마음을 사로잡았다. 주로 자신의 요구보다는 그녀의 요구에 마음을 썼다. 이내 그녀는 세상에서 최고로 유명한 남편을 두고 정기적으로 바람을 피우기 시작했다. 물론 죄책감 때문에 괴로워했다.

"결국 전 둘 다 별로 열심히 노력하지 않게 되었다고 봐요."

그 결혼이 파행으로 치닫는 것을 지켜본 베키 얀시가 말했다.

"둘 다 그레이스랜드에 있을 때조차 서서히 멀어진 거죠."

1년 남짓 마찰을 빚은 끝에 1972년 2월 프리실라는 결국 엘비스를 영원히 떠나기로 결심했다. 그녀는 세심하게 플롯을 짰다. 엘비스가 빅 콘서트를 열기 직전에 통보를 하고 LA행 비행기를 집어타면 충돌이 적을 것이라고 봤다.

마이크 스톤은 적이 놀라는 한편 프리실라가 후회할 결정을 하려는 것이 걱정스러웠다. 그녀는 일개 가라테 강사에 보디가드로 고용된 남자를 위해 연예계에서 가장 부유하고 가장 강력한 남자를 떠나려는 것이었다.

"내가 무슨 일을 하려는지 알아."

프리실라가 스톤에게 말했다.

"정확히 무슨 일을 하려는지. 그에게 진실을 말할 거야. 숨어서 이런 짓 하는 건 그만둘 때가 됐어. 모두에게 내가 당신을 얼마나 사랑하는지 알려주고 싶어. 그리고 당신과 함께 살 거라는 사실도."

스톤은 당시 프리실라를 워낙 사랑해서 그녀가 하고 싶은 대로 내버려 둘 생각이었다. 이제 엘비스가 결혼생활이 끝났다는 것을 알아야 마땅했던 것이다.

프리실라는 마침내 아버지 같은 남편에게 다가갔지만 그만 용기를 잃을 뻔했다. 여러 가지 영광으로 빛나는 엘비스가 영화출연 시절 이후로는 볼 수 없었던 지배적인 존재감으로 분장실 거울 앞에 서 있었던 것이다.

"나 이제 떠날 거예요."

그녀는 가능한 힘을 그러모아 단호하게 말했다. 엘비스는 펄쩍 뛰어오르며 마치 사랑을 나누려는 것처럼 그녀를 벽으로 거칠게 밀쳤다.

"엘비스, 제발!"

"난 이게 네가 원하는 거라고 생각했어."

그가 중얼거렸다.

"지금은 아니예요. 더 이상 그렇지 않다고요. 이런 식은 아니예요."
그녀는 그의 몸 아래로 미끄러지듯 빠져나갔다.
"잘해봐!"
그가 소리쳤다.
"떠나라고."
하지만 다음 순간 무의식적으로 프리실라를 어머니처럼 여긴 소극적이고 의존적인 엘비스는 정신을 차렸다. 그들만의 어린애 같은 말장난과 영화에서 보여준 뉘우치는 연인의 포즈를 섞어서 언제나 그랬듯이 온갖 약속을 해댔다. 투어를 취소하고 처음부터 다시 시작하겠다는 상투적인 약속이었다.
"너무 늦었어."
프리실라는 놀랍게도 단호하게 말했다.
"그런 말은 전에도 했잖아요. 지켜진 약속은 하나도 없어요."
그녀는 더 냉정하게 덧붙였다.
"엘비스, 당신은 변할 수 없어요. 하지만 난 이미 변했어. 난 떠날 거야. 이 문제에 관해서 당신은 할 말이 없어요."
『퍼레이드』의 기고가 닷슨 레이더와의 인터뷰에서 프리실라는 당시 왜 엘비스를 떠나야 했는지 솔직하게 밝혔다.
"어떤 의미에서 그는 정신이 나갔어요. 미친 거죠. 그 때문에 전 죽도록 괴로웠고요. 저는 행복하지 않았어요. 남편은 수면제를 먹고 잠들어서 일어나자마자 다이어트 약을 먹었어요. 나와 내 딸을 돌아봤을 때 이건 내가 원한 삶이 아니라는 걸 깨달았어요. 제 남편은 자기 파괴로 치달아갔죠. 마음은 아프지만 제 딸과 저 자신을 보호해야 하잖아요. 저 자신의 삶을 꾸려야죠."
그녀는 프레슬리의 라스베이거스 분장실을 미끄러지듯 나와 문을 닫고 떠났다. 엘비스와의 사이에도 문이 닫혔다.

놀랍게도 엘비스는 마피아 친구들이 기다리는 곳으로 거만하게 걸어가는 동안 이미 안정을 되찾았다.

"프리실라가 날 떠났어."

그는 걸으면서 딱히 누구에게랄 것도 없이 내뱉었다.

"로큰롤이야. 로큰롤은 아내를 허락하지 않지."

그리고 무대에 올랐다.

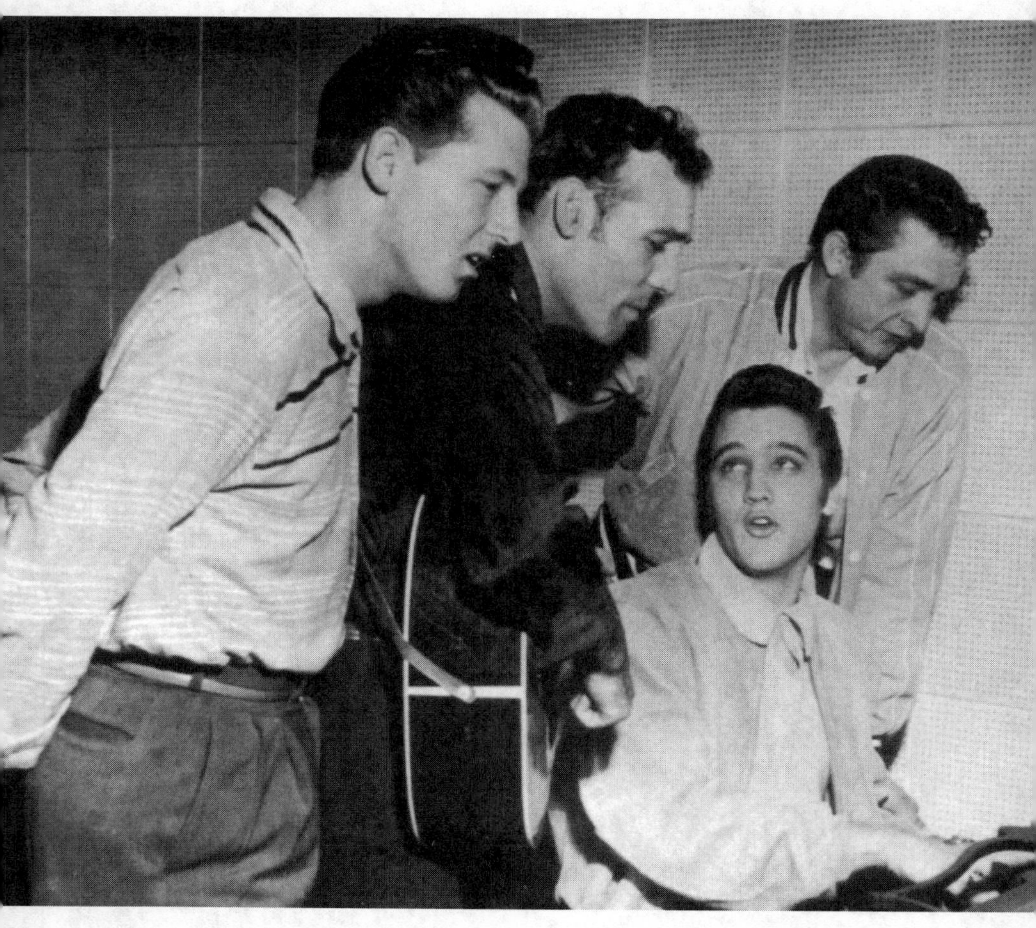

엘비스와 세 명의 전설적인 뮤지션이 멤피스 선 스튜디오에 모여 즉흥 세션을 갖는 모습. 왼쪽부터 제리 리 루이스, 칼 퍼킨스, 엘비스 그리고 자니 캐시. 1956년 12월 4일의 일이다.

30 마지막 불꽃
-His Latest Flames

엘비스는 프리실라가 떠난 뒤로 몇 달 동안 그녀를 유다라고 저주했다. 누구라도 듣는 사람이 있으면 그녀를 위해 모든 것을 해줬는데 은혜도 모른 채 떠났다고 떠들고 다녔다. 다른 남자 품에 안긴 것에 너무나 화가 나서 '배신자!' 라며 경멸하기도 했다. 주위 사람들은 액면 그대로 받아들이지 않았다. 조 에스포지토가 지적한 대로 '엘비스는 한 여자로 만족할 수 없는 남자' 였다. 그가 덧붙인 말에 따르면, 남편과 아버지가 되었다는 것조차 '그의 여성편력을 바꾸지 못했다.' 는 것이다.

그 무렵 프레슬리는 의회 근무를 위해 캐피털 힐에서 일을 시작한 검은 머리의 조이스 보바(Joyce Bova)를 만났다. 그는 그녀의 미모를 칭찬하면서 제안했다.

"당신이 하는 일은 참 흥미로워 보여요. 쇼가 끝나고 다시 오겠어요?"

얼마 후에는 저녁을 먹자고 했다. 그런데 상대방이 그가 기혼인 것을 걱정한다고 하자 모욕을 당한 기분이었다.

"결혼한 게 걱정된다니 그게 무슨 상관이에요? 그냥 얘기하고 싶은 사람이랑 얘기하고 싶을 뿐이에요."

게다가 약속까지 했다.

"당신만 있으면 내가 완벽한 신사가 되리라는 것도 깨달을 거예요."

보바는 자신의 책 『돈 애스크 포에버(Don't Ask Forever)』에서 프레슬리와의 연애를 회상했는데, 그녀 역시 기혼인 프레슬리의 매력에 저항할 수 없었던 수많은 여성 중 한 명이었다.

이국적인 여배우 바바라 리(Barbara Leigh)는 1971년 무대 뒤에서 엘비스를 만났다. 남자친구였던 MGM 사장 짐 오브리와 함께 있었는데, MGM은 당시 다큐멘터리 〈엘비스 댓츠 더 웨이 잇 이즈〉를 제작하는 중이었다. 리는 70년대 초 일련의 멋진 영화에 출연했는데, 그 중에는 〈크리스천 리코라이스 스토어(The Christian Licorice Store)〉 〈프리티 메이즈 올 인 어 로(Pretty Maids All in a Row)〉가 있었고, 프레슬리하고는 6개월간 만났다. 프레슬리는 아내가 친정에 가 있는 동안 그레이스랜드에 그녀를 데리고 가기도 했다.

리는 스물세 살치고는 아주 노련해서 프레슬리와 사랑에 빠지지 않았다. 처음부터 그가 아내를 떠날 거라는 기대를 하지 않은 만큼 자신이 사랑에 빠지는 것을 용납하지 않았다. 게다가 엘비스가 영화를 찍으며 여자를 농락했던 것처럼 남자들을 농락하면서 이 사람 저 사람 만나고 다녔다.

그녀는 결국 〈주니어 보너(Junior Bonner)〉의 상대역과 사귀면서 프레슬리와 헤어졌다. 스티브 맥퀸이었다. 반영웅 역으로 유명해졌고 박스 오피스 흥행을 이끌던 그는 농담삼아 프레슬리를 '그 기타 치는 녀석' 이라고 부르곤 했고, 반면 프레슬리는 그를 '그 오토바이 탄 촌놈' 이라고 불렀다. 결국 오토바이 탄 녀석이 리의 애정을 얻는 데 승리했다.

어쨌든 프레슬리는 데이트 상대가 전혀 부족하지 않았다. 여자를 꼬시는데 쳐다보는 것 이상의 행동을 할 필요가 없었다. 프리실라에 대한 질문도 무시해버렸다.

"맞아요, 난 결혼했어요. 하지만 아내와 내가 무슨 의무가 있는 건 아니에요. 우린 서로를 이해해요. 그녀는 자기 삶이 있고, 나는 내 삶이 있는 거죠."

때로는 서둘러 덧붙이곤 했다.

"하지만 프리실라가 나타나면 조심해요, 알겠죠?"

한번은 백업 싱어인 캐시 웨스트모어랜드(Kathy Westmoreland)의 분장실에 불쑥 들어가서 아내가 조니 에스포지토와 함께 방문할 거라는 뜬금없는 말을 했다. 둘이 사귀는 상황도 아니었던 것이다.

"그들한테 당신이 약혼했다고 했거든. 그러니 제발 그런 척 좀 해줘."

웨스트모어랜드가 어리둥절하게 쳐다보자 그는 설명을 덧붙였다.

"당신은 약혼했기 때문에 내가 사귈 수 없는 여자라고 생각하는 편이 속편하거든요."

웨스트모어랜드는 그 점을 불편하게 여겼지만 결국 결혼한 프레슬리의 연인이 되었고, 1970년 8월부터 1977년 그의 마지막 투어까지 함께 공연하며 친구이자 '영혼으로 맺어진 가족' 으로 남았다. 아담한 체구에 갈색 머리의 웨스트모어랜드는 메트로폴리탄 오페라에서 노래를 시작했을 때 겨우 열여덟 살이었다. 프레슬리의 쇼에 합류해달라는 요청을 받았을 때는 〈레드 스켈턴 쇼〉〈팀 콘웨이 쇼〉 등 텔레비전 버라이어티 쇼에서 노래했는데, 레이 코니프 싱어스와 함께 무대에 서기도 했다.

그녀는 인터내셔널 호텔에서 파커 대령을 잠시 만났는데, 그를 'ELVIS 라고 새긴 카니발 모자를 쓴 무뚝뚝하고 웃긴 사람' 이라고 생각했다. 그녀는 500곡 이상으로 가득 찬 노래책에 음반 한 무더기를 건네받아서 호텔룸으로 가지고 갔다.

"애드리브를 할 수 있어요?"

프로듀서 펠튼 자비스는 엘비스의 쇼에서는 오프닝과 마지막 곡말고는 미리 곡을 정하지 않기 때문에 애드리브가 그 무대에 설 수 있는 첫째 요건이라고 설명했다.

"무슨 일이 일어날 지 몰라요. 때로는 별 일이 다 있었죠."

웨스트모어랜드의 회상이다.

그녀는 프레슬리를 무대 뒤에서 처음 만났다. 엘리베이터가 열리자 캐러멜색 바지에 검은색 가죽재킷을 입은 그가 나왔다. '오토바이 타는 사람' 처럼 보였지만 그렇게 섹시하지는 않았다.

"쇼에 온 걸 환영해요."

그는 따뜻하게 인사한 다음 분장실로 사라졌다. 그들이 사귀기 전에는 이렇게 말한 적도 있었다.

"당신이 온 걸 기쁘게 생각해요. 그냥 나가서 즐겨요. 우린 사람들을 행복하게 해주려고 여기 있는 겁니다. 안 그러면 그냥 일일 뿐이죠."

그리곤 윙크를 하며 발끝으로 몸을 돌렸다.

소프라노 가수가 그 쇼에 합류한 지 몇 주 지났을 때 소니 웨스트가 다가와서 말했다.

"엘비스가 와달라고 하는데요. 당신이랑 친구하고 싶대요."

그녀가 펜트하우스 스위트룸에 갔을 때는 마피아 멤버들을 비롯해 40명에 가까운 사람들이 돌아다니고 있었다. 그때 갑자기 프레슬리가 들어왔다. 짙은 파란색 벨벳 정장을 입은 모습이 연극배우처럼 보였다.

"관능적인 금발들이 그에게 달려갔죠."

캐시는 프레슬리가 글래머들을 헤치고 자기 곁에 앉아 가냘픈 몸매에 팔을 편하게 두르자 깜짝 놀랐다.

그녀는 그가 기혼자라는 사실을 아는 터라 난감했다. 그가 그녀를 침실로 에스코트해 가서 그들이 얘기하던 책을 보여줬을 때 그녀는 난감했다. '여기서 어떻게 나가지?' 결국 돌아가야 할 것 같다고 말했다. 그는 그녀를 우아하게 에스코트했지만 그전에 키스했다.

"아주 부드러운 느낌이라고 생각했던 기억이 나요. 저로선 아주 놀라웠죠."

두 사람은 시간이 지나면서 독서, 종교, 음악, 철학에 대한 관심사를 공유한다는 사실을 발견했다.

"왜 나랑 안 자는 거야?"

프레슬리가 물었다.

웨스트모어랜드가 아직 처녀라고 설명하자 그는 깊은 인상을 받았다.

"그 점에 대해서 널 존중할게."

그는 계속해서 한 침대를 쓰더라도 그 이상은 접근하지 않겠다고 강조했다.

"그냥 밤에 나랑 같이 있어줘."

그녀는 5주 동안 그렇게 했다.

"전 그의 파자마 웃옷을 입고 잤고 그는 저한테 칫솔을 줬죠."

하지만 그는 그녀만 준비되면 자신은 언제든 준비되어 있다는 사실을 알렸다. 때로는 친구들 앞에서 드러내놓고 말해 그녀를 창피하게 만들곤 했다.

"이주 강한 여자야."

그녀는 자신의 처녀성이 대화의 주제가 되는 것을 원하지 않았다.

마침내 연인이 되었을 때 그녀는 그가 부드럽고 애무를 즐기며 달콤하다고 생각했다.

"변태적이거나 비정상적인 것은 전혀 없었어요."

그녀에게 폴라로이드 앞에서 포즈를 취하라는 요구도 하지 않았다. 포르노를 보여주지도 않았다. 롤 플레잉도 요구하지 않았다.

"그런 일은 전혀 없었기 때문에 그런 얘기를 들으면 전 항상 어리둥절해요."

그는 그녀에게 여러 가지 선물을 사줬고, 그녀는 받으면서도 웃긴다고 느꼈다. 하나는 고양이가 있는 이집트 스타일의 반지였다. 웨스트모어랜드는 '고양이 타입' 이었고, 프레슬리는 이집트 연구에 매혹되었다.

하지만 그는 무정하기도 했다. "이제 때가 됐어."라고 말하곤 했는데, 다른 여자가 오는 중이니까 그녀더러 자기 방으로 돌아가라는 것이었다.

"그는 자기가 만나는 다른 여자들 얘기를 털어놓기도 했죠."

엘비스가 종교의 여러 측면에 매혹되어 있었기 때문에 그 둘은 종종 성서, 예수, 기독교 이외의 종교와 그의 죽음에 대한 공포를 대화의 주제로 삼았다.

"그는 자기가 마흔두 살을 넘기지 못할 거라고 확신했죠. 어머니가 그 나이가 돌아가셨다고 말하곤 했어요(사실 글래디스 프레슬리는 마흔여섯 살에 죽었다). 자기도 그럴 거라고 철석같이 믿었어요."

그녀는 그의 기분이 때에 따라 더 어두워지는 것을 목격했다. 한편 길 위의 삶은 고단했다. 일행은 어느 곳에서나 80명에서 100명에 이르렀고, 그 중에는 뮤지션, 가수, 마피아, 지방공연 매니저 등이 포함되어 있었다. 어려운 생활방식이었다.

"아, 하느님, 길 위의 고난이여."

웨스트모어랜드는 신음했다.

"날마다 이동했는데, 때로는 하루에 두세 도시를 들렀죠. 세 시간밖에 못 자고 일어나서 호텔 음식을 먹고 출발하여 공연하고 다시 호텔 음식을 먹고 길에 오르죠. 그러면 몸이 먼저 느껴요. 육체적으로 불가능한 일이에요. 처음 얼마 동안은 엘비스가 우리들 중 어느 누구보다도 잘 버텼어요."

그가 1972년에 생기를 유지한 건 이유가 있었다. 그해 엘비스는 매디슨 스퀘어 가든의 6월 콘서트가 4회 연속으로 매진된 최초의 가수로 역사에 남았다. 그의 라스베이거스 데뷔처럼 그 쇼는 VIP를 불러냈는데, 그 중에는 존 레넌, 조지 해리슨, 아트 가펑클, 밥 딜런도 있었다.

그 공연은 1950년대 텔레비전 출연 이후 최초로 뉴욕에 돌아온 것으로 기록되었다. 공연 전 기자회견은 1969년 순회공연을 다시 시작한 이래 최초였다. 뉴욕 힐튼의 머큐리 볼룸에서 열린 이 이벤트는 200명 이상의 기자를 끌어들였다.

긴 테이블에 아버지와 함께 앉은 그는 흐린 파란색에 칼라가 높이 올라간 섭정시대 스타일의 정장에 짙은 파란색 케이프를 두르고, 허리에는 눈길을 사로잡는 금빛 챔피언 벨트를 감고 있었다. 머리는 더 길러서 스프레이를 뿌려 고정했다.

"더 이상 머리에 기름 바른 꼬마가 아니에요."

엘비스는 씨익 웃으며 말했다.

왜 다시 대중 앞에 나타났나?

"그리워서 못견디겠드라구요."

오래 버틸 수 있는 비결은?

"비타민 E 때문이죠."

반전 시위자들에 대해 어떻게 생각하는가? 오늘 징병된다면 가겠는가?

프레슬리는 아주 잠시 주저하고 여성 리포터를 쳐다보았다.

"허니, 개인적인 의견을 말할 필요가 있나? 난 그냥 연예인일 뿐이니까."

사회문제에 목소리를 높이는 연예인들에 대해서는 어떻게 생각하는가?

"그들도 자기 의견을 말하면 안 된다고 보십니까?"

사실 개인적으로 반미 성향의 연예인(이를테면 제인 폰다)과 공격적이라고 느꼈던 록가수들(이를테면 데이비드 보위)을 저주했던 프레슬리는 머리를 저으며 간단히 대답했다.

"아뇨."

서른일곱 살이 된 이 연예인은 자신의 이미지에 만족하느냐는 질문은 별로 회피하지 않았다.

"이미지는 이미지고, 실제 인간은 실제 인간이죠. 이미지에 맞춰 살기는 어려워요."

매디슨 스퀘어 가든에 머무는 동안 그의 이미지는 빛을 발했다. 그 쇼는 프레슬리 쇼의 평판에 걸맞는 것이었다.

오프닝 밤, 유행에 민감한 관중들은 라스베이거스의 코미디언 재키 카하네가 풀어내는 십 대 딸, 긴 머리, 대학생들에 대한 닳고닳은 짤막한 농담을 더 이상 참지 못하고 야유를 보내 무대에서 쫓아냈다. 게다가 그들은 오프닝 공연을 원하지 않았다. 엘비스를 원했다. 기마경찰들이 일렬로 늘어서서 경찰차량과 함께 외부를 통제하는 동안, 200명 이상의 사설 보안요원들이 내부 통로를 가득 채웠다. 불빛이 희미해지면서 〈댓츠 올라이트〉의 후렴구가 시작되었다.

그것이 2만 2500명의 군중들이 원한 신호였다. 그들은 자리에서 일어나 빛나는 흰색 점프수트에 흘러내리는 아파치 넥타이와 비비 꼬인 케이프를 입고 등장한 남자를 환영했다. 『타임』은 그가 만화주인공 '미스터 투머로

(Mr. Tommorow)' 같다고 했다. 그의 음악과 영화를 비난하곤 했던 이 잡지도 그의 컴백을 '어쩌면 팝음악 역사에서 가장 인상적인' 사건으로 환호했다.

프레슬리는 전체 가든쇼를 진행하는 동안 보컬면에서는 만족스럽지 못했지만 관중들이 원하는 것을 알고 있었다. 바지가 흠뻑 젖어 탈진상태가 될 때까지 자신의 모든 것을 바쳤다. 자신의 표현이 전달될 수 있을 정도로 온힘을 다했다.

"내 마음을 지금 하는 일에 다 담았어요. 어쩌면 사람들이 그걸 볼 수 있을지도 몰라요."

사실 그의 관중은 진심 어린 공연에 그 이상으로 반응하고 있었다. 라스베이거스와 함께 당시 엘비스가 정기적으로 공연하던 네바다 스테이트라인의 시에라 타호 호텔 콘서트장은 열성 여성팬들의 팬티와 방 열쇠가 무대를 향해 날아가는 사랑의 축제장이 되었다. 스타는 숭배자들에게 스카프와 키스를 선물로 주어 객석의 비명을 유발했다.

열기는 전염병처럼 번졌다. 여성팬들이 무대로 달려드는 것은 물론이고 테이블로 뛰어올라 샴페인통, 잔, 재떨이 등을 부수며 그들의 우상에게 광란의 애정을 보냈다. 193센티미터에 109킬로그램의 지어 워커는 사하라 타호의 보디가드였는데, 무대에서 히스테릭해진 여자들을 끌어내려 쇼룸 밖으로 내보내곤 했다. 보디가드들은 여자들이 비명을 지르며 자기 남자 친구의 무릎 위에서 통제 불능으로 노는 것을 지켜보며 실소하는 경우도 적잖았다.

"그 공연이 계속되는 동안 여러 사람들이 사랑을 나누는 걸 보았죠."

워커의 말이다.

계속된 성공으로 프레슬리의 사생활도 상승세를 탔다. 1972년 7월 프리실라가 떠난 지 6개월 후 조지 클라인이 파리하게 생긴 미녀 린다 다이앤 톰슨(Linda Diane Thompson)을 엘비스가 심야시간대에 전용으로 빌리던 멤피스 시어터에 초대했다. 멤피스 주립대학 학생인 그녀는 당시 미스 테네시였고 미스 USA 3등이었다. 톰슨은 너무 떨려서 혼자 가지 못하고 여자친구인 미스 로드 아일랜드를 데리고 갔다.

영화가 스크린에서 상영되는 동안 프레슬리는 톰슨에게 집중했다. 그녀의 회상을 들어보자.

"그가 제 곁에 와서 친근하게 굴기 시작했어요. 거 있잖아요, 하품을 하면서 손을 의자 뒤로 뻗는 낡은 방식으로요."

그는 몇 주 만에 그녀를 라스베이거스에 데리고 갔고, 그녀는 다이아몬드 브로치와 에메랄드 반지를 뽐내며 집으로 돌아갔다.

프레슬리를 만났을 때 처녀였던 그녀와의 로맨스는 4년 반 동안 이어졌고, 처음에는 열정으로 시작해서 우정으로 변한 다음, 엘비스의 약물복용이 심해짐에 따라 린다의 표현에 따르면 '엄마와 아이 같은 관계'로 퇴색했다.

"그는 제가 만난 어느 누구보다도 사랑을 필요로 하고 원했죠."

톰슨은 뮤지션, 마피아와 함께 짐을 챙겨 프레슬리와 길 위에 오름으로써 결국 '부속물'이 되었다.

주로 그늘 뒤에 숨었던 아담한 프리실라와 달리 신선한 얼굴에 175센티미터의 톰슨은 스포트라이트를 자신 있게 받았다. 프리실라는 수줍음 때문에 소극적으로 보였던 반면 그녀는 활기가 넘쳤다. 록의 신에게 만족스로운 여신의 역할을 했으며 기쁜 마음으로 사인을 해주었고, 셰어나 다이애나 로스 등 당시의 다른 디바처럼 하나하나 매력적으로 보였다. 멤피스 주립대학 동창들 중에서 베스트 드레서로 선정되었고 엘비스와의 관계를 배경으로 라스베이거스의 수지 크림치즈나 베벌리힐스의 지오르지오가 디자인한 옷들로 옷장을 가득 채울 수 있었다. 복부가 드러난 주름장식 의상, 장식용으로 구멍낸 피커부 드레스, 얇은 고사머 가운, 모피 롱코트, 무릎 길이의 레이스 달린 부츠로 멋을 낸 그 금발 미녀는 엘비스의 품안에서 환상적으로 보였다.

하지만 그녀는 단순한 트로피 이상이었다. 영문학 전공 출신으로 똑똑하고 위트 있고 유머러스했으며 아주 독립적이었다. 엘비스가 그녀에게 미스 테네시 견장과 왕관을 쓰고 그레이스랜드 파티에 와달라고 했을 때는 인상을 찌푸리면서도 좋다고 했다. 그날 밤 그녀가 계단을 내려가며 물었다.

"이런 걸 염두에 둔 거였어, 자기?"

그리곤 빛나게 웃어 보이자 엘비스는 웃다가 기절할 지경이었다. 톰슨이 앞니 두 개를 검게 칠했던 것이다.

새로운 관계 덕분에 기운을 되찾은 프레슬리는 다시 한 번 필생의 기획에 나섰다. 전 세계에 방송되는 최신 기술을 이용하는 콘서트였다.

"내가 세계 최초로 TV를 위한 위성 라이브 쇼를 할 거야."

프레슬리는 흥분해서 조 에스포지토에게 말했다. 전 세계의 시청자들 앞에서 공연할 수 있다는 기대 때문에 자극을 받은 상태였다. 프로듀서 마티 파세타는 공연을 촬영하기 몇 달 전에 프레슬리 쇼를 보러 왔다. 그는 롱비치 경기장의 쇼를 보면서 계속 생각했다.

"몸무게를 좀 줄여야겠는데."

그는 라스베이거스에서 엘비스를 만났을 때 실제로 그렇게 말했다. 가수는 흠칫 놀랐지만 이내 마음을 바꾸어 석 달 동안 다이어트를 하고, 비타민 주사를 맞고, 멤피스의 가라테 강사인 강 리의 호된 트레이닝을 받았다.

프레슬리는 빌 벌류에게 특별한 점프수트도 맡겼다. 벌류는 1968년 텔레비전 특집을 위해 검은색 가죽정장을 디자인한 이후로 라스베이거스에 프레슬리가 복귀한 다음부터 그의 점프수트를 대고 있었다. (당시 유행이던 나팔바지와 함께) 1970년대 엘비스를 상징하는 의상은 스케이터들의 의상에 사용하는 것과 같은 천인 100퍼센트 울 개버딘이었다. 몸에 꽉 끼는 옷감의 속성 때문에 프레슬리는 보통 타이츠 비슷한 기다란 흰색 속옷을 안에 입었다. 나폴레옹 시대에서 영감을 받은 곧추 선 칼라, 버튼, 보석으로 늘 시선을 끌어온 이 정장에다가 하와이안 스타일을 가미하면 틀림없이 장관일 거라는 게 엘비스의 생각이었다.

그 생각은 들어맞았다. 이른바 '아메리칸 이글'로 통하는 이 의상은 흰색 바탕에 정면에는 거대한 보석으로 독수리를 장식했고, 뒤에는 케이프를 달았다. 검은색 가죽정장과 함께 지금도 그의 콘서트에서 가장 유명한 의상으로 남아 있다.

프레슬리는 나머지 부분도 멋지게 채웠다. 수천 명의 팬들이 비명을 지르며 기다리던 힐튼 호텔에 헬리콥터로 도착한 그는 피부를 그을린 유연한 85킬로그램이었다. 리허설과 콘서트 내내 약도 복용하지 않았고 창조적인 에너지도 넘쳤다.

그는 거대한 호놀룰루 인터내셔널 센터에 설치된 무대를 걱정스럽게 바라보며 파세타에게 물었다.

"사람들을 하나가 되게 할 방법이 없을까?"

파세타의 원래 구상은 여러 군데에 배치된 플랫폼에 뮤지션들을 배치하는 것이었다. 리허설 중에 하나를 녹화하여 검토한 후 엘비스는 머리도 자르기로 했다. 작고한 하와이의 인기 작곡가 '쿠이 리 암기금(Kui Lee Cancer Fund)'을 위한 자선공연이었기 때문에 그가 쓴 곡도 레퍼터리에 꼭 넣도록 했다. 그는 실제로 1만 명이 가득 들어찬 가운데 펼쳐진 드레스 리허설과 이틀 후인 1973년 1월 14일에 위성 방송된 쇼에서 〈아일 리멤버 유(I'll Remember You)〉를 불렀다.

프레슬리는 전부 23곡을 불렀는데, 그 중에는 〈골든 올디스〉부터 그의 '미국 3부작' [〈딕시(Dixie)〉 〈배틀 힘 오브 더 리퍼블릭(Battle Hymn of the Republic)〉 〈올 마이 트라이얼스(All My Trials)〉로 이루어진 감동적인 메들리, 관중들의 폭발적인 반응 때문에 쇼를 잠시 중단해야 했다], 〈서스피셔스 마인즈〉 같은 히트곡이 들어 있었다.

언제나처럼 마지막은 〈캔트 헬프 폴링 인 러브〉로 장식했다. 쇼는 거기서 끝나지 않았다. 경기장이 우레 같은 박수소리에 휩쓸리자 프레슬리는 고개를 숙이고 있다가 갑자기 독수리 장식 케이프를 벗어서 관중들에게 던졌다.

그 다음 코닥 인스터매틱 카메라 플래시가 터지는 가운데 하얀 옷을 입은 그 우상은 무대에서 사라졌다.

당시 가장 값비싼 연예 특집이었던 〈엘비스: 알로하 프롬 하와이(Elvis: Aloha from Hawaii)〉는 250만 달러의 예산에 40개국 15억 명이 지켜본 것으로 추정된다. 또 암기금을 위해 8만 5000달러를 모아서 예상보다 6만 달러를 초과 달성했다. 쇼의 티켓을 직접 산 프레슬리는 그 통계를 보고 아주 기뻐했다.

하지만 그런 성공은 문제의 불씨도 안고 있었다. 그 이벤트 직전에 기자회견을 하는 동안 프레슬리는 눈이 풀리고 때로는 말끝을 흐렸다. 친구들은 쇼 바로 다음날이면 호텔 스위트의 발코니에 앉아 완전히 취해서 정신이 나가버린 그를 발견했다.

아무도 몰랐지만, 1972년의 영광의 나날들은 공포의 1973년으로 사그라지고 있었다.

1973년에 위성 생중계된 〈엘비스: 알로하 프롬 하와이〉 공연. 40개국에서 15억 명이 시청했을 것으로 추정된다.

31 중독 -Addiction

1973년 1월 25일 늦은 오후, 엘비스 프레슬리와 린다 톰슨을 태운 검은색 리무진이 라스베이거스 힐튼 호텔의 전용 입구에 도착했다. 그들은 놀라울 정도로 완벽한 커플처럼 보였다. 위아래 모두 검은색으로 입은 모습이 날씬하고 스타일리시했다. 그녀는 햇살처럼 찬란한 금발에 타이트한 저지를 입고, 손가락에는 사막의 햇살을 받아 빛나는 다이아몬드 반지를 끼고 있었다.

거울이 설치된 엘리베이터를 타고 13층 스위트룸으로 올라가는 동안 엘비스는 거울을 보며 그의 전형적인 매무새를 다듬고 헝클어진 검은 머리를 쓸어넘겼다. 500알의 덱서드린과 건강을 해치는 다이어트로 만든 이미지를 다듬는 것이었다. 린다는 자신이 직면한 고행에 정신적으로 지친 상태였다. 한 달 내내 연인을 돌보느라 지쳐서 멍한 시선이었다. 하룻밤에 두 번의 쇼로 신경과 감정이 면도날처럼 날카로워진 엘비스 프레슬리는 무대공포증을 겪는 편집증 환자로 변했다.

방에 들어가자 벨보이들이 햇빛의 흔적을 완전히 차단하는 커튼을 친 다음 다시 확인했다. 바 너머에서는 젊은 호텔직원이 마운틴 밸리 생수를 채우고 있었다. 그들이 후다닥 사라지고 린다가 복잡한 의상을 벗기 시작하자마자 엘비스는 그 자체로도 스위트룸 같은 욕실로 사라진 다음 힐튼의 의사에게 전화를 걸었다.

토머스 뉴먼 박사는 당장이라도 희귀한 약을 병째 들고 나타날 수 있었기 때문에 플래시(Flash)라는 별명이 붙었다. 박사는 그런 별명에 어울리게 바람처럼 나타나서 그의 환자를 속삭이는 음색으로 진찰한 다음 한주먹 가득 처방전을 쥐고 사라졌다. 그 처방전에 따라 건너편 랜드마크 호텔 약국에서 약을 조제할 텐데, 그 약국은 약에 취한 억만장자 하워드 휴스가 데저트 인 펜트하우스에 살던 당시 단골이기도 했다. 플래시는 곧 덱서드린, 밸리엄, 밸미드(Valmid, 또 다른 안정제)와 시중에서 가장 강력한 진통제 딜로디드를 꾸역꾸역 넣은 용기를 한가방 들고 돌아오곤 했다. 프레슬리는 항상 힐튼에 도착하자마자 약을 처방받았지만 이렇게 다양하고 많은 양은 새로운 위험의 시기로 진입하는 것을 보여준다.

엘비스는 어느덧 약의 달인이 되어 약에 따라 뇌에 주는 미묘한 효과들을 음미할 줄 알았다. 하지만 지속적인 사용자는 아니었고, 외모 때문이라면 언제라도 금단현상 없이 끊을 수 있었다. 게다가 그는 의사들의 처방전 없이는 약을 잘 안먹었다. 하지만 그들의 윤리적인 판단에 의존하는 것은 무모한 일이었다. 그는 서서히 그리고 미묘하게 거액의 청구서에 엄청난 처방전을 지닌채 고급리무진을 타고 다니는, 연예계의 약물중독자에게 서비스하던 일군의 의사와 편하게 지냈다.

그런 중독자들에게 당연히 복용약을 보완해주는 것은 주사였다. 플래시의 포터블 박스에는 다양한 강도의 바륨과 딜로디드 주사액이 들어있었다. 딜로디드는 헤로인만큼이나 치명적이고 중독성이 강했기 때문에 '가난한 사람의 헤로인' 이라고 불리기도 했다.

엘비스는 그 마법의 상자를 작은 냉장고에 넣어둔 다음 침대에 자리를 잡고, 병 세 개에서 약을 꺼내 삼켰다. 린다는 그가 나머지 약병을 매트리스 아래에 숨기기 전에 딜로디드와 데머롤이라는 이름을 읽을 수 있었다. 그녀는 약한 약, 보통 약, 강력한 약의 차이를 구별할 정도였다. 이번에는 약한 것이었다. 과다 복용을 알리는 거친 호흡이 들리지 않나 걱정하며 옆에서 지킬 필요 없이 그냥 잠들 수 있었다.

힐튼 공연에서 첫 사흘 밤은 한 가지 중대한 차이점을 제외하면 부드럽게 진행되었다. 뉴먼 박사가 들락날락하며 쇼 시작 전에는 각성제를 주고, 끝난 뒤에는 안정제를 주는 등 모두 네 번 주사를 놨다. 엘비스는 무대 뒤의 화려한 공연팀 스텝 사이에서 그 의사가 안 보이면 공황상태에 빠지곤 했다.

"플래시는 어딨어?"

그리곤 수행원의 팔을 잡았다.

"그를 빨리 이리로 데리고 와."

바지를 입은 채로 엉덩이에 직접 주사를 놓자 분명한 자국이 남았다. 엘비스 프레슬리의 바지 안쪽에는 동그란 핏자국이 찍히곤 했던 것이다.

약 때문에 약해진 엘비스는 공연 네번째 날 독감으로 쓰러져서 선라이즈 병원에서 하루를 보냈고, 다섯번째 밤에 그저 그런 오후 쇼를 끝낸 다음 다시 병원 침대로 돌아갔다.

'마법의 상자' 가 조달 불가능해지면 엘비스는 주머니 속 약병을 다 비우고 나서 전화번호부에서 고른 의사를 찾아가야 했다. 시드니 보이어 박사는 안 된다고 거절하다가 45분 동안 훙정한 끝에 처방전을 건네주었다.

2월 13일 엘비스는 또 다시 찾아가서 한 번 더 처방해달라고 요구했다. 보이어는 갑자기 솔직해졌다.

"프레슬리 씨, 당신은 심각한 중독자가 되고 있어요. 이건 아주 파괴적인 약품이에요. 제가 당신이라면 치료를 받을 겁니다."

엘비스는 이미 보이어에게 흰색 링컨 컨티넨털을 선물했지만, 그는 처방전의 추가 작성을 거부했다. 엘비스는 위협적으로 분노하며 주먹을 흔들었다.

2월 18일 덩치 큰 남미인 넷이 심야쇼 도중에 무대로 달려들자 약에 취한 엘비스는 프리실라의 연인인 마이크 스톤이 보냈다고 확신한 나머지 첫번째 남자를 때리기 시작하고는 마피아에게 나머지를 잡으라고 외쳤다. 결국 그 남자의 턱을 강타하려는 프레슬리의 손을 잡아비틀어야 했다. 그 사내는 단지 희귀한 페루산 울코트를 선물로 전달하려던 것뿐이었다.

"죄송합니다, 신사 숙녀 여러분."

프레슬리가 사과했다.

"저 빌어먹을 목을 부러뜨리지 못해서요."

관중들은 자리에서 일어나 기립박수를 보냈다(그 페루 사람들은 취해서 난동을 부린 혐의로 체포되었다가 풀려났다).

프레슬리는 플래시한테 안정제를 두 번이나 맞았는데도 정오까지 스위트룸을 기어다니며 수행원들에게 청부살인업자를 찾아내라고 성화였다. 오해였다는 것이 밝혀졌는데도 믿으려 들지 않다가 결국 수면제 한줌을 요구했다. 린다는 일어나서 외롭게 불침번을 섰다.

불행하게도 다음날 오후 프리실라로부터 전화가 왔다. 라스베이거스 공연을 하는 동안 리사 마리를 방문할 수 없다는 단호한 내용이었다. 약물 복용 때문에 안 된다는 거였다.

엘비스는 마법의 상자에서 꺼내 먹은 강력한 약에 절어서 분노가 극에 달한 상태로 새벽 3시에 스위트룸으로 돌아갔다. 그는 옷을 다 벗은 채 M16을 꺼내들고 방 안에서 난사하기 시작했다.

"마이크 스톤은 죽어야 해!"

소리를 지르고 또 질렀다.

린다는 실크 네글리제를 입은 채 구석에 숨어서 얼마나 비명을 질렀는지 프레슬리를 포함해 스위트룸 안의 모든 사람들이 얼어버렸다.

가끔 자기 연민으로 울부짖으며 엘비스는 장광설을 늘어놓았다. '그놈이 내 여자를 비열한 방법으로 훔쳤다'는 것이었다. 결국은 마이크 스톤을 죽이겠다고 난리를 폈다.

"상관 마, 젠장. 내가 직접 죽일 거야."

그러다 생각을 고쳐서 지금 자신에게 필요한 것은 청부살인업자라고 판단했다.

늦은 밤 계속 전화벨이 울리자 프리실라는 완전히 겁에 질렸다. 수십 년 동안 이 말에 관한 프레슬리의 분노에 대해 과장된 보도가 있었지만 결국 프레슬리는 말뿐이었다. 레드 웨스트는 프레슬리의 마피아 두목 같은 횡설수설에 질려서 보스한테 완벽하게 어울리는 사람을 찾았다고 말했다.

"그는 현금 만 달러를 원해. 오늘밤 나한테 마련해주면 내가 협상할게."

엘비스는 창백해졌다.

"그래? 그, 그런데, 이건, 좋은 생각이 아닌 것 같아. 그 문제는 나중에 다시 얘기하자."

이 통제 불가능한 슈퍼스타는 마이크 스톤에게 집착하는 동안 또 다른 호텔 의사를 호출해서 강력한 안정제를 맞았다. 이렇게 해서 엘비스와 엘리어스 가넴(Elias Ghanem)의 인간적인 우정이 시작되었다.

하지만 그날 밤 힘을 내기 위해 한 번 더 덱서드린을 충전했고, 그 바람에 분노가 다시 시작되었다. 그날 밤 쇼가 진행되는 동안 그는 노래 사이마다 분노에 휩싸인 채 두서없는 독백을 했다.

다음날 새벽 4시 린다 톰슨은 프레슬리의 입 근처에 손을 둔 채 눈을 뜨고 누워 있다가 그의 숨결이 점차 약해지는 것을 감지했다. 그는 숨을 쉬기 위해 힘겹게 헐떡이다가 몸을 비틀며 들썩거렸다. 그녀는 조 에스포지토와 뉴먼 박사에게 전화했다.

"그가 죽어가요!"

뉴먼은 구급상자를 갖추어 5분 안에 나타났다. 딜로디드 주사약병이 텅 빈 것을 발견한 의사는 환자가 심각한 과다 복용으로 혼수상태에 빠질 위험이 있다는 사실을 깨달았다.

침대 위의 남자가 엘비스 프레슬리가 아니었다면 앰뷸런스가 힐튼까지 달려오고 있었을 것이다. 그러나 뉴먼과 에스포지토는 톰 파커 대령에게 그런 스캔들만은 막아달라는 임무를 맡은 터였다. 결국 차선책을 이용했다. 의료장비와 산소장비를 스위트룸에 옮겨와서 실크시트가 있는 침대 주변에 응급처치 시스템을 구축했던 것이다.

뉴먼 박사는 폐를 소생하기 위해 고무호스를 기도로 밀어넣었다. 약을 직접 혈관에 투입하면서 프레슬리의 위를 부식성 있는 딜로디드 해독제로 가득 채웠다. 너무나 강한 진통제라서 보통 말기 암환자에게만 사용하는 약이었다.

호흡이 돌아오자 뉴먼은 정기적으로 주사를 놓으며 약을 직접 혈관에 투입해 프레슬리의 장기 손상을 회복시켰다. 그의 몸에서 3.8리터의 액체를 빼냈다. 버넌 프레슬리, 파커 대령이 지시한 대로 린다, 조, 뉴먼은 프레슬리가 약에서 깨어나기를 기다리는 수밖에 없었다. 24일 오후 마침내 엘비스는 당황해하며 죽은 것처럼 창백한 상태로 깨어났다.

"죽을 뻔했어요, 프레슬리 씨."

뉴먼이 경고했다.

"다른 해소제를 찾아봐야겠어."

삼엄한 경비 아래 힐튼 스위트룸 361호에서 벌어진 삶과 죽음의 전쟁은 조 에스포지토, 린다 톰슨, 엘비스의 심부름을 하다 의상보관을 맡기도 한 제임스 K. 코플리 주니어가 처음으로 '비밀 조서'를 누설한 현재까지 소문과 암시로만 존재해오고 있다. 조 에스포지토의 첫 인터뷰를 근거로 삼자면, 엘비스의 목숨이 오락가락했던 생애 첫 과다복용은 사흘 동안 100알 이상의 희석되지 않은 앰피타민을 잔뜩 먹은 다음 스스로 초래한 일이라는 사실이 명백해졌다.

훗날 니코풀로스 박사는 그 '죽을 뻔했던' 상황을 돌이켜보며 프레슬리가 주사 용량을 몰랐기 때문에 딜로디드와 바륨 주사약 키트를 과다 복용한 것이 원인이라고 보았다. 하지만 그가 곧 익히게 될 기술이었다.

"그는 위험성을 잘 몰랐어요."

훗날 니코풀로스는 그렇게 말한다.

"십 대 시절부터 각성제를 먹어왔으니 처방약은 무조건 안전하다고 생각한 거죠."

뉴먼 박사는 프레슬리가 얼마나 깊은 혼수상태에 빠졌는지 결코 말하지 않았지만, 에스포지토는 "호텔방에 최고의 병실을 차리고 최선을 위해 기도했다."고 고백했다.

이로써 프레슬리는 1973년에 일어난 네 차례의 위기 중 첫번째 죽음을 면했던 것이다. 훗날 엘비스를 치료한 의료전문가는 1973년을 '약물의 해'라고 불렀다.

에스포지토 등 다른 마피아 멤버들은 버넌과 파커에게 카테터 배액법, 독성이 있는 위험한 해독제인 염산염 주사 등 끔찍한 조처를 보고했다. 엘비스의 아버지는 할리우드의 유명한 사립탐정 존 오그레디와 동료인 잭 라일리를 시켜 약을 공급하는 의사들을 찾아낸 다음 그만두게 했다.

엘비스는 거짓 친자소송건에 휘말렸을 때 오그레디를 고용하여 조사를 의뢰한 적이 있었다. 그런데 이번에는 가수 자신도 모르는 상태에서 그의 조사를 받기 시작했다. 오그레디가 버넌 프레슬리에게 6주 동안 15만 달러를 받고 조사한 결과는 약물이 프레슬리의 몸에 강처럼 흘러들었다는 것이었다.

또 처방전을 얻어 랜드마크에서 조제한 다음 엘비스가 나타나는 곳마다 배달하는 데 연간 50만 달러가 들었다는 내용도 있었다. 약의 종류는 바르비투르산염, 앰피타민, 스테로이드까지 25종이 넘었다. 프레슬리의 측근들은 몇 차례나 라스베이거스로 달려가서 그레이스랜드에 있는 프레슬리에게 '약으로 가득 찬 서류가방' 을 배달해줬다고 주장했다.

엘리어스 가넴은 위험한 화학물을 프레슬리에게 처방했다는 사실을 부인해왔으며, 그를 상대로 고소가 제기된 적도 없었다. 오그레디와 라일리는 적어도 다른 여섯 명의 라스베이거스 의사들이 엘비스에게 서비스를 했지만 그들 중 누구도 확인할 수 없었다고 보고했다.

변호사와 마약수사국의 보고서 뭉치에서는 100명 이상의 의사와 약사가 엘비스의 약과 연관되었을 가능성이 있으며, 그중 상당수는 시드니 보이어 박사처럼 일시적으로 연관되었다고 분석했다. 그럼에도 불구하고 친구들에 따르면 경찰관과 변호사도 연관되었으며, 프레슬리는 진정한 의미의 약물중독은 아니었다고 한다.

"어머니 때문에, 군대 때문에 의사들은 기꺼이 처방전을 주었고 그는 단지 '약' 이라고만 생각했어요."

조지 니코풀로스 박사가 말했다. 앨러배마 출신이며 상냥한 말투를 지닌 은발의 니코풀로스는 프레슬리가 쇠락해가던 시절에 지배적인 존재가 되었다. 그는 엘비스의 죽음 이후 가수의 약물복용을 폭로하여 헤드라인을 장식하며 스스로 오명을 뒤집어썼다.

"그가 처음으로 약을 구하러 온 건 불면증 때문이었죠. 아버지가 감옥에 실려가던 날부터 시작해 1958년 어머니의 죽음 이후 극적으로 악화되어 거의 신경쇠약 상태였죠. 뭐든, 누구든 부술 기세였어요."

니코풀로스 박사는 최근 들어 입을 열었다.

"특정한 약이 없으면 잠을 잘 수 없었죠. 군대에 들어가면서부터 그런 식이었어요. 당시 멤피스에는 아주 잠시만 있었기 때문에 드물게 잠깐씩 본 터라 불면증의 정도를 심각하게 받아들이지 않았죠. 하지만 그가 시내에 있으면 제가 플래시딜, 밸미드, 바륨을 줬죠. 모두 안정제라서 수면제로 쓸 수 있었죠."

니코풀로스 박사의 온화한 접근방식은 70년대 초에 안정적으로 관리할 수 있는 약의 출처를 찾던 버넌 프레슬리와 파커 대령에게 깊은 인상을 주었다.

니코풀로스 박사는 엘비스가 잠을 잘 잤기 때문에 약을 덜 요구했다고 회상했다.

"하룻밤에 라스베이거스 쇼를 두 번 하거나 새벽 6시에 일어나야 한다는 압박감이 없었죠. 그런 요인은 불면증이 열 배는 심하게 만들죠."

프레슬리의 불면증이 너무나 심해질 때면 니코풀로스 박사는 그레이스랜드에서 잠을 못 자게 하는 프로그램을 시도하기도 했다.

"당시만 해도 수면장애에 대해 알려진 정보가 없었어요."

그는 책, 비디오, 대화를 통해 그 가수가 계속 깨어 있도록 할 생각이었다.

"우린 사흘 낮 사흘 밤까지 시도한 적도 있어요. 하지만 아무것도 얻지 못했죠."

늦봄이 되자 엘비스는 순회공연을 시작했다. 다시 스트레스가 생겼고, 린다 톰슨은 그가 매일 한 번에 15알에서 20알씩을 주기적으로 삼키는 것을 알아차렸다. 라스베이거스의 플래시 뉴먼은 덜거덕거리는 약통을 들고 와서 전보다 더 강해진 약을 엘비스의 스위트룸에 공급했다.

린다는 프레슬리가 깨어 있으면 베이비 시터로 전락했고, 자는 동안에는 밤새 그를 지켰다. 그를 달래서 식탁에 앉힌 다음 곁에서 음식을 조금씩 먹여주고 어린애들 같은 말을 하며 머리카락을 가지고 장난쳤다. 햄버거 하나를 먹이는 데 45분이 걸릴 만큼 고된 일이었다.

그는 미스 테네시가 금빛으로 반짝이는 스위트룸 주방에서 튀기는 캐러멜 팝콘을 좋아했다. 그녀는 아기인형이 그려진 작은 나이트가운을 입고 찐득거리는 팝콘을 잘게 쪼개면서 야옹거리듯 말하곤 했다.

"안녕, 아기새야. 엄마가 아가한테 맛있는 얌얌을 먹여줄게. 아기는 얌얌을 좋아해. 다 먹어야 된다."

그는 바륨 기운에 잠이 들거나 딜로디드 때문에 배뇨를 조절하지 못해서 기저귀를 차고 몸을 뒤로 기댄 채 음식을 다 먹은 다음 약기운을 빌어 어둠 속으로 사라질 준비가 될 때까지 "구구, 가가, 엄마."라고 중얼거리곤 했다.

전희의 향연을 벌이던 시절도 가버렸다. 그녀가 노력해도 약 때문에 엘비스의 성적인 욕망은 사라져버렸다. 성관계까지 이르지 못할 정도였다. 성기의 애칭인 '어린 엘비스'는 종종 약 때문에 불구가 되었다. 엘비스는 때로 어린애처럼 린다의 나이트가운 자락을 손에 말고 잠에 빠져들었다. 불행히도 약 때문에 음식을 씹다가 잠이 들기도 했다. 1973년 라스베이거스에 출연하는 동안에만 린다는 프레슬리가 거의 숨이 넘어갈 판에 여덟 번이나 기관지에서 막힌 음식을 파냈다.

"그녀가 몇 번이나 그의 목숨을 구했는지 잘 모를 거예요."

조 에스포지토가 말했다.

"어쨌든 십수 번은 돼요."

훗날 톰슨은 엘비스가 약물에 의존한 것을 부분적으로는 삶에 너무나 민감했던 탓으로 돌렸다. 엘비스가 조간신문을 읽다가 모르는 사람의 불행을 알고 우는 것도 드문 일이 아니었다.

"그는 자려고 누워서도 생각을 멈출 수가 없었어요. 전 그가 수면제로 사고를 무디게 하려는 것뿐이었다고 생각해요."

6월과 7월 중서부 투어 전에 로스앤젤레스와 라스베이거스를 여행하는 동안 프레슬리는 여행가방에 여름 내내 자신을 버텨줄 화학적인 식량을 담았다. 주로 몰래 숨겨둔 딜로디드였는데, 그가 '잔인하고 우울한 나날들'이라 부른 침울한 시절을 위해 아껴둔 것이었다.

6월 28일 평생 기억할 만큼 우울한 하루가 찾아왔다. 엘비스는 여름투어의 백미로 통했던 세인트루이스의 거대한 킬 오디토리엄에서 공연하고 있었다. 그런데 프레슬리가 호텔 로비에 나타나지 않아서 리무진이 출발하지 못하자 조 에스포지토가 룸으로 달려가서 스페어 키로 문을 열고는 그가 푸른 실크 파자마를 입고 침대에서 데굴데굴 구르고 있는 것을 발견했다. 그는 힘겹게 숨을 들이마시고 내쉬며 알아들을 수 없게 속삭였다.

다행히 버넌이 우겨서 니코풀로스 박사가 정기적인 왕진을 와 있었다.

"멤피스에서 엘비스를 안정시켰으니 여기서도 마찬가지겠지."

파커는 요금을 결제하며 이 의사를 결코 회복할 수 없을 4년간의 지옥에 끌어들였다.

니코풀로스는 강력한 각성제를 주사했다. 그리곤 파자마를 벗기고 얼음물 샤워를 시켜서 몸을 문지르며 그를 소생시켰다. 그는 소량의 덱서드린 덕분에 그저 그런 쇼를 진행할 수 있었다.

"레퍼토리 중간을 끝낼 때까지 실제로 정신이 들지 않았어요."

니코풀로스가 회상했다.

그때는 엘비스도 창피해했다.

"야, 우린 네가 죽는 줄 알았어, 이 자식아."

에스포지토가 소리를 질렀다.

"홀리데이 인에서 바로 갈 뻔했다고. 그래도 상관없냐?"

프레슬리는 고개를 떨구었다.

에스포지토는 수십 년이 지나서 그 시절을 슬프게 돌이켰다.

"누가 그를 말려야 할지 몰랐어요."

엘비스는 자신을 돌아보고 무슨 일이 일어난 건지 깨달을 때마다 너무나 절망했으므로 기분전환을 위해 더 많은 약을 먹어야 했다. 하지만 누군가 그의 약물남용을 지적하면 아무리 정확하게 말해도 들으려고 하지 않았다.

"언제라도 그만둘 수 있어."

에스포지토가 설명한 대로 그는 약이 자신의 삶을 지배하고 있다는 사실도 깨닫지 못했다.

아이러니하게도 프레슬리의 삶이 붕괴되는 와중에 프리실라는 자신을 점점 더 추스르고 있었다. 그녀는 낡은 스테이션 왜건에, 마이크 스톤이 보기엔, 그냥 기본적인 필수품만 가득 채운 채 로스앤젤레스 남부 연안 동네인 벨몬트 쇼어의 아파트에 나타났다.

"나머지는 전부 버리고 왔죠."

훗날 스톤이 말했다.

"모든 걸 가진 프리실라가 아직 아내와 애가 딸린 파트타임 가라테 강사인 날 위해 전부 다 포기할 줄은 몰랐어요. 정말 믿을 수가 없었어요."

스톤은 아직 이혼수속 중이었다.

프리실라는 가난을 오래 겪지는 않았다. 얼마 안 있어 스톤, 리사 마리와 함께 퍼시픽 팰리세이드의 호화로운 펜트하우스 아파트로 이사했다. 『레이디스 홈 저널(Ladies' Home Journal)』의 한 기자는 결혼과 이혼에 관한 인터뷰 때문에 프리실라를 방문했다가 아파트 문에 볼리외라는 이름이 적힌 것을 보았다. 이제 클레오파트라 메이크업을 지운("아, 제가 얼마나 맹목적이었던지요!") 프리실라는 새로 시작한 일에 대해 말했다. 그녀는 의상디자이너 올리비아 비스하고 동업으로 '비스 앤 보(Bis & Beau)'라는 의상부티크를 할리우드 로버슨 애비뉴에 오픈한 참이었다. 프레슬리의 공연의상을 봐주곤 했던 프리실라로서는 독립을 향한 출발이었다.

또한 스톤하고 결혼할 계획은 없다고 강조했다.

"전 결혼이 사람들 사이의 아주 좋은 관계를 망칠 수도 있다고 생각해요. 일단 결혼만 하면 사람이 변하죠. 서로의 요구에 점점 둔감해져요. 그래서 전 아내보다 여자친구가 되는 쪽을 택하겠어요."

처음에는 비현실적인 합의금을 요구하며 결혼생활을 너무나 필사적으로 끝내려고 했다. 위자료 10만 달러에 리사 마리의 양육비로 월 500달러와 향후 5년 동안만 추가로 월 1000달러를 달라는 게 고작이었다. 프레슬리의 연수입은 700만 달러였다.

로스앤젤레스의 에드 훅스트래튼 변호사가 그녀에게 충고했다.

"이걸로는 불충분한데요."

"전 그냥 그만두고 싶어요!"

최종적인 이혼 합의를 기다리는 동안 엘비스는 팜 스프링스의 집에서 약물 사고를 겪었다. 나중에 함께 있던 소니 웨스트 등 그의 보디가드들이 거기서 일어난 일을 페이퍼백으로 폭로했다. 그러나 증언마다 얘기가 엇갈린다.

《엘비스: 왓 해픈드?(Elvis: What Happened?)》에서 그 보디가드들은 프레슬리가 열여덟 살짜리 소녀를 유혹해서 코데인을 섞은 하이코던 기침시럽을 마시게 했다고 주장했다. 그러나 팜 스프링스를 가끔 방문했고 프레슬리의 팬이었다가 친구가 된 샌디 밀러(Sandi Miller)에 따르면, 그 여자애는 자기의 가죽지갑에서 병을 꺼내 시럽을 꿀꺽 삼켰다고 한다. 게다가 프레슬리가 그 라벨을 살펴보고 말렸다는 것이었다.

"아, 허니, 이건 너무 강해."

하지만 그녀는 몸이 안 좋다며 계속 홀짝홀짝 마시더니 급기야 샤워를 하고는 자러 가겠다고 밝혔다. 잠시 후에 프레슬리는 그녀를 따라 침실에 갔다. 새벽 4시경이었다.

오후 1시가 되어서야 엘비스의 친구들은 보스를 흔들어 깨우기 시작했다. 마침내 소니가 문을 열자 프레슬리가 침실 스위트룸에 설치한 창고형 크기의 에어컨 때문에 20도의 찬 공기가 밀려나왔다. 엘비스는 의식을 잃은 채 누워 있었다. 옆에는 연약한 소녀가 누워 있었는데, 생기 없는 눈이 멍하니 앞을 바라보고 있었다. 소니는 더 가까이 다가가 가슴과 목에서 뺨까지 죽음의 징후인 푸른 줄기가 뻗어 있는 것을 보았다.

소니는 엘비스의 뺨을 찰싹 때려서 깨웠다. 거실의 친구들은 소니가 보스를 때리고 또 때리는 소리를 들었다. 마침내 프레슬리가 일어나려고 뒤척였다.

"무슨 일이야?"

엘비스는 약에 대해 놀라운 저항력을 보이며 정신을 차리기 시작했다. 하지는 여자애를 위해서 팜 스프링스의 유명한 의사인 대령의 친구에게 전화했고, 그는 10분 후에 방으로 들어왔다.

"앰뷸런스를 불러."

그가 고함을 쳤다.

"가능한 한 빨리 달려오라고 해!"

엘비스는 침대에 앉아 극지방처럼 추운데도 파자마 속까지 온통 땀으로 젖은 채 의사에게 소리쳤다.

"의사 선생! 의사 선생! 그 애를 데리고 나갈 필요 없어요. 그냥 리탈린 한 방만 놔줘요. 그럼 될 거야. 제발 그 애를 병원에 데리고 가지 말아요."

의사는 굳은 표정으로 잘라 말했다.

"잘 들어요, 프레슬리 씨. 당신이 준 것 때문에 이 소녀는 30분 뒤면 죽을지도 몰라요. 당신도 함께 데려갔으면 딱 좋겠구만."

앰뷸런스가 떠난 후 멤피스 마피아는 전화로 의논한 다음 중대한 결정을 내렸다. 만약 과다 복용으로 사망하면 찰리 하지가 그녀의 데이트 상대라고 주장하며 뒤집어쓰기로 했다. 모두에게 다행히도 그런 일은 없었다.

그 소녀는 저녁 무렵에야 눈을 뜨며 소니의 손을 잡고 거칠게 숨을 몰아쉬며 물었다.

"무슨 일이에요?"

그녀는 응급실에서 2주간의 집중적인 간호를 더 받아야 했다. 프레슬리 일당은 어머니를 불러서 그녀 곁에 있게 했다. 돈도 주었지만 엘비스의 광적인 팬이었던 어머니와 딸 모두 거부했다.

1977년 10월 페이지 피터슨은 『스타(The Star)』에 과다 복용을 설명하면서 자신이 두통 때문에 불평하자 엘비스가 약을 줬다고 했다.

"그냥 약인 줄 알았어요. 한 알 이상 먹은 기억은 없는데, 그 이상 먹은 모양이에요. 의사가 제가 먹은 약들 때문에 크게 화낸 기억이 나요."

의심의 여지 없이 거의 치명적인 약과 하이코던의 혼합물이었다.

그녀는 그 사건 이후로 프레슬리를 다시 보지 못했지만 전화통화는 여러 번 했다.

"그는 절 병원에 데리고 간 사람들한테 그 모든 일에 대해 입을 다물라고 하면서 만 달러를 지불했다고 했어요."

그는 병원에 있는 그녀에게 성경구절을 보내기도 했다.

이 에피소드에 관해서는 마약수사국이 엘비스의 중독을 조사한 내용 중 '부록 문서'에 자세한 설명이 있다. 이 문서는 그래도 페이지를 소생시키는 동안 엘비스가 방안을 초조하게 서성였던 사실에 대해서는 언급하지 않았다. 그는 가운을 입고 머리를 쓸어올리고 손톱을 물어뜯으며 되뇌었다.

"그 시럽을 먹지 말라고 했는데. 걔한테 말했는데……."

"그는 그녀를 극도로 걱정했죠."

샌디 밀러가 회상했다.

그는 그 과다 복용이 자신에게 미칠 영향에 대해서도 괴로워했다.

치명적이었던 과다 복용 이후 파커와 프레슬리는 긴장감 도는 미팅을 했고, 그 후 이 스타는 몇 주 동안 약을 중단했다. 강처럼 흘러드는 약공급을 잠시 댐을 세운 것처럼 막고 있었다. 이 시기에 파커 대령은 프레슬리의 약물 의존 문제와 맞섰다.

엘비스는 솔직했다.

"난 약을 먹을 거예요. 당신이 다른 일을 해도 내가 묻지 않잖아요. 이건 내 일이에요. 그러니까 나한테 캐묻지 말아요."

프레슬리는 이제 제멋대로 자포자기하는 것처럼 약을 다량으로 복용하고 있었다. 린다 톰슨이 엘비스가 죽은 후 서약을 하고 얘기한 걸 들어보면, 앰피타민 자체가 다른 약에 대한 통제를 흐리게 해서 남용하도록 만들었던 것 같다.

그는 곧 괴물 같은 약 욕심에 다시 사로잡혔다. 그 후 6주를 팜 스프링스와 로스앤젤레스를 비행기로 오가며, 로스앤젤레스의 윌셔 불르바드에 있는 높은 병원 건물에서 수수께끼 같은 임무를 지닌 채 사라지곤 했다.

프레슬리는 운전사가 기다리는 동안 병원에서 45분에서 한 시간을 보낸 다음 날아갈 듯한 모습으로 돌아왔다. 멤버들조차 묻지 않았다. 누구도 감히 엘비스에게 약이라는 화제를 꺼내지 않았다.

10월 8일 밤 프레슬리는 잠을 한숨도 자지 못했다. 벨 에어의 침대에 누워서 프리실라와 함께한 12년간의 애정관계를 정리하는 공식적인 피날레에 직면할 다음날의 고통을 둔화시키기 위해 바륨을 소화시키며 우울해하고 있었다. 그의 이혼서류는 산타모니카 고등법원에 최종적으로 제출될 터였다.

프리실라는 프레슬리를 몇 달 만에 처음 보고는 그의 외모에 깜짝 놀랐던 일을 떠올렸다.

"손과 얼굴이 부풀어올랐고 호흡이 가빴죠."

이혼합의서는 이제 그녀의 새 변호사가 다시 작성했다. 그녀는 당장 75만 달러를 받은 다음 추가로 월 6000달러를 받기로 하는 등 모두 120만 달러를 의무적으로 보장받았다. 생활비도 월 1200달러로 높아졌고 양육비도 월 500달러에서 4000달러로 올렸다. 프리실라는 홈비 힐스 집의 매각으로 생기는 수익의 절반도 받았다.

그녀와 엘비스는 손을 잡고 할리우드식으로 웃으며 법정을 나왔다. 보도자료 대행사들은 사진 찍을 기회를 놓치지 않았다. 그는 부드럽게 작별의 키스를 한 다음 맞춤 제작된 롤스로이스에 올라탔다. 선셋 불르바드를 달려 텅 빈 임대맨션으로 향하는 동안 그는 슬픈 몽상에 빠진 것처럼 보였다. 교차로에서 그의 차가 가수 다이애나 로스의 리무진과 나란히 섰다. 그녀는 그가 방금 어떤 일을 겪었는지 모르는 채 차창을 내리며 외쳤다.

"이봐요, 엘비스, 같이 커피나 마시러 갈까요? 잠시만 애기해요. 난 지금 혼자거든요."

프레슬리는 창백하게 웃었다. 특별히 갈 곳이 없었던 이 남자는 고개를 저였다.

"미안해요. 지금 바빠요."

프리실라가 쥐고 있던 마지막 생명줄이 끊어졌다. 또 한 번 죽음의 위기가 공포스럽게 찾아왔다.

10월 12일 그는 걱정하는 린다를 곁에 두고 그레이스랜드의 집으로 날아갔다. 그가 그렇게 멍하고 멀리 있는 듯 보인 적이 없었다. 수행원들은 여러 날이 지나서 그가 침대에 걸치듯 누워 있는 것을 발견했다. 길게 늘어지며 긁는 듯한 숨소리가 났다. 위장과 식도는 정상 크기의 세 배로 부풀고, 얼굴은 중독성 간염으로 창백한 겨잣빛을 띠었다.

그레이스랜드에서 5분 거리에 있는 29번 소방서의 의료진이 사이렌 소리를 죽인 채 도착해서 계단을 뛰어올랐다. 침례교 병원은 엘비스 프레슬리가 가고 있다는 연락을 받아놓은 터였다.

침례교 병원의 홍보담당 디렉터 모리스 엘리엇은 앰뷸런스가 속도를 내는 동안 통보를 받았다. 그에게는 추가로 보안경비를 세우고 입구에 의료진을 세울 정도의 시간만 주어졌다. 밴이 병원 입구에서 굉음을 내자 제복을 입은 남자들이 한 줄로 늘어서서 이미 모여들기 시작한 군중들을 차단했다.

앰뷸런스에서 프레슬리 곁에 탔던 니코풀로스 박사는 그의 환자가 침례교 병원에 도착하기 전에 심장마비로 죽을 거라고 확신했다.

"그 정도로 상태가 안 좋았어요! 심장마비가 올 줄 알았죠."

의사는 엘비스가 로스앤젤레스에서 집으로 날아오기 전에 어떤 약을 먹었는지 가려낼 기회가 없었다. 가수가 들것에 누워 몸을 비틀며 두서없이 중얼거렸던 것이다.

"나중에야 그가 캘리포니아에서 쓰러졌지만 어쨌든 멤피스에 돌아오겠다고 고집 부렸다는 사실을 알았죠."

니코풀로스가 말했다.

그는 특별한 팀을 짜서 그 도시에서 가장 유명한 환자를 치료했다. 내과의 래리 루블 박사, 테네시의 유명한 안과 전문의 데이비드 메이어 박사, 중남부의 유명한 마약 중독학자 데이비드 H. 낫 박사와 로버트 D. 핑크 박사, 흉부외과 다니엘 브래디 박사 등이 있었다.

이 팀이 약으로 손상된 몸을 치료하는 동안 엘리엇은 멤피스 마피아가 보스의 병실을 개조하는 것을 허락했다. 이 친구들은 큰 창문에 은박지를 붙였고, 오디오와 특제 시트를 설치했으며 그레이스랜드로 직접 연결되는 사설라인을 설치했다. 여섯 시간도 안 되어 일이 끝났다.

다섯 층 아래의 소식은 의학적으로 암담했다. 엘비스의 위, 장, 명치는 부종으로 고통스럽게 부풀어오른 듯 보였는데, 2월보다 더 심했다. 코르티존과 스테로이드의 엄청난 과다 복용으로 인해 간염이 생긴 데다 위궤양도 있었다. 병원으로 실려오기 전 닷새 동안 몸에다 약물을 퍼부운 것이었다. 의료 보고서에서는 시력을 위협하는 녹내장이 마약 남용으로 더 악화되었다는 사실도 열거되었다. 더욱 심각한 것은 간 전문의 래리 루블의 보고였다. 지방간으로 땡땡 부어 활동 정지의 위험을 보인 간 크기는 놀라웠다.

의료팀은 우선 그의 몸에서 미친 듯이 부종의 물을 빼내려고 했다. 그런데 이상하게도 첫번째 도뇨관 시술로 한 컵 미만의 액체만 나왔다. 다시 시도했지만 몇 방울밖에 안 나왔다. 이번에는 더 참담했다. 부종의 원인은 완전히 다른 데 있었다. 의사들은 손상 정도를 판단하기 위해 연구소 테스트와 엑스레이 촬영을 서둘렀다.

연구소의 상세 보고서에는 프레슬리의 얼굴과 등, 식도가 부어오른 것은 이른바 '쿠싱 증후군(Cushing's Syndrome)' 때문이었다고 밝히고 있다.

이 병은 필수 호르몬 코르티솔 과다노출로 인해 신진대사에 이상이 생겨 임상적으로 기형적인 것들이 몸에 쌓이는 것을 말한다. 종양에 코르티솔을 주입하면 이렇듯 몸에 물이 꽉 차버릴 수 있지만, 현재까지 알려진 가장 흔한 원인은 의사들이 코르티코 스테로이드를 다량으로 투여하는 것이다. 덜 알려진 다른 부작용도 있었다. 데머롤, 코데인, 퍼코단 같은 아편류를 먹은 환자는 약물 중독성이 강해진다는 것이다.

의사들이 보고서 분석 때문에 모였을 때, 니코풀로스는 어떤 의사인지 이렇게 역정을 냈다고 회고한다.

"어떤 놈의 의사들이 이 사람한테 이런 짓을 했지? 무슨 탈이 날지 몰랐단 말이야?"

멤피스의 텔레비전 방송국은 정규 방송을 중단하고 "의식 불명의 엘비스 아론 프레슬리가 침례교 병원으로 급히 이송되어, 최근 투어로 인한 심각한 탈진상태를 겪고 있습니다."라는 속보를 내보냈다. UPI의 라디오 보도에서는 폐렴 가능성이 있다고 지적했다.

공식적으로 병원에서는 폐렴에서 회복되고 있다고 했다.

"저희는 환자와 가족들이 전하는 말만 내보낼 수 있었죠."

모리스 엘리엇이 회상했다.

"진실을 흐리는 미묘한 장막이 있었는데, 처음 입원한 후 수십 년 동안 통제되었죠."

프레슬리가 구사일생으로 목숨을 건진 이야기는 대부분은 20년 이상 숨겨져왔다. 이제 와서야 멤피스 고등법원 당국에서 폐기하라는 명령이 있었던 파일들을 통해 간호사의 메모, 의사의 지시, 의료차트 일부에 포함된 내용이 누설되어 새어나온다. 또 엘비스의 죽음 이후 법적인 절차에서 니코풀로스를 대변했던 워터게이트 검사 출신 제임스 닐이 수집한 비밀 보고서도 참고할 만하다.

다음날 아침 니코풀로스가 테스트 결과를 들고 나타났을 때 엘비스는 얼굴을 붉혔다. 그는 무슨 일이 일어나고 있는지 아는 듯 몸을 돌렸다.

엘비스가 친근하게 불렀던 대로 '닉 박사'는 환자에게 자신의 눈을 똑바로 쳐다보라고 했다.

"엘비스, 자네는 세상에서 가장 강력한 마약인 모르핀에 심각하게 중독됐어. 강력한 진통제인 데머롤 형태로 그걸 복용해온 거야. 더 나쁜 점은 자네의 장기가 코르티손 중독 상태라는 거야. 아마도 진통제 노보케인 때문일 거야."

엘비스는 순진하게 쳐다보더니 시선을 깔고 침대시트를 초조하게 쥐었다.

"닉 박사님, 전 어떻게 해서 이런 일이 일어났는지 잘 모르겠어요. 제가 뭘 먹었는지 아실 거예요. 처방된 수면제 바륨을 약간 먹었고, 쇼를 앞두고 앰피타민을 좀 먹었을 뿐이에요."

조 에스포지토는 불편하게 의자에 앉으며 친구의 재난 같은 시절을 돌이켜보았다.

"엘비스, 어떻게 이런 일이 생겼는지 알겠어?"

닉 박사가 물었다.

"솔직히 잘 모르겠어요."

엘비스는 조를 쳐다본 다음 말을 이었다.

"전 등에 침을 좀 맞았을 뿐이에요. 그 사람은 약도 쓰지 않고 침만 썼어요."

니코풀로스는 고개를 저었다.

"난 그렇게 생각하지 않아, 이 친구야."

프레슬리는 자꾸 우겼다. 그 대목에서 이 가수의 또 다른 신화에 도달하게 된다. 어떻게 그가 수수께끼 같은 일본 침술사에게 중독되었는지에 관한 얘기였다. 멤피스 마피아는 보스가 통증을 호소할 때마다 이 도시 저 도시를 떠돌아 다니는 그 침술사를 섭외해주었다. 하지만 지금까지 그 수수께끼 같은 떠돌이 마약상의 이름은 알려진 적이 없다.

니코풀로스 박사는 회의적이었다.

"하지만 왜 침술사가 자네한테 코르티손을 주사한 거지?"

이 가수의 죽음에 관한 폐기된 법정기록의 한 항목에 따르면, 야간근무를 하던 간호사는 이 환자가 침술 치료를 받아서 엉덩이가 돌처럼 단단해지고 구멍이 나고 흉터가 남았다고 계속 주장했음을 지적했다. 그러나 침술에서 쓰는 침은 흉터 같은 흔적이나 어떤 종류의 상처도 남기지 않는다. 간호사의 눈에는 프레슬리가 엉덩이에 피하주사를 수백 번 맞은 것이 명백해 보였다.

프레슬리는 침례교 병원의 의료팀, 특히 중독에 대한 식견이 풍부한 핑크와 나트 박사 앞에서 '공연에 방해가 되는' 만성적인 목과 등의 통증 때문에 LA의 리온 콜 박사를 찾은 적이 있음을 인정했다. 프레슬리가 초가을에 찾아갔던 윌셔 불르바드의 수수께기의 인물인 콜 박사는 6주 코스로 데머롤 주사를 시작하고, 참을 수 없는 통증을 진정시키기 위해 코르티손을 다량으로 늘렸다.

콜 박사는 니코풀로스 박사 등 주치의들과의 전화통화에서 프레슬리에게 데머롤, 코르티손, 가벼운 스테로이드와 함께 주사로 상처가 난 환자의 엉덩이 통증을 달래주기 위해 노보케인을 섞어서 주사했다고 인정했다. 그는 엘비스가 코데인, 딜로디드, 하이코던 기침시럽 등 다른 종류의 아편류를 섭취하고 있었다는 사실은 알지 못했다. 결국은 이 아편 성분의 약들과 6주간 처방된 중독성의 약물이 더해져 장기를 훼손한 것이었다.

니코풀로스 박사는 약물사용의 냉혹한 진실을 알려주며 프레슬리와 맞서기로 했지만, 서둘러 조치를 취해야 한다는 사실도 알고 있었다. 그의 환자는 이미 마피아와 린다 톰슨 등 일당에게 전화를 걸었고, 그들은 그와 함께 병실에 오기로 되어 있었다.

니코풀로스 박사, 정신분석학과 중독 전문가인 데이비드 H. 나트 박사, 로버트 D. 핑크 박사의 진찰이 이루어졌다. 침대에 비스듬히 누운 프레슬리는 지쳐 있었다. 그는 특히 분석학자들을 두려워했는데, 그들을 남성성에 위협적인 존재로 봤기 때문이었다. 프리실라에게 여러 번 말한 대로 진정한 남자는 정신과 의사의 도움이 필요 없다는 것이었다. 가능하다면 엘비스는 그 진찰을 거부했을 것이다. 그러나 니코풀로스는 그의 몸이 원하는 약을 주지 않으면서 그 진찰을 강요했다.

나트 박사는 엄격하게 진찰을 이끌면서 심각한 중독을 치료하기 위해 극단적인 헤로인 치료제인 메타돈을 이용할 계획이라고 말했다.

프레슬리는 충격을 받은 듯했다. '거리의 마약' 이라던 헤로인, 코케인 그리고 '더러운 거리의 마약중독자들' 이라는 표현을 썼던 엘비스는 완전히 경멸 당한 기분이었다. 라스베이거스의 한 연락책이 뻔뻔스럽게도 에스포지토 등 마피아 멤버들 바로 앞에서 그에게 새로운 마약인 헤로인을 제공하려고 했을 때 프레슬리가 그를 때려눕힌 적이 있었을 정도였다.

"당신이 마약 없이도 살 수 있게 해줄 겁니다."

나트가 말했다. 멤피스정신분석센터의 치료는 이미 인상적인 성공률을 보이고 있었다.

"집중 요법으로 딱 6주 코스면 될 겁니다."

엘비스는 담요를 꽉 쥐고 이를 갈았다. 니코풀로스는 기회가 없다는 것을 깨달았다. 침례교 병원에서 가능한 처치를 한 다음 그 프로그램을 그레이스랜드로 연장하고 말도 안 되는 일이긴 하지만 순회공연을 쫓아다니며 완성하는 수밖에 없었다.

나트는 가장 위험한 화학실험을 하는 사람은 여러 가지 약을 한꺼번에 쓰는 중독자라고 경고했다. 그 말은 의심의 여지 없이 프레슬리를 무너뜨렸다. 더 나아가 그런 중독자는 각성제, 안정제, 이뇨제, 진통제, 항히스타민제, 엘라빌 같은 치명적인 항우울증 치료제 등 온갖 종류의 약을 실험한다는 말을 들었다.

"그렇게 섞으면 많이 먹지 않아도 치명적일 수 있어요."

프레슬리는 인정하면서도 중독치료센터에 들어가는 것은 거부했다. 침례교 병원에 있는 한 나트의 지시를 따르는 데는 동의했지만 개인적으로는 친구들에게 그 정신과 의사들을 자신의 삶에서 몰아냈으면 좋겠다고 말했다.

"그들 때문에 소름이 끼쳐. 어쨌든 난 아무 이상이 없다고."

린다 톰슨이 프레슬리의 병실에 있을 때 니코풀로스 박사와 조 에스포지토가 그레이스랜드에 있는 엘비스의 침실을 수색했다. 옷장과 진열장을 샅샅이 뒤지고 빛을 차단하는 커튼의 솔기까지 확인한 후 작은 약병들을 발견했다. 다양한 강도의 알약 3000알을 찾아냈는데, 그중 대부분은 중독성이었다. 주로 고농도의 세코날, (지속성이 있는) 덱서드린 스팬슐, 플래시딜 1000알이 들어 있는 약국 판매용 단지 세 개였는데 모두 변기에 버렸다.

그 후 병원에서는 관대한 대우를 받고 있는 환자와 그 환자를 데메롤과 코르티손의 위험한 결합물에서 떼어놓으려는 의사들 사이의 말다툼이 날마다 계속되었다. 간호사들의 벨은 밤낮으로 쉴 새 없이 울렸고 프레슬리가 아편류를 얻으려고 애쓸 때마다 말다툼이 심해졌다.

린다는 혹시 필요할까 싶어 가져온 간이침대에 누워 그의 곁에서 함께 잤다.

"엘비스는 병원침대를 낮추고 제 곁에 누워서 밤늦게까지 껴안고 키득거리곤 했죠."

어느 날 오후 그녀는 지긋지긋한 나이트가운을 벗고 아래층 선물가게로 향했다.

"아, 안 돼. 그러지 마."

프레슬리가 말렸다.

"그 나이트가운을 다시 입고 침대에 들어가. 내가 옷을 차려입지 않는 한 아무도 차려입으면 안 돼."

린다는 웃으면서 어쩔 수 없이 침대로 돌아갔다.

"엘비스는 우리를 '어린 환자'라고 불렀죠. 마치 우리 둘 다 아팠던 것처럼요."

10월 28일이 되자 프레슬리의 의료팀은 상태가 호전되었음을 확인할 수 있었다. 그날 밤의 보고서에 따르면 밤 12시 45분 엘비스는 50밀리그램의 비스타릴 한 알로 수면제 양을 줄였다. 새벽 2시 30분에 깨서 한 알 더 요구했지만 이내 다시 잠들었으므로 간호사가 그냥 돌아왔다.

"분명히 사선은 넘었죠."

니코풀로스 박사가 말했다.

"하지만 진짜 성공은 서쪽에서 오는 약 수송차를 막는 데 달려 있었어요."

그러나 니코풀로스 박사만은 프레슬리 곁에 끝까지 남았다. 다른 의사들은 까다로운 환자에게 두 손을 들고 그를 둘러싼 경호원 때문에 화가 나서 철수해버렸다.

"이 모든 비극 혹은 비극이 되어버린 것들을 이해할 때 가장 중요한 점은 엘비스가 그 위험한 약들을 스스로 먹은 게 아니라는 사실이었어요. 콜 박사가 엄청난 양의 데머롤과 코르티손을 섞어 줌으로써 그가 아편류에 '생물학적으로 의존하도록' 만든 거죠."

UCLA의 유명한 중독 전문가이자 최고의 아편류 전문가인 포레스트 테넌트 박사의 설명이다.

"이미 손상된 후였어요. 코르티손과 데메롤을 이상할 정도로 오랜 기간 동안(6주) 투약한 그 의사가 엘비스 프레슬리의 몸에 중대한 생물학적 변화를 일으킨 거죠. 코르티손과 아편류가 함께 작용하여 아편류만 사용할 때보다 훨씬 더 빨리 생물학적 변화를 일으킨 겁니다. 오용에 관해서는 말이죠, 의사는 환자에게 그 두 가지 약물을 10일 이상 함께 사용할 때의 위험성에 대해 알려줘야 해요."

1973년 겨울에 니코풀로스는 그런 사실을 전혀 알지 못했다. 상대적으로 약물에서 멀어진 엘비스를 그레이스랜드로 다시 돌려보내고 있다고만 알았다.

그러나 일이 그렇게 잘되지만은 않았다. 크리스마스가 찾아오자 엘비스는 너무나 우울해져서 어떤 선물도 열어보려고 하지 않았다. 휴일이 지나고 몇 주 동안 그 선물은 개봉도 안 된 채 말라비틀어진 트리 아래에 놓여 있었다.

엘비스 자신도 그랬지만 인기도 불안정했다. 1973년 여름 멤피스의 스택스 레코드(Stax Records)에서 녹음했던 〈아이브 갓 어 싱 어바웃 유, 베이비(I've Got a Thing about You, Baby)〉로 잠시 성공을 거두는가 싶더니 이제 팔리는 거라곤 재발매된 옛 엘비스뿐이었다. 1974년 1월 RCA에서 발표한 『엘비스-어 레전더리 퍼포머, 볼륨 1(Elvis-A Legendary Performer, Volume 1)』은 〈댓츠 올라이트(마마)〉〈핫브레이크 호텔〉 같은 골든 올디스를 포함한 채 실제로 골드 레코드가 되었다.

한편 그의 의상은 여전히 빛났지만 라이브 공연은 점차 따분해졌다. 부킹 담당과 라스베이거스 힐튼(구 인터내셔널)의 임원들 역시 엘비스가 지쳤고 문제가 있다는 걸 점점 알아차렸다. 콘서트 투어를 하는 동안 어김없이 심해진 약물복용을 조절하기 위해 니코풀로스 박사는 파커 대령과 호텔 지배인측에 요구하여 엘비스의 라스베이거스 일정을 줄이는 데 성공했다. 그래서 보통 4주였지만 1월에는 2주만 출연했고, 저녁쇼와 심야쇼가 있는 주말을 제외하고는 이제 매일 밤 한 번만 공연했다.

그래도 문제는 있었다. 2월의 어느 날 밤 엘비스는 약에 취한 채 호텔 스위트룸의 전등 스위치를 쏘려고 했다. 총알이 벽을 뚫고 잠자리를 보던 린다 톰슨을 맞힐 뻔했다. 그녀는 당연히 화가 났다. 엘비스는 놀란 척했다. 그녀가 왜 그렇게 흥분하는지 모르겠다는 듯이.

"다 괜찮을 거야, 허니."

지푸라기라도 잡는 심정으로 영화를 다시 시작할까 잠시 생각하기도 했다. 그는 의도는 좋았지만 결과를 믿기 어려웠던 〈체인지 오브 해빗(Change of Habit)〉(1969) 이후 연기를 하지 않았다. 그 영화에서는 수녀인 줄 모르고 조수(메리 타일러 무어)와 사랑에 빠지며 노래하는 게토의 의사 역이었다. 그는 직접 영화를 제작하겠다고 얘기하기도 했는데, 그의 가라테 실력을 뽐내는 액션영화였다.

"난 세상에서 가장 나쁜 놈 역할을 하고 싶어."

프레슬리는 그 프로젝트의 작가에게 설명하면서 낙관적으로 덧붙여 말했다.

"그 빌어먹을 노래는 하지 않을 거야."

바브라 스트라이샌드와 함께 〈스타 탄생(A Star Is Born)〉의 리메이크에 출연하는 흥미로운 제안을 수락했다면 연기에 노래도 할 뻔했다. 이 영화는 말썽 많지만 한때 훌륭했던 남편에게 인기를 가리고 마는 떠오르는 스타에 대한 내용으로, 자주 영화화된 소재였다.

촘촘한 웨이브 머리의 디바와 그 영화를 제작한 그녀의 미용사 남자친구 존 피터스가 그 프로젝트에 관한 문제로 8월 힐튼 쇼 중간에 프레슬리를 접촉했다. 프레슬리의 친구들이 근처에서 서성이는 가운데 엘비스, 스트라이잰드, 피터스는 분장실 바닥에 인디언 스타일로 앉아서 원고를 돌려보며 의논했다.

"엘비스는 그 스크립트를 정말 좋아했고 바브라 스트라이잰드의 영화에 출연 요청을 받아서 무척 기뻐했죠."

마피아 멤버 리처드 데이비스가 회상했다.

프레슬리는 스트라이잰드와 피터스가 나가자 친구들에게 말했다.

"그녀는 아카데미 수상자야. 그런데 날 원한다고."

프레슬리가 그 제안을 받아들이지 않은 이유를 놓고 여러 가지 추측이 있었다. 광적으로 간섭해대는 스트라이잰드가 그 프로젝트에서 지배적이고 가장 많은 출연료와 수익을 얻을 것이기 때문에 대령이 계약을 중단했다는 얘기도 있다. 그러나 프레슬리의 몇몇 측근은 엘비스 자신도 걱정했다고 인정한다.

"그는 계속 말했어요. '실패자 역은 할 수 없어. 못한다구.'"

조 에스포지토의 회상이다.

아이러니한 점은 당시 프레슬리가 그런 배역에 아주 적절했다는 사실이다.

32 화학전쟁
—Chemical Warfare

1975년 봄 어느 오후 멤피스의 그리스 정교회 니콜라스 비런 목사가 조지 니코풀로스 박사의 사무실에 나타났다. 이 의사의 가족과 대부분의 종파 사람들이 아는 것처럼 그는 목사가 찾아온 이유를 알고 있었다. 조지가 엘비스에게 헌신하고 그를 살려서 공연을 계속하게 하려고 집착하다 보니 스스로의 삶이 파괴되고 있었던 것이다.

린다 톰슨이 엘비스의 삶에 들어온 것은 1972년이었다. 그녀는 여자친구이며 속깊은 말벗이었고, 엄마 노릇까지 했다.

"알다시피, 조지."

비런이 얘기를 꺼냈다.

"엘비스 프레슬리는 어떤 의사도 구할 수 있어. 반드시 당신을 필요로 하지 않는다고. 당신은 불공평한 치료를 하는 거야. 당신 가족에게도 불공평하고 환자들에게도 불공평한 거야. 이제 그만 포기해. 집에 있으라고."

니코풀로스 박사는 목사에게 여러 가지 얘기를 했을 것이다. 모르핀 없이는 잘 수 없는 말썽 많은 가수를 도와온 세월, 별로 도움이 안 되는 의사들에게서 흘러든 마약을 차단한 일, 엘비스 프레슬리를 계속 활동하게 해야 하는 엄청난 책임감에 대해. 그들은 엘비스로부터 20만 달러를 당겨 쓰는 이야기도 했을 것이다. 니코풀로스가 '1인 담당의사'가 된 후 엘비스가 대리 의사 고용에 드는 비용을 지불하고 있었다.

어쨌든 약물사고는 니코풀로스만 곁에 없으면 일어나는 것 같았다.

"제가 따라가지 않으면 더 이상 투어가 진행되지 않았죠."

니코풀로스가 덧붙였다.

"전 수백만 달러짜리 사업에 묶인 거였어요."

당시로선 선구적인 치료를 했던 그 의사는 1973년 그의 몸을 망쳤던 딜로디드, 데머롤, 쾰루드 등 대부분의 위험한 약을 그에게서 억지로 떼어놓았다. 그레이스랜드에 풀타임 간호사를 배치하고 프레슬리의 약과 주사를 조절하며 약한 수면제 한두 알과 일주일에 몇 알의 앰피타민 정으로 줄여놓았다. 하루에 두 번 엘비스에게 주는 봉지 두 개가 전부였다. 하나는 니코풀로스가 집에 가는 길에 주었고, 다른 하나는 그레이스랜드의 상주 간호사가 된 티시 헨리가 주었다. 그 이외의 다른 약은 모두 니코풀로스에게 전화를 걸어야 했다.

투어 중에는 쇼를 시작하기 전에 니코풀로스 박사가 직접 약을 관리했다. 그런 실험은 놀라울 정도로 성공적이었다. 보디가드 앨 스트라다가 지적한 대로 의사가 함께 다니면 일정량 외에는 프레슬리가 마음대로 얻을 수 없었다.

니코풀로스는 결과가 아주 자랑스러워서 한번은 엘비스가 무대 밖으로 나오자 그에게 약물의 도움 없이도 해냈다고 말하지 않을 수 없었다.

그런데 솔직한 것이 최선은 아닌 모양이었다. 프레슬리는 괜히 속은 기분이 들었다.

"그럴 줄 알았어요. 어쩐지 이상했어."

그는 니코풀로스를 쳐다본 다음 경멸하듯 말했다.

"바로 그래서 제가 주머니에 덱서드린을 숨겨놓고 먹어왔던 거예요."

의사는 약을 통제하는 한편 집에서 카운슬링도 했다. 프레슬리가 짜증을 내며 약을 더 요구하면, 의사는 엘비스의 침대맡에 기대어 둘 다 곯아떨어질 때까지 얘기를 나누곤 했다.

"그의 외로움은 이해하기 두려울 정도였죠."

30년 후 니코풀로스가 회상했다.

"어머니가 죽은 뒤로 세상에 자기 혼자뿐이라고 느꼈고, 그 고통 때문에 매일 밤 잠을 못 잤죠."

1974년 엘비스는 잠시 약물에서 벗어났고, 니코풀로스와 전문가 팀은 엘비스의 가장 기본적인 병을 치료할 수 있었다. 하지만 그는 지방덩어리인 폭찹, 치킨 프라이드 스테이크, 비스킷, 케이크, 스푼이 들어가지도 않을 만큼 진한 푸딩을 과도하게 먹었다.

"계속 그렇게 먹는다면 약 때문에 악화된 심장이 마비되어 죽을 가능성이 높아 보였죠."

니코풀로스가 말했다.

"어머니가 마흔여섯 살에 죽은 걸 비롯해서 대부분의 외가 친척이 마흔 살 전에 급작스러운 심장마비로 급사했어요."

니코풀로스는 영양학자의 도움과 버넌의 격려로 순진하게도 그레이스랜드의 냉장고에 식이요법 처방을 붙여놓은 적이 있었다. 아침메뉴는 삶은 계란 두 개에 마가린을 살짝 두른 토스트, 오렌지 주스, 커피였는데, 모두 엘비스가 싫어하는 것이었다. 햇살이 따스하게 비치는 그레이스랜드의 식탁에 오른 것은 더블치즈버거 세 개에 사이드 메뉴로 가정식 감자튀김 227그램, 바삭하게 구운 베이컨 453그램이었다. 니코풀로스 박사가 5000칼로리짜리 식사를 점검하는 동안 당직 요리사 낸시 룩스는 그냥 웃기만 했다.

"엘비스 씨한테 다이어트를 요구할 순 없을 거에요, 선생님. 아무리 강요해도 그의 식습관을 바꿀 수는 없어요."

엘비스가 즐겨 말하던 대로 그에겐 먹는 것만이 유일한 낙이었다.

의사는 곧 엘비스의 식욕에 한계가 없다는 사실을 깨달았다. 한번은 입원 중에 엘비스가 간호사를 설득해서 바닐라 와플과 함께 바나나 푸딩을 만들어달라고 했다. 그는 12인분은 족히 되는 양을 앉은자리에서 다 먹어치웠다.

"싹 먹어치우더라구요. 전 맛도 못 봤어요."

다음날 또다시 푸딩을 만들어준 머라이언 J. 콕의 말이다. 엘비스는 다시 한 번 게걸스럽게 먹어치웠고, 바닐라 와플 부스러기 하나도 남기지 않았다.

엘비스의 식성에 얽힌 에피소드는 전설이 되었다. 그레이스랜드에서 땅콩버터에 바나나 샌드위치를 즐겨 먹었다는 것은 이미 잘 알려져 있는 사실인데, 특히 그가 아끼던 요리사 메리 젠킨스가 준비해주면 더욱 맛있게 먹었다. 그녀는 훌륭한 사우어크라우트 핫도그도 준비했는데, 엘비스가 몰래 병원으로 갖다달라고 할 정도였다.

그래도 가장 유명한 얘기는 땅콩버터 샌드위치에 얽힌 오디세이일 것이다. 콜로라도 골드 마인 컴퍼니의 조리법으로 만든 4만 2000칼로리짜리 샌드위치는 49.95달러였다. 빵을 길게 썰어서 크림 같은 땅콩버터, 포도 젤리, 바삭하게 튀긴 베이컨을 쌓듯이 듬뿍 집어넣었는데, 덴버 콘서트 이후 엘비스의 주목을 끌었다. 그 샌드위치를 얼마나 좋아했는지 콜로라도의 경찰 친구들에게 설명할 정도였다. 그중 한 명은 "야, 지금 당장 하나 먹었으면 좋겠는데."라고 했다 한다.

그것이 바로 프레슬리에게 필요한 전부였다. 엘비스와 그의 방문객, 마피아는 식당에 전화를 걸어 예약한 다음 그의 전용기에 올라타고 로키 산맥을 향해 이륙했다. 한편 콜로라도 골드 마인 컴퍼니의 주방에서는 가장 전설적인 주문을 받아 요리하고 있었다. 레스토랑 주인 벅 스캇과 아내 신디는 웨이터와 함께 24개의 풀스 골드 샌드위치를 페리에 생수와 샴페인 한 상자와 함께 프레슬리의 비행기가 스테이플턴 공항에 도착하는 새벽 1시 40분에 맞춰 직접 배달했다.

니코풀로스는 엘비스의 식습관에 대해 신음했다.

"1톤짜리 코끼리를 다이어트시키려는 것과 같았죠."

한번은 투어 전에 라스베이거스의 다이어트 전문 클리닉에 가서 최신 유행이었던 '파파야 주스 수면요법'을 받은 적이 있었다. 프레슬리는 열광적이었다.

"투어 전에 11킬로그램이나 빼준대. 아무것도 할 필요가 없다고."

그러나 처음부터 일이 잘못되었다. 수면제가 별로 효과가 없어서 엘비스는 진한 파파야 주스를 연거푸 마셔야 했다.

"걱정 마세요. 원하는 만큼 마셔도 됩니다."

담당의사가 말했다.

"그걸로 몸무게가 늘 수는 없어요."

하지만 가수가 클리닉에서 나오자 7킬로그램이 더 늘어버렸다.

아무리 그래도 음식이 약물중독만큼 그를 확실하게 죽음으로 몰아갈 수는 없었다. 니코풀로스는 1975년 초 엘비스를 라스베이거스에 혼자 보낼 만큼 자신이 있었지만 결과는 재앙에 가까웠다. 라스베이거스 사막의 약품 공급책이 상주했고, 공연일정은 축소되었으며, 프레슬리는 탈진 때문에 침례교 병원에 세번째로 입원하기 위해 집으로 향했다.

다시 약을 줄였지만 의심스러웠던 니코풀로스는 진찰을 끝내기 직전에 기습적으로 혈액검사를 해서 그의 피 속에서 다양한 바르비투르산염이 고농도로 있는 것을 발견했다. 의사는 린다 톰슨이 엘비스와 함께 병원 침대에서 잠을 설치고 지키는 가운데 몰래 공급되는 약을 차단했다고 생각했다. 그런데 멤피스 마피아를 통해 반입되는 약물이 있었던 모양이다. 어느 날 저녁 니코풀로스 박사는 라스베이거스에서 보낸 코데인 성분의 엠피린 캡슐 100정이 든 소포를 가로챘다.

니코풀로스는 병실로 돌진하여 그의 환자와 맞섰다.

"엘비스, 이게 어디서 왔는지 알겠지?"

"글쎄요, 선생님, 아버지가 등 때문에 오래전부터 고생하셨어요. 그래서 선생님을 귀찮게 해드리기보다는 그 진통제를 직접 보내드리려고 생각했죠."

"웃기는군. 버넌은 나한테 그런 말을 한 적이 없으니 내가 직접 가져가야겠네."

"아뇨, 선생님. 제발, 선생님. 그 병은 제가 보관할게요. 그냥 절 믿어주세요. 절대로 먹지 않을게요."

소변검사 결과 프레슬리가 그 약속을 지켰다는 것이 밝혀졌지만, 2주간 머무는 동안 네 번의 혈액검사를 통해 엘비스의 혈류에서 몰래 반입한 듯이 보이는 데메롤을 발견했다. 파기된 줄 알았던 문서에서 발견한 간호사의 차트기록을 보면 해독팀이 직면한 문제가 드러난다.

아무 약도 없이 버티는 밤도 있었다. 그러다가도 어떤 날 밤에는 최대량을 요구하곤 했다. 예를 들어 1월 30일에는 마그네슘 하제 1cc를 받고 아기처럼 잠들었다. 그러나 2월 6일에는 자정에 콸루드를 요청한 다음 15분 후에 간호사를 불러 희미하게 웃으며 토했다고 주장했다. 실제로는 토하지 않았다. 그래서 다시 희석하지 않은 캡슐 한 알을 받았다. 엘비스는 떨리는 목소리로 중얼거렸다.

"이걸로 될지 잘 모르겠네요, 부인."

빳빳하게 풀 먹인 가운을 입은 간호사가 홱 돌아보았다.

"뭐라고요? 이건 당신의 평소 투여량이에요."

"하지만 토했을 때는 아니에요. 토하면 밸미드도 하나 받았거든요."

"그래요. 하지만, 프레슬리 씨. 섞지 말아야 할 약들이 있잖아요. 어쨌든 나는 의사가 아니예요."

새벽 2시 30분 엘비스는 미친 듯이 벨을 눌렀다. 야간근무 중인 간호사는 엘비스가 목까지 이불을 끌어올리고 있는 것을 발견했다.

"추워요. 얼어붙을 것 같아요. 하지만 콸루드 한 알만 더 먹으면 될텐데."

그녀는 그렇게 해주었다.

엘비스는 그렇게 약물을 먹고 흥분한 나머지 계속 서성이며 잠을 안 잤다. 아침에는 머리를 쓸어올리고 창백하게 웃으며 아침근무 간호사를 설득해서 그가 좋아하는 흥분제를 두 알 더 얻어낸 다음 우유와 함께 삼켰다. 그러고는 테디 베어에 가득 채워서 몰래 반입한 바륨을 디저트로 먹었다.

콸루드 반알과 플라시보 두 알로 버텨야 하는 저녁도 있었다.

"야, 이거 아주 센 건데."

그는 엉덩이에 주사를 잔뜩 맞으며 말했다. 사실은 식염수하고 4분의 1

로 희석한 콸루드일 뿐이었다.

이런 부메랑 현상 때문에 엘비스를 진정한 중독자로 분류하기가 어려웠다. 그를 치료한 의사들의 말을 들어보면 엘비스의 중독은 심리적인 것이었다. 침례교 병원의 관리자 엘리엇은 프레슬리의 약물 관련 내력을 살펴보다 그 점을 지적했는데, 엘비스가 정말로 '중독'이라는 단어의 정의대로 중독이었는지 확신할 수 없다고 했다.

"그는 거인과 같은 식탐을 지닌 거구였기에 화학적인 내성에 관한 한 골리앗이었던 것 같아요."

프레슬리는 의료진의 엄청난 노력 끝에 열흘 만에 회복되자마자 니코풀로스 박사에게 전화를 걸어 성형수술을 요청했다.

"눈수술을 해야겠어요. 너무 늙어 보이기 시작해요."

의사는 참을성 있게 상기시켰다. 몸무게만 약간 줄이면 그렇게 부어 보이지 않을 거라고.

"의사가 메스를 댈 필요도 없어. 그냥 아주 많이 걸으면 돼."

"아뇨, 눈수술을 할 거예요. 날짜 좀 잡아주세요."

프레슬리는 1월 8일 40번째 생일을 맞아 언론에서 보도한 잔혹한 내용에 그렇게 반응을 보인 것이었다. '마흔 살과 지방'이 가장 압도적인 헤드라인이었다. 『내셔널 인콰이어러(National Enquirer)』는 '마흔 살의 엘비스, 배 나오고 절망적인 두려움 속의 삶', 『투펠로 데일리 저널(Tupelo Daily Journal)』은 더 친절하게 '40번째 생일을 맞은 엘비스의 살과의 전쟁'이었다. 아무도 고려하지 않았던 사실은 프레슬리의 장이 늘어나는 바람에 장기에서 액체가 빠져나가지 못한다는 점이었다. 다른 가수들처럼 특히 무대 위에서 공연할 때는 수 리터의 물을 마셨다. 그래서 단지 뚱뚱할 뿐만 아니라 체액으로 붓기도 했다.

그는 필사적으로 옛날 모습을 찾고 싶었다. 수술은 6월 중순 멤피스의 애스건 콜레이니 박사가 집도하면서 시술이 완전히 검증된 것은 아니라고 경고했다.

"괜찮아요. 계속해요."

프레슬리가 말했다.

"그리고 하는 김에 주름도 폈으면 좋겠어요."

"안 돼요!"

콜레이니 박사가 말렸다.

"너무 일러요. 아직 너무 일러요."

"아뇨, 전 스무 살처럼 보여야 돼요."

그는 비밀시술을 끝내고 그레이스랜드로 자랑스럽게 돌아왔지만 아무도 그의 변화를 알아차리지 못했다. 그가 어디를 수술했는지 가리켜도 알아보지 못했다. 다만 글래디스 집안의 멋진 내력인 섹시하게 늘어진 눈꺼풀 곡선이 사라진 것은 눈치챘다.

체중을 조절하라는 니코풀로스 박사의 충고가 더 나은 해결책이었을 것이다. 사상 최고의 섹스심벌인 그가 라스베이거스 관중들에게 "한 달 전 병원에서 나온 제 모습을 봤어야 해요. 전 마마스 앤 파파스의 뚱뚱한 마마 캐스(Mama Cass) 같았어요."라고 고백하는 것은 쉽지 않은 일이다. 하지만 그는 연기한 일정을 보상하기 위해 3월에 라스베이거스에서 공연할 때 실제로 그런 조크를 했다. 이번에는 타이트한 점프수트가 아니었다. 크림색 바지와 헐겁게 파인 셔츠를 입었다. 누구를 속이려고 한 것은 아니었지만 군살을 가리는 데는 그 편이 나았다. 이 쇼에 대한 UPI의 리뷰에서는 프레슬리가 "뱃살이 더 나오기는 했지만, 옛날의 멋진 스타일로 연예계의 수도에 돌아왔다."고 평했다.

살찐 프레슬리를 너무나 많이들 찍어대자 힐튼의 대변인은 공개적으로 이 스타가 '약간의 체중문제'를 겪고 있다고 인정했다. 국면 전환을 위해 쇼룸에서는 사진촬영을 금지하는 방침을 세우기도 했다.

고향 언론까지 그 문제에 대해 지겹게 떠들었다. 그가 6월에 멤피스의 미드사우스 콜로세움에서 공연하고 나서 한 팬에게 키스하려고 몸을 굽히다가 바지가 찢어지자 『프레스 시미타』는 이렇게 떠벌였다.

"팬들은 아직도 엘비스를 부드럽게 사랑하지만 그는 로큰롤과 함께 살이 쪘다."

엘비스는 창피해진 나머지 몸무게를 줄였다. 라스베이거스 힐튼의 8월 쇼에 돌아갔을 때는 9킬로그램이나 가벼워졌다. 『라스베이거스 리뷰 저널(Las Vegas Review-Journal)』의 칼럼니스트 포레스트 듀크는 "건강해 보였고 사운드도 좋았다."고 전했다.

체중문제는 약물사용보다 쉽게 접근할 수 있었다. 라스베이거스 공연을 하는 동안 프레슬리와 스태프들은 아편에 취해 난잡한 파티를 벌였다. 대령은 11시간 연속으로 라디오 광고를 하고 수백 건의 옥외 광고, 포스터, 버스 벤치 프로모션을 도시 전역에 걸쳐 하고 있었다. 2주의 계약기간 중 겨우 셋째 날인 8월 20일 자정이 지나자마자 엘비스는 말을 제대로 못 하고 같은 코러스를 계속 반복해서 부르기 시작했다. 오케스트라 스탠드에 기대어 그의 정신주의 장서의 몇 구절을 인용하기도 하다가 마침내 무대 가장자리에서 힘없이 쓰러졌다. 얼굴에는 두툼한 메이크업이 눈물과 섞여 줄줄 흐르고 있었다.

"여러분, 미안해요……."

그렇게 중얼거리곤 완전히 쓰러졌다.

다시 한 번 힐튼은 건강문제로 프레슬리의 쇼를 취소한다고 발표했다.

"약이 엘비스의 몸을 차지해버리고 엄청난 금단현상을 유발했다는 걸 미처 몰랐던 거죠."

전략적변화연구소(Institute for Strategic Change)의 설립자이자 디렉터인 장기 마약중독 전문가 스탠리 터먼 박사의 설명이다.

"아편류를 안 주면 중독자의 뇌는 정상적으로 작용하는 데 필요한 화학적인 자극에 굶주린 상태가 돼요. 그 약들은 아주 여러 해 동안 프레슬리에게 행복한 느낌이나 다른 즐거운 대가를 주지 못했죠."

프레슬리는 약을 얻는 기술에 관한 한 명인이 되었다. 며칠 동안 불면의 밤을 보내더니 가장 불행한 마약중독자도 충격받을 만큼 저질스런 전술에 의지했다. 데머롤만으로 충분하지 않자 강력한 딜로디드를 삼켜서 통증을 둔화시킨 다음 치과용 플라이어를 이용해 금니를 뽑아버린 것이다.

"낡은 속임수였죠."

니코폴로스 박사는 한숨을 쉬었다. 또 다른 방법은 손에 상처를 내어 피를 흘리는 것이었다. 데머롤을 잔뜩 먹어 즐거워진 상태에서 손바닥을 그었는데, 때로는 너무 깊이 그어 뼈를 찌르기도 했다.

8월에 엘비스가 라스베이거스에서 쓰러지자 간호사 티시 헨리는 프레슬리를 가장 가까운 병원으로 데려가려고 했다. 그러나 엘비스는 됐다고 했다. 평판이 걱정되었던 것이다. 결국 그의 비행기에 연료를 넣고 멤피스까지 돌아갔다. 일부 측근은 그가 너무 아파서 비행기로 그 먼 거리를 가기는 힘들다고 느꼈다. 쇠약한 엘비스는 비행기까지 들것에 실려갔고, 거기서 힘들게 약병을 따서 딜로디드 캡슐 몇 알을 털어넣은 다음 팔걸이 의자에 편히 앉았다.

비행기가 서부 텍사스 위를 날아 댈러스로 향했을 때 엘비스는 머리를 젖힌 채 발작을 겪는 것처럼 어깨를 통제할 수 없이 떨었다. 그러다가 통로를 향해 몸을 던져서 카펫을 따라 조종실 뒤의 에어컨 배출구까지 기어갔다. 그러더니 몸을 떨고 쉿소리를 내며 비상용 산소마스크를 잡아 입과 코를 흡입구에 밀착했다. 산소를 삼키느라 엄청난 소음을 냈다.

파일럿은 댈러스의 러브 필드(Love Field)를 향해 하강했다.

"빨리! 빨리! 착륙해."

프레슬리가 울부짖었다.

"버틸 수 없을 것 같아."

한 시간 후 그들은 프레슬리를 공항 옆 모텔에 옮긴 다음 환자의 신원을 비밀에 부칠 믿을 만한 의사를 찾았다. 그때서야 엘비스가 제대로 숨을 쉬기 시작했다.

프레슬리는 다섯 시간 뒤에 다시 비행기에 올랐고, 멤피스를 향해 출발했다.

프레슬리가 비행 도중에 발작한 이유는 지금까지 아무도 모른다. 니코폴로스 박사는 겨우 쇼 두 번 만에 라스베이거스 일정을 취소한 것 하며 무대에서 실려나간 것이 무척 수치스럽고 충격적이어서 과도한 약물 복용에 이른 것이 아닌가 진단했다.

엘비스 프레슬리는 3년 동안 네번째로 침례교 병원에서 다시 입원수속을 밟았다.

그러나 나머지 세 번과 달리 병원의 진료기록은 직설적이었다. 입원사유는 간단히 '약물 해독' 이라고 기록되어 있다. 병실 배정표에 첨부한 의학적인 분석은 프레슬리의 약물 남용 때문에 '위험한 지방간, 높은 콜레스테롤, 고혈압, 초기의 만성 진행형 폐질환, 완하제 과다 복용으로 인한 거대결장증(코데인으로 인한 변비의 부작용)' 이 발병했다고 진술하고 있다.

한때 아주 잘 맞춰주던 간호사들도 킹에게 아주 냉정해졌다. 그는 불평 많은 지긋지긋한 중독자로 전락하여 모든 사람들을 귀찮게 하는 존재가 되었다. 아주 온순한 모리스 엘리엇마저 다시 한 번 '프레슬리 씨의 탈진' 을 설명하는 보도자료로 언론과 상대하는 게 언짢았다. 엘리엇이 당시의 상황을 떠올린다.

"우린 꼼짝 못했어요. 국제적인 주목을 받는 엘비스가 마약중독이라는 의심이 팽배해 있었지만 우린 평소처럼 환자와의 관계를 유지해야 했죠."

이번에는 니코풀로스 박사가 평소의 방법대로 자신의 환자를 딜로디드와 데머롤에서 떼어낼 수 없었기 때문에 기분이 언짢아졌다. 프레슬리의 몸이 약을 간절히 원하고 약이 없으면 발작을 일으킬 수 있는 상황에서 니코풀로스 박사는 다시 데머롤을 주입하는 수밖에 없었는데, 때로는 투여량이 많아져서 100밀리그램에 달하기도 했다. 프레슬리는 아미탈 코데인도 맞았다.

이따금 바륨을 복용하여 기력을 얻은 린다는 어둠 속에서 엘비스를 껴안고 국가가 나온 다음 테스트 화면이 나올 때까지 텔레비전을 보곤 했다. 투어에서 그랬던 것처럼 엘비스는 텔레비전 쇼에서 심오하고 정신주의적이고 때로는 공포스러운 의미를 읽어내서 확대 해석하곤 했다.

특수 폐쇄회로 텔레비전이 프레슬리의 특실과 간호사실 사이에 연결되어 있어서 보안카메라가 침례교 병원의 여러 신생아들을 비추는 것을 볼 수 있었다. 엘비스와 린다가 갓난애들한테 이름을 붙이고 "구구" "까꿍 까꿍 까꿍" "오, 작은 귀염둥이" 등 온갖 애칭을 부르는 소리가 입원실에서 복도까지 들리기도 했다.

이 커플은 잘 호응해주는 간호사가 아기들을 카메라 앞에 바로 대줘서 작은 손을 흔들면 특히 더 흥분했다.

"우린 그 작은 생명체들을 고르곤 했어요."

톰슨이 말했다.

"둘 다 아기를 좋아했고, 아기를 갖는 환상을 그렸어요. 엘비스는 그 아기들을 지켜보는 동안 아주 부드러워졌고, 스스로 아기처럼 됐고, 유아상태로 퇴행했죠. 우린 아기들처럼 옹알이를 했어요. 전 엄마가 되고 그는 아기가 되곤 했죠. 그가 어린 사내애를 원하면 우린 요람을 뒤져서 찾곤 했어요. 꼭 선물 고르기 같았어요."

직접 아이를 갖는 것은 또 다른 문제였다. 린다는 한 간호사에게 비꼬듯 언급했다.

"아기를 갖는 일은 거의 불가능해요. 1년에 한 번 섹스할까 말까인데 해도 별볼일이 없거든요."

프레슬리는 약 때문에 자주 불구가 되었다.

분명히 엘비스가 말년에 목욕을 안 하겠다고 거부한 것도 약 때문이었을 것이다. 간단히 말하자면 물은 많이 마셨지만 물에 들어가는 것은 좋아하지 않았던 것이다. 그래서 몸 속에서부터 정화가 된다고 하는 특수한 약을 먹었다. 스웨덴에서 수입해 들여오는 약이었다. 사실 목욕을 안 해서 가끔 물집이 생기기는 했지만 몸에서 악취가 나지는 않았다.

"물집에도 불구하고 그의 생각을 바꿀 순 없었죠."

니코풀로스가 말했다.

9월 5일까지 병원에서 보낸 2주 동안 엘비스는 26번의 두통, 14번의 불면증을 호소했고, 온몸이 다 아픈 전반적인 통증 때문에 간호사가 교대할 때마다 네댓 번은 신음을 했다. 오후에 허락을 받고 그레이스랜드에 돌아가면 대부분의 통증이 완화되었는데, 맨션 곳곳에 처박아둔 약을 탐닉했던 것이다.

"이제 니코풀로스의 선택은 엘비스에게 최소량의 아편류 투여량을 유지하는 것뿐이었어요."

포레스트 테넌트 박사의 설명이다. 니코풀로스는 엘비스가 그레이스랜드에 있는 동안 투여량을 아주 낮은 수준까지 떨어뜨리기도 했다. 1년에 여러 번 있었던 짧은 기간의 순회공연에서도 통제할 수 있었다. 그러나 라스베이거스에서는 하룻밤에 한 번 쇼가 있는 날, 그것도 저녁에 일찍 쇼가 있는 경우에만 조절 가능했다. 1974년 엘비스는 라스베이거스 공연 두 달을 빼고도 132회나 공연했다.

니코풀로스는 엘비스를 구하기 위해 버넌 프레슬리에게 접근했다.

"쇼를 줄이면 우린 그를 구할 수 있어요."

버넌은 니코풀로스의 말을 파커 대령에게 전했다.

"안 돼요!"

파커는 소리부터 질렀다.

"절대 안 돼요. 우린 그가 대중 앞에서 활동하게 해야 해요."

엘비스는 그해에 700만 달러를 벌었는데도 수지타산을 맞출 수가 없었다. 연말에는 그레이스랜드의 유지비를 지불하기 위해 은행계좌에서 70만 달러를 인출해야 했다. 재정적인 이유로 순회공연을 계속해야 했던 것이다. 결국 니코풀로스의 유일한 선택은 그를 따라다니는 것뿐이었다.

"우린 어떤 일이 벌어질지 알 수 없었지만 명령을 따랐죠."

로드 매니저 조 에스포지토가 회상했다.

"젠장, 우린 영원히 계속할 수 있을 줄 알았어요."

약에 취한 러시안 룰렛 게임이 계속되었다. 휴스턴의 스트레스 많은 어느 날 밤 프레슬리는 멤버들 앞에서 눈을 반짝이며 약가방을 흔들었다.

"이중에서 어떤 게 사람을 죽이는지 궁금하지 않냐?"

모두들 한 번 더 병뚜껑을 따면 궁극적으로 과다 복용이 될 것을 의심하지 않았다.

놀랄 일도 아니지만 약에 취한 쇼는 이상하고 즉흥적인 리듬이 지배적이었다.

"끝이 다가온다는 것을 알 수 있었죠."

드러머 로니 툿이 말했다.

"무대에 올라갈 준비가 됐다고 말하러 가보면 그는 거의 제정신이 아닌 날도 있었어요. 눈이 반쯤 감겨 있었죠."

어느 날 밤에 툿은 단지 엘비스의 엉덩이를 차서 '일어나! 공연 중이야!' 라고 말하려는 것처럼 가능한 한 세게 드럼을 두들겼다.

그 시기에 엘비스의 추악한 모습이 대중들에게 공개되곤 했다. 프레슬리가 '미니 마우스' 라는 사랑스러운 별명을 붙인 소프라노 백업 싱어 캐시 웨스트모어랜드는 엘비스가 하룻밤 같이 자자고 요청하는 것을 거절하다 그의 잔인한 면을 마주했다.

"그는 저한테 혼자 있고 싶지 않다고 했어요. 하지만 전 새 남자친구가 있었고, 그는 그런 걸 이해할 수 없었죠. 그래서 엘비스에게 사실대로 말했죠."

프레슬리는 무대 위에서 백업 싱어와 뮤지션들을 소개하다가 그녀에 대해 잔인한 멘트를 하는 것으로 복수했다.

"여기는 캐시 웨스트모어랜드입니다. 그녀는 아무하고나 아무데서나 아무 때나 사랑을 하죠."

그녀가 간신히 눈물을 참고 있는데 또다시 덧붙였다.

"사실은 모든 밴드 멤버들이랑 하고 있어요."

그는 똑같은 말을 클리브랜드에서도 하고 뉴욕 나소에서도 했다. 그런데 버지니아 노포크에서도 하자 그녀가 손가락으로 그를 가리켰다. 그가 어리둥절해 하며 그녀가 서 있는 자리로 걸어갔다.

"당신 그만두는 게 좋을 거야!"

그녀가 경고하자 그는 밴드 전원과 한다는 등의 멘트는 삼간 채 그녀에게 몸을 굽혀 키스했다.

쇼가 계속되는 동안 그는 스위트 인스퍼레이션스에 대해서도 숨쉴 때 마늘과 양파 냄새가 난다는 무례한 멘트를 했다.

"그들은 메기를 먹어왔어요."

프레슬리는 경멸적인 말까지 서슴지 않았다. 그 그룹의 에스텔 브라운이 눈물을 보이며 무대에서 나가버렸다. 프레슬리가 계속해서 웨스트모어랜드에게 무례한 멘트를 하자 그녀도 스위트 인스퍼레이션스의 실비아 쉠웰과 함께 나가버렸다. 결국 머나 스미스만 남아서 공연을 끝냈다.

프레슬리는 고마움의 표시로 비싼 반지를 주려고 했지만 스미스는 받지 않았다.

"당신은 사과부터 해."

그는 다음날 밤 노스캐롤라이나 그린스보로 콜로세움 무대에서 영문을 몰라 어리둥절해하는 관중들에게 사과했다.

싱어들은 그를 용서했고 웨스트모어랜드도 끝까지 그와 함께했다.

"그는 너무나 특별했어요."

캐시가 말했다.

"전 그를 설득해서 병원에 보내려고 했죠. 진찰이 필요하다는 걸 알았거든요. 안 그러면 문제가 커질 거라는 것도요. 하지만 그는 병원에 가지 않고 죽기를 기다리겠다고 했어요. 그는 저한테 말하곤 했죠. '난 무대에서 죽고 싶어.' 라고요."

"그는 가능한 한 최고로 자신감 넘치고 자랑스런 자기 자신, 젊은 엘비스 프레슬리라는 존재를 만들어냈어요. 절말 가장 쿨한 사람이죠."

린다의 동생이자 1970년대에 프레슬리의 보디가드였던 샘 톰슨은 그렇게 회상했다.

"젊은 시절 세상에 돌풍을 몰고올 때는 재밌었죠. 세계 정상에 오른 겁니다. 그러나 그 다음이 문제였어요. 그저 그런 수많은 영화를, 반항아에서 십 대의 우상으로 변했고 엄청난 출혈을 요구하는 콘서트가 이어졌죠. 이제는 마흔 살이 되었고, 신문은 '살찐 사십 대' 라고 떠들어요. 엘비스 노릇을 한다는 것은 거의 불가능한 일이었어요."

톰슨은 프레슬리가 인간적인 면을 잃어가는 걸 알고 있었다. 계속 활동하기 위해서 약물에 의지했고, 그래서 아침이면 모두가 좋아하는 유랑극단 멤버처럼 마술같이 변해 있었다.

1960년 이후 친구가 변해가는 것을 지켜본 찰리 하지는 프레슬리가 스무 살 때 하던 그대로 무대에서 공연하는 듯한 기분을 느끼기 위해 약을 먹었다고 믿는다. 엘비스는 당시를 너무나 그리워했다.

"어쩌면 약이 세월을 잠식하는 동안 그는 〈올 슈크 업(All Shook Up)〉을 부르면서 실제로 모든 게 뒤죽박죽 되어가는 기분을 느꼈을지도 몰라요."

사람 자체라기보다는 엄청난 업적을 더 생각한 두 사람은 엘비스의 그런 자기 파괴가 끝나기를 원했다. 파커와 버넌 프레슬리였다. 둘 모두 조지 니코풀로스 박사에게 라스베이거스와 투어일정 때 풀타임으로 동행해 달라고 요청했다. 그러나 이것은 니코풀로스가 원하던 바는 아니었다. 물론 그는 두둑한 임금 외에 자기 병원의 환자를 돌볼 대리 의사 비용으로 30만 달러를 더 받고 있었다. 또 합작하여 라켓볼 프랜차이즈도 만들었는데, 이 계약은 나중에 거센 비난을 받았다. 하지만 이 모든 것은 그가 마지못해 맡은 일들이었다. 니콜라스 비런 목사에게 말한 대로 그는 생과 사의 책임을 원하지 않았던 것이다.

투어를 하는 동안 니코풀로스는 흥미로운 약품관리 체계를 고안했다. 그 중에는 위약 처방인 플라시보, 소금물 주사, 매시간 감시도 있었다. 그 요법은 니코풀로스 박사, 간호사 티시 헨리, 엘비스에게만 알려져 최근까지 비밀이었다. 테네시 주가 니코풀로스에 대해 과잉 처방에 관한 혐의를 주장하려고 특수 검찰 수사를 진행하는 과정에서 최근 사본이 발견되었던 것이다.

의사의 계획은 아편류 중에서도 가장 위험한 모르핀 계열의 약을 제거하려는 것이었다. 약물 복용은 하루에 다섯 번씩 실시했는데, 그가 일어나는 오후 3시경에 시작되었다. 약을 통한 식이요법은 그날그날 프레슬리의 컨디션에 달려 있었다. 그의 잔심부름을 했던 제임스 커플리가 지적한 대로 보스는 가장 복잡하고도 확실한 징후로 인해 가능한 환각은 다 생겼던 것이다.

전형적인 패턴을 요약하자면 이렇다. 엘비스는 쇼 시작 전인 오후 3시에 깬 다음 다양한 다이어트 약을 받는다. 이오너민, 덱서드린('E를 위한 스페셜'), 바이피타민 또는 사노렉스인데 모두 앰피타민 계열이었다. 한 알 아니면 한 알 반이었다. 3시 30분부터 4시 30분 사이에 활기를 높이는 호르몬 헤일로테스틴 주사를 맞는다. 헤일로테스틴 때문에 생기는 현기증을 막기 위해 루버트 캡슐 하나를 함께 먹는다. 비타민 B_{12} 주사도 포함된다. 또 쇼가 끝날 때까지 그를 보살피는 덱서드린 스팬슐이 있었다. 그리고 이뇨제인 래식스로 손상된 콩팥의 활동을 촉진한다. 관장제인 세네캇도 빼놓지 않았다.

"전 가장 먼저 먹는 이 약을 최소의 투여량으로 유지했죠."

약물관리에 관한 최초의 인터뷰에서 조지 니코풀로스 박사가 밝혔다.

엘비스는 화려한 의상을 입고 7킬로그램에 가까운 인조보석이 달린 망토를 손에 쥔 채 쇼 한 시간 전에 니코풀로스 박사 앞에 나타나곤 했다. 그 다음엔 호흡문제를 해결하기 위해 베리네이트를 투약했다(이것 때문에 활동항진이 생겼다). 앤타이버트(가벼운 안정제)도 투약했다. 그리고 기관지를 청소하기 위해 브레세인까지 투약했다.

엘비스는 변함없이 원하는 만큼 행복감을 주고 진정으로 만족할 만큼 만취감을 유발하는 딜로디드를 요구했다. 니코풀로스는 프레슬리가 특별히 초조해하지 않는 한 플라시보를 건네줬는데, 제약회사에서 개당 5.98달러에 구한 것이었다. 어느 날 저녁에는 뇌나 심장발작을 조절하는 데 효과적인 미브로인을 가볍게 투약하는 것으로 대신했다.

늘 마지막을 장식했던 〈캔트 헬프 폴링 인 러브〉와 "엘비스가 빌딩을 떠납니다!"라는 멘트에 이어 쇼가 끝나면 땀에 젖은 가수는 (혈압을 조절하기 위해) 인더롤과 (의상 때문에 생긴 가려움증을 위해) 페리액틴 캡슐을 몇 알 받는다. 시네콴은 오래 지속되는 항우울제였다. 그가 아주아주 우울해하면 비싼 콸루드를 주었다. 쇼 도중에 상처를 입으면(그는 어김없이 상처를 입었다고 호소했다) 물로 아주 엷게 희석한 딜로디드를 주사했다. 니코풀로스는 그가 안도감을 얻은 것을 보면 플라시보 실험이 실패한 것은 아니라고 말했다.

프레슬리는 스위트룸에 올라가면 가장 먼저 '수면용 패킷 넘버1'을 건네받았다. 불면증을 막기 위해 안정제 한두 알은 허용되었다. 부드러운 페노바르비탈 화합물 카비털과 최면을 거는 듯한 수면제 놀류다 혹은 그가 가장 좋아하는 콸루드였다. 이 모든 약을 결합하면 그를 재울 수 있을 만큼 강했지만 평소에는 한 패킷으로 되지 않았다. 그래서 보통은 티시 헨리가 '수면용 패킷 넘버2'를 전달했다. 애미탈 수면제 한 알이나 콸루드 두 알 중에서 프레슬리가 선택할 수 있었다.

"끔찍할 정도로 시간이 많이 걸렸고, 때로 약을 혼동하는 경우도 있었어요. 쇼가 끝나고 엘비스를 재우는 데 필요한 조합을 헷갈리는 경우도 있었죠."

니코풀로스가 지적했다.

플라시보를 만드는 일도 쉽지 않았다. 샘 톰슨, 빌리 스미스, 마티 래커 같은 다양한 멤버들이 방에 갇혀서 약을 캡슐에서 빼내고 다시 조합하느라 시간을 보냈다. 톰슨은 플래시딜에서 액체를 빼낸 다음 공기로 부풀리거나 파우더 설탕이나 인공감미료 스위트 앤 로로 다른 셀룰로이드 캡슐을 채우던 짜증나는 시간들을 기억했다.

"엘비스는 플라시보를 귀신처럼 구별해냈죠."

빌리 스미스가 회상했다.

"좋아하는 화학적 결합 하나하나가 낳는 미세한 기분에 조율이 되었던 거죠."

기본적으로 다른 의사들이 '니코풀로스의 불가능한 치료'라고 부른 방법이 그래도 2년 동안은 효과가 있었다. 프레슬리는 순회공연을 했지만 심각한 과다 복용은 전혀 없었다.

하지만 몸은 꾸준히 손상되었고 그는 지쳐가고 있었다. 1957년부터 그레이스랜드를 관리한 삼촌 베스터 프레슬리가 말한다.

"1957년부터 1974년까지는 괜찮았죠. 그러나 1974년부터는 정말로 몸이 좋지 않았어요. 그에게 말을 하고 싶어도 할 수 없었죠. 어쩔 수 없었어요."

록의 제왕에게 해가 지고 있었다.

1968년, 컴백쇼의 엘비스. 전설이 된 검은 가죽 의상을 입고 있다.

33 이상한 나날들
—Strange Days

〈차라투스트라는 이렇게 말했다〉의 기념비적인 후렴구가 1975년 새해 첫날 미시건 폰티액에 있는 새로운 실버돔을 울리고 있었다. 전국 최대의 돔구장에 모인 6만 2500명의 군중 앞으로 과체중의 엘비스 프레슬리가 튀어나갔다. 처음 하는 겨울 공연이었다. 생각할 수 없는 일이지만 그는 단지 돈 때문에 출연하고 있었다.

프레슬리는 실언을 하고 잠시 무대를 떠났다가 돌아와서는 〈올드 랭 사인〉을 부르고는 좀전에 바지가 뜯어졌다고 털어놓았다.

폰티액 쇼에 대한 『뉴스위크』의 기사를 보면 사운드라든가 그가 부른 노래는 언급조차 않고 그의 옷이 가수 자신만큼이나 많이 긴장한 상태였다는 소식만 전했다. 이 잡지는 계속해서 그를 '땅딸막한 로큰롤 가수' 라고 불렀다.

그의 몸무게는 완전히 화제거리가 되어 콘서트 리뷰를 하는 사람들은 그의 음악을 논하기보다 개인적인 통계에 더 많은 시간을 보냈다. 캘리포니아 롱비치 쇼가 끝나자 『로스앤젤레스 타임스』는 '약간 몸무게가 덜 나가는 엘비스 스펙터클' 이라는 헤드라인의 리뷰를 실었다. 음악평론가 로버트 힐번은 일곱 문단 중 세 문단에서 프레슬리의 몸무게를 언급했다. 당시 전국적으로 유명한 록음악 평론가였던 힐번은 그전에 "어쩌면 이제 엘비스가 은퇴해야 할 때다."라고 선언한 에세이를 쓰기도 했다.

『플레이보이』에서는 그가 하루에 에스키모 파이 10개를 향해 불같은 사랑을 보인다고 주장하고 한 달간의 다이어트용 스파를 제안하며 '제1회 골든 아이스바 상' 을 수여했다.

41번째 생일에는 "전에는 사랑스런 구석이 더 많았다."는 문구를 뽑은 신문기사 때문에 모욕감을 겪었다. 프레슬리는 슬퍼하며 한탄했다.

"뚱뚱해지고 중년이 되었다고 그런 개소리를 계속 들어야 하다니."

그는 온갖 약 때문에 실린더 하나로 달리는 신세라고 친구 래리 겔러에게 농담을 하곤 했다. 겔러는 프레슬리가 얼마나 힘들게 숨을 쉬었는지 알아차렸다.

"그는 길고 깊게 소음을 내며 숨을 들이마시느라 두 문장 이상을 쉬지 않고 말하지 못했다."

겔러는 그의 회고록 《이프 아이 캔 드림(If I Can Dream)》에서 이렇게 회상했다.

한편 엘비스는 무대 안팎에서 고통과 통증을 겪었다.

“아, 하느님, 정말 아파요.”

그는 호흡이 끊기는 사이에 토해내듯 말하곤 했다. 어느 공연에서는 찰리 하지를 바라보며 털어놓았다.

“야, 나 완전히 탈진해버렸어.”

그는 너무나 낙담한 나머지 내슈빌이나 할리우드로 가서 앨범을 만들자는 RCA의 제안을 거절했다. 1976년 2월 계약대로 녹음장소는 결국 그레이스랜드로 정해졌다. 녹음 장비를 은신처인 정글과 같은 방 창문을 통해 옮겨야 했는데, 거기에 있던 두툼한 카펫이 좋은 방음재임이 입증되었다. 하지만 모두 모였는데도 엘비스는 아래층으로 내려오지 않고 아프다고만 했다.

그 다음 한 주에 걸쳐 프레슬리는 마침내 12곡을 녹음했다. 『프롬 엘비스 프레슬리 불르바드(From Elvis Presley Boulevard)』 앨범에 포함된 10곡 중에서 한 곡은 특히 엘비스 말년의 소름끼치는 상징이 되었다. 전처럼 강하지 않은 목소리로 부른 〈허트(Hurt)〉는 의심의 여지 없이 고통받는 사람의 메시지였다. 록 평론가 데이브 마시는 “그가 부른 노래가 삶에서 나온 소리라면, 일 년 밖에 더 못살았다는 것보다 그렇게 오래 버텼다는 것이 더 놀랍다.”고 지적했다.

그날 밤 엘비스가 프로듀서 펠튼 자비스에게 말한 대로였다.

“전 너무 지쳤어요.”

“자네는 휴식이 필요해.”

자비스도 동의했다.

“그게 아니구요.”

엘비스는 지쳐서 설명했다.

“엘비스 프레슬리로 존재하는 데 너무 지쳤단 말이에요.”

오랜 세월 과도하게 살아온 끝에 그의 세계는 틈이 생기기 시작했고 점차 잘못된 행동으로 연결되었다. 그 녹음 세션에서 엘비스는 너무나 혼란에 빠지고 판단력이 흐려져 총을 꺼내 녹음장비를 쏴버리겠다고 위협하기까지 했다.

차를 마구 산다는 것도 모두 아는 사실이었다. 한 번은 일면식도 없는 사람이 우연히 자동차 딜러와 함께 있는 엘비스로부터 차를 선물받고 그 길로 차를 타고 내빼기도 했다.

엘비스는 콘서트 무대에서 아무나 눈에 띄면 보석을 주고 싶어했으므로 보석상 로웰 헤이즈가 항상 대기하고 있었다.

콜로라도 여행에서는 스키 마스크를 쓰고 점프수트를 입은 채 집을 구하러 다녔다는 보도가 나왔다. 또 마인드 컨트롤 때문에 최면술사를 만났다는 보도도 있었다. 애완견인 차우차우 겟로(Getlo)가 아프자 전용기 리어젯으로 뉴잉글랜드에 있는 비교약품연구소에서 두 달 동안 치료를 시킨 일이 헤드라인을 장식하기도 했다(이 개는 신장병을 앓았는데 결국 지병으로 죽었다).

조지 클라인이 프로그램 디렉터로 있었던 멤피스의 라디오 방송국 WHBQ에서 디제이 밥 맥레인은 항상 프레슬리의 곡을 요청하는 익명의 청취자가 공개되지 않은 방송국 핫라인을 통해 모닝콜을 걸었다고 했다.

"전 그를 '뱀파이어'라 부르곤 했어요."

맥레인이 회상했다.

"하지만 그게 누군지 너무나 명백했죠. 엘비스의 목소리였다곤 말하지 않겠어요."

엘비스는 계속 콘서트 무대에 섰지만 공연은 완전히 예측 불가능이었다. 정신을 차리고 제대로 음을 맞춰 노래하는 카리스마적인 날이 있는가 하면 어떤 날은 가사를 잊어버리고 노래 사이에 농담을 하다 말을 흐리며 백업 연주자들의 이름을 잘못 말하는 헤프닝을 벌이기도 했다. "아, 하느님, 보스가 또 정신이 나갔어요."는 그의 백업 밴드 사이에서 늘 하는 말이 되었다.

휴스턴 아스트로 돔에서 열린 8월 오후 공연 때 관중들은 1970년 승리에 찬 공연을 했던 사람과 극적으로 다른 사람을 만났다. 프레슬리는 정신이 나가서 노래 사이마다 넋을 잃고 돌아다녔다. 노래를 할 때도 가사를 기억해내느라 애를 먹었다. 『휴스턴 크로니클』의 리뷰를 보자.

"요새 엘비스 프레슬리의 콘서트는 국가의 보물을 직접 보고 실망할 때와 같은 느낌이다."

『휴스턴 포스트(Houston Post)』에서는 프레슬리가 "아주 아픈 사람처럼 보였고, 환자처럼 말하고 걷고 노래했다."고 전했다.

그해 여름 프레슬리의 동료들이 그의 컨디션을 전하기 위해 프리실라와 접촉했다. 그녀는 즉시 멤피스로 날아가 그를 설득해서 샌디에이고의 스크립스 클리닉에 입원시키려고 했다. 당시만 해도 재활 프로그램은 아주 낯선 일이었다. 유명한 베티 포드 센터도 몇 년 지나서야 익숙해졌을 정도였다. 엘비스는 약물문제가 있다는 것을 완강히 부인하며 치료가 필요하다는 사실을 한사코 부정했다.

7월 들어 사태가 심각해지자 버넌 프레슬리는 레드 웨스트, 소니 웨스트, 스태프로 합류한 지 2년밖에 안 된 데이브 헤블러를 불러서 정식 절차도 없이 모두 해고시켰다. 그들은 겨우 사흘 전에 통보를 받고 일주일치 퇴직금을 받았다. 버넌은 재정적인 이유를 들었지만 사실 그 해고는 여러 해 전부터 이야기가 나왔던 것이었다. 보디가드들이 연루된 싸움 때문에 소송까지 간 일도 여러 번 있었다.

이 세 명은 엘비스가 개인적으로 말도 하지 않으려고 했기 때문에 더욱 더 분노했다. 1955년부터 프레슬리와 순회공연을 다닌 레드 웨스트는 특히 더 화가 났다. 복수를 위해 전설적인 『모든 것을 폭로한다』의 작가를 물색했다.

엘비스는 그 소문을 듣자 흥분해서 제정신이 아니었다. 그때까지 측근들 사이에서만 일어났던 일은 긴밀한 보안이 유지되었다. 그는 좌절하여 제리 실링에게 물었다.

"이제 어쩌지? 이 모든 일이 폭로되면 리사 마리는 아빠를 어떻게 생각할까?"

그는 팬들도 걱정했다.

웨스트 형제가 떠난 후 린다 톰슨도 떠났다. 1972년부터 엘비스와 지냈지만 이제 새로운 삶을 원했다. 그녀는『맥콜스(McCall's)』와의 인터뷰에 응했다.

"전 마침내 이런 식으로 남은 인생을 보내고 싶지 않다는 판단을 했어요. 너무나 이상한 생활이었죠. 세상과 완전히 격리된."

그리곤 덧붙여 말했다.

"제가 떠난 이유는 많지만 생활방식, 그 중에서도 특히 수면제는 견딜 수 없었어요. 정상적인 젊은 여자라면 이런 문제로 남은 인생을 보내는 것이 옳지 않다고 생각했어요. 언제까지나 엘비스 곁에 남아 있을 수는 없는 거잖아요."

프레슬리는 계속 그녀를 실망시키면서도 막말을 했다.

"당신은 언제나 사랑하는 사람, 당신에게 가장 가까운 사람에게 상처를 줘."

엘비스는 그러면서 덤덤하게 덧붙이곤 했다.

"하지만 난 당신이 날 사랑하고 이해하리라는 걸 알아."

그녀가 약 좀 집어치우라고 설득하려고 하면 그는 잘라 말했다.

"안심해. 난 리사가 커서 아이 낳는 걸 보고 싶어. 난 아주 늙을 때까지 살 거라고."

프레슬리와 톰슨의 관계는 프레슬리가 그녀를 벨 에어의 집에서 한밤중에 쫓아냄으로써 파국을 맞았다. 보디가드들처럼 그녀 역시 복수를 했다. 모든 일을 폭로하는 대신 2만 5000달러어치 쇼핑을 해서 엘비스에게 청구서를 보냈던 것이다. 청구서가 그레이스랜드에 도착하자 버넌은 지친 마음으로 인정했다.

"받을 돈을 받았군."

한번은 엘비스가 친구에게 행복한 삶의 조건으로 '사랑하는 사람, 기대할 만한 일, 해야 할 일'이라는 글을 적어준 적이 있었다. 그가 스스로 선택한 유배지, 스스로 만들어낸 점점 좁아지는 세상에는 그런 가능성이 없었다.

이제 순회공연을 하지 않을 때는 그레이스랜드에 머물렀다. 창문에 은박지를 붙이고 검은 커튼을 빈틈없이 친 다음 검은 벽과 검은 천장의 침실에 칩거했다. 불을 끈 채 앉아서 멍한 눈으로 한없이 켜놓은 듯한 텔레비전을 바라보곤 했다. 친구들은 그가 〈로렌스 웰크 쇼(The Lawrence Welk Show)〉를 보고 있으면 살짝 미소를 주고받았다.

그는 문 앞에 설치된 폐쇄화면을 쳐다보기도 했다. 프레슬리는 옛 친구들을 만나고 싶어하지 않았지만 적어도 누가 찾아왔는지는 들여다볼 수 있었다.

프레슬리는 문 앞에서 일어난 아주 이상한 에피소드를 놓친 적이 있었다. 1976년 11월 새벽 3시 제리 리 루이스가 나타나 엘비스를 만나고 싶다고 38구경 권총을 흔들며 떠들어 댔다.

"그한테 킬러가 왔다고만 해."

별명이 킬러였던 루이스는 소란혐의로 연행되었다.

몇 달 후 또 다른 방문자가 될 뻔한 사람이 있었다. 염소수염을 기른 젊은이가 말 그대로 벽을 뛰어넘어 문을 향해 달리기 시작하다가 경호원들의 제지를 받았다. 침입자는 헐떡이며 물었다.

"엘비스가 집에 있나요?"

경호원들은 프레슬리가 타호에 있다고 말한 다음 에스코트해서 내보냈다. 몇 년 후 브루스 스프링스틴이 털어놓았다.

"바로 나였죠."

나중에 인기가도를 달리며 『타임』과 『뉴스위크』의 표지를 장식한 그는 이렇게 말했다.

"엘비스가 제 영감이었어요."

프레슬리는 점점 더 숨어지냈지만 팬들과 유대관계를 유지했다. 여전히 문에 나가 사인북에 사인을 해주고 담 너머로 얘기를 나눴다. 결국 그 사람들이 콘서트 티켓을 산 것이었고, 그것이 사람들과의 유일한 관계가 되었다. 그들은 여전히 스카프에 손을 뻗었다. 그가 몸을 낮추기 어려우면 그들이 몸을 더 높여서 다가왔다.

프리실라에게 전화하여 몇 시간 동안 얘기했고, 여덟 살 먹은 리사 마리의 방문을 받기도 했다. 하지만 보디가드 샘 톰슨, 딕 그롭 등 줄어드는 수행원들을 제외하면 프레슬리는 마침내 프리실라가 예상한 대로 20년 전 어머니를 위해 장만한 저택에서 혼자가 되었다.

"1976년 말 얼마 동안은 엘비스가 말 그대로 자신을 바깥 세상하고 격리시켰다고 봐도 맞죠."

조 에스포지토가 회상했다.

엘비스는 침실에서 끊임없는 황혼 속의 동면을 했고 치즈버거를 먹어치웠다. 이제는 하루에 다섯 번씩 정기적으로 약패킷을 받았다. 텔레비전 세 대를 동시에 켜놓았고, 라디오 하나에서는 가스펠이, 다른 하나에서는 컨트리 음악이 배경으로 흘렀다.

텔레비전조차 늘 안전한 건 아니었다. 어느 날 오후 그가 한때 '영혼의 형제'라 부르던 소니 웨스트가 토크쇼에 출연한 것을 보았다. 그는 검은 선글라스를 쓰고 배를 내민 채 엘비스와 마약, 구역질 나는 섹스, 깡패 같은 폭력에 대한 얘기로 2000만 미국인들을 즐겁게 해주고 있었다.

죽기 얼마 전, 엘비스는 미인대회 출신인 진저 앨든과 결혼하고 싶어했다.

엘비스는 니코풀로스 박사에게 신음하며 말했다.

"왜 나를 그런 식으로만 보려 드는 거죠? 도대체 왜?"

니코풀로스 박사 일행은 엘비스를 설득해서 기둥이 늘어선 그레이스랜드의 현관 밖으로 내보내 바깥바람을 쐬게 하려고 했다. 거대한 흰 가운을 입은 엘비스는 큰 등나무 의자를 갖고 나가 기둥 뒤에 자리를 잡곤 했다. 때때로 아이들이 지나가다 그를 발견하면 자전거를 세우고 외쳤다.

"야! 뚱보 엘비스다!"

"험한 시기였죠."

오랜 친구 조지 클라인의 말이다.

"그는 이제 라이브 공연이랑 정말 예쁜 여자들을 만나는 것, 그 두 가지만 신경 썼어요. 그 여자들은 마법과 같았어요. 항상 그의 마음속에 숨어 있던 부드러움을 알아볼 수 있었죠. 문제는 딱 어울리는 여자를 찾는 거였어요."

클라인은 미스 테네시 테리 앨든(Terri Alden)을 만난 1976년 가을까지는 맞는 여자를 물색하기가 좀처럼 쉽지 않았다. 이 활기찬 성격의 금발은 자매가 둘 있었다. 로즈메리(Rosemary)는 테리나 여동생 진저(Ginger)보다 더 외향적이었고 미스 USA 후보로 지명된 참이었다. 로즈메리가 말했다.

"조지, 우리 모두 데리고 가면 테리도 간대요. 전 그레이스랜드에 아주 관심이 많아요."

우연히도 앨든 자매의 아버지 월터 앨든은 1958년 3월 24일 엘비스를 군에 입대시킨 미군 장교였다.

로즈메리에게 그 정문을 통과하는 순간은 '마치 이상한 나라의 앨리스가 거울 속으로 들어가 반대편으로 다시 나온 것'과 같았다.

테리를 중심으로 세 자매는 위층 침대에 얌전하게 앉았다.

"갑자기 엘비스가 가라테 도복을 입고 들어오더니 우리에게 말을 걸기 시작했어요."

로즈메리가 회상했다. 그의 눈은 세 여자를 재빨리 오갔지만 대체로 귀족 같고 조용한 진저를 보고 있었다. 우아한 갈색 머리의 미인이며 젊은 발레리나 분위기였던 진저는 프리실라와 젊은 시절의 글래디스 프레슬리와 확연히 닮았다. 로즈메리가 그레이스랜드에 대해 끊임없이 질문하는 동안 프레슬리가 예의 바르게 대답하려 하면서도 수줍게 진저를 훔쳐보는 것을 눈치챘다.

"전 알고 있었어요!"

로즈메리가 말했다.

마침내 엘비스는 가라테 도복을 입고 뛰어올라 몸을 돌려서 진저와 마주했다.

"허니, 내 목 바로 뒤에 뜨거운 구멍을 낸 것 같아요. 난 느낄 수 있어요. 보지 않아도 뻔히 알아요."

여자들이 떠나려고 일어나자 엘비스는 조용히 진저를 차까지 바래다줄 수 있도록 로즈메리에게 테리와 함께 걸어가라는 신호를 보냈다.

"내일 밤에 내 비행기를 보여주고 싶은데."

진저는 그의 관심에 놀라서 고개를 끄덕일 뿐이었다.

훗날 버넌 프레슬리는 엘비스가 진저를 만났을 때 그의 어깨에서 무거운 짐이 내려지는 것처럼 보였다고 말했다.

"그가 다시 웃는 걸 봤죠."

진저는 동의했지만 어머니 조 앨든은 스물한 살짜리 딸이 마흔한 살 먹은 가수와 '가볍게 돌아보러' 나가는 것을 내심 달가워하지 않았다. 엘비스는 조에게 윙크했다.

"그냥 가볍게 돌아보고 오는 겁니다, 부인. 내일 오후에 돌아오겠습니다."

진저는 공항에서 프레슬리의 주문형 컨베어 880 제트기 '리사 마리' 호가 이미 연료를 채우고 이륙준비를 하는 것을 보는 순간 두 눈이 휘둥그레졌다. 그녀는 안에서 엘비스의 사촌 팻시와 다른 두 손님을 만났다. 그는 첫번째 창가의 일등석에 위치한 진저의 자리에서 안전벨트를 채워주고 파일럿에게 신호를 보냈다.

"이륙해서 라스베이거스로 가요."

엘비스는 비행기가 이륙하자 몸을 기대고 속삭였다.

"착륙하자마자 어머니한테 전화하면 돼요."

에스포지토는 보스가 진저에게 반한 일을 회상했다. 프레슬리는 라스베이거스를 여행하는 동안 그녀에게 다이아몬드가 세팅된 거대한 금반지를 주었다. 독일에서 프리실라를 만난 이래 보지 못했던 성급하고 정열적인 구애의 징조였다. 저녁식사, 그레이스랜드의 긴 오후, 그녀의 가족을 위한 선물이 이어졌다.

12월 둘째 주 어느 날 밤 엘비스는 자다깨다를 반복했다. 새벽이 지나면서 어머니 꿈을 꾸었지만 얼굴은 진저였다. 글래디스가 축복을 보내는 듯했다.

그는 흥분해서 니코풀로스 박사에게 그 꿈을 얘기했다.

"그렇게 빨리 확신에 차서 사랑에 빠지는 사람은 본 적이 없어요."

니코풀로스 박사가 회상했다. 그는 약을 줄여가는 데 신경을 쓰며 매일 오후 커플을 만났다.

"마피아 멤버들은 마치 조가 그 모든 일을 계획해서 연예인 엄마처럼 엘비스를 그냥 그 연애에 빠뜨린 것처럼 말했어요. 그건 사실이 아니었어요. 그가 그 관계에 빠져들었죠."

네 명의 앨든 가 여자들은 최고의 권위자들이 모인 의료팀, 피를 나눈 친척들, 멤피스 마피아가 몇 년 동안 매달려온 문제를 아홉 달 만에 해결했다. 프레슬리를 현실세계로 다시 끌어낸 것이었다.

예를 들어 조는 '앨든 가의 검은 마녀' 라는 별명으로 마피아들에게 놀림을 받고 있긴 했지만 하루는 그레이스랜드 입구에 차를 세우고 프레슬리를 설득해서 카니발에 데리고 갔다. 엘비스는 재킷을 걸치며 조에게 말했다.

"아무도 감히 그런 말을 하려고 하지 않았는데."

1976년 12월 초와 1977년 봄 진저, 로즈메리, 조는 엘비스가 몇 해 만에 제대로 된 휴가를 떠나는 계기가 되었다. 먼저 라스베이거스로 날아가 힐튼에서 스위트룸 여러 개를 잡았는데, 엘비스가 직접 예약했다. 진저 모녀가 펜트하우스에서 바라본 전망에 놀라는 동안 엘비스의 전용전화가 울렸다. 린다 톰슨을 포함해 겨우 10명에서 12명에게만 알려진 번호였다.

"엘비스, 자기."

그녀는 고양이 같은 소리를 냈다.

"당신이 라스베이거스에 있다는 얘기를 들어서 우리가 평소처럼 크리스마스를 함께 보낼 수 있을지 알아보려고 걸었어."

엘비스는 씨익 웃으며 수화기를 가볍게 잡고 있었다.

"글쎄, 잘 모르겠는데. 린다, 진저한테 물어봐야겠어. 이봐, 진저브레드, 린다가 우리랑 크리스마스를 보내도 괜찮을까?"

"린다가 전화에 대고 비명을 지르겠군."

조가 말했다.

실제로 상대편에서 수화기를 내려놓는 소리가 크게 들렸다.

엘비스는 크리스마스 직전에 진저를 데리고 서재에 가서 무릎을 꿇은 다음 7000달러짜리 11.5캐럿의 다이아몬드 약혼반지를 건네며 청혼했다. 진저는 프러포즈를 받아들였다.

프레슬리 멤버들에게 진저, 약혼반지, 엘비스의 젊은 미인에 대한 집착은 놀림감이 되었다. 그들은 '1년짜리 진저'(다음 크리스마스에는 사라질 것이라는 뜻)를 포함해 여러 가지 별명을 붙였다. 또 그녀가 옛 남자친구와 함께 프레슬리를 속이고 있다고 생각하여 '제저벨'이라고도 불렀다.

그들은 단독으로 혹은 그룹으로 그녀를 추적한 끝에 고등학교 때 이미 약혼한 상태임을 확인했다고 주장했다. 그 말을 전해들은 프레슬리는 혼란에 빠졌다.

"엘비스는 마음의 상처를 받았고, 즉시 약을 찾았죠."

니코풀로스가 회상했다.

사실 진저 앨든은 첫 라스베이거스 데이트에서 돌아온 날 옛 남자친구 래리 앤서니와 헤어진 상태였다.

"사실 우린 약혼도 안 했어요. 그냥 오랫동안 만났던 거죠. 그녀의 라스베이거스 여행에 대한 기사를 읽은 날 그녀가 찾아왔고, 우리는 소파에 함께 앉았죠."

앤서니는 진저가 두 눈 가득 눈물이 고인 채 말했다고 전한다.

"네가 날 사랑하는 건 알아. 미안하지만 네가 날 필요로 하는 것보다 엘비스가 더 나를 필요로 해. 내 마음도 그렇고."

앤서니는 그녀가 기회주의자라는 얘기에 대해서도 변호했다.

"전혀 그런 사람이 아니예요."

그가 보기에 그녀는 프레슬리의 힘든 시절을 돕기로 결심했던 것이다.

프레슬리와의 관계에 대해 함구하고 있는 진저는 그 스타에게 첫눈에 반한 게 아니라 서서히 사랑에 빠졌다고 말한다. 게다가 그가 결혼얘기를 꺼냈을 때도 깜짝 놀랐다. 물론 그가 계획이 있다는 것은 알았다.

"그는 우리 어머니한테 내가 하늘에서 그를 위해 보낸 천사라고 말했어요. 나는 아주 어렸고 보호를 받으며 자란 스물한 살짜리였죠. 어쩌면 나는 이게 내가 세상에 온 이유구나 하고 생각했나봐요. 엘비스가 행복할 수 있다면 제 임무를 다하는 것이라고요. 그는 밤낮으로 저와 함께 있고 싶어했죠."

그녀와 프레슬리의 로맨스가 지속되면서 두번째로 소문이 구체화되었다. 진저가 이름을 밝힐 수 없는 프로레슬러와 몰래 사랑에 빠졌다는 것이었다.

"저희가 곧 증거를 입수하겠습니다, 보스."

한 마피아가 주장했다.

"그 얘길 듣자마자 크게 웃었죠."

조가 말했다.

"얼마나 터무니없는 얘긴지 이해하려면 진저를 알아야 해요."

세번째 소문이 이어졌다. 진저가 그레이스랜드를 여러 번 빠져나와 잘생긴 남자들과 데이트를 하고 춤을 추러 다닌다는 것이었다. 그러나 로즈메리는 진저가 춤추러 나간 것은 단지 자신과 동행하기 위해서였다고 반박한다.

"제가 진저를 설득해서 같이 간 거였어요. 그 애는 춤도 안 추고 앉아서 콜라만 홀짝거리고 있었죠."

1977년의 빡빡한 투어일정으로 접어들자 이런저런 지어낸 얘기들 때문에 그레이스랜드의 엘비스는 엄청난 상심에 빠졌다.

"그런 얘기들 때문에 엘비스가 감정적 육체적으로 상처입은 건 아무리 강조해도 충분하지 않아요."

니코풀로스 박사는 그 얘기의 사실 여부를 알아낼 방법이 없었다고 강조했다.

프레슬리의 조직이 보스가 한참 어린 여자친구와 헤어지기를 바라는 것은 의심의 여지가 없어 보였다. 결국 프리실라 이후로 프레슬리의 시간을 그렇게 독점한 여자는 없었던 것이다. 그는 앨든 가에도 애착을 보여서 신원을 밝히지 않은 채 그들의 뜰에 여러 그루의 나무를 보냈고, 폭풍이 칠 때는 앨든 가의 침대에서 큰 목욕타월을 두르고 밤을 보내기도 했다.

다음날 아침 공군 하사 월터 앨든은 프레슬리가 식탁에 앉아 있는 것을 발견했다.

"뭐 줄까?"

"글쎄요, 선생님, 괜찮으시면 버터를 발라 구운 햄버거빵 서너 개를 먹고 싶습니다. 우유 한 잔도요."

월터 앨든은 그 이상한 요구에도 눈살을 찌푸리지 않았다. 좋은 주인답게 양해를 구하고 가게에 갔다. 조는 눈을 비비며 일어났다가 그 유명한 손님이 버터를 뚝뚝 흘리며 바싹 구운 햄버거빵을 먹는 모습을 발견했다.

"월터! 정말!"

그녀는 화가 나서 말했다.

"아, 아뇨, 부인, 제가 원한 거예요."

1977년 1월 3일 엘비스는 약에 의존하지 않고 검은색 정장을 입고 아칸소 해리슨의 진저 할아버지 장례식에서 진저 곁에 서 있었다. 관이 내려가자 진저가 엘비스의 손을 꽉 잡았다. 얼마나 세게 잡았는지 손톱이 그의 손을 파고들 정도였다. 엘비스는 몸을 낮춰 그녀의 뺨에 키스했다.

"너무 힘들어요."

그녀가 속삭였다.

"그래, 허니, 날 믿어. 그러면 어렵지 않을 거야."

프레슬리는 약혼녀와 그녀의 가족을 위로하기 위해 팜 스프링스로 날아가서 셰러턴 인의 꼭대기 층을 빌려 일주일 동안 마피아를 제외한 진저, 조, 두 경호원과 휴가를 보냈다. 그는 진저와 그녀의 어머니에게 깊은 인상을 주기 위해 헬리콥터로 펜트하우스 지붕까지 함께 날아갔다.

목가적인 시간은 잠시였다. 일단 열흘이 지나 멤피스로 돌아가자 파커 대령이 휴가를 최소한으로 줄이고 등골이 휠 일곱 번의 콘서트 투어일정을 그해의 남은 기간 동안 예약해놓았던 것이다.

진저는 프레슬리가 그 모든 공연에 동행해줬으면 한다는 사실을 알고 공황상태에 빠졌다.

"난 못 해요. 그렇게 계속 따라다닐 수는 없어요."

"나도 마찬가지야. 허니. 나도 그건 힘들어. 하지만 우린 지금 함께잖아."

아이러니하게도 진저와의 관계로 프레슬리는 그 시기에 최대의 위안을 찾았지만 약으로 인한 고통도 생겼다. 3월 31일 오후 루이지애나 바통 루즈에 모인 만 3000명에 이르는 팬들은 재키 카하네의 낡은 개그를 한 귀로 흘려 듣고 스위트 인스퍼레이션스, J. D. 섬너, 스탬스의 노래를 들은 다음에야 스타 엘비스 프레슬리의 공연이 불가능하다는 말을 전해들었다. 프레슬리는 독감이라고 발표됐다.

사실 그는 진저가 어디 있는지 찾을 수 없자 분노와 혼란에 빠져 약에 잔뜩 취해버렸던 것이다. 나중에 호텔 스위트룸을 서성이는데 뒷다리 근육과 등이 결렸다.

진저가 호텔 선물가게를 구경하고 룸에 돌아왔을 때는 프레슬리를 앰뷸런스로 공항에 데려가기로 되어 있었다. 그 다음엔 리사 마리호를 타고 멤피스에 가서 침례교 병원에 다시 입원할 참이었다.

'가벼운 빈혈과 위염' 치료를 위해 4월 1일에 입원한 것으로 니코풀로스는 또다시 프레슬리의 약물복용을 수정했다. 그는 환자가 두 시간마다 데머롤을 먹었다는 사실을 알았고, 간호사들에게 비밀지침을 내려서 교대로 레리틴(가벼운 아편류 진통제)과 데머롤을 네 시간마다 투약하라고 지시했다.

간호사들의 메모에 따르면 닉 박사는 프레슬리에게 잠시 병원을 떠날 수 있는 통행증을 주라고 허락하기도 했다. 그러나 엘비스가 침례교 병원으로 돌아오기를 거부할까봐 두려워지자 그 통행증을 무효화했다.

프레슬리는 네 번의 쇼를 펑크내고 나흘간 입원한 상태에서 데머롤이 더 필요하다고 불평했다. 니코풀로스는 치료하는 척했다. 프레슬리는 몰랐지만 실제로는 위약, 즉 플라시보를 투약했던 것이며, 그는 아무 불만 없이 받아들였다.

프레슬리는 병원에서 나오자마자 다시 약에 빠져들었다. 공연에도 도움이 되지 않았다. 엘비스가 말끝을 흐리면서 쓰러지는 장면을 목격한 유명 콘서트 프로모터는 너무나 충격을 받아서 최초로 프레슬리 전기를 쓴 록 저널리스트 제리 홉킨스에게 전화했다. 홉킨스가 말했다.

"내 책을 12부의 라디오 시리즈로 각색했다고 하자 그 프로모터가 말했어요. 빨리 13장을 준비하라고.'"

그 프로모터는 이어 콘서트업계에서는 프레슬리가 걸어다니는 시체라는 소문이 떠돈다고 했다. 프로듀서 펠튼 자비스도 걱정했다.

"사람이 죽어가는데 아무도 어쩌지 않으려고 해요."

그는 들으려고 하는 사람이 있으면 누구에게나 말하고 다녔다.

말썽 많은 투어에서 프레슬리의 헤어 스타일리스트였던 래리 겔러는 프레슬리가 켄터키 루이스빌의 쇼 전에 기절했다고 회상했다.

"엘비스는 턱이 제대로 움직이지 않았고 혼수상태에 빠진 것처럼 무력해 보였다."

겔러의 회고록에 나온 말이다. 닉 박사는 대령이 불쑥 스위트룸에 들어왔을 때 얼음물로 엘비스를 되살리고 있었다.

대령은 계속해서 니코풀로스와 비밀스러운 얘기를 나누다 나갔는데, 그 전에 겔러를 돌아보고 지팡이를 흔들면서 말했다.

"중요한 일은 그가 오늘밤 무대에 선다는 것뿐이야. 다른 건 중요하지 않아."

무미건조한 쇼가 며칠 밤 계속되고 나서 프레슬리는 진저와의 문제로 너무나 절망하여 그녀를 멤피스의 집으로 돌려보냈다. 그리곤 밤에 혼자 있고 싶지 않다고 슬퍼했다.

겔러와 닉 박사의 강요로 캐시 웨스트모어랜드가 와서 이 스타와 얘기하면서 잠을 재우느라 여러 날 밤을 보냈다.

"그는 붓고 약해진 데다 지쳤어요."

웨스트모어랜드가 말했다.

"전 그에게 남은 시간이 별로 많지 않다는 걸 알았죠."

그녀와 프레슬리는 생각에 잠긴 채 인생에 대해 얘기했다. 그는 파자마를 입고 침대가에 앉아 부스스한 머리를 기울이며 물었다.

"도대체 뭘까, 캐시? 난 인생에 대해 말하는 거야. 그 이후에 대해서도. 사람들이 날 어떻게 기억할까? 난 명작 영화를 찍은 적도 없어. 오래도록 남을 만한 노래를 부른 적도 없고."

그는 계속 흐느끼면서 신이 건강문제에서 벗어나도록 도와줄 거라는 희망에 대해 얘기했다.

"우린 건강을 위해 기도했죠."

캐시는 우울하게 덧붙인다.

"하지만 그가 잠들었을 때 전 죽음이 찾아오는 소리를 들을 수 있었죠."

엘비스도 그 소리를 들었다. 그가 웨스트모어랜드에게 말한 대로였다.

"내가 지금 뚱뚱해 보이는 건 알아. 하지만 이건 말할 수 있어. 관에서는 괜찮아 보일 거라고."

엘비스의 추락은 티켓판매에서도 점점 더 명백해지고 있었다.

5월 28일 필라델피아 스펙트럼의 2만 명 앞에서 공연했을 때 그는 가사를 기억할 수 없었고 비틀거리는 것처럼 보였다. 사실 군중들은 야유를 보냈고, 엘비스가 〈아이 캔 헬프(I Can Help)〉를 부르기 시작하자 객석에서 "도움이 필요한 건 당신이야!"라는 외침이 들려오기도 했다.

볼티모어의 밤보다 더 명백한 사건은 없었다.

프레슬리는 다시 한 번 진저와의 관계를 이용해서 약에 대한 욕구를 채우려고 했다. 이번에는 약물 문제가 그들 사이에 처음으로 불화를 이끌어냈다.

다시 프레슬리와 합류한 진저는 그가 약을 두 배로 투약하는 것을 보고는 약 때문에 큰일날 거라고 다그쳤다.

"넌 나한테 필요한 게 뭔지 몰라!"

프레슬리가 쏘아붙였다.

"그러니까 그 문제는 두 번 다시 말하려 들지 마."

그러나 진저가 지적한 대로 그가 약을 먹고 하루 종일 자는 동안 그녀는 하루를 혼자 보냈다.

"난 이 모든 일에 지쳤어요."

프레슬리는 한때 '영혼의 동반자' 라고 부르던 미인을 화난 얼굴로 쳐다보다가 시트를 젖히고 일어났다.

"좋아, 원한다면 집에 돌아가. 짐을 싸서 떠나."

엘비스는 콘서트 시간이 되자 몸이 너무나 떨려서 마이크를 잡을 수조차 없었다. 결국 넘어지면서 마이크를 떨어뜨리자 조수가 그 대신 잡아줘야 했다. 더 안 좋았던 것은 프레슬리의 유명한 목소리에 너무나 생기가 없어서 관중들이 노래를 거의 들을 수 없었다는 사실이다. 마침내 무대 뒤로 나가버리자 1만 3000명의 티켓 구매자들은 그가 과연 돌아올지 술렁거리기 시작했다. 그는 니코풀로스 박사의 치료를 받은 후 13분이 지나서야 돌아왔다.

나머지 쇼를 진행하는 동안 프레슬리는 트레이드마크인 허리 돌리기 없이 노래를 불렀다. 때때로 아파서 그러는 것처럼 몸을 살짝 돌리고 웅크리면서 숨을 쉬다 그가 중얼거리는 소리가 들렸다.

"너무 아파 죽겠어."

이 무렵 스태프들은 보스가 숨쉬기 어려워할 경우를 대비해 산소탱크를 가지고 다녔다. 더 이상 몸무게를 재지 않겠다고 거부한 프레슬리의 몸에 맞는 점프수트는 딱 두 벌뿐이었다.

생각할 수 없는 일이지만 이 와중에 대령은 CBS와 텔레비전 특집을 위해 1977년 6월의 네브라스카 오마하와 사우스다코타 래피드 시티에서 열린 두 번의 콘서트 촬영계약을 맺었다. 몸매가 망가진 프레슬리는 말 그대로 노래 사이에 숨을 헐떡거렸다. 프레슬리의 일부 측근은 마침내 그 동영상을 보고 몸을 떨었다.

"난 절망에 빠졌죠."

린다 톰슨이 말했다.

"그가 그 정도로 악화되었다는 걸 믿을 수 없었어요."

제리 실링도 거든다.

같은 달 프레슬리가 멤피스의 진저에게 돌아갔을 때는 이미 심하게 부어 있었고 녹초가 되어버린 투어에서 128회나 투약한 터라 쇠약해질 대로 쇠약해진 상태였다. 그는 진저에게 그해 남은 시간을 함께하고 싶다고 중얼거렸다. 하지만 그의 결제계좌 잔고가 110만 달러뿐이었다. 집과 투어에 드는 비용이 월 50만 달러라는 점을 감안하면 얼마 안 되는 돈이었다.

더 이상 견딜 수 없는 부담이었다. 당시 아무도 몰랐지만 엘비스 프레슬리는 이미 마지막 공연을 마친 후였다.

다음 투어가 다가왔지만 진저는 떠날 마음이 없었다. 그녀와 프레슬리는 줄다리기를 시작했다.

"넌 가야 돼."

"먼저 가요. 따라갈게요."

"하지만 넌 내 영감의 원천이야."

"생리 때는 안 돼요."

그녀는 화가 나서 대답했다.

마침내 로즈메리가 개입했고, 진저는 짐을 싸는 데 동의했다. 로즈메리도 함께 가기로 했다.

비행기는 8월 16일 저녁, 두 달 만에 엘비스의 공연이 열리는 메인 주 포틀랜드를 향해 떠날 예정이었다. 출발 일주일 전 엘비스는 거의 굶다시피 다이어트를 했다(과거에는 투어를 위해 몸무게를 줄이려고 운동을 했었다).

"그는 주로 인공 감미료로 만든 젤로를 먹었죠."

니코풀로스 박사가 회상했다. 그는 5일이 지나도 몸무게가 줄지 않자 완전히 굶는 것을 시도했다.

그는 그레이스랜드 요리사들의 걱정에도 불구하고 속임수를 쓰려 하지 않았다.

"날 위해서라도 뭘 먹지 않을래요?"

메리 젠킨스가 8월 16일 아침에 물었다. 그는 지쳐서 고개를 저으며 설명했다.

"그냥 먹고 싶지 않아요."

그는 나중에 폴린 니콜슨이 오자 전화를 걸어 아이스크림과 쿠키를 요청했다.

"보통 때만큼 많지 않게요."

이상하게도 식욕이 줄어들면서 말년에는 문 앞에 나가서 팬들과 얘기하는 것도 게을리 했다.

8월 16일 새벽 5시, 엘비스는 집 뒤의 라켓볼 코트로 나갔다. 진저가 함께 있었다. 빌리 스미스와 아내 조도 있었다. 그들은 두 시간 정도 경기를 했다. 아니, 사실은 경기라기보다는 엘비스가 자기 쪽으로 도는 공을 쳐내는 것뿐이었다.

엘비스와 진저는 침실로 향했다. 그러나 평소와 마찬가지로 잠이 안 오자 니코풀로스가 처방한 약패킷에 의존하여 잠을 청하기 시작했다. 어제 저녁 치과의사가 추가로 코데인 캡슐 50알을 처방해줬다는 말은 아무에게도 하지 않았다. 욕실에 주사와 모르핀 알약을 몰래 숨겨둔 것도 얘기하지 않았다.

첫번째와 두번째 패킷으로도 오전 8시까지 곯아떨어지지 않자 낮과 밤이 뒤바뀐 그의 세상을 위해 세번째 패킷을 썼다. 그래도 9시까지 잠을 안 들자 몸을 굴려 진저에게 키스한 다음 욕실로 갔다. 늘 변비로 고생한 그는 뭔가를 읽으며 오랜 시간 뒷일을 보았다.

진저는 잠들면서 그가 부스럭거리는 소리를 들었고 그의 그림자를 문틈으로 보았다.

"아, 하느님, 다음날 포틀랜드에서 엘비스 프레슬리 쇼가 있을 예정이었는데."

진저 앨든은 새틴시트 위로 손을 뻗어 연인의 팔을 찾았다. 하지만 그가 누웠던 자리가 싸늘했다.

"엘비스?"

그녀는 부드럽게 불렀다.

"자기, 일어났어?"

아무런 대답이 없었다.

그녀는 엘비스의 스위트형 욕실에서 빛줄기가 새어나오는 것을 보았다. 그가 만성적인 불면증 때문에 서재로 갔다는 의미였다. 그녀는 그가 튜린의 수의에 관한 새 책 『예수의 얼굴에 대한 과학적 탐구(The Scientific Search for the Face of Jesus)』에 몰두해 있다고 믿고 퀼트가운을 몸에 두른 다음 어머니한테 꼭 해야 했던 모닝콜을 하려고 전화기에 손을 뻗었다.

"안녕, 엄마."

조 앨든은 화가 났다.

"진저, 어디니? 너 엘비스의 투어 때문에 집에서 짐을 싸야 하잖아. 지금 2시 15분인 거 아니?"

"아직 그레이스랜드예요, 엄마. 엘비스가 보통 때보다 훨씬 더 우울해하면서 제가 같이 있기를 원했어요."

"엘비스는 어디 있니?"

그가 욕실에서 책을 읽는다고 대답하자 조가 말했다.

"글쎄, 가서 투어준비를 해야 한다고 말하라니까. 그의 친구더러 좀 데려다달라고 하고."

진저는 사무실, 서재, 특대형 욕실 등이 있는 엘비스의 성역에 들어가 그의 이름을 다시 불렀다. 욕실문을 열어제칠 만큼 대담하지 못했으므로 기어올라가서 열린 틈 사이로 보았다.

그녀는 놀라 손으로 입을 막고 문에 몸을 기댔다.

김 서린 거울에 비친 엘비스를 보았던 것이다. 그는 엉덩이는 허공을 향하고 양발을 벌린 채 바닥에 엎어져 있었다. 그녀는 얼굴도 보았다. 퉁퉁 부은 뺨 한쪽이 주홍색 카펫의 부드러운 조직에 눌려 있었다. 푸른 줄기가 온 얼굴과 손에 퍼진 상태였고, 손은 카펫을 쥔 채 굳어져 있었다.

진저는 문을 열어제치고 그 끔찍한 장면과 마주했다. 엘비스는 변기에 앉아 있다가 무릎을 꿇고 얼굴부터 떨어진 것이었다. 그 자세로 뻣뻣하게 굳어 있었다. 파란색 실크 파자마의 엉덩이 부분이 발을 감고 있었다.

그녀는 숨을 가다듬으며 생각했다. '아, 하느님 맙소사, 그가 죽었어.' 격렬하게 몸을 떨며 무릎을 꿇고 그에게 다가갔다. 그의 머리를 그녀 쪽으로 돌리려고 했는데 목이 굳은 듯 얼굴만 몇 센티 비틀어 옆 모습만을 볼 수 있었다. 그런데 다행히도 그가 아직 숨을 내쉬고 있는 것이었다.

"그래서 전 생각했죠. '그가 살아 있어! 하느님, 감사합니다. 그가 살아 있어요!'"

사실 그 숨은 몸에서 공기가 빠져나오는 것이었다.

그녀는 그의 얼굴을 가볍게 찰싹 때렸다. 응답이 없었다. 더 세게 해봤다. 그러다 바닥에 주저앉아 엘비스의 스위트룸과 저택을 연결하는 인터컴을 쥐었다.

아래층 부엌에서 낸시 루크스가 대답했다.

"누가 근무하고 있죠?"

진저가 물었다.

"앨이 바로 여기 제 옆에 있어요."

루크스는 수화기를 그레이스랜드의 보디가드인 앨 스트라다에게 건네주었다.

"빨리 올라와요, 앨. 엘비스가 기절했는데 정말 아파 보여요."

스트라다가 그레이스랜드의 뒤쪽 계단으로 뛰어올라가고 록스타의 로드 매니저 조 에스포지토와 수행원 찰리 하지가 재빨리 쫓아왔다.

그들은 진저 앨든이 벽에 기댄 채 꼼짝 않고 미끄러져 주저앉아 있는 것을 발견했다.

"온갖 끔찍한 일이 제 머릿속을 빠르게 지나갔죠."

그녀가 설명했다.

"처음에는 그가 머리를 부딪힌 줄 알았어요. 그 다음엔 최악의 일을 상상했지만 이내 머릿속에서 털어내려 애썼죠. 그래도 전 움직일 수 없었어요."

스트라다는 무릎을 꿇고 주저앉아서 엘비스의 팔을 쥐고 깨우려고 했다. 팔은 얼음처럼 차가웠다.

"조! 모두 보스를 깨울 수 있도록 도와줘!"

앨의 목소리에 낮게 드리운 두려운 분위기 때문에 에스포지토는 놀라서 무릎을 꿇고 보스의 몸을 굴려서 바로 뉘었다. 엘비스는 다시 숨을 내쉬었다. 프레슬리가 아직 살아 있다고 믿고 싶었지만 에스포지토는 엘비스의 뻣뻣하고 얼음처럼 차가운 팔이 느껴지자마자 진실을 알았다. 죽음으로 인한 근육경직이 명백했던 것이다. 그러나 당시 에스포지토는 강하게 부정하는 상태였다. 그는 회고록에서 "정말 지푸라기라도 잡고 싶은 심정"이라고 말했다. 그 희망은 엘비스가 다시 숨을 내쉬자 더 강해졌다.

"모두 비켜!"

조는 엘비스의 가슴에 발을 벌리고 앉으며 마치 힘만으로도 가수의 의식을 되찾을 수 있는 것처럼 심폐소생술을 시작했다.

늙고 병약해진 버넌 프레슬리가 조카 팻시 프레슬리의 팔을 잡고 와서 아들을 보고는 울기 시작했다. 방이 혼돈에 빠지자 팻시는 큰 소리로 기도 했다. 버넌도 같이했다. 찰리 하지는 흐느꼈고 앨 스트라다는 전화로 달려가 응급실을 호출한 다음 조지 니코풀로스 박사에게 다이얼을 돌렸다.

스트라다는 시계를 보았다. 오후 2시 33분이었다.

다음 15분간은 영원과도 같았다.

"하느님, 목숨이 붙어있더라도 곧 죽을 것 같아요."

팻시 프레슬리가 속삭이자 버넌은 고통으로 충격을 받아 혼란에 빠진 채 몸을 떨었다.

"앰뷸런스는 어딨어?"

그가 무력하게 소리질렀다.

"빌어먹을 닉 박사는 또 어딨어? 게이트에 전화해봐!"

마침내 멤피스 소방서의 제6편대 앰뷸런스가 그레이스랜드 입구의 코너를 돌아 달려와 현관 코너에 충돌했다. 운전사 율리시즈 존스는 경비실에 잠시 멈춰서서 무슨 일이냐고 외쳤다.

경비는 무심했다.

"제 생각엔 과다 복용 같은데요. 그냥 정문으로 들어가서 큰 계단으로 올라가요."

위층에서 엘비스의 아홉 살짜리 딸 리사 마리가 욕실 앞에 나타나 불쌍하게도 진저의 새틴가운을 쥐었다.

"아빠가 어떻게 된 거야?"

진저는 아이의 손을 잡고 속삭였다.

"별일 아냐, 애야. 다 괜찮을 거야."

스트라다는 바쁘고 정신이 없는 와중에도 신경 써서 소리쳤다.

"진저, 그 아이를 여기서 데리고 나가요. 당장."

"하지만 아빠한테 무슨 일이 있는 건지 알고 싶어."

"아무 일도 아냐, 귀염둥이야."

진저가 아이를 달랬다.

그러나 리사 마리는 이미 너무 많은 것을 보아온 터였다.

"아냐, 아빠한테 안 좋은 일이 있어. 내가 알아낼 거야."

아이는 맨발로 봉제인형을 꽉 쥔 채 진저에게서 도망쳐 분장실의 뒤쪽 입구를 향했다. 진저가 뒤쫓았다. 스트라다는 튀어올라 문을 잠갔고 리사 마리는 진저 앨든의 품안에서 흐느꼈다.

율리시즈 존스와 동료 찰스 크로스비는 리사 마리와 진저를 지나 침실을 향해 돌진했다. 방에 불쑥 들어선 크로스비는 12명쯤 되는 사람들을 보고 놀랐다. 그들 중 대부분은 흐느끼고 있었다. 무슨 일인지 묻기도 전에 한 젊은이가 나섰다.

"과다 복용이에요."

존스가 서둘러 의료보고서에 아마추어적인 진단을 끼적거리자 엘비스의 보디가드 중 더 나이 든 사람이 중얼거렸다.

"아니에요. 그런 게 아니라고요. 뭔가 삼켰다고요. 숨을 못 쉬어요."

율리시즈는 애도하던 사람들에게 옆으로 비키라는 몸짓을 하고 엘비스에게 응급처치를 하기 시작했다.

"전 그의 사이즈에 놀랐어요."

존스가 회상했다.

"몸무게가 110킬로도 넘게 나가는 게 분명해서 엘비스 프레슬리인 줄 전혀 알아볼 수 없었죠."

사실 프레슬리의 가족과 가까운 수행원들은 그가 죽었을 당시 그 정도였다는 사실을 인정했다. 그러나 그들은 관대한 편이었다. 개인적인 부검결과에 추가된 내용에 따르면 그보다 더 무거웠다는 사실이 입증되었다. 이상하게도 검시관의 사망증명서에는 몸무게를 적어야 하는 곳에 엘비스의 몸무게가 기재되어 있지 않다. 프레슬리의 몸무게는 플로리다 데이드 카운티의 의학 수사관 출신인 조셉 데이비스 박사가 확인한 프레슬리 부검결과의 비밀문서에서 드러났다. 그는 엘비스의 두번째 부검을 했다.

"엘비스는 끔찍할 정도로 과체중이었어요."

데이비스는 병리학자들이 첫번째 부검에서 "113킬로그램이라고 적을 것을 68킬로그램이라고 줄여서 적었다."고 말했다.

의료진은 초점을 잃은 눈에 펜라이트를 비췄다. 눈꺼풀이 깜빡거리지 않았다. 수축작용이 없다는 것은 목숨이 끊긴 신호였다. 얼굴은 푸른빛이 도는 보라색의 데드 마스크였다.

사람들이 초조해하며 희망의 징표를 찾는 동안 존스는 권위 있게 올려다보며 말했다.

"이 사람을 돌볼 수 있는 병원으로 옮깁시다."

엘비스를 들것에 싣는 것은 그 방에서 가장 힘센 장정 다섯 명이 필요한 엄청난 일이었다. 그 와중에 나머지 수행원들은 욕실을 무작정 뒤져서 사용한 주사기와 흩어진 약을 주워모았다.

의료진들은 3분 이내에 겁에 질린 수행원과 바지와 심플한 블라우스로 갈아입은 진저 앨든을 따라 서둘러 내려왔다.

"제가 함께 가야 돼요."

그녀가 나섰다.

"그렇게 해주셔야 해요. 그는 절 원해요."

"막 그를 앰뷸런스에 태울 때 내가 도착했죠."

니코풀로스 박사는 가장 먼저 앰뷸런스에 뛰어올라 소생장비 근처에 자리를 잡았다. 수행원들은 들것을 그의 뒤쪽에 밀어넣고, 앰뷸런스에 올라탈 공간을 마련하느라 서로 밀치며 들어왔다. 에스포지토가 뛰어올랐고 찰리 하지가 뒤를 이었다. 눈물범벅이 된 진저가 그 작은 알루미늄 계단을 오르려고 하자 수행원 중 한 명이 무례하게 밀치며 차갑게 말했다.

"당신은 그냥 여기 있어. 방해하지 말고."

버넌이 존스에게 다가왔다.

"죽었죠, 아닌가요?"

의료진은 엘비스 아버지의 눈을 보았다.

"최선을 다하겠습니다, 선생님!"

존스의 표정에 용기를 잃은 버넌은 팻시 프레슬리의 팔을 잡고 진저를 불렀다.

"집으로 들어가자, 얘야. 우리가 할 수 있는 일은 기도뿐이야."

6편대는 55번 고속도로와 침례교 병원을 향해 속도를 내며 시속 129킬로미터로 오후의 차량들을 뚫고 돌진했다.

안에서 니코풀로스와 크로스비는 엘비스의 폐에 산소를 집어넣으려 했지만 목이 굳은 상태였다. 죽음을 알리는 근육경직이었다.

"그의 목에 튜브를 삽입할 수 없었어요."

니코풀로스가 설명했다.

"그래서 크로스비가 정맥주사를 놓는 동안 산소마스크를 쥐고 그의 얼굴에 억지로 들이댔죠."

엘비스가 죽어서 돌처럼 식었기 때문에 침례교 병원의 명의들도 그를 위해 할 수 있는 일이 없었다. 의료진이 공식문서에 프레슬리를 '사망 후 발견'이라고 등재했기 때문에 앰뷸런스의 목적지는 공식적인 검시를 위한 셸비 카운티 납골당이어야 했다.

"하지만 저흰 공식적인 판단을 내릴 힘이 없었어요."

현재 테네시 주 의원인 율리시즈 존스가 말했다.

"의사의 명령을 따를 수밖에 없었죠."

니코풀로스는 엘비스를 병원으로 데려가려고 했다. 엘비스의 친구이자 가족과 마찬가지인 이 의사는 정신이 멍해져서 그의 환자가 죽었다는 사실을 거부했다.

그는 그레이스랜드에서 사망장소인 엘비스의 방을 청소하고 있다는 사실도 알지 못했다.

그리고 엘비스 프레슬리의 사망에 대한 은폐가 시작되었다. 사실 프레슬리를 침례교 병원에 옮기기로 한 결정 때문에 은폐가 가능했다.

"엘비스 프레슬리는 그 장소에서 이미 죽은 후였어요."

사망 관련 주변환경을 3년 동안 조사한 예비 검찰총장 데이브 맥그리프가 말했다. 사실 맥그리프가 지적한 대로였다.

"응급처치를 위해 그를 침례교 병원으로 데리고 간 것은 사체에 어떤 일이 일어날지, 그리고 언론에 어떤 정보를 발표할지에 대해 가족에게 완전한 통제권을 주는 것이었죠. 사적인 부검도 허용되었죠."

물론 그 결과는 가족에게만 발표되었다.

멤피스의 가장 유명한 시민이 도착하기를 기다리는 의료팀은 프레슬리의 상태를 알지 못했다. 2시 48분 앰뷸런스가 침례교 병원의 응급실 이중문에 도착했다. 수행원들과 의료진들은 그 유명한 환자를 수술실로 옮기는 동안 아무도 못 보게 들것 주위로 인의 장막을 이뤘다.

수속창구의 등재담당 직원은 서둘러 엘비스에 대해 기록을 남겼다. "무명. 직업: 가수." 더 아랫줄에 "약 40세의 백인 남성. 30분 이상 격렬한 심폐소생술 중. 반응 없음"이라고 기록했다.

침례교 병원 전역에 5분 전 '코드 블루' 신호음이 났다. 외과의, 호흡계 치료사, 마취의, 수술실 간호사가 하던 일을 중단하고 응급실로 달려가서, 강철 수술대 주위에 원을 그리고 엘비스를 죽음에서 일으킬 준비를 갖췄다.

간호사는 환자를 수술대에 뉘자마자 파자마와 두 개의 금사슬을 벗겨서 공용 비닐봉투에 담았다.

엘비스는 너무나 뻣뻣하고 뒤틀려서 주의 깊게 살펴보기 위해 몸을 똑바로 하는 데 세 명의 의사가 필요했다. 푸르스름한 죽음의 기운이 팔과 다리까지 뻗어 있었다. 뺨은 변색되어 핏멍울로 부풀어 있었다.

최고 책임 의사가 부신호르몬과 강력한 근육자극제인 이슈프렐을 엘비스의 심장에 직접 주입하면서 카디오모니터를 쳐다보고는 다시 살아났음을 알리는 작은 전기 신호음이 나는 데 희망을 걸고 있었다. 그러나 모니터는 계속 침묵을 지켰다.

"안 좋아. 강력한 것도 소용이 없군."

담당 간호사 캐럴 빙엄이 동료에게 속삭였다.

"전기충격을 해야겠는데."

의사가 우울하게 발표하자 응급실 간호사가 이상하게 생긴 패들을 꺼냈다. 엘비스의 가슴에 격렬한 충격을 준 다음 몇 분 기다린 후 다시 충격을 주었다. 네 번의 약한 신호음이 모니터에 기록되자 의료팀은 흥분으로 동요했다. 니코풀로스 박사의 눈에 눈물이 가득 찼다.

"근육경직이 너무 진행된 것 등 의학적으로는 엘비스가 죽었다는 확신이 들었지만, 그 네 번의 작은 신호음 때문에 그를 되살릴 수 있다는 희망 아닌 희망을 건 거였죠."

하지만 심장 모니터는 다시 수평선을 그렸다. 가장 높은 의사는 필사적으로 강력한 부신호르몬을 엘비스의 심장에 또다시 투약한 다음 세번째 약인 중탄산나트륨을 주사했다. 또다시 네 번의 약한 신호음이 있었다. 전기충격 패들을 계속해서 사용했다.

의료팀은 엘비스 프레슬리의 사체를 놓고 다시 30분 이상 시술했지만, 근육경직이 급속도로 사체를 수축시켜 뻣뻣하게 만들었기 때문에 결국은 부질없는 일이었다.

마침내 응급간호사 킴 데이비스가 손을 들었다.

"우리가 왜 이 시체에 시술을 하는 거죠?"

한 의사가 대답했다.

"엘비스 프레슬리잖아요."

그들은 세상에서 가장 유명한 사람의 곁을 떠나지 않으려고 했지만 환자의 좋은 친구를 자처했던 침례교 병원의 담당 간호사인 머라이언 코크는 데이비스의 논리적인 판단이 옳다고 보았다.

"제가 들어갔을 때 존 쿼터머스 박사와 함께 닉 박사가 저를 쳐다보았죠. 엘비스를 제대로 볼 수 없었지만 그들의 표정에서 무슨 일이 있는지 이해할 수 있었죠. 그래서 제가 끼어들었어요."

그녀는 상냥하게 두 젊은 인턴을 옆으로 비켜서게 하고 엘비스의 손을 잡았다.

"제발 그만해요. 그를 그냥 보내줘요. 이 놀라운 사람의 영혼은 이미 육신을 떠났어요. 그만들 둬요. 전 참을 수가 없어요."

의료팀은 천천히 뒤로 물러섰다.

조지 니코풀로스 박사는 그의 오랜 환자이자 소중한 친구를 잠시 쳐다본 다음 발을 질질 끌며 대기실로 나갔다.

아직 희망이 살아 있는 그레이스랜드에 소식을 전할 시간이었다.

34 우울한 도시
-Blue City

보디가드 샘 톰슨이 8월 16일 오후 4시경 그레이스랜드에 나타났다. 문으로 들어가 차를 세우는데 엘비스의 의붓동생인 데이비드 스탠리가 스포츠카를 타고 들어와 곁에 차를 댄 다음 그를 불렀다.

"이봐요, 들었어요? 엘비스 형이 죽었어요."

톰슨은 처음에 스탠리가 소문대로 마리화나를 피워서 뭔가 착각을 하고

1956년, 고향 투펠로 공연에서 열렬한 환영을 받는 엘비스. 그러나 다른 지역에서는 불화가 심한 시절이었다.

있는 줄 알았다.

"처음 든 생각은 불쌍한 버넌이 죽었구나 하는 거였어요."

그러나 그레이스랜드에 들어가서 봤더니 버넌은 식탁에 앉아 있었다.

"그리고 사람들이 우왕좌왕하고 있는 게 보였어요."

니코풀로스 박사는 침례교 병원에서 막 도착한 참이었다. 그는 몸을 숙이고 버넌에게 뭔가 속삭였다. 톰슨이 회상했다.

"그가 무슨 말을 했는지 듣지 못했지만 버넌은 낮은 소리로 신음하면서 울부짖었죠."

몇 분 지나 버넌이 톰슨의 손을 잡고 말했다.

"내 아이가 죽었네."

버넌이 슬퍼하는 동안 톰슨은 엘비스의 침실로 가서 전화를 걸기 시작하는 니코풀로스에게 물었다.

"닉, 무슨 일이에요?"

니코풀로스는 올려다보며 심호흡을 한 다음 대답했다.

"유감이네."

아홉 살짜리 리사 마리가 톰슨에게 달려왔을 때 그 시나리오는 초현실적인 것이 되었다.

"있잖아요, 아빠가 죽었어요. 아빠가 죽었대요."

톰슨은 우는 아이를 감싸안았다.

"있잖아요, 제가 린다한테 전화했어요. 할머니 방에서 린다한테 전화했어요."

톰슨은 미니 매이의 침실에 들어가서 당시 로스앤젤레스에 살던 누이가 아직 전화를 끊지 않은 것을 발견했다.

"샘, 거기 무슨 일이야? 리사 마리가 방금 전화했어. 엘비스가 죽었다고 그러던데."

그는 린다에게 사실이라고 말하며 덧붙였다.

"아무래도 여기에 와야 하지 않을까 싶은데."

프레슬리의 측근들은 저마다 차이가 있었지만 엘비스에 대한 애정이라는 공통된 이유로 다시 뭉쳤다.

"우린 모두 일종의 의무 같은 것이 있었던 거죠."

찰리 하지가 회상했다.

"뭘 정해놓은 것도 아니었어요. 그냥 모든 일이 부드럽게 돌아가길 원했던 거예요."

샘 톰슨은 즉시 집에 경비를 세우기 시작했다. 딕 그롭은 집안의 장례식에서 시신을 돌보겠다고 전화를 걸어왔다. 조지 클라인은 급히 달려와 전화를 받아주고 문전에서 문의하는 사람들을 상대했다.

침례교 병원은 프레슬리 가족의 의견을 존중하여 전화를 걸어온 사람들에게 엘비스 프레슬리의 죽음을 확인해주지 않았다.

"기자들에게 계속 그가 호흡곤란이며 치료 중이라고 말했죠."

그 악몽 같은 일을 관장했던 관리자 보조 모리스 엘리엇의 증언이다.

"하지만 엘비스가 소방서 앰뷸런스를 타고 병원에 온 것을 안 기자들이 몰려들었어요."

마침내 니코풀로스는 조 에스포지토에게 말했다.

"가서 언론에 얘기해."

에스포지토가 그레이스랜드에 모인 기자들에게 말하기로 결정했다. 엘리엇과 에스포지토가 임시 프레스룸인 병원 관리사무실 서재로 들어갔다. 그러나 에스포지토는 눈물로 숨이 막혔다. 그는 두 눈 가득 눈물을 머금은 채 엘리엇을 보고 말을 더듬었다.

"난 못하겠어."

그래서 모리스 엘리엇이 미처 준비도 안 한 채 엘비스 아론 프레슬리가

42세를 일기로 사망했다고 발표했다.

그 다음에 이어진 일은 엘리엇에 따르면 '미친 듯이 전화로 달려가는 등의 한바탕 소동' 이었다.

멤피스 퓨너럴 홈의 장례 책임자인 밥 켄들은 병원 사무원의 전화를 받았다.

"곧 프레슬리 씨의 측근이 전화할 겁니다. 미리 준비하라고 알려드리는 겁니다."

그 후 몇 시간이 지나 켄들은 19년 전 글래디스 프레슬리를 묻었을 때 사용했던 것과 유사한 구리관을 찾아달라는 부탁을 받았다.

"멤피스에는 그런 것이 없었죠."

켄들은 전국의 관 제작사에 연락한 끝에 오클라호마 시티에서 요청받은 모델을 찾아냈다. 그는 흰색 캐딜락 리무진 17대도 모아야 했다. 멤피스에는 겨우 세 대뿐이었다.

일부에서는 엘비스가 보석 박힌 라스베이거스의 점프수트를 입고 묻히는 것을 더 좋아했을 거라고 말했다. 하지만 그는 아버지가 입던 크림색 정장에 파란 셔츠를 입고 스트라이프 넥타이를 맸다. 또 프레슬리 가족임을 증명하는 TCB 펜던트도 착용했다. 엘비스가 가족들에게 직접 나눠준 것이었다.

사망 당시 엘비스의 관자놀이에 한 치 정도 은빛 도는 회색이 보였다. 찰리 하지가 장의사로 가서 마스카라 브러시를 이용해 세심하게 칠흑 같은 색으로 칠해주었다. 하지는 나중에 문상객들을 맞이하기 위해 엘비스의 시신을 그레이스랜드에 뒀을 때 그의 옛친구가 좋아하던 스타일로 머리카락을 부풀리기 위해 슬슬 다가갔다.

"엘비스는 제가 머리 스타일을 그렇게 안 했으면 엉덩이를 걷어찼을 거예요."

엘비스의 사촌 도나 프레슬리는 삼촌 버넌이 관에 든 엘비스를 보고 기절하지 않을까 걱정했다. 버넌은 관에 기대고 서서 흐느끼며 계속 같은 말만 되풀이했다.

"아들아, 아빠가 곧 따라가마. 아빠가 곧 따라갈게."

그는 1년 10개월 뒤인 1979년 6월 26일 예순여섯 살의 나이로 아들을 따라갔다.

한편 전국의 언론이 멤피스로 내려오기 시작했다.

"누구나 궁금해 하는 바로 그 특종이었죠."

멤피스의 『커머셜 어필』을 위해 엘비스의 죽음을 취재한 윌리엄 토머스의 회상이다. 그동안 토머스가 작성한 엘비스 관련 기사는 스스로 박스 안에 들어가 그레이스랜드로 배달되려고 했던 결의에 찬 팬에 관한 기사뿐이었다. 이번에는 주제가 훨씬 더 어두웠다.

그는 일단 엘비스 프레슬리 불르바드를 따라 그레이스랜드로 갔다.

"전 절대 잊지 못할 거예요. 디트로이트에서 온 상점 점원을 만났어요. 하루 정도 수염을 안 깎은 듯한 모습으로 문밖에 마냥 앉아 있었죠. 상사한테 며칠 뒤에나 올 거라고 말했다더군요. 그러고는 차를 집어타고 멤피스로 달려온 거예요. 그에게 물었죠. '무엇 때문이죠?' 그러자 그가 나를 쳐다보고 말했어요. '글쎄요, 그는 킹이잖아요.' 나도 똑같은 심정이었죠."

갑자기 프레슬리를 알던 사람은 누구나 소스가 되겠다고 나섰다.

"아, 젠장, 온통 난장판이었죠."

선 레코드의 샘 필립스는 영국, 호주, 일본, 그보다 더 떨어진 곳에서 계속 전화가 왔다고 회상했다. 다행히 엘비스를 칭송하려는 기자들 전화라서 기분이 흡족했다고 덧붙였다.

"영웅에 대해 어떤 느낌이 드는지 아시죠? 전지전능한 하느님? 엘비스 프레슬리라면……. 전화를 받으면서 속으로 생각했죠. '도대체 엘비스는 저 세상에서 뭐라고 말하고 싶었을까?'"

놀랄 일도 아니지만 지역신문들이 가장 큰 특종을 얻었다. 『멤피스 프레스 시미타』는 진저 앨든과 인터뷰했다. 칼럼니스트 빌 E. 버크는 린다 톰슨과 얘기했는데, 사실은 그녀가 먼저 전화를 걸었다. 버크는 아이들을 치과에 데리고 갔다가 톰슨이 그와 접촉하려고 한다는 전화를 받았다. 그는 당장 그녀에게 전화를 걸었고, 어느새 치과에서 1시간 45분 동안 통화하는 자신을 발견했다.

"내가 그녀에게 흐느낄 어깨를 빌려준 셈이었죠."

『커머셜 어필』의 발 빠른 기자 베스 J. 탬크는 최근 몇 년 동안 프레슬리가 여러 번 입원한 사실을 폭로하는 기사를 쓰기 시작했다. 소란스러웠던 조사과정을 예고하는 신호였다. 결국 《엘비스: 왓 해픈드?》가 나오자마자 그 죽음에 대한 조사가 시작되었던 것이다.

그래도 즉각적인 반응은 전국에 걸쳐 메아리친 상실감이었다.

『멤피스 프레스 시미타』는 엘비스의 마흔두 해를 이제는 유명해진 헤드라인으로 솜씨 좋게 요약했다. '한 외로운 인생이 엘비스 프레슬리 불르바드 위에서 끝나다.'

텍사스의 『샌 앤토니오 라이트(San Antonio Light)』는 간결했다. '왕이 죽다!' 라는 구절이 1면 헤드라인 위에 붉은 글씨로 실렸다.

『콜로라도 덴버 포스트(Denver Post)』의 사설 헤드라인은 관조적이었다. '갑자기 우리가 늙었다고 느껴진다.'

뉴욕의 개성 있는 『빌리지 보이스』는 '세계에서 가장 사랑받은 유아론자가 죽다' 라는 헤드라인으로 독자들이 사전을 뒤지게 만들었다.

『워싱턴포스트』의 스타일 섹션 기사 헤드라인은 '50년대가 죽은 날의 올 슈크 업' 이었다.

텔레비전 방송국들도 보관소를 뒤져 뉴스릴 동영상, 영화 등을 꺼냈다. 그가 죽은 날 밤 NBC와 ABC가 먼저 엘비스 프레슬리의 죽음을 뉴스로 전했다. CBS는 7분 30초가 지나서야 뉴스로 다뤘다. NBC와 ABC는 CBS를 시청률에서 눌렀다.

타블로이드들도 활발하게 움직였다. 숨겨진 비화를 입수하는 것으로 유명한 『인콰이어러』는 다른 출판물이 얻지 못할 뭔가를 얻으려고 했다.

"그래서 우린 즉시 관을 찍기로 했죠."

그의 죽음을 취재한 팀의 한 기자가 말했다. 그 기사와 함께 관에 누운 엘비스 흑백사진이 실리자 650만 부 이상이 팔려나가 전국의 주요 타블로이드 중에서 최다 판매를 기록했다. 그의 말대로 관에 누운 엘비스는 아주 멋졌다. 부검을 위해 주요 장기와 체액을 적출했기 때문에 몸도 날씬하고 얼굴에 부기도 없었다. 그는 다시 한 번 최면을 거는 듯한 아주 잘생긴 우상이 되었다.

지금까지도 이 출판물에서는 프레슬리의 '죽은 사진' 을 가장 두드러진 업적으로 여긴다. 그러나 엘비스의 측근들 사이에서는 아직도 손가락질의 대상이다. 그 사진을 얻기 위해 『인콰이어러』는 수많은 프레슬리 내부자들에게 초소형 스파이 카메라를 무장시켜서 관을 지나다가 셔터를 누르게 했다. 누가 사진을 찍었을까? 일부 마피아가 진저 앨든을 용의자로 찍는 바람에 프레슬리의 시신을 발견한 이 젊은 여자는 오랫동안 좌절하고 상처를 받았다.

"절대 아니에요."

그 신문의 사망특집을 관장했던 편집자가 부인했다. 초소형 카메라를 사서 프레슬리 측근에 나눠준 그 여자의 말에 따르면 그 공은 먼 친척에게 돌아갔다고 한다.

기사와 사진을 얻기 위해 수단과 방법을 가리지 않은 것은 타블로이드 기자들뿐이 아니었다.

"케네디의 딸 캐롤라인 케네디가 맡은 일을 알고 있었다면 다르게 대했을 거예요."

찰리 하지가 인정했다.

"캐롤라인 케네디가 올라오고 싶어하는데요."

그레이스랜드의 정문에서 전화가 걸려왔을 때 조지 클라인은 집 안에 있었다.

"우린 모두 깊은 인상을 받았죠. 존 F. 케네디의 열렬한 지지자들이었거든요. 버넌이 특히 감동 받았죠."

그러나 케네디가 밝히지 않은 사실은 그녀가 『뉴욕 데일리 뉴스(New York Daily News)』의 일을 맡았다는 사실이었다. 그러나 데드라인을 놓치는 바람에 대신 기사를 『롤링스톤』에 팔았다. 케네디는 그 기사에서 엘비스의 부푼 얼굴과 관 주위의 단지에 담긴 플라스틱 야자수를 강조했다. 또 '벽에는 검은 벨벳 위에 지평선을 그린 그림'이 있었다고 지적했다.

엘비스를 아메리칸 드림의 상징으로 여기고 온 사람들에게는 그런 치사한 태도가 없었다. 남부 대부분의 지역에 조기가 걸렸다. 그의 고향 미시시피 주는 매장일인 8월 18일을 애도하는 뜻에서 공휴일로 선언했다. 대통령 지미 카터는 프레슬리를 미국의 '활기, 반항, 좋은 유머'의 상징이라고 찬사를 보내는 성명을 발표했다. 전국에 걸쳐 라디오 방송국은 헌사를 방송했다. 레코드 가게에서는 엘비스의 음반이 매진되었다. 공항에서는 팬들이 멤피스행 항공권을 사려고 줄을 이었다.

8월 17일 버넌 프레슬리는 팬들에게 조의를 표하도록 허락했다. 그렇게 많은 사람이 올 줄은 전혀 예상하지 못했다. 수만 명의 조문객이 후텁지근한 열기 속에 몇 시간 동안 그레이스랜드 밖에 서서 기다리며 가수의 시신을 향한 행렬을 이뤘다.

장례식날 그레이스랜드를 출발하여 어머니 곁에 안장될 포레스트 론 공동묘지에 이르는 4.8킬로미터 도로 양옆은 구경꾼들로 줄을 이뤘고, 그들 중 대부분은 리무진 행렬이 서서히 거리를 지날 때 고개를 숙여 기도했다.

"마치 멤피스 시 전체가 한데 모여 엘비스의 마지막 쇼를 위해 작업하는 것 같았어요."

밥 켄들의 회상이다.

일개 시민으로서는 전국에서 가장 큰 규모의 장례식이었다.

그레이스랜드 안에서 열린 개인적인 장례식에는 250명 이상의 친구와 가족들로 가득 찼다. 그들은 거실에 마련한 간이의자에 앉아 가족의 친구인 C. W. 브래들리 목사의 칭송을 들었다.

"우린 수백만 명의 사랑을 받은 사람을 기리기 위해 모였습니다."

목사는 계속해서 프레슬리의 인간적인 감성, 가난한 어린 시절에 대한 긍지, 가족에 대한 사랑에 대해서 얘기했다.

"하지만 엘비스는 연약한 인간이었습니다. 보통 사람은 결코 경험하지 못할 유혹에 빠졌습니다."

목사는 참석한 사람들에게 그의 좋은 품성을 기리는 데 더욱 협조해줄 것을 명심하라고 부탁했다.

캐시 웨스트모어랜드는 〈헤븐리 파더(Heavenly Father)〉를 명징한 소프라노로 부르며 그녀의 인생에서 가장 어려운 공연을 했다.

"전 내내 떨었고 당장 기절할 것 같은 기분이었어요."

장례식이 끝나고 리무진이 공동묘지로 떠날 준비가 끝나자 묘한 알력이 움텄다. 특히 엘비스의 여인들이 심한 자리싸움을 했다. 미용스파를 방문한 뒤로 갈색 눈동자에 다시 날씬해진 프리실라 프레슬리는 이미 리사 마리호에서 린다 톰슨의 자리를 빼버린 후였다. 린다는 일반 비행기를 타야 했다.

"사람들이 어떻게 보겠어?"

프리실라는 친구 조니 에스포지토에게 말했다.

프리실라는 집에서 언니 테리에게 검은 드레스를 빌린 진저를 불렀다. 그리곤 잠시 그 젊은 여자를 포옹한 다음 단호하게 말했다.

"당신이 그를 사랑했던 건 알아요. 그를 도와줬던 것도 알고요. 그 점에 대해선 감사해요."

그녀는 계속해서 '리무진 5호' 가 그녀와 그녀의 가족을 위해 예약되어 있다고 말했다.

엘비스가 분명히 좋아했을 거라고 확신한 라벤더 민소매 원피스를 입고 옆에 따로 서 있는 것은 린다였다. 마피아 멤버에게서 그녀가 두번째 리무진 대열 중에서 '리무진 16호' 를 탈 거라는 얘기를 들은 터였다.

앤 마그렛도 있었는데 말년의 래나 터너처럼 보였다. 남편 로저 스미스와 팔짱을 낀 채 에디스 헤드가 디자인한 고상한 정장에 스카프를 두르고 붉어진 눈을 가리기 위한 큰 선글라스를 쓰고 있었다.

"와줘서 정말 고마워요. 저한테는 아주 의미가 많아요. 그에게도 아주 많은 의미가 있을 테고요."

프리실라가 감사의 말을 전했다.

조 에스포지토는 그들이 집에서 행렬을 이루며 빠져나와 각자 리무진에 올라타기 시작하는 동안 차분한 분위기였다고 기억한다. 그런데 갑자기 큰 충돌음이 있었다. 거대한 나뭇가지가 부러지며 떨어져서 앨든 가가 탄 차를 거의 내려칠 뻔했던 것이다. 엘비스가 그들에게 할말이 있었던 것일까? 혹시 몰라서 에스포지토와 여자친구는 각자 조각을 떼어 주머니에 넣었다.

에스포지토는 장례식에 가는 길에 창 밖을 쳐다보다 너무나 많은 사람들이 거리에 나와 프레슬리에게 작별을 고하는 것을 보고 깜짝 놀랐다. 8만 명으로 추산되는 사람들이 차량행렬과 장례식을 구경한 것으로 밝혀졌다. 4500개 이상의 화환이 배달되었고, 그중 상당수는 기타 모양이었으며, 일부는 작은 테디 베어 장식이었다.

묘지에서 장례가 끝나자 가족들은 팬들에게 꽃을 나눠주기로 결정했다. 이어지는 혼란 속에서 어떤 사람들은 프레슬리가 묻힌 무덤 근처에서 잔디뭉치를 뽑았다. 가족과 친구들은 교대로 안쪽으로 들어갔다. 캐시 웨스트모어랜드는 히스테릭하게 흐느끼는 앤 마그렛과 마주쳤다.

헌사와 애도의 말이 끝나자 조지 니코풀로스 박사와 멤피스 마피아를 향해 험한 질문들이 쏟아졌다. 엘비스의 약물복용 가능성에 관한 것이었다. 당시 《엘비스: 왓 해픈드?》를 제외하면 아직 출판물에 표면적으로 나타나지 않은 내용이었다.

그때 이후로 계속 비밀이었던 문제에 관한 질문을 받고 그의 친구들은 항상 해왔던 대로 했다.

"우린 그를 보호했죠."

조 에스포지토가 말했다.

"항상 그를 보호해왔던 거 알아요? 우린 그의 사생활이 어떻건 간에 그걸 보호했어요. 전 그와 17년간을 함께했고, 저한테 그런 보호는 무조건적인 거였어요. 그런 식으로 이루어졌던 거죠."

에스포지토가 지적한 대로 그런 보호로 약물에 대해 말하지 않은 것이었다.

에스포지토와 니코풀로스, 린다 톰슨 등은 엘비스가 약물문제로 고통받았다는 사실을 인쇄물에서 맹렬히 부인했다. 그래도 니코풀로스는 엘비스가 때로는 약물문제를 겪기도 했다고 인정은 했다.

소니 웨스트와 데이브 헤블러는 출판물과 텔레비전에서 과도함, 우울증, 특히 약물에 관해 계속 얘기해온 터였다. 레드 웨스트는 생각이 달랐다. 그는 1987년의 인터뷰에서 말했다.

"책의 요점은 엘비스를 창피하게 만들고 그에게 정신을 차리게 해주려는 게 다였어요. 우리가 쓸 때는 그가 이 세상에서 자신을 변호할 수 있었어요. 그런데 갑자기 그가 이 세상에서 없어진 거죠."

1977년 10월 21일 멤피스의 의료 수사관 제리 프란시스코 박사는 엘비스 프레슬리가 '고혈압으로 인한 심장병'으로 죽었다고 발표했다. 약물 관련 사망 가능성에 대해 질문을 받은 프란시스코 박사는 약물이 몸에서 발견되었다고 인정하면서, 그 약물이 없었더라도 그는 사망했을 것이라고 했다.

당시 엘비스의 약물복용은 말년의 과도한 행동이 계속 폭로되면서 미디어의 토픽이 되었다. 그래서 처음부터 검시결과에 대해 회의적인 추측이 있었다.

은폐에 관한 소문 외에 버넌 프레슬리가 프레슬리의 부동산을 어떻게 처리할지 결정하는 일이 남아 있었고, 그의 요청대로 엘비스의 전처 프리실라가 검시결과를 비밀에 부쳤다. 아이러니하게도 그의 이미지에 대해 그들이 신경을 덜 썼더라도 프레슬리 자신은 면죄가 될 수 있었다. 검시내용은 약물복용에 대해 상세히 알려주는 동시에 프레슬리의 사인이 심장병이라는 것도 자세히 밝혀냈던 것이다.

그리고 오늘날까지 비밀스러운 추측은 계속되고 있다.

19년의 세월, 22명의 병리학자, 마약수사국의 조사, 중독 관련 기술의 극적인 진보, 여섯 권의 주요 출간서, 그리고 멤피스 마피아의 결정적인 고백으로 진정한 사인이 의심많은 대중에게 공개될 수 있었다.

그 사이 수많은 가설이 출현했다. 먼저 이 로큰롤 우상이 인기가 시들해지자 우울증 때문에 자살했다는 주장이 있었다. 가라테 한방으로 쓰러졌다는 주장도 있었다. 남몰래 암으로 죽어가고 있었기 때문에 치명적인 바르비투르산염을 삼켰다는 주장도 있었다. 심지어는 인기를 버리고 증인보호 프로그램을 통해 안전한 곳에 숨기 위해 죽은 척한 것이라는 주장까지 있었다.

그 모든 노력을 수포로 만든 것은 프레슬리 가족이 명한 '묵비조항'과, 엘비스의 이름을 영원히 더럽히지 않을 목적으로 프리실라와 멤피스 마피아가 써놓은 편지였다. 마피아의 일부는 보스에게 직접 주사를 놓은 적도 있었다.

수수께끼는 주의 깊은 검시 조사관 댄 월릭 박사의 노력으로 조금씩 해결되기 시작했다. 그는 사망장소에서 누구도 눈치채지 못했던 것을 보았던 것이다. 시체가 치워지고 나머지 사람들을 모아 취조한 후 율리시즈 존스 박사를 사체가 발견된 욕실로 데리고 갔다. 월릭은 방금 청소한 사실을 발견했던 것이다. 누군가 붙박이 설치물들을 닦았고 쓰레기통 세 개를 비웠으며 의심스럽게도 부식제 가루를 뿌려놓았다.

"모두 사라졌어요."

존스가 말했다.

"무슨 뜻이죠?"

월릭이 물었다.

"글쎄요, 이를테면 시체 옆에 큰 주사기 두 개가 놓여 있었어요. 그리고 그 가방, 그 봉투가 가득 차 있는 검은 가방이 저기 있었고, 뭔가를 담은 상자가 어수선하게 있었는데 누군가 치웠어요."

월릭은 몸을 굽혀 조금 낡은 검은 키트를 집었는데, 그것은 토머스 '플래시' 뉴먼 박사의 것과 거의 똑같은 키트였다. 그는 그것이 "사치스러운 남자용 보석 케이스를 본떠서 만든 것이지만 그 안의 작은 주머니는 커프링스나 반지를 넣기에는 너무 작은 반면 바르비투르산염, 알약, 코데인이 있는 약한 엠피린 패킷 등을 넣기에는 완벽했다."고 지적했다.

조사관은 의료진들을 통해 쓰러진 프레슬리를 살리러 달려오기 전에 엄청난 규모의 청소, 정돈, 재배치가 끝나 있었다는 사실도 알아냈다. 침실의 침대보를 바꿨고 카펫도 진공청소기로 청소했으며, 엘비스가 넘어질 때 턱이 부딪힌 부분도 소독제로 닦아낸 상태였다.

셸비 카운티 검시소로 돌아간 월릭은 밤새 남아서 프란시스코가 검시할 동안 바로 확인할 수 있도록 현장증거를 준비했다. 검시가 시작되자 모든 과학자들은 프레슬리가 거의 치명적인 과다 복용을 네 번이나 했다는 것을 알았고, 병원 16층에서 집중 해독치료를 한 사실도 알았다.

에릭 무이필드 박사와 8명의 병리학자 조수들은 엘비스의 심장이 과체중으로 인해 520그램이 넘도록 비대해졌고 색깔도 건강하지 못한 잿빛이었다는 사실을 발견했다(평균적인 심장의 무게는 대략 375그램이다).

프레슬리의 피에 얼음을 채워 캘리포니아 반누이스에 있는 생물학 연구소에 항공우편으로 보냈다. 이 가수의 체내 약물을 각각 측정하기 위해서였다. 침례교 팀은 결과를 보고 깜짝 놀랐다. 죽음의 순간에 프레슬리의 혈액와 소변에는 약물이 혈액과 소변의 양만큼 섞여 있었다. 치료용 투약 때보다 10배 많은 코데인(그는 10캡슐을 먹었다), 중독될 수준의 콸루드(그는 여러 해에 걸쳐 내성을 길렀다), 치료용 수준보다 낮은 바륨, 치료범위 내의 밸미드, 치료범위 내의 부타바르비탈, 낮은 치료범위 내의 페노바르비탈이었다.

모두 고농도의 진정제들로, 무이필드 등의 병리학자들이 엘비스 프레슬리의 사인을 '여러 가지 약의 혼합복용'으로 기록하기에 충분했다. 즉 고농도의 화합물이 아니라 약의 조합이 치명적이어서 죽었다는 뜻이었다. 이 정보는 마침내 1981년 찰리 C. 톰슨과 제임스 P. 콜의 『더 데스 오브 엘

비스: 왓 리얼리 해픈드(The Death of Elvis: What Really Happened)』에 수록되었다. 그들의 판단은 프레슬리가 죽기 전 새벽시간에 레스터 호프만 박사에게 10정의 코데인을 얻었다는 데 근거를 둔 것이었다. 그러나 톰슨과 콜은 '혼합복용 사망'의 근거를 엘비스의 코데인 알레르기에 두고 있다. 사실 엘비스의 약 알레르기는 너무나 경미해서 그냥 가려움증만 유발할 뿐이었다. 그러나 프란시스코 박사는 프레슬리의 죽음이 전형적인 '치명적 심장 부정맥' 사례라는 주장을 굳게 고수했다. 그런데도 언론은 그의 주장을 무시했다.

생물학적 판단에 의존하며 ABC의 〈20/20〉에서 제랄도 리베라가 충격 보고를 하는 것을 시작으로 저널리스트와 작가들은 엄청난 약물중독자로서의 프레슬리가 겪은 삶을 세세한 부분들까지 대중을 향해 쏟아냈다. 학문적인 면모를 갖춘 콜과 톰슨의 우울한 책은 논란을 한 단계 높여 점화했을 뿐만 아니라 의료 조사관의 사무실 운영을 놓고 멤피스 내의 정쟁까지 유발했다.

이 모든 일 때문에 엘비스가 죽은 지 17년이 지난 1994년에 부검 결과를 재검토하자는 결정이 내려졌다. 이 조사로 '혼합복용'에 관한 생물학 연구소의 발견내용이 실제로 연구소 보고서 안에 있는 단 한 문장을 근거로 했다는 사실이 밝혀졌다.

"여러 가지 조직분석 결과 모두 14가지 약물을 감지했다. 대부분 치료 범위 내였지만 코데인은 치료 수준의 10배를 나타냈다. 메터콸런(콸루드)은 중독성 경계를 넘나들었다."

연구소의 논문은 모두 프레슬리의 간이 비정상이라는 데 근거를 두었는데, 과학자들은 나중에 가수의 향락적인 생활방식이 간 손상에 미약한 영향을 끼쳤다는 사실을 발견했다.

"혼합복용설은 하나의 의견일 뿐이고 의학적으로 확실한 것도 아니었습니다. 경험적인 추측이었을 뿐이죠."

드와이트 리드 박사의 설명이다. 그는 오렌지 카운티(캘리포니아) 부검소의 중독학자 시절 생물학 연구소의 컨설턴트로 일했다. 존 벨루시의 죽음을 둘러싼 화학적인 수수께끼를 푼 것도 리드였다. 현재 샌디에이고 카운티의 대표 중독학자인 그는 최근에 '헤븐스 게이트(Heaven's Gate)' 사교의 집단자살 과정을 처리했다.

중독학자 위원단은 1994년의 재조사에서 생물학 연구소의 보고서를 면밀히 검토했는데, 그들 중에는 케빈 S. 메리지언 박사도 있었다. 그는 멤피스 엘비스 프레슬리 트로마 센터(Elvis Presley Trauma Center) 내 중독학 센터의 임상 약리학자로 코데인 작용설을 재검토했다.

"나는 엘비스의 체액과 조직에서 발견된 코데인 잔류량의 수준이 코데인 관련이 확실한 여타 약물중독 사례를 초과한다는 생물학 연구소의 결론에 엄중히 반대합니다. 그 죽음은 혼합복용의 결과가 아니에요. 솔직히 아주 어처구니없는 데다 전혀 근거도 없는 추측일 뿐이죠."

UCLA의 중독학자 포레스트 테넌트 박사도 프레슬리의 약물 측정이 암흑시대와도 같은 20년 전에 이루어졌다고 지적한다.

"지금은 (엘비스가 사망 직전에 복용했던) 활성약과 (20시간 전에 먹었지만 여전히 혈류에 나타나는) 대사된 약을 모두 측정할 수 있어요. '대사된' 약의 흔적을 추출할 경우 생물학 연구소에서 밝힌 엘비스의 약물수준을 훨씬 낮출 수도 있습니다. 그가 대단히 높은 수준의 화학물질을 대사했기 때문이죠. 그런 화학물질을 모두 추출하면 그의 전체 화학물질의 양을 다 합쳤을 때 독성의 수준이 현격히 낮아질 것이 뻔하죠."

논란을 끝내고 프레슬리의 죽음에 대한 공식기록을 마치기 위해 테네시 주는 미국 병리학의 원로로 불리는 사람을 채택했다. 전 플로리다 데이드 카운티의 주 의료조사관이었던 조셉 데이비스 박사는 40년 동안 부검을 했고 2만 구 이상의 검시를 한 베테랑이었다. 미국 법의학회와 국립의료 조사관협회의 전 회장이자 마이애미대학 의대의 병리학 교수인 데이비스가 프레슬리의 모든 부검 데이터를 검토했다. 조직샘플, 2만 개의 슬라이드, 두툼한 부검 사진첩, 침례교 병원의 원래 부검자료에 추가된 모든 비밀 추가 자료가 그것이다. 추가적인 문서는 엘비스 프레슬리 재단에서 제공했다.

데이비스는 엘비스 프레슬리가 약물 과다복용이나 혼합복용으로 죽은 게 아님을 상대적으로 쉽게 가늠할 수 있었다. 그의 결정이 공개적으로 발표되자 그 자료를 테네시 주에서 회수했고 그의 긴 판결내용을 봉인했다.

데이비스 박사는 셸비 카운티 의료 조사관에게 받은 비밀문서와 똑같은 세트를 우리 측에서 우편으로 받은 후에야 비밀서약을 깼다(우리의 자료는 그 사건 때문에 작업한 법의학자들 사이에 돌던 잘 보관된 출처에서 얻은 것이다).

그 자료에 대한 질문을 받고 데이비스가 말했다.

"그 자료에는 약물로 인해 죽었다는 근거가 전혀 없어요. 사실 모든 데이터가 갑작스럽고 격렬한 심장마비를 보여줍니다. 생물학 연구소 결과는 잊어버려요. 그 현장 자체가 어떤 일이 일어났는지 말해주죠. 사체의 위치로 볼 때 그가 변기에 앉으려는 순간 경련이 일어난 게 분명해요. 엉덩이를 치켜올린 채 카펫 위에 넘어졌고 바닥에 부딪히는 순간 죽은 거죠."

데이비스에 따르면 약물 과다복용이었다면 엘비스는 서서히 수면상태에 빠져들었을 것이다. 그래서 파자마를 올려입으면서 문까지 기어가 도움을 청했을 수도 있다는 것이다.

"약물로 죽는 데는 몇 시간이 걸리죠. 약 때문에 엘비스 프레슬리가 그렇게 빨리 죽을 수 있는 방법은 변기에 앉아서 치사량의 헤로인을 흡입하는 것뿐입니다."

데이비스는 산더미 같은 부검자료를 뒤진 후 '엘비스 프레슬리가 심장마비로 죽었을 명백한 과학적 증거'로 명명된 보고서를 만들었다.

—그는 극심한 비만으로 두 달 이내에 159킬로그램까지 급격하게 불어나면서 심장에 엄청난 부담을 주었다.

—발견되기 적어도 두 시간 전에 근육경직이 일어났다. "약물로 인해 죽었다면 훨씬 오래 걸렸을 것이며 경직이 전혀 없을 가능성도 있다."

—체내에 약물 찌꺼기가 없었다. 대부분의 약에 쓰는 색소조차 없는 것으로 보아 죽기 여러 시간 전에 약을 먹은 흔적이 체내에 남아 있지 않다.

실제로 엘비스는 대여섯 시간 전인 잠들기 전에 세 가지 약패킷의 내용물을 먹은 것이 다였다.

—가장 확실한 약물사망의 증거인 폐에 물이 차는 증상이 없다.

데이비스는 "내가 본 폐 중에서 가장 건조했어요. 이런 죽음에서는 폐에 엄청난 양의 물이 차거든요. 건조한 허파는 화학물 때문에 호흡기 장애로 죽지 않았다는 증거로 충분하죠."라고 말했다.

데이비스는 마지막으로 덧붙였다.

"이건 교과서적인 심장마비 사망 사건입니다."

그러면 왜 그렇게 많은 작가와 독자들이 약물 과다복용이라고 믿으려 드는 것일까?

무엇보다도 여러 해 동안 니코풀로스 박사에게 비난이 쏟아졌다. 그는 한때 19개월 동안 엘비스에게 무려 1만 개의 약을 처방한 것으로 되어 있다. 그러나 그 약은 거의 150명의 뮤지션과 스태프 멤버가 동행하는 투어를 위한 것이었다.

"니코풀로스는 이런 말을 하지 않으려 들겠지만, 결국 엘비스가 처방한 알약 열 알 가운데 두 알만 먹는 상황이었죠. 엄청난 양을 처방하는 수밖에 없었습니다."

월릭의 설명이다.

"마피아도 먹었고, 로디도 먹었고, 여자친구도 먹었죠. 그리고 투어에서 돌아오면 수천 알을 하수구에 쏟아부었어요."

이 책을 위한 인터뷰에서 우리는 그 진술을 확인할 수 있었다.

니코풀로스 박사는 엘비스와 다른 10명의 환자에 대한 위반혐의로 테네시 주 의료협회의 고발을 당했고 과잉 처방으로 유죄가 입증되었지만 비이것이 비윤리적인 행동은 아니었다. 그의 면허는 3개월 동안 정지되었고 3년 동안 보호 관찰을 받았다. 1980년 5월 엘비스 등의 여러 환자들에게 14건의 불법 처방을 한 혐의로 고소되었지만 무죄로 판명났다.

그렇지만 몇 밀리리터의 혈액, 모르핀 몇 마이크로그램, 병리학자들 간의 논쟁, 언론의 발표는 어쩌면 아무것도 아닐지 모른다. 국제적인 거물의 죽음은 어쨌든 엄청난 동정심을 유발했던 것이다.

유전적으로 약하게 태어났지만 내적으로 관대했고, 자신의 음악 때문에 육체와 영혼을 소진한 엘비스 프레슬리는 결단력과 방탕한 자포자기를 뒤섞은 채 삶과 음악을 정면 돌파했다. 이십 대 초반에 대중문화에서는 그동안 아무도 경험한 적이 없는 정점에 오른 스타였다. 미디어나 홍보 시스템이 아니라 대중이 인기를 결정하던 시기였다. 단지 유명인이었을 뿐 아니라 진정한 현상이었다.

그는 이중인격자이기도 했다. 내적으로 수줍어했던 동시에 반항적이고 결단력이 있었다.마흔둘에 죽은 것은 유전자 코드에 의해 정해진 운명일 수도 있다. 외가 쪽은 심장장애 내력이 있었다. 사실 외가에서 마흔다섯을 넘긴 남자는 거의 없었다.

죽음이 너무 일찍 찾아와 삶이 짧게 끝났지만, 그의 영향력은 그때나 지금이나 엄청나다. 그의 음악처럼 그는 사라지지 않을 것이다.

Epilogue : Long Live the King
영원한 제왕

그는 갔지만 잊혀지지 않았다. 엘비스 프레슬리는 이별을 거부하고 있다. 음반, 상품, 책, 영화, 집단 무의식 속에 그는 여전히 살아 있다.

매년 70만의 방문객이 1982년에 관광명소로 개장된 이래 미국에서 두번째로 많은 방문객을 받는 생가가 된 그레이스랜드를 다녀간다. 프리실라 프레슬리가 소녀처럼 너무나 즐거운 시간이었다고 외치는 감탄사로 끝나는 오디오 투어는 엘비스의 삶과 시대를 표백하여 묘사하고 있긴 하지만, 집과 뜰은 프레슬리의 파란 많은 삶과 하나였던 성역의 자태를 풍긴다.

엘비스에게 그레이스랜드는 여전히 성역이다. 수영장 너머에 어머니, 아버지, 할머니 미니 매이와 함께 누워 있다.

엘비스 프레슬리 엔터프라이즈는 액수를 거론하지 않지만 1994년만 해도 프레슬리 사업은 음악, 영화, 기념품으로 연간 1억 달러가 넘는 규모라고 보고했다. 그 기념품 중 상당수는 의심의 여지 없이 그레이스랜드 길 바로 건너편에 늘어서 있는 쇼핑센터에서 살 수 있고, 상점을 운영하는 그레이스랜드는 상품 라이선스 전반을 예의 주시하고 있다.

이것은 터프하고 예리한 비즈니스 우먼으로 거듭난 프리실라 프레슬리의 경계심과 전남편의 부동산을 어마어마한 돈벌이로 바꾸어놓은 변호사들의 공이다. 그들은 프레슬리가 죽은 이후 그의 재정상태를 조사한 다음 리사 마리 명의로 톰 파커 대령을 사기와 관리 소홀 혐의로 고소했다. 멤피스 법정은 프레슬리 수입의 25~50퍼센트를 차지해왔고 자체적으로 엘비스 라이선스 벤처와도 관련이 있었던 파커에게 프레슬리의 부동산에 대해 아무런 법적 권리가 없다고 판결했다. 추가로 그가 프레슬리를 재정적으로 이용했다고 주장하는 소송이 이어지자 파커는 프레슬리의 마스터 레코드를 RCA에 200만 달러에 팔았다. 그가 침묵에 대한 대가로 팔았다는 말도 있다. 엘비스 프레슬리 엔터프라이즈가 프레슬리와 그의 특별한 관계에 대한 문서도 입수했기 때문이다.

그동안 프레슬리의 유일한 상속녀는 나름대로 키치적인 유명인이 되었다. 리사 마리는 1994년 도미니카공화국에서 팝 슈퍼스타 마이클 잭슨과 결혼식을 올린 것으로 유명하다.

그러나 리사 마리와 마이클이 이혼한 이래 그레이스랜드와 인접한 상점들에는 그 둘의 사진이 없다. 말썽 많던 뚱보 엘비스 사진도 없다. 소문에 의하면 디스플레이용 이미지는 77킬로그램을 유지한다고 한다.

그레이스랜드가 아닌 다른 곳에서는 결점 많은 인간 엘비스 프레슬리를 기념하는 경우도 많다. 그를 발굴한 샘 필립스가 떠올리는 대로 '엘비스는 감정적으로나 육체적으로나 몰골이 끔찍했을 때조차도 항상 정말 남을 생각하는 마음을 보여주었다.'

멤피스에 아담하게 복원된 선 레코드에서는 열아홉 살짜리 트럭운전사가 최초로 녹음했던 단칸방에 대해 놀라울 정도로 애정 어린 투어를 제공한다.

미시시피 투펠로에서는 1달러짜리 입장권만 사면 엘비스가 태어난 판자집에 들어갈 수 있다. '엘비스가 처음 기타를 산' 골동품처럼 보이는 투펠로 철물점에서 조금만 운전해서 들어가면 된다. 엘비스 프레슬리 엔터프라이즈 변호사들이 법적인 행동으로 협박하기 전까지 그 가게에서 팔던 1.5달러짜리 기타모양의 열쇠고리에는 이런 문구가 적혀 있다. "글래디스가 아들에게 처음 기타를 사준 곳." 프레슬리 기념품 수집가들에게는 가장 싼 물건일지도 모른다.

그리고 가슴 찡한 투어를 위해서는 미시시피 (투펠로와 멤피스 사이에 있는) 홀리 스프링스에 위치한 그레이스랜드 투(Graceland Too)를 앞서기 어려울 것이다. 폴 맥레드(Paul MacLeod)와 그의 아들 엘비스 아론 프레슬리 맥레드(Elvis Aaron Presley MacLeod)의 집으로, 엘비스의 가상 성전이며 24시간 오픈한다. 자주 방문하는 사람들은 특제 검은 가죽재킷을 입고 사진을 찍은 다음 수천 명에 이르는 다른 광신도들의 사진과 나란히 전시할 수 있다. 변두리의 엘비스라고 해두자.

수많은 오마쥬가 엘비스에게 바쳐졌다. 〔폴 사이먼의 〈그레이스랜드(Graceland)〉를 포함한〕 노래, 〔앨리스 워커의 단편 《1955(Nineteen Fifty-Five)》 같은〕 소설, (프레슬리에게 영감을 얻은 수많은 전시회의) 미술작품 외에 29센트짜리 우표가 엘비스를 기념한 일도 있었다. 그리고 모방이 가장 진심 어린 형태의 찬사라면 온갖 국적의 흉내내는 사람들이 항상 있었다.

엘비스 매니아에 심취한 학생을 위해 이제는 그의 사회적 문화적 종교적 영향력 등을 분석하는 대학수업과 강의도 있다. 미시시피대학은 엘비스 프레슬리의 중요성에 대한 유명한 여름 학술회의로 여러 해 동안 헤드라인을 장식했다. 그 회의의 창립자이자 디렉터인 버넌 채드윅은 미국 최초로 엘비스 관련 수업을 했는데, 프레슬리를 '민주주의, 기회 균등, 표현의 자유에 있어서 반항적이고 급진적인 세력' 이라고 찬양했다.

그리고 문자 그대로 셀 수 없는 자선행사를 베푼 그의 관대함을 잊는 사람이 없도록 전 세계 5000개 이상의 팬클럽 회원들은 지칠 줄 모르고 다양한 자선행사를 해오고 있다. 엘비스가 말하던 대로 관대함은 '연못에 돌을 던지는 것처럼 파문이 일으킨다.' 는 것이다.

프레슬리는 어떤 스타도 해본 적이 없는 방식으로 팬들에게 다가갔다.

꾸밈없는 사진을 위해 그보다 더 많이 포즈를 취한 스타가 있었는가? 그보다 더 많이 사인북에 사인을 해준 스타는? 친구들이 겁에 질릴 정도로, 한 공연장을 떠나 다음 공연으로 향하는 사이에 엘비스는 리무진에서 나와 사진촬영을 하러 가자고 주장하곤 했다. 친구들이 저항하면 엘비스는 단호하게 말했다.

"바로 저 사람들 때문에 우리가 일등 자리에 있는 거야."

물론 그 모든 일은 음악 때문에 이루어졌다. 공연장에서 엘비스는 진정한 왕이었다. 음악사에서는 능가할 수 없는 업적을 세웠다. 전 세계적으로 10억 장 이상의 음반을 판매했던 것이다.

엘비스는 일생 동안 스스로를 재창조했다. 죽어서도 마찬가지였다.

『로스앤젤레스 타임스』에 따르면 노벨상 수상자 케리 멀리스는 프레슬리의 머리카락으로 보석을 만들기 위해 DNA를 추출할 권리를 얻었다고 한다. 이 기사의 헤드라인은 '체인 위의 한바탕 불타는 사랑(Burnin'

Love)' 이었다.

물론 구경거리도 있다. 1988년 게일 브루어-조르지오의 괴상한 페이퍼백 《엘비스는 살아있나?(Is Elvis Alive?)》는 프레슬리의 죽음에 대해 의문을 제기하고 프레슬리에 관한 여러 가지 이상한 일을 강조하며 엘비스에 대한 열광에 기여했다. 예를 들어 삶(lives)의 철자를 뒤바꾸면 엘비스(Elvis)가 된다는 등.

사람과 박쥐의 조합물인 가상 캐릭터 '뱃 보이'와 사스콰치, 일명 '빅풋'에 관한 폭로기사로 잘 알려진 수퍼마켓판 타블로이드 『위클리 월드 뉴스(Weekly World News)』는 엘비스를 한 번은 칼라마주의 버거킹에서, 또 한 번은 빅스버그 편의점에서 두 번 목격했다고 하는 미시건의 주부에게 도움을 얻어 정기적으로 프레슬리가 어디에 있는지 차트로 기록했다. 이 타블로이드는 프레슬리가 대통령 클린턴에게 전화하는 걸 녹음했다는 백악관 비밀 테이프에 얼마간 귀 기울여보기도 했다. 딸에게 계속해서 충고한다는 얘기도 전해진다. 엘비스가 리사 마리에게 마이클 잭슨과 이혼하라고 했다는 것이다.

아이러니하게도 『위클리 월드 뉴스』는 관에 누운 프레슬리 사진을 찍었고 그 저작권을 가진 『내셔널 인콰이어러』의 자매지다. 이 잡지의 편집자들은 이 스타가 죽었다고 확고히 주장한다.

하지만 프레슬리가 죽어서 묻혔다고 주장하는 사람들 중에서도 말 그대로 영혼이 살아 있다고 주장하는 사람들도 있다. 최근에 나온 심령조사관이 쓴 책에 그런 예가 많이 있는데, 그는 프레슬리의 메시지를 무덤 너머로 누설했다. 다른 것들 중에는 이 스타의 유령이 도망간 아들을 찾는 걱정 많은 아버지를 도왔다는 예도 있다.

그렇지만 엘비스의 측근과 팬들은 팬클럽과 다양한 엘비스 컨벤션을 통해 다른 종류의 정신, 즉 엘비스 자신의 좋은 심성을 알리는 일을 하고 있다. 이를테면 마이크 맥그리거는 호리호리한 미시시피 출신으로 엘비스의 말을 돌보고 나중에 그의 보석을 만든 사람인데, 한 번은 그가 어느 밤에 그레이스랜드의 경비실 안에 있을 때 루이지애나 번호판을 단 차가 다가왔다.

"그들은 엘비스에게 전하고 싶다는 메모를 저한테 건네줬어요."

메모에는 부엌살림을 도둑 맞았던 소년클럽의 진심 어린 감사 인사가 있었다. 지역신문에서 그 도둑질에 관한 기사를 읽은 엘비스가 즉시 수표를 보냈던 것이다.

"사람들이 저한테 엘비스 얘기를 하면 전 이제까지 가장 큰 스타였다는 점 외에 가장 넓은 마음을 지녔다는 점도 상기시켜주고 싶어요."

맥그리거가 강조했다.

돈 윌슨은 그 마음을 직접 겪어서 알고 있다. 1970년 아버지의 손을 잡고 휴스턴 애스트로돔으로 엘비스를 보러 간 때가 아홉 살이었다.

"만나서 반갑구나, 꼬마야."

엘비스는 어린 윌슨의 머리를 쓰다듬었다. 1년이 지나 부모님과 누나가 열차사고로 죽은 후 그 소년이 신경쇠약 증세를 보이자 할머니가 엘비스에게 편지를 보내서 사연을 전했다. 돈으로서는 놀랍게도 엘비스로부터 위로의 마음이 담긴 카드를 받았다. 편지를 통한 6년간의 우정이 시작된 것이었고, 그동안 윌슨은 노트, 앨범, 옷까지 받았다. 또한 그레이스랜드를 방문하기까지 했다.

"제가 무슨 말을 할 수 있겠어요? 엘비스가 절 신경 써준다는 생각에 문자 그대로 제 인생이 바뀌었죠."

그는 현재 작곡가이자 디제이이며 또한 적절하게도 엘비스 모방가가 되었다. '위대한 돈 엘'이라는 별명도 달고 다닌다.

전 세계의 모든 사람들 중에서 왜 엘비스에게만 그 모든 일이 일어났는지에 대해 〈블루 스웨이드 슈즈〉를 쓴 로커빌리의 전설 칼 퍼킨스는 그것이 운명이었다고 얘기한다.

"전 엘비스가 태어날 때부터 하느님이 '여기 전령이 있으니, 내 그를 가장 잘생긴 녀석으로 만들고 무대에서 멋진 몸매로 움직이는 데 필요한 모든 리듬을 주겠다.' 고 한 거죠."

퍼킨스는 생각에 잠긴다.

"전 그와 함께 작업하느라 전쟁을 치렀죠. 제가 그 코미디에 출연한 노새 미스터 에드처럼 보인다는 것도 알고 있었어요. 그런데 여기 이 녀석은 나가서 목소리만 가다듬어도 만 명이 소리를 지르는 거예요."

밥 딜런은 프레슬리를 '현대적인 모습으로 존재하는 로큰롤 종교의 최고 신' 이라고 불렀다. 딜런은 "그의 음악을 처음 듣는 순간 마치 감옥에서 풀려난 것 같았다."고 한다.

브루스 스프링스틴은 "마치 그가 찾아와서 모든 사람들의 귀에 꿈을 속삭이는 것 같았고, 그 다음 모두들 어느 정도 꿈을 꾸기 시작했다."고 말한다.

롤링스톤스의 데이브 마시는 이렇게 추측했다.

"엘비스는 죄악과 선행의 화신이었기 때문에 로큰롤의 제왕이었죠. 위대한 동시에 속되고, 무례한 동시에 설득력 있고, 강력한 동시에 좌절했으며, 부조리할 정도로 단순한 반면 놀라울 정도로 복잡했어요."

샘 필립스가 지적한 대로였다.

"약간의 신비는 항상 남을 것으로 봐요."

–Chronology
연보

1935년 1월 8일 미시시피 주 투펠로의 방 두 칸짜리 집에서 엘비스 아론 프레슬리가 태어나다. 쌍둥이 형 제시 가론은 사산.

1938년 6월 1일 아버지 버넌이 수표 위조로 파치맨 팜 교도소에 수감되다. 그때부터 꼬마 엘비스와 엄마 사이에 끊을 수 없는 유대가 형성되었다.

1945년 투펠로에서 열린 '미시시피-앨러배마 시장 축제'에서 열 살 난 엘비스가 〈올드 셉〉을 부르다. 소년과 개의 관계를 노래한 곡이다.

1946년 투펠로 하드웨어 컴퍼니에서 첫 기타를 구입하다.

1948년 가족과 함께 멤피스로 이사하다.

1953년 멤피스의 '흄스 하이스쿨'을 졸업하다.

1954년 1월 선 레이블의 발생지인 '멤피스 레코딩 서비스' 스튜디오에서 4달러를 주고 데모 테이프를 녹음하다.

1954년 6월 〈위드아웃 유〉라는 노래를 부를 가수를 찾던 샘 필립스에게 조수 머라이언 키스커가 스튜디오를 기웃거리던 소년이 있다고 제안, 엘비스의 집으로 전화하다. 스튜디오에 도착했을 때 엘비스는 숨이 턱에 닿았다.

1954년 7월 5일 기타리스트 스카티 무어, 베이스 주자 빌 블랙과 팀을 이룬 엘비스가 빅 보이 크루덥의 히트곡 〈댓츠 올라이트(마마)〉를 빠른 속도로 리메이크하다. 엘비스가 선 레이블에서 발매한 다섯 장의 싱글 가운데 첫번째 싱글이다.

1954년 10월 2일 컨트리 음악의 메카인 〈그랜드 올 오프리〉 쇼에 처음이자 마지막으로 출연하다.

1954년 10월 16일 루이지애나 주 슈레브포트에서 매주 토요일 밤에 송출되는 컨트리 음악 라디오 프로그램 〈루이지애나 헤이라이드〉에 첫 출연을 하다. 1년간 계약을 맺었다.

1955년 1월 멤피스의 디제이 밥 닐과 계약을 맺다. 밥 닐은 엘비스의 매니저 역할을 하기로 하고 프레슬리, 스카티, 빌은 순회공연 여정에 오른다.

1955년 8월 15일 행크 스노 연예기획과 계약하다. 행크 스노와 톰 파커 대령이 운영했으나 스노는 곧 사라진다.

1955년 11월 20일 엘비스가 RCA 레코드와 첫번째 계약을 맺다. 파커는 사전에 엘비스와 선 레코드와의 계약을 RCA에 양도하도록 조율한다. 양도 조건은 당시로서는 전례가 없는 것으로서, 계약금 4만 달러에 엘비스에게는 보너스로 5000달러를 지급되는 조건.

1956년 1월 10일 스물한 살이 된 엘비스가 RCA의 내슈빌 스튜디오에서 첫 레코딩을 하다. 녹음된 곡들 중에는 공전의 히트를 기록할 〈핫브레이크 호텔〉도 있다.

1956년 1월 27일 〈핫브레이크 호텔〉을 출시하다. 발매 3주 만에 30만 장이 팔렸으며, 엘비스의 첫번째 골드 레코드가 되었다.

1956년 1월 28일 엘비스 프레슬리가 지상파 텔레비전에 첫 출연하다. CBS 방송의 〈스테이지 쇼〉라는 프로그램으로, 잭키 글리슨이 제작하고 토미 도시와 지미 도시 부부가 진행을 맡았다.

1956년 3월 13일 RCA에서 그의 첫번째 앨범 『엘비스 프레슬리』를 발매하다. 100만 장 이상의 판매고를 올리며 그의 첫번째 골드 앨범이 되었다.

1956년 4월 3일 NBC 방송국의 프로그램 〈밀튼 벌 쇼〉에 출연하다. 항공모함 USS호의 갑판에서 방송을 진행했다.

1956년 4월 6일 영화제작자 할 월리스와 파라마운트 영화사를 상대로 7년 기한의 영화출연 계약을 맺다.

1956년 4월 23일 라스베이거스의 뉴 프론티어 호텔과 2주간의 출연계약을 맺다. 대부분의 관객이 머리가 희끗희끗한 도박꾼들이었으므로 그는 너무 젊은 출연자였다. 결국 공연은 실패로 끝났다.

1956년 6월 5일 〈밀튼 벌 쇼〉에 출연하여 〈하운드 독〉을 부르다. 스트리퍼보다도 선정적으로 허리를 돌린 결과 다음날 비난이 빗발쳤다.

1956년 7월 1일 텔레비전 쇼에 출연한 엘비스에게 스티브 앨런이 덜 선정적인 〈하운드 독〉을 주문하다. 실제로 바셋 하운드 종 사냥개가 작은 모자를 쓰고 등장했다.

1956년 8월 첫번째 영화 〈러브 미 텐더〉를 크랭크 인하다.

1956년 9월 9일 〈에드 설리번 쇼〉에 출연하다. 모두 세 번 출연하는 이 쇼에서 엘비스의 공연은 전설로 남아 있다.

1956년 9월 26일 투펠로로 귀향하다. '미시시피-앨러배마 시장 축제' 에서 두 차례의 공연을 했다.

1956년 12월 4일 선 레코드 스튜디오에 들렀다가 마침 녹음 중인 칼 퍼킨스와 만나다. 퍼킨스의 피아노 주자는 신예 제리 리 루이스였다. 얼마 후 컨트리 음악계의 새로운 별인 자니 캐시가 들어와 넷이서 잼 세션을 했다. 녹음되지 않은 이 트리오의 즉흥적인 만남에 지역 언론은 '100만 달러짜리 사중주단' 이라는 이름을 붙였고 선 레코드의 전설적인 프로듀서인 샘 필립스는 "끝내주는 세션이었다."라고 표현했다.

1957년 1월 6일 〈에드 설리번 쇼〉에 마지막으로 출연하다. 카메라가 엘비스의 상반신만 잡은 것으로도 유명한 이 쇼에서 에드 설리번은 엘비스를 '괜찮고 의젓한 소년' 이라고 추켜세웠다.

1957년 3월 훗날 엘비스의 성지가 될 그레이스랜드를 구입하다.

1957년 4월 투어 중에 사상 처음으로 미국 바깥에서 공연하다. 캐나다의 토론토와 오타와가 투어 일정에 있었다. 8월에는 밴쿠버 공연을 위해 캐나다에 다시 입국했는데, 그가 미국 바깥에서 공연한 마지막 무대였다.

1957년 12월 조국이 엘비스를 부르다. 입대영장을 수령.

1958년 3월 24일 멤피스징집위원회를 통해 입대하다. 전국의 소녀팬들은 하루종일 비탄에 잠겼다.

1958년 3월 25일 아칸소 포트 채피 기지에서 이발하다.

1958년 3월 29일 프레슬리 이병과 가족이 일시적으로 포트 후드 기지 근처로 집을 옮기다. 거기에서 신병훈련을 받으며 6개월을 지냈다.

1958년 7월 엘비스의 네번째 영화 〈킹 크레올〉을 개봉하다. 엘비스 최고의 영화라는 평가를 받았다.

1958년 8월 어머니 글래디스 프레슬리가 건강이 악화되어 멤피스로 돌아가다. 글래디스가 급성 간염을 진단받자, 엘비스는 특별 휴가를 받아 12일과 13일 이틀 동안 어머니를 방문했다.

1958년 8월 14일 글래디스 프레슬리가 마흔여섯 살의 나이로 세상을 떠나다.

1958년 8월 15일 어머니의 장례식을 치르다. 엘비스는 대중 앞에서 흐느끼고 몸을 가누지 못해 걸어다니거나 차를 타고 내릴 때 부축을 받아야 했다. 그의 슬픔은 진정될 줄 몰랐다.

1958년 9월 19일 병영열차를 타고 뉴욕으로 가다. 랜달호를 타고 서독으로 출항하다.

1958년 10월 1일 프레슬리의 열성팬들이 '세상에서 가장 유명한 GI'의 항해를 함께하기 위해 바다를 건너다. 엘비스 프레슬리는 18개월 동안 독일 프리트베르크에서 근무했다. 바트 노이하임 병영 바깥에 허용된 거주지에서 아버지, 할머니, 멤피스의 친구들과 함께 생활했고, 여기에 몇몇 새로운 친구들이 합류했다. 이들은 이른바 '멤피스 마피아'의 핵심 멤버가 되었다.

1959년 6월 2주간 정기 휴가를 받다. 엘비스는 친구들하고 뮌헨과 파리의 클럽에서 섹스파티를 즐겼다. 특히 '리도 댄서'들을 선호했다.

1959년 11월 서독 거주지에서 열린 파티에서 열네 살의 아름다운 소녀 프리실라 볼리외를 만나다. 그녀는 공군 장교의 의붓딸이었다.

1960년 1월 20일 병장으로 진급하다.

1960년 3월 2일 제대하여 미국으로 귀환하다.

1960년 3월 26일 한때 로큰롤 스타 엘비스 프레슬리를 지독하게 혹평했던 프랭크 시내트라가 태도를 완전히 바꿔서 ABC TV가 마련한 엘비스 귀향 특집 버라이어티 쇼 〈웰컴 홈, 엘비스〉의 사회를 맡다.

1960년 4월 할리우드에 재입성하여 〈GI 블루스〉를 촬영하다.

1960년 7월 3일 아버지 버넌 프레슬리가 서독에서 만난 이혼녀인 다바다 '디' 스탠리와 재혼하다. 엘비스는 결혼식장에 나타나지 않았다.

1961년 3월 25일 전함 애리조나호 기념관 건립기금 마련을 위해 하와이에서 공연하다. 그 후 1968년까지 7년 동안 공연이 없었다.

1961년 3월 하순 영화 〈블루 하와이〉의 촬영을 시작하다. 이후에 연이어 나올 엘비스 영화의 시작이 되는 영화였다. 1960년대 내내 영화촬영 스케줄이 엘비스의 일정을 가득 채웠다.

1961년 10월 〈블루 하와이〉 사운드트랙 앨범이 빌보드 차트에 오르다. 이후 1년 반 동안 앨범차트를 지켰다.

1962년 12월 프리실라 볼리외와 그레이스랜드에서 크리스마스 휴가를 보내다. 1963년 초부터 프리실라가 그레이스랜드에서 살기 시작했다.

1965년 8월 27일 록 역사상 전설적인 만남이 이루어지다. 비틀스가 엘비스 프레슬리의 캘리포니아 벨 에어에 있는 집을 방문한 것이다. 하지만 안타깝게도 잼 세션은 녹음되지 않았다.

1967년 2월 테네시 주 경계 바로 근처의 미시시피 땅에 20만 평에 이르는 대농장을 구입하다. 엘비스는 카우보이 놀이에 빠져들었다.

1967년 3월 캘리포니아 집에서 마약 때문에 쓰러지다. 그 바람에 향연이 연기되었다.

1967년 5월1일 14명 만의 하객이 모인 가운데 엘비스와 프리실라의 결혼식이 열리다. 식장은 라스베이거스 앨러딘 호텔. 결혼식 후 기자회견과 아침식사를 겸한 피로연이 있었다.

1968년 2월 1일 딸 리사 마리 프레슬리가 태어나다.

1968년 6월 중순-하순 텔레비전 스페셜 쇼 〈엘비스〉를 준비하다. 쇼는 〈68 컴백 스페셜〉이라고 알려졌다.

1968년 11월 1968년의 스페셜 쇼를 위해 특별히 작곡된 희망찬 노래 〈이프 아이 캔 드림〉이 빌보드 팝 싱글차트 12위에 오르다. 1965년 이후 최고의 히트싱글이 되었다.

1968년 12월 3일 NBC 방송국에서 〈엘비스〉 쇼를 방영하다. 엘비스 재기의 신호탄이 되었다.

1969년 1월~2월 선 레코드 시절 이후 처음으로 멤피스에서 녹음하다. 이번에는 프로듀서 칩스 모먼이 이끄는 아메리칸 사운드 스튜디오에서 녹음했다. 엘비스의 발표곡 중 가장 훌륭하다는 평가를 받은 작품들이다. 〈켄터키 레인〉 〈인 더 게토〉 〈서스피셔스 마인즈〉 〈롱 블랙 리무진〉 등이 수록되었다.

1969년 7월 31일~8월 28일 라스베이거스에 새로 문을 연 인터내셔널 호텔에서 4주간 기획된 스탠딩 쇼로 엘비스 재기의 신화가 계속되다.

1970년 1월~2월 라스베이거스의 쇼가 또다시 흥행에 성공하다. 인터내셔널 호텔과 5년 동안 매년 2개월간 쇼를 열기로 계약.

1970년 2월 27일 휴스턴 가축 로데오 쇼와 연결해 휴스턴의 야구장인 아스트로돔에서 여섯 차례의 공연을 하기로 하고, 첫번째 공연을 하다.

1970년 9월 6개 도시를 도는 순회공연을 시작하다. 1957년 이후 처음 갖는 순회공연이었다.

1970년 12월 백악관의 닉슨 대통령을 깜짝 방문하다. 연방 명예 마약퇴치 대사 배지를 받았다.

1971년 1월 16일 The Jaycees(전국청년상공회의소)에서 엘비스 프레슬리를 '미국을 빛낸 10명의 젊은이'로 선정하다. 엘비스는 과학자, 인권운동가 등이 포함된 이 10명에 선정된 것을 매우 자랑스러워했다.

1971년 6월 엘비스가 태어난 투펠로의 방 두 칸짜리 판잣집이 관광코스로 공개되다.

1971년 8월 9일~9월 6일 라스베이거스에서 다시 공연하다. 쇼 도중에 녹음예술과학아카데미가 수여하는 그래미 어워드에서 '빙 크로스비 상'〔나중에 '평생공로상(Lifetime Achievement Awards)'으로 이름이 바뀜〕을 받았다.

1971년 말 프리실라가 딸 리사 마리를 데리고 엘비스를 떠나다.

1972년 6월 뉴욕 메디슨 스퀘어 가든에서 네 차례 공연하다. 전회 매진되었다.

1972년 7월 엘비스와 프레슬리가 이혼서류에 서명하다. 이 무렵 미인대회 출신의 린다 톰슨과 만나 1976년 말까지 함께 지낸다.

1973년 1월 〈엘비스: 알로하 프롬 하와이(Elvis: Aloha from Hawaii)〉 위성텔레비전 쇼가 하와이 시각으로 밤 12시 30분, 호놀룰루의 인터내셔널 센터 아레나에서 전 세계에 위성 중계되다. NBC 방송국에서 이 쇼를 녹화했다가 4월 4일에 방영했다. 40개국에서 15억 명이 이 쇼를 시청했을 것으로 추정된다.

1973년 10월 9일 엘비스와 프리실라가 이혼 법정에서 이혼에 동의하다.

1973년 10월 15일~11월 1일 폐렴과 늑막염, 대장 비대, 간염 등의 진단을 받고 멤피스의 병원에 입원하다. 처방약으로 인한 중독에다 비만도 문제였다.

1975년 1월 29일~2월 14일 다시 병원에 입원하다. 입원 중에 그의 〈하우 그레이트 다우 아트(How great thou art)〉가 '영감을 주는 연주상'을 받았다. 생전에 그래미 후보에 14번 올라(사후에 한 번) 세 번 수상했는데, 이것이 생전의 마지막 수상이다. 팝이나 록 부문이 아니라 모두 가스펠 부문이었다는 것이 이색적이다.

1975년 8월 18일~9월 5일 라스베이거스 쇼를 열었으나 이틀 만인 8월 20일에 중단하다. 9월 5일까지 멤피스 병원에 입원했다.

1975년 11월 이해 초에 산 제트기 콘베어 808(Convair 808)을 수리하여, 마침내 '리사 마리' 호라 이름 붙인 제트기에 시승하다.

1975년 12월 2일~15일 지난번에 취소된 공연을 보충하기 위해 라스베이거스 힐튼 호텔로 가다.

1975년 12월 31일 미시건 주 폰티악에서 '신년맞이 특별 콘서트'를 열다. 단일 콘서트로 6만 2500명이라는 기록을 세웠다.

1976년 7월 보디가드인 레드 웨스트, 소니 웨스트, 데이브 헤블러를 해고시키다. 이들은 폭로의 글을 써서 엘비스에게 보복했다.

1976년 11월 초 오랫동안 함께 지내온 여자친구 린다 톰슨과 헤어지다.

1976년 11월 말 미인대회 출신의 진저 앨든을 만나다. 죽기 전까지 그녀와 함께 지냈다.

1976년 12월 2일~12일 라스베이거스 힐튼 호텔에서 공연하다. 그의 마지막 라스베이거스 쇼가 되었다.

1976년 12월 31일 펜실베이니아 주의 피츠버그에서 '신년맞이 공연'을 하다.

1977년 4월 1일~5일 멤피스 병원에 입원하다. 3월 31일부터 4월 3일까지 잡아놓은 투어공연은 취소되었다.

1977년 4월 21일 다시 투어를 시작하다. 탈진과 위장병으로 다시 입원했다.

1977년 6월 17일~26일 라이브 앨범을 기획하고 있던 RCA가 공연실황을 일부 녹음하고 CBS TV가 텔레비전 스페셜을 위해 촬영하다.

1977년 6월 26일 인디애나 주 인디애나폴리스 시의 마켓 스퀘어 아레나에서 공연하다. 그의 마지막 공연이 되었다.

1977년 7월 엘비스의 보디가드 출신 세 명이 집필한 《엘비스: 왓 헤픈드?》를 출판하다.

1977년 8월 16일 그레이스랜드의 욕실에서 숨진 채 발견되다.

1977년 8월 18일 멤피스의 포레스트 힐 공동묘지에 영원히 잠들다.

1977년 10월 엘비스의 마지막 텔레비전 스페셜 〈엘비스 인 콘서트〉가 CBS 전파를 타다.

1977년 10월 엘비스와 어머니 글래디스 프레슬리의 유해를 그레이스랜드로 옮겨오다.

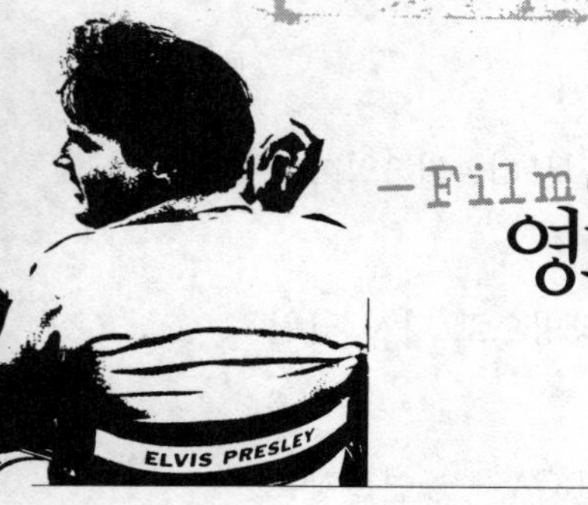

—Filmography
영화 출연작

다음은 엘비스의 영화 출연작들이다. 가끔 명백한 재능이 표현될 때도 있었지만 할리우드에서는 배우로서의 다양성을 완전하게 탐색하지 않았다. 초기 영화들을 제외하면 그의 작품은 대체로 가벼운 뮤지컬 코미디로 구성된다.

그 중요한 특징은 엘비스가 로맨틱한 역으로 도약했다는 점이다. 그의 코미디 연기는 제대로 평가받지 못했다. 음악극들이라는 것도 중요한 특징이다.

안타깝게도 프레슬리가 영화를 찍던 당시에는 영화예술과학아카데미(Academy of Motion Picture Arts and Science)에서 로큰롤을 중요한 음악장르로 보지 않았다. 그 결과 영화 속에 흐르는 노래들 중에서 단 한 곡도 아카데미상 후보에 오르지 못했다. 게다가 프레슬리는 오스카 시상식 쇼에 참석해달라는 제안을 받은 적도 없었다. 그 중계방송은 여러 해 동안 시청자들에게 리카르도 몬탤반, 테리 가, 로브 로, 샐리 켈러먼, 다이안 캐넌, 심지어 록 허드슨, 메이 웨스트 같은, 가수도 아닌 사람들이 부르는 곡들을 억지로 들려주었다.

측근들에 따르면 프레슬리는 할리우드에서 자신과 자신의 영화에 대해 사람들이 보여주는 경멸에 찬 태도를 잘 알고 있었다고 한다. '가난한 백인 쓰레기' 로 대하는 것도 느꼈다. 하지만 사투리와 멤피스 친구들을 계속 지키며 남부 분위기를 끈질기게 버리지 않았다. 할리우드에서는 그의 출신지 때문에 당황했지만 엘비스 프레슬리는 전혀 그렇지 않았다.

그리고 영화에 관한 한 바보가 아니었다. 프레슬리는 바보 같은 영화를 찍고 나서 재치 있게 말했다.

"언젠가는 제대로 할 때가 오겠죠."

러브 미 텐더(Love Me Tender, 1956)

구레나룻을 기른 엘비스가 전사한 것으로 추측되는 맏형(리처드 이건)의 여자친구(데브라 패젓)와 결혼하는 회고주의적인 남북전쟁 드라마다. 결혼 후 이건이 집에 돌아오자 프레슬리가 맡은 배역은 갈등과 죄책감에 휩싸인다. 대대적으로 홍보한 이 스크린 데뷔에는 네 곡이 포함되어 있었는데, 당시 이 젊은 가수는 그중 상당수를 골반을 쑥 내밀고 돌리는 스타일로 연주했다. 물론 감상적인 타이틀 발라드 곡도 있었다.

러빙 유(Loving You, 1957)

자전적인 인물이 반영되었는데 우연도 아니었다. 할 캔터 감독은 대본이 완성되기 전에 엘비스를 유심히 관찰했다. 시골소년 데크 리버스 역의 엘비스는 투어 중인 힐빌리 밴드에 합류해 공격적인 홍보 에이전트(리자벳 스캇)에 의해 로큰롤 스타덤에 오른다. 스캇과 사랑하는 사이인 시니컬한 밴드 리더 역의 웬델 코리, 엘비스를 사랑하는 다정한 가수 역의 돌로레스 하트와 함께 출연했다(엘비스의 어머니 글래디스 프레슬리도 공연장면에서 관객으로 나온다. 글래디스가 죽자 프레슬리는 이 영화를 보지 않았다).

제일하우스 록(Jailhouse Rock, 1957)

술집에서 싸우다 감옥에 들어간 빈스 에버렛(엘비스)은 감방 친구(미키 쇼네시)의 도움으로 노래와 기타 연주를 배운다. 출소한 후에는 예쁜 프로모터(주디 타일러)를 만난다. 그녀는 그가 스타가 되고 악당이 되는 것을 무력하게 지켜볼 뿐이다. 이 음울하고 화를 잘 내는 여성 혐오자는 결국 사랑의 힘으로 교화된다. 엘비스의 놀라운 〈제일하우스 록〉 뮤지컬 장면이 포함되어 있다(엘비스는 〈러빙 유〉와 마찬가지로 이 영화를 보려고 하지 않았다. 상대역 주디 테일러가 영화 개봉 직전에 교통사고로 죽었기 때문이다).

킹 크레올(King Creole, 1958)

프레슬리가 아버지(딘 재거), 갱단원(월터 매소), 여자들(섹시한 캐롤라인 존스와 다정한 돌로레스 하트)과 갈등을 겪는 고등학교 중퇴자 대니 피셔로 캐스팅되어 가장 거친 역을 맡은 영화다. 해럴드 로빈스의 베스트셀러에 기초를 두고 존경받는 마이클 커티즈가 감독했으며, 버번 스트리트 로케이션, 〈트러블〉 〈하드 헤디드 워먼〉 등 11곡을 지원받았다. 엘비스 최고의 연기라는 평가도 있다.

GI 블루스(GI Blues, 1960)

제작자 할 월리스는 '올해의 성조기 쇼'라고 홍보하며 군복무 중인 엘비스를 캐스팅하여 교묘히 상업적으로 이용했다. 엘비스는 댄서 줄리엣 프라우즈를 유혹하여 '방어를 뚫을' 수 있다는 내기를 하는 노래하는 GI로 나왔다. 엘비스는 작은 인형에게 불러준 매력적인 곡 〈우든 하트(Wooden Heart)〉가 삽입된 이 건전한 영화를 편안히 찍었다. (1930년대에 영화를 만들기 시작한) 노먼 토록 감독은 프레슬리 영화를 여덟 편 더 찍었다.

플레이밍 스타(Flaming Star, 1960)

원래 말론 브랜도를 위해 각본을 쓴 우의적인 웨스턴으로 엘비스는 키오와 부족과 백인 가족 모두의 피가 섞인 인물로 나온다. (나중에 배우 클린트 이스트우드와 팀을 이뤄 유명해진) 돈 시겔이 감독했으며 돌로레스 델 리오가 엘비스의 어머니 역으로 함께 캐스팅된 영화다. 프레슬리는 그녀가 극중에서 죽는 장면 때문에 너무 동요하여 시겔에게 촬영을 미뤄달라고 부탁했고 시겔도 들어주었다. 두 곡이 실렸지만 프레슬리는 주로 드라마 연기를 해냈다.

와일드 인 더 컨트리(Wild in the Country, 1961)

당시의 인기소설인 《로스트 컨트리(The Lost Country)》에 기초했지만 엘비스를 감안하여 스토리 라인을 바꾸고 네 곡을 삽입했다. 프레슬리는 글쓰기에 관심 있는 문제 많은 젊은이로 묘사되며 시내의 창녀(튜스데이 웰드), 오랜 여자친구(밀리 퍼킨스), 그의 잠재력을 감지하는 심리학자(호프 랭) 등 세 여자의 유혹을 받는다. 필립 던이 감독하고 클리포드 오데츠가 각본을 썼는데, 둘 다 아주 존경받는 아티스트였다. 프레슬리의 감상적인 연기로 가장 유명한 영화이며〔그 중에서도 마가복음 15장 34절의 "주여, 오, 주여, 어찌하여 절 버리십니까?(Eli, eli, lema sabachthani?)"를 멋지게 인용하는 장면이 있다〕, 그의 연기인생에서 마지막으로 '심각한' 영화다.

블루 하와이(Blue Hawaii, 1961)

엘비스 프레슬리는 이 영화를 만들기 직전에 할 월리스와 5년 계약을 맺었다. 한때 확신에 차서 엘비스의 타고난 연기력을 얘기하던 이 제작자는 스크린을 성적인 존재감으로 가득 채웠고 그의 스타를 노래, 이국적인 로케이션, 수많은 여자들 속에 집어넣었다. 엘비스의 '틀에 박힌' 영화 중 첫번째 작품이며, 투어가이드로 일하기 위해 가문의 사업을 포기하는 파인애플 농장 후계자의 이야기라는 단순한 플롯에도 불구하고 그해 최고의 수입을 거둔 영화였다. 여자친구 역은 조안 블랙맨, 엘비스의 고약한 어머니 역은 앤젤라 랜즈베리가 맡았다. 발라드 〈캔트 헬프 폴링 인 러브〉를 비롯하여, 로맨틱한 마지막 장면에서 부른 〈하와이언 웨딩송〉 등 14곡이 수록되었다.

팔로 댓 드림(Follow that Dream, 1962)

남부 출신인 아서 오커넬이 가족을 데리고 플로리다 해변에 정착하는 이야기가 전부이며, 갱단과 엘비스를 주시하는 조애나 무어 등 사회복지사와의 분쟁만 있다. 프레슬리는 무어와 입양한 여동생 앤 헬름 사이에서 줄다리기에 휘말린다. 이 영화에서 엘비스는 블랙 코미디의 재능을 선보이는 한편 입양한 고아들의 양육에 관한 법정 장면에서 감정을 효과적으로 표현했다. 〈왓 어 원더풀 라이프(What a Wonderful Life)〉 〈아임 낫 더 매링 카인드(I' m Not the Marrying Kind)〉 등 듣기 좋은 노래를 여섯 곡 부른다.

키드 갈라하드(Kid Galahad, 1962)

험프리 보가트의 1937년작을 리메이크한 것으로 엘비스는 프로로 전향하지만 탐욕스러운 매니저(기그 영)에게 착취당해 부정 게임을 하는 복싱 스파링 상대로 나온다. (〈블루 하와이〉에도 출연한) 조안 블랙맨이 엘비스가 사랑하는 역을 맡았다. 이 스타는 몸매를 성공적으로 과시하지는 못했지만(엘비스는 상반신을 드러내보이는 것이 싫었다), 〈홈 이즈 웨어 더 하트 이즈(Home Is Where the Heart Is)〉 〈아이 갓 럭키(I Got Lucky)〉 등 발라드 곡에 관한 한 챔피언임을 입증했다.

걸스! 걸스! 걸스!(Girls! Girls! Girls!, 1962)

시나리오의 스토리 라인이 단순하다. 엘비스는 낮에는 하와이의 참치잡이 어선에서 일하고 밤에는 자기 배를 사기 위해 노래하는 임대용 보트 운항사 역을 맡았다. 드라마는 거기에서 끝나지 않는다. 섹시하고 관능적인 나이트클럽 가수 스텔라 스티븐스와 부유하고 착한 여자 로렐 굿윈 사이에서 한 여자를 선택해야 하는 것이다. 〈리턴 투 센더(Return to Sender)〉를 비롯하여 엘비스가 비키니를 입은 하와이 여자들 사이에서 연주하는 타이틀곡 등 13곡이 삽입되었다.

잇 헤픈드 앳 더 월즈 페어(It Happened at the World's Fair, 1963)

경비행기 조종사인 엘비스는 동료의 도박으로 비행기를 잃었다. 그래서 단짝친구(게리 록우드)와 박람회까지 히치하이킹으로 가야 한다. 그 여정에서 사랑스러운 중국 소녀(비키 티우)를 좋아하고, 노래를 하다 박람회 의료실에서 매력적인 간호사(조운 오브라이언)와 사귄다. 1963년 시애틀 세계박람회를 무대로 〈원 브로큰 하트 포 세일(One Broken Heart for Sale)〉을 포함해 10곡이 수록되었다.

펀 인 아카풀코(Fun in Acapulco, 1963)

곡예사 출신의 엘비스는 동료를 다치게 만든 사고로 인해 신경이 마비된다. 그래서 아카풀코에 여행 갔다가 한 호텔에서 가수이자 수영장 구조원이 되어 결국 여자 투우사(엘사 가르데나스), 호텔의 소셜 디렉터(우르술라 안드레스)와 모두 사귄다. 41미터가 넘는 유명한 아카풀코 절벽에서 고소공포증을 극복하고 다이빙을 하기도 한다. 〈보사노바 베이비(Bossa Nova Baby)〉 등의 노래들도 그에 못지않게 인상적이다.

키싱 커즌스(Kissin' Cousins, 1964)

한 공군 중위가 산골의 친척들을 설득하여 그들의 토지에 미사일 기지를 짓는 과정에서 일란성 쌍둥이가 있다는 사실을 발견한다. 1인 2역을 맡은 엘비스는 힐빌리 사촌 역을 할 때 써야 했던 금발 가발이 너무나 창피하여 촬영 첫날 분장실에서 나오려 하지 않았다. 제작기간이 짧은 것으로 유명한 샘 캐츠먼이 제작하여 그 평판에 걸맞게 찍었다. 겨우 16일 만에 촬영을 마치고 편집까지 끝낸 것이었다. 뛰어난 연기자 아서 오커넬, 글렌다 패럴이 멍청한 역할을 잘 연기했으며, 이본 크레이그(텔레비전의 배트걸)와 팸 오스틴이 맵시 있게 핫팬츠를 입었다.

비바 라스베이거스(Viva Las Vegas, 1964)

마침내 프레슬리는 재능과 카리스마에 있어서 필적할 만한 여배우의 상대역이 된다. 게다가 (영화 속에서도 밖에서도 그가 사랑하게 된) 앤 마그렛은 궁합이 아주 잘 맞았다. 하지만 불운에 처해 라스베이거스에서 웨이터로 일하다 호텔의 수영강사를 유혹하는 레이싱 카 운전사의 이야기를 다룬 틀에 박힌 플롯이다. 다행히 둘 다 큰 경연대회에서 경쟁하다가 팀을 이뤄 열정적인 뮤지컬 넘버 〈컴온 에브리바디〉와 매력적인 〈더 레이디 러브스 미(The Lady Loves Me)〉를 부른다. 불타는 듯한 붉은 머리의 상대역에게 자극받은 엘비스는 〈왓 아이 세이(What'd I Say)〉라는 열광적인 곡도 부른다. MGM 뮤지컬의 명장 조지 시드니가 감독했다.

루스터바웃(Roustabout, 1964)

엘비스가 짓궂고 음탕하게 부른 〈리틀 이집트〉, 감상적인 발라드 〈빅 러브, 빅 허트에이크(Big Love, Big Heartache)〉는 터프한 카니발 운영주 바바라 스탠윅, 착한 여자 조운 프리먼을 만나는 카니발 업계를 배경으로 펼쳐지는 이 세트장의 하이라이트다. 다행히 점쟁이로 나오는 섹시한 수 앤 랭던 등 노련한 성격파 배우들이 그 사이를 가득 채운다.

걸 해피(Girl Happy, 1965)

봄방학 동안 포트 로더데일을 배경으로 펼쳐지는 남녀공학 대학생들의 애기인 〈웨어 더 보이스 아(Where the boys Are)〉 제작자의 영화로 이번 아류작은 소년의 관점에서 진행된다. 엘비스와 그의 밴드 멤버들은 플로리다 리조트 커뮤니티로 사업가의 휴가 중인 딸(셸리 파바레스)을 감시하러 파견된다. 엘비스는 그녀를 실패자로 보고 글래머인 메리 앤 모블리(1959년 미스 아메리카이기도 함)에게 관심을 돌린다. 그런데 파바레스가 예상보다 섹시하다는 사실이 드러나자 프레슬리는 다시 관심을 돌려 자신이 사랑에 빠졌다는 사실을 깨닫는다. 〈두 더 클램(Do the Clam)〉을 통해 새로운 댄스에 대한 열광을 불러일으키려는 노력말고도 (엘비스가 모블리를 유혹하려고 부르는) 〈두 낫 디스터브(Do Not Disturb)〉 등 평소보다 강한 사운드, 로맨틱한 〈퍼펫 온 어 스트링(Puppet on a String)〉, 타이틀곡 등 생각보다 즐길 만하다. 엘비스는 타이밍 좋은 코미디를 선보이며 유일하게 여장을 하기도 한다.

티클 미(Tickle Me, 1965)

솜씨 없이 제작된 것만큼이나 그럴듯하지 않은 플롯으로, 엘비스는 관광농장의 뷰티 스파에서 일하며 수지를 맞추는 로데오 기수로 캐스팅되었다. 로맨스(당연한 설정이다), 황폐한 도시, 숨겨진 금맥 등의 세부적인 플롯도 전개된다. 상대역 조슬린 레인은 영화 마지막에 엘비스가 맡은 극중 인물과 결혼한다. 삽입곡은 〈서치 언 이지 퀘스천(Such an Easy Question)〉 등 밝은 발라드다.

해럼 스캐럼(Harum Scarum, 1965)

엘비스는 무성영화 시절의 우상 루돌프 발렌티노 스타일의 사막의 시크교도를 연기한다는 생각에 처음에는 열정적으로 달려들었다. 그러나 18일의 촬영일정 때문에 제작상의 가치로 볼 때 별로 시간이 남지 않았다. 플롯에 관해 말하자면 엘비스는 미국의 안방스타로 왕, 왕의 딸, 소매치기와 중동에서 소동에 연루된다. 상대역 메리 앤 모블리는 실제는 공주인 하녀 역할이다. 세실 B. 드밀의 무성 서사극 〈킹 오브 킹스(King of Kings)〉를 위해 지은 사원세트에서 촬영했고 의상은 1944년의 걸작 〈키즈멧(Kismet)〉에서 입은 것을 재활용했다.

프랭키와 자니(Frankie and Johnny, 1966)

민요에 기초했지만 전형적인 프레슬리식 해피엔딩으로 내용을 바꾼 미시시피 증기선 이야기다. 시대적 배경에 맞춰 빅토리아 시대의 의상을 입은 엘비스가 멋져 보인다. 당시 텔레비전의 인기 드라마 〈베벌리 힐빌리스(Beverly Hillbillies)〉에 출연한 관능적인 여배우 다나 더글러스와 함께 연기했다.

파라다이스(Paradise, Hawaiian Style, 1966)

하와이 세트장에 세번째로 돌아온 영화다. 친구 제임스 쉬게타와 팀을 이뤄 대여서비스를 하는 헬리콥터 조종사로 나온다. 엘비스는 피곤하고 부어 보인다. 면허가 일시적으로 정지된 동안 엘비스는 비행사로서의 장래에 있어 위험을 무릅쓰고 대담한 구조활동을 한다. 개인적으로는 스재너리 등 세 여자와 사귄다.

스핀아웃(Spinout, 1966)

〈비바 라스베이거스〉에서처럼 엘비스는 다시 한 번 가수이자 레이싱카 드라이버지만 그의 삶에서 가장 위험한 커브는 결혼을 생각하고 있는 세 여자라는 굴곡이다. 즉 데브라 월리(밴드의 드러머 역), 셸리 파바레스(자동차 회사 임원의 딸), 다이앤 맥베인(자립한 작가)이다. 아홉 곡이 수록되었으며 그중에는 〈스탑, 룩 앤 리슨(Stop, Look and Listen)〉도 있다.

이지 컴, 이지 고(Easy Come, Easy Go, 1967)

엘비스는 이해하기 어렵지만 이지고고 나이트클럽의 가수로 밤에도 딴 일을 하는 해군 잠수병으로 캐스팅되었다. 있는 그대로 말하자면 플롯은 숨겨진 보물 탐색, 주민 아트센터를 구하려는 노력 등에 관한 것이다. 엘비스는 이 영화를 촬영하는 동안 살이 너무 쪄서 제작자 할 월리스와 파라마운트 픽처스 임원들 사이에 수많은 메모가 오갔다.

더블 트러블(Double Trouble, 1967)

영국의 디스코테크를 무대로 했지만 MGM의 스튜디오에서 촬영한 이 스파이 영화 패러디는 보석도둑과 무능한 정부요원(위어 형제)에 관한 내용이며, 엘비스가 맡은 팝가수는 이국적인 요부(이본 로메인), 결국 프레슬리의 진정한 사랑이 되는 열일곱 살의 상속녀(아네트 데이) 등 두 여자와의 관계에 연루된다. 하지만 그는 영화 초반에 "열일곱이면 난 서른으로 보일 거야."라고 단언한다.

클램베이크(Clambake, 1967)

〈왕자와 거지〉에 기초한 이 영화에서 엘비스는 마이애미의 패셔너블한 호텔에서 가난한 노동자(윌 허친스)와 신분을 바꾸는 부유한 텍사스 석유상의 아들 역을 맡는다. 수상스키 강사로 변장한 엘비스는 가난에 지쳐 부유한 남자친구를 찾는 투숙객 셸리 파바레스에게 반한다. 그는 옷을 입고 수상스키를 타면서 그의 커리어 중 가장 황당한 뮤지컬 곡인 〈컨피던스(Confidence)〉를 아이들과 잔뜩 꾸며서 부른다.

스테이 어웨이, 조(Stay Away, Joe, 1968)

엘비스는 다시 인디언이 되었지만 극적인 〈플레이밍 스타〉와 달리 가축을 기르고 싶어하는 가족의 계획 때문에 정부의 도움을 얻으려고 하는 나바호 로데오 기수 조 라잇클라우드 역을 맡아 코미디 연기를 펼친다. 그래도 강조점은 코미디와 조의 깡패 같은 행동방식에 있다. 주먹다짐과 리드미컬한 파티 장면, 호르몬 넘치는 십 대 딸(쿠엔틴 딘)과 어머니(조운 블론델) 모두에게 접근하는 (엘비스 영화로서는) 무정부적인 분위기다. 아니면 광고에서 홍보하던 대로 "엘비스, 서부로 가다. 그리고 서부, 광란에 빠지다(인디언 지도자 시팅 불도 아니다)."

스피드웨이(Speedway, 1968)

엘비스는 다시 한 번 운전석에 앉는다. 이번에는 도박에 미친 매니저(빌 빅스비)가 IRS와 문제를 일으킨 상용차를 개조한 스톡 카 챔피언으로 나온다. 은백색 금발인 공무원 낸시 시내트라가 등장하여 조사 대상자와 친밀한 관계가 되며 노래까지 함께 부른다(흰색 미니 드레스에 무릎까지 오는 부츠를 신고 나옴). 그 특유의 흉내낼 수 없는, 다소 키가 틀린 스타일로 열정적인 〈유어 그루비 셀프(Your Groovy Self)〉를 부르기도 한다. 〈렛 유어셀프 고(Let Yourself Go)〉 등 엘비스의 (키가 맞는) 노래도 있다.

리브 어 리틀, 러브 어 리틀(Live a Little, Love a Little, 1968)

변화하는 시대와 태도에 맞추려는 시도로 엘비스는 이중 생활을 하는 사진가로 캐스팅된다. 즉 십 대 소녀를 위한 잡지와 품격 있는 광고 대행사 사진을 모두 찍는 것이다. 개인적인 면에서는 앨버트라는 그레이트 데인 종과 함께 사는 제멋대로인 모델(미셸 캐리)을 쫓아다닌다. 단 네 곡만 수록되었으나 그중 어느 곡도 기억할 만하지 않으며, 엘비스와 강아지 옷(!)

을 입은 사람들이 연루된 사이키델릭한 꿈장면도 포함되어 있다. 그리고 엘비스와 미셸이 침대에 있는 장면도 있지만, 침대 칸막이 덕에 안전하게 서로 떨어져 있다.

차로!(Charro!, 1969)

이 영화는 엘비스를 갑자기 '다른 종류의 역할'을 맡긴다고 선언했는데, 실제로는 클린트 이스트우드가 출연한 스파게티 웨스턴 영화 〈맨 위드 노 네임(Man With No Name)〉을 흉내내려는 것이었다. 면도도 안 한 교화된 총잡이로 캐스팅된 엘비스는 마을 사람들과 자신이 관계를 맺고 있는 댄스홀의 여왕(아이나 밸린)을 구하기 위해 옛 갱단 동료와 맞서 싸운다. 변한 점은 엘비스가 오프닝 크레딧에 삽입된 타이틀곡을 제외하면 노래를 부르지 않는다는 것이다.

엘비스 프레슬리의 소녀는 괴로워〔The Trouble with Girls(And How to Get into it, 1969)

극히 이상한 프레슬리의 출연작으로 영화에 절반도 출연하지 않으며 1920년대 젊은 연기자들을 위한 이동학교인 쇼터쿠아에 관한 것이다. 매니저 역의 엘비스는 누구를 고용하고 누구를 해고할지 검토해야 하며 미스터리를 해결하는 데 도움을 줘야 한다. 그는 브로드웨이 뮤지컬 스타 마를린 메이슨이 맡은 아름다운 조수의 마음을 사로잡기도 한다(엘비스 팬들에게는 충격적이었다. 이를테면 엘비스가 상대역에게 침대에서 얘기를 계속해야 하는 장면 때문이었다).

체인지 오브 해빗(Change of Habit, 1969)

엘비스는 다시 한 번 페이스를 바꾸려는 시도로 게토의 젊은 의사로 출연한다. 그의 병원은 세 여자의 도움을 얻는데, 그는 모르지만 모두 (평상복을 입은) 수녀들이다. 엘비스가 메리 타일러 무어에게 반하자 그녀는 서약을 저버려야 할지 고민에 빠진다. 이 영화는 무어가 결정을 내리기 위해 교회에 있는 것으로 끝난다. 그녀가 어떤 결정을 내렸을지는 아무도 모른다. 제인 엘리엇과 바바라 맥네어가 함께 출연했다.

엘비스 프레슬리(Elvis-That's the Way it is, 1970)

가수가 흰색 프린지 장식이 달린 옷을 입던 절정기를 담은 다큐멘터리로 1970년 여름 라스베이거스 인터내셔널 호텔의 계약공연을 준비하는 과정을 보여준다. 엘비스가 카메라를 향해 과장된 표정을 짓는 등 분명히 편안함을 느끼던 MGM의 리허설부터 라스베이거스 오프닝 밤의 열기까지 이 영화는 그의 라이브 공연의 모든 면을 포착하며, 프레슬리의 엄청난 매력과 유머감각도 잡아낸다.

엘비스 온 투어(Elvis on Tour, 1972)

당시 젊은 신인 감독이었던 마틴 스콜세즈가 이 다큐멘터리를 걸작으로 만드는 데 기여했다. 스콜세즈는 예술적인 몽타주 시퀀스와 당시 혁신적이던 화면분할 기술(그리고 돌비)을 이용했다. 1972년 골든 글러브 시상식 최우수 다큐멘터리 부문 수상작(그러나 아카데미 시상식은 완전히 무시)이다. 1972년 봄 엘비스의 15개 도시 투어의 휘황찬란한 모습을 포착한 이 필름은 로큰롤의 제왕이 〈메모리즈(Memories)〉부터 〈네버 빈 투 스페인(Never Been to Spain)〉에 이르는 곡들을 부르는 모습을 보여준다.

-Television Appearances 텔레비전 출연작

1950년대는 'TV와 로큰롤이 출현한 시대'라고 정의되는 만큼 엘비스가 TV에 자주 출연한 것은 아주 당연한 일이었다. 이 젊은 가수는 전국적인 인기를 얻기 전에 컨트리 가수 지미 딘이 워싱턴 D.C.에서 진행하던 〈타운 앤 컨트리 주빌리(Town and Country Jubilee)〉 등의 지역방송에 몇 번 출연한 적이 있었다. 그러나 프로듀서 재키 글리즌이 CBS의 시리즈 〈스테이지 쇼(Stage Show)〉 계약을 한 후에야 미 전역의 거실에 침투할 수 있었다. 텔레비전은 그의 출발에 도움을 주었다. 그는 TV 카메라 앞에서 가장 충격적인 공연을 보여주었는데, 다음의 목록에서 나타나듯 그 관계는 일종의 상호 동반자 관계였다.

스테이지 쇼(1956년 1월 28일)

당시 〈허니무너스(The Honeymooners)〉의 공동 프로듀서로 TV의 주요 세력가였던 재키 글리즌이 제작한 이 CBS 시리즈는 빅밴드 리더 토미 도시와 지미 도시가 진행했다. 엘비스는 〈셰이크, 래틀 앤 롤(Shake, Rattle and Roll)〉을 연주한 다음 〈플립, 플랍 앤 플라이(Flip, Flop and Fly)〉 〈아이 갓 어 워먼(I Got a Woman)〉으로 자연스럽게 넘어갔다.

스테이지 쇼(1956년 2월 4일)

프레슬리는 〈베이비 렛츠 플레이 하우스(Baby, Let's Play House)〉와 〈투티 프루티(Tutti-Frutti)〉를 하고 게스트 MC 조 E. 브라운, 공연용 침팬지 티피,

코비나와 함께 홍보되었다.

스테이지 쇼(1956년 2월 11일)

처음으로 전국에 〈핫브레이크 호텔〉이 방송되었는데, 엘비스는 도시 브러더스 오케스트라(Dorsey Brothers Orchestra)의 반주로 노래했다. 〈블루 스웨이드 슈즈〉도 불렀다.

스테이지 쇼(1956년 2월 18일)

프레슬리는 다시 한 번 열광적으로 〈투티 프루티〉와 함께 〈아이 워즈 더 원(I Was the One)〉을 부른다. 이번에는 곡예팀 토케이어스(Tokayeers)가 게스트에 포함된다.

스테이지 쇼(1956년 3월 17일)

게스트 MC 헤니 영맨이 열한 살짜리 오르간 연주자를 소개한다. 엘비스는 〈블루 스웨이드 슈즈〉와 〈핫브레이크 호텔〉을 부른다.

스테이지 쇼(1956년 3월 24일)

여섯번째이자 마지막 도시 쇼에서 프레슬리는 〈핫브레이크 호텔〉을 세번째로 연주한다. 〈머니 허니(Money Honey)〉도 부른다.

밀튼 벌 쇼(The Milton Berle Show, 1956년 4월 3일)

'엉클 밀티(Uncle Miltie)' 혹은 '미스터 텔레비전' 이라고 불리며 유명인사가 된 〈밀튼 벌의 쇼〉로 프레슬리가 청중의 저변을 넓혔다. 캘리포니아 샌디에이고의 미 군함 행콕 갑판에서 방송했으며, 프레슬리는 〈셰이크, 래틀 앤 롤〉 〈핫브레이크 호텔〉 〈블루 스웨이드 슈즈〉 연주로 젊은 군인들에게 큰 호응을 받았다. 또한 쌍둥이인 멜빈 프레슬리로 출연한 벌과 짤막한 코미디도 연기했다.

밀튼 벌 쇼(1956년 6월 5일)

TV 시리즈 〈쉬나, 퀸 오브 더 정글(Sheena, Queen of the Jungle)〉의 스타 아이리시 맥칼라가 포도밭을 배경으로 등장한다. 그 뒤를 이어 섹시한 예비 스타 데브라 패젓이 출현하여 뛰어올랐다 내렸다 하면서 비명을 지른 다음 입맞춤을 하려 드는 등 프레슬리를 놀라게 한다. 하지만 거기에 불을 지르는 것은 프레슬리의 행동이다. 〈하운드 독〉을 부르면서 사타구니를 불쑥 내밀고, 돌리고, 들썩거림으로써 다음날 언론의 공격을 유발했다.

스티브 앨런 쇼(The Steve Allen Show, 1956년 7월 1일)

다재다능하고 박식한 앨런은 측근들에게 프레슬리가 '오래 가지 못할 것'이라고 말했지만, 일단 만나고 나서는 폭발적인 시청률을 유발할 것이라는 점을 알아보았다. 〈밀튼 벌 쇼〉의 논란이 있은 다음 현명하게도 '새로운 엘비스 프레슬리'를 제시하는 시나리오를 요리해냈다. 앨런이 설명한 대로 '모든 가족이 즐길 수 있는 쇼를 원했던 것'이다. 엘비스가 턱시도를 입고 흰 장갑을 든 채 입장하여, 중절모를 쓰고 겁먹은 듯한 작은 사냥개를 향해 〈하운드 독〉을 부른다. 프레슬리는 그런 쇼를 싫어했던 것으로 전해지지만 그 곡의 클라이맥스에서는 강아지에게 키스를 날릴 정도로 카메라 앞에서는 온화했다. 또 앨런, 이모젠 코카, 앤디 그리피스와 함께 〈레인지 라운드업(Range Roundup)〉 코너에서 텀블위드 프레슬리 역도 잘 소화했다. 마지막에 넷이서 함께 〈이피 이 요 이 예이(Yippie Yi Yo Yi Yay)〉를 부른다.

에드 설리번 쇼(The Ed Sullivan Show, 1956년 9월 9일)

1948년부터 1971년까지 일요일 밤의 인기 프로그램으로 미국 최고의 TV 버라이어티 쇼였다. 그리고 설리번은 그 최고의 진행자였다. 처음에는 "어떤 대가를 치르더라도 그를 출연시키지 않을 겁니다. 내 취향이 아니거든요."라며 프레슬리와 출연계약을 하지 않겠다고 선언했기 때문에, 설리번이 생각을 바꾸자 이 가수는 승리감을 느꼈다. 프레슬리는 세 번 출연해서 5만 달러를 받았고, 첫번째 쇼는 성격파 배우 찰스 래프턴이 진행했다(설리번이 자동차 사고로 입원했기 때문이다). '엘빈 프레슬리'라 소개받고 〈돈 비 크루얼(Don't Be Cruel)〉〈러브 미 텐더〉〈레디 테디(Ready Teddy)〉〈하운드 독〉을 불렀다.

에드 설리번 쇼(1956년 10월 28일)

복화술사 세뇨르 웬시즈, 리틀 갤릭 싱어스, 프레슬리가 등장한 이상한 출연진이었다. 하지만 〈돈 비 크루얼〉〈러브 미 텐더〉〈러브 미〉〈하운드 독〉으로 거침없는 무대를 보여주었다. 〈러브 미 텐더〉로 골드 레코드 상도 수상했다.

에드 설리번 쇼(1957년 1월 6일)

검열방송으로 역사에 남은 쇼다. 프레슬리가 처음 두 번의 쇼에서 연주하는 동안 쏟아진 비난 때문에 설리번은 가수의 허리 위만 카메라에 잡으라고 지시했다. 엘비스의 레퍼터리는 〈하운드 독〉〈러브 미 텐더〉〈핫브레이크 호텔〉〈돈 비 크루얼〉〈투 머치(Too Much)〉〈웬 마이 블루 턴스 투 골드 어게인(When My Blue Turns to Gold Again)〉과 영가 〈피스 인 더 밸리(Peace in the Valley)〉였다. 진행자 설리번은 처음의 편견과 걱정에도 불구하고 계속해서 프레슬리를 '정말 건전하고 좋은 청년'이라고 하며 "아주 완벽했어."라고 덧붙였다.

아메리칸 밴드스탠드(1959년 1월 8일)

이 로큰롤 스타는 군복무를 하며 완전한 미국 청년임을 입증했다. 스물네 살 생일에 당시 주둔하던 서독에서 진행자 딕 클락과 전화 인터뷰를 했다.

웰컴 홈 엘비스(1960년 5월 12일)

1957년에 프레슬리를 공격했던 프랭크 시내트라는 그 유명한 GI가 귀향했을 때 직접 대면하기에 이른다. 타이멕스가 스폰서였던 이 특집은 마이애미 퐁텐블로 호텔 그랜드 볼룸에서 3월 26일 녹화했고 한때 반항아였던 이 청년은 턱시도를 입고 높은 퐁파두르 머리를 한 채 프랭크와 듀엣으로 〈위치크래프트〉를 불렀다. 또한 〈페임 앤 포천〉 〈스턱 온 유(Stuck on You)〉를 부르자 시내트라가 〈러브 미 텐더〉로 화답했다. 프레슬리는 이 쇼로 기록적인 액수인 12만 5000달러를 벌었다. 랫 패커스(Rat Packers)인 새미 데이비스 주니어, 피터 로포드, 조이 비숍, 그리고 〈잇츠 나이스 투 고 트래블링(It's Nice to Go Traveling)〉을 부른 프랭크의 딸 낸시 시내트라 등 온갖 게스트 스타들이 출연했다.

엘비스(1968년 12월 3일)

싱거가 스폰서였던 이 유명한 특집은 구닥다리가 되어버린 프레슬리의 놀라운 컴백을 뜻했다. NBC에서 6월에 녹화한 이 쇼는 자극적인 장면이 많아서 그중 하나는 검열을 당했다(유곽 장면은 그 후 쇼의 비디오 출시 때 복원되었다). 하이라이트는 콘서트 장면인데 프레슬리가 바짝 긴장한 채 8년 만에 처음 관중과 대면한다. 머리부터 발끝까지 검은 가죽을 입어 날씬하고 섹시해 보이며, 점점 편안하게 관중을 장악하며 제왕으로 등극한다.

엘비스: 알로하 프롬 하와이(1973년 1월 14일)

라스베이거스와 전국의 경기장 공연으로 스스로를 재창조한 프레슬리는 그중 최대의 순회공연을 하기에 이른다. 최초의 위성중계를 통해 40개국의 15억으로 추산되는 사람들이 온몸에 보석을 박은 점프수트를 입고 빛나는 그를 보았다. 오프닝부터 기념비적인 〈차라투스트라는 이렇게 말했다〉가 높이 울려퍼졌고 미국 독수리가 그려진 망토를 관중에게 던진 마지막 순간까지 프레슬리는 영광스럽게 섬광의 세례를 받은 우상이었다.

엘비스 인 콘서트(1977년 10월 3일)

CBS는 프레슬리가 죽은 지 두 달 뒤에 이 특집을 방송했다. 프레슬리가 네브라스카 오마하의 사우스 다코타 래피드 시티에서 6월 공연을 하는 장면이 나오는데, 분명히 문제가 있는 사람으로 보인다. 즉 비만에 탈진해 보이며 눈은 멍한 상태다. 〈마이 웨이〉의 가사를 잊어버려서 종이에 적은 것을 보고 읽어야 했다. 텔레비전은 그의 생기와 누구도 능가할 수 없었던 독창성을 연대기로 기록한 동시에 죽음의 징후도 포착했다.

–Discography 디스코그래피

·음반 296·

엘비스 프레슬리의 음반은 수많은 불법 부트렉을 포함해 그 수가 방대하기 때문에 이 목록은 선별적일 수밖에 없었다. 선별기준은 음악적으로 호평을 받았고 수명도 오래 가는 명곡들을 고려하는 것 이외에도 대중의 감상적인 관심사나 호기심 차원의 가치도 포함되었다.

프레슬리는 너무나 다작이어서 일부 음반은 녹음한 지 몇 년이 지나도 발매되지 않는 경우가 있었다. 가능한 한 발매연도에 따라 노래를 열거했다.

(* 빌보드 주간 팝 싱글 차트 넘버원)

1954

Blue Moon of Kentucky

Good Rockin' Tonight

I Don't Care If the Sun Don't Shine

That's All Right(Mama)

1955

Baby, Let's Play House

I Forgot to Remember to Forget

I'm Left, You're Right, She's Gone

Milkcow Blues Boogie

Mystery Train

You're a Heartbreaker

1956

Any Way You Want Me(That's How I Will Be)

Blue Moon

Blue Suede Shoes

Don't Be Cruel*

Heartbreak Hotel*(Elvis's first number one hit)

Money Honey

Hound Dog*
I Got a Woman
I Want You, I Need You, I Love You*
I Was the One
Just Because
Lawdy Miss Clawdy
Let Me
Love Me
Love Me Tender*
My Baby Left Me
Paralyzed
Reddy Teddy
Rip It Up
Shake, Rattle and Roll
Trying to Get to You
Tutti-Frutti We' re Gonna Move
When My Blue Moon Turns to Gold Again

1957

All Shook Up *
(You' re So Square) Baby, I Don' t Care
Blueberry Hill
Blue Christmas
Don' t Leave Me Now
Got a Lot of Livin' to Do
Here Comes Santa Claus
(Right Down Santa Claus Lane)
I Believe
I Want to Be Free
It' s No Secret(What God Can Do)
Jailhouse Rock*
Lonesome Cowboy
Loving You
Mean Woman Blues
Oh Little Town of Bethlehem
Peace in the Valley
Santa Claus Is Back in Town
Take My Hand, My Precious Lord
(Let Me Be Your) Teddy Bear*
That' s When Your Heartaches Begin
Too Much*
Treat Me Nice*
True Love
Young and Beautiful

1958

As Long As I Have You
Crawfish
Hard Headed Woman*
Danny
Don' t*
One Night

I Beg of You*
King Creole
New Orleans
Trouble
Wear My Ring Around Your Neck
Young Dreams

1959

녹음 세션이 없었다. 프레슬리가 군대에 있었기 때문이다.

A Big Hunk o' Love*
A Fool Such as I
I Need Your Love Tonight
My Wish Came True
Silent Night

1960

Are You Lonesome Tonight?*
Fame and Fortune
Fever
GI Blues
The Girl Next Door
The Girl of My Best Friend
His Hand in Mine
If We Never Meet Again
It's Now or Never*(엘비스의 최다 판매 싱글)
Jesus Knows What I Want
Joshua Fit the Battle
Reconsider Baby
Stuck on You*
Such a Night
Swing Down, Sweet Chariot
Wooden Heart
Working on the Building

1961

Blue Hawaii
Can't Help Falling in Love
Hawaiian Wedding Song
(Marie's the Name) His Latest Flame
I Feel So Bad
I Slipped, I Stumbled, I Fell
Judy
Little Sister
Moonlight Swim
Summer Kisses, Winter Tears
Surrender*
Wild in the Country

1962

(Such an) Easy Question
Follow That Dream
Good Luck Charm*
Home Is Where the Heart Is
I Got Lucky
I'm Not the Marrying Kind
King of the Whole Wide World
Return to Sender
She's Not You
Suspicion
What a Wonderful Life

1963

(You're the) Devil in Disguise
One Broken Heart for Sale
Please Don't Drag that String Around
They Remind Me Too Much of You

1964

Ain't That Loving You Baby
Big Love, Big Heartache
C'mon Everybody(performed with Ann-Margret)
Hard Knocks
It Hurts Me
The Lady Loves Me(performed with Ann-Margret)
Little Egypt
Roustabout
Viva Las Vegas
What'd I Say
When It Rains, It Really Pours

1965

Crying in the Chapel
Do Not Disturb
Girl Happy
Go East, Young Man
The Meanest Girl in Town
Memphis, Tennessee
Puppet on a String
Slowly but Surely

1966

Down in the Alley
If Every Day Was like Christmas
I'll Be Back
Spinout

Stop, Look and Listen

Tomorrow Is a Long Time

1967

Big Boss Man

How Great Thou Art

If the Lord Wasn't Walking by My Side

Long Legged Girl(with the Short Dress On)

Stand by Me

Where Could I Go but to the Lord?

You Don't Know Me

1968

Baby, What You Want Me to Do?

Blue Christmas

Can't Help Falling in Love

Guitar Man

High-Heel Sneakers

If I Can Dream

Lawdy Miss Clawdy

Let Yourself Go

One Night

Too Much Monkey Business

U.S. Male

You'll Never Walk Alone

1969

After Loving You

Any Day Now

Don't Cry Daddy

Gentle on My Mind

I Can't Stop Loving You

I'm Movin' On

Inherit the Wind

In the Ghetto

It Keeps Right on A-Hurtin'

Johnny B. Goode

Kentucky Rain

Long Black Limousine

Memories

Only the Strong Survive

Stranger in My Own Hometown

Suspicious Minds*

(엘비스의 17번째이자 마지막 넘버원 싱글)

Wearin' That Loved On Look

Without Love (There Is Nothing)

1970

Bridge over Troubled Water

I Just Can' t Help Believing

I Really Don' t Want to Know

The Next Stop Is Love

Polk Salad Annie

Proud Mary

Release Me(and Let Me Love Again)

See See Rider

You Don' t Have to Say You Love Me

You' ve Lost That Lovin' Feelin'

1971

For Lovin' Me

Funny How Time Slips Away

Got My Mojo Workin'

Holly Leaves and Christmas Trees

If I Get Home on Christmas Day

I' ll Be Home on Christmas Day

It' s Your Baby, You Rock It

I Was Born About 10,000 Years Ago

I Washed My Hands in Muddy Water

Make the World Go Away

Merry Christmas Baby

Put Your Hand in the Hand
(of the Man from Galilee)

Rags to Riches Snowbird

Until It' s Time for You to Go

1972

Always on My Mind

Amazing Grace

An American Trilogy

Bosom of Abraham

Burning Love

Early Morning Rain

For the Good Times

He Touched Me

Hey Jude

Miracle of the Rosary

Never Been to Spain

1973

Are You Sincere?

Don' t Think Twice …… It' s Alright

I' m So Lonesome I Could Cry

It' s Over

My Way

Promised Land

Raised on Rock
Spanish Eyes
Steamroller Blues
You Gave Me a Mountain

1974

Flip, Flop and Fly
Good Time Charlie's Got the Blues
I've Got a Thing About You Baby

1975

Green Green Grass of Home
I Can Help
My Boy
Shake a Hand
Thinking About You

1976

Bitter They Are, Harder They Fall
Blue Eyes Crying in the Rain
Danny Boy
For the Heart
Harbor Lights
Hurt
Moody Blue
She Thinks I Still Care
Solitaire

1977

He'll Have to Go
Pledging My Love
Unchained Melody
Way Down

이 책에 등장하는 대표적인 음악가

성기완

이 책의 본문에는 수많은 전설적인 뮤지션들이 등장하는데, 사실 그 아티스트들은 이름만 살짝 발음해보고 지나치기에는 너무 아까운 인물들이다. 엘비스의 전기인 이 책에서 그 음악가들의 면면을 두루 살피는 것은 불가능한 일이지만, 엘비스의 음악이 어떤 음악적 환경 속에서 태어났고 또 어떻게 발전했는지를 알기 위해서 최소한 여기 짧게나마 언급된 아티스트들을 아는 것이 필수적이라 생각된다. 원래의 엘비스 전기에는 없지만, 음악에 보다 포커스를 맞추고 있는 독자들을 위해 싣는다.

윌리엄 크리스토퍼 핸디 :: William Chritopher Handy, 1873~1958

보통 '블루스의 아버지'로 불리는 뮤지션. 20세기 미국 음악의 방향에 많은 영향을 끼친 흑인 작곡가. 미국 남부 흑인들의 '민속음악'이었던 블루스를 미국의 팝 스탠다드 음악으로 견인하는 데 결정적 역할을 했다. 미국 앨라배마 주 크리스토퍼 태생인 W. C. 핸디가 처음 블루스 스타일의 곡을 악보화한 것은 아니나 구전되던 블루스에 악곡의 형식을 부여한 것은 그의 공로다. 〈Saint Louis Blues〉 〈Beale Street Blues〉를 비롯, 수많은 고전 블루스 넘버들을 남겼다.

게리 앤 더 페이스메이커스 :: Gerry and the Pacemakers

1959년에 게리 마스던(Gerry Marsden)의 주도로 결성된 영국 밴드. 비틀스와 마찬가지로 리버풀 출신이며 비틀스와 인기를 겨루던 '영국의 침공(British Invasion)'의 주역 가운데 하나. 비틀스의 매니저였던 브라이언 엡스타인 사단 소속이었고 역시 비틀스의 앨범을 프로듀스했던 명 프로듀서 조지 마틴의 프로듀싱으로 초기 앨범을 제작했다. 1960년대 후반 히피즘이 부상하면서 새로운 분위기에 적응하지 못하고 퇴조했다.

더 조더네어스 :: the Jordanaires

컨트리 역사상 가장 뛰어난 백 보컬 그룹. 1948년에 결성되어 멤버 교체를 겪으며 40년 넘게 활약. 사인조인 이들은 짐 리브스, 팻시 클라인, 조지 존스 등의 뮤지션들과 활동을 했으며 특히 엘비스 프레슬리의 백 보컬을 맡으면서 전국적으로 유명해졌다.

냇 킹 콜 :: Nat King Cole, 1919~1965

긴 설명이 필요 없는 최고의 남성 흑인 재즈 보컬리스트 가운데 한 사람. 남부 앨라배마 주 몽고메리 출신. 정확한 발음과 콧소리가 섞인 미성, 세련된 무대 매너로 흑인 보컬리스트의 위상을 변화시켰다는 평가를 받는다. 피아노 실력도 출중하여 '피아노 치면서 노래하는' 가수의 전형을 만들었다.

더 포 래즈 :: the Four Lads

1951년 캐나다 토론토에서 결성된 사인조 보컬 그룹. 흑인 두웝 스타일과 가스펠에서 영향을 받은 음악을 구사했으며 출중한 하모니가 일품이다. 1950년대에 〈The Mocking Bird〉〈Standing on the Corner〉 같은 빅 히트곡들을 냈다. 한때 엘비스 프레슬리와 인기 경쟁을 벌이기도 했던 멜로드라마틱 보컬리스트 자니 레이(Johnny Ray)의 백 보컬을 맡으면서 유명해졌다.

더그 포인덱스터 앤 히즈 스타라이트 랭글러스 :: Doug Poindexter and His Starlight Wranglers

엘비스 프레슬리와의 관계 때문에 더욱 유명해진 컨트리-힐빌리 밴드. 샘 필립스의 선 레코드사와 계약한 초기 백인 뮤지션 군에 속하며 특히 이 밴드 소속의 기타리스트 스카티 무어는 후일 엘비스 프레슬리와 활동하면서 로큰롤 기타 사운드의 전형을 창출했다. 또 베이시스트 빌 블랙 역시 초기 엘비스 프레슬리의 밴드에서 활약함으로써 로큰롤 사운드의 창조에 기여했다.

로이 오빈슨 :: Roy Orbinson, 1936~1988

역사상 가장 뛰어난 로큰롤 작곡가 중의 한 사람. 스매시 히트곡 〈Oh, Pretty Woman〉을 비롯, 〈Only the Lonely〉 〈Crying〉 〈In Dreams〉 등 수많은 히트곡이 있다. 엘비스와 마찬가지로 선 레코드에서 음악을 시작했다. 같은 텍사스 출신의 버디 홀리와 더불어 로큰롤의 멜로디를 가장 전형적으로 빚어낸 뮤지션으로 평가할 만하다.

로이 홀 :: Roy Hall, 1922~1984

컨트리-록커빌리 피아니스트. 스키터 데이비스, 웹 피어스 등을 비롯, 수많은 뮤지션들과 활동했으며 컨트리에서 로큰롤로 넘어가는 단계의 피아노 플레이를 보여준다. 한때 내슈빌에서 클럽을 운영했으며 그 클럽에서 젊은 엘비스와 제리 리 루이스가 연주했다는 이야기도 있다. 로큰롤을 상징하는 노래의 하나인 제리 리 루이스의 〈Whole Lotta Shakin' Goin' On〉의 오리지널 넘버를 부른 뮤지션이기도 하다. 데이브 윌리엄스와 함께 그 곡을 자신이 지었다고 이야기하나 그에게 저작권은 없다.

루퍼스 토머스 :: Rufus Thomas, 1917~2001

초기 로큰롤의 창시자 가운데 한 사람이면서도 1970년대까지 활약한 전설적인 흑인 뮤지션. 수많은 멤피스 블루스, 로큰롤 뮤지션들에게 영향을 주었다. 〈Hound Dog〉을 연상케 하는 유명한 〈Bear Cat〉이라는 히트곡을 냈다. 선 레코드에서 발매된 최초의 전국적인 히트곡으로 기록되어 있다. 이미 1950년대 말에 이른바 '펑크(funk)'를 예견하는 스트레이트한 리듬의 곡들을 선보였다. 1960년대에는 멤피스의 그 유명한 스택스 레이블에서 딸인 칼라 토머스와 함께 히트곡을 냈고 1970년대 초까지도 대단한 활약을 했다. 그의 〈Walking the Dog〉은 롤링 스톤스의 첫 앨범에서 커버되기도 했고 〈Do the Funky Chicken〉은 1970년대 초반에 나온 고전적 펑크이다. 뮤지션이면서 멤피스 클럽 신, 흑인 라디오 방송국에서도 영향력 있는 실력자여서 B. B. 킹 같은 젊은 뮤지션을 발굴했으며, 짐 자무시의 영화 〈Mystery train〉에 인상적인 카메오로 출연하기도 했다.

레나 혼 :: Lena Horne, 1917~

뉴욕 브루클린 태생의 흑인 여가수. 1930년 코튼 클럽에서의 일을 시작으로 18세에 스타덤에 오른 이후 무려 60년이 넘게 전 세계의 나이트클럽에서 공연을 한 역사적인 가수다. 백인의 피가 섞여 있어 언뜻 보기에 흑인 같아 보이진 않지만, 차별을 딛고 세계적인 스탠다드 싱어로 성장한 입지전적 인물. 브로드웨이에서의 1인 뮤지컬 〈Lena Horne: The Lady and Her Music〉으로 토니상을 받기도 했다.

리버레이스 :: Liberace, 1919~1987

1960~1970년대를 풍미한 이지 리스닝 피아니스트. 음악가족에서 태어나 어려서부터 신동 소리를 들으며 피아노를 쳤다. 휘황찬란한 옷을 입고 피아노 위에 촛대를 놓은 채 연주하는 것으로 유명하다. 1950년대 초 〈리버레이스 쇼〉라는 TV 쇼의 호스트를 맡아서 전국적인 스타가 되었다. 영국의 폭로 저널에 의해 '동성애자' 임이 폭로되기도 했으나 소송을 걸어 승소했다.

리치 발렌스 :: Richie Valens, 1941~1959

버디 홀리와 투어를 다니다 비극적인 비행기 사고로 함께 요절한 로큰롤 스타. 영화 〈라 밤바〉로 1980년대 후반 재조명을 받았다. 로큰롤에 거의 최초로 라틴적인 색채를 가미한 인물로, 〈La Bamba〉 〈Donna〉 등의 히트곡이 있다.

리키 넬슨 :: Ricky Nelson, 1940~1985

1950년대 최고의 십 대 아이돌 싱어의 한 사람. 릭(Rick) 넬슨으로도 알려져 있다. 엘비스나 진 빈센트처럼 터프한 이미지가 아니라 부드럽고 착한 미소년 이미지를 전면에 내세웠다. 말하자면 '팻 분' 계열의 스타. 그의 테디 베어 이미지 때문에 음악적으로는 상대적으로 덜 평가받는 경향이 있지만 지금 들어보면 매우 세심하게 만들어진 음악들이라 듣기가 좋다. 무려 30곡의 빌보드 탑 40 히트곡이 있다.

리틀 리처드 :: Little Richard, 1935~

초기 로큰롤의 제왕 중 한 사람. 가장 독창적인 로큰롤 싱어의 한 사람으로 기록되고 있다. 활력과 리듬, 섹슈얼리티의 상징. 초스피드의 광적인 피아노 플레이와 함께 강력한 보컬능력을 지닌 로큰롤 선구자. 리듬 앤 블루스와 가스펠의 고양된 에너지를 로큰롤의 창조에 고

스란히 쏟아 부었다. 영원한 고전인 〈Tutti Frutti〉 이외에도 〈Long Tall Sally〉 등의 불후의 로큰롤 명곡들을 만들었다. 특히 〈Long Tall Sally〉를 비틀스가 스매시 히트시키고 나서 진정한 로큰롤의 선구자로 추앙받기 시작했다. 변덕이 매우 심해서 갑자기 음악을 관두고 신앙의 길을 걷다가 다시 음악 비즈니스계로 돌아오기를 반복하는 것으로도 유명하다.

마 를 렌 디 트 리 히 :: Marlene Dietrich,1901~1992

독일 출신의 가수, 배우. 카바레 가수 이미지를 가장 세련되게 표현한 가수로 꼽을 수 있다. 1920년대에 독일에서 인기를 얻었고 이후 할리우드로 진출, 전 세계적인 스타가 되었다. 제2차 세계대전 중에 적군인 독일군의 심금마저 울렸다는 〈Lilli Marlene〉이 가장 많이 알려진 노래. 1950년대 이후 라스베이거스의 호화 쇼에 자주 등장했다.

마 티 로 빈 스 :: Marty Robbins, 1925~1982

다채로운 음악적 이력을 지니고 있는 컨트리 가수. 엘비스의 한 세대 위 뮤지션으로 힐빌리와 로큰롤 사이를 평생 오갔다. 〈El Paso〉 같은 이른바 '총잡이 발라드(Gunfighter Ballads)' 로 유명하다.

맥 과 이 어 시 스 터 즈 :: McGuire Sisters

1949년에 결성되어 1964년까지 활동한 3인조 자매 보컬 그룹. 1950년대 팍스 아메리카나 시절의 좋았던 미국 중산층의 편안한 분위기를 대변하는 상징적인 그룹이다. 1950년대 후반에 나온 〈Sugartime〉이라는 공전의 히트곡이 있다.

미 니 펄 :: Minnie Pearl, 1912~1996

컨트리 쇼 '그랜드 올 오프리' 의 단골 게스트. 1940년대부터 1990년대 초까지 무려 50년 동안을 활약했다. 인기 컨트리 TV쇼 '히 호' 에 출연하기도 했다. 1975년 컨트리 음악 명예의 전당에 등록되었다.

바 비 블 루 블 랜 드 :: Bobby Blue Bland, 1930~

테네시 출신의 블루스 가수. 일반적으로 하모니카나 기타 같은 악기를 함께 연주하는 여타

블루스 뮤지션들과는 달리 보컬의 힘만으로 청중을 사로잡는 것으로 유명하다. 그의 스타일은 보통 '크라잉 스타일'로 불린다. 멜로드라마적인 실연의 아픔이나 삶의 고통을 격정적인 보컬로 담아내는 것이 그의 특징이다. '우는 듯한' 스타일은 블루스나 로큰롤의 또 다른 측면을 보여준다. 발라드에서의 격정적인 감정 표출이라는 전형이 그와 결부되는데, 공전의 히트곡인 〈Little Boy Blue〉(1958) 같은 노래가 그와 같은 대목을 잘 보여준다.

바 비 비 :: Bobby Vee, 1943~

로큰롤 가수. 엘비스가 출현했던 1950년대 후반과 '브리티시 인베이전'이 미국 팝계를 휘어잡은 1960년대 중반 사이의 '터프한 공백기'에 활약했다. 십 대에 이미 밴드 'Shadows(섀도우즈 악단과는 다른 밴드)'를 만들어 활동하고 있었는데, 버디 홀리와 리치 발렌스, 빅 바퍼가 탄 비행기가 추락하여 세 명 모두 세상을 떠나자 그 공백을 메우기 위해 무대에 섬으로써 기회를 잡은 것으로 유명하다. 나중에 솔로로 전향하여 〈Rubbuer Ball〉 〈Take Good Care of My Baby〉 같은 히트곡을 불렀다.

버 디 리 치 :: Buddy Rich, 1917~1987

진 크루파와 더불어 가장 위대한 백인 재즈 드러머의 한 명. 특히 재즈나 록에서 '드럼 솔로'의 모범을 보여준 사람. 파워풀하고 열정적인 연주 모습과 현란한 테크닉, 강하게 진동하는 드럼 사운드가 어우러짐으로써 특별한 고양감을 맛보게 하는 것이 드럼 솔로라는 공식을 세웠다. 토미 도시 오케스트라에서 활동하며 일약 스타덤에 올랐고 1950년대에는 버브 레이블에서 주로 활약했다.

버 디 홀 리 :: Buddy Holly, 1936~1959

초기 로큰롤 최고의 싱어송 라이터. 흑인적인 블루스 리듬을 바탕에 두고 백인적인 멜로디를 자연스럽게 얹는 데 성공한 뮤지션. 이미지와 캐릭터로는 엘비스 프레슬리의 영향력이, 음악으로는 버디 홀리의 영향력이 초기 로큰롤의 역사를 규정했다고 봐도 될 정도로 큰 공헌을 한 뮤지션. 나중에 비틀스에게도 결정적인 영향을 끼쳤다. 리치 발렌스, 빅 바퍼와 더불어 순회공연 중 비극적인 비행기 사고로 요절했다.

비비 킹 :: B. B. King, 1925~

프레디 킹(Freddy King), 앨버트 킹(Albert King)과 더불어 블루스 기타 '쓰리 킹'의 한 명. 호령하는 듯 통쾌하면서도 풍부한 감정을 실어내는 보컬과 그의 애기 깁슨 ES 335 '루실'이 내는 통통한 블루스 기타 사운드, 애간장을 녹이는 핑거링, 감칠맛 나는 비브라토 등으로 한 시대를 풍미한 블루스 아티스트다. 엘비스를 키워낸 로큰롤 성지이기도 한 멤피스의 빌 스트리트에서 뮤지션의 꿈을 키웠다.

빅 데이먼 :: Vic Damone, 1928~

브루클린 출신의, 본명이 비토 로카 파리놀라(Vito Locca Farinola)인 이탈리아계 팝 싱어. 물론 벤치마킹한 뮤지션은 프랭크 시나트라. 오페라의 나라 이탈리아 출신답게 멋진 목소리에 플레이보이 기질이 농후한 몸가짐, 잘 생긴 얼굴로 스탠다드 팝 신에 등장하여 여성 팬들에게 어필한 전형적인 이탈리아계 싱어의 모습을 보여준다. 엘비스 이전에 팝 아이콘으로 활약하며 영화에도 출연하고 '빅 데이먼 쇼'라는 TV쇼에서 호스트를 맡기도 했으나 1950년대 후반 그 세대의 다른 많은 엔터테이너들처럼 로큰롤의 된서리를 맞는다.

마 레이니 :: Ma Rainey, 1886~1939

1920년대의 이른바 '클래식 블루스' 시기에 활약한 대표적인 여성 블루스 싱어의 한 사람. 그녀와 한 시대를 공유했던 베시 스미스가 '블루스의 여왕'이라면 마 레이니는 '블루스의 어머니'라고 부를 만하다. 유랑극단 시절부터 노래하기 시작하여 블루스가 레코딩되던 최초의 시기에 능청스럽고도 힘이 있으며 슬픔을 가득 품은 블루스 창법의 매력을 유감없이 보여주었다. 베시 스미스보다 투박하고 터프하지만 나름 매력이 있다. 〈See See Rider〉 〈Ma Rainey's Black Bottom〉 같은 영원한 블루스 히트곡을 냈다.

빅 마마 손튼 :: Big Mama Thornton, 1926~1984

빅 마마 손튼이라는 이름은 자주 〈Hound Dog〉과 동일시된다. 어쩌면 그녀가 지은 노래인 〈Hound Dog〉이 그녀 자신보다 더 유명할지 모른다. 엘비스 프레슬리가 커버하면서 미국 팝 시장의 역사를 바꾼 역사적인 노래의 저작권자이자 오리지널 넘버를 부른 블루스 가수가 바로 그녀다. 전설적인 '피콕' 레이블에서 활약한 그녀는 조니 오티스라는 걸출한 블루스 기타리스트와 함께 녹음한 이 노래로 1953년 리듬 앤 블루스 차트에서 7주간 1위를 차지했다. 그러나 그 이후 별다른 히트곡을 내지 못하다가 1956년, 엘비스 프레슬리의 커버 버전이 공전의 히트곡을 기록하며 불멸의 방명록에 이름을 새긴 여인이 된다.

아서 '빅 보이' 크러덥 :: Arthur 'Big Boy' Crudup, 1905~1974

최초로 녹음된 로큰롤 넘버는 어떤 노래일까? 보통 빌 헤일리 앤 히스 코메츠의 〈Shake, Rattle and Roll〉을 꼽지만 엘비스 프레슬리의 〈That's All right (Mama)〉라고 주장하는 사람들도 꽤 있다. 1954년, 엘비스는 폭발적인 에너지를 뿜는 이 노래를 커팅했다. 바로 이 노래의 오리지널 넘버를 부른 블루스 아티스트가 빅 보이 크러덥이다. 서른 살까지 기타를 잡아보지도 않다가 뒤늦게 블루스에 손을 댄 블루스 맨으로, 미시시피 출신이며 시카고로 이주해서 고생 끝에 뮤지션으로 자리 잡았다. 엘비스가 좋아하는 블루스 맨 중의 하나다.

빅 월터 호튼 :: Big Walter Horton, 1917~1981

역사상 가장 뛰어난 블루스 하모니카 주자의 한 사람. '셰이키(Shakey)' 월터 호튼으로도 알려져 있다. 내성적이고 나서길 싫어해서 자기 밴드를 갖지 않았으나 윌리 딕슨, 머디 워터스를 비롯 수많은 시카고 블루스 맨들의 녹음에 걸출한 블루스 하모니카 톤을 함께 실었다. 후대의 뮤지션들에게 큰 영향을 끼쳤다.

빅 바퍼 :: Big Bopper, 1930~1959

인기의 절정을 향해 상승하는 바로 그 시점에 리치 발렌스, 버디 홀리와 함께 탄 비행기가 추락함으로써 요절한, 그래서 전설이 되기도 한 로큰롤 뮤지션. 텍사스 출신으로 원래 라디오 DJ로 팝계에 발을 들여놓았다가 〈Chatilly Race〉 같은 노래를 히트시키면서 스스로 가수가 되었다.

빌 먼로 :: Bill Monroe, 1911~1996

미국의 백인들 가슴 속 맨 밑바닥에 자리 잡고 있는 장르라 할 수 있는 '블루그래스(Blue Grass)' 라는 용어를 만들고 주창한 포크 뮤지션. 1940년대에 블루그래스 보이즈와 함께 활동하면서 문자 그대로 현대적인 컨트리의 한 방향을 제시한 선구적 인물이다. 그의 오인조

스트링 밴드는 컨트리 밴드의 전형이 되었다. 1970년 컨트리 명예의 전당에 이름을 올렸다.

빌 블랙 :: Bill Black, 1926~1965

스카티 무어와 함께 더그 포인덱스터 앤드 히즈 스타라이트 랭글러스 출신으로 엘비스 프레슬리의 초기 로큰롤 트리오의 멤버로 불멸의 뮤지션 대열에 올랐다. 베이스 플레이어. 나중에 '빌 블랙 콤보' 라는 자기 자신의 밴드를 통해 꽤 많은 인스트루멘털 히트 넘버를 생산해내기도 했다.

빌 헤일리 :: Bill Haley, 1925~1981

흑인 리듬을 컨트리 · 힐빌리와 혼합한, 로큰롤의 격렬함이 갓난아기 시절이던 이른바 '록커빌리' 장르의 최고 스타 가운데 한 사람. '빌 헤일리 앤 히즈 커메츠(Bill Haley and his Comets)' 로 엘비스 등장 이전의 시기를 수놓았다. 1950년대 최고의 '청소년 문제 영화' 〈Blackboard Jungle〉의 사운드 트랙으로 발매된 싱글의 'B 사이드' 에 실려 있었다는 〈Rock around the Clock〉(1955)의 혜성과 같은 등장은 빌 헤일리와 혜성들을 불멸의 로큰롤 뮤지션 별자리에 고정시켜 놓았다.

소니 제임스 :: Sonny James, 1929~

컨트리 스타. 본명은 제임스 로든(James Loden). 한국전쟁에 참전하고 돌아와 어린 시절 별명인 '소니 제임스' 를 예명으로 삼았다. 1953년 기타리스트 쳇 앳킨스를 만나면서 음악생활에 날개를 달았다. 1950년대 후반, 로큰롤이 한창일 때 컨트리 넘버로 히트 차트를 장식했다. 그중에서 가장 유명한 노래가 〈Young Love〉. 그러나 소니 제임스를 신화의 일부로 만든 것은 1960년대의 히트 퍼레이드. 1964년부터 1972년까지 8년 동안 발표한 25곡의 싱글 중에서 무려 21곡이 컨트리 차트 정상에 올랐다. '서던 젠틀맨(Southern Gentlemen)' 이라는 백 밴드도 유명하다.

소피 터커 :: Sophie Tucker, 1884~1966

본명은 소니아 칼리시(Sonia Kalish)이며, 러시아 유태계. 스스로 '나는 마지막 보드빌 세대' 라고 노래하기도 한 전설적인 보드빌 가수. 러시아에서 태어났고 부모를 따라 3세 때 미국에 정착했다. 16세에 결혼했으나 아들 하나를 남기고 남편이 떠나자 뉴욕으로 무작정 상경, 파란만장한 유랑극단 생활을 시작했다. 보드빌 공연이 뮤지컬로 넘어가는 단계에서 최고의 인기를 누렸던 보드빌 쇼 '지크펠드 폴리스(Ziegfeld Follies)'에 발탁, 스타의 길을 걷기 시작했다. 재즈가 인기를 누리자 재즈 스타일도 적극적으로 받아들여 프랑스에서 기원한 보드빌 풍 팝에 이디시(유태계)적 요소와 재즈가 결합된 음악을 선보였다. 사르트르의 소설 〈구토〉에 등장하는 유명한 스탠다드 넘버 〈Some of These Days〉를 1911년에 녹음한 장본인이 바로 소피 터커다.

스카티 무어 :: Scotty Moore, 1931~

엘비스 프레슬리의 선 레코드 녹음 때 기타를 쳤던 전설적인 로큰롤 기타리스트. 베이시스트 빌 블랙과 함께 컨트리 밴드 '더그 포인덱스터 앤드 히즈 스타라이트 랭글러스' 출신이다. 초기 엘비스 투어 때 엘비스, 빌 블랙, 스카티 무어 트리오는 로큰롤의 열정을 몸에 새긴 에너지 덩어리로 팬들의 가슴에 영원히 남아 있다. 엘비스 프레슬리의 떨리는 듯한 울림음과 스카티 무어의 '트왕' 기타는 초기 로큰롤의 사운드 메이킹을 규정했다. 엘비스의 노래 사이사이로 울려 퍼지는 간결하면서도 정곡을 찌르는 리듬은 진정 로큰롤다운 것이었다. 컨트리와 블루스 모두에서 리프들을 빌어와 초기 로큰롤 기타 프레이즈의 전형을 성립시킨 선구자 중 한 사람이다.

슬림 휘트먼 :: Slim Whitman, 1924~

컨트리 싱어. 특히 '요들' 스타일에 일가견이 있다. 엘비스의 매니저 콜로넬 톰 파커가 발탁한 컨트리 가수 중의 한 사람. 1950년대에 히트곡을 낸 뒤 영국으로 건너가 음악 생활을 하기도 했다. 런던의 팔라디움 극장에서 최초로 노래한 미국의 컨트리 가수로, 〈Unchain My Heart〉를 비롯하여 히트곡의 상당 부분을 영국에서 낸 특이한 이력의 소유자이다. 농장에서 일하다가 왼쪽 손가락 두 개를 잃었다. 제2차 세계대전에 해군으로 참전하면서 기타를 배웠고 전쟁이 끝나자 조선소에서 일하다가 지방 마이너리그에서 야구선수로 활약하기도 했다. 이처럼 컨트리 가수들은 산전수전 다 겪은 경우가 허다하다.

시스터 로제타 타프 :: Sister Rosetta Tharp, 1921~1973

역사상 가장 위대한 여성 가스펠 싱어의 한 사람. 활력과 고양감의 화신이다. 순회 가스펠 악단에서 활약하는 부모 밑에서 태어나 어려서부터 가스펠을 했다. 시카고에 정착한 이후 당시의 시카고 블루스적인 요소를 가스펠과 섞었다. 그녀는 전기기타를 치면서 노래하는 것으로 유명하며, 노래와 함께 기타도 엄청나게 불을 뿜는다. 가스펠 싱어이면서도 나이트 클럽의 무대에도 오르고 TV 쇼에도 출연해서 가스펠의 대중화에 기여했다. 순수 리듬 앤 블루스를 취입하기도 했는데, 가스펠을 속화시킨다는 빗발치는 비난 속에서 결국 유럽행을 택하기도 했다. 1960년대에 재기해서 왕성한 활약을 했다.

앨런 프리드 :: Alan Freed, 1922~1965
로큰롤 시기에 활약한 최고의 DJ. 스스로 '내가 로큰롤이라는 말을 만들었다.' 고 떠벌였다. 흑인의 음악인 리듬 앤 블루스와 그것을 카피한 초기 로큰롤이 백인 대중에게 전달되는 데 결정적인 역할을 한 공로가 있다. 로큰롤 음악판에서 영향력이 너무 커진 나머지 결국 그 유명한 '페욜라 스캔들(Payola Scandle)', 다시 말해 뇌물 수수 추문이 터졌다. 그리고 추락했다.

에디 아놀드 :: Eddy Arnold, 1918~
전설적인 컨트리 가수. 원래 '시골 백인' 의 음악이었던 힐빌리에 도시적인 감수성을 칵테일한 초기 컨트리 가수 중에서 가장 성공적인 사례로 꼽힌다. 히트 차트만을 놓고 볼 때 역대 컨트리 가수 중에서 가장 많은 사랑을 받은 가수 가운데 한 사람이다. 암송아지처럼 낮게 징글거리는 이른바 '크루너(crooner)' 이기도 한 그는 스탠다드 팝 풍의 창법인 '크룬' 을 힐빌리 멜로디에 적용함으로써 도시 대중과 컨트리 사이의 거리를 좁혔다. 1940년대 후반 그의 가장 인상 깊은 히트곡 〈I'll Hold You in My Heart (Till I Can Hold You in My Arms)〉을 비롯, 수많은 히트곡을 냈다. 콜로넬 톰 파커의 매니지먼트로 대중적인 인지도를 한층 넓혔다. 1966년 컨트리 명예의 전당에 이름을 새겼다.

엘라 피츠제럴드 :: Ella Fitzgerald, 1917~1996
빌리 홀리데이, 사라 본과 더불어 역사상 가장 위대한 재즈 보컬리스트의 한 사람. 명쾌한 프레이징과 정확한 음정으로 블루지한 창법의 격조를 한 단계 높인 위대한 가수다. 노년에 이르기까지 왕성한 활동으로 그녀의 디스코그라피는 셀 수가 없을 정도다. 빌리 홀리데이

가 블루스의 쓰라림 자체고 사라 본이 재즈 스탠다드의 구현이라면 엘라는 그 둘의 결합이랄 수 있겠다. 목소리 자체의 톤에서 밝은 햇빛 같은 느낌을 주는 그녀는 사실 빌리 홀리데이만큼이나 힘들게 자랐다. 비밥 시대에 디지 길레스피의 빅 밴드와 투어를 다니며 비밥 라인으로 스캣을 하는 '비밥 싱어'로 이름을 날렸다.

잉크 스파츠 :: The Ink Spots

역사상 가장 위대한 흑인 보컬 그룹의 하나. 이른바 '두웝(Doo wop)' 장르의 기초를 닦았다. 두웝이란 문자 그대로 '두웝' 하는 하모니를 넣으며 일렬로 서서 노래하는 스위트한 보컬 장르. 그와 같은 형식의 보컬 그룹은 모두 잉크 스파츠의 영향을 받았다고 봐도 무방하다. 1938년 애절한 고음의 소유자인 빌 케니(Bill Kenny, 테너)와 '두웝바' 하는 중후한 리듬을 넣는 저음의 호피 존스(Hoppy Jones, 베이스) 등 사인조로 결성된 이래 1940~1950년대를 풍미했다. 〈If I didn' t care〉 〈I don' t want to set the world on fire〉 등 불멸의 고전을 녹음했다.

자니 레이 :: Johnnie Ray, 1927~1990

울부짖고 쥐어짜며 호소하는 멜로드라마틱 크라잉 스타일의 싱어로는 독보적인 존재. 엘비스 프레슬리가 등장하기 전까지 광적인 여성 팬들을 몰고 다녔다. 그의 역사적인, 공전의 히트곡 역시 〈Crying〉이라는 노래. 이 노래로 1951년 무려 세 달 동안이나 히트 차트 정상을 점령했다. 이때 그를 보좌했던 백 그룹인 '더 포 래즈'도 함께 스타덤에 올랐다.

자니 캐시 :: Johnny Cash, 1932~2003

내공 30갑자의 무한 깊이를 지닌 컨트리 싱어. 제2차 세계대전 후에 활약한 컨트리 가수 중에서 행크 윌리엄스와 더불어 아마도 가장 위대한 가수일 것이다. 보통 전통적인 카우보이의 삶을 그리워하며 상실감에 젖은 느낌으로 노래하는 컨트리 가수들의 전형을 깨고 도발적이고 반항적인 이미지를 선보였다. 말론 브랜도, 엘비스 프레슬리 같은 1950년대 후반의 반항아 이미지를 컨트리에서 구현했다. 가사와 깊은 울림을 지닌 목소리는 삶의 깊이를 담아내는 신비를 지니고 있다. 한국전에 공군으로 참전한 이후 아나운서 코스를 밟으러 내슈빌에 갔다가 거기서 선 레코드의 샘 필립스를 만나며 히트 가수의 길을 걷기 시작했다. 그랜드 올 오프리 데뷔 무대에서 컨트리 가수의 상식을 깬 검은 의상을 입은 후 '맨 인 블랙'

이라는 별명을 얻었다. 〈Ballad of a Teenage Queen〉 〈I Walk the Line〉을 비롯한 수많은 히트 곡이 있다. 부랑자 비슷한 삶을 살다가 1960년대에 아내가 된 준 카터(June Carter, 원래는 술친구의 아내였다)의 도움으로 새 삶을 살기 시작했다. 2005년에 〈Walk the Line(한국 제목 '앙코르')〉이라는 제목으로 그와 준 카터의 파란만장한 삶이 영화화되기도 했다.

재키 글리슨 :: Jackie Gleason, 1916~1987

할리우드가 배출한 명 코미디언이면서 음악 신에서도 꽤 활약한 다재다능한 인물. 퍼시 페이스 오케스트라 등과 함께 1950년대의 이지 리스닝계를 주름잡았다. 1953년에 발매된 〈Music for lovers only〉는 공전의 히트를 기록하면서 무드 뮤직의 한 전형이 되었다. 1960년대까지 섹시한 연인들의 사진을 재킷에 앞세운 무드 뮤직으로 일관했다.

제리 리 루이스 :: Jerry Lee Lewis, 1935~

열광적인 무대 매너와 여린 듯 섹시하면서도 격렬한 보컬, 린치하듯 두들겨대는 피아노로 신화화된 로큰롤 뮤지션. 별명이 '킬러'다. 실제로도 광적인 삶을 살아서 여러 영화에서 다뤄졌다. 선 레코드의 샘 필립스에게 왔을 때 이미 결혼 두 번, 투옥 한 번에 퇴학, 세일즈맨 일을 하다 당한 해고 등 더 이상 터프할 수 없는 삶을 살고 있었다. 선 레코드에서 발매한 〈Wole Lotta Shakin' goin' on〉(당시 부모들이 가장 싫어했던 노래) 〈Great Balls of Fire〉 등을 통해 로큰롤 최고의 미친놈으로 등극. 어느 공연에서 피아노에 불을 질러 자기 다음 순서인 척 베리가 자신을 능가하는 것을 사전 봉쇄했다는 일화는 너무 유명하다. 열세 살짜리 사촌동생과 결혼하면서 그의 기행은 극에 달했다. 결국 전국적인 비난의 대상이 되었고 그의 모든 음반이 라디오 방송에서 금지되는 등 수난을 당했다. 알코올 중독, 약물 과용, 계속되는 이혼 등 파란만장한 삶을 살다가 1980년대 중반, 그의 인생을 영화화한 〈Great Balls of Fire〉가 개봉하면서 다시 대중 앞에 서게 되는데, 피아노 플레이나 노래, 무대 매너 모두 전혀 녹슬지 않아 사람들을 놀라게 했다.

진 오트리 :: Gene Autry, 1907~1998

전설적인 카우보이 가수, 영화배우. 미국인들의 가슴에 가장 정통적인 카우보이의 이미지로 남아 있다. 존 웨인이 보다 대중화시킨 것이 바로 그의 이미지다. 20세기 초기에 이른바

'카우보이 송'을 통해 컨트리 음악의 나아갈 방향을 정초시켰다.

짐 리브스 :: Jim Reeves, 1923~1964

컨트리 팝의 대가. 저음에서 징징거리는 '크룬' 스타일을 도입, 컨트리에 팝적인 느낌을 주는 데 성공한 가수다. 세인트 루이스 카디널스에서 활약하던 프로 야구선수였으나 발목을 심하게 다친 뒤 여러 직업을 전전했다. 방송국 아나운서와 MC 등을 하다가 1952년, 당시 인기 쇼였던 루이지애나 헤이라이드에서 호스트를 맡았다. 이 쇼에서 행크 윌리엄스가 펑크를 내자 대신 짐 리브스가 무대에 서면서 본격적인 가수 생활을 시작했다는 일화는 유명하다. 가장 많이 알려진 〈Welcome to my World〉를 비롯 수많은 히트곡이 있으며 1964년 불의의 비행기 사고로 죽은 이후에도 몇 년간 계속 히트곡을 냈다.

찰리 리치 :: Charlie Rich, 1932~1995

걸출한 컨트리 피아니스트이며 가수인 찰리 리치는 특히 비평가들에게 열렬한 환영을 받은 뮤지션이다. 기본적으로 컨트리에 재즈, R&B 등을 혼합하여 그만의 사운드를 만들어냈다. 특히 재즈적인 요소를 컨트리와 결합시킨 드문 뮤지션이다. 곡을 써서 자신이 노래하기도 했고 남을 주기도 했는데 엘비스도 그의 곡 〈I'm Comin' Home〉을 부른 바 있다.

루빈 브라더스 :: the Louvin Brothers

형 이어러 루빈(Ira Louvin, 1924~1965)과 동생 찰리 루빈(Charlie Louvin, 1927~)이 결성하여 1940년대 후반에서 1950년대를 풍미한 형제 컨트리 그룹. 미국의 가장 깊은 산골이라고 할 수 있는 앨라배마 애팔래치아 산맥 태생이다. 각각 만돌린(이어러), 기타(찰리)를 연주하며 노래한다. 컨트리뿐 아니라 가스펠, 포크, 힐빌리 등 다양한 장르에 손을 대어 히트를 기록했다. 나중에 에밀로우 해리스가 부르기도 한 〈If I Could Only Win Your Love〉의 오리지널을 비롯, 가스펠 고전 〈The Family Who Prays〉 등의 히트곡이 있고 에벌리 브라더스 같은 밴드에게 영향을 주었다.

척 베리 :: Chuck Berry, 1926~

미국 음악의 지도를 바꾼 진정한 음악 혁명가 가운데 한 사람. 이 세상의 모든 록 기타리스트 중에서 척 베리의 〈Johnny B. Goode〉이나 〈Roll over Beethoven〉을 한 번도 연습해보지 않은 사람은 실제로 한 명도 없을 것이다. 흑인이면서도 엘비스 프레슬리, 버디 홀리 등과 함께 톱 클래스 엔터테이너로 활약한 뛰어난 무대 아티스트이기도 했다. 단순하게 말해서 척 베리 없는 로큰롤은 상상할 수 없고 척 베리 없는 비틀스도 상상할 수 없다. 로큰롤의 리듬 자체가 그의 창조물이다. 이른바 8비트의 드라이브감을 발명해낸 것이다. 블루스 코드를 기반으로 한 모든 로큰롤 기타 사운드와 프레이즈는 일단 척 베리로 들어왔다 척 베리에게서 나간다. 인기의 절정에 있던 1950년대 후반, 십 대 소녀를 꼬드겨 주 경계를 넘어 데려왔다는 약간은 애매한 이유로 2년간 복역했다. 인종차별적인 면도 없지 않은 이 일로 척 베리의 대중적인 인기는 추락했다. 그러나 1960년대에 비틀스와 롤링 스톤스가 등장하면서 척 베리 스타일은 진정한 로큰롤의 오리지널로 들어올려졌고 젊은 영국의 록커들과 투어를 하면서 화려하게 킹으로 재기했다. 그러나 1970년대 말부터 다시 법적인 문제 때문에 어려움을 겪었다.

카우보이 코파스 :: Cowboy Copas, 1913~1963

홍키 통크 싱어. 홍키 통크란 기본적으로는 부기 우기 스타일과 비슷한, 피아노를 치며 바에서 노래하는 민속적이고 거친 음악에서 유래한 컨트리의 한 하위 장르라 할 수 있다. 제2차 세계대전 때는 전설적인 어네스트 텁에 의해서 발전됐고 후일 조지 존스나 행크 윌리엄스 같은 위대한 컨트리 가수들에게 전수된다. 카우보이 코파스는 1940년대 후반에 인기를 끌었다.

카터 패밀리 :: The Carter Family

컨트리 역사상 가장 큰 영향을 끼친 가족 그룹. A. P. 카터와 사라 카터 부부 그리고 A. P. 카터의 남동생 에즈라(Ezra) 카터의 부인, 다시 말해 처제인 마더 메이벨(Mother Maybelle, 1909~1978, 본명 메이벨 카터)이 주축이 되어 1930~1940년대 초를 풍미했다. 카터 패밀리는 1930년대에 컨트리 음악의 전형을 만들어낸 역사적인 그룹이다. 특히 마더 메이벨은 이 그룹에서 기타와 함께 벤조 그리고 오토하프(요즘의 크로마 하프와 비슷)를 연주했는데, 저음으로는 리듬을 치고 고음역에서는 화음과 멜로디를 치는 독창적인 통기타 주법을 구사하여 컨트리와 포크 기타의 선구자로 추앙받는다. 1943년, 카터 패밀리가 공식적으로 해산하고

난 뒤 메이벨 카터와 에즈라 카터의 세 딸과 어머니 메이벨이 합세, '마더 메이벨과 카터 시스터즈'라는 그룹으로 개명하기도 했다.

칼 퍼킨스 :: Carl Perkins, 1932~1998

최고의 록커빌리 스타 중 한 사람. 제리 리 루이스, 엘비스 프레슬리와 더불어 선 레코드를 대표하는 초기 로큰롤 뮤지션이다. 불멸의 히트곡 〈Blue Suede Shoes〉를 비롯, 많은 고전들을 발표했다. 퍼킨스 브라더스로 활동할 때만 해도 힐빌리 풍의 컨트리에 가까웠으나 샘 필립스를 만나고 선 레코드의 주력 뮤지션이 되면서 본격적인 록커빌리 사운드를 실험했다. 그의 기타 플레이는 가장 고전적인 록커빌리 스타일로 인정받는다. 록커빌리 리바이벌 밴드인 스트레이 캐츠(Stray Cats)의 브라이언 세처 같은 뮤지션에게 영향을 주었다.

토미 샌즈 :: Tommy Sands, 1937~

시카고 태생의 가수, 배우. 부모가 연예계에 몸담고 있어서 어려서부터 쇼에 출연했다. 로큰롤의 인기가 하늘을 찌르던 1950년대 후반, 특히 TV 쇼에 출연하면서 인기를 모았다. 1957년 로큰롤을 테마로 한 TV 청춘 드라마 〈The Singin' Idol〉에서 주역을 맡으면서 일약 스타덤에 올랐다. 원래 이 드라마의 주연을 엘비스에게 맡기려고 하다가 차선으로 토미 샌즈를 기용했다는 일화는 꽤 많이 알려져 있다. 〈Goin' Steady〉 등의 히트곡이 있다. 이후 1960년대부터 무려 150개가 넘는 TV 쇼, 드라마에 출연하면서 인기를 유지했다.

파이드 파이퍼즈 :: Pied Pipers

1940년대를 누빈 보컬 그룹. 프랭크 시나트라의 앨범에 그림 같은 코러스 화음을 넣어준 것으로 가장 많이 알려져 있다. 당시 토미 도시 오케스트라의 메인 보컬 그룹이었다. 처음에는 팔인조였으나 나중에는 남자 둘, 여자 둘의 사인조로 주로 활약했다. 여전히 파이드 파이퍼즈라는 이름으로 투어를 하는 그룹이 있긴 하다.

패런 영 :: Faron Young, 1932~1996

꾸준한 인기를 누린 컨트리 싱어. 행크 윌리엄스가 죽은 후 홍키 통크 싱어의 맥을 이었다는 평가를 받는다. 행크보다 대중적인 분위기의 보컬 스타일로 접근성을 높였다. 한국전에 징집되었으나 특별 연예분과에 소속되어 계속 노래를 하며 실력을 다졌다. 고전이 된 〈Live Fast, Love Hard, Die Young〉을 비롯, 많은 히트곡을 가지고 있다. 1950년대 중반 이후에는 여러 서부 영화에 배우로 출연해서 '노래하는 보안관'이라는 별명을 얻었다. 1961년에는 윌리 넬슨이 지은 〈Hello Walls〉라는 노래로 컨트리 차트 정상을 차지했는데, 이 노래가 윌리 넬슨의 곡으로는 처음 레코딩된 것이었다.

패티 페이지 :: Patti Page, 1927~

1950년대 어덜트 팝의 여왕. 풍부하고 부드러운 화음으로 스탠다드 팝의 한 경향을 규정지었다. 1950년대 초반 히트한 앨범 제목 〈In the Land of Hi Fi〉에서도 알 수 있듯이 당시 극적으로 발전하기 시작한 녹음 기술을 바탕으로 하이 파이 시대의 스탠다드 팝 사운드 메이킹의 정점에 있는 뮤지션. 특히 자신의 노래에 자신의 목소리를 오버더빙하여 풍부함을 더한 최초의 뮤지션이라는 것은 잘 알려져 있다. 〈I went to your wedding〉을 비롯한 수많은 히트곡이 있다.

팻 분 :: Pat Boone, 1934~

엘비스 프레슬리가 거칠고 반항적이며 반풍속적이라면 팻 분은 그 정반대, 고분고분하고 부드러우며 부모들이 안심하고 딸을 맡길 만한 스타일이다. 팻 분은 엘비스와 같은 남부 출신이면서 보통 그렇게 대조를 이루며 한 시대를 풍미했다. 로큰롤의 시대에 스탠다드 팝 스타일을 표방한 가수가 살아남는 유일한 길을 택한 팻 분. 〈Love letters in the sand〉 〈April Love〉를 비롯하여 1956년부터 1963년까지 무려 54곡을 차트에 올렸다. 1970년대 이후에는 가스펠 싱어로 주가를 올렸고 딸 데비 분이 〈You light up my life〉로 히트를 쳤다.

폴 앵카 :: Paul Anka, 1941~

첫번째 스매시 히트곡 〈Diana〉를 작곡해서 부른 것이 1957년이니까 이미 16세에 전 세계적인 수퍼스타가 된 로큰롤 영재. 후속곡이 〈You are my destiny〉였고 그 다음 히트곡이 〈Crazy Love〉. 이미 데뷔 초반에 인생의 나머지 시기에 누린 인기를 다 합해도 모자랄 인기를 얻었다. 1961년, 스무 살이 되던 해 인기가 시들해지기 시작했으나 이미 작곡자로서 125곡의 히트곡을 소유했다. 계속해서 프랭크 시나트라의 〈My Way〉를 프랑스 노래 〈Comme d' habitude〉로부터 리메이크, 성공을 거두었고 인기 토크쇼 〈Tonight Show〉의 테마 송을 지었다(이 곡은 30년 동안 매주 전파를 탔다). 사회적으로 이슈가 된 적은 별로 없으나 음악적으로 굉장한 대중적 영향력을 행사한 뮤지션.

프랭키 아발론 :: Frankie Avalon, 1939~

엘비스 프레슬리가 군대 간 1950년대 말~1960년대 초에 미국의 연예계는 새로운 '십 대 아이돌'을 개발해야 하는 입장이었다. 엘비스 풍의 터프한 로큰롤러보다 덜 위험스럽고 곱상한 테디 베어를 원했던 미국 팝계가 개발한 첫 아이돌이 바로 프랭키 아발론이다. 당시의 기획 스타들 대열에서 그래도 프랭키 아발론은 음악적으로 손색이 없는 드문 예였다. 〈Cupid〉〈Venus〉 등의 히트곡이 있다. 1960년대에는 서프 보드를 앞세운 '비치 파티' 영화에 출연해서 성공을 거두었고 최근 들어서는 케이블 TV 홈쇼핑에 출연하기도 했다.

프레디 마틴 :: Freddy Martin, 1909~1983

스윙 시절, 정통 빅 밴드 재즈보다는 달콤한 스탠다드 재즈 밴드의 리더로 이름이 높았다. 프레디 마틴 오케스트라의 트레이드 마크는 차이코프스키의 피아노 협주곡 1악장을 빅 밴드 스타일로 편곡한 곡이었다. 이 곡의 히트 이후에 여러 클래식 넘버의 테마를 차용하기도 했다. 프레디 마틴은 엘비스 프레슬리의 첫 라스베이거스 쇼에서 음악감독을 담당했던 것으로도 유명하다.

프레디 벨 앤 더 벨보이즈 :: Freddie Bell and the Bellboys

〈Giddy-Up-A-Ding-Dong〉 이외에 특별한 히트곡은 없다. 그러나 빅 마마 손튼의 〈Hound Dog〉을 이들이 카피하는 것을 듣고 엘비스가 '나도 해야겠다'고 결심했다는 일화 때문에 더 유명해진 로큰롤 그룹.

행크 스노 :: Hank Snow, 1914~1999

캐나다 출신의 컨트리 싱어로서는 아마도 가장 성공한 뮤지션이 행크 스노일 것이다. 방랑자를 테마 삼아 노래하길 즐겼는데, 그도 그럴 것이 열두 살 때부터 집을 떠나 방랑했다. 처음에는 요들 스타일로 부르다가 나중에 목소리가 굵어지자 드라마틱한 바리톤으로 심금을 울렸다. 그래서 별명도 '요들링 레인저'에서 '싱잉 레인저'로 바뀌었다. 그의 유명한 방랑의 노래 〈I'm Moving on〉을 비롯한 〈I've Been Everywhere〉 등 수많은 히트곡이 있다.

행크 윌리엄스 :: Hank Williams, 1923~1953

역사상 최고의 컨트리 뮤지션의 한 사람. 보통 '현대 컨트리 음악의 아버지'라고 불린다. 요들과 블루스에서 영향을 받은 묘한 꺾임을 살린 보컬은 루저 분위기를 자아내는 홍키 통크 창법의 전형이 되었다. 그의 전성기인 25세부터 죽기 1년 전인 29세까지, 4년간의 짧은 활동만으로도 컨트리 음악판을 뒤집고도 남았다. 앨라배마 태생인 그는 열 살도 되기 전에 거리 악사인 블루스맨 티 톳(Tee Tot)에게서 음악을 배웠다. 그래서 그의 음악은 기본적으로 블루스다. 스무 살 때, 약장사를 따라다니며 노래를 부르던 시절, 오드리 매이(Audry Mae)를 만나 결혼했다. 오드리는 행크가 스타가 되는데 꽤 큰 내조를 했다. 〈Hey Good Lookin'〉 〈Jambalaya〉 등 수많은 주옥같은 히트곡을 낸 행크는 결국 알코올과 약물 문제로 고생하던 와중에 오드리와도 헤어진다. 1953년 1월, 공연을 위해 자신의 차를 타고 오하이오로 가는 사이 모르핀을 처방받고 술을 마시다가 결국 차에서 숨진 채로 발견되었다. 행크 윌리엄스에 의해 전후 컨트리 뮤직의 문법이 완성되었다. 소외된 삶을 그린 그의 반항적인 노래들은 로큰롤 뮤지션들에게도 어마어마한 영향을 끼쳤다.

—(출처)—

source notes

1. 예정된 운명

탄생: Dundy, Elvis and Gladys; Goldman, Elvis; Guralnick, Last Train to Memphis; Hopkins, Elvis: A Biography; Nash, Smith, Lacker, and Fike, Elvis Aaron Presley; "Delivering Elvis Paid $15From Welfare," Memphis Commercial Appeal, January 6,1980; "Elvis by His Father Vernon Presley," Good Housekeeping, January 1978; "Elvis Presley Part 2: The Folks He Left Behind Him," TV Guide, September 22-28, 1956; authors' tour of the birthplace.

출생 의료 기록: personal interviews, Mitch Douglas, Dolly Parton; Lynn and Vecsy, Coal Miner's Daughter; "Born at Home: A Passing Southern Tradition," Saturday Evening Post, October 1946; "House Docs," Mississippi magazine, July 1978; "Medicine in the Hill Country," oral history compiled by Ruth Henson, Mississippi State College; "Midwives: Semi-Professionals of the 70s and '30s," oral history, East Tupelo Historical Collection, Tupelo Historical Society; Dolly Parton, "Crook and Chase," Nashville (TV) Network, September 7, 1992.

글래디스와 버논 부부의 결혼: personal interviews, Becky Martin, Annie Presley, Corinne Richards Tate; Burk, Early Elvis: The Tupelo Years; De Witt, Elvis; Dundy, Elvis and Gladys; Goldman, Elvis; Johnson, Elvis Presley Speaks1.; Whitmer, The Inner Elvis; "Elvis by His Father," Good Housekeeping; "Elvis Presley Part 2," TV Guide.

투펠로: personal interviews, Becky Martin, Annie Presley, Roy Turner; Elvis Presley Heights Garden Club (authors), Elvis Presley Heights, Mississippi, Lee County, 1921-1984; "Tupelo, Miss.," Saturday Evening Post, February 17, 1951; Burk, Early Elvis: The Tupelo Years; De Witt, Elvis; Dundy, Elvis and Gladysi Hopkins, Elvis: A Biography.

2. 타고난 가수

버논의 복역: personal interviews, Annie Presley, Corinne Richards Tate; De Witt, Elvis;

Dundy, Elvis and Gladys; Goldman, Elvis; Nash, Smith, Lacker, and Fike, Elvis Aaron Presley; Tupelo Daily Journal, November 17, 1937, and May 26, 1938.

엄마와 아들의 친밀함: personal interviews, Annie Presley, Corinne Richards Tate, Roy Turner; Burk, Early Elvis: The Tupelo Years; Dundy, Elvis and Gladys; Goldman, Elvis; Nash, Smith, Lacker, and Fike, Elvis Aaron Presley; "Tupelo, Elvis' Home Town Shows Its Pride in Him," Memphis Press-Scimitar, October 18, 1965.

어린 엘비스의 생활과 음악: personal interviews, Becky Martin, Annie Presley; Burk, Early Elvis: The Tupelo Years; De Witt, Elvis; Dundy, Elvis and Gladys; Goldman, Elvis; Johnson, Elvis Presley Speaks!; Smith, Elvis' s Man Friday; Whitmer, The Inner Elvis; "Amazing Grace," Photoplay Presents: Elvis; "Elvis by His Father," Good Housekeeping; "Elvis Presley Part 2," TV Guide; "Teacher Recalls Elvis' Favorite Tune While at Lawhon was 'Old Shep,' " Tupelo Daily Journal, July 28-29, 1956; also various other articles from the Tupelo Daily Journal in which Tupeloans who knew Elvis and his family reminisced.

3. 게 토 에 서

로더데일 코트 시절: personal interviews, Margaret Cranfill, Jimmy Denson, Paul Dougher, Ruby Dougher, Evan "Buzzy" Forbess, Dr. Paul Grubb, Marty Lacker; Jerry Hopkins interview notes with Jane Richardson; Dundy, Elvis and Gladys; Goldman, Elvis; "She Has Helped Solve Problems for Hundreds of Families" (Jane Richardson), Memphis Press-Scimitar, February 12, 1970.

멤피스 음악계와 엘비스에게 끼친 영향력: personal interviews, Louis Cantor, Paul Dougher, Sam Phillips, Charles Raiteri; Booth, Rhythm Oil; De Witt, Elvis; Tosches, Unsung Heroes of Rock 'n Roll.

흄스 하이스쿨 시절: personal interviews, Gene Bradbury, Louis Cantor, PaulDougher, Evan "Buzzy" Forbess, George Klein, Pat Lighteil, Ronald Smith,Martha Wallace; West, West, Hebler, and Dunleavy, Elvis: What Happened?;1953 Senior Herald (Humes High School yearbook); Mildred Scrivener (historyteacher), "My Boy Elvis," TV Radio Mirror, Southern edition, March 1957;" The High School Years," Photoplay Presents: Elvis; authors' tour of the "ElvisPresley Room" at Humes High.

4. 멤피스 플레시

샘 필립스와 선 레코드: personal interviews, Howard De Witt, George Klein, Sam Phillips; Jerry Hopkins interview notes with Marion Keisker; Keisker video interview, Elvis: His Eife and Times; De Witt, Elvis; Guralnick, Last Train to Memphis; Marcus, Mystery Train; "Among the Believers," New York Times Magazine, September 24, 1995; "Lasting Legacy," Memphis Commercial Appeal, June 30, 1996; "One Day Into Our Office Came a Bashful, Nervous Young Man," Memphis Press-Scimitar, March 15, 1974; "Sam Phillips" (three-part scries), BlueSpeak, June-August, 1996; "Sam Phillips: The Sun King," Memphis, December 1978; "Suddenly Singing Elvis Presley Zooms Into Recording Stardom," Memphis Press-Scimitar, February 5, 1955; "The Sun Years," Photoplay Presents Elvis.

엘비스의 삶: personal interviews, Eddie Bond, George Klein, Marty Lacker, Ronald Smith, Walter "Buddy" Winsett; Booth, Rhythm Oil; Gordon, It Came from Memphis; Tosches, Unsung Heroes of Rock 'n Roll.

듀이 필립스에 관한 자료: personal interviews, Louis Cantor, George Klein, Dorothy Phillips, Sam Phillips, Charles Raiteri; Booth, Rhythm Oil; De Witt, Elvis; Gordon, It Came from Memphis; "A Hound Dog to the Manor Bom," Esquire, 1968; "Daddy-O-Dewey," Memphis Flyer, January 4-10, 1996.

5. 투어 콘서트와 파커 대령

그랜드 올 오프리 쇼: personal interviews, Bill Denny, Dolly Denny, Sam Phillips, Justin Tubb, Don Wilson; Byworth, History of Country (5- Western Music; Goldman, Elvis; Guralnick, Last Train to Memphis; Hagan, Grand Ole Opry; Jenkins, Tennessee Sampler, Nash, Behind Closed Doors; Tassin and Henderson, Fifty Years at the Grand Ole Opry.

루이지애나 헤이라이드: personal interview, Kitty Jones; Jerry Hopkins interview notes with Frank Page; "Elvisseeing him before he was anybody," Clarion Ledger-Jackson Daily News, February 5, 1984; official souvenir album, circa 1970, KWKH' s Louisiana Hayride.

초기 순회 공연: personal interviews, Lee Cotten, Sam Phillips, Justin Tubb; Jerry Hopkins interview notes with Bob Neal; Goldman, Elvis; GuralLast Train to Memphis; West, West, Hebler, and Dunleavy, Elvis: What Happened?; Elvis Presley radio interviews of the fifties.

출세한 시골 소년에 관한 자료: Official Elvis Presley Album; "I Remember Elvis," Parade, January 29, 1978; "The Man Who Shot Elvis," Memphis, July/August 1996.

콜로넬 톰 파커: personal interviews, Bill Denny, Sam Phillips, Hank Snow, Justin Tubb; "An Unrecorded Chapter of the Elvis Presley Story,7' Billboard, date unknown; Crumbaker and Tucker, Up and Down With Elvis Presley; Vellenga and Farren, Elvis and the Colonel

성적 눈 뜸: personal interview, June Juanico; Goldman, Elvis; Guralnick, Last Train to Memphis; West, West, Hebler, and Dunleavy, Elvis: What Happened?

엘비스와 엄마: personal interview, Peter Whitmer; Dundy, Elvis and Gladys; Goldman, Elvis; Guralnick, Last Train to Memphis; West, West, Hebler, and Dunleavy, Elvis: What Happened?; Whitmer, The Inner Elvis.

파커와의 계약: personal interviews, Sam Phillips, Hank Snow; Snow, Ownbey, and Burris, The Hank Snow Story; Crumbaker and Tucker, Up and Down With Elvis Presley; Vellenga and Farren, Elvis and the Colonel.

6. 청년이여, 노래하라

첫번째 RCA 레코딩 세션: personal interviews, Joan Deary,Gordon Stoker; Goldman, Elvis; Guralnick, Last Train to Memphis; West,West, Hebler, and Dunleavy, Elvis: What Happened?; authors' tour of RCAStudios, Nashville.

선 레코드와의 계약을 사들이다: personal interviews, Joan Deary, Bill Gallagher, Sam Phillips; De Witt, Elvis; Goldman, Elvis; Guralnick, Last Train to Memphis.

<핫브레이크 호텔>: personal interviews, Joan Deary, Sam Phillips, Howard De Witt; Bronson, Billboard Book of Number One Hits; Goldman, Elvis; Guralnick, Last Train to Memphis; Elvis World #40; Life, July 1956.

공연: personal interview, Justin Tubb; Cotten, All Shook Up; Cotten, Did Elvis Sing in Your Hometown?; Crumbaker and Tucker, Up and Down with Elvis Presley; Davis, Bus Fare to

Kentucky; Goldman, Elvis; Prince, The Day Elvis Came to Town; Rijff, Long Lonely Highway; West, West, Hebler, and Dunleavy, Elvis: What Happened?; "These Are the Cats Who Make Music for Elvis," Memphis Press-Scitriitdr, December 15, 1956; Elvis Presley radio interviews of the fifties.

엘비스의 패션: Goldman, Elvis; Nash, Smith, Lacker, and Fike, Elvis Aaron Presley; various articles regarding Elvis on the road; also, numerous photographs of Elvis during this era, in which his eye makeup is apparent.

섹스: personal interviews, Sandra Harmon, June Juanico; Fortas, Elvis; Goldman, Elvis; Halberstam, The Fifties; Prince, The Day Elvis Came to Town; West, West, Hebler, and Dunleavy, Elvis: What Happened?; "Jeanne Carmen Interview," Blue Suede News #33, winter 1996; Time, May 15, 1956.

초기 TV 출연: personal interviews, Billy Harbach, Minabess Lewis, Andrew Solt, Gordon Stoker; Bacon, How Sweet It Is; Bowles, A Thousand Sundays; Harris, Always on Sunday, Henry, The Great One; Rijff and Minter, 60 million tv viewers can' t be wrong!; Shales, Legends; Weatherby, Jackie Gleason; "TV: New Phenomenon," New York Times, June 6, 1956; various articles including Entertainment Weekly, August 24, 1990; Los Angeles Times, July 3, 1956; Newsweek, July 16, 1956; New York Daily News, June 25, 1996; New York Post, August 14, 1996; New York Times, July 5, 1996; Photoplay Presents: Elvis! summer, 1987.

7. 요란한 나날들

로큰롤에 관한 논란: Guralnick, Last Train to Memphis; Halberstam, The Fifties; various articles, including America, June 23, 1956; House 6- Garden, October 1956; International News Service, June 17, 1956; Newsweek, June 18, 1956; Time, May 14, 1956.

엘비스에 관한 논란: "America' s Most Controversial Singer Answers His Critics," Parade, September BO, 1956; dozens of articles, including Cosmopolitan, December 1956; Evening News (United Kingdom); Life, April 30, 1956; Memphis Commercial Appeal, May 9, 1956; Time, July 23 and October 8, 1956; United Press, November 17, 1956; Photoplay Presents:

Elvis! summer 1987.

팻 분: Broeske, "Heartthrobs" (unpublished manuscript); Guralnick, Last Train to Memphis; "Rock 'n' Roll Battle: Boone vs. Presley," Colliers, October 26, 1956; Presley' s own comments about Boone in various radio interviews of the fifties.

프레슬리 마니아: personal interviews, Gregg Barrios, June Juanico; "I Was a Teen-Age Elvis Fanatic," Los Angeles Times, June 3, 1984; Life, August 27, 1956; Memphis Press-Scimitar, May 4, 1956; Newsweek, August 27, 1956; New York Post, April 29, 1956; New York World-Telegram, October 18, 1956; Tupelo Daily]ournal, undated clipping, 1956; TV Guide, three-part series, Septem8-October 5, 1956.

공연: Wertheimer, Elvis '56; Memphis Commercial Appeal, August 11, 1991; Las Vegas Review-Journal, February 13, 1996; Memphis Press-Scimitar, December 15, 1956; plus more than four dozen newspaper articles from various parts of the country where Elvis toured, including Jacksonville (Fla.), Houston (Tex.), San Diego (Calif.), Waco (Tex.); Elvis Presley radio interviews of the fifties.

라스베이거스 쇼: personal interview, Shecky Greene; Hess, Viva Las Vegas; Entertainment Weekly, April 23, 1993; Las Vegas Review-Journal, various articles, April 20-May 1, 1956; Los Angeles Herald 6- Express, May 3, 1956; Memphis Press-Scimitar, May 4, 1956; Newsweek, May 14, 1956.

준 후아니코에 관한 자료: personal interview, June Juanico; Guralnick, Last Train to Memphis; Memphis Commercial Appeal, July 8 and 23, 1956; Miami News, August 4, 1956; interview, Elvis in Hollywood video; Elvis' s Summer of Innocence, Extra TV series; Elvis Presley radio interviews, ca. 1956.

도티 하모니: personal interview, Dottie Harmony; Movieland Magazine, April 1957.

에드 설리번 쇼: personal interviews, Minabess Lewis, Andrew Solt, Gordon Stoker; Bowles, A Thousand Sundays; Harris, Always on Sunday; Rijff and Minto, 60 million tv viewers can' t be wrong!; Shales, Legends; EntertainWeekly, June 7, 1996; Newsweek, October 8, 1956.

투펠로로 귀환: various articles, Tupelo Daily Journal, September 8-30,1956.

악동 프레슬리의 주먹다짐: In Memphis: "I Collared Elvis," Elvis World #38; "Gas Station

Fight Story Gets Updated, Amended," Elvis World #41; United Press articles, October 19-26, 1956. In Toledo: personal interview, Louis Balint Jr.; United Press articles, November 23-30, 1956.

멤피스 집에 관한 자료: personal interviews, Peggy Jemison, June Juanico, Peter Whitmer; Guralnick, Last Train to Memphis; Whitmer, The Inner Elvis.

100만불짜리 4중주단: Carr and Farren, Elvis Presley; Lewis and Silver, Great Balls of Fire!; Perkins and McGee, Go, Cat, Go; authors' tour of Sun Records, 1996.

8. 할리우드에 가다

<러브 미 텐더>: personal interviews, Valerie Allen, William Campbell, James Drury; Pond and Michael Ochs Archives, Elvis in Hollywood; "Presley Takes Hollywood," Photoplay, December 1956; various articles, Hollywood Citizen-News, Los Angeles Times, Movietime, Nashville Tennessean, New Republic, New York Herald Tribune; Twentieth Century-Fox production files; various interviews, Elvis in Hollywood video.

데브라 파젯: personal interviews, William Campbell, Joe Esposito; "Why Debra Paget's Mama Gave Elvis the Private Eye," Uncensored, September 1957.

나탈리 우드: Booth, Rhythm Oil; Goldman, Elvis; Hopper and Brough, The Whole Truth and Nothing But; Nash, Smith, Lacker, and Fike, Elvis Aaron Presley; Smith, Elvis's Man Friday; Wood, Natalie; various articles regarding Natalie's trip to Memphis, including "Is Natalie Going to Wed Elvis?" Los Angeles Examiner, November 3, 1956.

순회 공연 재개: Cotten, All Shook Up; dozens of articles from the cities where Elvis left his mark, from publications including Buffalo-Courier Express, Detroit Free Press, Ft. Wayne News Sentinel, Philadelphia Evening Bulletin, St. Louis Post-Dispatch.

엘비스 찬반양론: "Hate Elvis Campaign Launched in Iran," United Press, August 12, 1957; "Elvis the Indigenous," Harper's, April 1957.

9. 냉정과 광기

그레이스랜드 구입: Guralmck, Last Train to Memphis; Hopkins, Elvis: A Biography; United

Press, March 27, 1957; rare one-hour video interview with Cliff Gleaves.

<러빙 유>: Whitmer, The Inner Elvis; various articles, Los Angeles Herald-Examiner, Los Angeles Examiner, Time, Variety; MPAA memos; documents, Hal Wallis Collection, Academy Library.

돌로레스 하트: personal interviews, Valerie Allen, Joe Esposito, George Klein; "Mother Dolores: Bethlehempostcard," The New Republic, October 4, 1993; Hart' s autobiographical Twentieth Century-Fox press release, Hal Wallis Collection, Academy Library; authors' correspondence with Mother Dolores (1980).

제일하우스 록: personal interviews, Frank Magrin in 1991, Gil Perkins, Alex Romero; Minto, Inside "Jailhouse Rock" ; various articles, Daily Mirror (London), Hollywood Reporter, Los Angeles Examiner, Showmen' s Trade, Time, Variety; movie pressbook.

할리우드 생활: personal interviews, Valerie Allen, Dottie Harmony, June Juanico; Nash, Smith, Lacker, and Fike, Elvis Aaron Presley; Smith, Elvis' s Man Friday; various articles, including "Our Love Song," Photoplay, June 1959.

로맨스: personal interviews, Valerie Allen, Dottie Harmony, June Juanico, Mamie Van Doren; Storm and Boyd, The Lady Is a Vamp; Elvis: His Loves 6 Marriage, 1957; "Elvis: Why Can' t He Get Married?" Photoplay, November 1957; "My Weekend With Elvis" (Yvonne Lime), Movieland, August 1957; "Marry Elvis? He' s Just a Friend, Says Starlet," Los Angeles Times, May 23, 1957; "Secret Loves of Hollywood' s Love Idols," Geraldo TV show, October 23, 1989.

여론의 주목: "Elvis Personally Answers His Critics," Movieland, May 1957; Elvis press conference of October 29, 1957; "I' m Not Doing Anything Wrong!" TV Picture Life, June 1957.

순회공연 재개: Burk, Elvis in Canada; Cotten, All Shook Up; Guralnick, Last Train to Memphis; various articles, including dozens of clippings from newspapers in Los Angeles, New York, and beyond regarding Elvis' s notorious Pan Pacific Auditorium show, among them "6,000 Kids Cheer Elvis' Frantic Sex Show," Los Angeles Mirror-News, October 29, 1957 and "Elvis Tones Down Act When Police Move In," Los Angeles Mirror-News,

October 30, 1957.

10. 입영 전야

엘비스 징집: personal interview, Milton Bowers; Levy, Operation Elvis.

신체검사: personal interview, Dottie Harmony; various articles, including Tupelo Daily Journal, January 5-6, 1957.

킹 크레올: personal interviews, Leonard Hirshan, Carolyn Jones (in 1982), Walter Matthau, Harold Robbins; various articles, Los Angeles Mirror-News, Los Angeles Times, Motion Picture Herald, New York Times, Photoplay, Variety; Elvis in Hollywood video.

멤피스로 귀환: Fortas, Elvis; Mann, Private Elvis; West, West, Hebler, and Dunleavy, Elvis: What Happened?

아니타 우드와의 염문: personal interview, Anita Wood; "You Are My No. 1 Girl," Movieland, December 1957; "The Day Elvis Made Me Cry," Movieland 6- TV Time, August 1959; "Elvis' Longtime Girlfriend Anita Wood Says It' s All Over," Memphis Press-Scimitar, August 6, 1962; Anita Wood interview, Elvis: His Life and Times, BBC video.

돈방석: various articles, including Memphis Press-Scimitar, November 5, 1965; Newsweek, February 18, 1957; Tupelo Daily journal, September 26, 1957.

11. 이등병 프레슬리

입대: personal interviews, Jo Alden, Mrs. Eddie Fadal, Jerry Hopkins, Michael Norwood, Mr. and Mrs. William Norwood, Anita Wood; Hopkins, Elvis; Nash, Smith, Lacker, and Fike, Elvis Aaron Presley; various articles, including "Army to Give Elvis Presley a GI Haircut," Billboard, October 27, 1957; "Elvis 'Least Bothered' by Army Draft; Jokes on Visit," Nashville Banner, December 21, 1957; "Farewell Squad for Elvis," Life, October 6, 1958; "Life All Shook Up for Elvis As He Leaves Home for Army," New York Post, March 24, 1958; "Presley Enjoys Last Few Hours as Civilian Before Army Inducts" and "Rock and Roll Idol Signs In," both United Press, March 24, 1958; "Private Presley' s Debut," Life, April 4, 1958; Elvis in the Army magazine, 1959; three hours of unedited interviews (originally taped for

TV' s Hard Copy) with Mrs. Eddie Fadal and William Norwood; also, William Norwood' s letters.

역사적인 이발: "Elvis Sheds Long Sideburns," United Press, February 13, 1958; "GI Jeers, 'Scalping' Greet Elvisbut He Just Yawns," Nashville Tennessean, March 26, 1958.

12. 꿈은 사라지고

훈련소의 엘비스: personal interviews, Jo Alden, Mrs. Eddie Fadal, Mr. and Mrs. William Norwood; Dundy, Elvis and Gladys; Fortas, Elvis; Nash, Smith, Lacker, and Fike, Elvis Aaron Presley.

글래디스의 죽음: See "Elvis in Killeen" above; also, personal interviews, Dr. Charles Clarke, Dr. Lester Hoffman, Dr. Forest Tennant; various articles about Elvis' s mother' s taking ill, the death and funeral, and Elvis' s extended leave, including "Elvis' s Homecoming Cheers Ailing Mother," Nashville Tennessean, August 14, 1958; " 'Goodby, Darling,' Says the Grief-Stricken Singer," Memphis Press-Scimitar, August 16, 1958.

13. 고독한 이등병

킬렌에서 뉴욕으로: Cotten, All Shook Up; Hodge, Me 'n Elvis (also, Hodge video of same title); Jones and Burk, Soldier Boy Elvis; Schroer, Private Presley; Taylor, Elvis in the Army.

제너럴 랜덜호 승선: Hodge, Me'n Elvis (also Hodge video); Schroer, Private Presley; "The Joker and the King," Graceland News, 1987.

독일 복무 기간: personal interviews, Joe Esposito, Ira Jones, William Taylor, Diana Wentworth; Esposito and Oumano, Good Rockin' Tonight; Hodge, Me 'n Elvis (also, Hodge video); Jones and Burk, Soldier Boy Elvis; Levy, Operation Elvis; the Mansfields, Elvis the Soldier; Nash, Smith, Lacker, and Fike, Elvis Aaron Presley; Schroer, Private Presley; Taylor, Elvis in the Army; West, West, Hebler, and Dunleavy, Elvis: What Happened?; "An Ordinary GI," Stars and Stripes, July 11, 1958; "Elvis; Bigger Than the Generals Who Worked with Him," Variety, November 5, 1958; "Elvis and the Frauleins," Look, December 23, 1958; "Elvis Presley in the Army," Redbook, February 1960; "Everybody' s a Joke in a

Jeep," Variety, March 25, 1957; "Has the Army Changed Elvis?" Family Weekly, October 12, 1959; "Look What Germany' s Done to Elvis!" Los Angeles Times, July 19, 1959; "Presley Lives High off Base," Los Angeles Mirror-News, February 26, 1960; Elvis in the Army magazine, 1959; also various articles about life at Bad Nauheim.

14. 스타 군인, 군인 스타

전쟁놀이: personal interviews, Joe Esposito, Ira Jones, William Taylor; Esposito and Oumano, Good Rockin Tonight; Hodge, Me 'n Elvis (also, Hodge video); Jones and Burk, Soldier Boy Elvis; Levy, Operation Elvis; the Mansfields, Elvis the Soldier; Nash, Smith, Lacker, and Fike, Elvis Aaron Presley; Schroer, Private Presley; Taylor, Elvis in the Army; Elvis' s recollections during his series of press conferences upon his return home.

계속되는 열정: personal interview, Anita Wood; Goldman, Elvis; Hopkins, Elvis: A Biography.

뮌헨과 파리 체류: Esposito and Oumano, Good Rockin' Tonight; Hodge, Me 'n Elvis (also, Hodge video); Levy, Operation Elvis; the Mansfields, Elvis the Soldier; Nash, Smith, Lacker, and Fike, Elvis Aaron Presley; Schroer, Private Presley.

외국에서의 염문: Esposito and Oumano, Good Rockin' Tonight; Levy. Operation Elvis; the Mansfields, Elvis the Soldier; Nash, Smith, Lacker, and Fike, Elvis Aaron Presley; Schroer, Private Presley; "Elvis Kissed Me," Photoplay, March 1959; "Elvis Presley' s New Girl," TV Picture Life, March 1959; "German Girl Becomes Elvis Fan After Dating," Associated Press, November 2, 1958.

독일 복무지로 돌아오다: See above sources for "War games and scouting."

15. 서부전선 이상 없다

보디가드 교체: Bane, Who' s Who in Rock; Broeske, "Heartthrobs" (unpublished manuscript); Lewis and Silver, Great Balls of Fire!; Nite, Rock On: The Solid Gold Years; "Jerry and God," Memphis Commercial Appeal, April 21,1996.

십 대의 우상: personal interview, Bob Marcucci (in 1984); Broeske, "Heartthrobs" (unpublished manuscript); Nite, Rock On; "Chuck Berry," Current Biography, 1977; "Good Looks Started Fabian/ Los Angeles Mirror-News, August 11,1959; "The Story of Frank and Fabe and Bob," Los Angeles Times, November 23r 1980; "Tiger Fabian Unseats Elvis," Los Angeles Mirror-News, August 10, 1959; "Tuneless Tiger," Time, July 27, 1959.

몸의 변화: Esposito and Oumano, Good Rockin' Tonight; Nash, Smith, Lacker, and Fike, Elvis Aaron Presley; Presley and Harmon, Elvis and Me; also, the changes are obvious in post-Army photographs of Presley.

음악적 변화: Bronson, Billboard Book of Number One Hits; Hopkins, Elvis; Nash, Smith, Lacker, and Fike, Elvis Aaron Presley; again, the changes are obvious in post-Army recordings by Presley.

할리우드로 돌아오다: various memos, Hal Wallis Collection, Academy Library; Presley interview, Nashville Banner, October 29, 1959; Photoplay, March 1960.

만반의 준비: "Elvis Dons Blue Suede Shoes and Polka Dots Today," Associated Press; March 1, 1960; "Sgt. Elvis to Return as Major Industry," three-part series, Los Angeles Mirror-News, February 24-26, 1960, "Hi, I' m Coming Home!" Photoplay, April 1960; "Win a day at the studio with Elvis" (homecoming contest), Photoplay, March 1960.

16. 프리실라, 첫눈에 반한 소녀

프리실라 볼리외: personal interviews, Joe Esposito, Peter Hopkirk, Marty Lacker, Anita Wood; Esposito and Oumano, Good Rockin' Tonight; Goldman, Elvis; Nash, Smith, Lacker, and Fike, Elvis Aaron Presley; Presley and Harmon, Elvis and Me, also, mini-series of the same name, which was produced by Priscilla Beaulieu Presley, and over which she had script approval; also various articles about "the girl he left behind," including Life, March 14, 1960.

아니타 우드: personal interviews, Joe Esposito, George Klein, Anita Wood; Goldman, Elvis; Goldman, "The Day Elvis Made Me Cry," Movieland & TV Time, August 1959; "You Are My No. 1 Girl," Movieland, December 1957.

집으로 가는 길: Jerry Hopkins interview notes, Marion Keisker; Burk, Elvis Memories;

Hopkins, Elvis: A Biography; "Elvis to Swap His Army Rank for Civilian 'Mr.' Tomorrow," Memphis Commercial Appeal, March 3, 1960; "Elvis Dons Blue Suede Shoes and Polka Dots Today," Associated Press, March 1, 1960.

17. 웰컴 홈 엘비스

금의환향: "Back to the Beat," Photoplay Presents: Elvis, Summer 1987; Congressional Record, March 1960; "Elvis Comes Marching Home in Glory," Elvis Presley: A Photoplay Tribute, 1977; "Elvis' s Final Army Hour a DeMille Production," Variety, March 9, 1960; "Elvis Signs Out, Draws Pay Today," Associated Press, March 5, 1960; "Elvis to Swap His Army Rank for Civilian 'Mr.' Tomorrow," Memphis Commercial Appeal, March 3, 1960; "Farewell to Pnscilla; Hello to USA," Life, Mafch 14, 1960.

멤피스로 돌아가다: personal interviews, Bill Burk, George Klein; Burk, Elvis Memories; Hazen and Freeman, Best of Elvis; "Back to the Beat," Photoplay Presents: Elvis; "Crowds Greet Elvis at Memphis," United Press International, March 7, 1960; "Exhausted Elvis Plans to Stay Home, Visit 'Old Gang,' " United Press International, March 8, 1960; "Genuine Respect for Elvis Has Grown in Home Town," Memphis Commercial Appeal, March 8,1960.

프랭크 시나트라 쇼: Jerry Hopkins interview notes, Gordon Stoker; "Fans Clamoring for Ex-GI," Los Angeles Examiner, June 1, 1960; "Idols Team Up on TV," Life, May 16, 1960; also, Associated Press, March 8, 1960; New York Journal-American, May 13, 1960.

다시 녹음 스튜디오로: Amburn, Dark Star; Bronson, Billboard Book of Number One Hits; "Elvis Slips into Nashville for Platter-Cutting Session," Nashville Tennessean, March 31, 1960.

용의주도한 콜로넬: "Elvis Is Interviewed but Drops Few Toils,' " Beverly Hills Citizen, May 13, 1960; "He' s a 'Man' Nowand an Industry," New York Journal-American, June 12, 1960; "The Man Who Sold Parsley," Time, May 16, 1960; "Money Blizzard Still Swirls Around Elvis," Los Angeles Mirror-News, May 11, 1960.

영화 <GI 블루스>와 줄리엣 프라우즈: personal interviews, Joe Esposito, Norman Taurog

(1979); Esposito and Oumano, Good Rockin' Tonight; Goldman, Elvis; "Beaming Nepal King Greets Elvis on Set," source unknown, May 11, 1960; "Elvis and Juliet," Cosmopolitan, October 1960; "Elvis' First Civilian Interview," TV 61 Movie Screen, May 1960; " 'New' Presley Back in States," Nashville Tennessean, June 19, 1960; "Is My Face Red" (Judy Fowler' s account of her day on the set with Elvis), Photoplay, October 1960; "What You Don' t Know About Elvis," 16, January 1961; also, Life, October 10, 1960; Los Angeles Mirror-News, April 21, 1960; Nashville Tennessean, June 8, 1960; Newsweek, May 30, 1960; Hal Wallis Collection, Academy Library; Juliet Prowse interview, "Elvis Up Close," Turner Network Television.

18. 상처받은 영혼

아버지의 재혼: Goldman, Elvis; Hopkins, Elvis: A Biog Presley, the Stanley boys, and Torgoff, Elvis; "I wouldn' t do nothing to hurt my boy, Elvis," Photoplay, July 1960.

술, 약물, 걸핏하면 화내는 성격: personal interviews, Joe Esposito, Marty Lacker, Dr. George Nichopoulos; Esposito and Oumano, Good Rockin' Tonight; Fortas, Elvis; Nash, Smith, Lacker, and Fike, Elvis Aaron Presley; West, West, Hebler, and Dunleavy, Elvis: What Happened?; "Presley' s Problem: If You Quit Rocking," Chicago Sunday Tribune Magazine, July 2, 1961; Elvis Presley recorded interview, on the set of It Happened at the World' s Fair.

불타는 스타: personal interviews, Michael Ansara, Don Siegel (1982); "Author Revises Story So Presley Can Sing," Los Angeles Times, August 16, 1960; "Elvis Can Act, Says Director," Los Angeles Mirror-News, November 30, 1960; "Elvis' Secret Life in Hollywood," Movie Mirror, February 1961; press releases, Twentieth Century-Fox; also memos, Twentieth Century-Fox.

터프한 생활: personal interviews, Joe Esposito, Gary Lock-wood, Jo Weld; Esposito and Oumano, Good Rockin' Tonight; Fortas, Elvis; "Elvis One Jump Ahead of Fans," Hollywood Citizen-News, February 13, 1961; "Elvis as a Screen Lover Is 'Like a Teddy Bear,' " Memphis Press-Scimitar, January 7, 1961; "Elvis Presley: What the Army Did for Him," Los Angeles Examiner, January 3, 1961; Hedda Hopper column, various outlets,

October 25, 1960; "Tuesday Weld Breaks 20-Year Silence," Celebrity, February 1989; "Tuesday Weld: New Girl in Hollywood," American Weekly, July 26, 1959; Los Angeles Herald Tribune, April 2, 1961; various fan-magazine accounts of the Presley-Weld romance, including "Can Tuesday Hold On to Elvis?" Photoplay, September 1960; various articles and reviews, including Film Daily, Hollywood Reporter, Los Angeles Mirror-News, Variety.

19. 일탈의 나날

진주만 자선공연: Jerry Hopkins interview notes with Gordon Stoker; Elvis Presley taped press conference in Memphis, February 25, 1961 Hopkins, Elvis: A Biography; Nash, Behind Closed Doors; "Elvis Barely Remembers but Will Aid Arizona Fund," Nashville Banner, February 27, 1961; "Elvis Raises $52,000 for Navy Memorial," Associated Press, March 27, 1961; Minnie Pearl' s account of the concert in the British Elvis Presley Fan Club Magazine, date unknown.

영화 <블루 하와이>와 조안 블랙맨: personal interviews, Norman Taurog (1979), George Weiss; Wallis and Higham, Starmaker; "The New Elvis: More Hip Than Hips," Los Angeles Times, July 2, 1961; "The Starlet Who Said 'No' to Elvis," Midnight/Globe, November 22, 1977; "Why Joan Would Say No to Elvis," Movie Life, October 1963; Los Angeles Herald-Examiner, October 28, 1963; Hal Wallis Collection, Academy Library.

언론을 이기다: "Elvis Presley: What the Army Did for Him," by Louella Parsons, Los Angeles Examiner, January 8, 1961; "Elvis: Ten Million Dollars Later," McCall' s, February 1963; "Hedda Hopper' s Hollywood," Chicago Tribune-New York News Syndicate, October 25, 1960; "If You Keep Rockin, Can You Keep Rolling?" Chicago Sunday Tribune magazine, July 2, 1961.

<팔로우 댓 드림>의 촬영과 앤 헬름: personal interviews, Richard Davis, Joe Esposito, Anne Helm; Esposito and Oumano, Good Rockin' Tonight; Fortas, Elvis Nash, Smith, Lacker, and Fike, Elvis Aaron Presley; also, numerous articles regarding the making of Follow That Dream, including "Waiting for Elvis," St. Petersburg (Fla.) Times, July 23, 1961.

게일 갠리와의 염문: peisunal interviews, Ricliaid Davis, Gail Ganley.

멤피스 마피아에 관한 자료: personal interviews, Richard Davis, Joe Esposito, George Klein, MaiLy Lacker, Gary Lockwood, Dr. George Nichopoulos; Esposito and Oumano, Good Rockin' Tonight; Fortas, Elvis; Nash, Smith, Lacker, and Fike, Elvis Aaron Presley; Presley and Harmon, Elvis and Me; West, West, Hebler, and Dunleavy, Elvis: What Happened?; "At Home With Elvis," Memphis Commercial Appeal, March 7, 1965; "Elvis Sets Record Straight," Los Angeles Herald-Examiner, November 7, 1964; "Elvis Sparked a New Breed," Associated Press, August 13, 1965; "Elvis Wants Love, Marriage," Nashville Banner, February 26, 1965; "Forever Elvis," Time, May 7, 1965; "Millionaire Still Seeks Something," Los Angeles Herald-Examiner, November 17, 1965; "Peter Pan in Blue Suede Shoes," Los Angeles Times, January 31, 1965; "Presley' s Powder-puff Pals," On the QT, June 1957; rare one-hour video interview with Cliff Gleaves; Elvis Presley recorded interon the set of It Happened at the World' s Fair.

20. 재 회

프리실라: personal interviews, Nancy Anderson, Sandra Harmon; Fortas, Elvis; Presley and Harmon, Elvis and Me, also the miniseries of the same title; "My Cherished Memories of Elvis," Elvis Presley: A Photoplay Tribute, 1977.

아니타 우드: personal interviews, Nancy Anderson, Anita Wood; Presley and Harmon, Elvis and Me, also the miniseries of the same title; "My Cherished Memories of Elvis," Elvis Presley. A Photoplay Tribute, 1977.

엘비스의 결혼: "Elvis Presley: How He Changed His Public Image," Parade, November 4, 1962; "Elvis Presley: Rich, Famous, Still Single," source unknown, June 14, 1962.

21. 다 락 방 의 소 녀

프리실라의 그레이스랜드 생활: personal interviews, Joe Esposito, Johna Danovi Fenrick, Sandra Harmon, Sherry Riggins, Becky Yancey, Dorothy Weems; Esposito and Oumano, Good Rockin' Tonight; Fortas, Elvis; Nash, Smith, Lacker, and Fike, Elvis Aaron Presley; Presley and Harmon, Elvis and Me, also the miniseries of the same title; Whitmer, The Inner

Elvis; Yancey and Linedecker, My Life With Elvis; "Amazing Graceland," Vista USA, spring 1995; "My Cherished Memories of Elvis," Elvis Presley: A Photoplay Tribute, 1977.

22. 비바 앤 마그렛

앤 마그렛과의 염문: personal interviews, Nancy Anderson, Richard Davis, Joe Esposito, Gail Ganley, Cathy Griff en, Sidney Guilaroff, George Klein, Joanne Lyman, Becky Yaneey; correspondence to authors from Roger Smith (Ann-Margret' s husband); Ann-Margret and Gold, Ann-Margret; Goldman, Elvis; "Ann-Margret to Be Presented to Queen," Los Angeles Times, August 30, 1963; "Ann-Margret' s Success Story," Sheilah Graham column, source unknown, February 26, 1964; "Can Ann-Margret Make Elvis the MarKind?" Modern Screen, November 1963; "It Looks Like Romance for Presley and Ann-Margret," Associated Press, August 6, 1963; Ann-Margret TV interview with Larry King, February 14, 1994.

23. 동물 농장

엘비스의 변화: Nash, Smith, Lacker, and Fike, Elvis Aaron Presley; "Elvis Gets New $9,300 Wardrobe," Associated Press, September 19, 1962; "Elvis Presley: How he changed his public image," Parade, November 4, 1962; also, Elvis Presley' s feature films produced between 1961 and 1967.

파티 타임: personal interviews, Karen Conrad (aka Bonnie Karlyle), Richard Davis, June Ellis, Joe Esposito, Anne Helm, Kitty Jones, Gary Lock-wood, Joanne Lyman; Esposito and Oumano, Good Rockin' Tonight; Fortas, Elvis; Goldman, Elvis; Nash, Smith, Lacker, and Fike, Elvis Aaron Presley; West, West, Hebler, and Dunleavy, Elvis: What Happened?; "Elvis Left Me in the Middle of the Night," Modern Screen, August 1964; "Elvis Secretly Engaged to 18-Year-Old," Photoplay, January 1964; "Elvis Was a Dull Date," Midnight Globe, December 13, 1977; "How Elvis Stole Johnny Crawford' s Girl," Movie Stars, August 1963; "I Got Dates for Elvis Presley," Movie Life, January 1978; "Is Elvis Afraid?" On the QT, September 1961; "The Truth About Those Presley Parties," Photoplay, October 1964.

풋볼: personal interviews, Richard Davis, Joe Esposito, Gary Lock-wood Bashe, Teenage Idol,

Travelin Man; Fortas, Elvis; Goldman, Elvis; Hopkins, Elvis: A Biography.

24. 어디에도 없는 남자

삼십 대가 된 엘비스: "At Home With Elvis," Memphis Commercial Appeal, March 7, 1965; "Elvis Sparked a New Breed," Associated Press, Au13, 1965; "Elvis Wants Love, Marriage," Nashville Banner, February 26, 1965; "Forever Elvis," Time, May 7, 1965; "Peter Pan in Blue Suede Shoes," Los Angeles Times, January 31, 1965.

계속되는 영화촬영: personal interviews, Merry Anders, Michael Ansara, Edward Bernds, Tony Curtis, Richard Davis, Fred De Cordova, Richard Devon, Anthony Eisley, Anne Helm, Sue Ane Langdon, Lance Le Gault, Mary Ann Mobley, William Schallert, Jeremy Slate, Norman Taurog (in 1979); Jerry Hopkins interview notes with Michael Dante; Downing, Charles Bronson; Rijff and Van Gestel, Elvis; Smith, Starring Miss Barbara Stanwyck; Wallis, Finding My Way; "Day of the Kiss," Los Angeles Herald-Examiner, September 11, 1966; "Hollywood Women Talk About Elvis," Midnight/Globe, September 13, 1977; "How the King Changed My Life with a Song," Midnight/Globe, November 22, 1977; "Millionaire Still Seeks Something," Los Angeles Herald-Examiner, November 17, 1965; "Presley Sets Record Straight," Los Angeles Herald-Examiner, November 7, 1964; "Rugged Elvis Shows Muscle," Los Angeles Herald-Examiner, September 19, 1965; "Sue Ane Langdon," Filmfdx, March/April 1996; Elvis Presley: A Photoplay Tribute, 1977; Hal Wallis Collection, Academy Library.

비틀마니아: Goldman^ Lives of John Lennon; Rayl, Beatles '64, "The Beatles: Music' s Gold Bugs," Saturday Evening Post, March 21, 1964, plus scores of other articles regarding the British invasion, and single-issue magazines including Beatles 'Round the World, winter 1964; Rolling Stone "Special Beatles Anniversary Issue," February 16, 1984.

엘비스, 비틀스를 만나다: personal interviews, Richard Davis, Joe Esposito; Fortas, Elvis; Goldman, Elvis and Lives of John Lennon; Nash, Smith, Lacker, and Fike, Elvis Aaron Presley.

종교와 자각: personal interviews, Becky Martin, Dorothy Phillips, Sam Phillips, Dr. Peter

Whitmer, Deborah Walley; Goldman, Elvis; Fortas, Elvis, Steam, Elvis- Steam and Geller, Truth About Elvis; "Daddy-O-Dewey," Memphis Flyer, January 4-10, 1996; plus literally hundreds of articles about Presley and his career that mention the significance of religion in his life.

은둔: See articles cited above ("Elvis turns thirty"); also: "A Changed Man After the Army," Los Angeles Herald-Examiner, November 20, 1965; "Elvis: Ten Million Dollars Later," McCall' s, February 1963.

25. 날 가두지 마

목장의 집: personal interviews, Joe Esposito, Marty Lacker, Mike McGregor, Dr. George Nichopoulos; Clayton and Heard, Elvis Up Close; Esposito and Oumano, Good Rockin Tonight; Fortas, Elvis; Goldman, Elvis; Nash, Smith, Lacker, and Fike, Elvis Aaron Presley; Presley and Harmon, Elvis and Me.

26. 검은 옷의 신랑

결혼: personal interviews, Nancy Anderson, Stanley Brossette, Richard Davis, Sandra Harmon, George Klein, Marty Lacker, Dorothy Treloar, Dr. Peter Whitmer, Becky Yaneey; Esposito and Oumano, Good Rockin' Tonight; Fortas, Elvis; Goldman, Elvis; Nash, Smith, Lacker, and Fike, Elvis Aaron Presley; Presley and Harmon, Elvis and Me, also the miniseries of the same title; Stearn and Celler, Truth About Elvis; Tobler and Wooton, Elvis; "Elvis: By his father, Vernon Presley," Good Housekeeping, January 1978; "Elvis Trades Blue Suede Bachelor Shoes for Bride," Associated Press, May 2, 1967; "Presley, Brunette Beauty in Surprise Vegas Wedding," Las Vegas Sun, May 2, 1967, and various other articles about Elvis' s hastily arranged wedding.

시끌벅적한 피로연: personal interviews, Joe Esposito, Arthur Gardner, Will Hutchins, Dr. George Nichopoulos; Fortas, Elvis; Goldman, Elvis; Nash, Smith, Lacker, and Fike, Elvis Aaron Presley; Presley and Harmon, Elvis and Me Steam and Geller, Truth About Elvis.

허니문: personal interview, Joe Esposito; also, Esposito' s home movies; Presley and Harmon,

Elvis and Me, also the miniseries of the same title.

27. 르네상스 맨

사랑과 결혼: personal interview, Becky Yaneey; Goldman, Elvis; Presley and Harmon, Elvis and Me, also the miniseries of the same title; Yaneey and Linedecker, My Life With Elvis; "Pelvis Out, Guns In for Elvis," Los Angeles Herald-Examiner, October 19, 1968.

리사 마리의 탄생: personal interviews, Maurice Elliott, Joe Esposito; Presley and Harmon, Elvis and Me, also the miniseries of the same title; various articles from Associated Press and United Press International, February 6-9, 1968.

컴백 스페셜: personal interviews, Steve Binder, Joe Esposito, Lance Le Gault; the Steve Binder Collection, UCLA; Clayton and Heard, Elvis Up Close; Fortas, Elvis; Goldman, Elvis; Hammontree, Elvis Presley; Hopkins, Elvis: A Biography; Marsh, Elvis; Whitmer, The Inner Elvis; "The Indomitable Snowman Who Built Himselfand Elvis Too," TV Guide, November 30, 1968; "Elvis to Sing, Swing Before TV Cameras Once More," Los Angeles Times, June 27, 1968; "RCA Rattle & Roll on Elvis," Billboard, November 30, 1968; also, dozens of reviews from around the country,and from various Elvis Presley fan clubs, including the Elvis Presley Fan Club of Southern California; also, the NBC-TV special itself and hours of outtakes from the production (authors' collection).

카메라 앞에 다시 서다: personal interviews, Richard Davis, Lance Le Gault, Marlyn Mason; Goldman, Elvis; Moore, After All; "Elvis Presley ... the Adult Comedian," Los Angeles Herald-Examiner, April 3, 1968; "Elvis Lives!" West magazine, February 18, 1968; "Elvis Presley Lives," Cosmopolitan, November 1968.

28. 태양 어딘가에

멤피스 세션: Bronson, Billboard Book of Number One Hits; Nash, Smith, Lacker, and Fike, Elvis Aaron Presley; "Elvis Returns to the Fount," Billboard, March 29, 1969; "Relaxed Elvis Disks 16 Songs in Hometown Stint," Memphis Commercial Appeal, January 23, 1969; "!64 Chart Records in 18 Months!" Billboard, March 29, 1969.

라스베이거스 쇼 재개: Bova and Nowels, My Love Affair With Elvis; Hess, Viva Las Vegas; Hopkins, Elvis: A Biography; Nash, Smith, Lacker, and Fike, Elvis Aaron Presley; Riese, Her Name Is Barbra; "Elvis: An Artistic Renaissance," Los Angeles Herald-Examiner, August 12, 1969; "Return of the Big Beat," Time, August 15, 1969; "Return of the Pelvis," Newsweek, August 11, 1969; dozens of articles about the Las Vegas show from publications including Billboard, Los Angeles Free Press, Los Angeles Times, New Musical Express, New Yorker, United Press International, Variety; Las Vegas International Hotel press releases, July 1969; RCA Records press releases, July 1969; also, news footage regarding the Las Vegas opening, authors' collection.

콘서트: Shaver, Elvis in Focus; "A gross top-grosser/ Life, March 20, 1970; "A King in a Velvet Jail," Memphis Commercial Appeal, Mid-South Magazine, May 24, 1970; "Elvis Is Back! Due at Rodeo Friday," February 26, 1970, and "Presley Headlines 70 Houston Rodeo," October 24, 1969, both Houston Chronicle; "Elvis Oozes in Denver," Boulder, December 2, 1970; "Promoter Swings Deal for Presley at the Forum," Los Angeles Times, October 25, 1970; "The Rediscovery of Elvis," New York Times Magazine, October 11, 1970; "Ringling Bros., Kings Never Traveled in Presley' s Style," Tupelo Daily Journal, November 24, 1971.

29. 광란의 질주

콘서트: See "The concerts," chapter 28 notes.

출세한 시골청년: Elvis Presley Heights Garden Club (authors), Elvis Presley Heights, Mississippi, Lee County, 1921-1984; "Ribbon-Cutting Opens Presley Birthplace to Public Officially," Tupelo Daily journal, June 2, 1971; numerous articles and photographs on the Jaycees' award, Memphis Commercial Appeal and Memphis Press-Scimitar during January 1971.

첫번째 전기의 출간: personal interview, Jerry Hopkins; Hopkins, Elvis: A Biography; "50,000,000 Elvis Fans Can' t Be Wrong," Coast, September 1971; "The Making of the Presley Biography," Rolling Stone, September 30, 1971.

친자 확인 소송: Los Angeles Times, August 30, 1970; "Presley Paternity Suit!" Rona Barrett' s Hollywood, November 1970;

엘비스, 닉슨을 만나다: personal interview, Jerry Schilling (1989); Krogh, Day Elvis Met Nixon; "Ex-Memphian tells about when the King met the PresiMemphis Commercial Appeal, December 21, 1995; "Presley Gets Narcotics Bureau Badge," Washington Post, January 27, 1972; copy of letter from Richard Nixon to Elvis, December 31, 1970; authors' tour of the Richard Nixon Library & Birthplace (Yorba Linda, Calif.).

30. 마 지 막 불 꽃

사랑과 결혼: personal interviews, Joyce Bova, Joe Esposito, George Klein, George Nichopoulos, Sam Thompson, Jere Walker, Kathy Westmoreland; Bova and Nowels, My Love Affair With Elvis; Esposito and Oumano, Good Rockin' Tonight; Goldman, Elvis; Hopkins, Elvis: The Final Years; Westmoreland and Quinn, Elvis and Kathy; "Elvis," McCall' s, July 1980; "Elvis and the Ladies He Left Behind," Rona Barrett' s Hollywood, October 1979; "Linda Loved ElvisBut," Midnight/Globe, December 20, 1977; also, Life, February 10, 1995, and dozens of newspaper articles, circa 1972-75.

뉴욕, 뉴욕: "Elvis! David!" New Yorker, June 24, 1972; "Elvis Says Madison Square Garden Finally Big Enough for His Show," Memphis Commercial Appeal, June 10, 1972; "Press Conference: Elvis & the Colonel," Hit Parader, December 1972; newsreel footage of New York press conference, authors' collection.

알로하 하와이: Esposito and Oumano, Good Rockin' Tonight; Goldman, Elvis; Hopkins, Elvis: The Final Years; Worth and Tamerius, Elvis: His Life from A to Z; the TV special Elvis: Aloha from Hawaii.

31. 중 독

약물 중독과 입원: personal interviews, Dr. Pierre Brissette (pharmacology consultant, Bois Physical Medicine Institute, Paris; specialist in cortisone), Maurice Elliott, Joe Esposito, Dick Grob, Tish Henley, Marty Lacker, Sandi Miller, Dr. George Nichopoulos, UCLA toxicolo-gist Dr.

Forest Tennant, Dr. Stanley A. Terman (medical director, Institute for Strategic Changes, San Diego, Calif.), Sam Thompson, Kathy Westmoreland, Dr. Ronald Wright (coroner, Broward County, Fla.); Goldman, Elvis; Hopkins, Elvis: The Final Years; "Elvis," McCall' s, July 1980; "Elvis Sends Love, Flowers, to Woman, 84," Memphis Press-Scimitar, November 1, 1973; "Mystery drug girl in Presley book: I am the one who nearly died in Elvis' s arms," Star, October 18, 1977; Memphis Board of Medical License Hearingdepositions of Dr. George Nichopoulos and Dr. Forest Tennant; the final copy of the "Attorney Confidential Work Project" of James Neal, Memphis Board of Medical License Hearing; complete set of confidential reports, logs, and lab tests of all of Elvis Presley' s detoxification periods at Memphis Baptist Hospital; confidential statements given to physicians by Elvis Presley, Linda Thompson, and Dr. George Nichopoulos; all test results from three different detox sessions; inventory of all drugs taken by Presley.

이혼: Goldman, Elvis; Presley and Harmon, Elvis and Me, also the miniseries of the same title; "My Life With and Without Elvis Presley," Ladies' Home Journal, August 1973; "Priscilla Presley: Bringing Up Elvis' Daughter," Indies' Home Journal, February 1971, various newspaper clippings regarding the divorce, including "Priseilla Presley Gets a Kiss and a $1.5 Million Settlement," Associated Press, October 10, 1973; Priscilla s comments, BBC documentary Elvis: His Life and Times.

마이크 스톤 '히트': Esposito and Oumano, Good Rockin Tonight; Parker, Inside Elvis; West, West, Hebler, and Dunleavy, Elvis: What Happened?

32. 화 학 전 쟁

약물 중독과 입원: See "Drug problems and hospitalizations," chapter 31 notes. Also, dozens of articles about Presley' s hospital stays in Memphis, including "Elvis Suffering Enlarged Colon," Tupelo Driily Journal, August 30- 31, 1975; "Elvis Suffering Intestinal Blockage," United Press International, February 3, 1975; and "Presley Feeling Well After Unknown Ailment," Associated Press, January 31, 1975.

다이어트와 부작용: personal interviews, Joe Esposito, Marty Lacker, Dr. George Nichopoulos,

Becky Yancey; Adler, Life and Cuisine of Elvis Presley; Cocke, / Called Him Babe; Goldman, Elvis; Jenkins and Pease, Memories Beyond Graceland Gates; countless newspaper clippings regarding Presley's eating habits; TV documentary, The Burger and the King.

공연: personal interviews, Joe Esposito, Dr. George Nichopoulos, Kathy Westmoreland; Esposito and Oumano, Good Rockin' Tonight; Goldman, Elvis; Hopkins, Elvis: The Final Years; Westmoreland and Quinn, Elvis and Kathy; "Hucksters, 49,100 Elvisites Whoop It Up," Memphis Press-Srimitar, March 18, 1974; "You Could Hear a Pin Drop," Elvis International Forum, spring 1996; also, various stories and reviews from newspapers including the Los Angeles Herald-Examiner and the Los Angeles Times; Ronnie Tutt comments, video, Elvis: The Echo Will Never Die.

사십 대, 비만: "Elvis the Pelvis Turns 40, but He Isn't All Shook Up," People, January 13, 1975; "He Rocks 'n' Rolls 'n' Puffs Along While Fans Love Elvis Tenderly," Memphis Press-Scimitar, June 11, 1975.

33. 이상한 나날들

순회공연 재개: personal interviews, Ginger and Jo Alden, Joe Esposito, Dr. George Nichopoulos, Kathy Westmoreland; De Witt, Auld Lang Syne; Esposito and Oumano, Good Rockin' Tonight; Geller and Spector, If I Can Dream; Goldman, Elvis; Hopkins, Elvis: The Final Years; Westmoreland and Quinn, Elvis ana Kathy.

34. 우울한 도시

진저 앨든: personal interviews, Ginger, Jo, and Rosemary Alden, Larry Anthony, Joe Esposito, George Klein, Marty Lacker, Dr. George Nichopoulos, Sam Thompson; "Elvis Planned to Wed Ginger at Christmas," Midnight/Globe, November 15, 1977; "Ginger Alden Speaks: Elvis Was Gentle, Jealous & Passionate," Midnight/Globe, June 27, 1978; "World's at Standstill for Elvis' Fiancee," Memphis Commercial Appeal, August 18, 1977.

엘비스의 죽음: personal interviews, Ginger and Jo Alden, Dr. Dan Brookoff (pathologist, director of medical education, Methodist Hospital, Memphis), Joe Esposito, Jerry Hopkins, Ulysses

Jones, Dr. Kevin S. Merigian (Memphis pathologist), Dave McGriff, Donna Presley Nash, Dr. Thomas Noguchi (former coroner, Los Angeles County), Jim Orwood (Shelby County sheriff' s deputy), Sam Thompson, Vernon Presley (1979); Esposito and Oumano, Good Rockin' Tonight; Goldman, Elvis; Hopkins, Elvis: The Final Years; Noguchi, Coroner at Large; Thompson and Cole, Death of Elvis; also, literally hundreds of articles, dated 197787, regarding the death of Elvis Presley, including "The Death of Elvis Presley," Dixie, August 12, 1987; "Dr. Nick: Did He Fuel Elvis' Pill Habit or Try to Help Him Kick It?" People, October 8, 1979; "Elvis Was a Pill Head," Melody Maker, February 2, 1980.

여론의 반향: personal interviews, Bill E. Burk, Maurice Elliott, Joe Esposito, Bob Kendall (1987), Jim Kingsley (1987), George Klein, Sam Phillips, William Thomas (1987), Red West (1987); Gregory, When Elvis Died; "After Death It Was War," Los Angeles Times, August 16, 1987 (based on months of research/interviews by author Pat H. Broeske); also, literally hundreds of articles, dated 1977-1987, regarding the death of Elvis Presley.

35. 에필로그 :: 영원한 제왕

결론: personal interview, Maurice Elliott, detailing the public relations disaster following Presley' s death; Complete Autopsy: The Death of Elvis Presley (natural death: ordered sealed), addendum to the Autopsy; Dr. Forest Tennant' s reports, studies and statistical tables (filling five file drawers); Orange County, Ca. Bioscience Toxological Report; Dr. Kevin S. Meridian, Analysis of the Toxological Reports; Complete statement, Memphis coroner Dr. Larry Francisco, from press conference.

—(참고문헌)—

bibliography

책 :

Adler, David. The Life and Cuisine of Elvis Presley. New York: Crown, 1993.

Adler, David, and Ernest Andrews. Elvis My Dad: The Unauthorized Biography of Lisa Marie Presley. New York: St. Martin's Paperbacks, 1990.

Ambum, Ellis. Dark Star. The Roy Orbison Story. New York: Lyle Stuart, 1991.

Ann-Margret, with Todd Gold. Ann-Margret: My Story. New York: Berkley Books, 1994.

Bacon, James How Sweet It Is: The Jackie Gleason Story. New York: St. Martin's Press, 1985.

Bane, Michael. White Boy Singin the Blues: The Black Roots of White Ruck. New York: Da Capo, 1992.

————. Who's Who in Rock: Over 1,200 Personalities That Made Rock Happen. New York: Facts on File, 1981.

Bartell, Pauline. Reel Elvis! The Ultimate Trivia Guide to the King's Movies. Dallas: Taylor Publishing, 1994.

Barth, Jack. Roadside Elvis: The Complete State by-State Travel Guide for Elvis Presley Fans. Chicago: Contemporary Books, 1991. Bashe, Philip. Teenage Idol, Travelin' Man: The Complete Biography of Rick Nelson. New York: Hyperion, 1992.

Belz, Carl. The Story of Rock. New York: Harper Colophon Books, 1972.

Berkow, Robert, M.D., ed. The Merck Manual: Diagnosis and Therapy. New Jersey: Merck, Sharp and Dohme, 1995.

Booth, Stanley. Rhythm Oil: A Journey Through the Music of tfie American South. London: Jonathan Cape, 1991.

Bova, Joyce, As Told to William Conrad Nowels. My Love Affair With Elvis: Don't Ask Forever. New York: Pinnacle Books, 1994.

Bowles, Jerry. A Thousand Sundays: The Story of the Ed Sullivan Show. New York: G. P. Putnam's, 1980.

Bowman, Kathleen. On Stage Elvis Presley. Minnesota: Creative Education Society, 1977.

Bowser, James W., ed. Starring Elvis: Elvis Presley's Greatest Movies, Stories and Photos. New York: Dell, 1977.

Bronson, Fred. The Billboard Book of Number One Hits. New York: Billboard Bonks, 1992.

Brown, David. Let Me Entertain You. New York: William Morrow, 1990.

Brown, Gene. Movie Time: A Chronology of Hollywood and the Movie Industry from Its Beginnings to the Present. New York: Macmillan, 1995.

Brown, Les. The New York Times Encyclopedia of Television. New York: Times Books, 1977.

Burk, Bill E. Early Elvis: The Humes Years. Memphis: Red Oak Press, 1990.

———. Early Elvis: The Tupelo Years. Memphis: Propwash, 1994.

———. Elvis in Canada. Memphis: Propwash, 1996.

———. Elvis Memories'. Press- Between the Pages. Memphis: Propwash, 1995.

———. Elvis Through My Eyes. Memphis: Burk Enterprises, 1987.

Buskin, Richard. Elvis: Memories and Memurubilia. London: Salamander Books, 1995.

Byworth, Tony. The History of Country & Western Music. New York: Bison Books, 1984.

Carr, Roy, and Mick Farren. Elvis Presley: The Illustrated Record. New York: Harmony Books, 1982.

Choron, Sandra, and Bob Oskam. Elvis: The Last Word: The 328 Best (and Worst) Things Anyone Ever Said About "The King." New York: Citadel, 1991.

Clayton, Rose, and Dick Heard, eds. Elvis Up Close: In the words of those who knew him best. Atlanta: Turner, 1994.

Cocke, Marian J. / Called Him Babe: Elvis Presley's Nurse Remembers. Memphis: Memphis State University Press, 1979.

Cotten, Lee. All Shook Up: Elvis Day-by-Day, 1954-1977. Michigan; Popular Culture, Ink,

1985.

————. Did Elvis Sing in Your Hometown? Sacramento: High Sierra Books, 1995.

————. The Elvis Catalog: Memorabilia, Icons, and Collectibles Celebrating the King of Rock V Roll. New York: Dolphin, 1987.

Crenshaw, Marshall. Hollywood Rock: A Guide to Rock V Roll in the Movies. New York: HarperPerennial, 1994.

Crumbaker, Marge with Gabe Tucker. Up and Down With Elvis Presley. New York: G. P. Putnam's Sons, 1981.

Curtin, Jim. Elvis and the Stars. Pennsylvania: Morgin Press, 1993.

————. Unseen Elvis: Candids of the King. Boston: Bullfinch Press, 1992.

Davis, Skeeter. Bus Fare to Kentucky: The Autobiography ofSkeeter Davis. New York: Birch Lane Press, 1993.

Dawson, Jim, and Steve Propes. What Was the First Rock 'ri Rdl Record? Boston: F'aber and Faber, 1992.

De Witt, Howard A. Elvis: The Sun Years. The Story of Elvis Presley in the Fifties. Michigan: Popular Culture, Ink, 1993.

De Witt, Simon. Auld Lang Syne: Elvis' Legendary New Year's Eve Show in Pittsburgh, Pd., 1976. Netherlands: Simon de Witt Prods., 1995.

Doll, Susan. The Films of Elvis Presley. Illinois: Publications International, 1991.

————. Portrait of a Young Rebel: Elvis the Early Years. Illinois: Publications International, 1990.

————. Portrait of the King. Illinois: Publications International, 1995.

Downing, David. Charlco Bronson. New York; St. Martin's, 1983.

Dundy, Elaine. Elvis and Gladys. New York: Dell, 1985.

Edwards, Michael. Priscilla, Elvis and Me. New York: St. Martin's, 1988.

Ehrenstein, David and Bill Reed. Rock on Film New York: G. P. Delilah Books, 1982.

Eisen, Jonathan, ed. The Age of Rock: Sounds of the American Cultural Revolution. New York: Vintage Books, 1969.

Esposito, Joe and Elena Oumano. Good Rockin' Tonight: Twenty years on the road and on the town with Elvis. New York: Simon & Schuster, 1994.

Farren, Mick and Pearce Marchbank. Elvis in His Own Words. London: Omnibus Press, 1994.

Fisher, Eddie. Eddie: My Life, My Loves. New York: Harper & Row, 1981.

Flippo, Chet. Everybody Was Kung-Fu Dancing: Chronicles of the Lionized and the Notorious. New York: St. Martin's, 1991.

————. Graceland: The Living Legacy of Elvis Presley. San Francisco: Collins Publishers, 1993.

Fortas, Alan. Elvis: From Memphis to Hollywood. Michigan: Popular Culture, Ink, 1992.

Frew, Timothy. Elvis. London: Grange Books, 1992.

Geller, Larry, and Joel Spector. with Patricia Romanowski. If I Can Dream: Elvis' Own Story. New York: Simon and Schuster, 1989.

Gentry, Tony. Elvis Presley. New York: Chelsea House, 1994.

Gibson, Robert, and Sid Shaw. Elvis: A King Forever. New York: McGraw-Hill, 1985.

Goldman, Albert. Elvis. New York: Avon, 1981.

————. Elvis: The Last 24 Hours. New York: St. Martin's, 1991.

————. 'The Lives of John Lennon. New York: Bantam, 1989.

Gordon, Robert. Elvis: The King on the Road. New Yoik: Si. Martin's Press, 1996.

————. It Came from Memphis. Boston: Faber and Faber, 1995.

Gray, Michael and Roger Osborne. Elvis Atlas: A journey Through Elvis Presley's America. New York: Henry Holt, 1996.

Green, Margo Haven, Dorothy Nelson, and Darlene M. Levenger. Graceland. Michigan: Trio Publishing, 1994.

Gregory, James. The Elvis Presley Story. New York: Hillman Books, 1960.

Gregory, Neal, and Janice Neal. When Elvis Died. New York: Pharos, 1992.

Grissim, John. Country Music: While Man's Blues. New York: Paperback Library, 1970.

Grob, Richard H. The Elvis Conspiracy? Nevada: Fox Reflections, 1979.

Grove, Martin A. Elvis: The Legend Lives. New York: Manor Books, 1978.

Guralnick, Peter. Last Train to Memphis: The Rise of Elvis Presley. New York: Little, Brown, 1994.

Guterman, Jimmy. Rockin' My Life Away: Listening to }erry Lee Lewis. Nashville: Rutledge Hill Press, 1991.

Hagan, Chet. Grand Ole Opry. New York: Henry Holt, 1989.

Haining, Peter, ed. Elvis in Private. New York: St. Martin's, 1987.

————. The Elvis Presley Scrapbooks, 1955-1965. London: Robert Hale, 1991.

Halberstam, David. The Fifties. New York: Villard Books, 1993.

Hammontree, Patsy Guy. Elvis Presley: A Bio-Bibliography. Connecticut: reenwood Press, 1985.

Hanna, David. Elvis: Lonely Star at the Top. New York: Leisure Books, 1977.

Hannaford, Jim. Elvis: Golden Ride on the Mystery Train, Volume II. Oklahoma: Jim Hannaford Prods., 1991.

————. Elvis: Golden Ride on the Mystery Train, Volume III. Oklahoma: Jim Hannaford Prods., 1994.

————. Inside "Jdilhouse Rock." Alva, Okla.: Jim Hannaford Prods., 1992.

Harbinson, W. A. The Illustrated Elvis. New York: Tempo Star Books, 1977.

Harbinson, W. A. with Kay Wheeler. Growing Up with the Memphis Flash. Amsterdam; Tutti Frutti Productions, 1994.

Harms, Valerie. Tryin to Get to You: The Story of Elvis Presley. New York: Atheneum/SMI, 1979,

Harris, Michael David. Always on Sunday: Ed Sullivan, an Inside View. New York: Meredith Press, 1968.

Hazen, Cindy, and Mike Freeman. The Best of Elvis: Recollections of a Great Humanitarian. Memphis: Memphis Explorations, 1997.

Heifer, Ralph. The Beauty of the Beasts: Tales of Hollywood's Wild Animal Stars. Los Angeles: Jeremy F. Taidiei, 1990.

Hemfelt, Robert, Frank Minirth, and Paul Meier. Love Is a Choice: Recovery for Co-Dependent Relationships. Nashville: Thomas Nelson, Inc., 1989.

Hemphill, Paul. The Nashville Sound: Bright Lights and Country Music. New York: Simon and Schuster, 1970.

Henry, William A., III. The Great One: The Life and Legend of Jackie Gleason. New York: Doubleday, 1992.

Hess, Alan. Viva Las Vegas: After-Hours Architecture. San Francisco: Chronicle, 1993.

Higgins, Patrick. Before Elvis, There Was Nothing. New York: Carroll & Graf, 1994.

Hodge, Charlie, with Charles Goodman. Me 'n Elvis. Memphis: Castle Books, 1988.

Hopkins, Jerry. Elvis: A Biography. New York: Warner Books, 1971.

———. Elvis: The Final Years. New York: Berkley, 1983.

Hopkins, Jerry, and Danny Sugerman. No One Here Gets Out Alive. New York: Warner Books, 1980.

Hopper, Hcdda, and James Brough. The Whole Truth and Nothing But. New York: Pyramid Books, 1963.

Hutchins, Chris, and Peter Thompson. Elvis & Lennon: The Untold Story of Their Deadly Feud. Great Britain: Smith Gryphon, 1996.

Jenkins, Mary, as Told to Beth Pease. Memories Beyond Graceland Gates. Buena Park, Calif.: West Coast, 1989.

Jenkins, Peter and Friends. The Tennessee Sampler. Nashville: Thomas Nelson, 1985.

Jones, Ira, as Told to Bill E. Burk. Soldier Boy Elvis. Memphis: Propwash Publishing, 1992.

Jørgensen, Ernst, Erik Rasmussen, and Johnny Mikkelsen. Elvis Presley: Recording Sessions. Denmark: JEE-production, 1977.

Kelley, Kitty. His Way: The Unauthorized Biography of Frank Sinatra. New York: Bantam, 1986.

Keylin, Arleen, ed. The Fabulous Fifties: As Reported by the New York Times. New York: Arno Press, 1978.

Kingsbuiy, Paul. The Giund Ole Opiy History of Country Music: 70 Yearn of the Songs, the

Stare, and tho Stories. New York: Villard, 1995.

Krogh, Egil "Bud." The Day Elvis Met Nixon. Washington: Pejama Press, 1994.

Lacker, Marty, Patsy Lacker, and Leslie S. Smith. Elvis: Portrait of a Friend. New York: Bantam Books, 1980.

Latham, Caroline. Priscilla and Elvis: The Priscilla Presley Story, an Unauthorized Biography. New York: Signet, 1985.

Latham, Caroline, and Jeannie Sakol. E Is for Elvis: An A-to-Z Illustrated Guide to the King of Rock and Roll New York: NAL Books, 1990.

Leviton, Jay B., and Ger J. Rijff. Elvis Close-Up. New York: Fireside, 1987.

Levy, Alan. Operation Elvis. New York: Henry Holt, 1960.

Lewis, Mario, and Minabess Lewis. Prime Time. Los Angeles: J. P. Tarcher, Inc., 1979.

Lewis, Myrna, with Murray Silver. Great Balls of Fire! The True Story of Jerry Lee Lewis. London: Virgin Books, 1982.

Lichter, Paul. The Boy Who Dared to Rock: The Definitive Elvis. New York: Dolphin Books, 1978.

———. Elvis in Hollywood. New York: Simon and Schuster, 1975.

———. Elvis Presley: Behind Closed Doors. Huntington Valley, Pa.: Jesse Books, 1987.

———. Elvis: Rebel Heart. Huntington Valley, Pa.: Jesse Books, 1992.

Loyd, Harold. Elvis Presley's Graceland Gates. Franklin, Tenn.: Jimmy Velvet Publications, 1987.

Lynn, Loretta, and George Vecsy. Loretta Lynn: Coal Miner's Daughter. New York: DaCapo Press, 1996.

Mann, David. Elvis. Van Nuys, Calif.: Bible Voice, 1977.

Mann, May. The Private Elvis. New York: Pocket Books, 1977.

Mansfield, Rex, and Elisabeth Mansfield. Elvis the Soldier. West Germany: Collectors Service, 1983.

Marcus, Greil. Dead Elvis: A Chronicle of a Cultural Obsession. New York: Doubleday, 1991.

————. Mystery Train: Images of America in Rock 'n' Roll Music. New York: Dutton, 1975.

Margolis, Simeon, M.D., Ph.D., Medical ed. lohns Hopkins Symptoms and Remedies. New York: Rebus, 1995.

Marling, Karal Ann. Graceland: Going Home With Elvis. Cambridge: Harvard University Press, 1996.

Marsh, Dave. Elvis. New York: Thunder's Mouth Press, 1992.

————. Fortunate Son: Criticism and Journalism by America's Best-Known Rock Writer. New York: Random House, 1981.

————. The Heart of Rock 6 Soul: The 1001 Greatest Singles Ever Made. New York: Plume, 1989.

McKeon, Elizabeth. Elvis in Hollywood1. Recipes Fit for a King. Nashville- Rut-ledge Hill Press, 1994.

Mellody, Pia, Andiea Millei, and J. Keith Millei. Facing Co-Dependence. San Francisco: Harper San Francisco, 1989.

Miller, Jim, ed. The Rolling Stone Illustrated History of Rock & Roll. New York: Random House, 1980.

Minto, Gordon. Inside "Jailhouse Rock." Loew's Incorporated and Avon Productions.

Moore, Mary Tyler. After All. New York: C. P. Putnam's Sons, 1995.

Morella, Joe, and Edward Z. Epstein. Rebels: The Rebel Hero in Film. New York: Citadel, 1971.

Nash, Alana. Behind Closed Doors: Talking with the Legends of Country Music. New York: Knopf, 1988.

Nash, Alana, with Billy Smith, Marty Lacker, and Lamar Fike. Elvis Aaron Presley: Revelations from the Memphis Mafia. New York: HarperCollins 1995.

Nash, Bruce, and Allan Zullo. with John McGran. Amazing but True Elvis Facts. Kansas City, Mo.: Andrews and McMeel, 1995.

Nelson, Pete. King! When Elvis Rocked the World. New York: Proteus, 1985.

Nite, Norm M. Rock On: The Illustrated Encyclopedia of Rock V Rollthe Solid Gold Years. New York: Thomas Y. Crowell, 1974.

________. Rock On: The Illustrated Encyclopedia of Rock 'n-Rollthe Modern Years, 1964-Present. New York: Thomas Y. Crowell, 1974.

Noguchi, Thomas T., M.D., with Joseph DiMona, Coroner at Large. New York: Pocket Books, 1985.

Oliver, Paul, Max Harrison, and William Bolcom. The New Grove: Gospel, Blues and Jdzz. New York: W. W. Norton, 1986.

Olmetti, Bob, and Sue McCasland, eds. Elvis NowOurs Forever. San Jose: Olmetti and McCasland, 1984.

O'Neal, Sean. Elvis Inc.: The Fall and Rise of the Presley Empire. Rocklin, Calif.: Pnma Publishing, 1996.

Parker, Ed. Inside Elvis. Orange, Calif.: Rampart House Ltd., 1978.

Parker, John. Elvis: The Secret Files. London: Anaya Publishers Ltd,, 1993.

Peary, Danny, ed. Close-Ups: Intimate Profiles of Movie Stars by Their Co-Stars, Directors, Screenwriters and Friends. New York: Workman, 1978.

Perkins, Carl and David McGee. Go, Cat, Go: The Life and Times of Carl Perkins, the King of Rockabilly. New York: Hyperion, 1996.

Peters, Richard. Elvis: The Music Lives On. The Recording Sessions, 1954-1976. London: Pop Universal/Souvenir Press Ltd., 1992.

Petersen, Brian. The Atomic Powered Singer. Self-published.

Physicians' Desk Reference: 30th Edition, 1976. New Jersey: Litton Industries, 1976.

Pollock, Bruce. When Rock Was Young: A Nostalgic Review of the Top 40 Era. New York: Holt, Rinehart and Winston, 1981.

Pond, Steve, and the Michael Ochs Archives. Elvis in Hollywood: Photographs from the Making of "Love Me Tender." New York; Plume, 1990.

Presley, Dee, and Billy, Rick, and David Stanley, As Told to Martin Torgoff. Elvis: We Love You Tender. New York: Delacorte, 1980.

Presley, Priscilla Beaulieu, with Sandra Harmon. Elvis and Me. New York: Berkley Books, 1985.

Presley, Vester, as told to Dcda Bonura. A Presley Speaks. Memphis: Wimmer Books, 1994.

Presley-Early, Donna, and Eddie Hand, with Lynn Edge. Elvis: Precious Memories. Birmingham, Ala.: The Best of Times, 1997.

Prince, James D. The Day Elvis Came to Town. Lexington, N.C.: Southern Heritage Publishing, 1995.

Pruett, Barbara A. Marty Robbins: East Cars and Country Music. New Jersey: Scarecrow Press, 1990.

Quain, Kevin, ed. The Elvis Reader: Texts and Sources on the King of Rock W Roll. New York: St. Martin's Press, 1992.

Rayl, A. J. S. Beatles '64: A Hard Day's Night in America. New York: Double-day, 1989.

Reid, James R. Eond Memories ofElvis. Memphis: James R. Reid, 1994.

Rheingold. Todd. Dispelling the Myths: An Analysis nf Amprimn Attitudes and Prejudices. New York: Believe in the Dream Publications, 1992.

Riese, Randall. Her Name Is Barbra: An Intimate Portrait of the Real Barbra Streisand. New York: St. Martin's, 1994.

Rijff, Ger, ed. Long Lonely Highway: A 19S0's Elvis Scrapbook. Michigan-Pierian Press, 1987.

Rijff, Ger, and Gordon Minto. 60 million tv viewers can't be wrong! Amsterdam: Tutti Frutti Prods., 1994.

Rijff, Ger, and Jan Van Gestel. Elvis: The Cool King. Delaware: Atomium Books, 1990.

Rosaaen, Robin, collector, and others. All the King's Things: The Ultimate Elvis Memorabilia Book. San Francisco: Bluewood Books, 1993.

Rovin, Jeff. The World According to Elvis: Quotes from the King. New York: HarperPaperbacks, 1992.

Roy, Samuel. Elvis: Prophet of Power. Mass.: Branden Publishing, 1985.

Rubel, David. Elvis Presley: The Rise of Rock and Roll. Connecticut: New Directions,

Millbrook Press, 1991.

Sandahl, Linda J. Rock Eilms: A Viewer's Guide to Three Decades of Musicals, Concerts, Documentaries and Soundtracks, 1955-1986. Oxford, England: Blanford Press, 1987.

Sauers, Wendy. Elvis Presley: A Complete Reference. North Carolina: McFar-land> 1984.

Schroer, Andreas. Private Presley: The Missing YearsElvis in Germany. New York: Merlin Group, 1993.

Shales, Tom. Legends: Remembering America's Greatest Stars. New York: Random House, 1989.

Shaver, Sean. Elvis in Focus. United States: Timur Publishing, 1992.

Shaw, Arnold. TheRockin '50s. New York: Hawthorn Books, 1974.

Shaw, Sid. Elvis: In Quotes. London: Elvisly Yours Ltd., n.d.

Sheinwald, Patricia Fox. Too Young to Die. United States Ollenheimer Publishers, 1979.

Smith, Ella. Starring Miss Barbara Stanwyck. New York: Crown, 1985.

Smith,, Gene. Elvis's Man Friday. Nashville: Light of Day Publishing, 1994.

Smith, Wes. The Pied Pipers of Rock 'n Roll: Radio Deejays of the 50s and 60s. Georgia: Longstreet Press, 1989.

Snow, Hank, with Jack Ownbey and Bob Bunis. The Hank Snow Story. Chicago: University of Illinois Press, 1994.

Solt, Andrew, and Sam Egan, writers and editors. Imagine:]ohn Lennon. New York: Macmillan, 1988.

Stanley, David, with Frank Coffey. The Elvis Encyclopedia. Santa Monica: General Publishing Group, 1994.

Stanley, David, with George Erikson. Elvis, My Brother. New York: St. Martin's Paperbacks, 1989.

Stanley, David, with David Wimbish. Life With Elvis. United Kingdom: MARC Europe, 1987.

Stanley, Rick, with Paul Harold. Caught in a Trap: Elvis Presley's Tragic Lifelong Search for Love. Dallas:'Word Publishing, 1992.

Stanley, Rick, with Michael K. Haynes. The Touch of 'Two Kings. United States: T2K, Inc., 1986.

Staten, Vince. The Real Elvis: Good Old Boy. Ohio: Media Ventures, 1978.

Steam, Jess. Elvis: His Spiritual Journey. Virginia Beach/Norfolk: Donning, 1982.

Stearn, Jess, with Larry Geller. The Truth About Elvis. New York: Jove, 1980.

Stern, Jane, and Michael Stern. Elvis World. New York: Alfred A. Knopf, 1987.

Storm, Tempest, with Bill Boyd. The Lady Is a Vamp. Atlanta: Peach-tree, 1987.

Strausbaugh, John. E: Reflections on the Birth of the Elvis Faith. New York: Blast Books, 1995

Sumrall, Harry. Pioneers of Rock and Roll: 100 Artists Who Changed the Face of Rock. New York: Billboard Books, 1994.

Tassin, Myron, and Jerry Henderson. Fifty Years at the Grand Ole Opry. Louisiana: Pelican, 1975.

Taylor, William J., Jr. Elvis in the Army: ihe King of Rock 'n' Roll as seen by an officer who served with him. Novato, Calif.: Presidio Press, 1995.

Tharpe, Jac L., ed. Elvis: Images and Fancies. Jackson: University Press of Mis1979.

Thompson, Charles C, II, and James P. Cole. The Death of Elvis: What Really Happened. New York: Delacorte Press, 1981.

Thompson, Sam. Elvis on Tour: The Last Year. Memphis: Still Brook, 1984.

Tobler, John, and Richard Wooton. Elvis: The Legend and the Music. New York: Crescent Books, 1983.

Torgoff, Martin, ed. The Complete Elvis. New York: G. P. Putnam's Sons, 1982.

Tosches, Nick. Country: Living Legends and Dying Metaphors in America's Biggest Music. New York: Scribner's Son's, 1985.

————. Unsung Heroes of Rock 'n Roll: The Birth of Rock in the Wild Years Before Elvis. New York: Harmony Books, 1991.

Urquhart, Sharon Colette. Placing Elvis: A Tour Guide lu the Kingdom. New Orleans: Paper Chase Press, 1994.

Uslan, Michael, and Bruce Solomon. Dick Clark's the First 25 Years of Rock & Roll. New York: Delacorte, 1981.

Vellenga, Dirk, with Mick Farren. Elvis and the Colonel. New York: Delacorte, 1988.

Wallis, Hal, and Charles Higham. Starmaker: The Autobiography of Hal Wallis. New York: Macmillan, 1980.

Wallis, Martha Hyer. Finding My Way: A Hollywood Memoir. New York: HarperSanFrancisco, 1990.

Ward, Ed, Geoffrey Stokes, and Ken Tucker. Rock of Ages: The Rolling Stone History of Rock & Roll. New York: Rolling Stone Press/Summit Books, 1986.

Weatherby, W. J. Jackie Gleason: An Intimate Portrait of the Great One. New York: Pharos Books, 1992.

Wecht, Cyril, M.D., J.D., with Mark Curriden and Benjamin Wecht. Cause of Death. New York: Dutton, 1993.

Wertheimer, Alfred. Elvis '56- 1v the Beginning, New York: Collier, 1979.

West, Red, Sonny West, and Dave Hebler, as Told to Steve Dunleavy, Elvis: What Happened? New York: Rallantine Books, 1977.

Westmoreland, Kathy, with William G. Quinn. Elvis and Kathy. Glendale, Calif.: Glendale House Publishing, 1987.

While, Timothy. Rock Lives: Profiles and Interviews. New York: Henry Holt, 1990.

Whitmer, Peter. The Inner Elvis: A Psychological Biography of Elvis Aaron Presley. New York: Hyperion, 1996.

Wilson, Brian, with Todd Gold. Wouldn't It Be Nice: My Own Story. New York: HarperCollins, 1991.

Wood, Lana. Natalie: A Memoir by Her Sister. New York: Dell, 1984.

Woog, Adam. The Importance of Elvis Presley. San Diego: Lucent Books, 1997.

Worth, Fred L.r and Steve D. Tamerius. All About Elvis: The King of Rock and Roll from A to Z. New York: Bantam, 1981.

————. Elvis: His Life from A to Z. New Jersey: Wings Books, 1990.

Yanccy, Becky, and Cliff Linedecker. My Life With Elvis. New York: St. Martin's Press, 1977.

Zmijewsky, Steven, and Boris Zmijewsky. Elvis: The Films and Career of Elvis Presley. New Jersey: Citadel Press, 1976.

주요 잡지와 신문 기사 :

주요 언론이 연예계와 연예인에 시선을 집중시키기 전의 시절에는 팬진이 스타의 삶과 경력에 관한 주된 자료 노릇을 했다. 엘비스는 멤피스에서의 10대 시절 뿐 아니라 전 활동기간 동안 팬들의 출간물을 읽었고 콜로넬 톰 파커를 통해서도 팬진측과 협력했다. 여자친구, 동료 스타들을 비롯 엘비스의 많은 측근들 역시 팬진의 인터뷰에 응했다. 그 중에서도 신뢰가 가는 자료는 이 전기에 사용했다.

타블로이드판 신문에 관해서도 마찬가지다. 특히 엘비스의 약물문제, 죽음과 관련한 타블로이드판 신문의 보도 태도 때문에 엘비스의 팬들과 학자들은 팬진에 부정적이다. 내셔널 인콰이어러가 대담하게, 그리고 비밀리에 관 속의 엘비스 사진을 찍어 게재한 것은 팬들의 특별한 분노를 샀다. 그렇지만 엘비스의 주요 가족과 친구들이 어느 정도 타블로이드판 신문에 협조한 것도 사실이다. 이따금 특종을 터뜨리기도 했던 타블로이드판 신문과 비주류 출판물 역시 그 진실성이 검증된 자료들은 전기에 사용했다.

Abrams, Malcolm, and Harry McCarthy. "Ginger Alden Speaks: Elvis Was Gentle, Jealous & Passionate." Midnight/Globe, June 27, 1978.

Alligood, Arlene. "Waiting for Elvis: Fans at Yankeetown are playing hide and seek with their hero." St. Petersburg Times, July 23, 1961.

"All Shook Up." Newsweek, August 29, 1977.

Anderson, Jack. "Presley Gets Narcotics Bureau Badge." Washington Post, January 27, 1972.

Anderson, Nancy. "My Cherished Memories of Elvis." Elvis Presley: A Photoplay Tribute, 1977 '

Anderson, Nancy, as Told to. "Elvis by His Falhei Vernon Presley." Good Housekeeping, January 1978.

Aronowitz, Alfred G. "The Return of the Beatles." Saturday Evening Post, August 8-15, 1964.

————— . "Yeah! Yeah! Yeah! Music's Gold Bugs: The Beatles." Saturday Evening Post, March 21,1964.

Bacon, James. " 'New7 Presley Back in States." Associated Press, June 19, 1960.

Batchelor, Ruth. "How the King Changed My LifeWith a Song." Midnight/Globe, November 22, 1977.

Beck, Roger. "Elvis Tones Down Act When Police Move In." Los Angeles Mirror-News, October 30, 1957.

Beitiks, Edvins. "A quiet day at the first Elvis shrine: Tupelo misses the man from the humble shack." San Francisco Examiner, August 17, 1987.

Bianculli, Al. "Elvis: The Tupelo, Mississippi, Flash." Zoo World, September 13, 1973.

Blount, Roy, Jr "Elvis! The King is dead but that thing still shakes" (from "50 Who Made the Difference: A Celebration of American Originals"). Esquire, December 1983.

Bock, Mitchell. "The Enigma That Is Elvis." Fusion, February 10, 1969.

Booth, Stanley. "A Hound Dog to the Manor Born." Esquire, February 1968.

Bosquet, Jean. "He's a 'Man' Nowand an Industry" (four-part series) New York Journal-American, June 12-16, 1960.

Breo, Dennis L. "Examiner is firm: heart disease fatal to Presley." American MedicalNews, October 12,1979.

Broeske , Pat H. "After Death, 'It Was War': Even Elvis' Coffin Made It to the Front Page." Los Angeles Times, August 16, 1987.

Brouwn, Peter. "The Ghost of Elvis: Who Owns What?" Los Angeles Times, January 7, 1979.

Bull, Bart. "By Presley Possessed: Doubts on the Critical Dogma About Elvis." Washington Post, August 16, 1987.

Burk, Bill E. "It Was Elvis, Elvis All the Way As Memphis Observed 10th Anni." Variety, August 19, 1987.

Buser, Lawrence. "Death Captures Crown of Rock and RollElvis Dies Apparently After Heart Attack." Memphis Commercial Appeal, August 17, 1977.

———. "Friendship Is Called 'Real' Story." Memphis Commercial Appeal, August 17-21, 1977.

———. "World's at Standstill for Elvis' Fiancee." Memphis Commercial Appeal, August 17-21, 1977.

Cameron, Gail. "Those Beatles Again." Life, August 287 1964.

Cantor, Louis, and Charles Raiteri. "Daddy-O-Dewey: The Phillips family remembers the D.J. who introduced the world to Elvisand rock and roll." Memphis Flyer, January 4-10, 1996.

Carpenter, John. "Vegas Pays the King's Ransom." Los Angel? Free Press, August 29, 1969.

Carter, Hodding. "Tupelo, Miss." Saturday Evening Post, February 17, 1951.

Chako, Lynn. "Elvis Presley Kissed Me Four (Sigh) Times." St. Petersburg Times, July 31, 1961.

Chris, Nicholas C. "Presley Entombed As Fans Line 3-Mile Funeral Route." Los Angeles Times, August 19, 1977.

———. "Weeping Thousands View Presley Body." Los Angeles Times, August 18, 1977.

Cocks, Jay, "Last Stop on the Mystery Tram." Time, August 29, 1977.

"Crowds Greet Elvis at Memphis." United Press International, March 7, 1960. Crumbaker, Marge. "A King in a Velvet Jail." Memphis Commercial Appeal Mid-South Magazine, May 24, 1970.

Dalton, David. "Elvis." Rolling Stone, February 2, 1970.

Dangaard, Colin. "Priscilla Looks Back on Life With Elvis." Memphis Commercial Appeal Mid-South Magazine, November 24, 1974.

Daroff, Elizabeth. "Elvis" (Linda Thompson recollections). McCall's, July 1980.

Dean, Sherry. "The Truth About Those Presley Parties." Photoplay, October 1964.

Dickson, Kate B. "Medic Describes 'Routine' Call to Graceland." Memphis Press-Scimitar, August 17, 1977.

"Elvis and the Frauleins." Look, December 23, 1958.
"Elvis Presley" (three-part series). TV Guide, September 8-14, Septem22-28, September 29-October 5, 1956.
"Elvis Presley Returns With Charisma Intact." United Press International, August 10,1969.
"Elvis's Wife Tells of 'Empty Luxury.' " United Press International, July 19,1973.
"Elvis Trades Blue Suede Bachelor Shoes for Bride." Associated Press, May 5, 1967.
English, Daniel. "Can Ann-Margret Make Elvis the Marrying Kind?" Modern Screen, November 1963.
Faber, Charles. "Setting the Record Straight: The Real Elvis, Told by May Mann." Los Angeles Free Press, November 18-24, 1977.
Farley, Ellen. "The Story of Frank and Fabe and Bob." Los Angeles Times, November 23, 1980.
Farren, Mick. "The Elvis Dossier." Game, May 1976.
Fiore, Mary. "Priscilla Presley: Bringing Up Elvis' Daughter." Ladies' Home Journal, February 1984.
Fong-Torres, Ben. "Broken Heart for Sale." Rolling Stone, September 22, 1977.
"Forever Elvis." Time, May 7,1965.
"Former Bodyguard Says Elvis Had Drug Problem." Associated Press, August 17, 1977.
"Former Wife Priscilla Tells of ... My Life With Elvis14 Years of Happiness and Heartbreak." National Enquirer, August 22, 1978.
Freilich, Leon. " 'Elvis Planned to Wed Ginger aL Xmas.' " Midnight/Globe, November 15, 1977.
George, Wally. "Elvis Wriggles, Fans Scream at Pan-Pacific." Los Angeles Times, October 29, 1957."
"G.I. Jeers, 'Scalping' Greet Elvisbut He Just Yawns." Nashville Tennessedn, March 26, 1958.
"Global Retort on Rock V Roll." New York Times, April 20,1958.
Goodman, Charles. "Jordanaires Share Memories of Beautiful Years With Elvis." Memphis

Press-Scimitar, August 15, 1978.

Gordon, George. "Mystery drug girl in Presley book: I am the one who nearly died in Klvis's arms." Star, October 18, 1977.

Gordon, Rose. "Why Joan Would Say: No to Elvis, Yes to Dick!" Movie Life, October 1963.

Grant, Currie. "Elvis Secretly Engaged to 18-Year-Old." Photoplay, January 1964.

Gross, Mike. "RCA Rattle & Roll on Elvis." Billboard, November 30, 1968.

"Hedda Hopper's Hollywood." Chicago Tribune-New York News Syndicate, October 25, 1960.

Hilburn, Robert. "Elvis defined the attitude and style of rock 'n' roll." Los Angeles Times, August 9, 1987.

———. 'Tan to Fan: What's Happened to Elvis." Los Angelm Times, February 6,1972.

———. "Promoter Swings Deal for Presley at the Forum." Los Angeles Times, October 25, 1970.

Hiscock, John. "Exclusive: Priscilla and Lisa Presley at Home." Star, September 27, 1977.

Hoekstra, Dave. "Elvis, how great thou art: Ten years later, the faithful still call him King." Chicago Sun-Times, August 9, 1987.

Hopper, Hedda. "Ann-Margret to Be Presented to Queen: Learns How to Curtsy, Then Parries Romantic Questions." Los Angeles Times, August 30, 1963.

———. "If You Quit Rocking, Can You Keep Rolling? Elvis Thinks So." Chicago Sunday Tribune Magazine, July 2,1961.

———. "The New Elvis: More Hip Than Hips." Los Angeles Times, July 2,1961.

———. "Peter Pan in Blue Suede Shoes." Los Angeles Times, January 31, 1965.

Howard, Edwin. "Elvis Rocks to a $20-Million Roll." Memphis Press-Scimitar, January 14, 1964.

———. "One Day Into Our Office Came a Bashful, Nervous Young Man." Memphis Press-Scimitar, March 15, 1974.

Hutchins, Chris. "Elvis to Tom Jones, 'You Are Great!' " Hit Parader, November 1968.

"Is This a 'New' Presley?" Newsweek, May 30, 1960.

Jennings, C. Robert. "Elvis Lives!" West magazine, February 18, 1968.

———— . "There'll Always Be an Elvis." Saturday Evening Post, September 11, 1965.

Jerone, Jim. "My Daughter, Myself." Ladies' Home Journal, August 1996.

Johnson, Erskine. "Money Blizzard Still Swirls Around Elvis." Los Angeles Mirror-News, May 11, 1960.

Johnson, Robert. "Suddenly Singing Elvis Presley Zooms Into Recording Stardom." Memphis Press-Scimitar, February 5, 1955.

———— . "These Are the Cats Who Make Music for Elvis." Memphis Press-Scimitar, December 15, 1956.

Jones, Ira. "Has the Army Changed Elvis?" Family Weekly, October 12, 1959.

Jones, Ken. "In 1955 Elvis Gave Ole Hank a Real Snow Job." Memphis Press-Scimitar, August 15, 1978.

Jones, Kitty. "I Got Dates for Elvis Presley." Movie Life, January 1978.

Joyce, Alex. "Elvis: Why Can't He Get Married?" Photoplay, November 1957.

Kaiser, Robert Blair. "The Rediscovery of Elvis." New York Times Magazine, October 11, 1970.

Kelley, Michael. "Lasting Legacy: Phillips clan rocks on, hangs on, keeps going on." Memphis Commercial Appeal, June 30, 1996.

Kessler, Judy and Laura Nelson. " 'Elvis was the light that shined on everybody': A Year of Grief, Confusion, Riches." People, August 21, 1978.

"The King Is Dead, but Long Lives the King in a Showbiz Bonanza." People, October 10, 1977.

Kinglsey, Jim. "At Home With Elvis Presley." Memphis Commercial Appeal Mid-Smith Mngnzinc, March 7, 1965.

———— . "The Colonel Speaks: Parker Denies Any Wrongdoing in Ties with Elvis." Memphis Commercial Appeal, August 16, 1981.

———— . "Elvis Says Madison Square Gaideu Finally Big Enough fui His Show." Memphis Commercial Appeal, June 10, 1972.

———— . "Worldwide Tributes Serve to Lighten Father's Grief." Memphis Commercial Appeal, August 17-21, 1977.

Klein, Doris. "Elvis Sparked a New Breed." Associated Press, August 13, 1965.

Leech, Mike. "Elvis Remembered: 'He Was Like One of the Guys.' " US, August 24, 1987.

Lefolii, Ken. "The LasL Days uf Elvis Piesley." Dixiu Flyw, Augusl 12, 1978.

Lewis, Joseph. "Elvis Presley Lives." Cosmopolitan, November 1968.

Lullak, Michael. "Ex-Memphian tells about when the King met the President." Memphis Commercial Appeal, December 21, 1995.

———— . "Jerry and God; Wild man Lewis eyes his soul for final shakedown." Memphis Commercial Appeal, April 21, 1996.

"The Man Who Sold Parsley." Time, May 16, 1960.

McCarthy, Gerry. "Elvis Answers Frankie, Claims Rock 'n' Roll Music 'Greatest.' " Los Angeles-Herald Examiner, October 29, 1957.

Miller, Jim. "Forever Elvis." Newsweek, August 3, 1987.

Mitchell, Henry. "The King: Remembering When It All Began." Washington Post, August 16, 1987.

————. "A Loving Army Pays Its Respects to Elvis." Washington Post, August 18, 1977.

Mosby, Aline. "Presley Sexy? He Denies It." New York World-Telegram, June 15, 1956.

Moses, Ann. "Elvis Presley's Lead Guitarist, James Burton, Talks About Working With King." New Musical Express, January 3, 1970.

Ochs, Michael. "50,000,000 Elvis Fans Can't Be Wrong..." Coast, September 1971.

O'Donnell, Red. "Elvis 'Least Bothered' by Army Draft; Jokes on Visit." Nashville Banner, December 21, 1957.

O'Donnell Red, AND Bob Battle. "Elvis Wants Love, Marriage." Nashville Banner, February 26, 1965.

O'Hallaren, Bill. "We Love You Elvis (Still)." West, June 7, 1970.

Packard, Vance. "Building the Beatle Image." Saturday Evening Post, March 21, 1964.

Palmer, Robert. "Sam Phillips the Sun King: A Revised History of the Roots of Rock and

Roll." Memphis magazine, December 1978.

Parsons, Louelia O. "Elvis PresleyWhat the Army Did for Him." Los Angeles Examiner, January 8, 1961.

Pett, Saul. "Does His Mama Think He's Vulgar?" Associated Press, July 22, 1956.

Pond, Steve. "His Final Days." US, August 24, 1987.

"Presley Paternity Suit!" Kona Barrett's Hollywood, November 1970.

"Priscilla Presley Gets a Kiss and a $1.5 Million Settlement." Associated Press, October 10, 1973.

Rader, Dotson. "There Had to be Something More Out There" (Priscilla Presley interview). Parade, February 9, 1997.

"Return of the Big Beat." Time, August 15, 1969.

"Return of the Pelvis." Newsweek, August 11, 1969.

Riemer, George. "Look What Germany's Done to Elvis!" This Week Maga(Los Angeles Times), July 19, 1959.

"Rock 'n Roll Gets Hook from Sinatra." Associated Press, October 29,1957.

Rosenbaum, Ron. "Among the Believers." New York Times Magazine, September 24, 1995.

Samuels, Gertrude. "Why They Rock 'n Rolland Should They?" New York 'Times Magazine, January 12, 1958.

Schmich, Mary T. "And the beat goes on: Memphis prepares far the high holy days of Elvis Presley." Chicago Tribune, August 9, 1987.

Scoppa, Bud. "Elvis Is Back (or is he?)." Senior Scholastic, September 25, 1972.

Scott, Vernon. "Elvis: Ten Million Dollars Later." McCalVs, February 1963.

———— . "The Wild Twists in Elvis' Career" (three-part series). Hollywood Citizen-News, (three-part series), October 17-19, 1968.

Shearer, Lloyd. "America's Most Controversial Singer Answers His Critics." Parade, September 30, 1956.

————. "Elvis Presley: How he changed his public image." Parade, November 4, 1962.

————. "I Remember Elvis." Parade, January 29, 1978.

Sheeley, Shari. "Our Love Song." Photoplay, June 1959.
Shevey, Sandra. "My Life With and Without Elvis Presley" (Priscilla Presley recollections). Ladies' Home Journal, August 1973.
Sims, Judith. "At Lastthe First Elvis Presley Movie." Rolling Stone, November 9, 1972.
Sparks, Fred. "Sgt. Elvis to Return as Major Industry" (three-part series). Los Angeles Mirror-News, February 24-26, 1960.
Tamke, Beth J. "Doctor Talks About Elvis' Problems, His Life and Death." Memphis Commercial Appeal, August 25, 1977.
———. "Presley Was No Stranger to Hospital," Memphis Commercial Appeal, August 18-21, 1977.
Terry, Polly. "Elvis' Boys: Why he hides behind themeven on dates." Photoplay, July 1964.
———. "We Say Elvis Is Married!" Photoplay, February 1964.
Thomas, Bob. "It Looks Like Romance for Presley and Ann-Margret." Associated Press, August 6, 1963.
Thomas, William. "Delivering Elvis Paid $15From Welfare." Memphis Commercial Appeal, January 6, 1980.
———. "Elvis is Dead, but the Colonel's Still Hustling." Memphis Commercial Appeal, August 16, 1978.
Treadwell, David. "King Elvis Still Reigns in Southern Lore." Los Angeles Times, August 10, 1987.
Triplett, John. "Partial List of Elvis' Assets, Graceland Inventory Filed." Memphis Commercial Appeal, November 23, 1977.
Wannenburgh, A. J. "Presley Fans Will Hate His Wife, Says Biographer." London Sunday Times, July 30, 1972.
Warga, Wayne. "Elvis to Sing, Swing Before TV Cameras Once More." Los Angeles Times) June 77^ 1968
Weller, Helen. "Elvis Left Me in the Middle of the Night." Modern Screen, August 1964.
Weller, Sheila. "Priscilla Presley: Surviving Elvis." McCall's, May 1979.

Whitcomb, Jon. "Elvis and Juliet." Cosmopolitan, October 1960.

White, James, H. " 'Goodby, Darling,' Says the Grief-Stricken Singer." Memphis Press-Scimitar, August 16,1958.

Whitney, Dwight. "The Indomitable Snowman Who Built Himselfand Elvis Too." TV Guide, November 30, 1968.

Williams, Dick. "6,000 Kids Cheer Elvis' Frantic Sex Show." Los Angeles Mirror-News, October 29, 1957.

Willis, Ellen. "Musical Events, Etc." (Presley in Las Vegas). New Yorker, August 30,1969.

Wilson, Joyce. "Priscilla: Elvis Wanted to Reconcile." Midnight/Globe, September 6, 1977.

Wolmuth, Roger. "The King of Rock Keeps on Rollin'." People, August 17, 1987.

Zane, J. Peder. "Studying Elvis has some people all shook up, but others still love him tender." Orange County Register, August 8, 1995.

Zimmerman, David. "10 years later, we're still shook up." USA Today, August 10, 1987.

Zito, Tom, and Larry Rohter. "The Lives of Elvis: Presley Books Being Rushed Into Print Include a 'Torrid' Chronicle by Ex-Bodyguards." Washington Post, August 18, 1977.

단일 이슈의 잡지:

The Amazing Elvis Presley (1956)

The Beatles (1964)

Beatles (U.S.A.) Ltd. (1964)

D.J. Fontana Remembers Elvis (1983)

Elvis (1987)

Elvis in Concert (1987)

Elvis' Graceland: The Official Photo Album of Elvis' Home (1982)

Elvis & Jimmy (1956)

Elvis: Portrait of a Legend (1976)

Elvis Presley (1956)

Elvis Presley (An Unauthorized Biography) (1976)

Elvis Presley in Hollywood (1956)

Elvis Presley: Memorial Edition (1977)

Elvis: Portrait of a Legend (1976)

Elvis: Precious Memories: Volume 2 (1989)

The Elvis Presley Museum Collection: Butterfield 6 Butterfield (1994)

Elvis Presley Speaks! (1956)

Elvis, 10th Anniversary Salute, Celebrity Spotlight Series (1987)

The Life and Death of Elvis Presley (1977)

The Love of Elvis (1979)

The Official Ehh Presley Album (1956)

Photoplay Presents: Elvis, 10th Anniversary Memorial Edition (1987)

Rolling Stone Special Beatles Anniversary Issue (February 16, 1984)

16 Magazine Presents Elvis: A Time to Remember (1977)

Souvenir Folio Concert Edition: Volume Six

Souvenir Folio Concert Edition: Volume Seven A Tribute to the King: Elvis (1977) The World uf Elvis (1977)

다음의 출판물에 실린 다양한 기사를 텍스트와 자료에 인용하였다.

The authors also utilized miscellaneous articles from the following publications, some of which are cited in the text and source notes.

America

American Statesman (Austin)

American Weekly

Behind the Scenes

Beverly Hills Citizen

Billboard

BlueSpeak

Boulder (Colorado)

British Elvis Presley Fan Club Magazine

Buffalo Courier-Express Cashbox

Charlotte Observer

Chicago Sunday Tribune Magazine

Circus Weekly

City of Memphis

Clarion Ledger-Jackson Daily News (Michigan)

Cleveland News Dispatch

Cleveland Plain Dealer

Coast

Collector's Mart

Colliers

Commercial Appeal (Memphis)

Confidential

Cosmopolitan

Country Western Jamboree

Cowboy Songs

Crawdaddy

Creem

Current Biography

Daily Express (United Kingdom)

Daily Herald (United Kingdom)

Daily Mirror (United Kingdom)

Daily Sketch (United Kingdom)

Daily Telegraph (United Kingdom)

Dallas Morning News

Dallas Times

Details

Detroit Free Press

Disc

El News (London branch of the Official Elvis Presley Fan Club)

Elvis International Forum

Elvis: 1971 Presley Album

Elvis World

Entertainment Weekly

Evening News (United Kingdom)

Exposed

Film Bulletin

Filmfax

Films in Review

Film Stars

Ft. Wayne News Sentinel

Fusion

Gallery

Georgia Straight

Glasgow Sunday Mail

Globe

Graceland Express

Graceland News

Harper's

Hit Parade

Hit Parader

Hollywood Citizen-News

Hollywood Reporter

House & Garden

Houston Chronicle

Hush Hush

Inside Story

International News Service

Knoxville (Tenn.) News-Sentinel

Ladies' Home Journal

Las Vegas Review-Journal

Las Vegas Sun

Life

Los Angeles Daily News

Los Angeles Examiner

Los Angeles Herald

Los Angeles Herald-Examiner

Los Angeles Herald Express

Los Angeles Mirror-News

Los Angeles Times

The Lowdown

Mademoiselle

Melody Maker

Memphis Bar Association

Memphis Downtowner

Memphis Flash

Memphis Flyer

Memphis Magazine

Memphis Press-Scimitar

Midnight/Globe

Minneapolis Globe

Mirabelle

Mississippi

Movie Life

Movie Mirror

Movie Time

Music Scene

Nashville Banner

Nashville Tennessean

National Enquirer

New Musical Express (United Kingdom)

New Record Mirror (United Kingdom)

New Republic

Newsday

Newsweek

New Times

New York Daily News

New York Herald Tribune News Service

New York Post

New York Star

New York Times Magazine

New York World

On the QT

Oregon Journal

Ottawa Citizen

Ottawa Daily Journal

Ottawa Evening Journal

Parade

People

Philadelphia Evening Bulletin

Photoplay

Picturegoer

Picture Show

Playboy

Portland journal

The Press-Enterprise (Riverside, Calif.)

Private Lives

Psychotronic

Publishers Weekly

Rave

Reader (Los Angeles)

Record Mirror (United Kingdom)

Record Whirl

Reveille

Rolling Stone

Rona Barrett's Hollywood

St. Louis Post-Dispatch

San Francisco News

Saturday Evening Post

Screen Stars

Senior Scholastic

Shake Rattle & Roll

Show

Shrevepott Times

16

Smithsonian

Spokane Review

Sponsor

Star

Stars and Stripes

Sunday Dispatch (United Kingdom)

Sunday News (United Kingdom)

Sunday Pictorial (United Kingdom)

Sun Telegram (San Bernardino, Calif.)

Suppressed

Tacoma News Tribune

Teen

TeenSet

Tiger Beat

Time

Tip-Off

Top Secret

Toronto Daily Star

Tupelo (Miss.) Daily Journal

TV & Movie Screen

TV Guide

TV Radio-Mirror

TV Radio-Mirror (Southern edition)

TV Scandals

TV Stage

Uncensored

Untold Secrets

Variety

Village Voice

V.I.P.

Vista USA

Waco (Tex.) News Tribune

Weekend

West (Los Angeles Times)

Whisper

Wichita Beacon

Woman's Mirror (United Kingdom)

Woman's Own